Administrative Law and Policy

例解 行政法

原田大樹
Hiroki HARADA

東京大学出版会

ADMINISTRATIVE LAW AND POLICY
Hiroki HARADA
University of Tokyo Press, 2013
ISBN 978-4-13-032383-3

はしがき

　六法以外の幅広い法令を対象にする行政法学の範囲の広さは，学問的には魅力である反面，行政法を学ぼうとする学生にとって学習しにくい印象を与える。多くの大学で提供されている行政法の科目は，あらゆる行政法令に共通する内容を中心とするとはいえ，それを学んだからと言って何か"特定の"行政法令の内容が分かるわけではない。逆に，ある特定の行政法令に絞って，そこに含まれる行政法共通の要素の説明を聞いても，本当に幅広く行政法を学んだ実感が得られない。このような悩みは，法学部で行政法を学び始めた私がかつて経験し，現在教える立場に立っている私が授業の上で困難を感じる点でもある。

　本書は，このような問題をわずかでも解消し，行政法を学ぶ学生に行政法の楽しさや面白さを伝えるために企画された。本書の特色は，行政法学を構成する個別の法分野（行政法各論・参照領域）を具体例として，行政法学の概念や考え方を伝えようとする点にある。現代の行政法学に重要な示唆を与えている参照領域として，本書では租税法（税法）・社会保障法・環境法・都市法の4つの領域を選択している。それぞれの法分野の特色や法的しくみをコンパクトかつできるだけ体系的に説明するとともに，行政法の授業で習う内容とリンクさせることで，具体的なイメージを持って行政法の学習ができることを目指している。本書のコンセプトや使い方については，「本書のねらいと学習方法」をご覧頂ければ幸いである。

　　　　　　　　　　＊　　　　　＊　　　　　＊

　本書第1部の内容は，2006年度後期から2013年度前期まで九州大学法学部及び大学院法務学府において担当した行政法Ⅰ・Ⅱ及び基礎行政法・応用行政法Ⅰと，2013年度前期に京都大学法科大学院において担当した公法総合1の内容のアウトラインを示したものである。本書第2部の内容のうち，

第 2 章（社会保障法）については，2012 年度前期に九州大学大学院法学府で笠木映里先生と共同開講した演習をもとにしている。また同第 3 章（環境法）及び第 4 章（都市法）は，2011 年度・2012 年度に九州大学法学部において村上裕章先生と共同開講した行政法演習での検討内容を基礎としている。演習の場を通じてご教示を賜った両先生と，演習参加学生，また多くの質問・意見を寄せてくれた講義受講学生に御礼申し上げたい。

　本書の出版に先立ち，2013 年度前期に京都大学公共政策大学院・法科大学院において，「現代の行政法制」を開講することができた。移籍直後となるタイミングにもかかわらずこのような機会が得られたのは，高木光先生，岡村忠生先生，仲野武志先生，深澤龍一郎先生をはじめとする京都大学大学院法学研究科の先生方のご助力あってのことである。また，本講義に参加して多くの改善提案を寄せてくれた仲卓真君，安永祐司君（京都大学法科大学院）はじめ参加学生にも御礼申し上げる。

　本書のもとになった講義案『現代の行政法制』は，京都大学・九州大学・北海道大学・東京大学の 4 大学生協で試行的に販売されると同時に，行政法の先生方や実務家にもお送りし，多くのコメントを頂戴した。とりわけ，飯島淳子先生（東北大学），稲葉一将先生（名古屋大学），井上禎男先生（福岡大学），宇賀克也先生（東京大学），太田匡彦先生（東京大学），大脇成昭先生（熊本大学），興津征雄先生（神戸大学），小幡純子先生（上智大学），岸本太樹先生（北海道大学），神橋一彦先生（立教大学），北島周作先生（東北大学），北村喜宣先生（上智大学），木村琢麿先生（千葉大学），桑原勇進先生（上智大学），久保茂樹先生（青山学院大学），交告尚史先生（東京大学），斎藤誠先生（東京大学），島村健先生（神戸大学），下山憲治先生（名古屋大学），勢一智子先生（西南学院大学），曽和俊文先生（関西学院大学），平良小百合先生（神戸大学），高橋大作氏，高橋裕介先生（名古屋大学），竹下憲治氏，筑紫圭一先生（上智大学），常岡孝好先生（学習院大学），西上治先生（東京大学），野呂充先生（大阪大学），藤谷武史先生（東京大学），増井良啓先生（東京大学），山口悠紀氏，横田光平先生（筑波大学），渡辺徹也先生（九州大学）（50 音順）から頂戴した詳細なご意見は，本書の記述に反映されている。懇切なご教示にこの場を借りて御礼申し上げる。また，本書の最終校正段階では，九州大学時代の指導院生である原島啓之君（大阪大学法学研究科）の手を煩わせた。

未だ発展途上の作品ではあるものの，本書を大橋洋一先生に謹んで献呈させて頂きたい。先生との出会いがなければ，私が行政法の楽しさや面白さを知ることは決してなかった。現在でも進化を続けておられる先生の魅力的な教育スタイルに少しでも追いつけるよう，今後とも努力を続けたい。

　本書の出版のお誘いを東京大学出版会の山田秀樹氏から頂いたのは，2011年秋のことであった。九州大学法学部入学直後に内田貴先生の『民法Ⅰ』初版に触れて大きな衝撃を受けたことは，現在でもはっきりと記憶している。その『内田民法』を出版している東京大学出版会からのお誘いを受けたことは，筆舌に尽くしがたい喜びであった。山田氏は，このところ出版されていない単著の行政法各論の教科書を出版したいという希望を快く受け入れて，本書の出版に至るまで非常に緻密な作業をして下さった。フロンティアを切り開く機会と勇気を与えて頂いた山田氏と，東京大学出版会の関係者各位にも心から感謝申し上げたい。

　　2013 年 10 月

　　　　　　　　　　　　　　　　　　　　　　　　　　　原 田 大 樹

目 次

はしがき………………ⅰ
本書のねらいと学習方法………………ⅹⅳ

第1部 行政法総論の概要

第1章 行政過程論 …………3

1 行政法の基礎理論 …………4

❶行政法の特色………………4
　行政法とは何か（4）　行政法関係の特色――民事法・刑事法との比較（6）
　憲法と行政活動（8）　行政法学の体系（9）

❷法律による行政の原理………………11
　法律による行政の原理（法治主義）（11）　法律の留保（12）

❸行政法の法源………………15
　行政法の法源（15）　行政上の法の一般原則（18）　行政過程における条例（20）

❹行政法と民事法………………22
　行政法関係への民事法の適用（22）　民事法関係への公法規律（25）

2 行政組織の基礎 …………28

❶行政組織の基礎理論………………28

行政主体とその多様性（28）行政機関と行政官庁理論（30）

❷ 国家行政組織 …………… 32
内閣と内閣府（32）省・委員会・庁（33）

❸ 地方行政組織 …………… 35
地方公共団体の種類と組織（35）地方公共団体の事務区分（35）

3 行政手続の基礎 …………… 37

❶ 行政手続の基礎理論 …………… 37
❷ 情報公開制度 …………… 39
情報公開制度の意義（39）情報公開法の構造（40）情報公開争訟（44）

❸ 情報の収集と管理 …………… 45
個人情報保護制度（45）文書管理制度（46）行政調査（47）

4 行政活動の諸類型 …………… 50

❶ 行政基準 …………… 50
行政基準の概念（50）行政基準の手続ルール（51）

行政基準の実体ルール（52）

❷ 行政計画 …………… 54
行政計画の概念（54）行政計画の手続ルール（54）

行政計画の実体ルール（55）

❸ 行政行為 …………… 55
行政行為の概念（55）行政行為の手続ルール（59）

行政行為の実体ルール──行政行為の瑕疵論（61）行政行為の裁量論（64）

行政行為の附款（68）

❹ 行政契約 …………… 69
行政契約の概念（69）行政契約の手続ルール（70）

行政契約の実体ルール（71）

❺ 行政指導 …………… 72
行政指導の概念（72）行政指導の手続ルール（73）

行政指導の実体ルール（73）

⑤ 行政上の義務履行確保 ……………………………………………75

❶ 行政上の義務履行強制……………75
行政上の強制執行（75）行政上の義務の民事執行（78）

❷ 義務違反に対する制裁………………80
刑事制裁と行政制裁（80）新しい法執行手段（83）

学習用参考文献［第1部・第1章］（85）

第 2 章 行政救済論 ……………………………………………87

行政救済論の概要（88）

① 行政上の不服申立 ……………………………………………89

❶ 行政上の不服申立の種類……………89
行政上の不服申立の特色（89）行政不服審査と行政審判（89）

❷ 行政不服審査の基本構造……………90
不服審査の種類（90）不服審査の利用条件（94）不服審査の審理（96）
不服審査の終了（97）

② 行政訴訟 ……………………………………………98

❶ 行政訴訟の基本構造………………98
行政訴訟の機能と種類（98）抗告訴訟と当事者訴訟（99）

❷ 取消訴訟の基礎 ①訴訟要件………………103
処分性（103）原告適格（107）狭義の訴えの利益（113）

❸ 取消訴訟の基礎 ②審理と終了………………115
審理の基本原則（115）主張制限（117）複雑な訴訟形態（120）
取消訴訟の終了（122）

❹ さまざまな行政訴訟………………125
出訴期間経過後の訴訟（125）申請拒否に対する訴訟（127）
処分前における訴訟（128）当事者訴訟（130）

❺ 仮の権利救済………………134

仮の権利救済の意義（134）執行停止（135）仮の差止め・仮の義務付け（136）

- **❻客観訴訟──住民訴訟を中心として**……………137

③ 国家賠償 …………………………………………………………140

- **❶国家賠償の基本構造**……………140
  国家賠償の特色（140）国家賠償の基本構造（140）
- **❷国家賠償法1条の責任**……………141
  公権力の行使（141）国又は公共団体・公務員（144）職務行為関連性（146）
  違法性（146）故意・過失（148）公務員の個人責任（149）
- **❸国家賠償法2条の責任**……………149
  公の営造物（149）設置又は管理の瑕疵（150）供用関連瑕疵（152）
  費用負担者（153）

④ 損失補償 …………………………………………………………154

- **❶損失補償の基本構造**……………154
  損失補償の特色（154）損失補償の要否の基準（154）損失補償の内容（156）
- **❷国家補償の谷間**……………156

学習用参考文献［第1部・第2章］（158）

第2部 行政法の主要参照領域

第1章 租税法 …………………………………………………………163

① 租税法の基本的考え方 …………………………………………164

- **❶租税法の特色**……………164
- **❷租税法の内部構造**……………167
- **❸租税法の基本概念**……………169
  課税主体と租税行政組織（169）税の分類（169）借用概念と固有概念（171）
  所得概念（171）課税標準・税率・税額（172）

❹ 租税法の基本原則……172

租税法律主義（173）担税力に応じた課税の原則（175）

税制の中立性維持の原則（176）要件裁量否定の原則（177）

申告納税の原則（177）

❷ 課税要件形成の過程 …………………………………………180

❶ 租税法律………180

租税法律の解釈（180）租税法律と租税条約（181）

❷ 租税法における条例………181

地方税法と条例の関係（181）超過課税と法定外税（182）

❸ 租税法における行政基準………183

委任の限界（183）租税通達の法的意義（184）

❹ 課税要件論の基礎………187

所得税額の算定方法（187）公益法人税制（190）固定資産税の算定（192）

❸ 納税義務確定の過程 ………………………………………194

❶ 納税義務の成立………194

納税義務の成立の意義（194）自動確定方式と通知の処分性（195）

❷ 申告納税………197

申告納税方式と賦課課税方式（197）修正申告と更正の請求（199）

❸ 課税処分………200

課税処分の種類（200）課税処分の手続（201）課税処分の効果（204）

❹ 租税争訟………208

国税不服審判の特色（208）取消訴訟における立証責任（209）

取消訴訟における主張制限（210）

❹ 租税徴収の過程 ………………………………………………213

❶ 申告納付………213
❷ 徴収納付………214
❸ 租税の徴収………215

納付の請求（215）滞納処分（217）

- **❹納税義務違反に対する制裁** ……………218

  租税刑罰と犯則調査手続（218）行政上の制裁金（221）

  参考文献［第2部・第1章］（223）

第2章 社会保障法 ……………229

1 社会保障法の基本的考え方 ……………230

❶社会保障法の特色 ……………230

❷社会保障法の内部構造 ……………232

財源の調達方式（233）給付の方式（235）

❸社会保障法の基本概念 ……………236

給付主体（236）財政運営・費用負担のルール（237）給付・負担の単位（240）

給付決定と社会保障争訟（241）受給権の性格（243）

❹社会保障法の基本原則 ……………244

最低生活保障原則（245）応需給付原則（247）自己決定支援原則（248）

参加機会確保原則（249）持続可能性確保原則（250）

2 費用調達の過程 ……………252

❶社会扶助方式と社会保険方式 ……………252

賦課・徴収の実体ルール——租税法律主義と財政民主主義（252）

賦課・徴収の手続ルール（257）

❷利用者負担 ……………260

発展演習（262）

3 金銭給付の過程 ……………263

❶生活保護の行政過程 ……………263

生活保護基準とその法的性格（263）生活保護開始決定の過程（266）

保護変更・廃止決定の過程（272）発展演習（276）

❷年金保険の行政過程 ……………277

年金制度の基本構造（278）年金財源調達の過程（282）年金給付の過程（287）

４ サービス給付の過程···295

❶ 医療保障の行政過程················295
医療サービスの給付主体（295）財源調達の過程（300）
医療提供体制整備の過程（305）医療サービス給付の過程（311）
発展演習（316）

❷ 福祉・介護サービス保障の行政過程··················316
福祉・介護サービスの給付主体（318）財源調達の過程（320）
福祉・介護提供体制整備の過程（323）福祉・介護サービス給付の過程（331）
発展演習（342）

第 3 章 環境法···343

１ 環境法の基本的考え方···344

❶ 環境法の特色················344
❷ 環境法の内部構造················346
❸ 環境法の基本概念················347
外部不経済（348）環境に関する権利（349）環境利益（350）政策手法（352）
環境に関する基準（354）
❹ 環境法の基本原則················356
環境配慮原則（356）予防原則（357）原因者責任原則（358）
市民参画原則（360）多層的役割分担原則（361）

２ 環境負荷物質規制の過程···363

❶ 事前予防型の行政過程················363
規制の基本的構造（363）大気汚染防止法（364）水質汚濁防止法（365）
❷ 事後対応型の行政過程················367
土壌汚染対策法（367）
❸ 排出絶対抑制型の行政過程················370

原子力法の基本構造（370）発電用原子炉の設置・管理に対する規制（372）

原子力損害賠償制度（377）

❸ 廃棄物処理・リサイクル推進の過程 ……379

❶ 一般廃棄物処理の行政過程 …………379
廃掃法の基本的なしくみ（379）廃棄物の定義と種類（381）

一般廃棄物処理の行政過程（382）

❷ 産業廃棄物処理の行政過程 …………383
産業廃棄物処理の行政過程（383）産業廃棄物処理業者に対する規制（387）

産業廃棄物処理施設に対する規制（388）

❸ 循環型社会推進の行政過程 …………392
循環型社会の理念と政策（392）容器包装リサイクル法（393）

リサイクル諸法（395）

❹ 生態系保護の過程 ……397

❶ 環境影響評価の行政過程 …………397
環境影響評価法の意義と特色（397）環境影響評価手続（399）

❷ 保護地域規制の行政過程 …………402
保護地域指定による自然環境保護（402）

自然公園法の地域指定と行為規制（404）

❸ 生物個体保護の行政過程 …………405
ワシントン条約と希少種保護法（405）

カルタヘナ議定書とカルタヘナ法（406）

参考文献［第 2 部・第 3 章］（407）

第 4 章　都市法 ……413

❶ 都市法の基本的考え方 ……414

❶ 都市法の特色 …………414
❷ 都市法の内部構造 …………417

xii●目次

❸ 都市法の基本概念………………418
都市計画（419）

空間管理（都市計画区域・区域区分・地域地区・地区計画）（422）

形態規制（424）単体規定と集団規定（426）土地収用と換地・権利変換（428）

❹ 都市法の基本原則………………430
計画行政原則（430）私有財産尊重原則（431）民間主導開発原則（432）

補完性原則（狭域調整優先原則）（433）対流原則（多段階調整原則）（435）

② 土地利用規制の過程 ……………………………………………437

❶ 土地利用計画策定の行政過程………………437
国土利用計画と都市計画区域との関係（437）区域区分と地域地区（438）

地区計画等（442）道路に関する規制（446）

❷ 開発行為規制の行政過程………………449
国土利用計画法の土地取引規制（449）開発許可（450）

❸ 建築規制の行政過程………………457
建築規制の組織法的側面（457）建築確認と完了検査（460）

是正措置命令と代執行（463）発展演習（467）

③ 都市整備の過程 ……………………………………………468

❶ 都市施設整備の行政過程………………468
都市計画決定（468）都市計画事業認可（471）

❷ 市街地開発事業の行政過程………………473
土地区画整理事業の施行者と事業計画（474）

換地計画と仮換地・換地処分（478）市街地再開発事業の特色（479）

❸ 住居保障の行政過程………………481
公営住宅法の概要（482）マンション建替え法の概要（483）発展演習（484）

④ まちづくりの過程 ……………………………………………485

❶ 景観維持の行政過程………………485
都市緑地の保全（485）都市景観の保全（487）発展演習（491）

❷ 都市生活環境維持の行政過程………………491

遊技施設・公営競技施設の立地規制（492）空き家対策（494）発展演習（495）
　❸**市街地活性化の行政過程**…………………496
　　　大都市中心市街地の再生（496）地方都市中心市街地の活性化（498）
　　　発展演習（500）

判例索引…………503
事項索引…………511
法令索引…………530

本書のねらいと学習方法

本書のねらい

行政法学習の難しさ

　法律学は初学者にとっては必ずしも理解しやすい学問ではない。法律学の独特の概念や考え方に慣れるまでは，たとえ入門書であっても非常に読みにくいと感じるかもしれない。行政法を学ぶ場合にはさらにいくつかの難しさが加わる。第1に，行政法学は法律基礎科目に含まれてはいるものの，民法・憲法・刑法・訴訟法といった科目の内容の理解を前提に議論が展開する。そこで，他の法律基本科目の理解が不十分であると行政法の理解も進まない。第2に，行政法では扱われる法律の数が極めて多く，学習の拠り所として民法典が存在する民法などとは異なる。そのため，どこまで勉強すれば行政法を学び終えたことになるのか不安になることがある。第3に，行政法で学ぶ内容は非常に抽象的で，実感をもって理解することが容易ではない。とりわけ行政過程論についてその傾向が強い。このうち第2と第3の点は，行政法という科目の性格と大きく関係している。

　行政法の対象は六法以外のほとんどの法令である。これらを条文ごとに学んでいてはいくら時間があっても終わらない。そこで，これらの行政法令の共通要素を抽出して体系化したものが，大学における講義で提供されている行政法の実体である。行政法規の中にはこうした要素が実定法化されているものもあり（例：行政手続法・国家行政組織法），このような行政通則法に関しては条文を追って勉強することができる。しかしそれ以外の内容は特定の依拠すべき条文を持たず，存在するのは抽象的な理論と具体的な行政分野における条文のみである。しかも，その抽象的な体系を理解することが行政法学

習の最終的な到達目標ではない。むしろ，個別の行政分野に存在する法令の解釈やその制度設計を構想することこそが最終目標である。そうであるとすると，行政法を学んだと言えるためには，抽象的な総論の世界と具体的な個別行政分野の法令との間で視線を往復させる必要があることになる。

行政法各論の必要性

このような要請に対して，伝統的な行政法学は，各行政分野に共通の内容を取り扱う行政法総論と，警察法や財政法のような個別行政分野の内容を説明する行政法各論という編成をとっていた。しかしその後，行政法各論にあたる科目が専門分化して独立し，また大学における講義編成上の時間の制約から，多くの大学で行政法各論に該当する科目が消滅した。行政法各論に関する基本書・体系書は非常に少なく，単著の基本書となるとここ30年近く出版されていない。その理由としては，

- 行政法各論の全分野を一定の詳細度を保って説明しようとすると頁数が膨大になってしまう。逆に頁数を抑えようとすると各行政分野にある法律のリスト程度しか挙げることができなくなる。
- 行政法総論の内容と各論の内容とを相互に連携・関連させて説明することが容易ではない。行政法総論の中に具体例を豊富に取り込む近時の行政法総論のテキストのスタイルの方がこの目的の達成には適合的である。
- 環境法・社会保障法などの行政法各論から独立した科目には，行政法総論との関連性を持たない論点も存在しており，行政法理論の観点から無理にこれらを説明しようとすると個別法科目の理論的展開を阻害する可能性がある。

他方で，個別行政分野の法令の条文の解釈論や立法論を展開することが行政法学習のゴールであるとすれば，かつて行政法各論と呼ばれた領域を取り扱う基本書が存在する可能性・必要性はなお残されているように思われる。

本書の構成

そこで本書は，個別の行政分野に見られる法制度を説明の対象とする行政法各論の単著の基本書として構想された。行政法総論（行政過程論・行政救済

論）が行政活動の展開を時系列で追っていく「縦糸」であるとすれば，本書が取り扱うのは固有の政策目的をもってさまざまな法制度が設計され運用されている個別行政法分野（参照領域）といういわば「横糸」を説明しようとするものである。その際には，上で指摘した従来の問題点を解消するため，次のような工夫を試みている。

- 従来の行政法各論のように，対象となる行政分野の全てを薄く広く紹介するのではなく，行政法総論にとって興味深い法制度を多く含み，また現代の日本社会にとって重要な4つの法分野（租税法・社会保障法・環境法・都市法）に限定して説明を試みることとした。

- 行政法総論とこれら4つの参照領域との相互関係を明確に描くために，これらの参照領域の説明に入る前に行政法総論（行政過程論・行政救済法）のアウトラインを説明することとした。また4つの参照領域の冒頭の節は共通の構造にして，各法分野の構造上の特色とその相互比較，行政法総論へのフィードバック可能性を把握しやすくした。さらに，参照領域の説明にあたっては，行政法総論での学習事項との関係をできるだけ示すようにした。加えて，クロスレファレンスや索引を充実させることにより，本書を辞書的に利用する場合でも，行政法総論と参照領域の主要な議論をもれなく検索できるようにした。

- 行政法学習の「横糸」を示す本書の意図から，各参照領域のなかで行政法総論とは関係の薄い論点については大胆にカットし，行政法学習の上で重要な点，興味深い点に絞って説明することとした。本書は，抽象的な行政法総論の内容と，緻密で詳細な個別法の学習とを架橋する意図で執筆されている。さらに詳細な内容を学ぶために，本書を読み終えた後で，後掲の各参照領域の基本書・体系書に是非挑戦して欲しい。

本書の学習方法

本書は行政法学習の最初と最後に読む基本書として（途中の段階では必要に応じて参照する参考書として）用いられることを想定している。

初学者

　初学者にとって重要なのは，行政法の全体像をつかみ，具体的な素材を使って行政法のイメージを獲得することである。そこで，以下のような学習方法が考えられる。

- 本書第1部では，行政法総論に関するアウトラインを説明している。これは，行政法総論の学習の際の輪郭として機能するほか，本書第2部での参照領域の説明の際に行政法総論の内容と結びつけて理解してもらうためでもある。その詳細度は，司法試験短答式の8割程度が解答可能な水準とした。このような目的から，第1部においては，特色ある記述を行っている基本書の頁数と，章末に付した学習用参考文献（各10本）を除く一切の文献註を省略している。
- 本書第2部で説明されている4つの法分野のうち関心の強い任意の分野を選んでざっと読んでみることで，具体的な行政法システムがどのように設定され，それが社会問題の解決をどのように試みようとしているのかを漠然と掴むことができると思われる。その上で，後掲の行政法総論に関する基本書を数冊選んで読み比べ，行政法総論に関する理解を深めることを勧めたい。

中級者

　中級者にとって必要となるのは，行政法総論に関する正確な理解である。そのため，学習の中心は行政法総論の基本書であり，そこで言及されている重要な判例については判例集で個別にフォローすることが必要となる。

　本書第2部では，行政法の講義の中で必ず触れられる重要な判例にできるだけ言及し，その事件の背景となっている法制度がどのような意図のもとに設定され，それが判決でどのように評価されて結論に至っているのかを丁寧に説明している。行政法総論の学習に合わせて本書の関連部分を読み比べることで，判例に対する理解を深め，これを批判的に検討したり，制度設計上の問題点を正確に把握したりすることができると考えられる。

上級者

　行政法総論を一通り学んだ上級者にとって重要なのは，その知識を再確認するとともに，個別の行政法の条文解釈や制度設計論と総論の知識とを接合させることである。そこで，本書第１部を通読して行政法総論の知識の定着度を確認し，不安な点があれば総論の基本書に戻って確認する作業と，本書第２部を精読して個別の行政法制度の理解を深めることが重要である。

- 第２部の４つの分野のうち，租税法と環境法は司法試験の選択科目に含まれていることもあり，入門書から演習書までさまざまな教材がすでに刊行されている。そこでこの２つに関しては，行政法総論の観点から興味深い点に特に限定して説明を加えるとともに，基本書の頁数と章末に付した参考文献（各20本）を除く詳細な文献註・コラム・発展演習を省略している。これに対し，社会保障法・都市法は選択科目ではなく，むしろ行政法の司法試験論述式問題として出題される可能性のある（そして過去にも出題された）分野である。このためこの２つに関しては，詳細な文献註・コラム・発展演習を付している。

- 文献註は主として研究大学院・公共政策大学院の学生を想定し，読むべき文献を示した上で理論的に先端的あるいは難解な点に言及している。またコラムは，本文で説明するには詳細・難解な内容を説明している。これらは初読の際にはとばして読み，その分野の基本構造を理解した後に読むことを勧める。本書の理論的基礎についてさらに知りたい場合は，本書の姉妹編『行政法学と主要参照領域』（近刊）の参照を願いたい。

- 発展演習は，当該法分野の法制度の理解を確認することを目的とした簡単な事例問題である。本文の記述や関連する判例を確認したうえで，どのような法的解決策が考えられるか自分なりに検討することを勧める。発展演習の詳細な解説を含め，事例に則して行政法を学びたい場合には，本書の姉妹編『演習 行政法』（近刊）を参照して欲しい。

主要参考文献

■ 行政法総論──単著の入門書・基本書

入門書

今村・入門	今村成和（畠山武道補訂）『行政法入門［第9版］』（有斐閣・2012年）	
宇賀・行政法	宇賀克也『行政法』（有斐閣・2012年）	
芝池・読本	芝池義一『行政法読本［第3版］』（有斐閣・2013年）	
高木	高木光『プレップ行政法［第2版］』（弘文堂・2012年）	
藤田・入門	藤田宙靖『行政法入門［第5版］』（有斐閣・2006年）	

基本書

[行政過程論]

阿部・I	阿部泰隆『行政法解釈学I』（有斐閣・2009年）
稲葉	稲葉馨『行政法と市民』（放送大学教育振興会・2006年）
宇賀・I	宇賀克也『行政法概説I［第5版］』（有斐閣・2013年）
遠藤・実定	遠藤博也『実定行政法』（有斐閣・1989年）
大橋・I	大橋洋一『行政法I 現代行政過程論』（有斐閣・2009年）
大浜・総論	大浜啓吉『行政法総論［第3版］』（岩波書店・2012年）
兼子	兼子仁『行政法学』（岩波書店・1998年）
小早川・上	小早川光郎『行政法上』（弘文堂・1999年）
小早川・下I	小早川光郎『行政法講義下I』（弘文堂・2002年）
塩野・I	塩野宏『行政法I［第5版補訂版］』（有斐閣・2013年）
芝池・総論	芝池義一『行政法総論講義第4版［補訂版］』（有斐閣・2006年）
田中・総論	田中二郎『行政法総論』（有斐閣・1957年）
田中・上	田中二郎『新版行政法上巻全訂第二版』（弘文堂・1974年）
藤田・I	藤田宙靖『第4版行政法I（総論）［改訂版］』（青林書院・2005年）
原田・要論	原田尚彦『行政法要論［全訂第7版補訂2版］』（学陽書房・2012年）

[行政組織法]

宇賀・Ⅲ	宇賀克也『行政法概説Ⅲ［第3版］』（有斐閣・2012年）

宇賀・自治法	宇賀克也『地方自治法概説［第5版］』（有斐閣・2013年）
佐藤・組織法	佐藤功『行政組織法［新版増補］』（有斐閣・1985年）
塩野・Ⅲ	塩野宏『行政法Ⅲ［第4版］』（有斐閣・2012年）
田中・中	田中二郎『新版行政法中巻全訂第二版』（弘文堂・1976年）
藤田・組織法	藤田宙靖『行政組織法』（有斐閣・2005年）

[行政救済論]

阿部・Ⅱ	阿部泰隆『行政法解釈学Ⅱ』（有斐閣・2009年）
宇賀・Ⅱ	宇賀克也『行政法概説Ⅱ［第4版］』（有斐閣・2013年）
大橋・Ⅱ	大橋洋一『行政法Ⅱ 現代行政救済論』（有斐閣・2012年）
大浜・裁判法	大浜啓吉『行政裁判法』（岩波書店・2011年）
神橋	神橋一彦『行政救済法』（信山社・2012年）
木村	木村琢磨『プラクティス行政法』（信山社・2010年）
小早川・下Ⅱ	小早川光郎『行政法講義下Ⅱ』（弘文堂・2005年）
小早川・下Ⅲ	小早川光郎『行政法講義下Ⅲ』（弘文堂・2007年）
塩野・Ⅱ	塩野宏『行政法Ⅱ［第5版補訂版］』（有斐閣・2013年）
芝池・救済法	芝池義一『行政救済法講義［第3版］』（有斐閣・2006年）

[国家補償法]

阿部泰隆『国家補償法』（有斐閣・1988年）

今村成和『国家補償法』（有斐閣・1957年）

宇賀克也『国家補償法』（有斐閣・1997年）

遠藤博也『国家補償法上巻』（青林書院・1981年）

遠藤博也『国家補償法中巻』（青林書院・1984年）

■ 判例集

判百Ⅰ	宇賀克也＝交告尚史＝山本隆司編『行政判例百選Ⅰ［第6版］』（有斐閣・2012年）
判百Ⅱ	宇賀克也＝交告尚史＝山本隆司編『行政判例百選Ⅱ［第6版］』（有斐閣・2012年）
判Ⅰ	大橋洋一＝斎藤誠＝山本隆司編著・飯島淳子＝太田匡彦＝興津征雄＝島村健＝徳本広孝＝中原茂樹＝原田大樹『行政法判例集Ⅰ 総論・組織法』（有斐閣・2013年）
判Ⅱ	大橋洋一＝斎藤誠＝山本隆司編著・飯島淳子＝太田匡彦＝興津征雄＝島村健＝徳本広孝＝中原茂樹＝原田大樹『行政法判例集Ⅱ 救済

法』（有斐閣・2012 年）

| CB | 高木光＝稲葉馨編『ケースブック行政法［第 4 版］』（有斐閣・2010 年） |

■ 租税法

岡村	岡村忠生＝渡辺徹也＝高橋祐介『ベーシック税法［第 7 版］』（有斐閣・2013 年）
金子	金子宏『租税法［第 18 版］』（弘文堂・2013 年）
北野	北野弘久『税法学原論［第 6 版］』（青林書院・2007 年）
清永	清永敬次『税法［新装版］』（ミネルヴァ書房・2013 年）
佐藤	佐藤英明『スタンダード所得税法［補正 2 版］』（弘文堂・2011 年）
田中	田中二郎『租税法［第 3 版］』（有斐閣・1990 年）
谷口	谷口勢津夫『税法基本講義［第 3 版］』（弘文堂・2012 年）
増井	増井良啓＝宮崎裕子『国際租税法［第 2 版］』（東京大学出版会・2011 年）
水野	水野忠恒『租税法［第 5 版］』（有斐閣・2011 年）

■ 社会保障法

吾妻	吾妻光俊『社会保障法』（有斐閣・1957 年）
荒木	荒木誠之『社会保障法読本［第 3 版］』（有斐閣・2002 年）
岩村	岩村正彦『社会保障法 I』（弘文堂・2001 年）
碓井	碓井光明『社会保障財政法精義』（信山社・2009 年）
加藤	加藤智章＝菊池馨実＝倉田聡＝前田雅子『社会保障法［第 5 版］』（有斐閣・2013 年）
桑原	桑原洋子『社会福祉法制要説［第 5 版］』（有斐閣・2006 年）
小西	小西國友『社会保障法』（有斐閣・2001 年）
島崎	島崎謙治『日本の医療』（東京大学出版会・2011 年）
角田	角田豊（佐藤進校訂）『社会保障法［新版］』（青林書院・1994 年）
西村	西村健一郎『社会保障法』（有斐閣・2003 年）
西村・入門	西村健一郎『社会保障法入門』（有斐閣・2008 年）
堀・総論	堀勝洋『社会保障法総論［第 2 版］』（東京大学出版会・2004 年）
堀・年金	堀勝洋『年金保険法［第 3 版］』（法律文化社・2013 年）

■ 環境法

大塚	大塚直『環境法［第 3 版］』（有斐閣・2010 年）
北村・自治体	北村喜宣『自治体環境行政法［第 6 版］』（第一法規・2012 年）
北村	北村喜宣『環境法［第 2 版］』（日本評論社・2013 年）
倉坂	倉阪秀史『環境政策論［第 2 版］』（信山社・2008 年）
高橋編	高橋信隆編『環境法講義』（信山社・2012 年）
西井編	西井正弘編『地球環境条約』（有斐閣・2005 年）
西井＝臼杵編	西井正弘＝臼杵知史編『テキスト国際環境法』（有信堂高文社・2011 年）
畠山	畠山武道『自然保護法講義［第 2 版］』（北海道大学出版会・2008 年）
原田	原田尚彦『環境法補正版』（弘文堂・1994 年）

■ 都市法

五十嵐	五十嵐敬喜『都市法』（ぎょうせい・1987 年）
生田	生田長人『都市法入門講義』（信山社・2010 年）
大橋・都市計画法	ヴィンフリート・ブローム＝大橋洋一『都市計画法の比較法研究』（日本評論社・1995 年）
鵜野	鵜野和夫他『不動産有効利用のための都市開発の法律実務』（清文社・2006 年）
金子	金子正史『まちづくり行政訴訟』（第一法規・2008 年）
田中・土地法	田中二郎『土地法』（有斐閣・1960 年）
安本	安本典夫『都市法概説［第 2 版］』（法律文化社・2013 年）

xxiii

図 行政法総論と各論の見取図

行政法総論

租税法
- 国税通則法
- 国税徴収法
- 国税犯則取締法
- 所得税法
- 法人税法
- 消費税法
- 関税法
- 地方税法

財政法
- 財政法
- 会計法
- 特別会計法
- 補助金適正化法
- 供託法

地方財政法
- 地方財政法
- 地方交付税法
- 地方公共団体財政健全化法
- モーターボート競走法
- 自転車競技法

環境法
- 環境基本法
- 環境影響評価法
- 公害紛争処理法
- 大気汚染防止法
- 水質汚濁防止法
- 原子力基本法
- 原子炉等規制法
- 廃棄物処理法
- 自然環境保全法
- 自然公園法

都市法
- 国土形成計画法
- 都市計画法
- 建築基準法
- 土地収用法
- 土地区画整理法
- 道路法
- 景観法
- 建築士法
- 宅地建物取引業法

社会保障法
- 健康保険法
- 国民健康保険法
- 厚生年金保険法
- 国民年金法
- 社会福祉法
- 児童福祉法
- 障害者総合支援法
- 老人福祉法
- 介護保険法

教育法・文化法
- 教育基本法
- 学校教育法
- 地方教育行政法
- 国立大学法人法
- 文化財保護法

交通・運輸法
- 鉄道事業法
- 鉄道営業法
- 道路運送法
- 貨物自動車運送事業法
- 全国新幹線鉄道整備法
- 港湾法
- 航空法

消費者法
- 消費者基本法
- 消費者安全法
- 特定商取引法
- 消費生活用製品安全法

経済行政法
- 電気通信事業法
- 電波法
- 大規模小売店舗立地法
- 保険業法
- 銀行法
- 金融商品取引法
- 資金業法
- 旅館業法
- 独占禁止法
- 農地法
- 土地改良法
- 森林法
- 鉱業法
- 電気事業法
- 電気用品安全法

警察法
- 警察法
- 警察官職務執行法
- 道路交通法
- 風俗営業法
- 銃刀法
- 食品衛生法
- 出入国管理法

給付 ↑
↓ 規制

第1部 行政法総論の概要

第1章
行政過程論

 行政法の基礎理論

1 行政法の特色

■ 行政法とは何か

　新たな法律科目を学ぼうとする際に大事なことは，その科目にどのような特色があるのか大まかなイメージをつかみ，これまで学んできた科目とどのような関係に立っているのかを確認することである。**行政法**は公共部門（主として行政機関）による社会管理のあり方を規律する法の総称であり，憲法と同じく**公法**のグループに含まれる。同じ基本法科目に属する民事法や刑事法では，権利義務に関係する実体法（民法・商法，刑法）と権利義務の実現方法に関する手続法（民事訴訟法，刑事訴訟法）がはっきり分かれているのに対

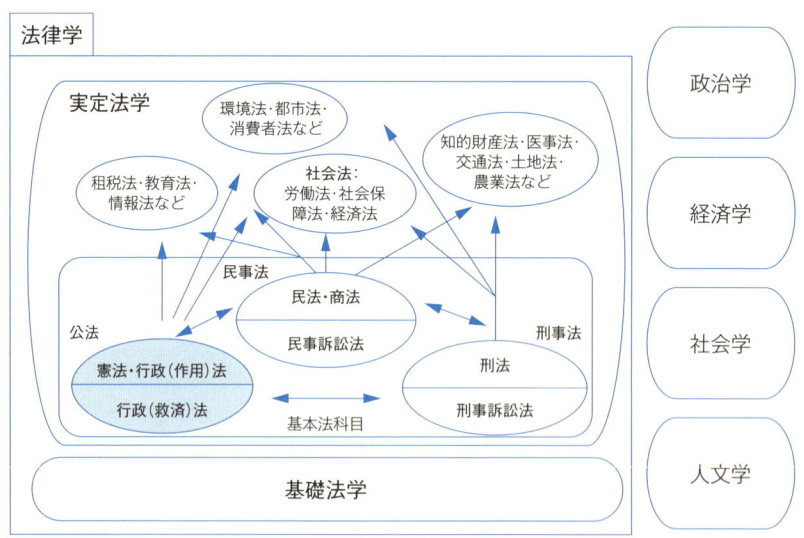

図1　法律学における行政法の位置づけ

して、公法では行政法が実体法も手続法も取り扱っている。

　行政法の他の基本法科目と顕著に異なる点は、行政法という名前の法典が存在しないことである。民法や刑法であれば、学習の中心は、六法に掲載されている「民法」「刑法」という名前の法律である。しかし、六法のどこにも「行政法」という名前の法律はない。ところが、我々の日常生活には行政法が不可欠である。朝起きて顔を洗うときに蛇口から出てきた水道水は、「水道法」という行政法によって規律されている。朝食の食べ物の安全性は「食品衛生法」で守られているし、駅まで乗っていった自転車は「道路交通法」が定める交通ルールを守っていないと処罰されるし、通学に使っている鉄道は「鉄道事業法」によって規制されている。日本で現在通用している2000本近くの法律のほとんどは、こうした行政法である。もし行政法を民法や刑法と同じ感覚で勉強しようとするなら、これらの法律すべてについて個別の条文の解釈や関連判例を学んでいくことになる。しかしそれではいくら時間があっても足らないし、非効率である。そこで、行政法が学習対象としているのは次の2つである。1つは、警察法・環境法・都市法といった個別の行政分野を問わず共通に適用される法律（**行政通則法**）である。六法には「行政」と名が付く法律がいくつか掲載されている（行政手続法・国家行政組織法・行政代執行法など）。こうした行政通則法を学ぶ際には、民法や刑法などと同じように、条文ごとにその意味内容や関連判例を押さえていくスタイルがとられる。もう1つは、個別の行政分野の法令の共通要素（**行政法総論**）である。個別の行政法令を網羅的に読み解いていくのではなく、それらに共通してみられる法技術を学ぶことで、効率的な学習が可能となるのである（高木110頁以下）。ただし、最終的には行政法総論の知識を使って、初めて見る個別の行政法令を読みこなす力を付けることが目標なのである。本書第2部はそのための手助けとして、個別の行政法分野（**参照領域・行政法各論・行政領域**）のうちしばしば行政法総論でも取り上げられる租税法（税法）・社会保障法・環境法・都市法の基本的な考え方や法的しくみの大枠を説明している（⇨文献①）（伝統的な行政法各論の内容を概観したものとして、小早川・上32頁以下、木村60頁以下）。

■ 行政法関係の特色――民事法・刑事法との比較

　行政法と民事法・刑事法とを比較すると，次の3点の特徴を挙げることができる。第1は紛争の事前予防である（阿部・Ⅰ6頁，大橋・Ⅰ11頁）。

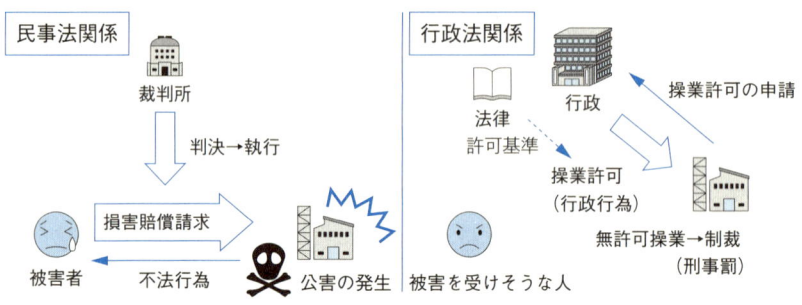

図2　民事法と比較した行政法の特色

　民事法と行政法とを比較してみよう（⇨文献②）。ある工場が公害を発生させ，近隣の住民に健康被害が出たとする。この場合には被害者が損害賠償を求めて裁判所に出訴し，勝訴すれば工場から賠償金を得ることができる。しかしこれでは被害が発生する前に対応することができない。これに対して行政法は，工場が操業する前に一定の公害防止措置が取られていることを審査した上で許可を与えるというしくみを用意することで，被害が生じる前に紛争を予防する機能を持っている。

　第2は，重大でない被害・リスクの抑止である。

　刑事法と行政法を比較してみよう。ある工場で重大な事故が発生して有毒

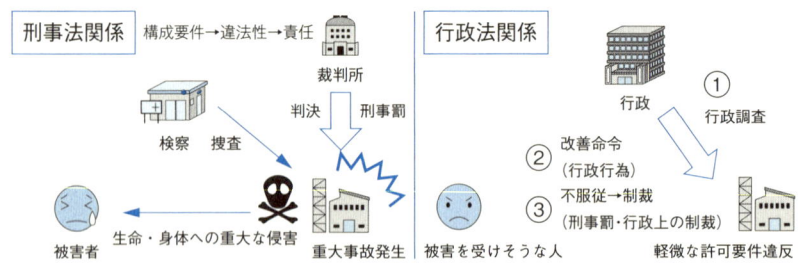

図3　刑事法と比較した行政法の特色

物質が周辺に拡散し，周辺住民の生命・身体に危害が加えられたとする。この場合には民事上の責任が問われるだけではなく，検察官が事件を捜査し，裁判所における刑事裁判によって有罪とされれば，刑事罰が科されることになる。他方で，刑罰は最終手段であるから，被害がそれほど重大でない場合や，まだ被害が現実化していないリスクの状態の場合には，これを用いることはできない。これに対して行政法では，重大な損害が発生していない段階であっても，原因を調査するために工場に行政調査に入り，そこでもし許可要件違反を発見すれば法律に基づいて改善命令を出し，それに従わない場合には制裁を科すことで，危険状態を是正させることができる。

第3は，所得再分配・生活基盤の供給である。

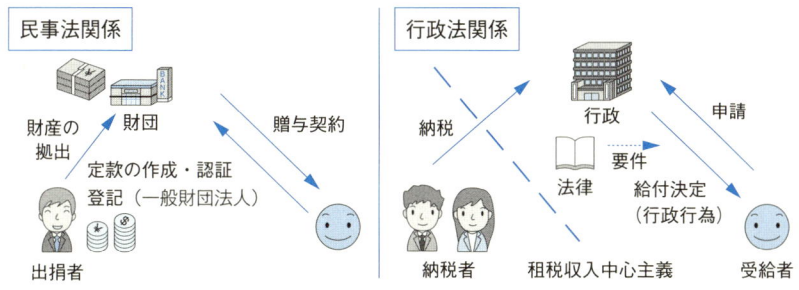

図4　行政法による所得再分配の特色

所得再分配や生活基盤の整備・供給は国家（行政）に特徴的な作用である。もちろん民事法においても，財団法人制度（一般社団法人及び一般財団法人に関する法律）や贈与契約（民法）がこの種の給付のスキームとして利用可能である。この活動を支援する意味で，公益法人制度（公益認定法）や税制面での優遇措置も存在する（⇨190頁）。これに対して行政法を用いた所得再分配は，徴収と使途決定を峻別している点に大きな特色を有する（租税収入中心主義）（⇨174，255頁）。民事法の場合，給付の元手となる財産の出捐者は，定款によって給付に条件を付けることができる（例：福岡県出身の大学生に対してだけ奨学金を給付する）。これに対して行政法の場合，納税者は税金の使途について納税時に条件を付けることはできず，その使途は議会が予算及び個別の行政法規によって決定することになる。

■ 憲法と行政活動

　同じ公法のグループに属する憲法と行政法は，密接な関係にある。憲法は行政法関係が展開する基盤としての**統治機構**を規定すると共に，行政過程において実現すべき価値を**人権**（**基本権**）や**国家の責務規定**によって提示している。両者の接点に関する議論として，以下では2つを紹介する。
① 近代国家はそれまで存在したさまざまな社会的権力を排除して国家に権力を一元化することで成立した。近代国家とともに生まれた近代公法学（憲法学・行政法学）はこれを前提としつつ，国民の権利が国家によって恣意的に侵害されない理論的な枠組を構築しようとしてきた。その1つが**立憲主義**である。立憲主義とは，国家の権力行使を制限する「憲法」を制定して国家活動をこれに従わせることで，国民の権利を守ろうとする考え方を言う。その有力な手段が権力分立であり，違法な国家活動による権利侵害が裁判所によって救済されることで，この構想が最終的に担保される。この立憲主義を実現する1つの思想が**国家と社会の二元論**である（藤田・Ⅰ 15頁以下）。

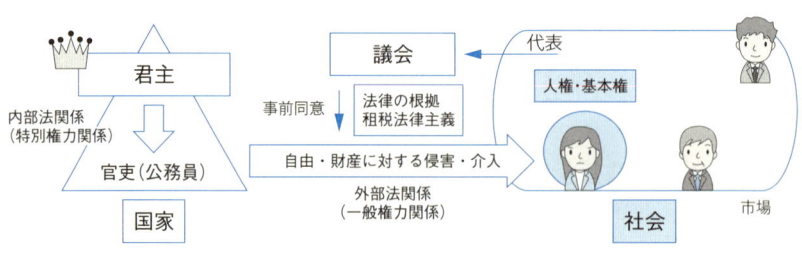

図5　国家と社会の二元論

　この考え方は，君主を頂点とする権力機構である国家と，人々が経済生活を営む社会とを分離する。君主の絶対的な支配権は国家機構内部には及ぶものの，その外側にあると考えられる社会に対して君主が介入しようとする際，より具体的には国民の自由や財産を一方的に侵害しようとする場合には，国民代表によって構成される議会の事前同意を法律の形式で得ておかなければならない。19世紀後半以降のドイツで有力化し，現在の日本の行政法学の基盤を形成しているこの考え方の特色は，国家内部と外部とを区別し，**内部法関係**（特別権力関係）には君主の絶対的な支配権を認める代わり

に**外部法関係（一般権力関係）**には**法律による行政の原理**（⇨11頁）の貫徹を要求するところにある。特別権力関係においては法律の根拠なしに権利制限が可能で，裁判所による救済も行われないと考えられていた。しかし現在の判例では，自律的な団体内部における決定に対しては，それが市民社会との接点にも影響する場面（入退学など）を除いて裁判所が審査を控える**部分社会の法理**に置き換えられている。

② 権力分立との関係では，**行政概念**をめぐる議論が憲法学と行政法学の接点に位置する。実質的意味の立法作用が「法規の定立」，司法作用が「法律上の争訟に対する法的裁断」と定義できるのに対し，行政作用は「国家作用のうち立法と司法を除いたもの」としか定義できないとされる（**控除説**）。このように歯切れの悪い定義にならざるを得ないのは，行政機関が実際に担っている仕事が多様で，「法律の執行」に収まりきれないからである。例えば外交・予算作成・法律案作成といった作用（**執政作用**）は，国会が決めたルールを機械的に執行しているとは言いがたい。民事契約に基づく行政資源の調達活動は，民法の「執行」とは観念されない。また，広い意味での法律の適用・執行に属する司法作用と行政作用の線引きはあいまいである。法律上の争訟とは言えない事件を裁判所が取り扱っている場合（**非訟事件**）もあれば，当事者間の法的紛争を行政機関が裁判類似の手続で判断する場合（**行政審判**）もある。一定の社会管理作用を行政機関が担うのか，裁判所が担うのかという問題は，国により，時代により異なっている（塩野・Ⅰ 14頁，小早川・上12頁）。こうした理由から実質的意味の行政作用の定義に深入りしない学説が主流である。本書も厳密な定義を行わず，また，国家以外の主体が担う公的任務遂行作用を広く行政法学の射程に取り込む意図からも，制度化された社会管理作用のうち行政機関に代表される公共部門が担っている活動全般を行政作用と考えて考察を進めることとする。

■ 行政法学の体系

行政法学のしくみは次の３つのレベルに分けて考えると把握しやすい。第１は行政法総論と参照領域（行政法各論）である。日本には個別の行政分野（例えば都市法・環境法など）に多数の行政法令が存在している。これらをグルーピングしてその特色や特徴的な法技術を明らかにするのが**参照領域**の役

割である。その共通要素を抽出したものが**行政法総論**と呼ばれる。行政法学習のポイントは，行政法総論と参照領域の間を往復しながら，抽象的な理論を具体的な事例にあてはめて理解することにある（大橋・Ⅰ18頁）。

　第2は行政法総論の内部区分であり，**行政組織法・行政作用法・行政救済法**の3つがある。行政活動を行っている国・地方公共団体などの行政組織に関するルールを扱うのが**行政組織法**である。行政組織法に基づいて設立された行政組織が私人に対してさまざまな働きかけを行う際のルールを決めているのが**行政作用法**である。ここには行政や私人の権利義務を定める**行政実体**

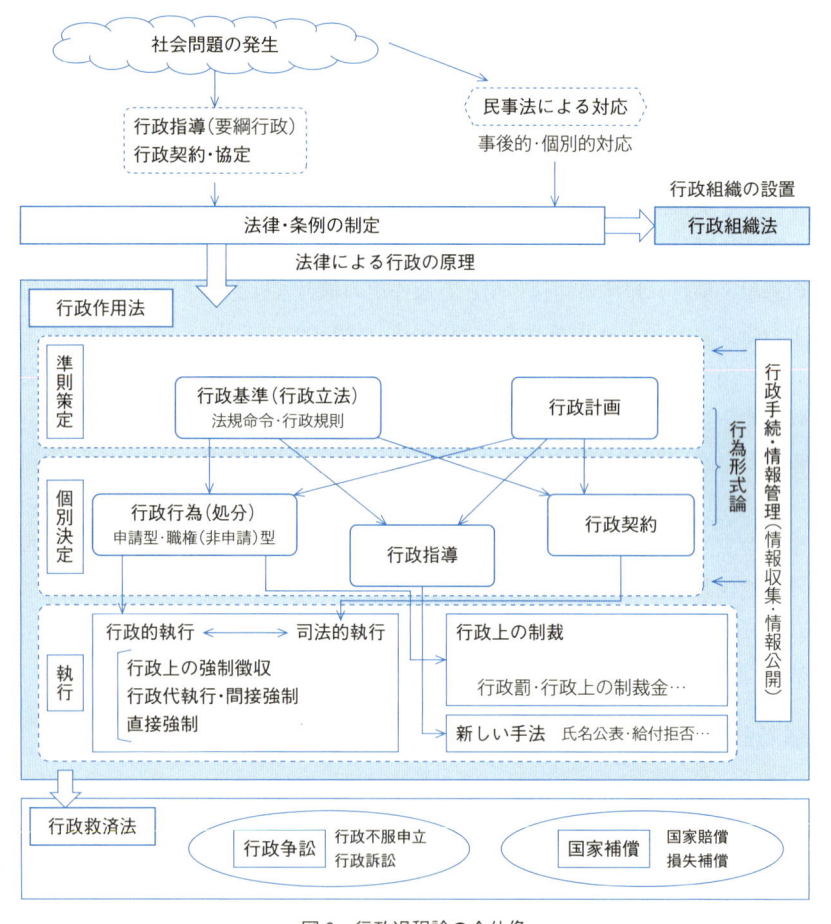

図6　行政過程論の全体像

法，行政活動の守るべき手順や形式を定めた**行政手続法**，行政上の義務を最終的に実現する**行政執行法**が含まれている。行政活動により違法に権利侵害を受けた私人がその是正や金銭塡補を裁判所などに求める際のルールを定めているのが**行政救済法**である。本書第1部では，行政組織法・行政作用法を行政過程論（第1章）で，行政救済法を行政救済論（第2章）で扱う。

　第3は行政作用法の内部構造である。ある社会問題が発生した場合，はじめは民事法による対応や，相手方に対する説得活動での対応が模索される。その後，一定の段階で議会が法律を制定し，行政機関にさまざまな権限を授権する。法律により設計された行政過程は，行政機関のさまざまな法的行為によって私人に権利義務の変動が生じる部分（行政実体法・行政手続法）と，そのような権利義務を実現する部分（行政執行法）とに大きく分けられる。前者は**行為形式論**と呼ばれる行政活動の諸形式に注目して検討がなされる。具体的には，**行政基準**（**行政立法**）・**行政計画**・**行政行為**・**行政契約**・**行政指導**の5つが取り上げられる。後者は行政上の義務を将来に向かって実現する**行政上の義務履行強制**と，過去の義務違反に対する制裁によって一般予防効果を狙う**行政上の制裁**とに分けられる。これらの行政作用を支える一般的制度として，行政手続・情報管理が存在する。

2　法律による行政の原理

■ 法律による行政の原理（法治主義）

　行政法学の最も基本的な考え方の1つが**法律による行政の原理**（**法治主義**）である。この考え方は次の2つの内容を含む。1つは，行政活動は法律に従ってなされなければならないというものであり，その具体的内容として以下で説明する「法律の法規創造力」「法律の優位」「法律の留保」の3つが含まれるとされる。そしてもう1つは，違法な行政活動は裁判所により是正されなければならないというものであり，その詳細は行政救済論で学ぶことになる。強い権力を持つ君主が臣民を服従させている図式の下では，どのような行政活動がなされるかは君主の恣意によって決まる（**人の支配**）。また君主による恣意的な支配権の行使によって臣民に対する何らかの侵害行為があっ

たとしても，これを救済してくれる機関は存在しない。ここに法律による行政の原理という考え方を持ち込むと，行政活動の内容は議会が制定する法律によって規律されることになり，行政活動がこれに違反した場合には，裁判所が行政活動の法律適合性を審査した上で，違法な行政活動の是正を求めることが可能になる。法律による行政の原理も**法の支配**も，恣意的な国家権力の行使を一般的なルールによって抑制し，その担保手段として裁判所による審査を想定する点では共通する。そもそも，こうした考え方が認められなければ，行政と私人の双方を拘束する意味での行政「法」は存立し得ない。類似の概念である法の支配（法の支配の視点から説明する見解として，大浜・総論 90 頁）の場合には，ルールの内容を裁判所が発見・形成すると考えるのに対して，法律による行政の原理の場合には，ルールを国民代表の議会が法律の形で制定すると考える点が異なる。ここに注目すると，法律による行政の原理の核心は自己同意の擬制にある。国民代表により構成される議会が当該行政活動を承認したことに，当該行政権行使の正統性を求めるのである。

　法律による行政の原理を構成する 3 つの考え方は以下の内容を持っている。**法律の法規創造力**とは一般的・抽象的であって法的拘束力を持つ定めは議会が制定する法律に独占されているとする考え方である。現在では日本国憲法 41 条が国会を「国の唯一の立法機関」と明確に定めているため，この原則を独自に説く意義は薄くなっている（大橋・Ⅰ 26 頁）。**法律の優位**とは既存の法律の規定内容があらゆる行政活動に優位するという考え方であり，法律に違反する行政活動は無効または取消の対象となる。これに対して**法律の留保**とは，特定の行政活動に法律の形式で議会の同意を事前に要求する考え方を言い，法律の根拠を欠けば当該行政活動は直ちに違法と評価される。

■ 法律の留保

　法律による行政の原理の中で学説の対立が華々しいのは，この法律の留保をめぐる問題である。その出発点となる考え方は**侵害留保の原則**である。これは，私人の自由や財産を侵害する場合のみ法律の根拠を要するとする考え方を言う（田中・総論 32 頁）。もし法律の根拠なしに行政が私人の財産を侵害すれば，それは直ちに違法な行政活動と評価されることになる。つまり法律の留保論は，留保された分野に関して事前に法律の制定がなければ行政に活

動の禁止を命ずるものなのである（**行政の緊急措置**（判百Ⅰ106 判Ⅰ3 CB9-5 最二小判1991(平成3)・3・8民集45巻3号164頁［浦安ヨット事件］）の場合でも原則として相手方の同意・協力を得て行政活動がなされるべきである）。我が国の実務は侵害留保の原則に依拠しているとされており（例えば内閣法11条はこの理解を前提とした規定であると言われる），学説の中でもこの理解を否定する立場はない。他方でこの見解では法律の留保の範囲が狭すぎることから，これをどこまで広げるべきかをめぐって学説が対立している。

　留保の範囲の議論の際に重要な点は，法律の留保論で議論されている「法律」には複数のタイプがあるということである（塩野・Ⅰ72頁）。具体的には，行政組織やその任務に関する定めを内容とする**組織規範**（例：厚生労働省設置法），行政活動の実施の要件・効果を規定した**根拠規範**（例：建築基準法9条1項），当該行政活動が法的に可能であることを前提にその手続・方法などを規定した**規制規範**（例：行政手続法）の3種類である。そして侵害留保の原則が要求している「法律」は根拠規範である。この背景には，侵害留保の原則は単に行政活動を基礎付ける法律さえあればよいと考えているわけではなく，その要件・効果まで規定させることで，国民の権利や自由を保障しようとする狙いがある。戦後，民主主義の憲法体制においてはもはや行政権の自立性を前提とする「留保」という発想は不適切であるとの立場から，原則として全ての行政活動に法律の根拠を要求する**全部留保説**が登場した（芝池・総論48頁）。しかしこの考え方には次の2つの批判が投げかけられた。1つは，留保領域において行政に対する活動禁止を要求する法律の留保の範囲を拡張することが国民にとって必ずしもプラスにならないということである（原田・要論85頁）。例えば給付行政に法律の留保が及ぶとすれば，法律に基づかない給付はすべて違法になる。それを理由に行政が給付活動をやめれ

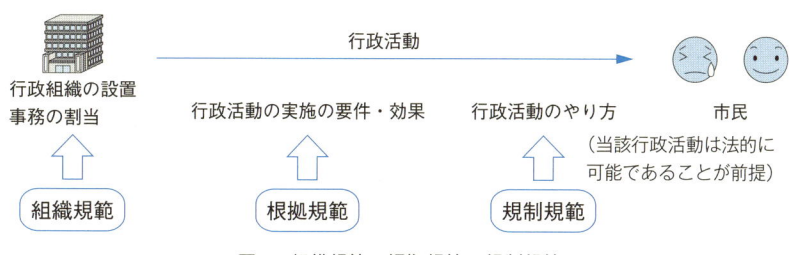

図7　組織規範・根拠規範・規制規範

ば，全体として給付行政が縮小する可能性もある。もう1つは，全部留保説が根拠規範と組織規範とを相対化する点である。起こりうる全ての事情を予測して行政活動の根拠規範を準備し尽くすことは事実上不可能である。そこで全部留保説の論者は，行政活動の種類によっては組織規範であっても授権として十分であるとする。これに対しては，根拠規範を要求することで行政活動に対する予見可能性・法的安定性の確保を図ってきた侵害留保の原則を空洞化させるおそれがあるとの批判が提起されたのである。

　法律の留保をめぐって現在有力な立場とされているのが，権力留保説と本質性理論（重要事項留保説）である。**権力留保説**とは，権力的な行政活動には法律の根拠が必要とする立場を言う（兼子58頁，藤田・Ⅰ86頁）。ここでいう権力的とは，行政活動の相手方との合意によらずに行政の一方的な判断で相手方の権利義務を変更することであり，後に説明する**行政行為**（⇨55頁）という形式を使った行政活動とほぼ同義である。権力留保説は侵害留保の原則をほぼ踏襲しているものの，留保の線引きの基準として侵害という「作用」ではなく行政行為という「形式」を用いている。これは給付行政の問題とかかわっている。給付行政も法律の留保の範囲に入れてしまうと，行政が法律に基づかずに給付をすることが違法となり，結果として給付の拡大による国民生活の向上ができなくなるおそれがある。そこで権力留保説の論者は，給付行政という「作用」を留保領域に取り込むのではなく，給付行政の中でも行政行為という「形式」を使って給付をするものだけを留保領域に含めるのである。他方で権力留保説は，根拠規範と規制規範とを相対化する傾向も有する。行政行為という「形式」は，その要件や効果を規定する根拠規範によってだけではなく，決定の形式として行政行為を用いることのみを定める規制規範によっても授権しうる（例：補助金適正化法）。この点が侵害留保の原則を空洞化させうるとして批判されている（権力留保説に対する詳細な批判として，阿部・Ⅰ100頁以下）。

　これに対して**本質性理論**は侵害留保の原則を拡張し，基本権の行使に本質的にかかわる事項については法律の根拠を要求する考え方である。さらに，統治機構からみた重要事項（例えば基本的な計画・給付制度や行政組織）についても法律の根拠を要請する（大橋・Ⅰ34頁）。本質性理論は権力留保説と異なり，留保の線引きを「形式」ではなく「作用」で行う点では侵害留保の原則

と同じである。しかし，以下の2点において侵害留保の原則とは大きく異なる考え方を取っている。1つは議会の**規律責務**である。それまでの法律の留保は行政に対する活動禁止（活動を行った場合には直ちに違法な行政活動の評価を受ける）であったのに対し，本質性理論では議会に対する当該留保領域における規律の要求という構造を取る。つまり，法律の留保原則の名宛人が行政から議会へと転換することとなる。もう1つは**規律密度**である。侵害留保の原則においても根拠規範を要求することで，行政活動に対する議会の統制を高める努力はなされていた。他方で，法律の法規創造力の原則は，議会が行政に法規定立を委任することを是認していた。これに対して本質性理論は，基本権行使にとって重要な内容であればあるほど，議会が自ら詳細に規律すべきとの考え方を取っている。この本質性理論に対しては，従来の法律の留保論にはなかった要素（規律責務・規律密度）を持ち込むことで議論を混乱させているとする点や，線引きの基準である「本質」の内容が不明確であるとする点に批判が寄せられている（⇨文献③）。

3 行政法の法源

■ 行政法の法源

　行政活動は法律に従ってなされなければならない（法律による行政の原理）。しかし，行政活動を統御する法的ルールは法律に限られない。そこでまず，行政法の存在形式（法的ルールのカタログ）である**法源**を簡単に紹介する。法源は大きく，条文の形で書かれている**成文法源**と，そうではない**不文法源**とに分けられる。

　成文法源に含まれるのは，憲法・法律・条約・条例・命令である。
① **憲法**は国の最高法規として，法源の頂点に立っている。憲法に違反する下位の法規範は違憲無効となる。憲法は，行政法によって実現すべき諸価値や，行政過程の基盤をなす統治構造を定めている。
② **法律**は憲法の規定に従って国会が定める法規範である。行政法に特有の立法形式として**基本法**がある。1947年に制定された教育基本法以来，現在までに40本以上の基本法が存在している。基本法は各分野の行政施策の目

標や基幹的な政策手段・予算措置・組織などを規定しており，基本法の規定の中に具体的な行政活動の根拠や私人の権利義務が含まれていることは少ない。これらは基本法を受けて制定される個別の法律の中で規定されている。

③ 国家間の合意により一定の手続を経て成立する拘束的な法規範を**条約**と呼ぶ。日本国憲法の下では，批准など所定の手続を経て成立した条約は，これを国内法に変型しなくても国内法として通用する。ただし，条約の規定の多くは国家に対してある程度の幅を持たせた上で一定の行為を義務付けており，その具体的な実現手段は国内における立法措置（**担保法**）を待って確定することが通常である。これに対していわゆる**自動執行性のある条約**の場合，国内の立法措置を経ずに条約の内容が国家機関（主として裁判所）によって実現されることになる。

④ 地方公共団体の議会が定める法規範を**条例**という。条例には，地方公共団体が独自の施策を展開するために法律とは無関係に定めるもの（**自主条例**）と，法律の具体的な委任を受けて制定されるもの（**委任条例**）とがある。法律と条例の関係は重要論点であり，後に詳論する（⇨20頁）。

⑤ 行政機関が定立する法規範を**命令**という。命令はその制定権者により，内閣が閣議を経て定める**政令**，内閣府の主任の大臣としての内閣総理大臣が定める**府令**，各省大臣が定める**省令**，委員会・庁の長官・地方公共団体の首長（知事・市町村長）が定める**規則**に分けられる。多くの行政法規は，法律の規定を受けてその詳細を政令（○○法施行令）や府省令（○○法施行規則）が

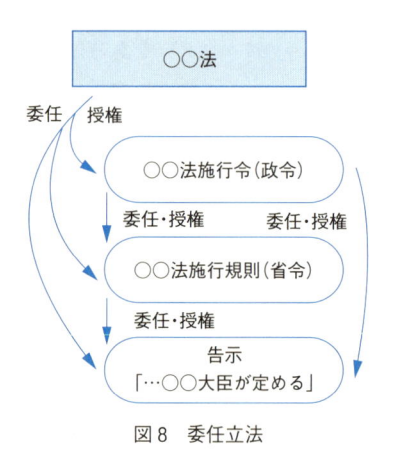

図8 委任立法

定めるスタイルが取られている。法律の規定がどう運用されているかを知るには、これら関連の規定にまで目を配る必要がある。なお、命令の中には法律と同等の効力を有するものがあり（**ポツダム命令**），物価統制令や学校施設の確保に関する政令（⇨78頁）などが代表例である。また、大臣・知事などが定める**告示**のなかには、法律の委任規定を受けて法規範としての性格を有しているものもある（例：学習指導要領）。

　不文法源に含まれるのは、行政上の法の一般原則、個別法分野ごとの法の一般原則、公法学の指針的価値（現代型一般原則），その他の不文法源（慣習法・判例法・自主規制基準）である。

① 行政法の個別分野を問わず一般に適用される条理を**行政上の法の一般原則**と呼ぶ。その主要な内容として比例原則・権限濫用禁止原則・信頼保護原則・平等原則があり（⇨18頁），これらは憲法または民法に由来している。

② 行政法の参照領域ごとに形成されている一般原則も存在する。代表的なのは**警察法上の一般原則**であり（小早川・上143頁），警察権（もとは内務行政一般に関する権限を意味した）は社会の安全に対する障害を除去する目的のみのために発動できるとする**警察消極原則**，人の私生活・住居・民事関係には警察権の介入が原則として許されないとする**警察公共原則**，警察権の発動はその必要性に比例する最小限のものでなければならないとする**警察比例原則**，警察権が発動される相手方は警察違反に対する責任（**警察責任**）がある者に限られるとする**警察責任原則**が含まれている。これらは実定法上の警察権限行使を制約する明文規定が乏しかった時代にこれを補充するものとして機能していた。これに対して**環境法上の一般原則**（⇨356頁）は、解釈指針としてはもとより、立法を方向付ける機能をも有している。

③ **公法学の指針的価値**（現代型一般原則）は、公法が実現しようとする価値のカタログであり、近時の重要な法改正の背景に見られる考え方でもある（例：情報公開法における説明責任）。私人の権利や自由の保護に由来するものとして、合理的な理由なき差別的な取り扱いを禁止すること（**公平性**），決定者の諸利害からの中立と考慮すべき利益を考慮した決定を確保すること（**公正性**）を挙げることができる。民主政に由来するものとして、公的任務の案件処理を行いうることの理由・根拠を提示すること（**正統性**），案件処理の過程や結果を市民に対して合理的に説明すること（**透明性**）がある。さらに経

済合理性に由来するものとして，代替的な政策手段と比較して優れた費用対効果を持つこと（**効率性**），選択される政策手段が政策目的達成との関係で有意義であること（**有効性**）が挙げられる。

④ その他の不文法源として，まず**慣習法**を挙げることができる（宇賀・Ⅰ 11頁）。ただし法律による行政の原理を基本とする行政法関係において慣習法が働く場面はそう多くはない（例：官報を用いた法令公布）。次に**判例法**がある。最高裁判例は行政法においても重要な役割を果たしている。最後に，技術基準・規格・自主規制基準といった，民間団体が定めた規範も，さまざまな法的操作（不確定法概念・参照）を経て事実上の通用力を獲得することがありうる。

■ 行政上の法の一般原則

行政上の法の一般原則は，詳細でない法律の規定を補完する場面と，法律の規定の通りに解決すると正義衡平の観念に反する場合にこれを修正する場面とで働く。

① ある正当な政策目的を達成するための手段が目的との関係で最小限度のものでなければならないとする考え方を**比例原則**という。警察法上の一般原則（警察比例原則）から出発し，現在では行政分野を問わず普遍的にあてはまる原則と理解されている（日本国憲法 13 条に一部が実定化されているとする見解が有力である）。例えば次のような場面で比例原則が働く。学校教育法 11 条は校長・教員が「教育上必要があると認めるときは，文部科学大臣の定めるところにより，児童，生徒及び学生に懲戒を加えることができる」と定めている。そして学校教育法施行規則（文部省令）26 条 3 項は，退学処分の要件として「性行不良で改善の見込がないと認められる者」「学力劣等で成業の見込がないと認められる者」「正当の理由がなくて出席常でない者」「学校の秩序を乱し，その他学生または生徒としての本分に反した者」の 4 つを規定している。こうした条文構造からすれば，校長はこれらの要件を満たせば退学処分をすることもしないこともできることになる（裁量）（⇨64 頁）。しかし退学処分は相手方にとって重大な不利益となる措置であるから，他の処分（訓告・停学など）では不十分な場合に限って，また慎重な判断のもとに選択されなければならない（判百Ⅰ84　判Ⅰ141　CB 4-6　最二小判 1996（平成 8）・

3・8民集50巻3号469頁［エホバの証人（剣道受講拒否）事件］）。

② 行政に付与された権限をその目的外のために用いてはならないという考え方を**権限濫用禁止原則**（**目的拘束原則**）という。民法の権利濫用禁止原則に対応する。比例原則は，目的と手段のバランスを厳しく審査することで，権力の暴走を防止しようとしている。しかしそのようにチェックされた政策手段であっても，それが他の政策目的のために簡単に転用されると，比例原則の意義が空洞化してしまう。そこで権限濫用禁止原則は，政策目的と政策手段とが一対一に対応することを要求し，目的が異なる複数の権限が結合することを禁止しているのである。例えば，ある児童遊園施設が児童福祉法に基づく児童福祉施設の認可要件を満たすものであり，それ自体は適法に認可されたものであるとしても，それが風営法の距離制限規定（⇨493頁）を用いてある個室付浴場営業を禁ずる目的でなされたものであれば，行政権の濫用として違法となる（判百I 33　判I 10　CB 4-3　最二小判1978（昭和53）・5・26民集32巻3号689頁［個室付浴場事件］）。

③ 従前の行政活動の存続を期待する私人の信頼が保護されなければならないとする考え方を**信頼保護原則**（**信義則**）という。もとは民法の信義則に由来する。法律の定めとは異なる行政活動が継続し，そのことに気づいた行政側が従来の取り扱いを変更した場合には，法律による行政の原理と信頼保護原則との緊張関係が生じる。例えば，本来であれば**青色申告**（⇨179頁）承認による納税上の優遇措置が受けられないはずの人が税務署の手違いにより優遇措置を受け続け，後になって誤りに気づいた税務署長が**更正処分**によってより高い税額を確定した場合が考えられる。最高裁は，法律による行政の原理がとりわけ強く要請される租税法の分野においても一般論として信頼保護原則の適用があることは認めつつ，そのためには少なくとも①税務官庁が納税者に対し信頼の対象となる公的見解を表示したこと②納税者がその表示を信頼しこれに基づいて行動したこと③後に公的見解に反する課税処分が行われて納税者が経済的不利益を被ったこと④納税者が公的見解を信頼し行動したことについて納税者の帰責事由がないことが必要であるとした（判百I 28　判I 26　CB 9-4　最三小判1987（昭和62）・10・30判時1262号91頁［八幡税務署事件］）。これに対して，法律による行政の原理と信頼保護原則との緊張関係が生じないような場合，例えば，村長選挙の結果，工場誘致に積極的でこれ

を継続的に進めてきた前職が敗れ，工場誘致に反対する人が村長となって，工場事業者に対して協力を行わなくなり，事業者側がそれ以前に行った投資が無駄になったというケースで，最高裁は信頼保護原則の適用を認めている（判百Ⅰ29　判Ⅰ28　CB 9-3　最三小判1981(昭和56)・1・27民集35巻1号35頁［宜野座村工場誘致事件］）。最高裁は，工場事業者が信頼を保護したことについての帰責事由がないことまでは求めておらず，この点に法律による行政の原理との抵触関係がない場合の判断の特色が認められる。

④ 同じ状況にある私人に対しては，特段の正当化理由がない限り同じように扱わなければならないとする考え方を**平等原則**という。日本国憲法14条に由来する原則である。例えば，町に定住している人とそうでない別荘居住者との間で3倍以上の基本料金の格差をつけた場合に，最高裁は，地方自治法244条3項が定める公の施設に関する不当な差別的取扱の禁止は平等原則を具体的に規定したものであると理解した上で，個別原価に基づいて設定されるべき水道料金においてこれほどの格差を付けることは正当化できないとした（判百Ⅱ162　判Ⅰ197　CB 1-9　最二小判2006(平成18)・7・14民集60巻6号2369頁［高根町水道料金事件］）。

■ 行政過程における条例

地方公共団体の議会が定める法規範を**条例**という。条例は大きく，国の法律の個別的な委任を受けて定められる**委任条例**と，法律の個別の授権なしに定められる**自主条例**に分けられる。委任条例の適法性は，授権根拠となった法律の規定の趣旨に適合するかで決まる（後述の行政基準の適法性（⇨52頁）と判断方法は同じである）。これに対して判断が難しいのは自主条例の適法性である。その出発点となるのは，憲法94条の「法律の範囲内で」条例を制定することができるという規定である。現在の条例制定権の限界論は，次の3つの要素から自主条例の適法性を判断している（塩野・Ⅲ183頁）。

① 条例は地方公共団体が定める法規範であるから，地方公共団体の事務の範囲内（地域における事務）でなければならない。1999年の地方分権改革以前には，国の事務が地方公共団体の機関（首長・行政委員会）に委任される**機関委任事務**と呼ばれる事務が存在し，この事務は条例制定権の範囲外であった。しかし現在この事務区分は廃止されているので，地域における事務であ

憲法94条　地方公共団体は……法律の範囲内で条例を制定することができる。

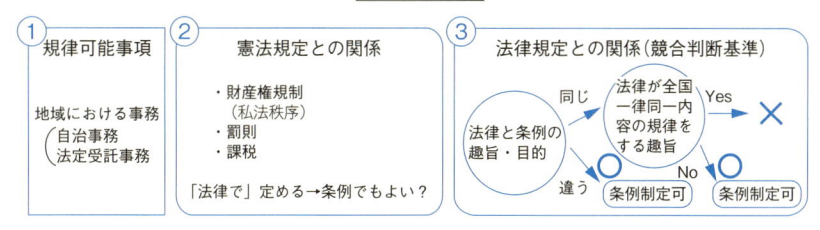

図9　条例制定権の限界

れば何でも条例制定の対象となる。

② 日本国憲法上「法律で」定めると法形式が明記されている事項について，これを条例で定めることができるかが次に問題となる。具体的には財産権規制（憲法29条2項），罰則（31条），課税（84条）を内容とする自主条例の制定が可能かどうかである。現在の学説・判例はこれらについても自主条例の制定が可能であると理解している（大橋・I 56頁）。その理由は，条例が民主的に選ばれた議員によって構成される地方議会で制定されること，条例の制定を憲法が授権していることにある。例えば，売春目的の勧誘行為を禁止した条例違反で起訴された被告人が当該条例を憲法31条違反と主張した事件において，最高裁は，地域の事務が地方自治法で掲げられその内容が具体的であること，地方自治法上罰則の範囲が限定されていること，条例は公選議員で組織される地方公共団体の議会の議決を経て制定される法律に類するものであることを理由として，合憲としている（判百I 116　判I 22　最大判1962（昭和37）・5・30刑集16巻5号577頁［大阪市売春勧誘行為取締条例事件］）。

③ 条例論で最も難しいのは，法律規定と条例の競合を判断する方法である。かつての**法律先占論**は，法律がすでに規律を置いている対象事項に対して条例を制定することは許されないと考えていた。これに対して徳島市公安条例事件最高裁判決（判I 19　CB 1-2　最大判1975（昭和50）・9・10刑集29巻8号489頁）は，「条例が国の法令に違反するかどうかは，両者の対象事項と規定文言を対比するのみでなく，それぞれの趣旨，目的，内容及び効果を比較し，両者の間に矛盾抵触があるかどうかによってこれを決しなければならない」とした。具体的には，法律と条例の目的が異なっている場合には，規律対象が重なり合っていても条例制定は可能であること（**目的基準**），法律が全国一

律同一内容の規制を施す趣旨でない場合には，法律と条例の目的が同じでも条例制定は可能であること（**全国一律基準**）の2つの判断基準が示されている（宇賀・自治法192頁）。

4 行政法と民事法

■ 行政法関係への民事法の適用

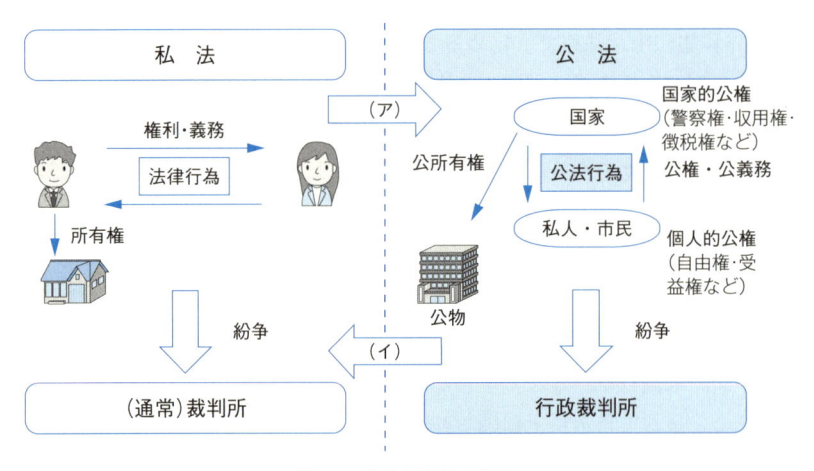

図10 公法と私法の関係

　伝統的な**公法・私法二元論**は，理論的には私法を模倣しつつ私法とは異なる独自の公法学の体系を構築しようとし，公法の権力性を強調しながら民事上の権利・義務・法律行為に匹敵する公権・公義務・公法行為の概念を基盤としようとした。また制度的にも，戦前は通常裁判所と異なる**行政裁判所**が存在していた。こうした背景から，法解釈の際にも，条文に書かれていることよりも「公法の論理」（例：**公権の一身専属性**）を優先して解釈する傾向が見られた。しかし戦後になると，理論的な意味での公法・私法二元論は衰退し，現在では伝統的な公法・私法の区別なく行政法学の対象を確定しようとする見解が有力になっている（塩野・Ⅰ25頁以下）。こうした理論的展開を支えた要素として，戦後行政裁判所が廃止されたことと，日本の裁判所が以下

のように一貫して，条文の趣旨解釈から行政法関係における民事法の適用可能性を認めてきたことを挙げることができる（図10の（ア）の方向）。

① **公権の法的性質**につき伝統的理論は，一身専属性（譲渡不可能）を強調してきた。これに対して最高裁は，地方議会議員報酬請求権について，地方自治法・地方公務員法の規定の解釈から法律上専属が予定されているものではないとして，債権譲渡は有効と判断した（判Ⅰ41 最一小判1978（昭和53）・2・23民集32巻1号11頁）。結論としては逆に一身専属性（相続不可能）を認めた朝日訴訟最高裁判決（判百Ⅰ18 判Ⅰ42 最大判1967（昭和42）・5・24民集21巻5号1043頁）においても，最高裁は生活保護受給権が「公権」だからという理由ではなく，生活保護法（⇨263頁）の解釈から相続の対象となりえないと述べている。また**公権の消滅時効**に関して，会計法30条は「金銭の給付を目的とする国の権利で，時効に関し他の法律に規定がないものは，5年間これを行わないときは，時効に因り消滅する。国に対する権利で，金銭の給付を目的とするものについても，また同様とする。」と規定している。自衛隊における自動車事故で死亡した自衛官の両親が，**安全配慮義務**（⇨141頁）に基づいて国に対して損害賠償を求めた事件で，最高裁は，会計法の上記規定の趣旨は，国の権利義務を早期に決済する必要があるなど行政上の便宜を考慮したことに基づくものであり，これを考慮する必要のない債権にはこの規定の適用はないとして，安全配慮義務に関する消滅時効は民法167条1項が適用され10年となるとした（判百Ⅰ37 判Ⅰ29/44 最三小判1975（昭和50）・2・25民集29巻2号143頁）。この事件でも，公権であるからという理由付けではなく，行政上の便宜を考慮する必要があるかという点に注目して，会計法の消滅時効の規定の適用の可否が判断されている。

② 国・地方公共団体などの行政主体によって直接に公の用に供される有体物を**公物**という。庁舎や国公立学校校舎など行政主体が直接利用するものを**公用物**といい，道路・河川など市民が公共施設として利用しているものを**公共用物**という（塩野・Ⅲ346頁以下，宇賀・Ⅲ465頁以下，木村64頁以下）。伝統的には公物に対しては民事上の所有権とは異なる**公所有権**が成立するという理解も存在した。しかし日本の実定法制では，民事上の所有権の上に一定の利用制限が課されていると見るべきである。公物の使用関係は**供用開始決定**（**使用開始決定**）によって開始することが多い。その際には，対象となってい

る公物の権原取得が前提となる。例えば道路の供用開始決定の際には，行政が道路の所有権を保有していることが原則である。行政が供用開始決定の際に所有権を取得していたかどうかは，民法の規定に従って判断される（最三小判1996（平成8）・10・29民集50巻9号2506頁）。ただし公共用物の中には所有権を私人が持つ場合もあり（**私有公物**），この際には権原は私人にありながらもその利用に制限がかかるという状態になるのである。また公物の廃止の場面でも，民法の取得時効の成立は妨げられない。最高裁は，公共用財産が長年の間事実上公の目的に供されないまま放置されていた場合には，この財産について黙示的に公用が廃止されたものとして取得時効の成立を妨げないとした（判百Ⅰ38　判Ⅰ45　最二小判1976（昭和51）・12・24民集30巻11号1104頁）。ここでは黙示的公用廃止と構成することによって，土地利用制限が課されない状態での所有権取得が可能となるのである。

③　行政法関係において民法の規定が適用されるかどうかは，権力的な関係かそうでないかという基準ではなく，関連する行政法規の規定の解釈によって決まる。例えば，同じ権力的関係とされるものであっても，最高裁は，租税滞納処分に関しては民法177条の適用を認め（判百Ⅰ10　判Ⅰ46　最一小判1960（昭和35）・3・31民集14巻4号663頁），農地買収処分では適用を認めなかった（判百Ⅰ9　判Ⅰ47　最大判1953（昭和28）・2・18民集7巻2号157頁）。これは，農地買収処分を定めた自作農創設特別措置法が，耕作者の地位の安定という政策目的の実現のため，民事上の売買とは異なる買収処分の制度を準備している点を重視しての判断である。行政法が民事法と異なる法制度を一定の目的のために準備しているかという視点は，行政過程における私人の行為の錯誤無効の主張に関する判断にも見られる。確定申告の際に存在しない所得をあるものと誤解して申告したことから要素の錯誤により無効であると納税者側が主張した事件において，最高裁は，所得税法は過誤の是正については法律が定めた方法に限る趣旨であるから，錯誤が客観的に明白かつ重大であって所得税法の定めた方法以外での是正を許さないならば納税義務者の利益を著しく害すると認められる特段の事情がある場合でなければ，錯誤無効の主張は認められないとした（判百Ⅰ133　判Ⅰ50　最一小判1964（昭和39）・10・22民集18巻8号1762頁）（⇨200頁）。

民事法関係への公法規律

　理論的な意味における公法・私法二元論の解体は，同じ社会問題に対して行政法と民事法とが相互に協力する局面をクローズアップさせる効果ももたらした（大橋・I 77頁）。以下では，私法秩序に対して公法規律が及ぼされる場面（図10の（イ）の方向）を代表的な判例を使って説明する。
① 民事法と行政法の保護しようとする法益が重なり合う場合には，行政法が**民事特別法**として位置づけられる。例えば，防火地域・準防火地域（⇨441頁）にある外壁が耐火構造の建築物につき接境建築を認めている建築基準法65条は，隣地境界線と50cm以上の間隔を要求する民法234条の相隣関係規定の特則とされ，民法の適用は排除される（判百I 8　判I 25 最三小判1989（平成元）・9・19民集43巻8号955頁）。また，公営住宅の入居関係については公営住宅法（⇨482頁）が民法・借家法に優先して適用されるものの，公営住宅法・公営住宅条例に特別の定めのない部分については原則として民法・借家法の適用があり，その契約関係については信頼関係の法理の適用がある（判I 24 最一小判1984（昭和59）・12・13民集38巻12号1411頁）。
② 民事法と行政法の保護法益が完全に重なり合わない場合には，適用調整を行う必要が出てくる。その代表的な局面が**法令違反行為効力論**である。

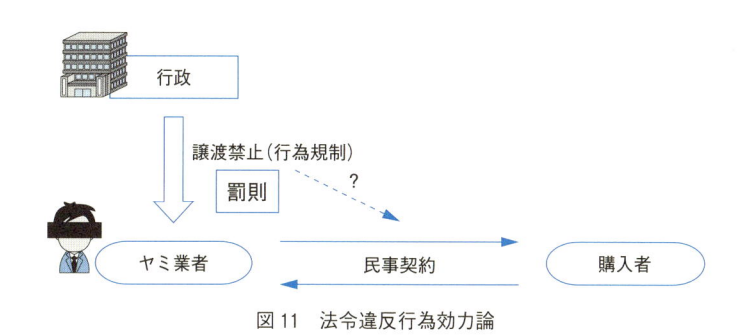

図11　法令違反行為効力論

　行政法の多くは一定の行為を禁止し（例：拳銃の譲渡禁止），違反には罰則を準備することでその実効性を担保しようとしている（**行為規制**）。この場合に，行為規制に違反して締結された民事契約が有効なのかどうかが問題となる。行政法規の中には，違反行為に基づき締結された民事契約の効力を明文

で否定するものもある（**取引規制**）。問題となるのはこのような民事効規定を持たない場合である。伝統的な立場（**強行法規・取締法規二分論**）は，それ以前の判例が行政法令違反を全て無効と扱っていたことを批判し，行政法令がその違反の民事上の効力を否定する趣旨を含む場合（**強行法規違反**）には私法上も無効とすることを認める（民法 91 条）ものの，そのような趣旨を含むと言えない規定の違反（**取締法規違反**）の場合には私法上は原則として有効とする。この場合でも，取締法規の目的・違反行為に対する社会的避難の程度・取引安全・当事者の公平などを考慮し，**公序良俗違反**（民法 90 条）にあたる場合には契約の効力を否定する（判Ⅰ52 最二小判 2011（平成 23）・12・16 判時 2139 号 3 頁）。しかし，行政法上契約の効力を明文で否定する例は多くなく，解釈によってその趣旨が認められた例も統制法令違反（判百Ⅰ13 最二小判 1955（昭和 30）・9・30 民集 9 巻 10 号 1498 頁）などごくわずかにとどまっている。例えば，食品衛生法上の許可を得ていない業者から精肉を購入した者が，無許可営業の業者が無許可と知りつつ行った取引は民法 90 条違反で無効と主張した事件で，最高裁は，食品衛生法は「単なる取締規定」に過ぎないので契約は有効であるとした（判百Ⅰ12 判Ⅰ51 最二小判 1960（昭和 35）・3・18 民集 14 巻 4 号 483 頁）。これに対して，同じ食品衛生法違反でも，アラレ製造販売事業者が毒入りアラレを製造販売し，販売業者との取引を継続した事件で，最高裁はこのような公衆衛生を害するに至る取引は民法 90 条に違反し無効としている（最一小判 1964（昭和 39）・1・23 民集 18 巻 1 号 37 頁）。このような判断方法は，取締目的の行政法規違反と民事契約の効力とを切り離して民事法の自律性を確保した上で，事案に応じた適切な解決策を模索するものと見ることができる。他方で，消費者行政法や競争行政法のように，取引と関係する価値を実現しようとする行政法規の場合には，行政法規違反から直ちに契約無効を導き出す方が，民事法関係における正義衡平にも資する。こうした問題意識から，民法 90 条を媒介に行政法規違反から契約無効を積極的に導こうとする理論が民事法学において展開されるに至っている（**契約正義論・基本権保護義務論**）。

③ 民事紛争に時間的に先行する行政規制が，民事上の請求権の内容形成の手がかりとして働く局面がある。例えば，**景観利益**（⇒487 頁）に対する違法な侵害行為というためには，少なくともその侵害行為が刑罰法規や行政法

規の規制に違反するものであったり，公序良俗違反や権利濫用に該当するものであったりするなど，侵害行為の態様・程度が社会的に容認された行為としての相当性を欠くことが求められる（判Ⅰ184 R3 最一小判2006（平成18）・3・30民集60巻3号948頁［国立マンション民事訴訟］）（⇨465頁）。また，建築基準法に基づく道路位置指定（⇨447頁）を受け現実に開設されている道路を通行することについて日常生活上不可欠の利益を有する者は，その通行を敷地所有者により妨害された場合には所有者に対して妨害行為の排除や将来の妨害行為の禁止を求める権利（人格権的権利）を有する（判Ⅰ53 最一小判1997（平成9）・12・18民集51巻10号4241頁）。

④ 消費者法では，民事法と行政法が同時に作動する立法が見られる。例えば，特定商取引に関する法律では，同じ違反行為（例：同法6条）に対して行政行為としての指示・業務停止命令（例：同法7条，8条），違反行為を理由とする**消費者の契約解除権**（例：同法9条の3）に加え，一定の要件を満たす**適格消費者団体**による**差止請求権**（例：同法58条の18）が導入されている。同法はかつて（訪問販売法と呼ばれていた時代）は，業者などに対して悪質な販売行為を禁止し，これに違反した業者に不利益処分や刑事罰を予定していた。しかし，行政規制の実効性が低いことから，個別の消費者に対して違法な販売行為によって契約してしまった場合の契約解除権を認める規定を追加した。これは，②で説明した法令違反行為効力論における強行法規である。さらに近時，適格消費者団体（消費者契約法2条4項）に対して，業者の違法行為に対する差止訴訟を提起することができる規定も導入した。これは被害が生じる前でも訴訟提起を認めることになるので，行政法と民事法がどちらも被害発生前に作動することになる。さらに興味深いのは，これら3つの要件規定が基本的に同内容であることである。消費者法においては，消費者保護の目的のために使える手段を組み合わせて使うという発想が強まっていることが，このような立法の背景には存在する。

2 行政組織の基礎

　ある社会問題に対応するために行政法を制定する際には，当該問題の処理を既存の行政機関に所掌事務として割り当てたり，場合によっては新しい行政機関を創設したりする。この意味で**行政組織法**は，公共部門による継続的な社会管理のあり方の枠組を規律する重要な法的手法と言える。

1 行政組織の基礎理論

■ 行政主体とその多様性

　行政組織を考える上での基本概念が**行政主体**と**行政機関**である。行政主体とは法人格を有する行政の担い手のことを言う（例：国・福岡県・福岡市）。**行政作用法上の行政主体**は，権利義務の帰属点として私人との法関係を取り結ぶ主体を意味する。これに対して**行政組織法上の行政主体**は，国家事務の遂行のために設置され，民主的統制に服する法人を言う（塩野・Ⅲ 92 頁）。ここには国・地方公共団体に加えて，独立行政法人・地方独立行政法人・特殊法人・地方公社・国立大学法人・公共組合が含まれるとされる。

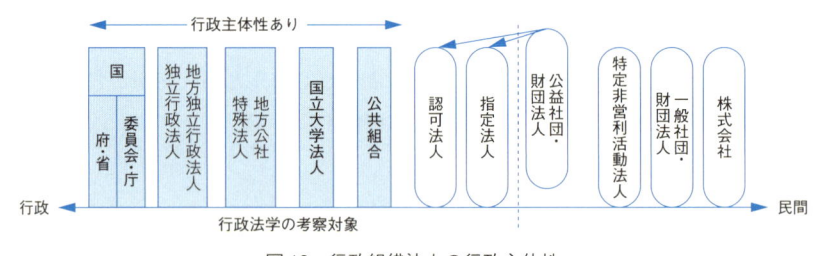

図 12　行政組織法上の行政主体性

① **独立行政法人**は，公共上の必要があるものの国が自ら直接実施する必要

はなく，しかし民間に委ねたのでは実施されないおそれがある事務について，効率的に行わせるために国とは別に法人格を与えた組織である。以前から存在した**特殊法人**と呼ばれる類似の組織と比較すると，独立行政法人は以下の3つの特色を持つ。第1は，**独立行政法人通則法**により組織を規格化し，その上で個別の設置法で独立行政法人を設置する方法を取ったことである。これによって，特殊法人とは違い，共通のしくみによって法人の経済的運営や民主的コントロールを図ることが可能となった。また独立行政法人は独立行政法人等情報公開法（⇨40頁）による情報公開制度の対象にもなっている。第2は，公務員削減手段としての位置づけである。独立行政法人の職員は原則として非公務員であり，特別な場合だけ公務員型の**特定独立行政法人**も可能とされた。第3は，独立行政法人の効率的な運営のための工夫である。まず主務大臣が独立行政法人に対して**中期目標**を示し，これに対して独立行政法人が**中期計画**を提出する。これに基づいて国から交付金が出され，その成果は主務省におかれた評価委員会によって評価される。

② 2003年成立の国立大学法人法によって**国立大学法人**が設立される以前，国立大学は国家行政組織法8条の2の**施設等機関**とされ，法人格を持たなかった。しかし，独立行政法人の導入の際に国立大学についても法人格を与えることが議論され，さらには公務員削減の手段としての位置づけもなされて，現在では非公務員型の，国から独立した法人格を持つ存在になった。それでも，国立大学法人は独立行政法人通則法とは別の法体系になっている。これは学問の自由あるいは大学の自治に配慮するためである。ただし，独立行政法人通則法の重要なしくみ，とくに中期目標・中期計画・評価の大枠・運営費交付金制度は国立大学法人にも導入されており，また情報公開については，独立行政法人等情報公開法が適用される。

③ **特殊法人**とは，通常の会社組織とは異なり，特別の法律によって設立される法人を言う。特殊法人はかつて，郵便貯金や年金の資金などを使った**財政投融資**の受け皿として濫設され，そこが官僚の天下り先ともなっていた。しかし最近では，ほとんどの特殊法人が独立行政法人などの他の法形式に転換してきている。例外として，社会保険庁の後継組織である日本年金機構は，独立行政法人よりも国の関与を強度にするため，特殊法人として新設された（⇨298頁）。

④ **公共組合**とは，公共性が強い一定の事業の実施について，利害が共通する人的集団を強制加入によって組織化し，そこに行政行為など権力的な権限を与えるものを言う。典型例は**健康保険組合**（⇨236 頁）や**土地区画整理組合**（⇨474 頁）である。公共組合には，強制加入と権力的な処分権限の付与という，普通の民法上の組合には見られない要素があることから，行政法学ではこれを組織法上の行政主体に位置づけてきた（塩野・Ⅲ 113 頁）。

■ 行政機関と行政官庁理論

　行政主体と並んで重要なのは**行政機関**の概念である。行政機関は法人としての行政主体の一部を構成する要素であって，法人の一定の任務を担当する部分を言う。**作用法上の行政機関**は外部に対する権限発動の単位に注目して構成される。行政主体の権限を外部に対して発動する部分を**行政庁**と呼ぶ（例：厚生労働大臣・福岡県知事）。行政庁の意思決定の際にその諮問を受け答申する機関を**諮問機関**（より権限が強いタイプのものを**参与機関**と呼ぶ見解（田中・中 30 頁）もある）という。行政庁の事務処理を助ける機関を**補助機関**と呼ぶ。行政庁の発動した権限に基づき発生した義務を相手方が任意に履行しないときに実力で強制する機関を**執行機関**と呼ぶことがある（後述の地方公共団体の執行機関（⇨35 頁）とは全く別の概念である）。行政活動の適正性（とりわけ公金支出の適正性）を監視する機関を**監査機関**と呼ぶことがある。これに対して**組織法上の行政機関**は処理する事務の配分に注目して構成される。国の場合にはその最大単位が**省**であり，**局・課・係**と細分化し，最終的には**職**に分解される。組織法上の行政機関は，行政組織全体の活動の実態を把握するのに適すると言われる。

　作用法上の行政機関を念頭に，その事務処理の方法や相互関係の法理を示した考え方を**行政官庁理論**という。基本的には行政内部事項であるこうした部分については法律の明確な定めがないことが多く，この場合には以下で説明する行政官庁理論（特に事務処理の方法や機関相互間の関係）に従って問題が解決されることになる。

　事務処理の方法は大きく3種類に分けられる。まず，権限の**委任**は民法と異なり代理権を伴うことなく当該権限が全て受任者に移ることになり，受任者は自己の名で行政活動を行う。法律でもともと指定された権限者を変更す

図13 事務処理の方法

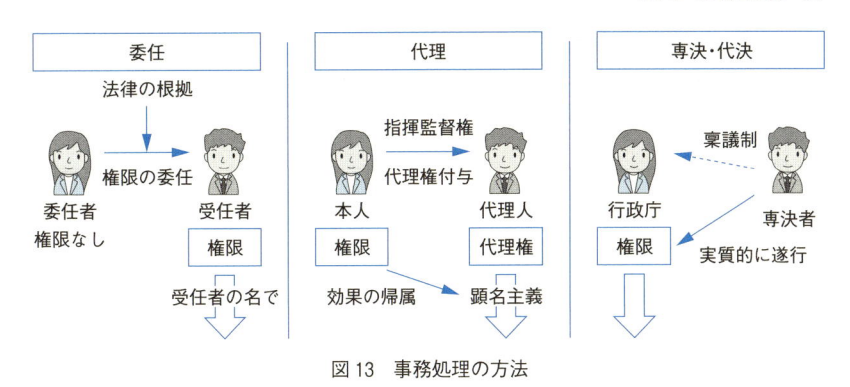

ることになるので，委任には法律の根拠が必要である。権限が全て受任者に移ることから，委任に伴って**指揮監督権**が生じることはない。ただし，委任者と受任者がもともと上級・下級関係にある場合（例：国土交通大臣と九州地方整備局長）には，もともと指揮監督関係が存在しており，これに基づく監督権の行使は可能である。権限の委任は，大臣が持っている許認可権を地方の出先機関の長に委ねる場合のように，恒常的な事務処理の分散に用いられることが多い。委任は通常は行政内部で行われるものの，外部の民間組織に対してなされることもある（**委任行政**）（宇賀・Ⅲ 279 頁）。次に，権限の**代理**は，本人が代理人に対して代理権を与え，代理人が本人の名を示して権限行使を行い，その効果は本人に帰属するものである。代理権付与に伴い，本人には代理人に対する指揮監督権が生じる。民法と同じく**授権代理**（**任意代理**）と**法定代理**に区別されており，法定代理はさらに，一定の要件が生じた場合に「指定」という行為によって代理関係が生じる**指定代理**と，法定の要件が発生するとすぐに代理関係が生じる**狭義の法定代理**に区別される。権限の代理は大臣などの外遊や病気・事故の場合に臨時的に用いられることが多い。最後に，**専決・代決**は行政現場の実務上の処理方法を言う。法令上は，大臣・知事などの行政庁が権限を行使するとされている。しかし実際にはこれらの機関がすべてを取り仕切っているのではなく，補助機関である下級機関が，大臣あるいは知事の名で仕事をしている。この場合には大臣や知事が補助機関に代理権を付与していないし，補助機関の側も大臣・知事の代理であることを表示していない。このような処理が定型化している場合を**専決**，緊急時のみなされる場合を**代決**と呼んでいる。こうした事務処理方法は，日本

の行政実務における**稟議制**と深く結びついている。

相互関係の法理として、以下のような上級機関が下級機関に対してさまざまな介入をする権限が不文の原則として認められてきた。

① **監視権**とは、下級機関の活動をチェックするために情報を上級機関が集める権限のことを言う。また**許認可権**とは、下級機関の活動の前に上級機関の承認を受けることを義務付けるしくみである（判百Ⅰ2　判Ⅰ60　CB 11-4　最二小判 1978（昭和53）・12・8 民集 32 巻 9 号 1617 頁［成田新幹線事件］）。さらに**訓令権**とは、上級機関が下級機関に対して命令を出す権限を言う。

② 上記が行政機関内部の関係のみを念頭に置いているのに対して、**取消権・代執行権**は、下級機関が私人に対して権限を発動する局面で問題になる。**取消権**は、下級機関の行った活動を上級機関が取り消す権限、逆に**代執行権**は、下級機関が活動をしない場合に、上級機関が代わって活動する権限を言う。代執行権については、法律の根拠がなければできないとすることで学説は一致している。これに対し、取消権の方は議論が分かれる（藤田・組織法79頁）。代執行権と同じく、法律の根拠がなければ取り消せないとする考え方（消極説）は、法律がもともと下級機関に処分権を与えている点を重視し、それを変更する場合にも法律が必要だとする（今村・入門102頁、大橋・Ⅰ211頁）。これに対し、法律の根拠がなくても上級機関が取り消すことはできるとする積極説（田中・中38頁）は、下級機関の違法・不当な活動を取り消すことさえもできないのならば、指揮監督権とは言えないという発想に立つものであろう（塩野・Ⅲ41頁）。

2　国家行政組織

■ 内閣と内閣府

内閣は憲法上の機関であって、行政権が帰属する（憲法65条）。内閣の任務や組織は憲法と内閣法によって規定されている。内閣は合議体である点に注意が必要である。その意思決定は**閣議**と呼ばれる会議で行われ、閣議決定は全会一致を要する慣行がある。この合議体としての内閣の首長としての地位を持つのが**内閣総理大臣**である。内閣総理大臣の権限の源泉は、閣僚を任

命し，任意に罷免できるとする憲法68条の規定である。内閣総理大臣には**行政各部の指揮監督権**があり，内閣法6条ではこの権限の行使は閣議にかけて決定した方針に基づくこととされている。これに対して，ロッキード事件丸紅ルート最高裁判決（判百Ⅰ23 判Ⅰ62 最大判1995(平成7)・2・22刑集49巻2号1頁）は，閣議にかけた方針がない場合でも内閣総理大臣に指導・助言の権限はあると判断している（これに対する批判として，塩野・Ⅲ59頁）。

内閣総理大臣は内閣直属部局（内閣官房や内閣法制局など）の主任の大臣でもあり，また内閣府の主任の大臣でもある。内閣府は，一方では特命担当大臣や重要政策に関する会議が置かれるなど内閣補助部局としての役割を持ち，他方で他の省庁と同じく内閣の統括下の行政機関としての役割もある。他の省よりも上位に位置づけられることを示す意味で，2001年の中央省庁改革の際に内閣府は国家行政組織法の適用除外となり，**内閣府設置法**が単独で内閣府の組織編成を規定するようになっている。

■ 省・委員会・庁

内閣府を除く国家行政組織は，**国家行政組織法**を通則として個別の**省庁設置法**（例：厚生労働省設置法）によって設立される。国家行政組織法は省などの内部組織の規格を定めたものであって，具体的な組織の設置や任務の配分は行っていない。

① 国家行政組織の最も大きな単位は**省**である。省には**内部部局**として官房・局・課・室が置かれる。また後述の委員会・庁は**外局**として設置される。さらに地方出先機関である**地方支分部局**（例：九州厚生局）も置かれている。省の中の事務分掌をどう設計するかは省庁設置法・各省組織令（政令）・各省組織規則（省令）・組織規程（訓令）で規定される。ただし国家行政組織法は内部部局・地方支分部局の総数を規定し，行政機関の職員の定員に関する法律［国家公務員総定員法］は国家公務員の全体の定員上限を定めているので（佐藤・組織法120頁），多くの場合，新たな行政組織を設置するには既存の行政組織を廃止することになる（**スクラップ・アンド・ビルド方式**）。

② 各省の外局として設置される**委員会**は，合議体である委員会が対外的に権限を行使し，大臣との関係では職権行使の独立性が保障されている。注意が必要なのは，組織の名前が「委員会」であっても，必ずしもここで言う行

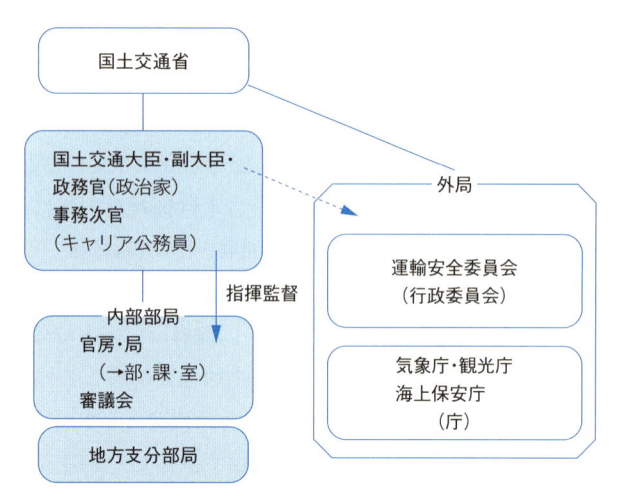

```
                    ┌──────────────┐
                    │  国土交通省  │
                    └──────┬───────┘
                           │
        ┌──────────────────┴──┐
        │ 国土交通大臣・副大臣・│
        │ 政務官(政治家)        │         外局
        │ 事務次官              │┄┄┄┄┄┄┌──────────────────┐
        │ (キャリア公務員)      │        │ 運輸安全委員会    │
        └──────┬───────────────┘        │ (行政委員会)      │
               │指揮監督                 │                   │
         内部部局 ↓                      │ 気象庁・観光庁    │
        ┌──────────────┐                │ 海上保安庁        │
        │ 官房・局      │                │ (庁)              │
        │ (→部・課・室) │                └──────────────────┘
        │ 審議会        │
        └──────────────┘
        ┌──────────────┐
        │ 地方支分部局  │
        └──────────────┘
```

図14　行政組織の具体例（国土交通省）

政委員会ではないものが多いことである。何が国家行政組織法3条に言う委員会であるかは同法別表に示されており，これと内閣府設置法64条に規定されている内閣府の外局としての行政委員会（公正取引委員会・国家公安委員会）以外の委員会は，附属機関としての性格を持つ。

③ 各省の外局として設置される**庁**は，内部部局としては規模が大きすぎる場合に組織を一定程度切り出す手段として用いられる（藤田・組織法140頁）。その意味で庁と独立行政法人とは機能的には類似するものの，大臣の指揮監督権が残り，また企業会計原則が適用されず，雇用されている人が公務員であるところに差異が認められる。

④ 国家行政組織法3条に基づく機関（**3条機関**）の内部部局は主として企画立案や調整を行っている。これに対して，諮問事項の審議や研究開発，実際の役務提供といった業務は，これらの**附属機関**（**8条機関**）が行っていることが多い。

3 地方行政組織

■ 地方公共団体の種類と組織

　日本国憲法では地方自治が保障されており，自治の単位として地方公共団体が想定されている。**普通地方公共団体**は**市町村**及び**都道府県**であり，都道府県は広域にわたる事務や連絡調整事務を処理する。市町村のうち市は，規模に応じて権限配分に差異が設けられている（**政令指定都市・中核市・特例市**）。**特別地方公共団体**は，普通地方公共団体内部での**地域自治**に用いられる場合と，普通地方公共団体の**事務の共同処理**で用いられる場合とに分けられる。前者の例として**特別区**が挙げられる。特別区は政令指定都市の区と異なり，それ自体法人格を有する地方公共団体である。他方で，かつては東京都の特別区の区長について議会選任制がとられ，公選制が廃止されていた時期があった。このほか，市町村合併の際に旧町村による管理の枠組を継続するために用いられるものとして，**財産区**や**合併特例区**がある。これに対して，後者の事務の共同処理の例として，ごみ処理などの特定の事務を複数の地方公共団体で共同実施する**一部事務組合**，介護保険や高齢者医療制度の実施で用いられている**広域連合**がある（⇨299 頁）。

　地方公共団体の組織の特色を示す言葉が首長主義と執行機関の多元主義である。**首長主義**とは，直接公選による長と議会の二元代表制のことを言う。我が国では日本国憲法 93 条がこれを規定しているため，法律のレベルで別の組織形態（例：参事会制・市支配人制）を採用することはできない。これに対して**執行機関の多元主義**は，首長以外に行政委員会も執行機関とする地方自治法上の原則を言う（地方自治法 138 条の 4）。ここで言う**執行機関**とは議事機関に対応する概念であって，作用法上の行政機関の 1 つとして挙げられる実力行使を担当する行政機関（⇨30 頁）とは全く異なるものである。中央においてはほとんど廃止された**行政委員会**は，地方では中央省庁の縦割に組み込まれて現在でも残存している（例：教育委員会・農業委員会）。

■ 地方公共団体の事務区分

　1999 年の地方分権改革以前には，地方公共団体の事務は 4 種類に区分さ

れていた。組織・財政管理や給付行政など戦前から地方公共団体が処理していた**団体事務**，もともと国の事務であったものが法律で地方公共団体に委任された**団体委任事務**，警察など戦後に追加された権力的事務である**行政事務**の3つは地方公共団体の事務であった。これに対して，国が（地方公共団体全体に対してではなく）知事・市町村長・行政委員会などの執行機関に事務委任した**機関委任事務**は国の事務とされ，地方公共団体の執行機関は主務大臣の指揮監督下に置かれるとともに，条例の規律の対象外とされていた。1999年の地方分権改革においては，機関委任事務を廃止して国の直接執行以外の事務を全て地方公共団体の事務にした上で，これを自治事務と法定受託事務に二分した。このうち**法定受託事務**とは，国（第1号）または都道府県（第2号）が本来果たすべき役割に係る事務であってその適正執行に強い関心を有する事務を言い，この事務については関与の強度が強い。法定受託事務であるかどうかは個別の法律の規定で明示されており（例：生活保護法84条の4），そうでない事務はすべて**自治事務**となる。

　地方分権改革は，国と地方公共団体との関係を機関関係ではなく法主体の関係と位置づけ直した（大橋・Ⅰ246頁）。関与の透明性を高めるため，国の関与には法律・政令の根拠を要求し（**法定主義の原則**）（地方自治法245条の2），関与の類型を地方自治法に定めた上で個別の法律で必要に応じてその類型の中から関与の方式を選択することとし（**一般法主義の原則**）（同法245条），関与の書面主義・審査基準の設定・標準処理期間の設定などを定めた（**公正・透明の原則**）（同法246条以下）。関与の類型の中でも法的拘束力を持つタイプについては原則として法定受託事務でしか利用できないこととし，この種の関与に対して不服がある場合には**国地方係争処理委員会**（国と地方公共団体の場合）または**自治紛争処理委員**（都道府県と市町村の場合）による紛争処理を可能とした（同法250条の7以下）。さらに国地方係争処理委員会の勧告に不服がある場合には，関与の取消等を求めて高等裁判所に出訴可能としている（同法251条の5）。逆に，地方公共団体側が国の是正の要求・是正の指示に従わない場合に，その地方公共団体の行政庁に対し是正の指示等を行った大臣が**不作為の違法確認訴訟**を高等裁判所に提起する手続も2012年に新設された（同法251条の7）。

3 行政手続の基礎

　行政法関係は伝統的には，公権力の担い手である行政が私人に対して一方的に活動を展開する権力的関係であると考えられてきた。また私人の同意を得て行政が活動する場合であっても，行政は多数の公務員と公的財源を抱えた組織であり，私人との関係ではやはりアンバランスの状態にある。こうした，もともと不対等な行政と私人との関係をフェアなものに保つ役割を果たすのが，**行政手続**である。行政手続にはまた，行政活動に対して国民が民主的統制を及ぼす手段としての役割も期待されている。以下では，行政手続の基本的な考え方を紹介した上で，情報公開制度と情報管理制度を説明する。

1　行政手続の基礎理論

　行政活動のやり方のルールである行政手続は，伝統的には内容として正しい行政決定を導く「道具」として位置づけられてきた。そのため，手続に問題があってもそれだけでは行政活動の是正は不要であり，手続上の問題が結果に影響を与えるときだけ是正されるべきと考えられていた。しかし，行政過程において実現されるべき価値や保護されるべき利益は立法段階ではなお具体的には確定されておらず，行政過程における適正な手続を経て継続的に形成される。その意味では適正手続こそ公的利益形成の要諦である（例：都市計画（⇨419頁））。

　我が国では**行政手続法**が行政手続に関する一般法として位置づけられている。ただし，図15（行政基本決定と行政執行活動の区別につき，小早川・上50頁）のように行政手続法がカバーしているのは行政基準・行政行為・行政指導に限られており，それ以外の部分については個別の法令や条例などで規定されている。そこでここでは，これらに通底する基本的な考え方をまず説明する。行政手続の基本原則としてしばしば指摘されるのは以下の5つの内容で

行政過程の段階		行政手続法に基づくもの	その他の法令に基づくもの
行政基本決定	法律・条例の制定		審議会(諮問), パブリックコメント, 住民投票
	行政基準	意見公募手続	審議会(諮問)
	行政計画		公告縦覧, 意見書提出, 公聴会, アセスメント, パブリックインボルブメント, 計画提案
行政執行活動	行政行為(処分)	申請に対する処分手続, 不利益処分手続	審議会(諮問), 行政審判
	行政契約		公共契約手続
	行政指導	行政指導手続	
行政上の義務履行確保			代執行手続, 滞納処分手続
事業の見直し			政策評価, 行政監視, 不服審査

図15 行政手続整備の現状

ある。行政決定の前に私人に対してその内容を知らせ、意見を述べる機会が保障されなければならない（**告知聴聞原則**）。行政が保有する情報は特段の支障がない限り私人に公表されなければならない（**文書閲覧原則**）。行政活動の理由が私人に対して提示されなければならない（**理由提示原則**）。行政活動の判断基準を個別の行政活動の前に設定し、特段の支障がない限りその基準が公表されなければならない（**基準設定原則**）。私人からの申請や意見に対して行政はできるだけ迅速に応答しなければならない（**迅速処理原則**）。

　このような行政手続の基本原則の法的根拠を憲法上のどこに求めるかについて、学説は分かれている（31条説、13条説、31・13条説、**手続的法治国説**）。最高裁は成田新法事件において、憲法31条が行政手続にも及ぶ可能性を否定しなかったものの、同条による保障が及ぶべき場合でも、行政処分の相手方に告知・弁解・防御の機会を与えるかどうかは、行政処分により侵害される権利利益の内容・性質や行政処分により達成しようとする公益の内容・程度・緊急性などの総合較量によって決定されるべきものであるとした（判百Ⅰ124　判Ⅰ5　CB3-7 最大判1992（平成4）・7・1民集46巻5号437頁）。他方で最高裁は、判例法理の積み重ねにより上記の行政手続の諸原則を確立し、その内容が行政手続法の制定に繋がったのである。例えば**理由提示原則**について最高裁は、青色申告更正処分（⇨203頁）における理由附記規定の解釈とし

て判例法理を展開してきた（判百Ⅰ 127　判Ⅰ 98　最二小判1963(昭和38)・5・31民集17巻4号617頁）。また**基準設定原則**を確立する上で重要な役割を果たしたのも最高裁の個人タクシー事件判決であった（判百Ⅰ 125　判Ⅰ 97　CB 3-1　最一小判1971(昭和46)・10・28民集25巻7号1037頁）。

　行政手続に瑕疵がある場合にそれが単独の取消事由となるかどうかについて，最高裁判例では理由提示原則違反とそれ以外とを区別している。最高裁は青色申告更正処分の理由附記に関する判断から一貫して，理由提示原則違反は単独の取消事由となるとしており，行政手続法上の理由提示義務違反に関してもこの判断が維持されている（判百Ⅰ 128　判Ⅰ 111/118　最三小判2011(平成23)・6・7民集65巻4号2081頁）。これ以外の行政手続違反について最高裁は，結果に影響を与える程度をも考慮して違法判断の要素に加えているとされる（判百Ⅰ 126　判Ⅰ 106　CB 3-3　最一小判1975(昭和50)・5・29民集29巻5号662頁〔群馬中央バス事件〕）。学説上は行政手続法の制定により，行政手続法違反は単独の取消事由となると解する立場も有力である。他方で手続瑕疵による取消は手続をやり直して同一内容の決定が再び下されることもあり得るので，**紛争の一回的解決**の要請とのバランスを取る必要がある。その際には手続が決定の公正性・中立性に与える影響や，手続が法定されているかどうかも考慮要素となると考えられる。例えば，決定の中立性を確保する目的の手続ルールに違反している場合には，手続瑕疵のみを理由とする取消がなされるべきである（⇨文献④）。

2　情報公開制度

■情報公開制度の意義

　行政による意思決定が適切になされるためには，情報の収集・管理・利用の過程が整備されていることが必要である。この意味で行政による情報管理の過程は行政法のインフラである。これに関係する法制度として，情報の収集に関しては行政調査，情報管理については文書管理，情報利用については情報公開がある。そしてその全てにかかわっているのが個人情報保護制度である。このうち**情報公開制度**とは，市民からの請求に基づいて行政が情報を

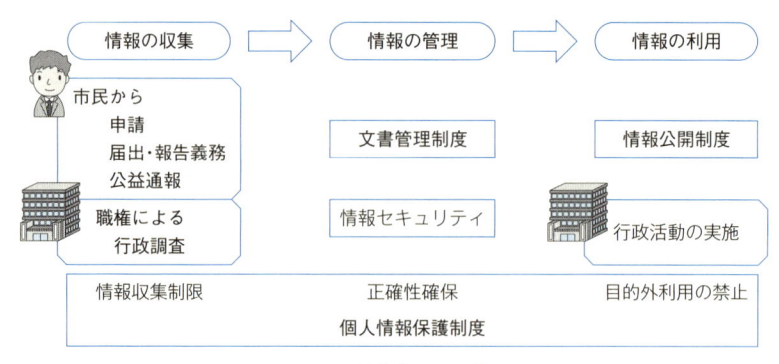

図16 情報管理の過程

```
情報の収集  →  情報の管理      →  情報の利用

市民から                文書管理制度        情報公開制度
 申請
 届出・報告義務
 公益通報              情報セキュリティ     行政活動の実施
職権による
 行政調査

情報収集制限       正確性確保          目的外利用の禁止
                 個人情報保護制度
```

開示しなければならないしくみのことを言う。情報管理の過程は情報公開制度で発達した概念を基盤に展開していることから，本書ではまず情報公開制度を説明することとする。

情報公開制度は**知る権利**の実現手段としての意義を持っている。表現の自由（憲法21条1項）に根拠を持つ知る権利は，情報の受け手の側の自由を言うとされる。その一環として国に情報提供に関する一定の作為を義務付ける内容も含まれており，この憲法上の権利が具体的請求権となるためには，法律による制度化が必要となる。情報公開制度はまた，広義の行政手続の一環でもある。行政手続の基本原則の1つである**文書閲覧原則**を具体化・制度化したものが情報公開制度であり，情報公開制度は国民主権の理念にのっとり，行政の説明責任を果たさせようとするものである。情報公開制度は，ある行政活動から直接の影響を受ける名宛人・第三者にとどまらず，広く一般市民に対する行政活動の**説明責任**を果たすべく，誰もが行政活動に関する情報を開示するよう請求できる性格を持つ。

■ 情報公開法の構造

① 国の情報公開制度は行政機関の保有する情報の公開に関する法律［情報公開法］と独立行政法人等の保有する情報の公開に関する法律［独立行政法人等情報公開法］の2つの法律で規定されている。制度の基本構造はほとんど同じなので，以下では情報公開法のしくみを主として紹介する。情報公開法の対象は，内閣に置かれる機関（例：内閣官房）・内閣所轄機関（例：人事院），

内閣府とその外局・宮内庁，国家行政組織法の3条機関（例：厚生労働省），内閣府に設置される特別の機関で政令で定めるもの（例：警察庁），国家行政組織法の施設等機関・特別の機関で政令で定めるもの（例：検察庁），会計検査院であり，国会・裁判所は除かれている。地方公共団体は独自に条例によって情報公開制度を導入する努力義務があるにとどまり（情報公開法25条），国の情報公開法が直接適用されることはない（現状では全ての都道府県とほとんどの市区町村が情報公開条例を定めている）。独立行政法人等情報公開法の対象は全ての独立行政法人・国立大学法人と，法律の別表で掲げられた特殊法人・認可法人である。後者の判断基準は政府による役員の任命の有無と政府出資の程度である。組織法上の行政主体に含まれている公共組合（⇨30頁）は，組合員に対する説明責任を果たすことのみが必要と考えられ，情報公開制度の対象には含まれていない。

② 情報公開法の対象には紙媒体のみならず電磁的記録も含まれる。公開の対象となるかどうかは，決済などの事案処理手続が済んだかどうかではなく，当該行政機関の職員が組織的に用いるものとして保有しているかどうかで決まる（**組織共用文書**）。また文書が作成された場所ではなく，実施機関に現に存在する文書が開示対象となる（**現在地主義**）（情報公開法2条2項）。

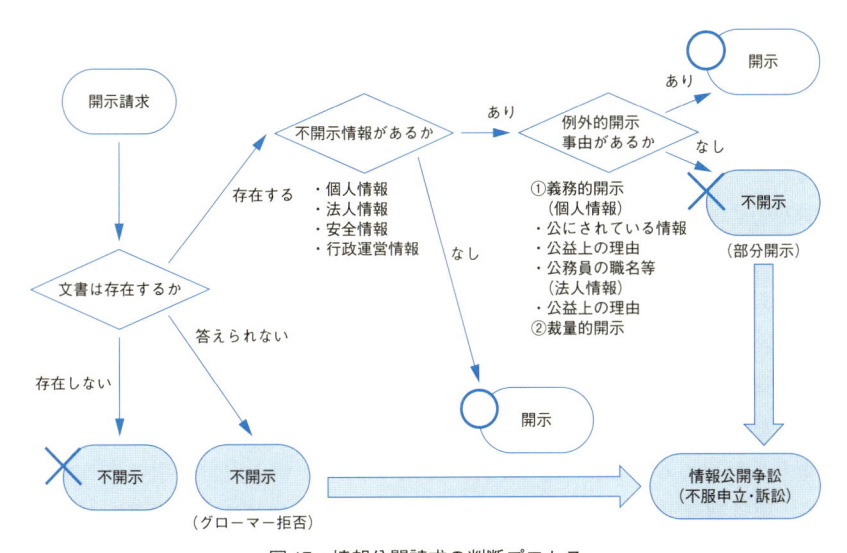

図17　情報公開請求の判断プロセス

③ 情報公開請求権は何人にも（外国人にも）保障されている（情報公開法3条）。請求権者は請求文書を特定し、手数料を支払えば、その目的を問わず文書の開示を求めることができる。情報公開法は、文書が存在しないか文書の中に不開示情報がある場合を除き、開示決定を行わなければならない原則を採用している（判百Ⅰ43 判Ⅰ86 最三小判2007（平成19)・4・17判時1971号109頁)。開示拒否には、文書の存否を明らかにし、見せられない部分だけを不開示とする（**部分開示**）通常の不開示と、文書の存否を明らかにせずに開示拒否する存否応答拒否（グローマー拒否）（同法8条）とがある。

　不開示情報は大きく、個人情報・法人情報・安全情報・行政運営情報に分けることができる（同法5条）。**個人情報**が不開示とされる理由は、それが個人のプライバシーを侵害するからである。何が個人情報にあたるかを規定する方法として、個人識別型とプライバシー型の区別がある。**個人識別型**とは、個人を識別しうる情報（氏名・生年月日等）はすべて個人情報にあたり不開示と定めるもので、情報公開法はこれを採用している。これに対し、**プライバシー型**とは、個人を識別できる情報のうち秘密性が高いものだけに限定する方法を言う。プライバシー型は不開示情報を減らすことができる反面、何がプライバシーにあたるのか判断が難しいことから、国の情報公開法は個人識別型を採用し、その代わりに一定の事項については例外的開示事由（法令・慣行により公にされることが予定されている情報、人の生命・健康・生活・財産保護のため公にすることが必要と認められる情報、公務員の職名・職務遂行内容・氏名）として義務的開示とする処理をしている。また、その情報自体が特定個人を識別できる場合のみならず、他の情報と組み合わせれば分かる場合も原則として不開示となる（モザイクアプローチ）。**法人情報**が不開示とされる理由は、開示によって法人の営業上の地位などの正当な利益が侵害される可能性があるからである。他方で、個人情報と同じく人の生命・健康・生活・財産保護のため公にすることが必要と認められる情報は例外的開示事由となる。**安全情報**が不開示とされる理由は、国の外交上の利益あるいは刑事法の執行を確保するためである。その該当性については「おそれがあると行政機関の長が認めることにつき相当の理由がある」という文言が用いられており、**要件裁量**（⇨64頁）が認められている。**行政運営情報**が不開示とされる理由は、開示によって適正な意思形成や公正な行政執行が妨げられるおそれ

があるからである。具体的には，審議会などの議論の情報である**意思形成過程情報**と，試験の実施や契約の締結などの情報である**事務事業情報**の2つが含まれている。安全情報・行政運営情報には公益保護を目的とする義務的な例外的開示事由の規定はない。また，個人情報・法人情報については「人の生命・健康・生活・財産」しか列挙されておらず，この他の理由での公益開示はできない。これとは別に，個人・法人情報についてはそれ以外の公益上の理由で，また安全情報・行政運営情報については全ての公益上の理由で，行政機関の判断による**裁量的開示**ができるとする規定が設けられている（同法7条）。

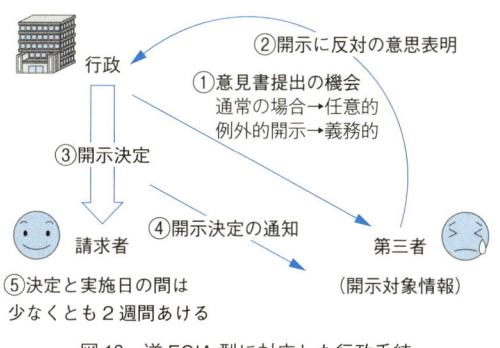

図18 逆FOIA型に対応した行政手続

④ 情報公開法の手続ルールは，開示請求者を保護するものと，開示対象情報に含まれている第三者を保護するものとに分けられる。行政と請求者との関係では，行政手続法で定められている審査基準の設定・公表，不受理の禁止，拒否処分の際の理由提示（⇨60頁）が適用されるほか，情報公開法では開示決定期限が法定されている（情報公開法10条1項）。第三者との関係では，行政手続法上は公聴会開催の努力義務が規定されるに止まっているのに対して，情報公開法では開示決定前の**意見書提出の機会**と，開示決定の通知，決定と実施日の間の日数確保により，情報が開示される前に第三者が開示を争う機会を保障している。ただし意見書提出の機会が必ず与えられるのは，例外的開示と裁量的開示の場合だけである（同法13条）。

■ 情報公開争訟

　情報公開請求に対する不開示決定・部分開示決定に対しては，争訟の途が開かれている。具体的には，不開示決定した行政庁に対して再考を求める**行政上の不服申立**と，裁判所に対して不開示決定の取消や開示決定の義務付けを求める**行政訴訟**がある。その詳細は第1部第2章で説明することになるので，ここでは情報公開争訟に特有の問題についてのみ説明する。

① 行政上の不服申立による救済率は一般的に高くない。これに対して情報公開の分野では救済率が他と比べると高い。その理由の1つは，不服申立に対する決定の際に諮問機関に諮問する手続が用意されているからである。情報公開法においては内閣府に設置された**情報公開・個人情報保護審査会**が，行政機関に対して不開示事由を整理した資料（**ヴォーン・インデックス**）を提出させたり，実際に問題となっている文書を閲覧したり（**インカメラ審理**）する権限を持っている。審査会の答申に法的拘束力はなく，行政機関はこれと異なる決定をすることもできる。しかし，審査会答申が公表されることや，後続する行政訴訟での敗訴のリスクを行政機関が考慮することから，ほとんどの場合は審査会の答申通りに決定がなされる。

② 裁判所で情報公開の不開示決定の適法性が争われる際には，裁判所は問題となっている文書を見ないまま判決を下さなければならないと考えられてきた。憲法82条によれば公開法廷で裁判がなされなければならない。行政側が提出した証拠もその場で公開されることになると，情報公開訴訟の帰趨にかかわらず，請求者側もその文書を見ることができることになってしまう。もしこのような取り扱いが憲法上の原則であるとすれば，情報公開法を改正したとしてもインカメラ審理を導入することはできないことになる。これに対して最高裁は，訴訟で用いられる証拠は当事者間での吟味・弾劾の機会を経たものであることは民事訴訟の原則であるとし，インカメラ審理を行うと裁判所が本案判断の基礎にできるにもかかわらず両当事者はその内容を使って弁論できないことになるため，明文の規定がなければ許されないとした（判百Ⅰ45　判Ⅰ89　最一小決2009（平成21)・1・15民集63巻1号46頁）。この理解によれば，法改正によってインカメラ審理を導入しても違憲の問題は生じないことになる。

3 情報の収集と管理

■ 個人情報保護制度

　個人情報保護制度は**プライバシーの権利**，中でも**自己情報コントロール権**を具体化するための制度である。個人情報保護制度は個人情報の保護に関する法律［個人情報保護法］，行政機関の保有する個人情報の保護に関する法律［行政機関個人情報保護法］，独立行政法人等の保有する個人情報の保護に関する法律［独立行政法人等個人情報保護法］の3つの法律で規定されている。このうち個人情報保護法は，行政部門・民間部門の双方に適用される基本法部分と，民間部門に適用される個人情報保護制度を定めている。国の行政機関に対しては行政機関個人情報保護法が適用され，地方公共団体には条例による制度化の努力義務が課されているにとどまる。以下では主として行政機関個人情報保護法の内容を説明する。

　行政機関個人情報保護法は，個人情報の収集・保有・利用の全ての段階に対して，個人情報の目的外収集・保有・利用制限，情報の正確性確保，情報セキュリティ確保のための制度を準備している。法律の対象は自己に関する**保有個人情報**であり，その定義（行政機関の職員が職務上作成・取得し，組織的に利用するものとして保有している個人識別性のある情報）は情報公開法の個人情報・組織共用文書と同じである。ここには電子的に処理されたものだけではなく手作業処理情報（**マニュアル情報**）も含まれる。

① 行政機関個人情報保護法は，利用目的を超える個人情報の収集・保有を禁止し（同法3条2項），個人情報取得の際には利用目的を明示することを要求している（同法4条）。これらは行政上の法の一般原則の1つである権限濫用禁止原則（目的拘束原則）（⇨19頁）の情報法における現れと言える。

② 取得された情報の正確性を確保するために，行政機関個人情報保護法は，本人の**開示請求権**を認めている。本人に関する個人情報が開示対象となること以外は情報公開法の開示請求権の構造とほぼ同じである。また開示決定後に情報が誤っていることが判明した場合の**訂正請求権**も認められている。

③ 1つ1つの個人情報に重要性がなかったとしても，それを組み合わせることによって個人のプライバシーを強度に侵害することが可能となる情報の

特性から，取得目的外の情報利用は原則として禁止されている（同法8条1項）。例外として，本人が同意した場合，所掌事務の遂行に必要な場合，統計を作成する目的の場合，明らかに本人の利益になる場合には目的外利用が可能となる。もし自己の個人情報が目的外利用されている場合には**利用停止請求権**が認められている。

■ 文書管理制度

　情報公開制度は現存する行政文書のみを対象とする開示制度であって，存在しない文書に対する作成義務までを含むものではない。また，文書が廃棄されると，文書不存在を理由に不開示決定が出されてしまう。このように，文書管理は情報公開が機能する前提条件である。文書管理制度は先進的な地方公共団体における取り組みが先行し，国では2009年に公文書等の管理に関する法律が制定された（宇賀・Ⅰ 171頁）。同法も情報公開法と同じく説明責任の理念を目的規定に掲げている。公文書管理法は地方公共団体には適用されず，文書管理実施の努力義務が定められているにとどまる。

① 公文書管理法は，行政機関（**行政文書**）・独立行政法人（**法人文書**）の文書の双方について，その文書を現に使っているかどうかを問わず，一元的な文書管理のしくみを導入した（**オムニバス方式**）。同法では，歴史史料として重要な公文書（**歴史公文書等**）のうち独立行政法人国立公文書館に移管されたものを**特定歴史公文書等**と呼んでいる。ある行政文書を一定年数経過後に廃棄するのか，国立公文書館に移管するのかは，なるべく早い段階で決めておくことが予定されている（**レコード・スケジュール**）。行政機関の長はまた，内閣総理大臣と協議し同意を得た上で**行政文書管理規則**を制定することとされている。

② 公文書管理法は，法令の制定改廃文書・閣議省議関連文書・他機関等への基準提示・私人の権利義務に関係する文書・職員人事に関する文書について**文書作成義務**を定めている（同法4条）。これは，**証拠的記録に基づいた施策**（evidence-based policy）を実現するためである。文書を廃棄する際には内閣総理大臣と協議し同意を得なければならない。特定歴史公文書等に関しては**永久保存の原則**（同法15条）が定められており，廃棄するには**公文書管理委員会**への諮問を経て，内閣総理大臣の同意を得なければならない。

③ 特定歴史公文書等に対しては，情報公開制度と類似の**開示請求権**が認められている（同法16条）。ただし，実施主体は独立行政法人国立公文書館であり，不開示決定に対する異議申立の際には**公文書管理委員会**への諮問が予定されている点が異なる。

■ 行政調査

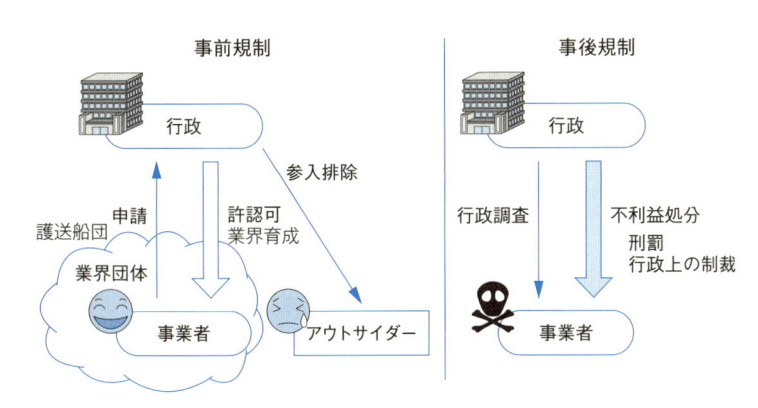

図19　行政スタイルの変容と行政調査

　行政活動に必要な情報を入手する手段は2つに大別できる。1つは私人が情報を提供するものであり，**申請，届出・報告義務，公益通報**が含まれる。もう1つは行政が職権によって調査するものであり，（広義の）**行政調査**と呼ばれる（阿部・Ⅰ 478頁）。行政調査は，広い意味でのサンクションシステムの一環をなしている。1990年代前半までは，行政が許認可によって市場参加事業者をコントロールし，業界の保護育成とアウトサイダーの参入を排除する行政スタイルが目立っていた。しかし**規制緩和**の流れが強まるとともにこのような**事前規制**は弱まり，事業者の市場参入を自由に認める代わりに，事業者が問題を起こした場合には改善命令などの**不利益処分**を積極的に行う**事後規制**の行政スタイルが増加してきた。（狭義の）行政調査（以下ではこの意味でこの語を用いる）はこの不利益処分の前に処分要件となる違反事実を収集する手続である。

① 事業者が法令違反行為を行っているとの情報を行政が把握した場合，処理のルートは大きく3つに分かれている。法令違反行為に対して刑事罰が科

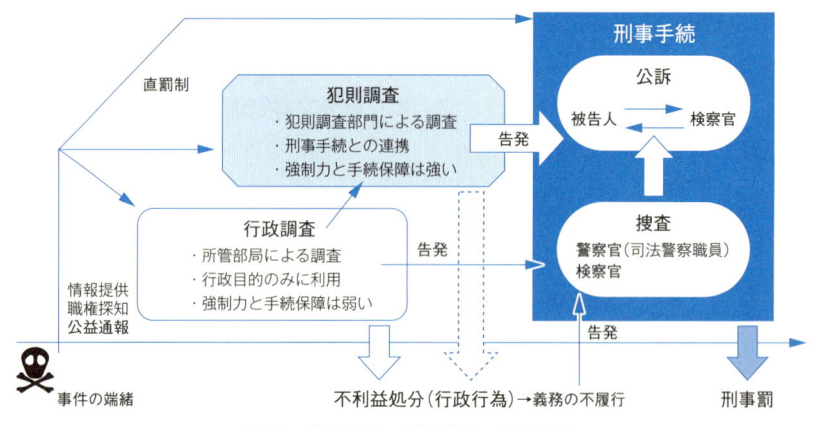

図20　行政調査・犯則調査・刑事手続

される規定がある場合（**直罰制**）には，通常の刑事手続と同様の対応が取られる。これに対して法令違反行為に行政による不利益処分が予定されている場合には，まず**行政調査**が行われる。行政調査は所管の行政機関の職員が行い，そこで得られた情報は当該行政目的のみに利用される。調査への不協力に対してはせいぜい罰則が科されるにとどまり，強制立入調査権が規定されている例はほとんどない（稀有な例として児童虐待防止法9条の3（芝池・読本197頁））。こうした行政調査を経て不利益処分が出されても，なお事業者側が処分により課された義務を果たさない場合には，刑事罰の制裁が予定されていることが多く，この場合には通常の刑事手続に移行する。その際には行政調査で集められた資料を流用することはできない。以上の2つが基本形態であるものの，租税分野（⇨219頁）及び独占禁止法・金融商品取引法に関しては，後続の刑事手続での利用を目的とする行政による調査手続が準備されており，これを**犯則調査**と呼んでいる。調査を実施するのは所管の行政部局とは別の犯則調査部門である。裁判官の許可状を要する代わりに強制立入調査権が認められていることが多い。また刑事手続の一環と位置づけられるため，通常の刑事手続並みの権利保障（令状主義・黙秘権）がなされる。

② 行政調査の中でも，相手方の意思に反して強制的に立入調査や所持品検査を行う場合には，侵害留保の原則（⇨12頁）から見ても法律の根拠が必要となる。他方で，多くの行政調査は根拠規範なしに行われている。根拠規範なしに自動車の一斉検問を行っていることについて最高裁は，警察法2条の

ような組織規範ないし**責務規範**は，強制力を伴わない任意手段による活動を許容しているとした上で，任意手段であっても国民の権利・自由の干渉にわたる場合には許されないとしている（判百Ⅰ113 判Ⅰ120 CB 9-2 最三小決1980(昭和55)・9・22刑集34巻5号272頁）。

③ 行政調査手続に関する一般法は未だ制定されておらず，行政手続法にも関連する規定は置かれていない。最高裁は，行政調査にも**令状主義**（**裁判官の事前許可**）や**黙秘権保障**が適用されるかについて，それが刑事責任追及を目的とするものでないとの理由のみで適用がないとするのは相当ではないとしつつも，結論としてはこれらの適用を行政調査に関しては認めていない（判百Ⅰ109 判Ⅰ122 CB 6-1 最大判1972(昭和47)・11・22刑集26巻9号554頁[川崎民商事件]）（⇨税務調査に見られる行政調査手続の内容につき，201頁）。これに対して犯則調査については，それが刑事責任追及の一環をなしている点を重視して，これら憲法上の手続保障が及ぶと解している（最三小判1984(昭和59)・3・27刑集38巻5号2037頁）。

④ 行政調査と犯則調査が連続して行われる場合に，それぞれの調査で集めた資料の流用可能性が問題になる。犯則調査は刑事手続並みの手続保障の下での調査活動であるため，犯則調査で得られた資料を不利益処分の根拠として用いることは認められている（判Ⅰ124 R 2 CB 6-4 最一小判1988(昭和63)・3・31判時1276号39頁）。これに対して，行政調査で得られた資料を犯則調査やその後の刑事裁判の中で利用することを認めると，刑事手続を下回る手続保障による証拠収集を許すことになってしまい，妥当ではない。この点につき最高裁は，行政調査の過程で犯罪を発見しそれを犯則調査部門に連絡したケースで，はじめから犯罪捜査を目的に行政調査をしたわけではないので違法ではないと判断している（判百Ⅰ111 判Ⅰ124 CB 6-5 最二小決2004(平成16)・1・20刑集58巻1号26頁）。すなわち，刑事責任を追及する目的を持って行政調査を犯則調査の代替に使ったとすれば，その行政調査は違法となる（証拠の違法収集と証拠能力の関係一般につき，判百Ⅰ112 判Ⅰ121 CB 6-3 最一小判1978(昭和53)・9・7刑集32巻6号1672頁）。

4 行政活動の諸類型

　ある社会問題を解決するために展開される行政活動は多種多様である。行政法学では行政過程で用いられる諸活動を，活動の「形」に注目して5つの**行為形式**（この理論モデルの原型というべき三段階構造モデルにつき，藤田・I 20頁）に分類し，政策領域の如何を問わず守られなければならない手続ルールや実体ルールを示すことで，その法的統制を試みている。以下では**行政基準（行政立法）・行政計画・行政行為・行政契約・行政指導**の5つの行為形式それぞれの概念・手続ルール・実体ルールを説明することとしたい。

1 行政基準

■ 行政基準の概念

　行政機関が制定する法条の形式を持つ行政活動の基準を**行政基準（行政立法）**と呼ぶ。行政基準は定立する内容が一般的（誰にでも適用されうる）・抽象的（規律の内容になお未確定の部分がある）である点において行政行為・行政契約・行政指導と区別される。同じ法条の形式をとる法律・条例とは制定者の点において相違があり，同じ行政が制定する行政計画との間では法条の形式（**条件プログラム**）をとるかどうかの点において区別される。法律による行政の原理（⇨11頁）からすれば，行政活動の基準は全て法律で決められていることが要請される。しかし，規律の内容が専門的・技術的事項である場合，事情に即応する必要がある場合，地方の特殊事情を考慮する必要がある場合，政治の介入を防止する必要がある場合には，議会が行政基準の設定を授権することにより，行政機関が基準を策定しうる。行政基準は大きく法規命令と行政規則に分けられる。
① 国民の権利・義務に関係する内容を規律する行政基準を**法規命令**と呼ぶ

(例：大学設置基準)。法律の法規創造力の原則から，法規命令を制定するには**法律の根拠**が必要となる。法規命令には法律と同等の通用力が認められ，裁判所でも法律と同じように適用される(**外部効果**)。法規命令には，制定権者によって，政令・府省令・規則の区別がある。また法律との関係に注目すると，委任命令と執行命令とに区別される。**委任命令**は個別の法律の根拠に基づいて制定される命令であるのに対し，**執行命令**は概括的な委任規定(憲法73条6号，国家行政組織法12条1項)に基づいてある法律の執行のために必要な細則(主として手続規定)を定めるものとされる。ただし，最近の立法では**包括的委任条項**(「この法律の実施のための手続その他の必要事項は，政令で定める」などの規定)をおいて命令の法形式を指定することが通例となっている(宇賀・Ⅰ271頁)。

② 国民の権利・義務に関する内容とは関わりない行政内部事項を規定する行政基準を**行政規則**と呼ぶ。**通達**や**ガイドライン**と呼ばれているものの多くはこの行政規則にあたる。権利・義務と関わりない事項を規定するため法律の根拠は不要であり，行政内部にのみ効力があるから裁判所の判断を拘束しない。行政規則は大きく3つのグループに分けられる(塩野・Ⅰ99頁)。第1は行政内部の法関係(かつての特別権力関係)を規定したものであり，**組織規則**(行政組織の細目を規定)と**営造物規則**(学則・校則・公共施設利用規則など)が含まれる。第2は法律・条例がある場合にその細かな解釈や判断基準を定めるものであり，**解釈基準**と**裁量基準**が含まれる。第3は法律・条例がない場合にその代わりに行政活動の準則を定めるものであり，**給付規則**(補助金等の支給基準など)と**指導規則・指導要綱**(行政指導の基準)が含まれる。

■ 行政基準の手続ルール

行政基準の策定手続として最も幅広く使われるのが，行政手続法の定める**意見公募手続**(パブリック・コメント)である。他に個別法で国会の関与(例：災害対策基本法109条)や利害関係者の提案権(工業標準化法12条1項)が認められているものもある。

① 行政手続法がカバーしている行政基準は「**命令等**」と呼ばれており(同法2条8号)，そこには法律に基づく命令，審査基準・処分基準，行政指導指針が含まれている。このうち法律に基づく命令は法規命令(委任命令)に相

当し，行政指導指針は行政規則の中の指導規則が対応する。審査基準・処分基準は行政行為の詳細な基準（解釈基準・裁量基準）であり，行政規則であることが多い。

② 意見公募手続（行政手続法 39 条以下）は，行政機関が命令等の案を公示し，関連資料（説明資料・政策評価結果等）もあわせて提示することから始まる。これに対して，誰でも意見を提出することができる（外国人・法人でも可）。提出期間は 30 日以上とらなければならない。行政は提出意見を考慮し，提出意見・考慮結果とその理由を公示しなければならない。

■ 行政基準の実体ルール

行政基準の実体ルールは法規命令と行政規則とで異なる（⇨文献⑤）。

① 法規命令の実体ルールは，法律による委任方法の合憲性の問題と，委任を受けて制定された命令の内容の合法性の問題とに分けられる。前者は**白紙委任の禁止**に抵触するかどうかが基準である。ただし最高裁判例においてはこれまで，白紙委任の禁止を認めた実例がない（合憲限定解釈する姿勢を示したものとして，判Ⅰ175 最二小判 2012（平成 24）・12・7 判時 2174 号 21 頁）。

これに対して後者の問題は，いくつかの最高裁判決で委任命令が違法であったと判断されており，行政手続法でも命令等の法令の趣旨との適合性確保を確認的に規定している（同法 38 条）。法律が認めているはずの内容を委任命令が制限したことが違法とされたものとして，農地法 80 条 1 項による売払制度の対象を政令が制限した事例（判百Ⅰ51 最大判 1971（昭和 46）・1・20 民集 25 巻 1 号 1 頁），監獄法には接見不許可に関する委任がなかったにもかかわらず施行規則で 14 歳未満との接見を禁止する規定を置いたことが違法とされた事例（判百Ⅰ52 判Ⅰ179 CB1-6 最三小判 1991（平成 3）・7・9 民集 45 巻 6 号 1049 頁），母子世帯を対象に金銭給付を行っていた児童扶養手当法の施行令が父から認知された場合を除くとしたことが法律の委任の趣旨に反するとして違法とされた事例（判Ⅰ178 CB1-7 最一小判 2002（平成 14）・1・31 民集 56 巻 1 号 246 頁）（⇨291 頁）（高木 90 頁），戸籍法施行規則が「曽」の文字を子の名に使える文字に含めていなかったことが法の委任の趣旨を逸脱する違法・無効なものと判断された事例（判Ⅰ182 最三小決 2003（平成 15）・12・25 民集 57 巻 11 号 2562 頁）などがある。これに対して，法律が認めていないはずの内

容を委任命令で追加したことが違法と判断されたものとして，地方自治法施行令が解職請求手続に関しても公職選挙法の規定を準用していたことについて，地方自治法が解職請求と解職投票とを書き分けた上で解職投票について公職選挙法を準用していることからすれば，施行令の解職請求に関する準用規定は地方自治法が認めている範囲を超えていると判断された事例（判百Ⅰ53 判Ⅰ180 CB1-10 最大判2009（平成21）・11・18民集63巻9号2033頁），薬事法上の授権の趣旨が明確に読み取れず，委任を受けて制定したとされていた医薬品のインターネット販売を規制する施行規則が違法・無効と判断された事例（判Ⅰ177 最二小判2013（平成25）・1・11民集67巻1号1頁）がある。

② 行政規則のうち行政内部の法関係を規定した組織規則・営造物規則を除くものについては，行政上の法の一般原則（とりわけ平等原則）（⇨20頁）と結びつけて裁判所における判断の基準として用いようとする考え方がある。すなわち，裁量基準・給付規則・指導規則については，裁判所はまず行政規則に合理性があるかどうかを判断し，もしあれば原則としてその基準を適用して行政活動の適法性の判断を行うことになる（判百Ⅰ76 判Ⅰ100 CB8-5 最一小判1999（平成11）・7・19判時1688号123頁）。しかし行政規則に合理性がない場合や，合理性があるとしても問題となっている事件での適用が適切ではない場合には，行政規則を判断基準としない取り扱いが可能である（広範な基準逸脱可能性を認めた最高裁判決として，判百Ⅰ80 判Ⅰ7 CB4-4 最大判1978（昭和53）・10・4民集32巻7号1223頁［マクリーン事件］）。この点に，裁判所の判断を拘束する法規命令と，そうでない行政規則との大きな違いが存在する。これに対して解釈基準（典型的には租税法における通達（⇨184頁））の場合には，行政の解釈は裁判所の解釈を拘束しないので，裁判所は自ら正しいと考える法解釈に従って行政活動の適法性を判断すれば足りる（塩野・Ⅰ102頁）（判百Ⅰ56 判Ⅰ171 最二小判1958（昭和33）・3・28民集12巻4号624頁［パチンコ球遊器事件］）。ただし，通達に基づく（客観的には違法な）課税が納税者に不利益に変更された場合には，**信頼保護原則**を適用して納税者を救済する余地がある（⇨186頁）。

2 行政計画

■ 行政計画の概念

　行政機関が定立する法条の形式を取らない行政活動の基準を**行政計画**という。行政基準は行政活動の条件を示すのに対して，行政計画は行政活動の目標を設定するものである（**目標プログラム**）。行政基準とくに法規命令に関しては，法律の委任が詳細なものでなければならない**規律密度**の要請（白紙委任の禁止）が働くのに対して，行政計画の場合には法律は計画のメニューを定めているのみで，具体的にどれをどの場面で利用するかの指示を行っていない。行政計画はそれゆえ，立法過程の中では汲み尽くされなかった諸利害を行政過程において継続的に衡量し，公的利益の内容を確定させ，その実現手段を統合化する機能を果たすものである。行政計画の代表例は**都市計画**（⇨419頁）と**社会保障計画**（⇨307, 327頁）である。

　行政計画にはいくつかの分類軸がある。ここでは今後の考察に有用な３つの分類軸を紹介する。第１は効力による分類であり，私人に対しても効力を持つ**外部効計画**と行政内部にしか効力を持たない**内部効計画**とに分けられる。外部効計画のうち少なくとも国民の権利を制限し義務を課すもの（例：都市計画の用途地域（⇨438頁））については法律の根拠が必要となる。第２は対象による分類であり，社会全体を一定の方向に制御する計画である**マクロ行政計画**と，個人を対象として行政施策を調整する計画である**ミクロ行政計画**（例：居宅介護サービス計画（⇨325頁））に分けられる。第３は体系的位置づけによる分類であり，政策全体を統合する**基本計画・上位計画**（マスタープラン）と個別の施策や事業のあり方を定める**実施計画**の区別がある。

■ 行政計画の手続ルール

　行政計画の手続ルールは個別の法律に基づいて決まっており，行政手続法が定める意見公募手続は適用されない。行政計画の手続ルールは，対象者の範囲と影響力の強さに注目して次の４つに整理できる。第１は対象者が狭く影響力の強い**審議会型**である。土地利用関係では国土審議会や都市計画審議会への諮問手続が予定されている。審議会は客観性の担保や専門知識の導入

のために用いられる。第2は対象者が狭く影響力の小さい**ワークショップ型**である。比較的少数の市民が参加して原案作成段階で自由に意見を出し合うのが特色であり、国土交通省関連の道路整備で用いられる**パブリック・インボルブメント**がその代表である。第3は対象者が広く影響力の強い**レファレンダム型**である。大規模な公共施設を建設するかどうかを住民投票で決める場面などが想定されうる。第4は対象者が広く影響力の弱い**パブリック・コメント型**である。都市計画法に見られる**公告縦覧・意見書提出手続**（⇨421頁）は行政手続法の意見公募手続に類似している（ただし行政側に応答する義務がない点において意見公募手続に劣る）。また環境影響評価法が定める**環境アセスメント**（⇨397頁）もここに位置づけられる。

■ 行政計画の実体ルール

　行政計画はその実体面について法律による規律が緩く、裁量の幅が広い特色がある。このため、行政計画の違法性判断は行政計画の裁量審査とほぼ重なり合うことになる。具体的には、計画策定の際に考慮すべき事項を考慮したかどうか、考慮すべきでない事項を考慮しなかったかどうかを裁判所が検証する手法を採る（判百Ⅰ79　判Ⅰ185　最一小判2006（平成18）・11・2民集60巻9号3249頁）（⇨469頁）。後に述べるように（⇨66頁）、このような判断手法は行政行為や行政契約の裁量統制手法と共通している。

③ 行政行為

■ 行政行為の概念

　行政庁が法令に基づき、個別の事例において、私人に対して直接的に法的効果を発生させる認定判断行為を**行政行為**という。法令上は許可・認可・確認・免許・登録などの語が使われていることが多い。ある行政活動が行政行為であるかどうかを判断するためには、こうした文言のみならず、法令により権限が授権された行政庁による決定であって、決定の前後で私人の権利・義務が変動しており、個別的・具体的で対外的・最終的な決定であるかどうかが基準となる。行政行為は、個別的・具体的である点で行政基準・行政計

画と区別され，**法的効果**が発生する点で行政指導と区別され，合意に基づくのではない点で行政契約と区別される。**行政庁**は通常は組織法上の行政主体に属する行政機関であることが多いものの，法律（に基づく行政行為）によって組織法上の行政主体ではない組織に行政行為の権限が与えられることがある（**委任行政**）（例：指定確認検査機関による建築確認（⇨458頁））。行政行為の要件や効果は通常，法令によって予め定められており，行政の認定判断行為によって法令の内容に基づく法的効果が発生する（**規律力**）。

① 行政行為の概念はドイツの公法学者オットー・マイヤーによって確立したとされる。それは，私法における裁判判決に匹敵するものとして構想された。つまり，行政による強制的な実力行使である行政強制に先立って，法律に基づき私人の服するべき義務を予め確定・表示させることによって私人の権利保護に資するものとして，行政行為は位置づけられていた。このような考え方は，現在でも行政行為の概念・効力論に色濃く見られる。これに対してその後のドイツ公法学では，行政行為を国家意思の表示行為として捉える見方が強まり，民法の法律行為論への接近が見られた。行政行為の類型論・瑕疵論ではそのため法律行為論との類似性が強い。行政行為と類似する概念として**行政処分**（⇨103頁）がある。我が国の実定法では行政行為という言葉は使われておらず，行政事件訴訟法や行政手続法では**行政庁の処分**という言葉が用いられている。両者の対象はほぼ重なっている。しかし，後述のように，戦後の行政訴訟においては行政行為を攻撃することを念頭に置いた取消訴訟しか機能してこなかったため，行政行為以外の行為形式であっても取消訴訟の利用を認めようとする動きが見られた（**処分性拡大論**）。このため，行政処分の概念は行政行為よりも広くなっている（大橋・Ⅰ308頁）。

② 行政行為はその作用に注目すると大きく3つのタイプに分けられる。第1は私人に対して一定の作為義務・不作為義務を課すものであり（例：改善命令），最終的には後述の義務履行確保手段によってその実現が担保されている。第2は法定の要件を満たしていることを前提に私人に対して権利や法的地位を設定するものである（例：生活保護開始決定（⇨266頁））。第3は法定の要件を満たしていることを確定させることを内容とするものであり（例：年金裁定（⇨291頁）），私人の権利義務は法律で定められているところに従って確定する（塩野・Ⅰ121頁）。行政行為の代表的類型として押さえておくべ

きは許可・特許・認可の区別である。行為規制の手段として使われるのが許可である。ある社会的に危険のある行為を規制しようとする場合に，法律で一律に行為を禁止し，違反者に刑事罰を科す手法が考えられる。これに対して，特定の条件を満たす相手方に対してのみ一定の作為義務を課したり行為を禁止したりする手法が，行政行為の一類型である**下命・禁止**である。さらに，ある行為を一旦全員に禁止した上で，特定の条件を満たす相手方に対してのみその禁止を解除する手法を**許可**という（例：自動車運転免許）。許可が行為規制であるのに対して，取引を規制する手段が**認可**である。認可は法律行為の有効要件と位置づけられており，無認可に対しては契約の効力を否定することで行政規制の実効性が確保されている。この許可と認可の区別は，行政法と民事法の議論における**取締法規**と**強行法規**の区別（⇨26頁）に対応する。許可が自然の自由の回復と位置づけられるのに対して，自然の自由を上回る特権を国家が与えるのが**特許**と考えられていた（例：鉱業権設定許可）。事業者は特権を得る代わりにさまざまな特別の義務に服するとされてきた。国家の特権付与の根拠（**国家のレガリア**）（小早川・上202頁）が失われた現在では，特許は公的任務の遂行を私人に委ねる手段の1つと位置づけられる。

③　行政行為の効力は実体的な効力と手続的な効力に分けられる。実体的な効力として以下の2つがある。私人の同意なしに行政が一方的に具体的法関係を形成・変更・消滅させうる力を**規律力**という（⇨104頁）（塩野・Ⅰ139頁）（⇨文献⑥）。行政行為により賦課された義務が行政上の強制執行の前提となる効力を**執行力**という。ただし行政行為によって義務が賦課されるだけではその強制的な実現までが可能とされるわけではなく，強制行為に対しては別途法律の根拠が必要となる（**法律の留保の二段階構造**）（大橋・Ⅰ26頁）。

　手続的な効力として次の3つがある。行政行為が違法であっても，取消権限がある機関（行政・裁判所）によって取り消されるまでは何人（私人・行政・裁判所）もその効果を否定することができない。このような効力を**公定力**という。行政行為に対しては行政庁による職権取消のほか，行政事件訴訟法が**取消訴訟**（⇨101頁）という特別な訴訟制度を準備している。裁判で行政行為の効力を否定するには取消訴訟にのみよらなければならないとする法律上の規定はない。しかし立法者がこのような特別な手続を置いたのは，それ以外の手続による効力の否定を認めない趣旨と考えられている（**取消訴訟**

の排他的管轄）（⇨100頁）。単に特別な訴訟手続の利用強制があるに止まらず，取消訴訟には**出訴期間制限**（6ヶ月）があるため，この期間を経過すると行政行為の違法性を争うことができなくなる。このような効力を**不可争力**という。公定力と不可争力は，多数当事者に影響を与えうる行政行為に基づく規律を早期に確定させ，法的安定性を高める機能を持っている。以上の4つの効力は全ての行政行為にあてはまるものであるのに対し，不可変更力と実質的確定力は，裁判類似の丁寧な手続（⇨96頁）によって出された行政行為にのみ認められる手続的な効力である。私人の側が裁判によって行政行為の取消を求めるのには期間制限があるのに対し，行政の側が職権で行政行為を取り消すことについては原則として制限はない。これに対して**不可変更力**が認められる行政行為の場合には，処分庁が行政行為を事後的に取り消したり変更したりすることはできない。さらに**実質的確定力**が認められる行政行為の場合には，処分庁のみならず上級庁や裁判所までも行政行為を事後的に取り消したり変更したりすることができない。これらには制度的な根拠はなく，裁判所に対してまで取消を認めない実質的確定力については認めない学説が多数である。

④ 行政行為の公定力は，当該行政行為の効果の範囲に及ぶ。隣人と境界線を争っている場合に，隣の土地まで建物を建てる設計をした申請者が建築確認を申請して確認を得た場合，隣人は建築確認を取り消してもらわなくても民事訴訟（妨害排除請求）を提起することが可能である。建築確認は建物の安全性や都市計画上の建築制限への適合を確認するにとどまり，建設される土地の権原を適法に取得しているかを確定する効果を持たないからである。同様に，原子炉設置許可や廃棄物処理施設の設置許可も，周辺住民の人格権侵害を許容する効果を持たないので，周辺住民は許可を取り消してもらわずに民事訴訟（人格権に基づく差止請求）を提起できる（⇨390頁）。

　行政行為の効果の範囲内に入っている事項であっても，以下のような場合には公定力は働かない。違法の程度が重大（明白）な行政行為は**無効な行政行為**であって，取消訴訟の排他的管轄が働かない。取消訴訟と並んで違法な行政活動に対する救済手段として用いられる**国家賠償訴訟**は処分の違法性を争点にするものであって処分の効力を問題にするものではないから，取消訴訟を経ずに国家賠償訴訟のみを単独で提起できる。このことは税金に関する

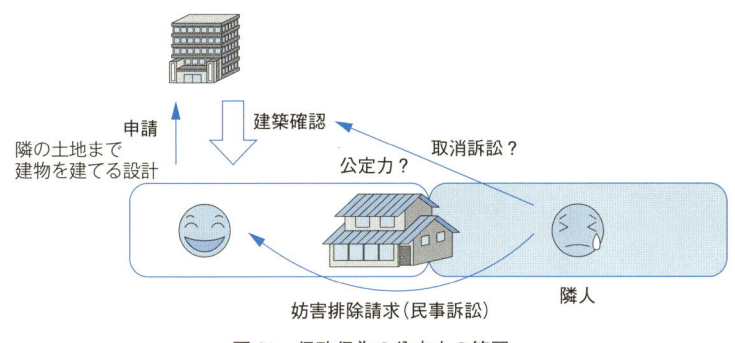

図21　行政行為の公定力の範囲

事件でもあてはまる（判百Ⅱ241　判Ⅱ161　最一小判 2010(平成 22)・6・3 民集 64 巻 4 号 1010 頁）（⇨193 頁）。行政行為により課された義務に違反したことにより刑事罰が科される場面において，刑事訴訟の中でも行政行為の違法性を主張できる（公定力は及ばない）とするのが学説上有力な見解である。複数の行政行為が連続する場合，後続の行政処分の取消訴訟の中で先行する行政行為の違法性を主張できる場面がある（**違法性の承継**）。ある行政行為の違法性は，原則として当該行政行為の取消訴訟でしか主張できない。そして，出訴期間が経過した後には，行政行為が無効でなければその有効性を否定できないので，後続する行政行為は先行する行為が適法有効であることを前提になされることになる。しかし，時間的に連続する2つの行政行為が一体的なものとして法的効果を発生させ，先行行為を争う手続的保障が十分でない場合には，後続の行政行為の取消訴訟の中で先行行為の違法性の主張が可能となる（判百Ⅰ87　判Ⅱ75　最一小判 2009(平成 21)・12・17 民集 63 巻 10 号 2631 頁［たぬきの森事件］）（⇨118 頁）。

■ 行政行為の手続ルール

　行政行為の一般的な手続ルールを定めているのは，行政手続法である。行政手続法は，行政行為の手続を申請に対する処分と不利益処分に分けて規定している。ただし，行政手続法自身が定める適用除外（行政主体間・固有の資格，営造物管理，試験，行政調査など）や個別法が定める適用除外（税金，福祉の措置解除など）に該当するものには適用がない。また地方公共団体に関しては，国の法令に基づくものには適用があり，地方公共団体の条例によるも

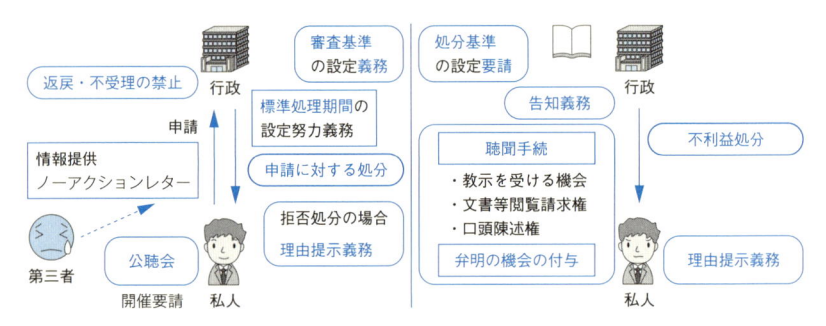

図 22　行政行為の手続ルール

のには適用がない（この部分については各地方公共団体が行政手続法の内容に準じた**行政手続条例**を定めている）。

① **申請に対する処分**の手続が適用されるのは，法令に基づき自己に対し何らかの利益を付与する処分を私人が求め，行政庁に**応答義務**が認められるもの（例：自動車運転免許）である。文言は大きな手がかりにはなるものの，関連条文の解釈から行政に応答義務が認められなければ，申請ではなく**届出**または**職権処分の端緒**（例：独占禁止法 45 条）と扱われる。逆に文言上，届出・受理の語が使われているとしても，行政に応答義務がある場合には行政手続法上の申請と扱われる。申請に対する処分の手続は，申請者の保護のためのものと，申請者以外の第三者の利益を守るためのものとに分けられる。申請者を保護するルールとして，審査基準設定義務・理由提示義務・標準処理期間の設定要請・不受理の禁止がある。行政庁は，申請により求められた許認可等をするかどうかを法令に従って判断するために必要な**審査基準**を定めて，これを公にしなければならない（行政手続法 5 条）。審査基準は命令等に含まれているので，意見公募手続をとる必要がある。公にするとは閲覧ができればよく，積極的な広報措置は不要とされる。行政庁が申請を拒否する場合には，その理由を提示しなければならない（同法 8 条）。**理由提示**の目的は，行政の判断の慎重を担保することと，拒否処分を争う場合の不服申立の便宜を与えるためである（判百Ⅰ129　判Ⅰ109　CB 3-6　最三小判 1985（昭和 60）・1・22 民集 39 巻 1 号 1 頁［旅券発給拒否事件］）。理由提示すべき内容は処分の根拠条文・根拠事実であり，審査基準が定められていればその適用関係も示されるべきである。申請の迅速な処理を保障するため，行政庁には**標準処**

理期間を設定する努力義務があり，これを設定した場合には公にしなければならない（同法6条）。申請書が到達すれば行政庁には審査義務が生じ，**返戻・不受理**は禁止される（同法7条）。同様のルールは行政に応答義務のない届出にも存在する（同法37条）。また，申請者以外の第三者の利益を守るルールとして，**公聴会**開催努力義務が行政庁に課されている（同法10条）。

② **不利益処分**は，法令に基づき直接に義務を課し，または権利を制限する処分と定義されており，申請拒否処分は含まれない（同法2条4号）。申請に対する処分との共通要素として，**処分基準の設定努力義務**（同法12条）と**理由提示義務**（同法14条）がある。このうち**処分基準**は申請に対する処分の基準（審査基準）と名称が異なること，設定が努力義務であることに注意が必要である。不利益処分に固有の手続が**告知・聴聞**である。名宛人が望まない不利益な内容を伴う処分が出される前には，その内容が知らされ，名宛人に反論の機会を保障しなければならないとの考え方に基づく。行政手続法は，与える不利益が重大である場合に用いられる聴聞手続（同法15条以下）と，そうでない場合に用いられる弁明の機会の付与（同法29条以下）の2種類の手続を規定している。両者の大きな違いは口頭陳述を認めるかどうかにあり，**弁明の機会の付与**では弁明書の提出に基づく書面審理のみが予定されている。これに対して聴聞手続では，不利益処分の内容や意見表明方法に関する告知が行われた後に，処分担当者とは別の行政職員である**聴聞主宰者**が行う聴聞において，口頭での意見表明が可能である。聴聞に先立って，名宛人には**教示を受ける権利**や**文書等閲覧請求権**が認められている。聴聞主宰者には**除斥事由**があり，これにより審理の中立性が一定程度確保されている。聴聞主宰者は**聴聞調書・報告書**を作成し，行政庁が不利益処分をする際にはこれらに記された聴聞主宰者の意見を十分参酌しなければならない。

■ 行政行為の実体ルール──行政行為の瑕疵論

行政行為の実体ルールとして重要な点の1つは，行政行為の**無効・取消・撤回**の区別である。

① 行政行為はたとえ違法であっても，権限ある機関によって取り消されるまでは有効なものとして通用し（**公定力**），出訴期間が経過すると争うことができなくなる（**不可争力**）。これに対して**無効な行政行為**の場合には公定力・

不可争力がなく，このため取消訴訟ではなく**無効等確認訴訟・民事訴訟（争点訴訟）**（⇨125頁）によって争うことになる。行政行為の無効には，そもそも行政行為として成立していない**不存在**も含まれる。何が無効な行政行為に当たるかの基準とされるのが**重大明白説**である。これは瑕疵が重大な法規違反であり瑕疵の存在が外観上一見明白であれば無効と判断する考え方である（判Ⅰ163　CB 2-2　最三小判1961（昭和36）・3・7民集15巻3号381頁）。これに対して，利害関係ある第三者に影響を与えない場合には明白性要件が不要と考える**明白性補充要件説**も有力である。最高裁は，別人の債務弁済に巻き込まれて勝手に登記が経由され，それによって土地の譲渡所得に課税された人が課税処分の無効確認を求めた事例で，**処分の根幹の過誤でありかつ徴税行政の安定・円滑を犠牲にしてもなお不可争の効果を発生させることが著しく不当**として，明白性要件に言及せず無効を認めている（判百Ⅰ86　判Ⅰ164　CB 2-3　最一小判1973（昭和48）・4・26民集27巻3号629頁）（⇨207頁）。

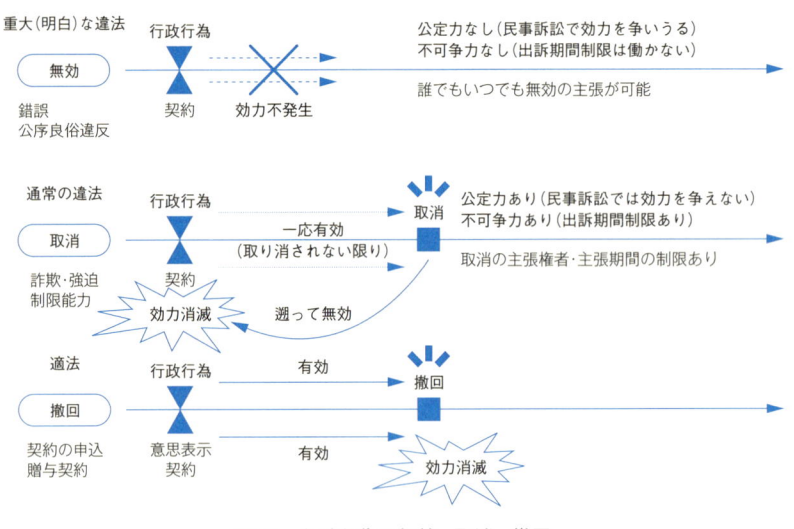

図23　行政行為の無効・取消・撤回

② 行政行為が違法であり取り消すべきであるにもかかわらず，行政経済の観点から（とくに取消後の再処分手続を省略するため）その効力を存続させる場合があり得る。根拠条文を変更することで効力を維持する**違法行為の転換**，事後的に手続的・形式的要件が追完されることで瑕疵がなくなる**瑕疵の治**

癒，処分理由を訴訟段階で追加・変更することを認める**理由の差替え**（⇨118頁）が具体的な手法である。

③ 行政行為の取消には，私人による不服申立や訴訟提起を前提とする**争訟取消**と，行政庁が自らの判断で行う**職権取消**の2種類がある。不可争力が問題になるのは争訟取消の場合だけであり，職権取消に関しては不可変更力（⇨58頁）が認められる場面を除けば行政庁（処分庁・上級庁）は原則として自由に取り消すことができる。処分が取り消されるとその処分がはじめからなかったことになり（**遡及的消滅**），違法状態が除去される。ただし，特に授益的行政行為の場合には，相手方の信頼保護との関係で行政の自由な職権取消が制限されることがあり得る（**職権取消制限の法理**）。その制限の態様の一種として，本来であれば遡及的に消滅する行政行為の効力について，取消時以降のみを消滅（**不遡及取消**）させることもありうる。

④ 行政行為の取消が違法な行政行為の効果を奪うものであるのに対して，当初適法に成立した行政行為を状況の変化に応じて行政庁（処分庁）がその時点から失効させることを**行政行為の撤回**と呼ぶ。行政行為の取消は違法な行政行為の是正であるため，取消についての法的根拠が別途必要であるとは考えられていない。これに対して行政行為の撤回は，新たな事情を踏まえた対応であるため，撤回についての法的根拠が場合によっては別途必要であるとする見解もある（芝池・総論176頁以下）。最高裁は，もとの行政行為を授権する規定の中に撤回を許容する趣旨も含まれていると判断している（判百Ⅰ93 判Ⅰ157 CB2-4 最二小判1988（昭和63）・6・17判時1289号39頁［菊田医師事件］）。なお，法令上許認可等の「取消し」が規定されている場合には，講学上の職権取消の場合と撤回の場合の双方が含まれているので，どちらの問題なのかは条文を解釈して判断しなければならない（多くの事例で個別の行政法規に定められている「取消し」は行政法学の用語で言えば「撤回」にあたる）。撤回権に法律の根拠がある場合には，基本的には，法定の要件を充足していると言えるかどうかが撤回の適法性の判断基準となる（信頼保護原則など行政上の法の一般原則（⇨18頁）による修正はあり得る）。法律の根拠がない場合には，原則として，相手方に対する不利益的行為の撤回は自由であり，授益的行為の撤回は不自由である（**撤回権制限の法理**）。ただし，授益的行為であっても要件が事後的に消滅し，第三者との関係で撤回義務が生ずると考えられる場

合（例：権限不行使の違法）もあり，この場合には消極的裁量濫用審査（⇨143頁）の枠内で撤回の根拠がないことが考慮されることになる。また授益的行為の撤回が許容される場合であっても，それが許認可等を受けていた者の義務違反ではなく専ら公益上の理由からなされた場合には，**損失補償**の要否（⇨155頁）を論じる余地がある（ 判百Ⅰ94 判Ⅰ162 CB 20-3 最三小判 1974（昭和49)・2・5 民集 28 巻 1 号 1 頁）。

■ 行政行為の裁量論

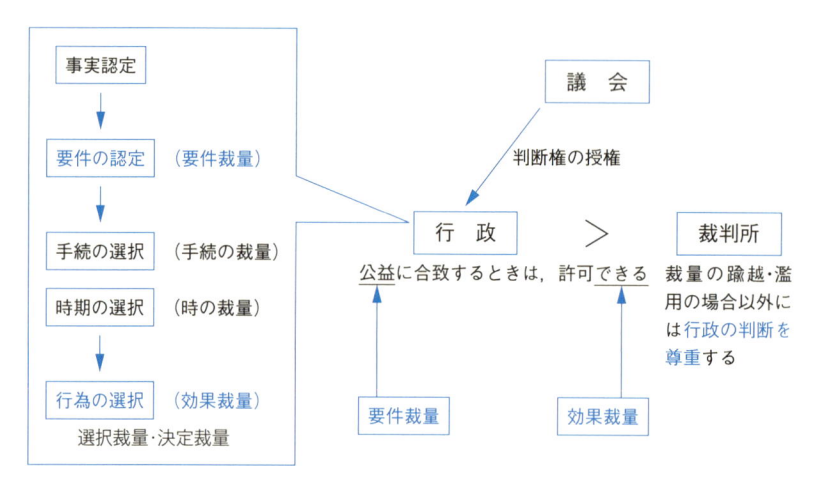

図 24 行政裁量の概念

より上位の基準が規律密度を抑制したために生じた，行政の判断・行動決定の余地のことを**行政裁量**という。例えば，議会が法律で「公益に合致するときは，許可を与えることができる」という規定を置いたとすると，何が公益であるか，あるいは許可をするかどうかについて立法者が明確な定めを置かなかったことによって，行政に判断権を授権したと考えることができる（**規範的授権理論**）（大橋・Ⅰ 331 頁）。この場合に裁判所は原則として行政の判断を尊重しなければならず，行政の判断が裁量権の**踰越・濫用**に当たる場合にのみ行政の判断を違法と評価することができる（行政事件訴訟法 30 条）。行政行為の要件部分に裁量が認められるものを**要件裁量**，効果の部分に裁量が認められるものを**効果裁量**という。

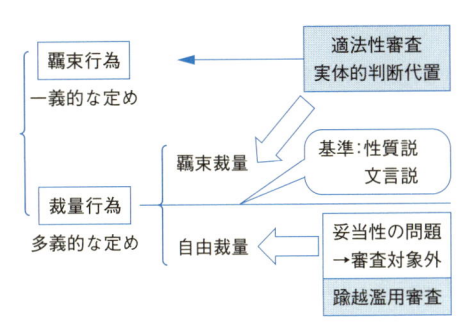

図25 羈束裁量と自由裁量

　歴史的に裁量論が展開されてきたのが行政行為であった（藤田・Ⅰ 109頁）。最も古い段階での裁量論は，法律が一義的な定めをしているものを**羈束行為**，多義的な定めをしているものを**裁量行為**と呼び，後者に関しては裁判所の審査の対象外と考えていた。しかしこれでは裁判所による審査範囲が狭すぎるため，多義的な定めをしているものの中でも解釈によってその内容が明らかになる**羈束裁量**と，行政の便宜に任されている**自由裁量**とを区別し，羈束裁量については羈束行為と同じく裁判所の審査に服させた。また自由裁量についても踰越・濫用があれば裁判所は違法判断ができるようにした（**古典的裁量論**）。このように考えると，重要なのは羈束裁量と自由裁量の線引きの基準である。この点について戦前の学説は，処分の効果や性質に注目する美濃部達吉の**性質説**と，処分の要件における文言に注目する佐々木惣一の**文言説**とに分かれていた。これに対して戦後の判例法理は，一方では要件裁量を肯定しながら（ 判Ⅰ138 　最三小判1958(昭和33)・7・1民集12巻11号1612頁），他方で自由裁量とされる行為に対する統制を強める姿勢を見せてきた。この結果，現在では羈束裁量と自由裁量の区別は意味を失い（阿部・Ⅰ 365頁），行政裁量の有無については，法律の文言が一義的でない場合（「公益」「おそれ」「できる」など）であって条文の趣旨解釈から裁量が認められる合理性があると判断される場合には，要件裁量・効果裁量を問わず裁量があると判断されることが多い（芝池・読本72頁）。ただし，被侵害権利・利益の性質や裁判所の審査能力などから裁量が否定されることもある（大橋・Ⅰ 334頁）。そして，裁量が認められる場合の**裁量統制手法**としては，裁量行使の結果が社会通念に照らして著しく妥当を欠くかどうかに注目する**社会観念審査**と，行

政の判断過程において考慮すべき事項が考慮され，考慮すべきでない事項が考慮されていなかったか（**考慮不尽・他事考慮の禁止**），その重み付けは適切であったか（**過大考慮・過小考慮の禁止**）を検証する**実体的判断過程統制**が代表的であり，他に手続的司法審査がある（⇨文献⑦⑧）。

① **社会観念審査**は，裁量権行使の結果に注目し，それが社会通念上著しく妥当を欠くことをもって裁量の濫用を導く手法である。裁量の余地が広い身分行為（公務員の懲戒処分・国籍関連の処分など）の裁量統制では常に用いられている。

> 懲戒処分を発動するかどうか，懲戒処分のうちいずれの処分を選ぶかを決定することは，その決定が全く事実上の根拠に基かないと認められる場合であるか，もしくは社会観念上著しく妥当を欠き懲戒権者に任された裁量権の範囲を超えるものと認められる場合を除き，懲戒権者の裁量に任されているものと解するのが相当である。（判I 37 最三小判 1954（昭和 29）・7・30 民集 8 巻 7 号 1501 頁［府立医大退学処分事件］）

この手法で具体的な手がかりとされるのは，裁量行使の前提となる事実認定の重要部分に誤りがある**重大な事実誤認**のほか，裁量行使の目的が法律の趣旨目的と整合しない**目的違反・動機違反**，目的と手段の均衡を欠く**比例原則違反**（比例原則違反を否定したものとして 判百I 83 判I 140 CB 4-2 最三小判 1977（昭和 52）・12・20 民集 31 巻 7 号 1101 頁［神戸税関事件］），合理的な理由がないのに差別的な取り扱いを行っていることによる**平等原則違反**などである。例えば，君が代不起立訴訟最高裁判決（判I 12 最一小判 2012（平成 24）・1・16 判時 2147 号 127 頁）では，減給以上の懲戒処分をする場合には慎重な判断を行政に要求し，具体的には学校の規律や秩序の保持等の必要性と処分による不利益の内容との権衡の観点から（比例原則），当該処分を選択することの相当性を基礎付ける具体的な事情が認められることを要するとしている。

② **実体的判断過程統制**は，裁判所が第三者的立場で行政の判断過程の合理性を審査する手法である（裁判所が行政の立場で判断し，判断が異なった場合に裁判所の判断を行政の判断に置き換える**実体的判断代置**は，裁量が認められない場合の審査手法である）。

> 処分事由の有無の判断についても恣意にわたることを許されず，考慮すべき事項を考慮せず，考慮すべきでない事項を考慮して判断するとか，また，その判断が合理性をもつ判断として許容される限度を超えた不当なものであるときは，裁量権の行使を誤った違法のものであることを免れないというべきである。(判I 140 R 4 最二小判 1973（昭和 48）・9・14 民集 27 巻 8 号 925 頁 ［分限降任処分］）

　この判断方法は上記の分限降任処分に関する判決や，日光太郎杉事件東京高裁判決 (判I 143 CB 4-1 東京高判 1973（昭和 48）・7・13 行裁例集 24 巻 6=7 号 533 頁）で採用され，最高裁も日教組教研集会事件 (判百I 77 判I 144 CB 4-8 最三小判 2006（平成 18）・2・7 民集 60 巻 2 号 401 頁，以下の判示を参照）以降，行為形式を問わず裁量統制手法として幅広く用いる姿勢を見せている。

> 裁量権の行使が逸脱濫用に当たるか否かの司法審査においては，その判断が裁量権の行使としてされたことを前提とした上で，その判断要素の選択や判断過程に合理性を欠くところがないかを検討し，その判断が，重要な事実の基礎を欠くか，又は社会通念に照らし著しく妥当性を欠くものと認められる場合に限って，裁量権の逸脱又は濫用として違法となる。

　この判断方法の特色は，行政手続の中で考慮されるべき要素が十分に考慮されたか，考慮すべきでない事項が考慮されていないか，諸考慮要素間の重み付けが適切なものであったかを裁判所が審査する点にある。多数当事者の利害を衡量した上で決定を下す構造となっている行政活動の審査に適合的な判断枠組であり，法分野を問わず広範に利用可能である。

③ **手続的司法審査**（宇賀・I 327 頁）は，手続的な瑕疵のみを理由に（実体面の判断をせず）裁量の逸脱・濫用を認めて処分を取り消す手法である。前述のように，我が国の最高裁判例によれば，**理由提示義務**違反はそれだけで単独の取消事由となる。そこで裁量が認められる処分でも，理由提示義務違反があればそれだけで処分は違法となる (判百I 128 判I 111/118 最三小判 2011（平成 23）・6・7 民集 65 巻 4 号 2081 頁）。

> 裁量判断の適否に係る裁判所の審理においては，主として老齢加算の廃止に至る判断の過程及び手続に過誤，欠落があるか否か等の観点から，統計等の客観的な数値等との合理的関連性や専門的知見との整合性の有無等について審査されるべきものと解される。

　また，科学技術的・学術的な評価の余地が処分要件部分に認められ，その判断に際して専門家組織が介在する場合などには，判断の過程に看過しがたい過誤・欠落があれば裁量の逸脱濫用が認められる（**判断過程の過誤欠落審査**）。最高裁判例においては，原子力発電所の設置許可処分（判百Ⅰ81　判Ⅰ139　CB4-5　最一小判1992（平成4）・10・29民集46巻7号1174頁［伊方原発訴訟］）（⇨375頁）や教科書検定（判百Ⅰ82　判Ⅰ145　最三小判1993（平成5）・3・16民集47巻5号3483頁）において見られる。さらに，生活保護の老齢加算廃止（判Ⅰ181　最三小判2012（平成24）・2・28民集66巻3号1240頁，上記の判示を参照）に関しても同様の審査方法を用いている（⇨246頁）。

■ 行政行為の附款

　行政行為にはその効果を制限する条件が付加されることがある。これを**行政行為の附款**という（⇨その例として389頁）。附款は法律に定められた要件・効果に付加される条件であり，広い意味での法律の授権によって可能となる。この点において附款の問題は，行政行為の裁量の問題と重なり合う（塩野Ⅰ・180頁）。附款の例として，行政行為の効果を発生不確実な将来の事実にかからせる**条件**，行政行為の効果を発生確実な将来の事実にかからせる**期限**，行政行為の名宛人に行政行為の効力発生・消滅とは独立した特別な義務を課す**負担**，特定の場合に撤回があり得ることを明示する**撤回権留保**がある。負担は行政行為とは別に制限を課す作用であるから，法律の根拠が必要になる。撤回権留保の附款が付けられていても，撤回権制限の法理は及ぶ。附款に瑕疵がある場合には，附款だけの取消訴訟が原則である。ただし附款が行政行為の重要部分であって，附款がなければ行政行為がない場合には，行政行為全体の取消訴訟を提起することとなる。

4 行政契約

■ 行政契約の概念

　行政主体が締結する契約を**行政契約**と呼ぶ。行政契約は意思表示の合致によって成立する点で行政行為と区別され，法的拘束力を有する点で行政指導と異なる。

① 規制行政においても行政契約が用いられる例がある。行政と私人とが互いに給付し合うことを約束する**交換契約**は，行政側に法律・条例に基づく規制権限がない場合にしばしば用いられる。例えば産業廃棄物処理場に関する**公害防止協定**は，産業廃棄物処理に関する権限を全く持たない市町村が処理場への立入調査権や報告要求権などを獲得し，施設側が地元同意を獲得して廃棄物処理場設置許可を都道府県から得やすくするために使われている（⇨390頁）。行政と私人の紛争を解決する**和解契約**や，私人間で締結した協定に行政が認可を与えることにより第三者効を得る**私人間協定**（例：**建築協定**）も存在する（⇨434頁）。私人間協定は行政契約の概念には含まれないものの，利用場面や機能には類似性がある。

② 給付行政においては特別の規定がない限り契約の推定が働くとされる（塩野・Ⅰ190頁，原田・要論214頁）。他方で現実の立法例では行政行為が多く使われており，契約に基づく給付は上水道や公共交通などあまり例が多くない。これは，法令で給付の要件効果を定めて行政行為によって給付決定する方が，私人の受給権を保障することができるからである（⇨243頁）。他方で，契約に基づく給付の受給権を保障する手段として，**行政の契約締結義務**が法定されていることがある（例：水道法15条）。行政が契約締結を拒否できる「正当の理由」があると言えるためには，水道の安定供給など水道法の目的にかなう場合でなければならず，他の行政目的のために給水拒否をすると違法となる（判百Ⅰ97　判Ⅰ202　CB 5-3 最二小決1989（平成元）・11・8判時1328号16頁［武蔵野マンション刑事事件］，判Ⅰ196　CB 7-3 最一小判1999（平成11）・1・21民集53巻1号13頁［志免町給水拒否事件］）。また，私立保育所における入所契約（児童福祉法24条）のように，行政行為による**給付資格認定**と行政契約とをセットで用いることで，受給権確保と契約に基づく法関係の柔軟性を

確保する手法もある（⇨242頁）。

③ 行政活動に必要な資源を調達する準備行政や行政組織法でも，契約は用いられる。行政機関が必要な物品を購入したり公共施設の建設を依頼したりする**公共契約**（政府契約・官庁契約・調達契約）は，その代表例である。行政事務を行政内部で委託する場合にも行政契約が用いられる（法律に基づく権限までも変動する場合には，法律または法律に基づく行政行為による権限の**委任**（⇨30頁）という形式が取られる）。さらに，事務を行政外部に委託する契約として，公共施設の建設・運営・管理に関する**PFI契約**や競争の導入による公共サービスの改革に関する法律に基づく契約が挙げられる。

■ 行政契約の手続ルール

行政契約に関しては行政手続法上の定めはなく，統一的な手続法形成はなお行われていない。以下では，手続規定が比較的整備され，また法的問題点も多い公共契約における手続ルールを説明する。

公共契約における相手方選択のルールは3種類ある。入札参加者を特定せずに入札を行う方式を**一般競争入札**という。この場合に全く条件を付けないと不誠実な相手方が落札するおそれがあるため，**保証金**や，参加資格を制限した上で入札する**制限付き一般競争入札**が用いられることもある。入札参加者を行政が何社かに特定した上で入札を行う方式を**指名競争入札**という。入札参加者が限られるため，談合が成立する可能性が最も高いのがこの形態である。入札を行わず行政が契約相手方を選択して契約する方式を**随意契約**という。このうち原則となる形態は一般競争入札であり，指名競争入札や随意契約が使える条件は，法令で規定されている（地方自治法234条2項等）。ただしその要件規定は一義的に明確ではなく，最高裁は契約方式の選択に要件裁量を認める判断を示している（判Ⅰ 191 最二小判1987(昭和62)・3・20民集41巻2号189頁［福江市ごみ焼却場事件］）。また裁量審査に当たっては，行政の判断過程において考慮すべき事項を考慮しているかどうか，考慮すべきでない事項を考慮しなかったかどうかを審査する**実体的判断過程統制**の手法（⇨66頁）が採られる（判百Ⅰ 99 判Ⅰ 192 最一小判2006(平成18)・10・26判時1953号122頁）。

■ **行政契約の実体ルール**

　行政契約の実体法的統制においても**行政上の法の一般原則**（公法学の指針的価値）（⇨17頁）が用いられ得る。規制行政における契約では**比例原則**が，給付行政における契約では**平等原則**が，準備行政における契約では**効率性原則・透明性原則**が特に重要な役割を果たす。また特に規制行政における契約については，**法律による行政の原理**（⇨11頁）との関係が重要である。
① **法律の優位**原則によれば，行政契約の内容は既存の法律に反するものであってはならない。他方で公害防止協定のような交換契約は，法律上無権限であることへの対応策として用いられる。この場合，規制権限を与えていないことも含めて法律の定める規制が全国一律最高限度の趣旨であるとすると，契約の効力は法律の優位によって否定されることになる（**紳士協定説**）。しかし現在では条例における**法律先占論**に対応するこうした考え方はとられず，契約条項ごとに関係する法令の定めと抵触するかどうかを判断し，抵触がなければ法的拘束力を認めるアプローチが有力である。最高裁も，廃棄物処理場に使用期限を定めた公害防止協定の条項の有効性について，廃棄物処理法の関係規定からは許可を得たことで営業継続義務が生ずるわけではないと判断して，同条項の有効性を認めている（判百Ⅰ98 判Ⅰ189 CB 9-8 最二小判2009(平成21)・7・10判時2058号53頁［福間町公害防止協定事件］）（⇨391頁）。
② **法律の留保論**のうち**権力留保説**は，行政行為に基づく行政活動には法律の根拠が必要であるとし，契約のような相手方の同意を得て行われる活動には法律の根拠は不要と考えていた。これは相手方同意が法律の根拠を代替するとの発想に基づく。これに対して**侵害留保の原則**や**本質性理論**では，行政活動の形式を問わず，国民の権利を制限しまたは義務を課す行政活動には法律の根拠が必要と考えるので，事実上同意が強制されたと見うる場面においては契約であっても法律の根拠を要求し，それがなければその点だけで当該行政活動は違法と評価されることになる。

5 行政指導

■ 行政指導の概念

　行政機関がその所掌事務の範囲内において，一定の目的を達成するために特定の者に一定の作為・不作為を求める指導・勧告・助言を**行政指導**という（行政手続法2条6号）。行政指導は法的拘束力を持たない点で，行政行為・行政契約と異なる。

```
┌─ 法定行政指導
│     法律・条例に根拠を持つ行政指導（典型パターン：勧告→公表（→命令→罰則））
│          ┌─ 応答留保型
│          │     申請処理手続の際に事前指導・返戻・不受理・応答留保
└─ 非法定行政指導─┤  不利益処分代替型
           │     法定の不利益処分の権限を行使する前に指導によって対応
           │  法令代替型
           └─    無権限への対応（地方公共団体：要綱行政）←行政指導の作為義務
```

図 26　行政指導の分類

　行政指導はしばしば，その作用の内容に注目して**規制的行政指導・助成的行政指導・調整的行政指導**に区分される。しかし法的ルールを分析するにあたってはむしろ，法律・条例に根拠を持つ法定行政指導か，根拠のない非法定行政指導かに分ける方が適切である。**法定行政指導**は，他の行為形式と同様に，立法者が一定の政策目的を実現するために選択した手段と位置づけることができる。典型的なパターンとして，一定の要件を充足する場合に行政が**勧告**を行い，勧告に従わないときは**公表**するしくみが見られる（法律によってはさらに，公表でも効果がないときには勧告と同内容の**命令**＝行政行為を出し，これに従わなければ罰則で対処するしくみが続くものもある）。これに対して**非法定行政指導**は，法律・条例によって行政行為の権限が与えられているにもかかわらず用いられている場合と，法律・条例上は無権限である場合（**法令代替型**）とに分けられる。前者はさらに，申請に対する処分を行う前に応答を留保して行政指導を行う**応答留保型**と，不利益処分を行わずに行政指導で済ませる**不利益処分代替型**に分かれる。

日本法の特色としてしばしば指摘されるのは，非法定行政指導の過剰である。このうち，そもそも法令上の権限があるのに行政指導に流れる応答留保型・不利益処分代替型が使われてきた理由として，①行政行為（拒否処分・不利益処分）を回避することで行政側が訴訟で争われるリスクを避けることができたこと②日本の法執行システムは使い勝手が悪く，相手方の了解を得る方が行政上望ましい状態を容易に実現できること③日本の行政機関は監督と業界育成の双方を行っており，業界保護を優先してフォーマルな処理を好まなかったこと（例：出光事件）④業界主流派が少数派やアウトサイダーを押さえるための権威として行政指導を求めたこと（例：放送局の一本化調整）などが挙げられる。また法令代替型は，地方公共団体における**要綱行政**という形で展開してきた。国の法令では地域の開発圧力を抑えきれないため，地方公共団体が独自に要綱を制定して行政指導を行い，給水拒否などを背景に開発業者をコントロールしようとしていた（⇨452頁）。

■ 行政指導の手続ルール

　行政指導の多くが非法定行政指導であるとすると，行政指導の要件効果（実体ルール）を法律で定めることによるコントロールだけでは実効性が低くなる。そこで，行政手続法は以下のような手続ルールを設けている。
① 行政指導の相手方は，行政指導が口頭でされたときは，行政指導の趣旨・内容・責任者を明記した書面の交付を求めることができる（行政手続法35条2項）。この**書面交付請求権**は，相手方が訴訟を提起する際の証拠確保の目的と，行政が指導を行う際の慎重な判断を担保するためのものである。
② 複数の相手方に対して同一の目的のために行政指導をする場合には，その基準である**行政指導指針**を定めて公表する義務がある（同法36条）。行政指導指針も命令等に含まれるので，その策定の際には意見公募手続（⇨51頁）が採られる必要がある。

■ 行政指導の実体ルール

　行政指導の実体ルールとして押さえておくべき内容は，法律の根拠の問題（⇨12頁）と，法律の根拠がない場合の行政指導の任意性の問題である。
① 行政指導には，相手方の任意の同意を前提とする限りにおいて**根拠規範**

は不要と解される（判百Ⅰ101 判Ⅰ204 最二小判 1984(昭和 59)・2・24 刑集 38 巻 4 号 1287 頁［石油ヤミカルテル事件］）。しかし，相手方の任意の同意が期待できない法的しくみのもとでの行政指導や，行政指導不服従の場合に氏名公表を行う場合には，法律の根拠が必要であり，根拠規範がなければそれだけで当該行政指導は違法と評価される。これに対して，自然人のある行為が行政活動として法的に評価される大枠を定めている**組織規範**は，行政指導の必要条件である。国土交通大臣 A が減反政策に関する勧告を行ったとしても，国土交通省設置法には減反政策を同省の所掌事務に含むとする規定はないから，この勧告は国土交通大臣の行政指導ではなく，自然人 A の行為と評価されるに過ぎない。しかし，組織規範があれば行政指導の授権があると考えるのは正確ではない。

② 法定行政指導の場合には，基本的には法律が定める要件・効果との適合性によって行政指導の適法性を判断することができる。これに対して非法定行政指導の場合には，相手方が任意に協力したと言えるかどうかが適法性判断の基準となる（行政手続法 32 条 1 項）。具体的な判断要素の 1 つは，問題となっている行政指導の相手方が**真摯かつ明確な不服従の意思表明**を行ったかどうかである（判百Ⅰ132 判Ⅰ201 CB 5-2 最三小判 1985(昭和 60)・7・16 民集 39 巻 5 号 989 頁［品川マンション事件］）。応答留保型に関して行政手続法 33 条がこの内容を確認的に規定している。ただし，応答を留保している行政行為の根拠規定が留保を全く許容しない趣旨ではなく，応答留保が緊急避難的手段と言える場面においては，相手方が不服従の意思を明確に示していても応答留保の行政指導や行政行為の遅延が違法と評価されないこともあり得る（判百Ⅰ131 判Ⅰ137 CB 5-1 最二小判 1982(昭和 57)・4・23 民集 36 巻 4 号 727 頁［通行認定留保事件］）。もう 1 つの判断要素は，他の行政上の権限と結合するなどして行政指導に対する不服従が客観的に見て期待できない事情があるかどうかである（判百Ⅰ103 判Ⅰ203 CB 5-4 最一小判 1993(平成 5)・2・18 民集 47 巻 2 号 574 頁［武蔵野マンション国家賠償訴訟］）。この点に関連して，行政手続法 32 条 2 項は行政指導の不服従を理由とする不利益取扱を禁止し，34 条は許認可等の権限を行使するつもりがないのにこれを行使しうる旨を殊更に示して相手方を行政指導に従わせてはならないことを規定している。

5 行政上の義務履行確保

　法律や条例によって設計された行政過程においては、さまざまな行為形式が私人に権利を付与したり義務を課したりしている。このうち義務を課す内容については、各行為形式はあくまで法的義務を課すにとどまり、その内容の実現までも行うものではない。それゆえ立法者が構想した社会管理が現実化するためには、行政上の義務履行確保手段が有効に機能することが必要になる。これは、将来に向かって行政上の義務を強制的に実現させる行政上の義務履行強制と、過去の行政上の義務違反に制裁を科すことによって義務違反を一般的に予防する義務違反に対する制裁の2つに分けられる。

1 行政上の義務履行強制

■ 行政上の強制執行

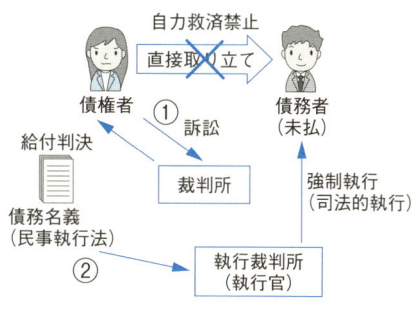

図27　民事執行の手順

　民事執行の特色は**自力救済禁止原則**にある。債権者は債務者に直接取り立てを行うことができないので、裁判所に訴訟を提起して給付判決を獲得し、これが**債務名義**となってここに執行文が付与されることで強制執行が可能と

なる。金銭債権に関しては，差押→換価→配当による**直接強制**が，非金銭債権については直接強制のほか，**代替執行・間接強制・意思表示の擬制**が強制執行手段として存在する。行政上の強制執行についても民事執行と同じく裁判所を利用するのが英米法であるのに対し，ドイツ法では行政による自力執行を可能とする行政上の義務履行強制制度を持っている。ドイツ法を範とした日本法は，戦前においては金銭債権については国税徴収法，非金銭債権については行政執行法により，完結的な行政的執行手段を準備していた。しかし戦後，金銭債権に関しては国税徴収法・地方税法によって戦前とほぼ同様の完結的な執行のしくみが維持されたものの，非金銭債権に関しては行政執行法が廃止されたため，代替的作為義務に関して行政代執行法，即時執行（即時強制）に関して警察官職務執行法が一般法としての性格を持つ以外は，個別法の定めに委ねられた。他方で行政上の義務の民事執行を認める規定例はごく少数の個別法で導入されるに止まったため，非金銭債務の強制的な実現は困難となり，刑事罰の威嚇によって履行させるのが基本的なスタンスとなった。この結果，行政行為による義務賦課は当然にその実現までも含むと考える伝統的な意味での**執行力**の考え方（⇨57頁）は通用力を失い，行政行為による義務賦課と義務の強制的な実現の双方で法律の根拠が別々に必要であるとする考え方が確立するに至った。さらに，行政上の義務履行強制の一般法である行政代執行法1条が義務履行強制については「法律」で定めるとし，同2条が行政代執行の対象に関して「法律（法律の委任に基く命令，規則及び条例を含む。以下同じ。）」と規定していることから，法律によってしか義務の強制的な実現手段を定めることができないと解されている。このため条例によって新たな義務履行強制手段を設けることはできない。

① **金銭債権**に関しては，国税徴収法が定める**国税滞納処分**（⇨217頁）が行政上の強制徴収手段として存在する。具体的には納税告知がなされ，督促状が出されてもなお納税されない場合には，財産を差し押え，公売（換価）し，配当する。対象となる金銭債権は，法律で個別に根拠規定が置かれることで特定される（例：行政代執行法6条1項）。地方公共団体の金銭債権については，地方税のほか，分担金・加入料・過料または法律で定める使用料その他の歳入について，地方税滞納処分が可能である（地方自治法231条の3）。逆に言えば，条例で滞納処分が使える債権を追加することはできない。

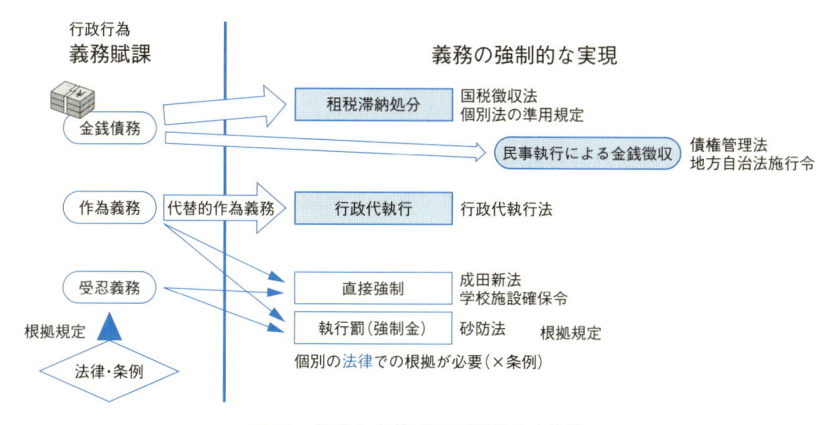

図28　行政上の義務履行確保の全体像

② **非金銭債権**のうち**代替的作為義務**（他人が代わって行うことができる，何かをする義務）については，**行政代執行**による強制が可能である。行政代執行法による強制の対象となるのは，法律に直接規定された義務か法律に基づく行政行為によって課された義務である（行政代執行法2条）。行政代執行法2条の括弧書きの法律の委任に地方自治法も含めて考えることで，自主条例（⇨20頁）に基づく義務も代執行可能と解釈されている。不作為義務は代執行の対象とならないものの，不作為義務違反を是正せよという是正命令の規定を加えることで不作為義務を作為義務に転換した上で行政代執行の対象に含める立法例も存在する（例：道路法32条，71条）。行政代執行は最終手段と位置づけられているため，代執行の要件部分についても，効果部分についても裁量が認められている。ただし，代執行しないことが裁量の逸脱・濫用に当たる場合には代執行の不実施が違法と判断される余地はある。代執行の手続は，戒告→代執行令書→代執行という手順が通例である。ただし緊急時には戒告・代執行令書を省略できる。また個別法で**戒告・代執行令書**の代わりに公告だけを行う**簡易代執行**が定められていることもある（例：河川法75条3項）。戒告に対する取消訴訟は可能であるものの，戒告と義務賦課の行政行為との違法性の承継（⇨59頁）が認められないため，戒告そのものの違法性しか主張できない（無効の行政行為には公定力がないため，義務賦課の行政行為の無効主張は可能である）。代執行に抵抗する者がいる場合には，警察官の同行を求め，不退去罪または公務執行妨害罪で現行犯逮捕できるとする説が有力

である。代執行に要した費用は相手方に納付命令によって請求し、支払がなされないときは**国税滞納処分**によって強制徴収される。行政代執行はコストがかかりすぎるため、実際にはわずかにしか利用されていない。

③ 代替的作為義務以外の非金銭的な義務を履行させる最も直截な手段は**直接強制**である。これは義務者の身体・財産に直接実力を行使して義務履行を実現するもので、民事執行では原則形態である。しかし私人の権利自由に対する侵害の強度が強いため、行政上の強制手段としては直接強制を補充的に用いるべきとする考え方が戦前から成立していた。戦後は直接強制の可能性を一般的に認めていた行政執行法が廃止されたため、個別法に規定がない限りこの手段は利用できなくなり、その具体例としては成田国際空港の安全確保に関する緊急措置法［成田新法］と学校施設の確保に関する政令を数える程度である。ただし、手続保障の弱い即時執行によって、同じ目的が達成されることが多い点には注意が必要である。**即時執行**とは、相手方の義務の存在を前提とせずに直接実力を行使して、行政上望ましい状態を実現する方法を言う。直接強制のように義務賦課行為を介在させないので、行政上の義務履行強制手段には含まれず、それゆえ条例でも創設可能と考えられている。義務賦課行為がないと私人がこれを争うことが難しくなるものの、即時執行の際に勧告・第三者機関の意見聴取・苦情申出などの手続を整備することで、私人に防御の機会を与える立法例（例：感染症の予防及び感染症の患者に対する医療に関する法律）も見られる。

④ 直接強制が行政上の義務をダイレクトに実現させようとするものであるのに対し、義務の不履行に一定額の過料（執行罰・強制金）を課すことで履行を促し、それでも履行しないときにはこれを強制的に徴収する**間接強制**がもう1つのオプションとして存在する。行政執行法が廃止された現在では、砂防法だけがこの手段を規定している。かつては罰金との均衡から高い金額を設定できず、それゆえ実効性に欠けるとされていた。しかし最近では、是正されるまで何度でも使える特性を生かして、都市法・環境法の分野で再活用すべきであるとの見解が強まっている。

■ 行政上の義務の民事執行

① 行政上の**金銭債権**であって、行政上の強制徴収が利用できる場合、立法

者が特別の手続を敢えて置いている趣旨はその利用を強制することにあると考えられるため，民事執行はできない（判百Ⅰ114　判Ⅰ206　最大判1966（昭和41)・2・23民集20巻2号320頁［農業共済組合事件］)。公共組合の賦課金（⇨429頁）については，国税滞納処分による強制徴収が可能とされている立法例が多い。しかし公共組合は利害関係者で組織されているため，仲間内で強制的に金銭を徴収することへの抵抗感が強く，裁判所を利用する方が心理的には徴収しやすいことから，この事件では民事訴訟が提起されていたのである。これに対して，行政上の強制徴収が利用できない場合には，民事執行は当然可能と考えられ，国の債権の管理等に関する法律15条や地方自治法施行令171条の2がその旨を確認的に規定しているとされてきた。

② 行政上の**非金銭債権**であって，行政的執行が利用できる場合については下級審の判断は分かれており，最高裁の判断はまだ示されていない（宇賀・Ⅰ234頁）。ただし，道路・河川などの公物（⇨23頁）の不法占拠者については，行政には公物管理法に基づく排除措置（行政的執行）と並んで公物権原（所有権・占有権）に基づく妨害排除請求（民事訴訟）も可能と解されている（最三小判2006（平成18)・2・21民集60巻2号508頁)。これに対して，行政的執行が利用できない場合につき，最高裁は，行政上の義務履行を行政が求める訴訟は法律上の争訟にあたらないと判断した（判百Ⅰ115　判Ⅰ207　CB7-4　最三小判2002（平成14)・7・9民集56巻6号1134頁［宝塚市パチンコ店規制条例事件］)。最高裁は，行政側が提起する訴訟が許容されるのは，財産権の主体として提起される場合か，法律の特別の規定がある場合に限られるとする。これに対して学説は，法律上の争訟の概念の捉え方が狭すぎることや，裁判所が中立的な判断者として介在する行政上の義務の民事執行では当事者の手続的保障の水準は十分であることから，この判決を厳しく批判している。ただし，行政上の義務の民事執行を広く認めるアメリカ法でも，民事執行を認める法律の根拠が必要であると解されている。これまで学説は，行政行為によって行政上の義務が賦課されればそれは単なる道徳の問題ではなく法的に実現されるべきものなのであり，そのために行政が特権的な地位に立たない民事執行が使われることは当然許容されると考えてきた。しかし行政上の義務の中でも（違反時の罰則規定の有無によって主として判断される）「法的な義務」と，その中でも「強制執行まで可能な義務」とが区別でき，両者の区分

基準として法律の根拠を要求すること，換言すれば法律の留保の二段階構造を行政上の義務の民事執行にまで拡張することも，考え方としては成り立ちうる（⇨文献⑨）。

2 義務違反に対する制裁

■ 刑事制裁と行政制裁

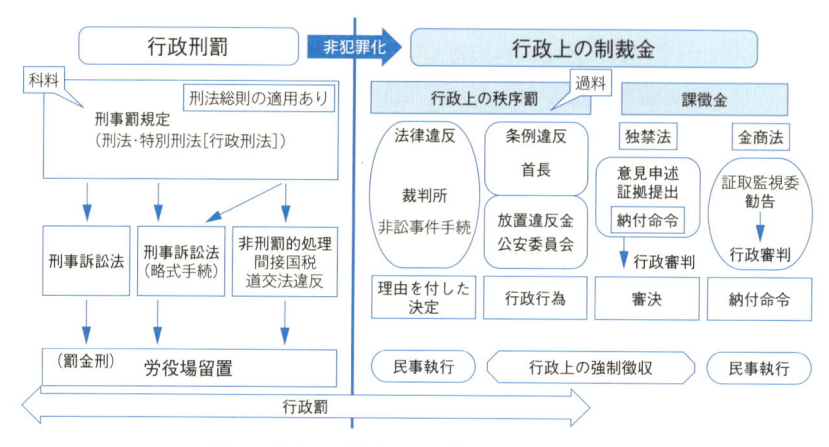

図29　行政上の義務違反に対する制裁の全体像

（図の内容）
- 行政刑罰
  - 科料
  - 刑事罰規定（刑法・特別刑法[行政刑法]）（刑法総則の適用あり）
  - 刑事訴訟法／刑事訴訟法（略式手続）／非刑罰的処理 間接国税 道交法違反
  - （罰金刑）労役場留置
- 非犯罪化
- 行政上の制裁金
  - 行政上の秩序罰（過料）
    - 法律違反：裁判所 非訟事件手続 → 理由を付した決定 → 民事執行
    - 条例違反：首長 → 行政行為 → 行政上の強制徴収
    - 放置違反金：公安委員会 → 審決
  - 課徴金
    - 独禁法：意見申述 証拠提出 → 納付命令 → 行政審判 → 納付命令 → 民事執行
    - 金商法：証取監視委勧告 → 行政審判
- 行政罰

　義務違反に対する制裁は大きく，刑事罰規定に基づく**行政刑罰**と，行政上の金銭支払義務を行政手続によって課す行政上の制裁金の2つに分けられる。伝統的には行政刑罰と行政上の制裁金の一種である行政上の秩序罰を合わせて**行政罰**と呼び，行政罰には刑法総則の適用がないとして刑事罰との相違を際立たせる理解が見られた（田中・上191頁）（⇨219頁）。しかし現在では行政刑罰に刑法総則の適用があることは一致した見解である。

① 行政上の義務違反に対して刑法9条の科名を科す制裁を**行政刑罰**という。行政刑罰には刑事訴訟法が適用される。ただし実際には**略式手続**が多用されており，近時導入された**即決裁判手続**も用いられている。行政上の義務履行強制で述べたように，戦後の日本の行政法では，行政代執行など一部を除いて，義務違反に対する行政刑罰を準備することで間接的に義務履行を実現す

る手法のみが残された。しかし行政側は自らの法執行の失敗を認めたくないため刑事告発を回避する傾向にあり、検察側は他の重大事件で忙殺されていて行政刑罰の事件を扱うことを嫌う。さらに罰金が少額であったり手続が略式であったりするため、刑事罰の威嚇力が弱くなっている。

② 行政刑罰ではあるものの、刑事的な手続を取らずに行政が処理を行い、それに応じない者に対してのみ公訴提起する方法を、**犯罪の非刑罰的処理**(diversion)と呼ぶ。このしくみが以前から発達していたのが間接国税の**通告処分**(⇨220頁)であり、犯則者に対して納税義務を通告して20日以内に履行すれば公訴提起しない処理をし、従わなかった場合には公訴提起して刑事裁判を行うことになる。これを道路交通法で応用したのが**反則金**である。対象となる反則行為は違反が軽微で現場確認が容易なものであり、警察本部長による反則金納付通知から10日以内に納付すれば公訴提起または家裁審判開始がなされない。反則金納付通知は反則金を納付する義務を発生させるものではなく、ただ任意に反則金を納付すれば公訴が提起されないにとどまるので、通知の処分性(⇨106頁)は否定されている（判百Ⅱ169　判Ⅱ22　CB7-2　最一小判1982(昭和57)・7・15民集36巻6号1169頁）。これを前提とすると、反則金納付を争うには、納付せずに刑事手続のなかで争うか、一旦納付した上で不当利得返還請求訴訟を提起するかのいずれかになる。非刑罰的処理は、これに従わなかった場合に刑事手続が準備されていること、罰金刑に対しては最終的に**換刑処分**（**労役所留置**）によって支払が担保されていることから、他の制裁手段と比較して納付率が高いという特色がある。

③ 行政上の秩序維持のため行政上の義務違反者に対して科す金銭負担を**行政上の秩序罰**という。実定法上は**過料**の名称が用いられる（行政刑罰の科料（「とがりょう」と読むことがある）と区別するため「あやまちりょう」と読むことがある）。立法上は、反社会性の強い行為に対しては行政刑罰、届出違反のような単純な義務懈怠には行政上の秩序罰が使われるという一応の基準がある（他方で道路交通法のように刑事罰に傾斜した個別法も存在する）。行政上の秩序罰は刑罰ではないので、刑法総則の適用はなく、前科もつかない。行政刑罰であったものを行政上の秩序罰に変更することを**非犯罪化**(decriminalization)という。行政上の秩序罰の手続は3種類存在する。**法律違反に対する秩序罰は非訟事件**として地方裁判所によって処理される（**裁判所による行政処分**）。

非訟事件手続法が公開対審を認めないことが憲法82条に違反しないかが争われた事件で、最高裁は過料を科す作用がその実質において一種の行政処分としての性格を有するものであり、もともと裁判所が行う必要があるとの憲法上の要請は働かないから、公開法廷における対審及び判決によって行わなければならないことはないと判断している（判I 213 最大決1966（昭和41）・12・27民集20巻10号2279頁）。過料の不払いに対しては、最終的には民事執行で徴収される（非訟事件手続法121条1項）。**条例違反に対する秩序罰**は1999年の地方分権改革の際に新設され、条例・規則違反に対する5万円以下の過料を科すことが可能になっている。その手続は、長が賦課を告知し、弁明の機会を与えた上で（地方自治法255条の3）、過料処分を行う。不払いに対しては督促の後に**地方税滞納処分**の例によることになる。これら2つの基本パターンに加えて、2004年の道路交通法改正により、駐車違反に対する反則金に加えて**放置違反金**が新設された（同法51条の4）。これは車両の使用者責任に基づく行政上の秩序罰と位置づけられており、放置車両の使用者に支払義務が発生する。具体的には、都道府県公安委員会が弁明の機会を付与した後に放置違反金の納付命令を出す。不払いに対しては**地方税滞納処分**が用いられ、さらに**車検拒否**もなされうる。このように、行政上の秩序罰は最終的には民事執行または地方税滞納処分で支払いを強制するものの、刑罰と違って換刑処分がないことから、支払義務を果たさせる実効性は弱いものとなっている。

④ 行政上の秩序罰は刑事罰との均衡から、高い金額の設定が難しいとされてきた。これに対して納税義務違反に対して科される附加税である**加算税**（⇨221頁）や行政との金銭授受が不正に為された場合の**加重返還金**（⇨342頁）ではより高い金額設定が可能ではあるものの、こうした手段は税金や返還金制度がもともと存在している分野でしか利用できない。そこで、こうした分野以外で、違反行為に見合う高い制裁金を科すしくみとして登場したのが**課徴金**（**執行課徴金**）である。最初に課徴金が導入されたのは**独占禁止法**であり、その導入時には、違法なカルテルによってつり上げられた価格により得られた不当利得を国庫が回収する制度であると説明されていた（**不当利得のアナロジー**）。しかしその後徐々に金額が引き上げられるとともに、違反を早期に知らせた場合には課徴金額を減額する**リーニエンシープログラム**が

導入されることで，不当利得の類推による説明が困難になり，現在では端的に，カルテル禁止の実効性確保のための行政上の制裁措置であると捉えられている（最三小判 2005（平成 17)・9・13 民集 59 巻 7 号 1950 頁）。その手続（同法 50 条以下）は，意見陳述・証拠提出の機会を与えた上で**納付命令**を公正取引委員会が出し，これに不服がある場合には審判開始請求をすることで行政審判が開始する流れとなっている（**行政審判後置**）。**行政審判**とは，裁判類似の対審構造で進行する行政手続のことであり，不利益処分の聴問手続（⇨61 頁）よりもさらに手厚い手続である。未納の場合には督促の後，**国税滞納処分**の手続によって強制徴収される。続いて導入された**金融商品取引法**の課徴金（同法 172 条以下）は，発行開示規制違反やインサイダー取引などに対して科されるものである。その手続は，証券取引等監視委員会の勧告を受けて金融庁長官が審判開始決定を行い，行政審判手続を経て納付命令が出されることになる（**行政審判前置**）。未納の場合には**民事執行**によることとなり，他の民事債権と同列に扱われる。これは，被害者の損害賠償請求権との調整に配慮したためである。その後導入された**公認会計士法**の課徴金（同法 31 条の 2, 34 条の 21 の 2) も，基本的な構造は金融商品取引法の課徴金と共通する。

　行政刑罰と行政上の制裁金との相互関係で問題になるのは，**二重処罰禁止原則**との関係である。同じ違反行為に対して行政刑罰と行政上の制裁金を併科することは可能なのかが具体的には問題となる。この点をすでに立法で調整している例もある（独占禁止法の課徴金は罰金の 1/2 相当を控除することになっており，金融商品取引法の課徴金は罰金全額相当を控除することとされている）。これに対して立法上併科が認められている場合にこれを憲法違反と判断した判例は存在しない。その理由は，行政刑罰と行政上の制裁金の趣旨・性質・要件が異なっている点に求められる（判 I 214 最二小判 1970（昭和 45)・9・11 刑集 24 巻 10 号 1333 頁，判百 I 120 判 I 215 最三小判 1998（平成 10)・10・13 判時 1662 号 83 頁）。学説も，憲法 39 条の意義は同一事件につき刑事手続を繰り返すことの禁止（**二重訴追の禁止**）であると理解した上で，併科の問題は**罪刑均衡**ないし**比例原則**の問題と理解する立場が有力になっている（⇨文献⑩)。

■ 新しい法執行手段

　このように，我が国における行政上の義務履行確保手段には，包括的な義

務履行強制手段もなく，義務違反に対する機動的で実効的な制裁手段も少ない。そこで新しい法執行手段として以下のようなものが登場している。義務違反の事実の**公表**は法律・条例を問わず広く見られる。情報提供を目的とするのではなく，制裁の目的で行われる公表には法律の根拠が必要とされる。また公表は公表後の救済が困難であることから，事前手続が整備される必要がある。**授益的処分の撤回**も広い意味での制裁手段として用いられることがある。いくつかの条例では，税金を滞納した場合に**給付・許認可拒否**を行うとの規定が見られる（**権限の融合**）。ただしこの手段は目的拘束原則を破るものであるから，比例原則の観点からその限界が厳しく設定される必要がある。このほか，義務違反を理由とする**入札参加資格否認**のしくみも見られる。

立法者が設計した行政過程が当初の意図通りに機能するかどうかは，法執行システムの実効性にかかっている。一方では，規制の実効性が高まるように，国の規制，地方公共団体の規制，自主規制などが補完・競合する**多元的規制システム**が求められる。他方で，複数の規制システムが作動することで名宛人に過度の制裁が科されないようにする必要があるし，違反行為そのものを減らす方向で制度設計改革できないかを常に検証する必要もある。

学習用参考文献 ［第 1 部・第 1 章］

　本章に関連し，比較的最近公刊された，学習者にとって行政法の個別論点の理解を深めるのに有用と思われる文献を 10 本紹介する。

① 曽和俊文「行政法の全体的なイメージ」法学教室 367 号（2011 年）59～66 頁
　　行政法学の基本的な構造や考え方が平易に解説されており，行政法を学び始める際に読むべき文献である。

② 北村喜宣「行政法のエッセンス」法学セミナー 57 巻 4 号（2012 年）9～13 頁
　　行政法のルールの民事法との違いや，立法過程・裁判過程における行政法の特色をわかりやすく説明している。

③ 原田大樹「法律による行政の原理」法学教室 373 号（2011 年）4～10 頁
　　行政活動に対する民主的正当化の段階構造の中で，権力留保説と本質性理論との議論の位相の差異を説明している。

④ 大橋洋一「行政手続と行政訴訟」法曹時報 63 巻 9 号（2011 年）2039～2070 頁
　　行政手続の瑕疵の効果をどのように考えるべきかについて，豊富な判例・裁判例を踏まえて新たな観点を打ち出している。

⑤ 深澤龍一郎「行政基準」法学教室 373 号（2011 年）17～22 頁
　　行政基準論の現在の議論状況を整理した上で，法治主義の理念に基づき今後の発展の方向性を示している。

⑥ 人見剛「行政行為とその効力」法学教室 360 号（2010 年）6～10 頁
　　行政行為の効力論（特に規律力）の近時の動向を踏まえ，その理論的な意味を平易に解説している。

⑦ 山本隆司「日本における裁量論の変容」判例時報 1933 号（2006 年）11～22 頁
　　我が国の裁量論の変遷や，裁判における裁量統制の手法（著しさの統制・論証過程の統制）の相互関係と今後の展望について，幅広い視野から検討している。

⑧ 村上裕章「判断過程審査の現状と課題」法律時報 85 巻 2 号（2013 年）10～16 頁

判断過程に注目する裁量審査のあり方を判断過程合理性審査と考慮要素審査とに分け，これと審査密度の問題とを切り離して新たな裁量統制理解を示している。

⑨中川丈久「国・地方公共団体が提起する訴訟」法学教室375号（2011年）92〜109頁

宝塚市パチンコ店事件最高裁判決を素材に，行政上の義務の性質や義務の強制履行の可能性について新たな考え方を提示している。

⑩高木光「独占禁止法上の課徴金の根拠づけ」NBL774号（2003年）20〜26頁

憲法上の二重処罰禁止原則が，課徴金の実効性を確保するための制度設計の上では障害にならないことを示した論文である。

第2章 行政救済論

■ 行政救済論の概要

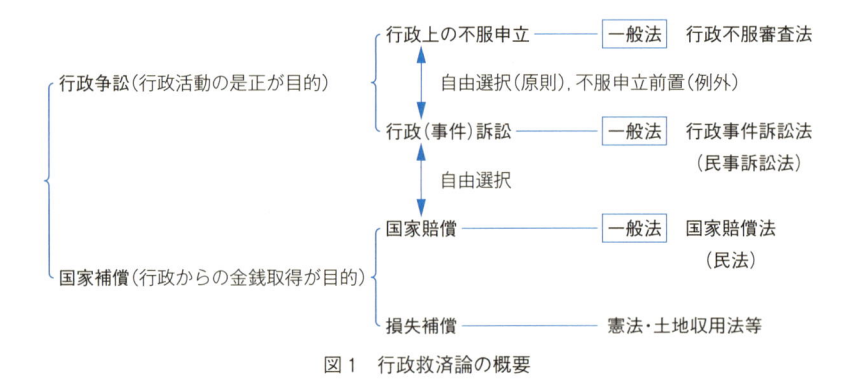

```
                    ┌ 行政上の不服申立 ──── [一般法]  行政不服審査法
                    │          ↕
行政争訟(行政活動の是正が目的) ┤    自由選択(原則), 不服申立前置(例外)
                    │          ↕
                    └ 行政(事件)訴訟 ───── [一般法]  行政事件訴訟法
                                                   (民事訴訟法)
                              ↕
                           自由選択
                              ↕
                    ┌ 国家賠償 ────────── [一般法]  国家賠償法
国家補償(行政からの金銭取得が目的) ┤                           (民法)
                    └ 損失補償 ─────────────────  憲法・土地収用法等
```

図1　行政救済論の概要

　行政救済論は2つのグループ・4つの柱から構成されている。違法な行政活動の是正を求めるしくみを**行政争訟**と呼び，行政に対して再考を求める行政上の不服申立と，裁判所に対して救済を求める行政訴訟から構成される。これに対して金銭塡補を求めるしくみを**国家補償**と呼び，違法な行政活動により生じた損害を賠償してもらう国家賠償と，適法な行政活動によって特定者に生じた被害を公平負担の観点から補償する損失補償が含まれる。行政訴訟と国家賠償は自由選択であり，行政上の不服申立と行政訴訟も原則としては自由選択である（個別の法律で**不服申立前置**が定められていると，行政上の不服申立を経ていなければ訴訟提起できない）。行政上の不服申立の一般法として行政不服審査法，行政訴訟の一般法として行政事件訴訟法（規定がない場合は民事訴訟の例による），国家賠償の一般法として国家賠償法があり，それぞれの学習にあたってはこれらの法律を基軸として進めていくことになる。

1 行政上の不服申立

1 行政上の不服申立の種類

■ 行政上の不服申立の特色

　行政上の不服申立（とくに行政不服審査）の特色を行政訴訟と比較すると，次の3点にまとめられる。第1は，簡易迅速な権利救済可能性である。時間や費用のかかる裁判手続と比較すると，よりインフォーマルな行政上の不服申立は低コストで権利救済を行う可能性を持つ。第2は，妥当性の審査可能性である。行政上の不服申立は行政内部での再度考慮であるため，行政訴訟と異なり**裁量**の当不当の審査が可能である。第3は，行政の自己統制の機会としての性格である。適切な権限行使ができているかを行政が自ら確認でき，これを日々の業務遂行に反映させうる。このほか，裁判所との関係では，重要な事件のみを**スクリーニング**して裁判所で判断してもらう機能や，裁判所ではできない**インカメラ審理**を行ってもらう機能も有する。

　ただし，以上に述べたことは制度の理想像に過ぎず，実際の救済率は一部の領域（⇨44頁）を除くと極めて低い（⇨文献①）。

■ 行政不服審査と行政審判

　行政上の不服申立の一般法として**行政不服審査法**がある。これと異なる手続を個別法で設定している場合もあり，中でも**行政審判**と呼ばれる手続は，行政不服審査法よりも手厚い手続を定めている（宇賀・Ⅱ88頁）。これは，行政機関が裁判類似の手続で行政上の決定を行う手続であり，行政不服申立（事後手続）として（例：独占禁止法）のみならず，行政手続法の手続保障水準を上回る事前手続として（例：金融商品取引法）用いられることもある（⇨83頁）。行政審判の特色は，行政上の決定を行う判断者（**審判官**）の職権行使の

	裁定機関	対象となる行政活動	期間制限	審理方法の特色	審理範囲の特色
行政不服審査	行政 ・異議申立…処分庁 ・審査請求…直近上級行政庁,法律で指定された審査庁	行政庁の処分 ・行政行為 ・公権力の行使にあたる継続的な事実行為	60日	簡易迅速性 ・書面審理主義 ・職権主義(職権証拠調べ,職権探知)	違法性 不当性 (裁量権行使の妥当性も審査)
行政訴訟	裁判所 ・地裁→高裁 　→最高裁	○行政行為(処分) 取消訴訟・無効確認訴訟,不作為の違法確認訴訟,義務付け訴訟・差止訴訟 ○行政行為以外 当事者訴訟	6ヶ月	手厚い手続保障 ・口頭審理主義 ・(修正)弁論主義	違法性

図2　行政不服審査と行政訴訟

独立性保障や身分保障がなされていること（例：独占禁止法28条，31条），判断を行う審判官が私人と不利益処分しようとする行政側（**審理官**）との間に立って**公開口頭審理**のもとで審判の基礎となる事実を認定すること，審判官と審理官が組織上独立していること（**職能分離**）にある。また，審決に不服がある場合には，**審級省略**して東京高裁を第1審とし，原処分に対してではなく審決に対する取消訴訟を提起することとされ（**裁決主義**），被告は行政主体でなく行政庁とする立法が見られる。さらに，審判での認定事実に実質的な証拠があれば，その事実認定は裁判所も拘束する（**実質的証拠法則**）。

2 行政不服審査の基本構造

■ 不服審査の種類

　行政不服審査法は，3種類の不服審査を定めている。処分庁または不作為庁に対して行うものを**異議申立**，処分庁・不作為庁以外に対して（原則は**直近上級行政庁**）行うものを**審査請求**，審査請求の後に再度の不服審査を求める場合を**再審査請求**という。簡易迅速を重視する行政不服審査法においては

二度の不服審査は例外と位置づけられており，それゆえ再審査請求はこれを許容する法律の特別の規定がある場合にのみ認められる。異議申立と審査請求の使い分けは次の2つの考え方に従って決定される。1つは**相互独立主義**であり，1つの処分に対しては異議申立か審査請求かのいずれかしかできないという考え方である。もう1つは**審査請求中心主義**であり，審査請求ができない場合にだけ異議申立が可能という考え方である（行政不服審査法6条）。これは，一旦処分を下した処分庁よりもこれとは別の行政庁の方に判断者としての第三者性が認められること，直近上級行政庁が下級行政庁（処分庁）を統制する契機としても不服審査が位置づけられていることによる。これに対して不作為に対する場合には，異議申立と審査請求はどちらでも選択できる（**自由選択主義**）（同法7条）。これは，不作為に対してともかく何らかの対応をさせればよく，判断者の第三者性を確保する必要に乏しいと考えられたためである。

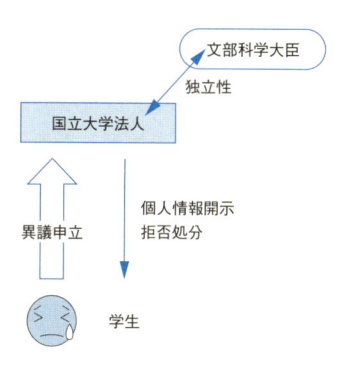

図3　上級行政庁の意義

① 審査請求と異議申立の使い分けのポイントは，処分庁に上級行政庁があるかどうかである。ここで上級行政庁とは，単に行政組織法・行政手続法上の上位にある行政庁という意味に止まらず，処分庁に対する**指揮監督権**（とくに是正権限としての**取消権**）（⇨32頁）を有している行政庁という意味である（塩野・Ⅱ15頁）。例えば，地方支分部局（⇨33頁）の長が行った処分に関しては，これに対して指揮監督権を有する各省大臣が上級行政庁となる。しかし国立大学法人が行った個人情報に関する不開示決定（⇨45頁）に関しては，国立大学法人法が文部科学大臣に対する大学の独立性を確保していることか

ら、文部科学大臣はこの場合の上級行政庁とは言えず、これに不服がある場合には国立大学法人に対する異議申立が選択されることとなる。このような組織上の独立性は、内閣に対する主任の大臣、内閣（総理大臣）に対する宮内庁長官、主任の大臣に対する外局（⇨33頁）の長には定型的に認められるため、行政不服審査法はこれらについて明文で審査請求を排除する規定を置いている（同法6条2号）。

逆に、処分庁に上級行政庁がないにもかかわらず、法律・条例が審査庁をつくり出し、これに対する審査請求のみを認めている場合がある（同法5条1項2号）。この場合には、審査請求の対象は法律・条例で指定された審査庁となる（同条2項）。例えば介護保険法は、都道府県のレベルに介護保険審査会（審査庁）を設置しており（同法184条）、これにより処分庁である市町村長に対する異議申立が排除されることになる。また**法定受託事務**（⇨36頁）の場合には、地方自治法255条の2により、処分庁に対する異議申立ではなく、その1つ広域のレベルの行政庁（市町村長の処分であれば都道府県知事、都道府県知事の処分であれば所管の大臣）に対する審査請求がなされることになっている（**裁定的関与**）。これは、法定受託事務の適正な執行を担保するためにとられているものであるものの、事務を処理した地方公共団体とは異なる組織の判断によってある行政処分が取り消されることになるから、地方自治の保障の観点からは問題の多い制度として批判されている（塩野・Ⅲ245頁、宇

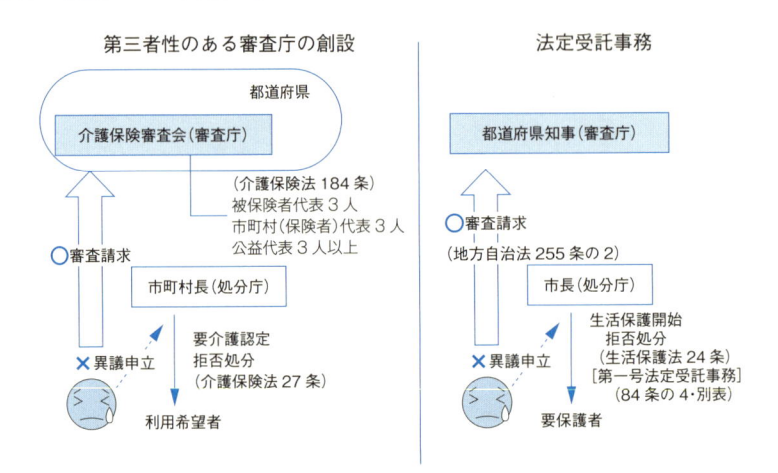

図4 上級行政庁がないのに審査請求可能となる場合

賀・自治法336頁)。

② 行政不服審査法の下では不服審査は1回のみ認められるのが原則である（その現れが相互独立主義であり、再審査請求の利用制限である）。ただし、次のような場合には2回の不服審査が認められる。1つは、異議申立→審査請求の順で利用可能な場合である。国税に関する処分のような大量処分の場合には、スクリーニング効果と行政運営の統一性確保の必要から、原則として、処分庁である税務署長に対する異議申立に続き、専門的性格を持つ審査庁である国税不服審判所長に対する審査請求が可能である（⇨209頁）。また、**自治事務**に関しては地方自治の尊重の観点から、法定受託事務の場合のような地方自治法による一般的制度としての審査請求（裁定的関与）は規定されず、個別法により審査請求可能とする規定が置かれれば、処分庁に対する異議申立に続き審査庁に対する審査請求が利用可能である（実効的な権利救済の観点からの批判として、阿部・II 342頁）。

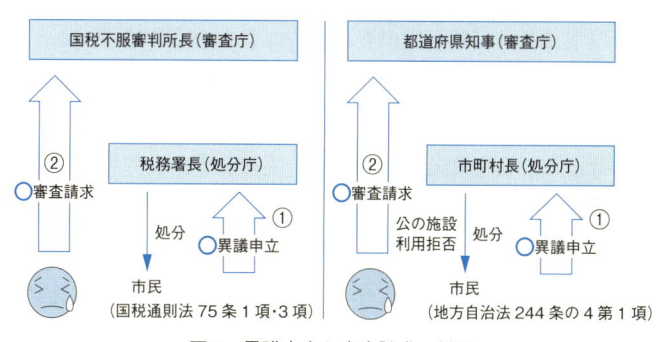

図5　異議申立と審査請求の併用

　もう1つは、審査請求→再審査請求の順で利用可能な場合である。再審査請求を許容する個別の法律・条例の規定がある場合には、審査請求に続き再審査請求が可能である（行政不服審査法8条1項1号）。このような規定は意外に多い（例：建築基準法95条、労働者災害補償保険法38条1項)。また、処分権限が別の行政庁に委任されている場合に、委任を受けた行政庁の処分に対して原権限庁が行った審査請求に不満があれば、個別の法律・条例の規定がなくても再審査請求が利用可能である（行政不服審査法8条1項2号）。これは、権限の委任によって本来であれば審査庁であったはずの行政庁に不服申立が

できなくなる事態を回避するためである。

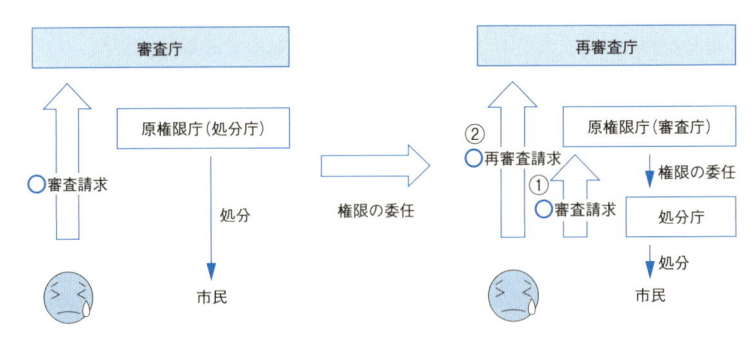

図6　審査請求と再審査請求の併用

■ 不服審査の利用条件

　不服審査の利用条件は後述する取消訴訟の訴訟要件（⇨103頁以下）に類似している。以下では，行政不服申立に特有の点を中心に略説する。
① 不服審査の対象となる行政活動は，**行政庁の処分**その他公権力の行使に当たる行為である（行政不服審査法1条2項）。例えば是正命令，許認可などの行政行為はここに含まれる。このほか，人の収容，物の留置など継続的性格を有する**権力的事実行為**も対象に含まれることが明示されている（同法2条1項）。ただし，これらに対する適用除外が法定されていることにも注意が必要である。行政不服審査法自身の定める適用除外として，税金の犯則事件に関する処分や学校・刑務所等における処分，外国人の出入国・帰化に関する処分などが挙げられている（同法4条）。これ以外に個別の法律で適用除外が定められていることがある（例：行政手続法27条）。これらはあくまで行政不服審査が利用できないというだけで，訴訟提起は当然可能である。
② 不服申立が利用できる者の範囲は，不服申立資格（制度の一般的利用可能性）と不服申立適格（具体的な事件における制度の利用可能性）とに分けて考えることができる。**不服申立資格**は「国民」（行政不服審査法1条1項）であるものの，外国人や法人も利用可能と解されている。この点で議論があるのが，地方公共団体による制度利用の可能性であり，行政権の主体としての地方公共団体には利用可能性が否定されている。そもそも行政不服審査法に

は，地方公共団体がこの制度を利用して処分に対する不服を争うことができるかについての明確な規定はない。しかし，行政処分を行う際に不服申立の可能性を示す**教示**に関して，地方公共団体が**固有の資格**において処分の相手方となるものには適用しないとの規定がある（同法57条4項）。ここでいう固有の資格とは行政権の主体として法律に基づき権限を行使する場面が想定されており，このような場合において法が教示制度の対象外としているのは，地方公共団体の利用可能性を否定する趣旨と解されている。これに対して，一般企業と同じ立場で地方公共団体が事業を行う場合（例：公営バスに関する許認可の取得）には不服申立の利用は可能とされる（塩野・Ⅱ21頁）。

行政不服審査は「国民の権利利益の救済を図る」（同法1条1項）ことを目的とする制度であるため，自己の権利利益に関係する紛争においてしか用いることができない。これが**不服申立適格**の問題である。この点に関する法律の規定には「行政庁の処分……に不服がある者」（同法4条1項柱書）としか書かれていない。これについて，主婦連ジュース事件最高裁判決（判百Ⅱ141 判Ⅱ36 CB 12-1 最三小判1978（昭和53）・3・14民集32巻2号211頁）は，取消訴訟における原告適格（⇨107頁）と同様の判断基準が用いられるとした。しかし，行政運営の適正性確保をも目的とする行政不服審査法において，取消訴訟と同じ判断基準で処分の第三者の制度利用可能性を画する必要性は乏しいように思われる（大橋・Ⅱ310頁）。

③ 行政不服審査を用いるためには，当該不服審査による救済手段がとられることで実効的な権利保護が可能になることも必要である（**狭義の不服申立の利益**）。例えば，営業停止命令に対する不服申立を行っている間に停止命令の期間が経過して命令が失効し，不利益が全く残っていない場合には，不服申立の利益が失われる。この判断方法は取消訴訟における狭義の訴えの利益（⇨113頁）と同様である（狭義の不服申立の利益の消滅を防ぐ代表的な手法である**執行停止**については135頁）。

④ 行政不服申立には期間制限が設けられており，原則として処分があったことを知った日の翌日から起算して60日以内に申立を行わなければならない。また第2段階の不服申立の場合には30日以内となる（同法14条1項）。これは行政処分によって形成される法関係の早期安定を目的としたものであり，その反射が行政行為の**不可争力**（⇨58頁）と呼ばれる効力である。

■ 不服審査の審理

　行政不服申立の審理過程は申立書の提出から始まる（行政不服審査法9条）。記載事項に不備がある場合には補正を命じなければならず（同法21条），不備を理由に直ちに却下することはできない。審査請求の場合には，申立書の提出を受けて審査庁が処分庁に対して弁明書の提出を要求し，出された弁明書を審査請求人にも送付する。審査請求人はこれに対して反論書を審査庁に提出することとなる。このような**書面審理主義**が行政不服審査の大きな特色である。行政不服審査法は申立人の申立があれば，口頭で意見を述べる機会を与えなければならないと規定している（同法25条1項）。ただしこの**口頭意見陳述**には処分庁の出席が予定されておらず，対審構造にはなっていない。これは事前手続である行政手続法の聴聞手続（⇨61頁）と比べても見劣りがする手続保障水準であり，行政不服審査法2008年改正案に含まれていた審理員制度はこの点を聴聞手続並みに改善しようとするものであった。

　行政不服審査法は**職権証拠調べ**を許容する規定を置いている（同法27～30条）。判例・学説はさらに，同法が**職権探知主義**まで認める趣旨であると理解している。つまり，当事者が提出しなかった証拠を職権で調査するのみならず，当事者が主張しなかった事実についても職権で判断の基礎とすることができるとされる。その理由として，行政統制も行政不服審査の目的に含まれていること，申立人の手続保障水準が低いこと，申立人の専門知識の不足をカバーする必要があることが挙げられる。

　申立人の手続的権利は，審査請求と異議申立で大きく異なっている。両者ともに認められているのが**口頭意見陳述権・証拠提出権**（証拠調べ申立権）である。しかし，**弁明書の要求権・反論書の提出権・閲覧請求権**は審査請求の場合にしか認められていない。これらは審査庁を中心とする申立人と処分庁とのやりとりの構造を前提にしているからである。また閲覧請求権に関しては，処分庁自らが提出したもののみ閲覧可能とする見解が強く（塩野・Ⅱ30頁），行政手続法の聴聞手続が処分の原因事実を証する資料一般を閲覧対象としていることとの均衡を欠いている（大橋・Ⅱ314頁）。

■ 不服審査の終了

　審査請求・再審査請求に対する判断を**裁決**と呼び、異議申立に対する判断を**決定**という。いずれもその法的性質は行政行為（処分）である。裁決・決定には、不服申立の要件を欠く**却下**、要件は充足するものの処分が違法・不当であるとは言えないとする**棄却**、請求に理由があると認められる**認容**の3種類がある。さらに、処分が違法・不当であるものの、これを取り消すことにより公の利益に著しい障害を生ずる場合には、処分が違法・不当であることを宣言しつつ請求を棄却する**事情裁決・決定**と呼ばれる類型も存在する。また認容の場合であって処分庁の上級行政庁が審査庁の場合には、裁決による処分の変更または変更命令が可能である（行政不服審査法40条5項）。行政不服審査法は国民の権利救済を目的とする制度なので、原処分の不利益変更は禁止されている（同法40条5項、47条3項）。合議制行政機関の答申に基づく処分に対する異議申立の場合には、その処分の取消・変更をする決定を行うためには当該行政機関に対する諮問手続を経由しなければならない。

　裁決・決定も行政行為の一種なので、行政行為の効力論（⇨57頁）で取り扱われる内容が原則として及ぶことになる。しかも、行政不服審査は丁寧な手続を経て出される行政行為であるため、**不可変更力**の前提となる条件が存在している。さらに、裁決の裁判判決類似の効力として**拘束力**を挙げることができる（行政不服審査法43条）。これは、裁決の趣旨に従った行動を関係行政庁（特に処分庁）にとらせる効力である。

　行政不服審査に対する判断が示され、私人がこの内容にも不服を持っている場合、私人が攻撃すべき行政の決定はもともとの処分（**原処分**）とその不服申立に対する裁決・決定の2つ存在している。この場合にどちらの処分を訴訟で攻撃すればよいのかが問題となる。我が国では原則として**原処分主義**がとられており（行政事件訴訟法10条2項）、原処分の違法を主張するためには原処分の取消訴訟を提起しなければならない。裁決取消訴訟を提起した場合には、**裁決固有の瑕疵**（例：理由附記の瑕疵）だけしか主張できない。これに対して、個別の法律で裁決取消訴訟だけしか提起できないとされている場合（**裁決主義**）があり（例：独占禁止法77条3項）、このときには裁決取消訴訟の中で原処分の違法も裁決固有の瑕疵も主張できる（大橋・Ⅱ 324頁）。

2 行政訴訟

1 行政訴訟の基本構造

■ 行政訴訟の機能と種類

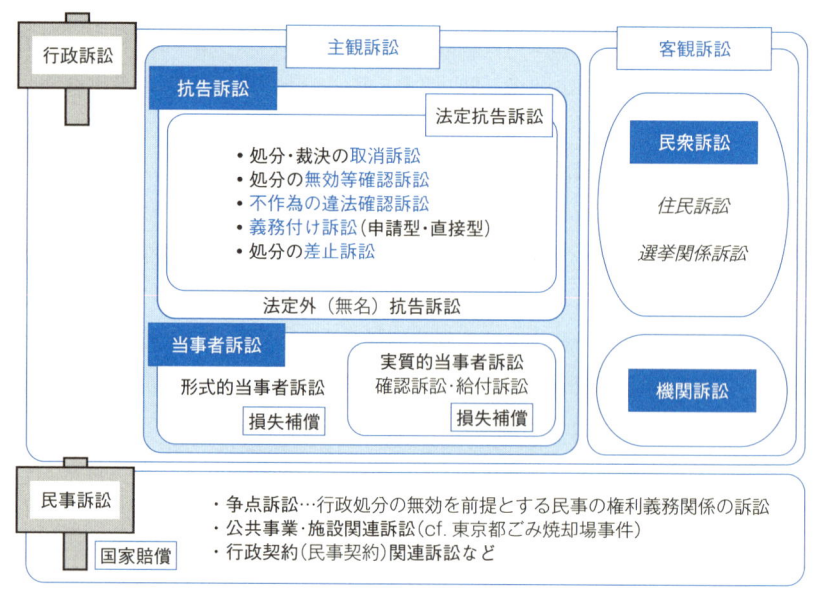

```
行政訴訟
├─ 主観訴訟
│   ├─ 抗告訴訟
│   │   ├─ 法定抗告訴訟
│   │   │   ・処分・裁決の取消訴訟
│   │   │   ・処分の無効等確認訴訟
│   │   │   ・不作為の違法確認訴訟
│   │   │   ・義務付け訴訟（申請型・直接型）
│   │   │   ・処分の差止訴訟
│   │   └─ 法定外（無名）抗告訴訟
│   └─ 当事者訴訟
│       ├─ 形式的当事者訴訟  [損失補償]
│       └─ 実質的当事者訴訟  確認訴訟・給付訴訟  [損失補償]
└─ 客観訴訟
    ├─ 民衆訴訟
    │   住民訴訟
    │   選挙関係訴訟
    └─ 機関訴訟

民事訴訟
・争点訴訟…行政処分の無効を前提とする民事の権利義務関係の訴訟
・公共事業・施設関連訴訟（cf. 東京都ごみ焼却場事件）
・行政契約（民事契約）関連訴訟など
[国家賠償]
```

図7　行政訴訟の概観

行政訴訟は行政活動に起因する法的紛争を裁定するための訴訟であり、行政事件訴訟法が民事訴訟とは異なる手続ルールを規定している。ただしその定めは完結的なものとはなっておらず、行政事件訴訟法に規定がない内容については民事訴訟の例による（行政事件訴訟法7条）。行政の違法な活動によって生じた損害の賠償を求める国家賠償は民法の不法行為法の特別

法であり，訴訟手続としては民事訴訟である。行政訴訟には2つの機能があるとされる。1つは違法な行政活動によって生じた国民の権利利益に対する侵害状態を是正し，**権利救済**を図ることである。これは憲法32条が保障する**裁判を受ける権利**を実質化・具体化するものであるとも言える。もう1つは違法な行政活動を是正することで，行政活動の**適法性維持**を図ることである。

　行政事件訴訟法は民事訴訟法とは異なる観点から次のような訴訟類型を設定している。自己の権利利益に関わる訴訟（**主観訴訟**）として，**抗告訴訟**（同法3条）と**当事者訴訟**（同法4条）があり，主観訴訟は行政事件訴訟法の規定のみによって（個別の法律の規定を必要とせず）提起できる。これに対して自己の権利利益に直接は関わらない訴訟（**客観訴訟**）として，国民・住民がその資格に基づいて提起する**民衆訴訟**（同法5条）と行政機関が提起する**機関訴訟**（同法6条）があり，これらは（行政事件訴訟法の規定以外に）個別の法律の規定がある場合にのみ提起できる（同法42条）。

■ 抗告訴訟と当事者訴訟

① 行政過程においては，行政の活動（例：行政行為）によって法関係が形成・消滅・変更・確定されることが繰り返される。もし違法な行政活動によって私人の権利利益が侵害された場合には，行政の行動に対して不服を訴える（**糾弾型**）か，現在の法律関係に対する権利主張（**実体法型**）かのいずれかが考えられる。例えば，違法な収用裁決によって土地の所有権が起業者の手に渡ってしまった場合，これに不服がある所有者は，原因となった行政活

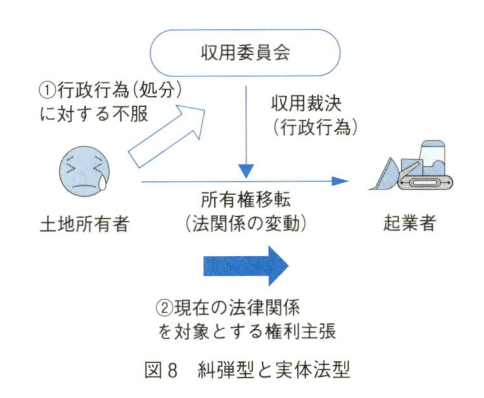

図8　糾弾型と実体法型

動である収用裁決（行政行為）に対する不服を訴えるか，収用裁決がなかったことを前提にして現在の法律関係に基づく権利主張（例：所有権に基づく土地の返還請求，所有権確認請求）をするかのいずれかがあり得る。原因となった行政活動に対する不服の主張が**抗告訴訟**であり（小早川・下Ⅱ140頁），現在の法律関係に対する権利主張が**当事者訴訟**（**実質的当事者訴訟**）の典型である。両者の使い分けは，原因となった行政活動が**公権力の行使**（処分性が認められる行為）に該当するかによる。処分性が認められると，**取消訴訟の排他的管轄**が働くことになり，現在の法律関係に基づく訴えは排除されることになる（公定力との関係につき藤田・入門114頁）。ただし個別の立法（例：土地収用法133条3項）によってこのような場合にも当事者訴訟を利用させることはあり得る（このような訴訟を**形式的当事者訴訟**（⇨130頁）という）。この例の場合，収用裁決は行政行為（処分）であるから，収用裁決が違法であると主張する際には抗告訴訟（その中でも取消訴訟）が用いられる。これに対して損失補償の金額をめぐる紛争については，前述の土地収用法の定めに従い，土地所有者と起業者との間で争われることになる。このように，処分性の有無は，抗告訴訟で争うのか当事者訴訟（場合によっては民事訴訟）で争うのかを区別する役割を果たしている（⇨文献②）。

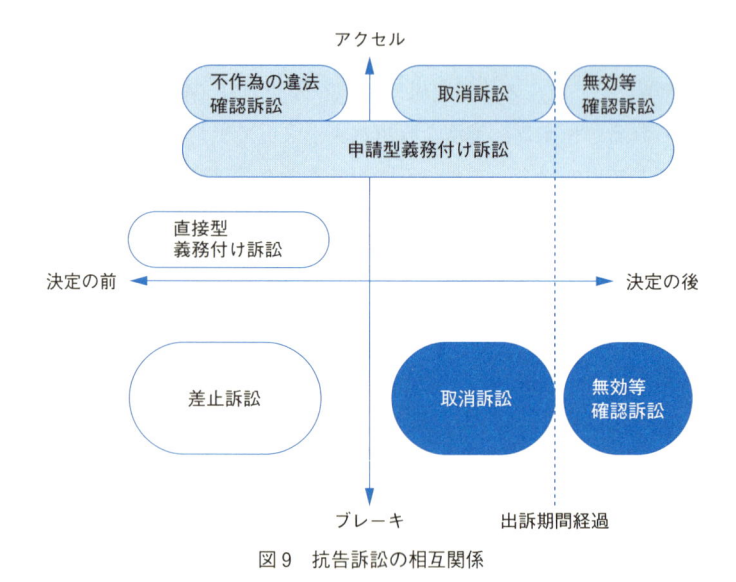

図9　抗告訴訟の相互関係

② 行政事件訴訟法はさまざまな抗告訴訟の類型を法定している（これら以外に**法定外抗告訴訟**（**無名抗告訴訟**）が認められる余地もある）。抗告訴訟は大きく分けると次の3つのグループから構成されている。

　第1は，行政処分が出された後にその取消を求める処分・裁決の**取消訴訟**（行政事件訴訟法3条2項，3項）や**無効等確認訴訟**（同条4項）である。取消訴訟は抗告訴訟の最も基本的な形であり，行政処分の違法性を主張してその取消を求める形成訴訟である。無効等確認訴訟はいわば出訴期間経過後の取消訴訟である（塩野・Ⅱ214頁）。これを用いるためには，処分に無効の瑕疵があることと，現在の法律関係による訴えとの関係で狭義の訴えの利益が認められることとが必要である。

　第2は，申請に対する処分に対して不服がある場合の訴訟類型である。申請に対して応答がない場合には，その違法を確認することで早期の処分を求める**不作為の違法確認訴訟**（行政事件訴訟法3条5項）が用いられる。また申請拒否処分に対しては，その**取消訴訟**によって拒否処分を取り消した上で，行政に再審査を求めることが考えられる。2004年の行政事件訴訟法改正ではさらに，申請認容処分を義務付ける**申請型義務付け訴訟**が法定された（同条6項2号）。ただしこの訴訟は，不作為の違法確認訴訟・取消訴訟・（出訴期間経過後は）無効等確認訴訟と**併合提起**することが必要である。

　第3は，行政処分がまだ出されていない段階での訴訟である。2004年の行政事件訴訟法改正により，予想される不利益な内容の処分を事前に差し止める**差止訴訟**（同法3条7項）と，申請権のない者が行政処分を求める**直接型（非申請型）義務付け訴訟**（同条6項1号）が法定された（直接型義務付け訴訟については併合提起の定めはない）。これらは行政処分が出される前での訴訟となるため，取消訴訟の排他的管轄が正面からは働かず，それゆえ**当事者訴訟**（確認訴訟）による請求が併存しうる。

102 ●第1部 行政法総論の概要

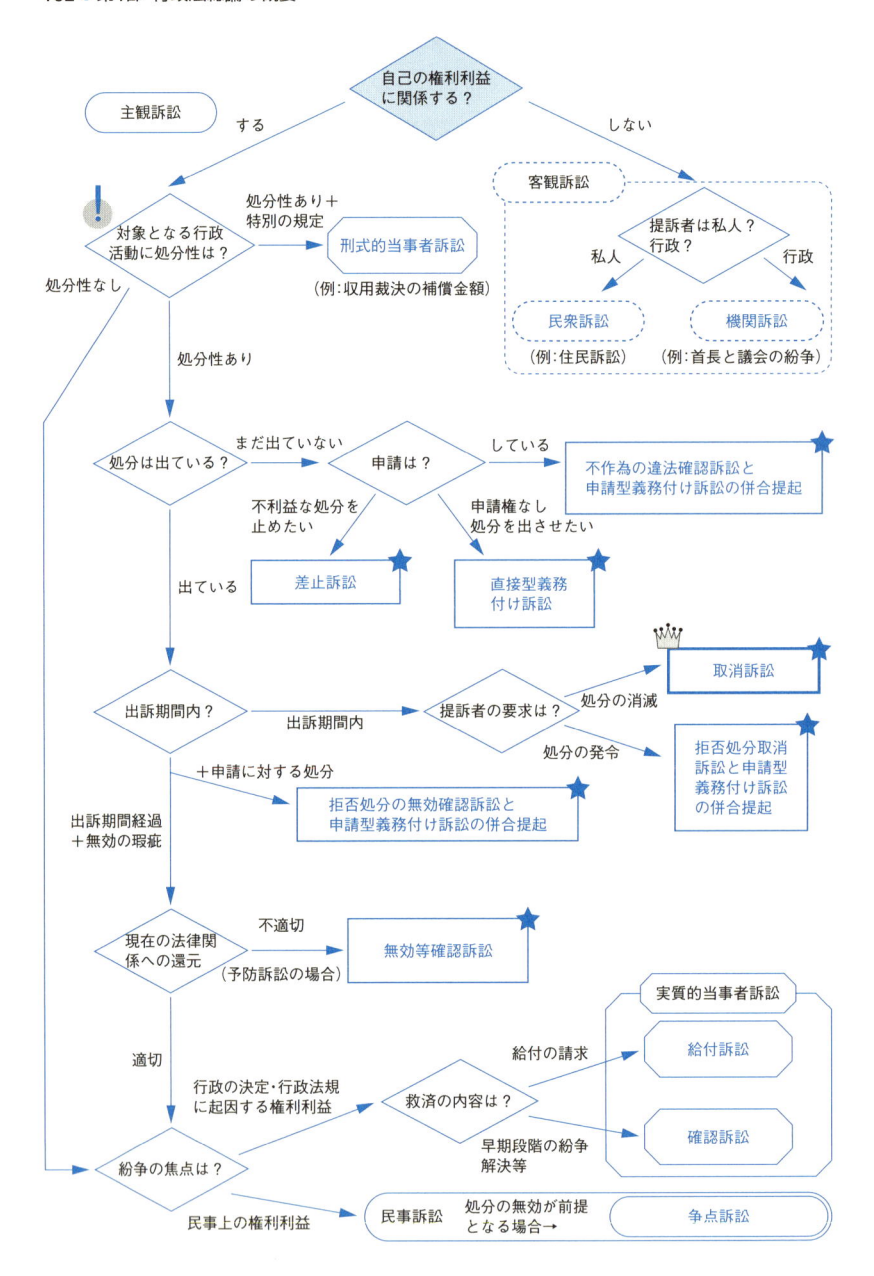

```
                          ┌─────────────────┐
                          │ 自己の権利利益  │
                          │  に関係する？   │
                          └─────────────────┘
              する   ↙                       ↘   しない
  ┌──────────┐                                        ┌──────────┐
  │ 主観訴訟 │                                        │ 客観訴訟 │
  └──────────┘                                        └──────────┘
                                                              ↓
     ⚠                     処分性あり＋                ┌─────────────┐
  対象となる行政    ──→   特別の規定  ──→            │ 提訴者は私人？│
  活動に処分性は？                                    │   行政？     │
                          ┌──────────────┐           └─────────────┘
  処分性なし              │ 刑式的当事者訴訟 │       私人 ↙    ↘ 行政
     ↓                   └──────────────┘
                         （例：収用裁決の補償金額）  ┌────────┐ ┌────────┐
         処分性あり                                  │ 民衆訴訟│ │ 機関訴訟│
            ↓                                       └────────┘ └────────┘
                                                  （例：住民訴訟）（例：首長と議会の紛争）
```

図10　訴訟類型の選択

(処分は出ている？ → まだ出ていない → 申請は？ → している → 不作為の違法確認訴訟と申請型義務付け訴訟の併合提起 ★)

(不利益な処分を止めたい → 差止訴訟 ★)

(申請権なし 処分を出させたい → 直接型義務付け訴訟)

(出ている → 出訴期間内？ → 出訴期間内 → 提訴者の要求は？ → 処分の消滅 → 取消訴訟 ♛★)

(処分の発令 → 拒否処分取消訴訟と申請型義務付け訴訟の併合提起 ★)

(＋申請に対する処分 → 拒否処分の無効確認訴訟と申請型義務付け訴訟の併合提起 ★)

(出訴期間経過＋無効の瑕疵 → 現在の法律関係への還元 → 不適切（予防訴訟の場合）→ 無効等確認訴訟 ★)

(適切 → 紛争の焦点は？)

(行政の決定・行政法規に起因する権利利益 → 救済の内容は？ → 給付の請求 → 給付訴訟)
(早期段階の紛争解決等 → 確認訴訟)
【実質的当事者訴訟】

(民事上の権利利益 → 民事訴訟)
(処分の無効が前提となる場合→ 争点訴訟)

2 取消訴訟の基礎 ①訴訟要件

　これまで見たように，行政訴訟にはさまざまなタイプのものが含まれている。まずは，その代表的訴訟類型である取消訴訟について，訴訟要件・審理・終了のルールを説明し，他の訴訟類型については取消訴訟との違いを重点的に確認することとする。取消訴訟の訴訟要件は，**処分性**，**原告適格**，**狭義の訴えの利益**，管轄，出訴期間（6ヶ月），被告適格（原則として行政主体），不服申立前置（個別の法律の規定がある場合に限る）である。特に重要なのは，**広義の訴えの利益**を構成する処分性・原告適格・狭義の訴えの利益である。

■ 処分性

　民事法の**形成訴訟**の場合，訴訟ができる対象かどうか（実体法上の**形成権**ないし訴訟手続で確定される**形成原因**）は法律で明確に規定されているため，これをめぐる困難な解釈問題が生ずることはない。これに対して行政法の場合には，個別の行政法規には行政活動の根拠規定のみが置かれ，訴訟法である行政事件訴訟法によって一般的に取消訴訟が可能となる構造をとっている。このため，何が取消訴訟の対象となる行政の活動なのかは，基本的には個別の行政作用法の解釈問題となる。

　取消訴訟の対象となる処分性を有する行為の判断基準を以下のように提示したのが，東京都ごみ焼却場事件最高裁判決（判百Ⅱ156　判Ⅱ18　CB 11-2　最一小判1964（昭和39）・10・29民集18巻8号1809頁）である。

> 公権力の主体たる国または公共団体が行う行為のうち，その行為によって，直接国民の権利義務を形成しまたはその範囲を確定することが法律上認められているものをいう。

　またこの判決では，行政の活動をなるべく細かく分解し，その中で上記の処分性を有する行為があるかどうかを判断する**分析的アプローチ**がとられている。この判決によって示された4つの要素（公権力性・成熟性・外部性・法的効果）は，その後の最高裁判決における処分性判断の基準として現在でも機能している。ただしそこには原則的な考え方と例外的処理が見られる。以下では各要素について，それが争点の中心となった代表的な判例を含めて紹

介する（類型論的な説明を行っているものとして，宇賀・Ⅱ 154 頁以下）。

① **公権力性**とは，当該行政活動が民事法には見られない権力性ないし一方性を有していることを言う。伝統的には，命令・強制といった実体的な要素に権力性が認められ（**実体的公権力観**），それは国家意思の発動である行政行為に本来的に認められる属性だと考えられていた。しかしこの説明では，なぜ国家の活動に権力性が認められるかの実証的な説明にはなっていないとの批判が提起され，行政事件訴訟法が取消訴訟の排他的管轄を認めていることが公権力性（特に公定力）の実質であるとの理解が示されるようになった（**手続的公定力観**）。ただ，そのように説明すると取消訴訟の排他的管轄に服する行政の活動が公権力の行使であるという命題と，公権力の行使であるから取消訴訟の利用が強制されるという命題が循環することになってしまう。そこで近時では，法令に基づく要件の一方的な認定判断によって法関係を形成・消滅・確定させる**規律力**（⇨57 頁）に公権力性の実質を認める見解が主張されている（塩野・Ⅱ 102 頁）。

公権力性に関する原則的な判断基準は，行政行為と契約との区別である。許認可や不利益処分などの典型的な**行政行為**（⇨55 頁）は，その公権力性が疑われていない。逆に，両当事者の意思の合致に基づく**契約**については，処分でないことが明らかであるとされる。これに対して例外的な処理として，実質的には民事上の行為であっても，そこに行政不服申立を認める法律の規定が存在していれば，立法者が当該行為を処分であると明示したと考え，処分性が認められる（判百Ⅱ 155 判Ⅱ 19 最大判 1970（昭和 45）・7・15 民集 24 巻 7 号 771 頁）。また最高裁は，公権力性があるかどうかに関して，その活動の根拠条文だけではなく，他の関連規定を含む法的しくみ全体から判断する姿勢を示している（そのような例として，判百Ⅱ 164 判Ⅱ 20 CB 11-11 最一小判 2003（平成 15）・9・4 判時 1841 号 89 頁）（⇨242 頁）。

② **成熟性**とは，当該紛争が裁判所による判断を下すのに十分な具体性を持つに至っていることを言う。この要素は行政行為の定義要素（個別・具体性）でもあり，具体的な事件を裁断するという司法権の概念（法律上の争訟）から来る要請でもある。成熟性に関する原則的な判断基準は，一般的・抽象的・中間的な行為には処分性がないとする考え方である。法律・条例・法規命令はいずれも国民の権利義務を変動させる法的効力を有する。しかしこれらは

個別的で最終的な権利義務の形成・確定を行うものではないので、行政処分とは取り扱われず、取消訴訟の対象とならないのが原則である（例：用途地域指定の処分性⇨439頁）。ただし、対象者が不特定でも処分の束と見なせる場合には処分性が認められる（二項道路指定につき、 判百Ⅱ161 判Ⅰ174 CB 11-10 最一小判2002（平成14）・1・17民集56巻1号1頁）（⇨448頁）。

これに対して例外的に、[1] 法律で行政上の不服申立を許容する規定があれば、当該行為に処分性が認められる（土地改良事業計画につき、最判1986（昭和61）・2・13民集40巻1号1頁）。さらに、[2] 実質的に見て個別性・具体性・最終性のある一般的行為・中間的行為には処分性が認められる。例えば、条例によって公立保育所を廃止する行為は、特定の保育所で児童に保育を受けさせている保護者の当該保育所で保育を受けさせることができる地位を奪うものであり、条例の廃止以外に後続する決定行為が存在しないことから、最高裁は処分性を肯定した（ 判百Ⅱ211 判Ⅱ29 CB 11-16 最一小判2009（平成21）・11・26民集63巻9号2124頁［横浜市保育所廃止条例事件］）（⇨335頁）。また対象者の法的地位に決定的な影響を与える場合には、中間的決定であっても処分性が認められる。土地区画整理事業における組合設立認可は確かに換地処分へと続く一連の過程の中間的決定ではあるものの、それ自体が強制加入の土地区画整理組合を設立させ、そこに施行権限を付与するものであるが故に処分とされる（ 判Ⅱ32 最三小判1985（昭和60）・12・17民集39巻8号1821頁）（⇨476頁）。また公共団体施行の場合の同一段階の中間的決定である土地区画整理事業計画に関して、最高裁はかつてその処分性を否定していた（ CB 11-3 最大判1966（昭和41）・2・23民集20巻2号271頁）。しかし現在では、事業計画は換地処分を受けうる地位に立たせる行為であって、事業が進行して換地処分にまで至ると事情判決が下されるおそれが強まり、実効的な権利救済にならないことから事業計画の処分性を肯定している（ 判百Ⅱ159 判Ⅱ1 CB 11-15 最大判2008（平成20）・9・10民集62巻8号2029頁［浜松土地区画整理事業計画事件］）（⇨477頁）。

③ **外部性**とは、当該活動が行政内部にのみ効力を及ぼすのではなく、行政外部の国民の権利や法的地位に影響を与える性質を言う。行政機関相互間の関係のような内部法関係における行政の活動には、処分性が認められない。また**部分的法秩序**（かつての**特別権力関係**）（⇨8頁）における行政の活動につ

いても，それが市民法秩序と直接の関係を生じさせない限り処分性が認められない（判百Ⅱ153　判Ⅰ35　最三小判1977（昭和52）・3・15民集31巻2号234頁［富山大学事件］）。さらに**行政規則（通達）**（⇨51頁）についても，行政内部にしか効力を持たず，国民に対する法的拘束力はないので処分性は否定されるのが原則である。ただし例外的に，通達の段階でしか争えない場合には通達に処分性が認められうる（判Ⅱ35　東京地判1971（昭和46）・11・8行裁例集22巻11=12号1785頁［函数尺事件］）。

④ **法的効果**とは，行政の当該活動が権利義務ないし法的地位の形成・確定・変更・消滅をもたらす効果を持つことを言う。ここでいう法的地位は必ずしも実体法的なものに限られず，手続的な意味のみを有するものも含まれる（判百Ⅱ168　判Ⅱ25　CB 11-13　最一小判2005（平成17）・4・14民集59巻3号491頁［登録免許税還付通知拒絶通知事件］）（⇨196頁）。このような法的効果を持たない活動を一般に**事実行為**という。このうち公共工事のような**物理的事実行為**には処分性はないのが原則である。ただし，人の収容・物の留置・代執行（そのもの）のような**権力的事実行為**には処分性が認められる。

事実行為の中でも行政が一定の判断を示す**精神的表示行為**（例：公証・通知）については，国民の権利義務を変動させない場合には処分性は否定される。例えば，住民票に特定の住民の氏名を記載する行為は選挙人名簿への登録と結びついており，選挙権の行使に影響を与えることから処分と考えられるのに対し，住民票への続柄の記載行為にはこのような選挙権との連動関係がなく，何らの法定効果を有しないので，処分性は否定される（CB 18-9　最一小判1999（平成11）・1・21判時1675号48頁）。

これに対して，例外的に，法的しくみ全体を検討すると権利義務や法的地位を変動させていると解釈できる表示行為には処分性が認められる。この判断の際には，後続の行政活動の中に取消訴訟によってその適法性を争いうる対象があるかどうかが考慮される。例えば，輸入食品の届出に対して検疫所長が食品衛生法に違反すると判断する違反通知書が出されると，後続の関税法に基づく税関長の輸入許可が必ず得られないという法的なしくみがとられていれば，食品衛生法違反通知には処分性が認められる（判Ⅱ23　CB 11-12　最一小判2004（平成16）・4・26民集58巻4号989頁）。最高裁はさらに，先行する行政の認定判断と後続の行政処分とが事実上の連動関係に止まっていた医療

法上の病院開設中止勧告（判百Ⅱ167 判Ⅱ26 CB 11-14 最二小判 2005（平成17）・7・15民集59巻6号1661頁）についても，同様の考え方で処分性を肯定している（⇨308頁）。

　以上のような最高裁判例の考え方を整理すると，次の3点に集約できる。第1に，ある行政活動が処分性を有するかどうかについて最高裁は，東京都ごみ焼却場事件判決で示した定式を基準に，当該活動の法的性格を，それが組み込まれている法的しくみ全体の中で実質的に判断する姿勢を示している。第2に，ある種の便法として，行政不服申立を許容する法律の規定があれば，これを立法者意思の探究の手がかりにして，当該活動に処分性を認めている。第3に，2004年の行政事件訴訟法改正によって当事者訴訟（確認訴訟）の活用が明示されて処分性拡大論が否定され，必ずしも取消訴訟（抗告訴訟）でなくとも行政訴訟が可能である現時点においては，抗告訴訟の判決効や救済のタイミングといった**実効的な権利救済**の観点から，他の訴訟類型・訴訟対象行為との比較を行った上で，処分性を判断する傾向が見られるようになってきている。この結果として，行政行為の概念（⇨55頁）と処分性の概念とは完全に一致するものではなくなっている。処分性の概念は，行政行為を中核としつつ（行政行為であれば定型的に処分性が認められる），抗告訴訟を用いて争わせるべき行政活動を選択する基準として機能している（上記のように，最高裁判例では，条例・行政計画・行政指導の中に処分性を認めたものが既に存在している）。逆に，立法者が制度設計の際に行政行為を選択すれば，抗告訴訟による権利救済方式が指定されることによる法的効果（法的安定性・第三者に対する効力等）が自動的に認められることになる。

■ 原告適格

　個別具体の事件において訴訟を提起する資格を**原告適格**という。処分性の議論が対象となる行政活動の性質の議論であったのに対して，原告適格は訴訟提起が可能な人的範囲の問題を扱う。民事訴訟において**当事者適格**が問題になることはほとんどない。給付訴訟であれば給付請求権の主体に原告適格があり，給付請求権の存否は本案の問題であるから，訴訟要件の段階で給付訴訟が提起できる人的範囲が問題になることはない。確認訴訟であれば確認対象となる権利関係の主体に原告適格が認められ，これは確認の利益を判断

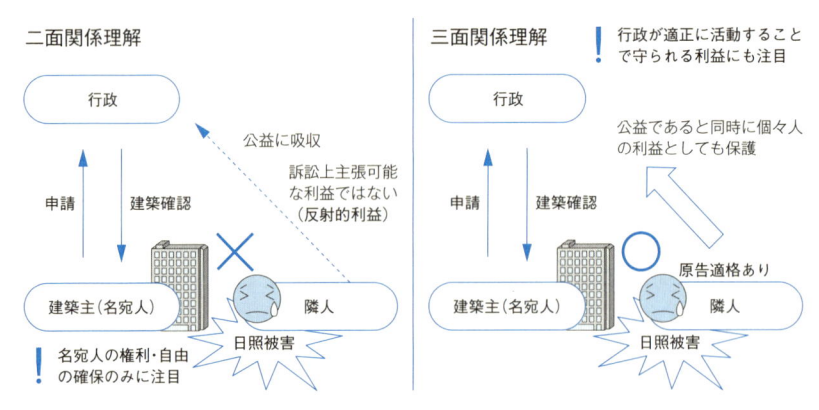

図11 二面関係理解と三面関係理解

二面関係理解
- 行政 ←申請／建築確認→ 建築主（名宛人）
- 隣人：日照被害
- 公益に吸収／訴訟上主張可能な利益ではない（反射的利益）
- 名宛人の権利・自由の確保のみに注目

三面関係理解
- 行政 ←申請／建築確認→ 建築主（名宛人）
- 隣人：日照被害 → 原告適格あり
- 行政が適正に活動することで守られる利益にも注目
- 公益であると同時に個々人の利益としても保護

する一要素となるため，単独で議論されることはない。形成訴訟であれば法律で誰が訴訟提起できるのかが明確に書かれている。行政訴訟の中でも客観訴訟に含まれる民衆訴訟（例：住民訴訟）は，法律で訴訟提起可能な人的範囲が明確に書かれている。これに対して取消訴訟の場合には，個別行政法規の要件効果規定と行政事件訴訟法の規定の組み合わせで訴訟提起が可能となっているため，法律の条文にはどの人的範囲で訴訟提起可能かということは明示されていない。このため，個別行政法規の要件効果規定から出発する困難な解釈問題が生じるのである。ただし，不利益処分の名宛人や申請拒否処分を受けた者のような二面関係の場合の行政の相手方に原告適格が認められることは疑われていない。以下の議論はもっぱら，処分の名宛人以外の第三者が取消訴訟を提起できるのかという問題である。

行政事件訴訟法9条1項は，取消訴訟の原告適格は「法律上の利益を有する者」にあると規定している。これは戦前の明治23年法律106号（行政庁の違法処分に関する行政裁判の件）が「権利毀損」を要件としていたものを拡張し，厳密に権利侵害と言えなくても訴訟提起が可能であることを明確化する意図があったとされる。この「法律上の利益」が何を意味するのかについて基本的な考え方を示しているのが「法律上保護された利益説」と「裁判上保護に値する利益説」である。**法律上保護された利益説**は，当該行政処分の根拠規定が問題となっている被侵害利益を個別的に保護していると解釈できれば原告適格を認める立場であり，処分の根拠規定から出発する点に大きな特

色を有する（⇨文献③）。これに対して**裁判上保護に値する利益説**は、裁判所が問題となっている被侵害利益を保護に値すると判断すれば原告適格が認められるとする立場であり、被侵害利益から出発する点に大きな特色がある。現在、学説上有力な**新保護規範説**は、この両者の統合を目指したものと言える。憲法が保障する基本権（憲法上の権利）の衝突を相互調整するのは第一義的には立法者の責務であり、それゆえ取消訴訟の原告適格判断に当たっては根拠条文から出発するべきと考えられる。しかし、一旦条文の形になった保護法益を読み解くのは裁判所や法解釈学の役割であり、その際には基本権を手がかりに、問題となっている利益の要保護性が判断されることになる。

最高裁判例は一貫して法律上保護された利益説を採用しているとされるものの、近時は新保護規範説に近い理解を示している。

① 最高裁が処分の名宛人以外の第三者について初めてまとまった判断を示したのは主婦連ジュース事件（⇨95頁）であり、続いて公有水面埋立免許に対して埋め立てられる水面に漁業権を持たない周辺海域の漁業従事者が取消訴訟を提起した伊達火力発電所事件（判Ⅱ38 最三小判1985（昭和60）・12・17判時1179号56頁）において最高裁は、公有水面埋立法にこうした漁業従事者の利益を保護していると解釈できる手がかりとなる規定が見当たらないことを理由に原告適格を否定した。さらに、法律上保護された利益説を完成させたとされる新潟空港事件（判百Ⅱ170 判Ⅱ39 CB12-2 最二小判1989（平成元）・2・17民集43巻2号56頁）において最高裁は、処分の根拠法規のみならず、これと目的を共通にする関連法令の関係規定も含めた上で、当該被侵害利益が公益としてのみならず個々人の個別的利益としても保護されている（個別保護性）と解釈できれば、第三者の原告適格を認めるとする立場を明確化した。この事件では航空法の免許に関する根拠規定のほか、航空法の目的規定（1条）や航空機騒音に関する法律も関連法規に取り込まれた上で、空港周辺住民の騒音被害に対する個別保護性が肯定されている。

この立場で問題になるのは、実定法がどのようなしくみを持っていれば、ある被侵害法益が公益としてのみならず個々人の利益として個別的にも保護されていると言えるかである。例えば、工場からの有害な排水で地下水が汚染されることを防止するために工場の操業に許可制を導入する立法がなされた場合に、この法律にどのようなしくみが盛り込まれていれば、工場建設予

定地の周辺住民等が操業許可を争うことができるのだろうか。最高裁は大きく分けて2つの要素に注目している。1つは，**許認可数の限定・特定施設からの距離制限**である。例えば，1つしかない許認可の枠をめぐって複数の申請者が争っている**競願事例**の場合，ある申請者に対する許認可と他の申請者に対する拒否処分とは表裏の関係にあるので，拒否処分を受けた者は別の申請者への許認可に対する取消訴訟の原告適格を有する（判百Ⅱ180　判Ⅱ53　CB 14-3 最三小判 1968（昭和 43）・12・24 民集 22 巻 13 号 3254 頁 [東京 12 チャンネル事件]）。また，パチンコ店の出店に関して医療施設からの距離制限（⇨493頁）を定めていると，この規定は医療施設の事業上の利益を特別に保護する趣旨と解釈できるので，医療施設の設置者は風俗営業許可の取消訴訟の原告適格を有する（判Ⅱ44 R 1　CB 12-6 最三小判 1994（平成 6）・9・27 判時 1518 号 10頁）。もう1つは，**行政手続への参加権**である。法律がある行政処分の利害関係者に対して特別な参加手続を準備している場合，その参加権者には原告適格が認められ得る。最高裁は，保安林指定の解除処分について，周辺住民に保安林指定の申請ができること，解除の際に意見書提出権が認められていること，旧森林法では指定解除に対する不服申立が認められていたことを手がかりに，周辺住民の原告適格を認めた（判百Ⅱ182　判Ⅱ50　CB 13-3 最一小判 1982（昭和 57）・9・9 民集 36 巻 9 号 1679 頁 [長沼ナイキ基地事件]）。先ほどの例に戻ると，工場の操業許可の要件として特定施設（例えば医療施設）からの距離制限規定が入っていれば，距離制限内の当該施設の経営者には原告適格が認められる。また許可の手続として隣接住民への通知や公聴会開催・意見書提出・協議などが規定されていれば，これらに参加しうる一定範囲内の周辺住民に原告適格が認められる可能性がある。

② 個別保護性の充足を実定法の設計に注目して導出する上記のような手法だけでは，憲法上重要な権利や価値にもかかわらず立法者がこれに対応する制度を準備しなかった場合に，訴訟による救済を否定する結果となってしまう。例えば，原子力発電所の原子炉を設置する際の許可制を規定する原子炉等規制法は，原子炉の設置場所や設置の可否を科学的・技術的な知見からのみ判断するシステムとなっており，立地地域の住民の手続的参加権を全く規定していない（⇨375 頁）。しかし一旦原子炉で重大な事故が発生すれば，生命・健康に対する甚大な被害が広範囲にわたって発生することになる。この

ような紛争事例において最高裁は，**被侵害利益の性質**を個別保護性の基礎付けのもう1つのルートとして承認するに至った。もんじゅ訴訟最高裁判決（判百Ⅱ171　判Ⅱ41　CB 12-5　最三小判1992（平成4）・9・22民集46巻6号571頁）において最高裁は，原告適格に関する判断基準を以下のように定式化した。

> 「法律上の利益を有する者」とは，当該処分により自己の権利若しくは法律上保護された利益を侵害され又は必然的に侵害されるおそれのある者をいうのであり，当該処分を定めた行政法規が，不特定多数者の具体的利益を専ら一般的公益の中に吸収解消させるにとどめず，それが帰属する個々人の個別的利益としてもこれを保護すべきものとする趣旨を含むと解される場合には，かかる利益も右にいう法律上保護された利益に当たり，当該処分によりこれを侵害され又は必然的に侵害されるおそれのある者は，当該処分の取消訴訟における原告適格を有するものというべきである。

その上で同判決は，個別保護性の判断基準として，当該行政法規の趣旨・目的のみならず，当該行政法規が当該処分を通して保護しようとしている利益の内容・性質等を考慮して判断すべきであるとした。そして，原子炉等設置法には個別保護性を充足するような典型的な法的しくみが存在しないにもかかわらず，その趣旨解釈の中で被侵害法益（生命）の重大性を読み込むことで個別保護性の充足を認め，周辺住民の原告適格を肯定したのである（⇒374頁）。その後，最高裁は，被侵害法益が生命（判百Ⅱ175　判Ⅱ42　最三小判

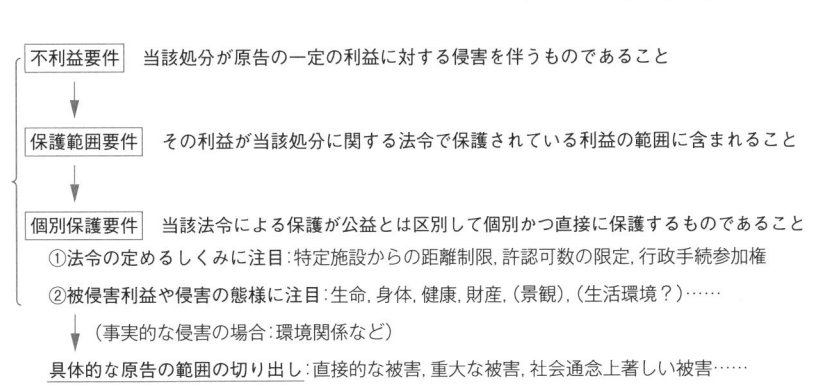

```
不利益要件    当該処分が原告の一定の利益に対する侵害を伴うものであること
    ↓
保護範囲要件  その利益が当該処分に関する法令で保護されている利益の範囲に含まれること
    ↓
個別保護要件  当該法令による保護が公益とは区別して個別かつ直接に保護するものであること
    ①法令の定めるしくみに注目：特定施設からの距離制限，許認可数の限定，行政手続参加権
    ②被侵害利益や侵害の態様に注目：生命，身体，健康，財産，(景観)，(生活環境?)……
        ↓ （事実的な侵害の場合：環境関係など）
    具体的な原告の範囲の切り出し：直接的な被害，重大な被害，社会通念上著しい被害……
```

図12　原告適格の判断枠組

2001（平成13)・3・13民集55巻2号283頁［林地開発許可]）である場合のみならず，安全・健康・財産権（判百Ⅱ176　判Ⅱ43　CB 12-10　最三小判2002（平成14)・1・22民集56巻1号46頁［総合設計許可]）（⇨498頁）である場合についても，このような手法で個別保護要件の充足を肯定している。

　2004年の行政事件訴訟法改正では9条2項が追加され，新潟空港訴訟最高裁判決で示された関連法令の取り込みと，もんじゅ訴訟最高裁判決が採用した被侵害法益の性質の考慮を，一般的な形で裁判所に対して考慮事項として提示した。この点を踏まえると，現段階における原告適格の具体的な判断手順は，図12のように，保護法益の切り出しに関する不利益・保護範囲・個別保護の3つの要件（小早川・下Ⅲ257頁）と，これが充足した上での具体的な原告の範囲の切り出しという2つの段階から構成されることとなる（塩野・Ⅱ137頁）（⇨文献④）。

　例えば，都市計画事業認可に対して騒音などの生活環境被害を受ける周辺住民が取消訴訟を提起した小田急事件最高裁判決（判百Ⅱ177　判Ⅱ37　CB 12-11　最大判2005（平成17)・12・7民集59巻10号2645頁）では，事業認可に伴って生活環境被害が生じるおそれがあり（不利益），都市計画法の事業認可の根拠規定やその関連規定である同法1条の目的規定，さらには東京都環境影響評価条例がこうした不利益が生じないようにしようとしており（保護範囲），騒音・振動に伴う健康被害についてはその利益の性質から，公益としてのみならず個々人の個別的利益としてもこれを保護する趣旨を含む（個別保護）と解釈した。そして，具体的な原告の範囲の確定に当たっては，施設に近ければ近いほど被害が大きくなるという性質に着目し，同条例が定める関係地域を手がかりに，訴訟提起可能な原告を切り出している（⇨472頁）。これに対して大阪サテライト事件最高裁判決（判百Ⅱ178　判Ⅱ45　最一小判2009（平成21)・10・15民集63巻8号1711頁）では，場外車券場が設置されることに伴う生活環境被害が生命・健康のようにその利益の性質から直ちに個別保護要件を満たすものではないと理解した上で，実定法の設計の中から個別保護性を認めうる要素（距離制限）を探すアプローチを採用したため，周辺住民の原告適格は否定された。また，医療施設等の設置者についても距離制限が確たる法規範性を有する定め方ではなかったことから（なお通達や行政契約は関連法令には含まれない），具体的事情を踏まえて医療施設等の運営への影響の程度

が確定されなければ原告適格は判断できないとした（⇨494頁）。このような判断方法は2004年改正以前の最高裁判例を踏襲したものであり，被侵害法益の性質に着目した原告適格の拡大は，期待通りには実現していない。

■ 狭義の訴えの利益

処分性と原告適格はいずれも広義の訴えの利益の要素であり，これらが肯定されれば原則的に取消訴訟の訴えの利益は認められる。しかし，時の経過によって，紛争の中心となっている処分を取り消したとしても紛争解決上の意味がなくなっている場合には，訴えの利益が消滅する。これが**狭義の訴えの利益**の問題である（神橋144頁）。日本法において行政処分は，相手方に到達すると（たとえ違法でも）即時に発効する（**即時発効原則**）。また処分が違法であるとして私人が行政不服申立や行政訴訟を提起しても，それだけでは処分の執行は止まらない（**執行不停止原則**）。例えば，違法な建築物を建築しようとしているとして，建築確認に対する取消訴訟を隣人が提起したとしても，それだけでは建築確認の効力は停止しないため，工事は適法に継続できることになる。訴訟を行っている間に建物が完成すると，建築確認には建築物を適法に建築できるという法的効果しかないと考えられているため，建築確認取消訴訟の訴えの利益は消滅する（判百Ⅱ183　判Ⅱ55　CB13-4 最二小判1984（昭和59）・10・26民集38巻10号1169頁）（⇨463頁）。このような時の経過に伴う訴えの利益の消滅は大きく3つの類型（法的状態の変化・事実状態の変化・過去の違法行為）に分けることができる。いずれもポイントは，処分の効力が法律上どのように規定されているかの解釈にある。

① 法的状態の変化の代表的な事例は，処分の消滅である。私人が行政処分を争訟取消してもらう場合には期間制限（不服申立期間・出訴期間）があるのに対して，行政が職権によって処分を取り消すのは原則として自由である。信頼保護の関係から職権取消が制限されたり（**職権取消制限の法理**）（⇨63頁），丁寧な手続を経て出された行政処分について職権取消が禁止されたり（**行政行為の不可変更力**）（⇨58頁）しない場合には，行政はたとえ訴訟の途中でも，職権によって紛争の対象となっている処分を取り消すことができる。そしてこの場合には取消訴訟の訴えの利益は消滅するのが原則である。

申請拒否処分の取消訴訟の場合には，取消判決によって拒否処分がなかっ

た状態に戻るのみならず，判決の趣旨に従って行政に申請を再審査する義務が生じる（取消判決の**拘束力**）（⇨124頁）。そこで，狭義の訴えの利益の判断に際して，申請認容処分のなされる可能性があるかどうかが考慮されることがある（競願事例につき110頁）。例えば，拒否処分取消訴訟の途中で法令が改廃され，もはや拒否処分を取り消したとしても認容処分が得られる可能性がなくなった場合には，取消訴訟の訴えの利益は失われる（判Ⅱ52 最一小判1982（昭和57）・4・8民集36巻4号594頁）。また，特定日において一定の行為（例：メーデーのデモ行進）ができる地位の設定を求める申請が拒否され，これに対する取消訴訟の継続中に特定日が経過した場合にも，原告が求める申請認容処分が不可能となるので，訴えの利益は消滅する（ただし特定日が反復的に到来するのであれば訴えの利益を認めるべきであろう）。

② 事実状態の変化により訴えの利益が消滅する典型例は，前述の建築工事の終了による建築確認の訴えの利益の消滅である。最高裁は，建築確認・完了検査・是正命令はそれぞれが独立に建築物の建築法令への適合性を審査する行為と解釈しており，それゆえ建築確認の法的意味は適法に建築行為を行いうる地位を与えるに止まると理解している。しかし重要なのは工事が終了したかどうかではなく，当該処分の法的意義や効力がどこまで及ぶかという解釈の問題である。同じ工事の完了でも，最高裁は土地改良事業計画の取消訴訟について，それが換地処分へと続く一連の過程に法的基盤を与えるものであることを重視して，たとえ工事が完了してもその訴えの利益は失われないとした。そして工事の完了という事情は，処分を違法と宣言しつつ取り消した場合の公益への影響を考慮して請求を棄却する事情判決を下すかどうかで考慮されるべきものとしている（判百Ⅱ184 判Ⅱ51 CB 13-6 最二小判1992（平成4）・1・24民集46巻1号54頁）（⇨122頁）。

③ 過去の違法行為に基づく処分の効力が時の経過によって消滅した場合，訴えの利益は原則として消滅する。ただし，処分が何らかの理由で消滅してもなお一定の利益侵害状態が継続する場合（例：過去の不利益処分の前歴が新たな許認可の消極要件に含まれる場合）には訴えの利益は失われない（行政事件訴訟法9条1項括弧書き）。例えば，懲戒処分の取消訴訟継続中にその名宛人が死亡した場合でも，給与請求権のような経済的利益を回復する利益は取消の実質的目的であって，この利益は相続可能なものであるから，相続人が訴

訟を承継することは可能である（判百Ⅰ123 判Ⅱ56 最三小判1974(昭和49)・12・10民集28巻10号1868頁［旭丘中学校事件］）。これに対して，処分から派生する名誉的利益の侵害は回復すべき法律上の利益に当たらない，とするのが最高裁の基本的な立場である。例えば，運転免許停止処分の取消訴訟を行っている間に免許停止の期限が経過し，処分前歴としての意味もなくなった場合には，免許停止処分の取消を求める訴えの利益は失われる（判百Ⅱ181 判Ⅱ57 CB13-2 最三小判1980(昭和55)・11・25民集34巻6号781頁）。他方で最高裁は，優良運転者（ゴールド）免許の付与がなされなかった事案において，ゴールド免許に一般免許と異なる有効期限面での優遇がないとしてもゴールド免許が優良運転者を賞揚する制度として設定されていると解釈した上で，ゴールド免許がもらえる要件を満たすにもかかわらず更新の際に一般免許が付与された場合には，ゴールド免許がもらえる法律上の地位が侵害されたとしてその取消を求めることができるとしている（判Ⅱ40 CB13-9 最二小判2009(平成21)・2・27民集63巻2号299頁）。この判決はゴールド免許の意味を名誉的利益と正面から捉えているわけではないものの，名誉的利益が法制度に組み込まれている場合には，その地位の付与をめぐる判断が「法律上の利益」に関係することを認めていると考えられる（⇨類例として285頁）。

3 取消訴訟の基礎 ②審理と終了

■ 審理の基本原則

　行政事件訴訟法は民事訴訟法の特別法であり，審理方法や判決効に関して特に規定が置かれていなければ，民事訴訟の一般ルールが用いられる。民事訴訟においては訴訟の開始と終了に関しては**処分権主義**が働く。取消訴訟に関しても訴訟提起については処分権主義がストレートに適用され，原告は審判を求める対象を特定することができる。しかし訴訟の終了に関しては，原告による訴えの取り下げや請求の放棄は自由に行えるのに対して，被告行政側の請求の認諾や両当事者による訴訟上の和解は，法律による行政の原理との関係で認められないとする見解が強い（塩野・Ⅱ180頁）。

　取消訴訟の審理も，一般の民事訴訟と同じように，両当事者からの攻撃防

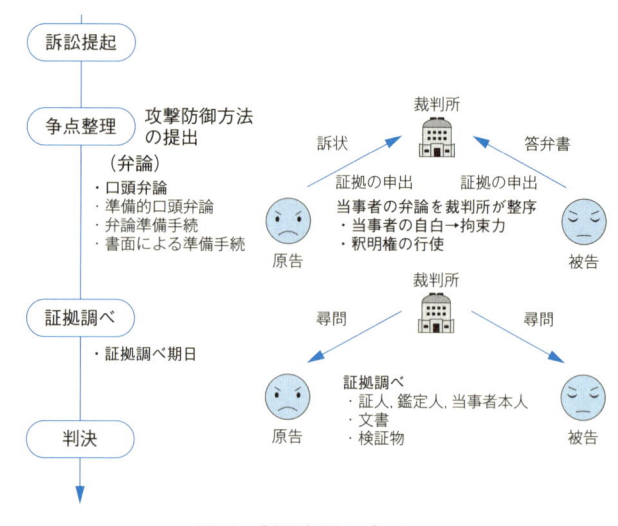

図 13　訴訟審理のプロセス

御方法の提出によって相互の主張が展開される**争点整理**段階と，争いのある主張について裁判所が両当事者に立証を求める**証拠調べ**段階に区別することができる（大浜・裁判法 161 頁）。民事訴訟における審理の原則は**弁論主義**である。これは，①権利関係を直接に基礎付ける事実（**主要事実**）は当事者が主張しないと判決の基礎にできない②主要事実については当事者の**自白の拘束力**が認められる③事実認定の基礎となる証拠は当事者が申し出たものに限定される（**職権証拠調べの禁止**）ことを内容とする。取消訴訟においてもこのうち①と②については民事訴訟のルールが妥当する（行政事件訴訟法は**職権探知主義**を要請してはいない）。しかし③について行政事件訴訟法は**職権証拠調べ**を許容する規定を置いている（同法 24 条）。

　職権証拠調べを許容する明文規定が置かれている趣旨は，取消訴訟が個人の権利救済のみならず公益にも影響を与えるものであるからとされる。ただしこの規定は裁判所に職権証拠調べを義務付けたものではなく，現実にはこの規定が活用されることはほとんどない。他方で，行政活動の違法を追及する取消訴訟の構造からすると，訴訟資料・証拠資料は行政に偏在しており，これを法廷に提出させる必要性は高い。そこで 2004 年の行政事件訴訟法改正では，**釈明処分の特則**（同法 23 条の 2）が新たに導入された。これは既に

出されている行政処分に関してその理由を明らかにする資料の提出を裁判所が求めることができるしくみであり，訴訟の早期の段階（争点整理段階）で利用できるようにするため，証拠調べ段階で用いられる**文書提出命令**の特則ではなく，釈明処分の特則の形で立法化されたものである。同法は2種類の釈明処分の特則を規定しており，処分・裁決の理由を明らかにする資料（同条1項）と審査請求前置の場合の審査請求に関係する資料（同条2項）が対象となっている。民事訴訟の一般ルールとの違いは，訴訟書類に関する限定がない（「引用」「所持」要件の撤廃）ことにある。このしくみは行政の説明責任を訴訟段階で具体化するものであり，行政に**事案解明義務**（裁量処分に関する主張・立証責任は原告にあるとしつつ，判断に不合理な点がないことをまずは被告が主張立証する必要があり，これが果たされなければ被告行政の判断に不合理な点があることが推認されるとする伊方原発訴訟最高裁判決〔判百Ⅰ81〕〔判Ⅱ17〕〔CB4-5〕最一小判1992(平成4)・10・29民集46巻7号1174頁）(⇨376頁) も行政の事案解明義務を指摘したものであるとする見解（藤田・Ⅰ446頁，小早川・下Ⅱ179頁）がある）を果たさせる制度設計と言える（⇨文献⑤）。

■ 主張制限

取消訴訟においては，取消が請求されている処分が違法であればその処分が取り消される。そこで，原告は当該処分が違法であることを基礎付けるさまざまな理由を主張し（例えば要件充足性，裁量権の逸脱・濫用），逆に被告行政側は当該処分が適法であることを基礎付けるさまざまな理由を主張する。ただし，両者の主張を制限するルールが以下のように設定されている点に注意が必要である。

① **原告側の主張制限**として，行政事件訴訟法10条1項は「自己の法律上の利益に関係のない違法を理由として取消しを求めることができない」と規定する。これは主観訴訟ないし権利救済制度としての取消訴訟に由来する当然の主張制限であるとされる。これが具体的に問題となるのは，原告が主張しようとする要件充足性に関係する処分要件規定が原告以外の利益や一般公益を保護しようとしていると解釈できる場面である（⇨387頁）。このとき，処分の名宛人であれば，処分要件の範囲内に入っていれば，自己の権利利益とは直接関係ない公益違反の主張も可能である。これに対して名宛人以外の第

三者に関しては，その原告適格が認められる場合と同様に，違法主張しようとしている根拠となる要件規定が原告の個人的利益を個別的にも保護している必要があるとの立場がある。しかし10条1項が自己の権利・利益を救済する制度としての取消訴訟に由来する主張制限を定めているとすれば，違法主張をしようとしている処分の根拠規定が原告自身の被侵害利益を保護範囲に含めていれば足り（第三者を保護する目的の処分要件は主張制限に該当する），個別保護まで要求する必要はないと思われる（判Ⅱ74 東京高判2005（平成17）・11・22訟月52巻6号1581頁［柏崎・刈羽原発事件］）（塩野・Ⅱ174頁，阿部・Ⅱ243頁，芝池・救済法77頁，大橋・Ⅱ134頁）。

　原告側の主張制限としてさらに，**違法性の承継**の問題がある（⇨59頁）。ある行政過程の中において複数の行政処分が連続している場合，原告がその違法性を主張しうるのは当該処分の取消訴訟に限られる。用途地域指定（非処分）→建築確認（処分）のように先行する行政の決定に処分性が認められない場面では，処分取消訴訟（この場合には建築確認取消訴訟）の中でこれに先行する行政決定（この場合には用途地域指定）の違法をも主張できる。しかし課税処分（処分）→滞納処分（正確には差押処分や公売処分など，滞納処分を構成する処分性を有する行為（⇨217頁））のように先行する行政の決定に処分性が認められれば，課税処分の違法は課税処分取消訴訟でのみ，滞納処分の違法は滞納処分取消訴訟でのみ主張できる。違法性の承継はこの例外を認めるものであり，先行処分と後続処分との実体法的な連結関係が密接で，先行行為を争いうる手続が不十分である場合には，後続処分取消訴訟の中で先行処分の違法主張が可能となる。先行処分の出訴期間が経過した場合には先行処分の無効確認訴訟しか通常ならば提起できないところ，違法性の承継が認められれば後続処分の取消訴訟の中で先行処分の違法をも主張できるため，原告側には有利となる。

② **被告行政側の主張制限**として，**理由の差替え**がある。これは，行政が処分時とは別の理由（根拠事実・処分要件）を挙げてその適法性を訴訟で主張することを言う。行政手続法をはじめ，処分に対する**理由提示義務**（⇨60頁）が法律で定められている場合には，行政側は処分の際にその根拠事実や処分要件を示さなければならない。理由の差替えを無制限に認めると，この理由提示義務を実質的に空文化してしまうおそれがある。他方で差替えを全く認

めないとすると，取消判決が下された後に行政が理由を変更した上で同内容の処分をする可能性があり，**紛争の一回的解決**にならないという問題があるとされる。この点に関する現在の判例・学説の考え方のベースラインを示すと，以下の通りとなる（小早川・下Ⅱ 206 頁以下，大橋・Ⅱ 135 頁以下）。

　不利益処分の場合で理由の差替えが問題となるのは，複数存在する処分要件のどれか１つを満たせばよいという構造になっている場合に，処分時に行政が理由提示した要件と異なる要件を訴訟時に行政が主張できるかという局面である。一般に不利益処分は処分要件によってその争点が画されており，根拠規定の定め方によっては処分要件の異なる不利益処分はそもそも別個の処分と考えられることさえある（判Ⅱ76 最二小判 1967（昭和 42）・4・21 訟月 13 巻 8 号 985 頁）。このような構造の下では処分要件の差替えは認められない。他方で，同一の処分要件を基礎付ける事実のレベルの差替えについては，その確定が聴聞手続を経ていない場合には可能である（判百Ⅱ196 判Ⅱ79 CB 3-5 最三小判 1981（昭和 56）・7・14 民集 35 巻 5 号 901 頁）（⇨211 頁）。

　申請に対する処分の場合で理由の差替えが問題となるのは，複数存在する処分要件を全て満たせば申請認容処分が下せるという構造になっている場合に，処分時に行政が理由提示した要件不充足とは異なる理由が持ち出される場面である。申請に対する処分の場合には申請認容処分が下されるかどうかが紛争の焦点であり，行政による理由提示がなされた処分要件に限定されず全ての要件について裁判所の判断が示される方が紛争の一回的解決に資することから，原則として処分理由の差替えは処分要件・根拠事実の双方のレベルで可能である。もとより，理由提示義務を果たさない程度の理由提示しかなされていない場合には，そのことのみによって処分の取消がなされうる。しかしそのレベルを充足する理由提示がなされていれば，訴訟段階で行政が処分時とは別の処分要件・根拠事実を持ち出して申請拒否処分の適法性を主張することは許される（判百Ⅱ197 判Ⅰ83 CB 10-1 最二小判 1999（平成 11）・11・19 民集 53 巻 8 号 1862 頁［逗子市情報公開条例事件］）。他方，処分の実体的要件についての調査・判断をすることなく形式的な要件を満たさないことを理由に行政が拒否処分を行い，訴訟段階になって実体的要件に関する適法性の主張に差し替えることは許されない（判百Ⅱ198 判Ⅱ77 最三小判 1993（平成 5）・2・16 民集 47 巻 2 号 473 頁［和歌山労基署長事件］）。

■ 複雑な訴訟形態

　実際の訴訟においては，複数の原告が複数の被告行政側に対して複数の請求を立てていることが多い。このような複雑な訴訟形態に関して，行政事件訴訟法が特別なルールを設けている場合がある。
① 1つの訴えで複数の請求を立てる**複数請求訴訟**には，訴訟係属当初から複数の請求の審判を求める**訴えの客観的併合**と，訴訟係属中に原告が請求の内容を変更する**訴えの変更**がある。

　訴えの客観的併合に関する民事訴訟法のルールは，同種の訴訟手続であること（民事訴訟法136条），法律上の併合禁止がないこと，受訴裁判所が各請求の管轄権を持つことである。これに対して行政事件訴訟法は，公益性の高い取消訴訟の審理を促進することを目的に，取消訴訟との関係が深い**関連請求**に限定して取消訴訟への併合を認める特別なルールを設けている（行政事件訴訟法13条，16条）（遠藤・実定370頁）。そこで，処分の取消請求を含む訴えの客観的併合の場合には，民事訴訟法のルールは適用されないことになる（宇賀・Ⅱ223頁）。関連請求の代表例として，取消請求と同一の処分に対する国家賠償請求（同法13条1号）や処分取消請求と同処分の裁決に対する取消請求（同条3・4号）がある。関連請求に該当するかどうかは，請求の基礎となる社会的事実の一体性や各請求の関連の密接性によって判断される（判百Ⅱ193　判Ⅱ101 最三小決2005（平成17）・3・29民集59巻2号477頁）。

　訴えの変更のうち**請求の追加的併合**に関して行政事件訴訟法19条1項は，関連請求についてこれを認めている。また同条2項は，民事訴訟法143条による訴えの変更を許容している。訴えの変更は訴訟資料の引き継ぎを目的とする手続であり，民事訴訟法143条が定める要件は，請求の基礎の一体性，訴訟手続を著しく遅延させない，事実審の口頭弁論終結前の3つである。さらに行政事件訴訟法19条1項が異種の訴訟手続（行政事件と民事事件は異種の手続である）にまたがるものを関連請求という一定の要件に該当するものに限定して認めていることの反対解釈として，同条2項による訴えの変更は同種の訴訟手続でなければ利用できないとされている。具体的に言えば，同じ行政事件に属する取消訴訟から当事者訴訟への変更は19条2項で可能となるのに対して，取消訴訟から民事事件に属する国家賠償訴訟に変更するのは

2項では不可能である（1項の関連請求を使って追加的併合した上で取消請求について原告が訴えの取下げを行うことは可能である）。一方，取消訴訟から国家賠償訴訟への訴えの変更を容易に行えるようにする規定が行政事件訴訟法21条で設けられている。この手続を用いると，裁判所が変更を認めさえすれば被告行政側の同意が不要（民事訴訟法261条2項により，訴えの取下げの際，相手方が本案について訴訟行為を行っている場合には相手方の同意が必要になる）になる点で原告に有利である（大橋・Ⅱ 152頁）。

② 複数の当事者が1つの訴訟手続に参加する多数当事者訴訟のうち代表的なものが共同訴訟と訴訟参加である。

訴えの提起の段階から1つの訴訟手続に数人の原告または被告が関与している訴訟形態を**共同訴訟**という。民事訴訟においては，それぞれの当事者が独立に訴訟行為を行うことができ，証拠のみ共通に取り扱われる**共同訴訟人独立の原則**が妥当する**通常共同訴訟**（民事訴訟法39条）と，判決内容の合一確定の要請からこの原則が適用されない**必要的共同訴訟**（同法40条）の区別がある。この民事訴訟のルールは取消訴訟には適用がなく，取消訴訟においては関連請求（行政事件訴訟法13条5号）に限って共同訴訟が可能である（同法17条1項）（大橋・Ⅱ 145頁）。

訴訟参加はすでに存在している訴訟手続に対してそれまで当事者でなかった人が加わるもので，当事者として参加する**独立当事者参加・共同訴訟参加**と，当事者を助けるために参加する**補助参加**とがある。このうち補助参加は，当事者を助力し，その結果として自己の権利利益を守る参加形態で，参加するためには「訴訟の結果について利害関係を有する」（民事訴訟法42条）ことが必要である。補助参加の意味は，敗訴判決の効力（**参加的効力**）を補助参加人にも及ぼすことができるところにある（同法46条）。参加手続は訴訟に関わりたい人が訴訟に加わるというしくみであるのに対し，逆に当事者側がある人を訴訟に引き込みたいという場合に用いるのが**訴訟告知**である（同法53条）。訴訟告知は第三者に対して訴訟参加の機会を与える一方で，参加するかどうかは第三者の判断に任される。ただし，たとえ参加しなくても，判決の結果により参加的効力が及ぼされる。この民事訴訟法の補助参加の規定は取消訴訟の場合にも適用される。行政事件訴訟法はこれに加えて次の2つの訴訟参加を定めている（宇賀・Ⅱ 228頁）。

第1は，**第三者の訴訟参加**（行政事件訴訟法22条）である。これは，収用裁決取消訴訟における起業者のように，取消判決の結果により自己の権利が侵害される第三者（⇨123頁）を訴訟に参加させる手続であり，このような第三者が自己の責めに帰すことのできない理由で訴訟参加できなかった場合には，判決後に**第三者再審の訴え**（同法34条）を提起することができる。参加は当事者・第三者による申立てまたは裁判所の職権により決定をもってなされ，この決定に対する即時抗告はできない。参加人の地位は必要的共同訴訟の共同訴訟人に準じる（同法22条4項）。第2は，**行政庁の訴訟参加**（同法23条）である。これは，処分に関与した行政庁を参加させて訴訟資料を豊かにする目的の手続で，機能的には釈明処分の特則に類似する。行政庁は被告行政側への参加のみが可能であり，参加人の地位は補助参加人に準じる（同条3項）。

■ 取消訴訟の終了

　取消訴訟が判決によって終了する場合には，訴訟要件を充足しない**訴え却下判決**，訴訟要件を充足するものの請求に理由がないとする**請求棄却判決**，請求に理由があるので処分を取り消すとする**請求認容（取消）判決**の3種類が基本である。取消訴訟に特徴的な判決の種類が**事情判決**である。例えば土地収用対象事業の公益性を認定する事業認定が違法であるとしても，その後工事が進行し，ダムなどの大規模公共施設が完成してしまった場合には，事業認定を取り消して原状回復させる社会的なコストが莫大なものとなってしまう。このような場合には裁判所は，判決主文で処分の違法を宣言した上で請求を棄却する判決を下すことができる（行政事件訴訟法31条1項）。これは，国家賠償（損失補償）による救済につなげるために用いられる。

　取消判決は**形成判決**とされる。このため判決の効力として，既判力と形成力（第三者効）が認められるほか，行政事件訴訟法は拘束力という効力を法定している。

① 終局判決の確定後，当事者が訴訟物に関する判断を争うことを不可能にする判決の効力を**既判力**という。その目的は紛争の蒸し返しの防止であり，その性質は後訴裁判所に対する前訴判決の訴訟法上の拘束力であると理解されている。形成判決にも既判力があるとするのが現在の民事訴訟法学の理解

であり，取消判決にも既判力が認められる。**既判力の時的限界**について民事訴訟においては，事実審の口頭弁論終結時（判決時）を基準とするのが一般的な理解である。これに対して，取消訴訟において類似の議論が展開される違法判断の基準時に関しては，判決時ではなく**処分時**とするのが判例・通説である。これは，取消訴訟が行政処分の事後審査としての性格を持つことに由来する。ただし，**瑕疵の治癒**によって判決時までの事情が考慮されることはあり得る。また科学的知見に関する判断の基準時は，現在の科学水準とするのが判例（伊方原発訴訟最高裁判決⇨376頁）の立場である。**既判力の客観的範囲**については，主文に包含される内容のみとするのが民事訴訟のルールである（民事訴訟法114条1項）。つまり，判決理由中の判断には既判力が認められない。取消訴訟についてもこれと同様であり，判決主文＝訴訟物＝**処分の違法性一般**に対して既判力が認められるとされる。この結果，取消判決が下されていれば，これに後続する国家賠償訴訟において，当該処分が違法なものであったことが否定できなくなる（より詳細には，芝池・救済法242頁）。**既判力の主観的範囲**については，当事者及び承継人等のみに及ぶとするのが民事訴訟の一般ルールである。ただし立法者が個別に法律で（例：人事訴訟法24条）既判力の効力を第三者に拡張することもできる（**第三者効・対世効**）。取消訴訟についてはこの問題は通常，次で説明する形成力の第三者効として議論されている（藤田・Ⅰ 454頁，大橋・Ⅱ 161頁）。

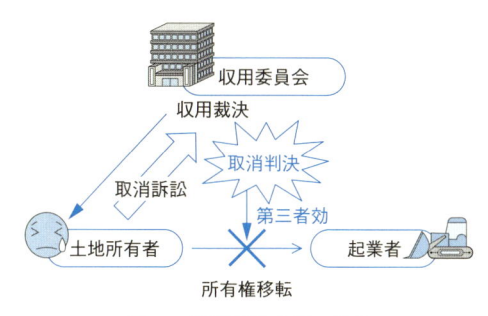

図14 取消判決の第三者効

② 形成原因の存在が既判力で確定すると，判決の形成宣言により実体的権利義務関係が変動する。判決のこの効力を**形成力**という。取消判決は行政に対して処分の取消を命ずるのではなく（この点が義務付け判決との大きな違いで

ある),判決そのものの効力として遡及的に処分が消滅する。既判力が訴訟法上の効力とされるのに対し,形成力は実体法上の効力である。行政事件訴訟法32条1項は「処分又は裁決を取り消す判決は,第三者に対しても効力を有する」と規定している。この「第三者」がどこまでを指すかについては明確な規定はない。図14の収用裁決取消訴訟における起業者のように,原告と反対利害関係にある第三者に効力が及ぼされることには争いがない。これに対して,公共料金の値上げ認可の取消訴訟をある消費者が提起した場合のその他の消費者のように,原告と共通利害関係にある第三者にもこの効力が及ぼされるのかには争いがある(絶対効説として塩野・Ⅱ184頁,処分が可分の場合のみ相対効説に立つものとして芝池・救済法99頁,相対効説として小早川・下Ⅱ219頁)(⇨文献⑥)。

③ 行政庁(関係行政庁を含む)が取消判決の趣旨に従って行動する義務を生じさせる判決の効力を**拘束力**という(行政事件訴訟法33条1項)。既判力が裁判所(特に後訴裁判所)を名宛人とする訴訟法上の効力を持つのに対して,拘束力は行政庁を名宛人とする実体法的効力を持つ。拘束力は既判力と異なり,判決主文を導くのに必要な理由中の判断(事実認定・法律判断)から生じる(大橋・Ⅱ167頁)。拘束力の内容として法律上明確に規定しているのは,申請拒否処分の取消判決や手続上の違法を理由とする申請認容処分の取消判決の際に,判決の趣旨に従って行政に審査や手続をやり直させることである(同条2項・3項)。この**再審査義務**のほかに拘束力の内容として議論されるものとして,不整合処分の取消義務と反復禁止効がある。**不整合処分の取消義務**とは,取消判決の趣旨に整合しない関連処分を行政が職権で取り消す義務のことであり,典型的な場面として[1]連続する処分のうち先行処分が取り消された際にその判決の拘束力によって後続の処分の職権取消義務が生じる[2]連続する処分において違法性の承継が認められる場合に,先行処分の違法を理由に後続処分が取り消されれば先行処分の職権取消義務が生じる,の2つが挙げられる(大橋・Ⅱ171頁)。しかし[1]については先行処分が取り消されればこれを基盤として成立していた後続処分は無効になるから,敢えて職権取消しなくても処分の効力が失われること,また[2]については後続処分が取り消されれば行政過程は進行しないので,先行処分を職権取消しなくても救済の目的は達成されるとの批判が示されている(塩野・Ⅱ

188頁)。そこで不整合処分の取消義務を語る意味があるのは，こうした直線的な処分の連続ではない場面（例：判Ⅱ 107 最一小決1999(平成11)・1・11判時1675号61頁［町議会議員の除名処分取消と繰り上げ補充による当選決定処分撤回義務］）に限られると思われる。また，**反復禁止効**とは訴訟により取り消されたのと同一理由に基づく同一内容の処分が行政により反復されることを禁止する効力であり，これを拘束力で説明する立場と既判力で説明する立場とがある。既判力説では同一事情の下での同種処分までも反復禁止効が及ぶと説明できる（塩野・Ⅱ192頁）のに対し，拘束力説では別理由に基づく同種処分の反復は可能となる点が異なる（大浜・裁判法216頁）（ある種の一事不再理や訴訟法上の信義則を用いてこの種の反復を封じる見解（小早川・下Ⅱ224頁，芝池・救済法102頁，大橋・Ⅱ171頁）もある）。

4 さまざまな行政訴訟

■ 出訴期間経過後の訴訟

　取消訴訟には6ヶ月の出訴期間制限が設けられており，この期間を経過すると原則として取消訴訟の提起ができなくなる。しかし処分の違法の程度が重大（かつそのことが外観上一見して明白）である場合（⇨62頁）には，処分の違法を別の訴訟類型によって争うことができる。その1つが処分の**無効確認訴訟**である。無効確認訴訟は行政庁の処分に対する不服という構造を取る点で取消訴訟と同じである。しかし処分が無効であればそもそも排他的管轄は働かず，また過去の事実（処分の無効）を確認するよりもこれを前提に現在の権利義務関係を対象とする方が直截であると考えられたため，行政事件訴訟法では処分の無効を前提とする現在の法律関係による争いが原則として処分の無効確認訴訟に優先して選択されるべきこととされている（同法36条）。現在の法律関係に関する訴えには，公法上の権利義務関係に関する**公法上の当事者訴訟**と，民事訴訟の中で処分の無効が争点となる**争点訴訟**がある。
① **処分の無効確認訴訟**には**予防訴訟**と**補充訴訟**の2種類がある。予防訴訟は，処分が連続する場合（例：課税処分→滞納処分（⇨208頁））に，後続するまだ発令されていない処分を予防するために，出訴期間が経過した先行処分

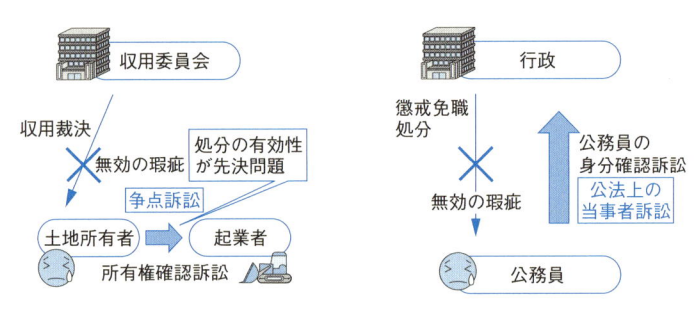

図15 現在の法律関係に関する訴え（争点訴訟・公法上の当事者訴訟）

に対する無効確認訴訟を提起するものである。この場合には次の補充訴訟の際に必要な，現在の法律関係に関する訴えによって目的を達することができるかどうかを考慮することなく，無効確認訴訟の訴えの利益が肯定される（判Ⅱ65 最三小判1976(昭和51)・4・27民集30巻3号384頁）。これに対して補充訴訟は予防訴訟のような処分の連続の構造にない場合に用いられるものであり，これを利用する際には現在の法律関係に関する訴えでは目的を達することができないという条件を満たす必要がある。土地改良法の換地処分の無効確認訴訟の訴えの利益に関して最高裁（判百Ⅱ186 判Ⅱ66 最二小判1987(昭和62)・4・17民集41巻3号286頁）は，紛争の中心にある照応原則違反（⇨486頁）を問うには換地処分の無効を前提とする所有権確認訴訟や所有権に基づく土地の返還請求訴訟（争点訴訟）ではなく，換地処分の無効確認訴訟を用いる方が**直截的で適切**であるとして，無効確認訴訟の訴えの利益を肯定した。また，原子炉設置許可の無効確認訴訟であるもんじゅ訴訟最高裁判決（⇨111, 374頁）において最高裁は，人格権に基づく民事差止訴訟は現在の法律関係に関する訴えには当たらないとしている。無効確認訴訟の訴訟審理の方法は取消訴訟の場合とほぼ同じである。判決効に関しては，確認判決であるため第三者効の準用がなく，そのため第三者再審の訴えの準用がない。また処分が無効であることから事情判決の準用もない。

② 処分の無効を前提とする公法上の当事者訴訟の典型例は，公務員の懲戒免職処分の無効を前提に公務員としての身分を確認する訴訟である。この場合には実質的当事者訴訟と同じ訴訟審理がなされ，判決効も同じである。処分の無効が先決問題となっている民事訴訟である争点訴訟の代表例は，収用裁決の無効を前提として土地所有者が起業者に対して所有権の確認を求める

訴訟である。審理方法の特色として，裁判所が処分庁に通知を行い処分庁に補助参加を促すしくみがある（行政事件訴訟法 45 条）。争点訴訟の判決主文には処分の有効・無効の判断は示されないので，この点に関する既判力は発生しない。また当事者訴訟と異なり行政が訴訟の当事者ではないため，拘束力も準用されていない。

■ 申請拒否に対する訴訟

2004 年の行政事件訴訟法改正以前は，申請に対する処分への救済手段は不十分な状態にあった。申請に対して行政側の応答がない場合には，何らかの応答を求める**不作為の違法確認訴訟**を提起し，拒否処分が出された場合にはその**取消訴訟**を提起して取消判決の理由中に示される判決の趣旨に従って行政に再審査を求める（**取消判決の拘束力**）ことで救済を図ろうとしていた。このような迂遠な救済方法が採用されていた理由は，裁判所が行政の判断を待たずに処分の義務付けを行うことは，**行政の第一次的判断権**を侵害するという理解が存在したからである（田中・上 310 頁）。しかし 2004 年の法改正で，端的に申請認容処分を求める**義務付け訴訟**（**申請型義務付け訴訟**）が法定化されている。ただし，この訴訟を提起するためには，処分以前であれば不作為の違法確認訴訟との，拒否処分後であれば取消訴訟（出訴期間経過後は無効確認訴訟）との**併合提起**が必要となる。

① 申請に対する応答がないことの違法を裁判所に確認してもらうことで早期の行政の応答を要求する**不作為の違法確認訴訟**を利用するためには，**申請権**（行政に**応答義務**が認められる）が私人に認められかつ現実に申請していること，申請に対する応答がないこと（応答がされればその段階で狭義の訴えの利益が失われる）が必要である（行政事件訴訟法 37 条）。また勝訴要件として，申請後相当の期間が経過していることが必要である（同法 3 条 5 項）。その判断の際には行政手続法の**標準処理期間**を経過したかどうかが考慮要素となる（宇賀・Ⅱ 321，432 頁）。違法判断の基準時は**判決時**である。

② 一定の処分の発令を求める義務付け訴訟には申請型と直接型（非申請型）の区別がある（同法 3 条 6 項）。法律で**申請権**が規定されている場合には申請型，そうでなければ（職権利益処分の場合も含めて）直接型（⇨128 頁）が用いられる。申請型義務付け訴訟の訴訟要件は，対象行為の処分性・処分の一定

程度の特定性，法令に基づく申請権の存在，現実の申請に加え，併合提起が義務付けられている不作為の違法確認訴訟・取消訴訟・無効確認訴訟の訴訟要件も満たされる必要がある。義務付け訴訟に関してはさらに**本案勝訴要件**も法律で規定されている。申請型の場合には，併合提起されている訴訟について理由があること，処分すべきことが根拠条文から明らかであるか，処分しないことが裁量権の逸脱・濫用にあたること（**処分の覊束性**）の2つである（同法37条の3第5項）。申請型義務付け訴訟とこれに併合されている訴訟とは分離せずに審理される（同条4項）。ただし，紛争解決の観点から取消判決等を先に出す方が適切と裁判所が考える場合には，取消判決等を先に出した上で義務付け訴訟の手続を中止することができる（同条6項）。これは義務付けるべき処分が一定の範囲に収まらない場合などに，取消判決の理由中に裁判所の判断を示した上で行政過程に問題解決を投げ返し，判決の趣旨に従った判断を行政が行うかどうかを見極めるものである（神橋245頁）。義務付け判決には**既判力**と**拘束力**は認められるものの執行力はなく，また処分をすることを行政に命ずるのであって判決自体が処分になるわけではない。判決の第三者効は認められていないので，第三者に効力を及ぼすためには**訴訟参加・訴訟告知**を利用する必要がある。既判力の時的限界は**判決時**（事実審の口頭弁論終結時）であり，併合されている取消訴訟が処分時とされるのと異なる点に注意が必要である（大橋・Ⅱ125頁）。

■ 処分前における訴訟

行政処分が出される前に利用可能な訴訟類型として代表的なものは，処分の発令を求める**義務付け訴訟**と，処分が発令されないように求める**差止訴訟**である。このほか，処分をする・しない義務が存在することを確認する訴訟（**法定外抗告訴訟**）や処分の先決問題としての性格を持つ権利・義務の存在・不存在を確認する訴訟（**当事者訴訟**）（⇨131頁）も利用できることがある。
① まだ出されていない行政処分を求める場合，法令上の申請権が認められていれば申請を行い，もし拒否処分が出ればその取消訴訟と申請型義務付け訴訟を併合提起することになる。これに対して法令上の申請権が認められていない場合（不利益処分を第三者が求める場合のほか，自己に対する職権利益処分を求める場合も含まれる）には**直接型（非申請型）義務付け訴訟**を提起すること

となる。その訴訟要件として、対象となる行為の処分性・一定程度の特定性、原告適格に加え、**重大性要件**と**補充性要件**がある（行政事件訴訟法37条の2）。**重大性要件**とは、一定の処分がされないことにより重大な損害を生ずるおそれがあることであり、例えば処分がされないことによって生命や健康に重大な危険が及ぶおそれがあれば、この要件が満たされうる。また**補充性要件**とは、その損害を避けるために他に適当な方法がないことを意味し、民事訴訟はここに含まれないとされる（⇨144頁）。具体的には租税法における更正の請求（⇨200頁）のように行政過程に特別の手続が用意されている場合には、義務付け訴訟の提起ではなくこの手続が選択されねばならない。直接型義務付け訴訟の審理・判決効は申請型と基本的に同じである（ただし申請型のような併合提起のルールはなく、処分が出される前なので釈明処分の特則の準用もない）。

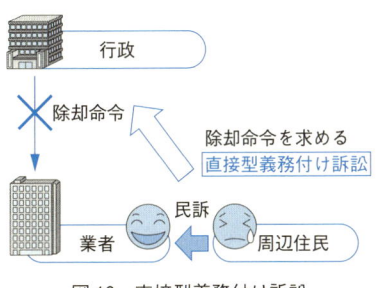

図16 直接型義務付け訴訟

② まだ出されていない行政処分を止める場合、**差止訴訟**が用いられる。差止訴訟の訴訟要件にも、一定の処分・原告適格・処分発令前（狭義の訴えの利益）のほか、重大性要件と補充性要件が含まれている（同法37条の4）。このうち**重大性要件**については、差止訴訟がまだ出されていない行政処分を事前に止めるものであることから、差し止めたい処分が出された後にその処分の取消訴訟を提起した上で**執行停止**（⇨135頁）をすることでは間に合わないような損害である必要がある（判百Ⅱ214 判Ⅱ59 最一小判2012（平成24）・2・9民集66巻2号183頁［君が代訴訟］）。例えば名誉・信用に関する利益や、処分が短期間に反復継続し不利益が累積加重するような場合には、この要件の充足が認められ得る。また**補充性要件**については、提起したい差止訴訟と共

通の争点について，当該差止訴訟と少なくとも同程度の実効的な救済を実現できる他の訴訟（例：差し止めたい処分に先行する処分の取消訴訟）があるかどうかも問題となりうる（前掲・君が代訴訟）。差止訴訟の本案勝訴要件は**処分の羈束性**（処分すべきでないことが根拠条文から明らかであるか，又は処分することが裁量権の逸脱・濫用に当たる）である。差止訴訟の審理・判決効は直接型義務付け訴訟の場合と同じである。

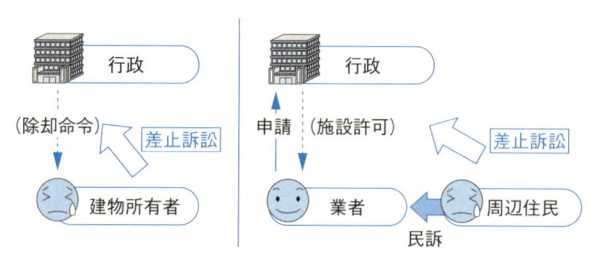

図 17　差止訴訟

③ 直接型義務付け訴訟や差止訴訟を提起するためには，対象となる処分の内容が一定程度特定されていることが必要になる。裁量が認められる処分の場合など，こうした特定性を満たすことが難しい場合には，処分をする・しない義務の確認訴訟（**処分義務確認訴訟**）という請求の立て方が考えられる。確認を求める義務の対象が端的に処分の発令に関するものであれば，この訴訟は**法定外抗告訴訟**（無名抗告訴訟）と見ることができる。その許容性につき最高裁（前掲・君が代訴訟）は，法定抗告訴訟との関係での**補充性**を要求し，直接型義務付け訴訟や差止訴訟が適法に提起できる場合にはこのような訴訟は不適法であるとしている。そこで，法定抗告訴訟による対応をまずは検討し，処分の一定程度の特定性との関係でその訴訟要件を満たすのが困難な場合には，法定外抗告訴訟としての処分義務確認訴訟が選択されうる（そのような例として 465 頁［国立マンション訴訟市村判決］）。

■ 当事者訴訟

当事者訴訟は権利義務関係を争いの基本的な対象とする訴訟類型であり，大きく形式的当事者訴訟と実質的当事者訴訟に分けられる。
① **形式的当事者訴訟**は，当事者の権利義務関係に関する争いを行政が裁

決・審決という形で判断する**当事者争訟**に不服がある場合に用いられる救済手続であり，個別の法令の規定に基づいてのみ利用可能である（行政事件訴訟法4条前段）。行政処分が存在するにもかかわらずその紛争の実質に鑑み，法律で当事者訴訟が選択されているために「形式的」という表現が用いられている。代表的な例は，土地収用法の収用裁決の補償額をめぐる不服の際に用いられるものである（⇨100頁）。

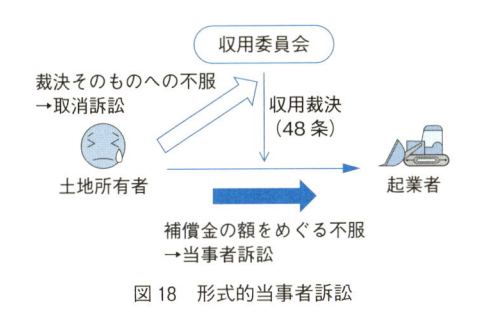

図18　形式的当事者訴訟

② **実質的当事者訴訟**は，公法上の法律関係に関する訴訟であり（同条後段），処分の無効を前提に公法上の現在の法律関係を争う訴訟（⇨126頁）もここに含まれる。このうち**給付訴訟**は，公務員俸給請求・損失補償請求・医療保険給付など，行政処分が介在せずに請求権が発生する場合に適合的な訴訟類型である（神橋284頁）。また**確認訴訟**は，法律・条例に基づく義務の存否や，処分以外の多様な行為形式をめぐる紛争の受け皿（これらを法定外抗告訴訟と整理する見解として，芝池・救済法21頁）として2004年の行政事件訴訟法改正の際に活用が促された。この両者に共通する訴訟要件として，紛争の争点になっている行政活動に処分性がないこと（処分性があれば抗告訴訟が用いられる），権利義務関係が「公法上」のものであること（そうでなければ民事訴訟が用いられる）の2つが挙げられる。ここで公法上とは，行政に法令で与えられた権限が関係しているという意味である（小早川・下Ⅲ337頁）。さらに，給付訴訟であれば実体法上の給付請求権の存在（基本的には本案の問題である），確認訴訟であれば**確認の利益**の存在が必要である（⇨文献⑦）。

確認の利益の充足のためには，対象選択の適否・即時確定の利益（紛争の成熟性）・方法選択の適否の3つの要件を満たさねばならない（大橋・Ⅱ233頁）。**対象選択の適否**とは，実効的な権利救済の観点から確認の対象が適切

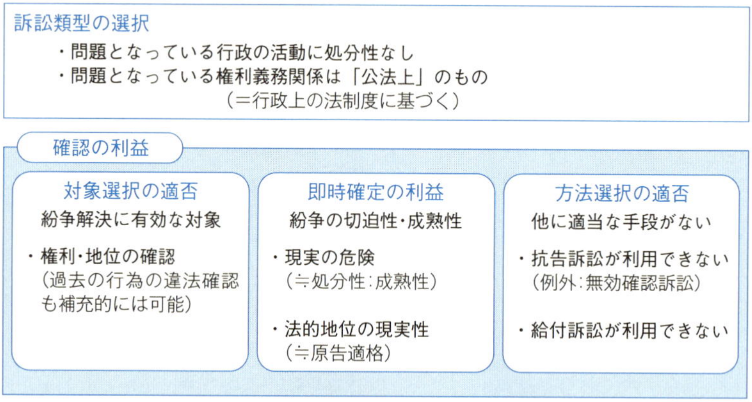

```
訴訟類型の選択
・問題となっている行政の活動に処分性なし
・問題となっている権利義務関係は「公法上」のもの
            （＝行政上の法制度に基づく）

確認の利益

  対象選択の適否              即時確定の利益              方法選択の適否
  紛争解決に有効な対象        紛争の切迫性・成熟性        他に適当な手段がない

  ・権利・地位の確認          ・現実の危険                ・抗告訴訟が利用できない
   （過去の行為の違法確認      （≒処分性：成熟性）         （例外：無効確認訴訟）
    も補充的には可能）
                              ・法的地位の現実性          ・給付訴訟が利用できない
                               （≒原告適格）
```

図19　確認訴訟（当事者訴訟）の訴訟要件

に選択されているかという問題である。この観点からは，現在の法律関係の確認（例：用途地域指定に伴う建築制限を負わないことの確認）の方が過去の事実の違法確認（例：用途地域指定の違法確認）に優先する。在外邦人選挙権訴訟最高裁判決（判百Ⅱ215　判Ⅱ4　CB 16-7　最大判2005（平成17)・9・14民集59巻7号2087頁）では，紛争の直接かつ抜本的解決の観点から，直近において実施される国政選挙において選挙権を行使する権利があることの確認が対象選択として適切であると判断している。ただし多数当事者が関与している紛争事例や，現在の法律関係への引き直しが困難な場合には，行為の違法確認の方が適切である場合も考えられる。その際には，紛争解決のための争訟形態として有効・適切と言えるのはどちらなのかを事例に応じて検討する必要がある。**即時確定の利益**（紛争の成熟性）とは，その時点において救済を与える必要があるかという問題である（芝池・救済法171頁）。確認訴訟に早期段階での権利救済機能が期待されていることからすれば，この要件は，抗告訴訟における処分性の一要素としての成熟性よりも緩やかに解されるべきである。最高裁は君が代訴訟（⇨129頁）において，この要件の判断と差止訴訟における重大性要件の判断とをパラレルに提示している。ただし，このような判断方法は事案の特殊性に応じたものであって，一般的には不利益を受ける**現実の危険**があるかどうかという観点から同要件の存否が判断されるべきであろう。**方法選択の適否**とは，抗告訴訟や救済の実効性の観点からより有利と考えられる給付訴訟・形成訴訟が利用可能かどうかの問題である（他の訴訟

第2章 行政救済論 133

訴訟類型		訴訟要件	本案審理対象	審理方法	判決効
抗告訴訟	取消訴訟	原告適格 狭義の訴えの利益 出訴期間 （不服申立前置）	処分の違法性	職権証拠調べ 釈明処分の特則 第三者の訴訟参加 行政庁の訴訟参加	既判力 形成力 （第三者効） 拘束力
	無効等確認訴訟	訴えの利益 （予防訴訟・補充訴訟）	処分の無効の瑕疵		既判力 拘束力
	不作為の違法確認訴訟	原告適格 （現実の申請）	相当の期間の経過	職権証拠調べ 第三者の訴訟参加 行政庁の訴訟参加	
	申請型義務付け訴訟	処分性 申請に対する無応答・違法な拒否 原告適格 （現実の申請） 併合提起	拒否処分取消請求等に理由がある 処分の覊束性		
	直接型義務付け訴訟	重大性 補充性 原告適格	処分の覊束性		
	差止訴訟	処分の蓋然性 重大性（積極要件） 補充性（消極要件） 原告適格	処分の覊束性		
当事者訴訟	処分の無効を前提とする訴訟	処分の無効を前提とする公法上の法律関係に関する請求	処分の無効の瑕疵	職権証拠調べ 釈明処分の特則 行政庁の訴訟参加	
	確認訴訟	確認の利益	権利義務の存否 過去の事実（行政による決定）の違法	職権証拠調べ 行政庁の訴訟参加	
	給付訴訟	給付請求権者	給付請求権の存否		既判力 拘束力 執行力
争点訴訟（民事訴訟）		処分の無効を前提とする私法上の法律関係に関する請求	処分の無効の瑕疵	職権証拠調べ 釈明処分の特則 行政庁の訴訟参加	既判力など

図20 訴訟類型のまとめ

類型に対する**補充性**)。例えば,保険診療の対象となるかどうかをめぐる厚生労働省の解釈が争点となった事例において最高裁は,保険者に対する保険給付請求権に基づく給付訴訟ではなく,ある療法が保険診療の対象となることの確認を国に求める確認訴訟を結論として是認している(⇨312頁)。抗告訴訟との関係では,争点を共通にする義務付け訴訟・差止訴訟の提起が可能であればこれらが優先される。ただし処分の無効が争点となる場合には,行政事件訴訟法36条の規定により優先関係が逆転し,補充訴訟の場合には現在の法律関係に関する訴えである当事者訴訟が優先されることになる。

5 仮の権利救済

■ 仮の権利救済の意義

権利利益の救済を求めて訴訟を提起しても,それが確定するまでには時間がかかる。その間の不利益を回避するために設けられているのが**仮の権利救済**である。民事法における仮の権利救済(**民事保全**)との違いは3点にまとめられる。第1は,行政処分の内容実現に有利な構造の存在である。行政法においては,行政処分が相手方に到達すると即時に発効し,訴訟を提起してもその執行が止まらない**執行不停止原則**が一般にとられている。そして行政処分の内容が執行されると狭義の訴えの利益が消滅することが多い(⇨113頁)。さらに,処分関連の事件については民事保全法の**仮処分**が一般的に排除(行政事件訴訟法44条)されている。加えて,裁判所が仮の権利救済を認める決定をしても,行政側が最終的にこれを覆す手段として**内閣総理大臣の異議**の制度(同法27条)が設けられている。第2は,保全訴訟が独立している民事手続と異なり,行政法上の仮の権利救済には**本案係属要件**があることである。この結果として,本案訴訟と仮の権利救済の対応関係は決まっている。具体的に言えば,取消訴訟+執行停止,差止訴訟+仮の差止め,義務付け訴訟+仮の義務付けであり,さらに(処分の無効を争点に含まない)当事者訴訟+仮処分の組み合わせも存在する。第3は,判決確定までの原告の不利益と処分の実現によりもたらされる公益との比較衡量の構造になっていることである。執行停止・仮の差止め・仮の義務付けの認められる実体要件はい

ずれも，判決確定までの申立人の損害の大きさと損害回避の必要性，本案判決における原告勝訴の見込み，仮の権利救済が認められた場合の公共の福祉への影響の3つである。

■ 執行停止

　執行停止は，処分の執行を止めることで原告に不利な事実状態が展開することを防止する仮の権利救済制度である。行政事件訴訟法25条2項は3種類の執行停止を定めている（行政不服審査法34条2項は，上級行政庁が審査庁になる場合に限り，これら以外の「その他の措置」をとることも認めている）。第1は**処分の効力の停止**（例：営業停止命令の効力の停止→適法な営業が可能）であり，執行停止の内容として最も強力であるが故に，他の執行停止が使えない場合にのみ利用可能である。第2は**処分の執行の停止**（例：除却命令の執行停止→代執行の停止）であり，義務賦課を内容とする処分に後続する義務履行強制がある場合に用いられる。第3は**手続の続行の停止**（例：事業認定の執行停止→収用裁決手続の停止）であり，処分が連続するような行政過程で用いられる。執行停止は将来効しかなく，過去には遡及しない。取消判決の効力のうち第三者効の規定は執行停止の決定にも準用されている。しかし拘束力のうち，申請拒否処分・手続違反を理由とする認容処分の際の行政の再審査義務については準用がない（このため申請拒否処分に対する執行停止は申立人に対して十分な権利救済をもたらさない）。

　執行停止の要件は手続要件と実体要件に分けられる。手続要件として，本案（取消訴訟）の適法な係属が必要である（行政事件訴訟法25条2項）。訴訟係属以前の執行停止の申立てや，本案訴訟の訴訟要件が欠如している場合には，執行停止は利用できない。実体要件のうち疎明責任が申立人にある積極要件は，**重大な損害**を避けるため緊急の必要があるとき（同条2項）である。重大な損害の解釈に当たっては損害の回復の程度や性質などが考慮される（同条3項）。2004年の行政事件訴訟法改正以前は「回復困難な損害」という言葉が用いられ，これが金銭賠償可能な損害を排除する趣旨と考えられていたため，執行停止が認められる局面が限定されていた。そこで改正法ではこれを「重大な損害」と改めた上で，解釈規定を追加した。そこで現行法の下では，（事後的な金銭賠償が不可能ではないと従来考えられていた）社会的信用や

信頼関係の低下も執行停止の積極要件を基礎付け得る（判百Ⅱ206 判Ⅱ104 CB 17-7 最三小決2007（平成19）・12・18 判時1994号21頁［弁護士会の懲戒処分の執行停止］）。実体要件のうち疎明責任が行政側にある消極要件は「公共の福祉に重大な影響をおよぼすおそれ」「本案について理由がないとみえる」（同条4項）である。原告勝訴判決が出された後に上訴されている段階では本案について理由がないとはみえないため，執行停止が認められる可能性が高くなる（東京高決2009（平成21）・2・6 判例自治327号81頁［たぬきの森事件・執行停止］）。積極要件と消極要件は相関的に判断されうる（塩野・Ⅱ207頁）。

　執行停止は取消訴訟に対応する仮の権利救済制度であり，処分の**無効確認訴訟**にも準用される。しかし，同じ処分の無効を争点とする訴訟でも当事者訴訟と争点訴訟へは準用がない。これらについては仮処分の排除も妥当するため，このままでは仮の権利救済が存在しないことになってしまう。そこで，仮の権利救済が必要な事情がある場合には行政事件訴訟法36条にいう「現在の法律関係に関する訴えによって目的を達することができない」場合に該当すると考えて無効確認訴訟の提起を認めた上で，執行停止により対応するなどの解釈論が考えられる（小早川・下Ⅲ293頁）。

■ 仮の差止め・仮の義務付け

　処分が出される前に処分の発令を防止する仮の権利救済制度が**仮の差止め**である（行政事件訴訟法37条の5第2項）。仮の差止めの手続要件は本案（差止訴訟）の適法な係属である。実体要件のうち疎明責任が申立人にある積極要件は，**償うことのできない損害**を避けるため緊急の必要があること，本案について理由があるとみえることである。執行停止と比較すると，損害の重大性の程度としてより強度なものが要求されていること，本案勝訴の可能性について申立人が疎明しなければならないことが異なっている。償うことのできない損害に含まれる例として，児童・生徒の教育・発達に関する利益や選挙権の行使を挙げることができる。実体要件のうち疎明責任が行政側にある消極要件は「公共の福祉に重大な影響を及ぼすおそれ」である。

　義務付け判決が確定する前に一定の処分の発令を行政に対して義務付け，仮の地位を創設する仮の権利救済制度が**仮の義務付け**である（同法37条の5第1項）。仮の義務付けの決定も義務付け判決と同様に，裁判所の決定が行

政処分となるのではなく，決定を受けて行政が通常通り処分を行う手続が必要となる。仮の義務付けの要件は仮の差止めと同じである。つまり，手続要件として本案（義務付け訴訟）の適法な係属，実体要件のうち積極要件は，**償うことのできない損害**を避けるため緊急の必要があること，本案について理由があるとみえることであり，消極要件は「公共の福祉に重大な影響を及ぼすおそれ」である。償うことのできない損害には金銭賠償不可能な損害に加え，金銭賠償のみによって損害を甘受させることが社会通念上著しく不相当な損害を含む（判Ⅱ108 岡山地決 2007（平成 19）・10・15 判時 1994 号 26 頁）。

6　客観訴訟——住民訴訟を中心として

自己の権利・利益の救済を求めるのではなく，公益の実現を直接的に求める訴訟を**客観訴訟**という。ここには**機関訴訟**と**民衆訴訟**が含まれており，なかでも民衆訴訟に属する**住民訴訟**は広く利用されている。住民訴訟は地方公共団体の住民であれば誰でも利用でき，その対象は**財務会計行為**である。

住民訴訟は 4 種類から構成される（地方自治法 242 条の 2 第 1 項）。同項 1 号は行為の差止め（例：公金支出の差止め）を，2 号は行政処分たる当該行為の取消・無効確認（例：行政財産の目的外使用の取消）を，3 号は怠る事実の違法確認（例：税金の徴収を怠ることの違法確認）を，4 号は損害賠償・不当利得返還請求の義務付け（例：違法支出の返還請求の義務付け）を規定している。この中では 4 号請求が最もよく利用され，続いて 3 号請求が利用されている。

4 号請求はもともと，違法な支出の結果として地方公共団体が保有する損

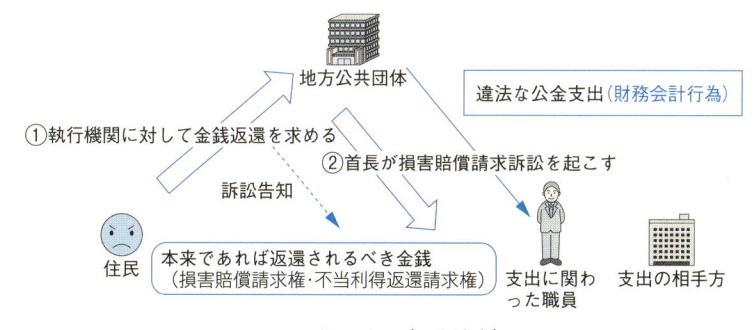

図 21　住民訴訟（4 号請求）

害賠償請求権・不当利得返還請求権を住民が地方公共団体に代わって行使する（**代位行使**）ものとして組み立てられていた。しかし 2002 年の地方自治法改正によって，住民が地方公共団体の執行機関・職員に対して損害賠償請求権等の行使を求める第 1 段階の訴訟と，その勝訴判決後に首長等が支出に関わった職員に対して損害賠償請求訴訟を起こす第 2 段階の訴訟とに分けられた。これは第 1 段階の訴訟において，支出に関わった職員が個人として訴訟活動をするのではなく，地方公共団体が組織として当該支出の正当性を訴訟の場で説明するために加えられた変更であるとされる。しかし，訴訟を 2 段階にした結果，第 1 段階の訴訟で住民が勝訴しても，議会が損害賠償請求権の放棄の議決（地方自治法 96 条 1 項 10 号）をすると損害賠償が実現しないという問題が生じている。最高裁はこの点について，住民訴訟の対象となっている損害賠償請求権の議会議決による放棄は基本的には議会の裁量権に委ねられているとしつつ，放棄の議決が地方公共団体の民主的かつ実効的な行政運営の確保という地方自治法の趣旨に照らして著しく不合理であって裁量権の範囲の逸脱・濫用に当たる場合には放棄の議決が違法・無効になるとしている（判Ⅰ18 最二小判 2012（平成 24）・4・23 民集 66 巻 6 号 2789 頁［氏家町浄水場用地事件］）。

　住民訴訟の訴訟要件として重要なのは，当該普通地方公共団体の**住民**であること（転出者には出訴資格がない），その対象が**財務会計行為**であること，対象となる財務会計行為から 1 年以内に住民監査請求を行い，その結果が出てから 30 日以内に住民訴訟を提起すること（**監査請求前置**）である。財務会計行為の違法性には，原則としてその支出の原因行為である**先行行為の違法性**も含まれる（最大判 1977（昭和 52）・7・13 民集 31 巻 4 号 533 頁［津地鎮祭訴訟］）。ただし首長部局に対する一定の独立性を持つ執行機関（教育委員会など）による先行行為の場合には，それとは独立に財務会計行為自体の違法性が認められなければ請求が認められないことがあり得る（CB 16-4 最三小判 1992（平成 4）・12・15 民集 46 巻 9 号 2753 頁［一日校長事件］）（木村 215 頁以下）。

　住民訴訟の違法性判断基準としては，財務会計関連の法令の規定（判百Ⅰ100 判Ⅰ194 最二小判 2008（平成 20）・1・18 民集 62 巻 1 号 1 頁）のほか，さまざまな要素が含まれる。例えば，ある金銭の支出が違憲のものとされると，当該財務会計行為も違法なものと評価される（判Ⅱ5 最大判 2010（平成 22）・1・20

民集 64 巻 1 号 1 頁［空知太神社事件］)。また，ある金銭の支出を行政作用法上正当化する規定がない場合には，民法の関連規定が違法性の判断にあたって参照されることがある（ 判百Ⅰ 106 判Ⅰ 3 CB 9-5 最二小判 1991（平成 3)・3・8 民集 45 巻 3 号 164 頁［浦安ヨット事件］（⇨13 頁))。さらに，議会の議決を得ているかどうか，議会による予算統制が十分なされているかどうかも考慮されることがある（ 判Ⅰ 193 R 1 最一小判 2005（平成 17)・11・10 判時 1921 号 36 頁［下関市日韓高速船事件])。

3 国家賠償

1 国家賠償の基本構造

■ 国家賠償の特色

　違法な行政活動を是正することが行政訴訟の目的であるのに対し、国家賠償の目的は違法な行政活動によって生じた損害を**金銭填補**してもらうことにある。**国家賠償法**は民法の不法行為法の特則であり、訴訟手続としては純然たる**民事訴訟**である。このため、国家賠償における学習のポイントは訴訟手続上の特殊性ではなく、国家賠償請求権を成立させる要件の解釈にある。国家賠償には取消訴訟のような出訴期間制限は存在しないものの、不法行為に関する消滅時効（3年）は適用される。国家賠償の対象行為は、違法な公権力の行使（国家賠償法1条1項）と、公の営造物の設置又は管理の瑕疵（同法2条1項）の2種類である。

■ 国家賠償の基本構造

　国家賠償法1条の責任は、民法715条の**使用者責任**の特則である。使用者責任成立の要件は、使用者と被用者の間の実質的な指揮監督関係（使用関係）、事業執行性、被用者の不法行為、使用者の免責事由の不存在である。これに対して国家賠償法1条には使用者の免責事由の規定はなく、使用者の求償権行使が制限されており（同法1条2項）、選任監督者・費用負担者ともに賠償請求可能である（同法3条）。最大の相違点は、国家賠償法1条の場合には**公務員の個人責任**の追及ができないという判例法理が存在する点である（判百Ⅱ242　判Ⅱ164　最三小判1955(昭和30)・4・19民集9巻5号534頁）。

　国家賠償法2条の責任は、民法717条の**工作物責任**の特則である。工作物責任成立の要件は、土地の工作物、設置又は保存の瑕疵、（占有者の場合）占

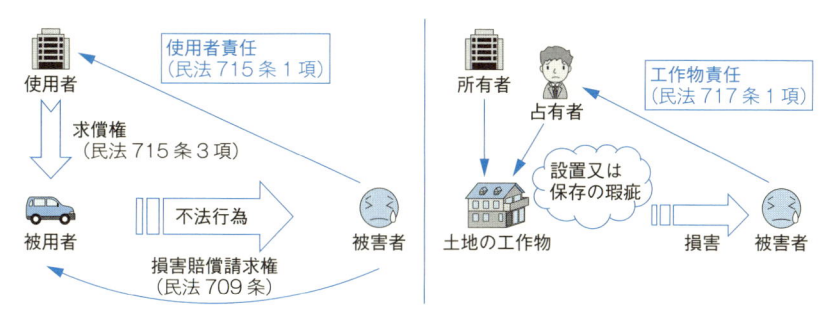

図22 使用者責任と工作物責任

有者免責事由の不存在である。これに対して国家賠償法2条には占有者免責事由の規定がないほか、設置管理者・費用負担者ともに賠償請求可能である（同法3条）。最大の相違点は、**公の営造物**には土地の工作物のみならず、河川のような自然公物や動産も含まれることにある。

国家賠償法1・2条は、不法行為法の特則である。これに対して、債務不履行構成に基づく**安全配慮義務**を用いて賠償請求することも可能である。安全配慮義務とは「ある法律関係に基づいて特別な社会的接触の関係に入った当事者間において、当該法律関係の付随義務として当事者の一方又は双方が相手方に対して信義則上負う義務」（判百Ⅰ37 判Ⅰ29/44 最三小判1975(昭和50)・2・25民集29巻2号143頁）と定義される。不法行為による構成との違いは、時効が長いこと（民法167条1項により10年）、公務員個人の責任を問う可能性があることである。

2 国家賠償法1条の責任

■ 公権力の行使

国家賠償法1条の責任を追及するためには、問題となっている侵害作用が国家賠償法1条1項にいう「**公権力の行使**」に該当する必要がある。もしこれに該当しないならば、民法715条に基づく使用者責任が追及されることになる。この語は行政事件訴訟法3条1項の抗告訴訟の対象行為の特性（処分性）（⇨103頁）と同じであり、国家賠償法立法当時、両者は同一と考えられ

図23　国家賠償法1条の責任

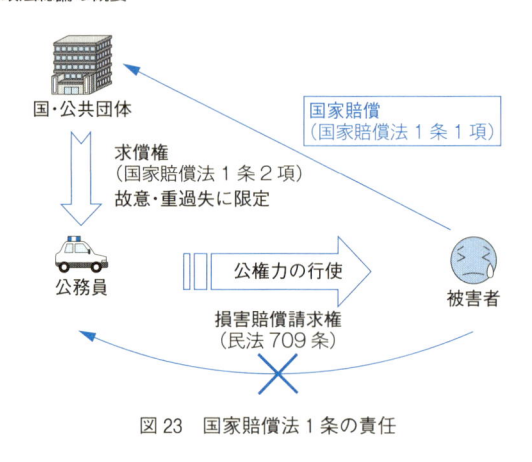

ていた（**狭義説**）。しかし，国家賠償法1条の方が民法715条よりも被害者救済に手厚いしくみとなっていること，国や地方公共団体は賠償義務を確実に履行すること，公務員の個人責任が追及されないため公務員の公務遂行に対する萎縮効果がないことなどから，国家賠償法の用いられる範囲を拡張する動きが判例・学説とも強くなり，現在においては国・公共団体の全ての作用から国家賠償法2条の責任と純粋私経済作用を差し引いたものすべてが公権力の行使に該当する（**広義説**）との理解が支配的である（塩野・Ⅱ 307頁）。そこで，抗告訴訟においては公権力の行使に該当しない行政基準・行政計画・行政契約・行政指導についても，国家賠償法1条に関しては公権力の行使に該当する。さらに国家賠償法の公権力の行使には，立法作用や裁判作用も含まれている。純粋私経済作用であるとしてその対象外になるのは，公共調達契約や国公立病院における医療過誤などに限られている。これらも含めて国家賠償法1条の公権力の行使に該当するとする**最広義説**（阿部・Ⅱ 436頁）の方が，理論的には明快である。しかし，文言からは離れすぎるため解釈論としての支持は集まっていない。

　国家賠償法1条の公権力の行使にも，その「不行使」が含まれる。しかし，行政上の権限の不行使の違法追及には2つの困難が伴う（稲葉233頁以下）。1つは**行政便宜主義**である。是正命令や許認可の撤回といった不利益処分のほとんどは行政に裁量権（⇨64頁）を認める規定になっており，何らかの形で行政に権限行使の**作為義務**が生じなければ，権限不行使の違

法を追及できない。もう1つはいわゆる**反射的利益論**である。権限を行政に付与する法律の趣旨・目的が必ずしも第三者（消費者・周辺住民等）の個別的な被害の防止を含んでいないことがあり得る（この場合には第三者に生じている**損害**は法律の保護範囲外になる）。権限不行使が国家賠償法上違法とされる判断基準は，最高裁（判百Ⅱ229　判Ⅱ150　CB 18-6　最二小判 1989（平成元）・11・24 民集 43 巻 10 号 1169 頁［宅建業法事件］）によって以下のように定式化されている。

> 国又は公共団体の公務員による規制権限の不行使は，その権限を定めた法令の趣旨・目的や，その権限の性質等に照らし，具体的事情の下において，その不行使が許容される限度を逸脱して著しく合理性を欠くと認められるときは，その不行使により被害を受けた者との関係において，国家賠償法1条1項の適用上違法となる。

この判断要素として下級審裁判例から形成されてきたのが，被侵害法益・予見可能性・結果回避可能性・期待可能性の4つである（宇賀・Ⅱ 427 頁）。
① 権限不行使の結果として侵害される法益が生命や健康のような重大で事後的な金銭塡補では解決にならないものであれば，権限不行使の違法が認められる可能性が高まる。**被侵害法益**の要素は，直接型義務付け訴訟（⇨128 頁）における訴訟要件の1つである重大性要件の考慮要素と共通である。最高裁が権限不行使の違法に基づく国家賠償請求を認めた筑豊じん肺訴訟（判百Ⅱ231　判Ⅱ152　最三小判 2004（平成 16）・4・27 民集 58 巻 4 号 1032 頁）と水俣病関西訴訟（判百Ⅱ232　判Ⅱ153　CB 18-11　最二小判 2004（平成 16）・10・15 民集 58 巻 7 号 1802 頁）は，いずれも被侵害法益が生命・健康であった。これに対して高裁レベルでは，財産権を被侵害法益とする事件においても権限不行使の違法が認められている例がある（判Ⅱ151　大阪高判 2008（平成 20）・9・26 判タ 1312 号 81 頁［大和都市管財事件］）。
② 行政に何らかの作為義務があるとするためには，重大な被害が予見可能であって，行政が権限を行使すれば被害発生の結果回避が可能である必要がある。この**予見可能性・結果回避可能性**の判断は実質的には過失判断と同じ要素であって，直接型義務付け訴訟における本案勝訴要件である処分の覊束性の判断と重なり合う。最高裁はクロロキン薬害訴訟（判百Ⅱ230　判Ⅱ153R

[1] 最二小判1995(平成7)・6・23民集49巻6号1600頁）において，当時の医学的・薬学的知見のもとではクロロキン製剤の有用性が否定されるまでには至っていなかったことから，厚生大臣が製造承認取消を行わなかったことは違法ではないと判断している。

③ 補完的な要素として，私人の側が重大な損害を避けるために何らかの自助努力をすることが期待できたかどうかが考慮されることがある。この**期待可能性**の要素は，直接型義務付け訴訟における訴訟要件の1つである補充性要件と機能的には重なりあうところがある。結果として権限不行使の違法を否定した前掲・宅建業法事件最高裁判決では，問題の事業者に関する苦情の件数が多くなく行政にとって予見可能性に乏しかったことと並んで，消費者が事業者を相手取った民事訴訟において勝訴していることも考慮された可能性がある（ただし，直接型義務付け訴訟の補充性要件には，民事訴訟による救済可能性の有無は含まれていない（⇨129頁））。逆に，私人による自助努力がおよそ期待できない局面においては，権限不行使の違法が認められやすくなる。

■ 国又は公共団体・公務員

国家賠償法1条の責任が成立するためには，同法にいう「公権力の行使」に該当する行為を特定する必要がある。その行為者が**公務員**であり，その公務員が所属している先の組織が**公共団体**（国家賠償請求の被告）である（塩野・Ⅱ302頁）。一連の過程の中で加害行為・行為者を具体的に特定する必要はないものの，これら一連の行為が国または同一の公共団体の公務員の職務上の行為にあたる必要がある（判百Ⅱ237　判Ⅱ141　CB 18-4　最一小判1982(昭和57)・4・1民集36巻4号519頁）。

① 加害行為が処分性のある行為の場合には上記の原則的な判断方法が妥当する。このことは，行政行為の権限が私人に授権されている**委任行政**（⇨56頁）の場合にもあてはまる。例えば弁護士法の定めにより弁護士の懲戒処分権が弁護士会に委任されている場合，懲戒処分が国家賠償法1条にいう公権力の行使であるから，これを行う弁護士会懲戒委員会の委員が公務員にあたり，これらの所属する弁護士会が公共団体となる（東京地判1980(昭和55)・6・18判時969号11頁）。ただし，建築基準法が規定する民間の指定確認検査機関による建築確認・完了検査のように，個別の建築確認等に対して特定行政

庁が監督を行うしくみが法律上定められている場合には，指定確認検査機関が特定行政庁のいわば手足として活動していると評価することができる。このような場合には，指定確認検査機関ではなく同機関の確認に係る建築物についての確認をする権限を有する建築主事が置かれた地方公共団体が，国家賠償法上の公共団体となる可能性がある（訴えの変更に関して，判百Ⅰ6　判Ⅱ135 R 2　CB 18-12　最二小決 2005（平成 17）・6・24 判時 1904 号 69 頁）（⇨459 頁）。

② 加害行為が処分性のない行為の場合には，行為の主体の属性という要素が加わる。国や地方公共団体の非権力的作用が加害行為である場合には上記の原則通りに判断するのに対して，それ以外の組織の非権力的作用が加害行為となる場合にはむしろ組織の属性が決め手となる場合がある（宇賀・Ⅱ 411 頁）。例えば，同じ学校における事故（教育作用）であっても，国公立学校であれば公権力の行使に該当し，私立学校であれば該当しない（民法の使用者責任の問題になる）。それでは国立大学法人の場合はどうであろうか。国立大学法人と学生との関係は在学契約化されたと理解されているため，国公立病院の場合と同様に国立大学法人における事故やセクハラのような事案では国家賠償法は適用されないと考えることができる（塩野・Ⅱ 302 頁，塩野・Ⅲ 101 頁）。他方で，下級審裁判例の中には旧国立大学制度からの連続性を重視して，国家賠償法の適用を認めたものもある（判Ⅱ 140　東京地判 2009（平成 21）・3・24 判時 2041 号 64 頁）（⇨文献⑧）。

③ 行政処分権限以外の事務が私人に契約によって委託される場合には，原則として委託先に対する民法上の責任が追及されることになる（これとは別に，委託した行政の監督責任が権限不行使の違法の形態で問われうる）。例外的に，委託される作用に国家賠償法上の公権力の行使の該当性が認められれば，国家賠償法が適用される（この場合には委託した国・公共団体が被告となる）。例えば，医療の強制受診・強制的な予防接種・警備上の実力行使（判Ⅱ 139　横浜地判 1999（平成 11）・6・23 判例自治 201 号 54 頁）のような権力的事実行為類似の作用が委託された場合には，このような行為に国家賠償法上の公権力の行使該当性が認められ，国家賠償法が適用されることになる。また，加害行為にそのような意味での権力性が認められない場合であっても，委託の法的しくみ全体から，任務・資金・権限の 3 つの要素を考慮した上で，委託した作用に国家賠償法上の公権力の行使該当性が認められることがある（判百Ⅱ 239

判Ⅱ 135 CB 18-13 最一小判 2007（平成 19）・1・25 民集 61 巻 1 号 1 頁［積善会事件］）（⇨333 頁）（⇨文献⑨）。

■ 職務行為関連性

国家賠償法 1 条の責任が成立するためには，公務員が「その職務を行うについて」他人に損害を加えたことが必要である。この判断にあたっては，民法の使用者責任の要件の 1 つである事業執行性の判断基準でもある**外形標準説**が用いられる。つまり，職務に関連する外形をしていれば職務行為関連性が肯定される（判百Ⅱ 236 判Ⅱ 142 R CB 18-1 最二小判 1956（昭和 31）・11・30 民集 10 巻 11 号 1502 頁）。

■ 違法性

国家賠償法 1 条は賠償責任の要件を「故意又は過失」によって「違法」に他人に損害を加えたときと規定しており，故意・過失と違法性を別々に挙げている。これに対して民法 709 条は違法性ではなく「他人の権利又は法律上保護される利益を侵害」という語を用いている（口語化以前は「権利侵害」が要件となっていた）。国家賠償法 1 条が権利侵害ではなく違法性を要件としたのは，民法学における当時の議論状況を反映したものとされる。不法行為の成立を抑制するために設けられた権利侵害要件について，当初大審院はこれを厳格に解釈し，法律上確立した権利の侵害でなければ不法行為とは言えないとした（雲右衛門事件）。しかしその後の大審院は大学湯事件においてこの解釈を緩め，利益侵害にまで範囲を拡大した。これを受けて学説では**権利侵害から違法性へ**という理解の下，被侵害利益の種類と侵害行為の態様との相関関係で違法性の存否を判断する**相関関係説**が有力化した。そして違法性とは不法行為の客観的な成立要件であり，主観的な成立要件が故意・過失であるとの理解が一般化した。国家賠償法はこうした当時の民法学の議論を前提に立法化されたため，違法性が要件として規定されたのである。しかしその後の民法学においては相関関係説が強く批判された。理論的に重要な争点は，相関関係説が不法行為の客観的な成立要件である違法性を論じているはずなのに，その考慮要素に違法行為の態様という主観的な要素が取り込まれていたことにあった。また主観的な成立要件である過失の側では，個人の不

注意ではなく通常人を基準とする予見可能性と結果回避可能性がその内容と再定位され（**過失の客観化**），違法性と故意・過失とは判断要素が重なり合うことが明確になってきた。そこで民法学では，過失一元論・違法性一元論が唱えられており，二元論を維持する論者も保護法益の類型論的な分析を行うようになっている。これに対して国家賠償法1条の責任の場合には，やや状況が異なっている。**法律による行政の原理**（⇨11頁）の考え方に基づけば，たとえある行政作用が国民の権利利益を侵害するものであったとしても，これを許容する作用法上の根拠があり，かつ当該行政作用が根拠規定の定める要件を充足していれば，その侵害作用は違法とは判断されない。そこで，こうした侵害作用の根拠規定が存在する場合においては，民法学の議論とは別に違法性の要件を検討する必要があると考えられている。

① 国家賠償法1条にいう公権力の行使の中でも，学校事故や単純な事実行為のような場合には，民法の不法行為法と同様に**過失（注意義務違反）一元論**的な判断がなされる。このような**学校事故型**の場合には，侵害作用に関する行政に固有の行為規範が存在するわけではなく，それゆえ過失とは内容を異にする違法性を語る余地がないからである。

② 権限不行使の違法（⇨142頁）が問題となる場合には，4つの具体的判断要素のうちの予見可能性と結果回避可能性は過失の判断と完全に重なる。このため**権限不行使型**の場合には過失判断が違法性判断に取り込まれ，**違法性一元論**的な処理がなされることになる。

③ 行政処分のような**権力的作用型**においては，処分要件が法定されており，これを充足していれば，法律による行政の原理の考え方から不法行為はそもそも成立しない。この場合には違法性の要件は**処分要件欠如**の意味であり，これと公務員の主観的要素である故意・過失とは明確に区別される。

このように，国家賠償法1条における違法性の意味を処分要件の欠如と理解する考え方（**処分要件欠如説**）が学説上は有力であり（塩野・Ⅱ 320頁，宇賀・Ⅱ 434頁），このような理解に立つと抗告訴訟における違法性と国家賠償訴訟における違法性とは基本的に一致することになる。これに対して最高裁判例は近時，**職務行為基準説**と呼ばれる考え方をしばしば採用している。これは，国家賠償法1条における違法性の意味を公務員の**職務上の注意義務違反**と捉え，処分要件欠如に加えて公務員の故意・過失もここに含める（その限

りで違法性一元論的な）立場である。このような発想は，立法の不作為（判百Ⅱ233 最一小判 1985（昭和 60）・11・21 民集 39 巻 7 号 1512 頁［在宅投票廃止事件］，在外邦人選挙権訴訟最高裁判決（⇨132 頁））や裁判官の行為（判百Ⅱ234 判Ⅱ156 最二小判 1982（昭和 57）・3・12 民集 36 巻 3 号 329 頁），検察官の行為（判百Ⅱ235 判Ⅱ159 CB 18-2 最二小判 1978（昭和 53）・10・20 民集 32 巻 7 号 1367 頁［芦別事件］）において見られ，それが通常の行政処分の判断にも拡大した（判百Ⅱ227 判Ⅱ148 CB 18-8 最一小判 1993（平成 5）・3・11 民集 47 巻 4 号 2863 頁［奈良民商事件］）。処分要件欠如説と職務行為基準説の違いは，違法性と故意・過失を二段階で審査するか，故意・過失を含めて違法性の一段階で審査するかにある。従って，どちらの立場をとるかによって国家賠償責任の成立の範囲が大きく変わるわけではない。両者の違いとして通常指摘されているのは，[1] 職務行為基準説は公務員の主観的要素も含めて違法性を判断するため，ある行政活動が国家賠償法上違法と評価される範囲が狭くなる [2] 職務行為基準説は抗告訴訟における処分の違法性とは別の違法性概念を国家賠償訴訟において採用するため，取消判決の既判力が後訴の国家賠償訴訟に及ばなくなる，の 2 点である。両者の対立の背景には，国家賠償制度の目的をどのようなものと捉えるべきかという理論的問題が存在する。処分要件欠如説は国家賠償制度も行政訴訟と同じく法治主義を担保するシステムの一環と理解し，救済方法の点で両者には違いがある（行政訴訟であれば違法な行政活動の是正，国家賠償訴訟であれば損害塡補）に過ぎないと考える。また，取消訴訟の訴えの利益が消滅すれば国家賠償訴訟への訴えの変更を容易に認める行政事件訴訟法 21 条の規定に見られるように，2 つの救済方法は連続性を有するものと考えているように思われる。これに対して職務行為基準説（**職務義務違反論**）は，代位責任の構成を前提に，国家賠償制度を民事の損害賠償同様に被害者救済を第一義とする制度と捉えており，行政訴訟においては重視される法治主義担保機能は国家賠償訴訟には正面からは妥当しないと考えているのである（⇨文献⑩）。

■ 故意・過失

　違法性との二段階審査にせよ，違法性に包含される一段階審査にせよ，国家賠償法 1 条の責任の成立要件として，公務員の故意・過失が要求されてい

る。民法の使用者責任と同様に、国家賠償法1条の責任も公務員が本来負っている賠償責任を国・公共団体が肩代わりする**代位責任**であるとすると、誰の過失かを厳密に特定する必要があるように思われる。しかし判例上は、誰の過失かを特定することなく**組織的過失**で足りると理解している（判Ⅱ133 CB 18-7 東京高判1992（平成4）・12・18判時1445号3頁；判百Ⅱ241 判Ⅱ161 最一小判2010（平成22）・6・3民集64巻4号1010頁）。

■ 公務員の個人責任

国家賠償法1条の責任が成立する場合、これと別に公務員個人を被告とする民法709条に基づく損害賠償請求をすることはできないとするのが、確立した判例である。また国家賠償法1条2項に定める求償権の行使は公務員の故意又は重過失の場合に限定されており、かつ実際にはほとんど行使されていない。ただし例外的なケースとして、職務関連性に関する外形標準説で公務員概念を拡大した際には、そのような公務員に対する免責を働かせる必要はないと考えられる（判Ⅱ165 東京地判1994（平成6）・9・6判時1504号40頁）。

民間委託の場合に国家賠償法1条の公務員が委託先の法人・団体の職員である場合があり得る。このとき、国家賠償法1条の責任が認められると「公務員」たる委託先の職員に対する個人責任が否定されることになる。民法715条の使用者責任は被用者の不法行為責任の成立を前提とするから、この場合には委託先の法人等に対する使用者責任も追及できなくなる（⇨146頁）。そこで、委託先の法人等に対する民事賠償を請求するために委託先の民法709条に基づく責任や安全配慮義務構成を用いることが考えられる。

3 国家賠償法2条の責任

■ 公の営造物

国家賠償法2条1項は「道路、河川その他の公の営造物」の設置・管理をめぐる賠償責任を規定している。公の営造物には土地の工作物のみならず、動産や河川・海浜等の**自然公物**も含まれる。また行政が公物の権原を取得していない**他有公物**（例：私有公物（⇨24頁））の場合でも、直接に**公の目的**に

供していれば公の営造物に含まれる（民法の工作物責任と異なり占有者免責が認められていないため、行政への責任追及はどのような場面でも可能になる）。

　国家賠償法2条に基づく訴訟の被告となるのは、公の営造物の設置・管理者である。一般的には設置・管理の権限の所在によって判断されることとなるものの、事実上の管理に着目して設置・管理者が特定される場合もある（最一小判1984(昭和59)・11・29民集38巻11号1260頁）。最終的な賠償責任は費用負担者（同法3条）で議論されるため、設置・管理者の確定は解釈論上あまり意味がない。

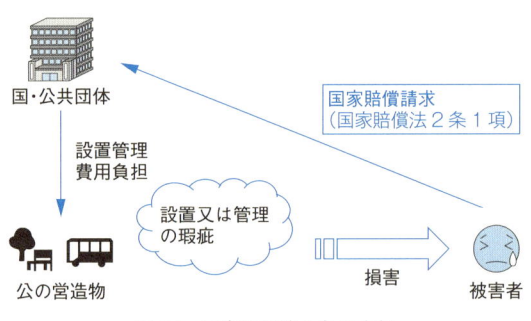

図24　国家賠償法2条の責任

■ 設置又は管理の瑕疵

　国家賠償法2条の責任が認められるかどうかの中心は、設置又は管理の「**瑕疵**」の存否である。国家賠償法2条1項の営造物の設置又は管理の瑕疵とは、営造物が通常有すべき安全性を欠いていることを言う（判百Ⅱ243　判Ⅱ167　CB 19-1　最一小判1970(昭和45)・8・20民集24巻9号1268頁［高知落石事件］）。具体的な判断方法は、道路に代表される人工公物の場合と、河川に代表される自然公物の場合とで異なる。瑕疵の有無の判断に当たっては、公の営造物の客観的な安全性を中心とし、設置・管理者の損害回避措置や被害者が通常の用法に従って利用したかも考慮されることになる。

① **人工公物（道路）** の場合の瑕疵判断の基盤を提供した高知落石事件最高裁判決は、瑕疵を通常有すべき安全性を欠いていることと定式化した上で、賠償責任には過失の存在を必要とせず（**無過失責任**）、また安全確保のための費用が多額に上ることは賠償責任の免責事由にはならない（**予算抗弁の排斥**）

とした。ただし判例は，営造物の客観的な安全性のみを瑕疵判断の要素としているのではない。むしろ，設置・管理者が損害回避義務を果たしたかどうかも考慮要素となっている（判百Ⅱ244 判Ⅱ168 CB 19-4 最三小判 1975（昭和50）・7・25 民集 29 巻 6 号 1136 頁）。道路の場合には，通行止めなどの通行事前規制措置をとったかどうか，トンネル等の安全体制が確保されているか（CB 19-9 東京高判 1993（平成 5）・6・24 判時 1462 号 46 頁［日本坂トンネル事件］）などが瑕疵判断の要素となっている。また，いくつも考えられる損害回避義務の履行方法の選択に際しては，それに要する費用の要素を考慮することは妨げられない（判Ⅱ174 最三小判 2010（平成 22）・3・2 判時 2076 号 44 頁）。

② **自然公物**（河川）に関して昭和 50 年代までの下級審判決は，道路の場合とあまり変わらない瑕疵判断基準を用いて，水害に対する国家賠償請求を認容していた（河川の時代）。こうした動きに冷や水を浴びせたのが大東水害訴訟最高裁判決（判百Ⅱ245 判Ⅱ169 CB 19-5 最一小判 1984（昭和 59）・1・26 民集 38 巻 2 号 53 頁）であった。この判決では人工公物である道路と自然公物である河川との違いを強調した上で，治水事業には財政的・技術的・社会的制約があるほか，道路の一時閉鎖のような簡易な危険回避手段もないので，未改修・改修の不十分な河川の安全性としては，河川改修・整備の過程に対応する**過渡的な安全性**をもって足りるとした。これに対して既改修河川の場合には，工事実施基本計画（河川整備基本方針・河川整備計画）に定める規模の洪水における流水の通常の作用から予測される災害の発生を防止できる安全性が求められる（判百Ⅱ246 判Ⅱ170 CB 19-7 最一小判 1990（平成 2）・12・13 民集 44 巻 9 号 1186 頁［多摩川水害訴訟］）。

③ 公の営造物が通常有すべき安全性を欠いているかどうかの判断にあたっては，**本来の用法**による利用であったかどうかが考慮されることがある。典型的には**転落事故**の場合にこの要素が重視される。例えば，道路を通行する人や車の転落を防止するために設置された防護柵で 6 歳の幼児が遊んでいて転落した事例で，最高裁は防護柵で遊ぶという行動は設置管理者が通常予測することのできない行動に起因する事故であり，防護柵が本来具有すべき安全性に欠けるところがあったとは言えないとして賠償責任を否定した（最三小判 1978（昭和 53）・7・4 民集 32 巻 5 号 809 頁［夢野台高校事件］）。他方で，小学校の敷地内にあるプールとこれに隣接する児童公園との間に設置されたフェン

スが幼児でも乗り越えることができる構造になっていた状況の下で，3歳の幼児がこれを乗り越えてプールで溺死した事件において最高裁は，児童公園で遊ぶ幼児にとって本件プールは「誘惑的存在」であることは容易に看取しうるとして，設置管理の瑕疵を認めた（最一小判1981（昭和56）・7・16判時1016号59頁）。このように，本来の用法かどうかの判断にあたっても設置管理者の損害回避義務（とくに予測可能性）が問題となり，その際には施設利用者のおかれた状況が考慮されることになる。さらに最高裁は，瑕疵を認めた場合の社会的影響（判百Ⅱ248　判Ⅱ173　CB 19-8　最三小判1993（平成5）・3・30民集47巻4号3226頁［校庭開放事件］）や，安全対策技術の普及の程度（判百Ⅱ247　判Ⅱ173 R 2　CB 19-6　最三小判1986（昭和61）・3・25民集40巻2号472頁［点字ブロック不設置］）も考慮要素に含めている。

■供用関連瑕疵

　国家賠償法2条の瑕疵は，公の営造物の利用者が被害者となる事例を通常想定している。これに対し，公の営造物の供用によって周辺住民が受ける被害が問題となる瑕疵を**供用関連瑕疵**という。その被害の賠償を求める構成としては，損失補償（**事業損失**）・国家賠償法1条・国家賠償法2条の3つの方法があり得る。最高裁は大阪空港訴訟（判百Ⅱ249　判Ⅱ171　最大判1981（昭和56）・12・16民集35巻10号1369頁）において，国家賠償法2条1項にいう瑕疵にはこのような供用関連瑕疵も含まれると判断している（ただし，瑕疵判断の

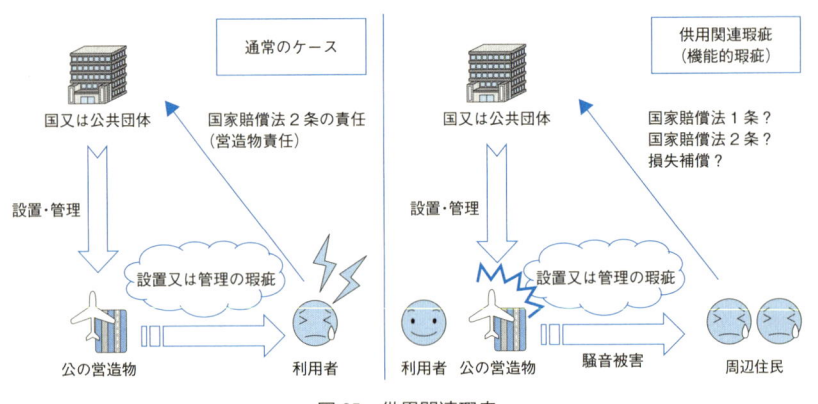

図25　供用関連瑕疵

要素は異なる)。損失補償構成では適法な侵害行為となるため救済方法としての民事差止(⇨349頁)が利用できず,また国家賠償法1条構成では主として管理運営上の不作為が対象となるため2条構成と比べると被害者救済が困難となる場面が想定される。

供用関連瑕疵の議論に典型的に現れているように,国家賠償法1条と2条の責任は同じ事例で競合関係に立つことがある。もともと1条は違法な公権力の行使を,2条は公の営造物の設置・管理の瑕疵を出発点とするものである。しかし,公権力の行使概念が拡大し,加害行為や過失の特定が不要とされると,1条がカバーする範囲は拡張する。また瑕疵の判断に設置管理者の損害回避義務の履行の程度が加味されると,1条の責任と2条の責任の考慮要素が近接することになる。

■ 費用負担者

国家賠償法3条は,対外的に賠償責任を負う者と内部的な負担調整(求償)についての規定を置いている。

① 外部関係においては,公務員の**選任監督者**・公の営造物の**設置管理者**と公務員の**給与負担者**・公の営造物の**費用負担者**の双方が賠償責任を負う(国家賠償法3条1項)。ここでいう費用負担者には内部的な費用負担者も含まれている。最高裁は法律上費用負担義務を負う場合に限らず,負担義務者と同等程度の費用負担を行い,実質的には事業を共同執行していると認められ,営造物の瑕疵による危険を効果的に防止しうるならば,補助金負担者も費用負担者に含まれると判断している(判百Ⅱ250 判Ⅱ175R 最三小判1975(昭和50)・11・28民集29巻10号1754頁[鬼ヶ城事件])。

② 内部関係に関しては,国家賠償法3条2項は求償権を定めるのみで,負担の基準は明示されていない。この点について最高裁は,事務に関する経費負担を基準に賠償についての経費負担を定めるべきと判断している(判百Ⅱ251 判Ⅱ175 CB 18-14 最二小判2009(平成21)・10・23民集63巻8号1849頁)。

4 損失補償

1 損失補償の基本構造

■損失補償の特色

　適法な公権力の行使による財産上の特別の犠牲に対し，公平負担の見地から損失を塡補することを**損失補償**という。日本国憲法29条3項は財産権保障の一環として損失補償の規定を置いている。この意味をめぐっては，具体的な立法を待って初めて損失補償請求権が成立するとする**プログラム規定説**，憲法上損失補償が必要にもかかわらず補償規定を欠く立法はそれ自体が無効とする**違憲無効説**，憲法上損失補償が必要にもかかわらず補償規定を立法が欠く場合には憲法29条3項から直接損失補償請求権が生じるとする**請求権発生説**の3つの理解がある。最高裁は名取川事件（判百Ⅱ260　判Ⅱ178　CB 20-1　最大判1968（昭和43）・11・27刑集22巻12号1402頁）の傍論において請求権発生説を示唆しており，学説上もこれを支持する見解が支配的である。

■損失補償の要否の基準

　損失補償が必要かどうかは，問題となっている侵害行為が**特別犠牲**にあたると言えるかどうかによって決まる。より具体的には次の2つの要素が考慮される。1つは侵害行為の**対象者の特定性**であり（**形式的基準**），侵害が特定者を対象としていれば補償が必要と考えられる。もう1つは**侵害行為の強度**であり（**実質的基準**），財産権に内在する社会的制約を超えるような強度な侵害であれば補償が必要と考えられる。例えば，安全や秩序維持を目的とする**消極目的規制**（**警察規制**）であれば損失補償は不要であり，このような目的を越えて積極的に社会政策を展開する**積極目的規制**（**公用制限**）の場合には損失補償は必要とされやすいとされる。

① 特定者を対象とする侵害行為の場合には損失補償が認められやすい。ただし侵害行為の相手方にその原因が存在する場合には損失補償は否定される。例えば破壊消防に関して，延焼のおそれのない建物に対する場合には損失補償が必要であるのに対し，火災発生対象の建物に対して損失補償は不要である（判百Ⅱ254　判Ⅱ181　最三小判1972(昭和47)・5・30民集26巻4号851頁）。また地下横断歩道を設置した結果，ガソリンタンクの移設工事が必要となった事例では，**危険責任**に注目してガソリンタンク所有者に対する損失補償を不要とした（判百Ⅱ255　判Ⅱ182　CB20-4　最二小判1983(昭和58)・2・18民集37巻1号59頁）。

② 安全や秩序維持などの消極目的規制の場合には，財産権の内在的制約に包含されると考えられ，損失補償不要の方向に傾く（判百Ⅱ259　判Ⅱ183　最大判1963(昭和38)・6・26刑集17巻5号521頁［奈良県ため池条例事件］）。これに対して消極・積極二分論では説明しにくいのが，都市計画による土地利用制限である（⇨438頁）。都市計画に基づく建築制限の中でも用途地域は，良好な居住環境を維持するという点に注目すれば積極目的の規制と言える。しかし，用途地域は同一地域内に居住する者がお互いに規制を守り合うことによって良好な環境を維持するという**互換的な関係**に立っており，それゆえ損失補償は不要とされている。

③ 財産権の内在的制約と言えるかどうかの判断に当たって，現在の土地の利用状況が考慮されることがある。現在の土地利用の状況を単に固定するだけの規制であれば損失補償は不要であるのに対し，何らかの不利益な規制を新たに行う場合には補償が必要とされる（**状況拘束性理論**）。この考え方によると，自然公園法の不許可補償（⇨405頁）の場合には，現状の土地利用を固定する趣旨で不許可としているので，損失補償は不要ということになりそうである（判Ⅱ190　CB20-6　東京地判1990(平成2)・9・18判時1372号75頁）。しかし自然公園法の場合には，全員の犠牲で全員の利益を守る互換的な関係は存在しておらず，むしろ国立公園等の中に土地をもっている一部の人の土地利用が厳しく制限されることで，そこを訪れる不特定多数者が利益を受ける構造となっているので，場合によっては特別犠牲が肯定されうる。

④ 財産権の内在的制約と言えるかどうかの判断に当たって，対象となる**財産権・財産的利益の性質**が考慮されることがある。典型的には行政行為の撤

回（⇨63頁）の場合に，この点が問題となる。撤回を必要とするような原因・帰責事由が相手方にある場合には，むしろ行政に撤回義務が生ずることになるので，損失補償は不要である。そのような事情がない場合には，行政行為によって設定されていた地位が撤回の可能性を内在したものであったかどうか，行政行為によって得た地位を利用して経済活動を行う際にどの程度の費用負担・投資を行ったかが，補償の要否の考慮要素となる（判百I 94 判I 162 CB 20-3 最三小判1974（昭和49）・2・5民集28巻1号1頁）。

■ 損失補償の内容

日本国憲法29条3項は損失補償の内容について「正当な補償」を要求している。その意味をめぐっては完全補償説と相当補償説の対立が見られる。土地収用法71条は公共事業によって土地の値段が上がって被収用者が経済的に得をすることを防止するため，事業認定の告示の時点での地価を基準に算定する**価格固定方式**を採用している。その合憲性が争点となった事例で最高裁は，憲法29条3項にいう「正当な補償」とは合理的に算出された相当な額のことである（**相当補償説**）としつつ，土地収用法71条の定めは収用の前後を通じて被収用者の有する財産価値を等しくさせるような補償が受けられるものである（**完全補償説**）としている（判II 180 CB 20-7 最三小判2002（平成14）・6・11民集56巻5号958頁）。

2 国家補償の谷間

国家補償の代表的な制度である国家賠償と損失補償ではカバーできない問題を**国家補償の谷間**と呼ぶ。具体的には，違法・無過失の侵害作用や正当行為の結果生じた被害への救済策が問題となる。これに立法者が対応した結果生み出されたのが**援護法**（戦争被害者関連）や**補償法**であり，これらは国家補償と社会保障の中間的な性格を有する。また裁判所が対応する場合には国家賠償か損失補償かのいずれかの構成で救済を模索することとなる。

① 最も代表的な事例は**予防接種事故**である。予防接種事故に対しては予防接種法が無過失の補償措置を設定しているものの，給付額が低いという問題がある。そこで最初に試みられたのが，憲法29条3項を援用する**損失補償**

構成であった。予防接種は感染症の拡大を防止する社会防衛の観点から必要で適法な活動である。しかし一定の割合で重篤な副作用が生じてしまう。憲法29条3項は直接的には財産権を念頭に置いた規定ではあるものの，生命・身体に対してもこれを**類推適用**（**勿論解釈**）して，特別犠牲に対する公平負担の観点から救済することが試みられた。しかし現在では，国家賠償法1条の責任で構成する方が一般的である。判例は禁忌者を区別する高度の注意義務を医師に課す一方で，**組織的過失**の考え方を採用することで，国家賠償構成を可能とした。

② 類似の状況にある例として**長期の都市計画制限**がある（⇨470頁）。都市計画道路など都市施設の都市計画決定がなされると，予定地に堅固な建築物を建てることができなくなり，建築行為については許可制の下に置かれる。しかし都市計画が見直されないまま数十年放置され，その結果このような建築制限が長期にわたって続いている地域が存在する。この場合，決定当初の都市計画が適法であったとしても，その後の都市計画の変更を行わなかったことが違法であるとの主張が認められれば，国家賠償法1条（権限不行使）構成での賠償が可能となる。しかし都市計画には広い裁量が認められるため，違法性の主張は認められにくいとも考えられる。これに対して都市計画が適法であるとの前提をとった上で，しかしその適法行為が特定の土地所有者にのみ長期にわたる強度の建築制限を課すものであれば，これを特別犠牲と捉えて**損失補償**を請求することも考えられる。最高裁も一般論としてはその可能性を否定していない（判百Ⅱ261 判Ⅱ185 CB 20-8 最三小判2005（平成17）・11・1判時1928号25頁）。

学習用参考文献 ［第 1 部・第 2 章］

　本章に関連し，比較的最近公刊された，学習者にとって行政法の個別論点の理解を深めるのに有用と思われる文献を 10 本紹介する。

① 久保茂樹「行政不服審査」磯部力他編『行政法の新構想Ⅲ』（有斐閣・2008 年）161～185 頁
　　我が国の行政不服審査制度の基本構造と問題点，さらに今後の制度改正の論点が，明晰かつコンパクトにまとめられている。

② 神橋一彦「法律関係形成の諸相と行政訴訟」法学教室 369 号（2011 年）96～104 頁
　　行政上の法律関係形成の多様性という観点から，抗告訴訟と当事者訴訟の役割分担の考え方を解説している。

③ 小早川光郎「抗告訴訟と法律上の利益・覚え書き」成田古稀『政策実現と行政法』（有斐閣・1998 年）43～55 頁
　　最高裁の判例を分析した上で，原告適格の判断過程を不利益・保護範囲・個別保護の 3 要件に分けて整理している。

④ 高木光「行政処分における考慮事項」法曹時報 62 巻 8 号（2010 年）2055～2079 頁
　　処分の考慮事項という切り口から，第三者の原告適格の問題と裁量統制の問題に関する近時の判例・学説の動向を分析している。

⑤ 笠井正俊「行政事件訴訟における証明責任・要件事実」法学論叢（京都大学）164 巻 1～6 号（2009 年）320～340 頁
　　民事訴訟法学の最新の議論状況を踏まえ，取消訴訟の証明責任論について新たな視点を提示している。

⑥ 興津征雄「取消判決の効力」法学教室 360 号（2010 年）26～30 頁
　　未解明の点が多い取消判決の効力の問題（特に第三者効・拘束力）について，理論的な整合性の高い説明を行っている。

⑦ 碓井光明「公法上の当事者訴訟の動向（1）（2・完）」自治研究 85 巻 3 号（2009 年）17～37 頁，4 号 3～31 頁
　　豊富な下級審裁判例の分析を踏まえ，2004 年改正法で活用が示唆された当事者訴訟の利用状況の現状を分析し，今後の方向性を提示している。

⑧山本隆司「判批（国立大学法人の設置する大学の大学院研究科委員会における名誉毀損による損害賠償）」自治研究89巻4号（2013年）114～130頁

　国家賠償法1条にいう公権力の行使概念を制度の基本構造に立ち返って再定位した上で，国立大学法人に対する国家賠償法1条の適用の可否を検討している。

⑨小幡純子「国家賠償法の適用範囲について（上）（下）」法曹時報64巻2号（2012年）237～263頁，3号503～524頁

　民営化・行政事務の民間委託が拡大する中で，国家賠償法の適用範囲をどのように画すことが望ましいのかを検討している。

⑩中川丈久「国家賠償法1条における違法と過失について」法学教室385号（2012年）72～95頁

　学説の対立が激しい国家賠償法1条の違法性概念について，民事法学の議論をも踏まえ新たな視点を提示している。

第2部
行政法の主要参照領域

第1章 租税法

1 租税法の基本的考え方

1 租税法の特色

　私たちの日常生活と税とは密接に関わっている。買い物をすれば**消費税**を支払うことになる。会社からの給与を受け取る際には、自分が支払うべき**所得税**がすでに差し引かれている。その会社自身もこれとは別に**法人税**を支払っている。租税は、一方では私たちの財産の一部を国家が強制的に徴収するものであり、侵害的な行政作用の代表例である。他方で租税がなければ国家の行政活動は成立し得ず、また税金の使途を民主的な過程で決定することは、近代国家以降の民主主義の要諦でもある。このような国家を中核とする公金の循環過程のうち、租税の賦課・徴収について規律しているのが**租税法**（**税法**）である。伝統的には、公金の循環過程の全てを対象とする**財政法**が**行政法各論**（**特別行政法**）に含まれており、租税法は財政法の構成要素であった。しかし戦後に租税法が独立した学問分野として位置づけられてきたため、現在の財政法は主として公金の支出に関する法的な統制を対象とするものとなっている。

　国家が徴収する公金の全てが「租税」にあたるのではない。最高裁は**租税**を「国家が、その課税権に基づき、特別の給付に対する反対給付としてでなく、その経費に充てるための資金を調達する目的をもって、一定の要件に該当するすべての者に課する金銭給付」（判Ⅰ1 最大判1985（昭和60）・3・27民集39巻2号247頁［大嶋訴訟］）と定義している。この定義のポイントは、租税が国家活動に必要な経費を調達する目的で強制的に徴収する金銭ということである。国家が扱う公金の中には、国家が契約によって取得した金銭も含まれるし、強制的に徴収する公金であっても社会保険料のようにその使途が被徴収者（集団）への財・サービス提供に限定されているものもある。これらと比較した場合の租税の特色は、被徴収者の意思に基づかず、また被徴収者

のためにその資金が用いられるわけではない点において被徴収者の財産権に対する侵害の程度が強いことにある。さらに租税は，国家活動に必要な資金調達を目的として徴収される。そのため，制裁や行動誘導を目的に金銭を徴収する場合と異なり，徴収の目的によって徴収額を一定の範囲内に限定する（**比例原則・罪刑均衡**）ことができない。さまざまな公金の中でも「租税」に注目してその法的統制が詳細に論じられる必要性はこの点に認められる。

　そこで，租税法学がその思考の中心に据えているのが**租税債務関係説**と呼ばれる考え方である。日本の行政法学がその範としたドイツの行政法学を確立したオットー・マイヤーは，警察法と並び財政法を行政法各論の1つと捉えた。彼の理解（**権力関係説**）によれば，租税賦課は法律の抽象的な要件を前提に行政行為によってなされ，その義務が果たされない場合には滞納処分や租税処罰によって権力的に実現される。このような見方は，現在の我が国の行政過程論とほぼ共通である。これに対して，ドイツのアルバート・ヘーンゼルが提唱したのが租税債務関係説である。この考え方は，納税義務は法律の規定に従って（行政の意思決定を介在させずに）成立する法定の債務関係とする考え方である。1919年のドイツ租税通則法が納税義務は法定の課税要件の充足と同時に成立すると規定したことが，この説の実定法的な下支えになっていた（⇨文献①）。現在の我が国の租税法学はこの考え方を基本に，次の2つの方向で行政法総論とは異なる理論的アプローチを採用している。

　第1は，**課税要件論**による体系化である（金子26頁）。一般に行政作用法は，ある権限を行政に授権する際に，その要件と効果を定めている。行政法学は，行政による決定が法律の授権の枠内にあるかどうかを統制することをその主眼としている。これに対して租税債務関係説によれば，行政の決定を介在させずに法律から直接納税義務が生じることになる。そこで，法律に書かれている課税要件がいかなるものであるかを明らかにすることが租税法学の中心であり，行政がどのように決定するかという要素は背景に退くことになる（⇨文献②）。第2は，行政の権力性や判断余地の極小化である。日本の実定法においては，行政の決定を介在させずに納税義務が生じるとしても，その確定の際に行政の決定が必要となることが多い。またその決定は行政行為（処分）であり，そこで確定された納税義務が果たされない場合には滞納処分によって行政が強制徴収することができる。納税義務違反に対しては加

算税などの経済的な制裁に加え，刑事罰も科される。しかし，租税債務関係説の理解によれば，これらに見られる権力性は，大量の行政活動を迅速かつ安定的に遂行するためにいわば道具として用いられているに過ぎず（岡村36頁），こうした要素があるからといって，法定債務としての租税法律関係の性格が変質するわけではない。それが極めて明瞭に現れる論点が**要件裁量の否定**である（谷口12頁）。実定租税法では，課税要件を不確定法概念で定めていることがある。しかし租税債務関係説によれば，納税義務の存否は法律に規定された要件事実の存否のみで決まり，またその事実の評価に関して行政側に判断の余地が認められることは全くない（⇨文献③）。以上の2つの要素から，行政法総論を学んだ後に租税法を学ぼうとすると，両者の間には大きな懸隔があるような印象を受けるかもしれない。

　しかしこのようなアプローチの相違は，行政法学の観点から租税法を学ぶことの意義を減少させるものではない。その意義は以下の3点にまとめられる。第1に，租税行政は侵害行政作用の代表的な領域であり，ここに見られる具体的な素材を参照することは，行政法総論の理解の促進につながる（学習上の意義）。ただしその際には，先に説明した租税法の特色を踏まえ，一般的な行政分野と租税行政との相違にも注意を払う必要がある。第2に，制度設計論としての行政法学の観点からは，租税が政策実現の手段・媒体として用いられる場面の分析が不可欠である（制度設計論上の意義）。租税は資金調達を本来の目的としているものの，それが別の政策手段の実現のためにも用いられることは排除されていない（例：環境税）。また，同じ「金銭」を政策媒体として用いる補助金や融資と租税特別措置との比較を踏まえ，その適切な利用方法・許容条件を明らかにすることも重要な課題である（⇨文献④）。第3に，行政による決定の理論上の重みを極小化させた体系を構築している租税法は，行政法総論の理論構造を再検討する上での重要な参照領域となる（理論上の意義）。社会におけるさまざまな取引や組織に対して課税という形で関わり合いを持つ租税法学は，民事法学や他の隣接諸科学（特に経済学）との接点を豊富に有しており，それらの知見が租税法の理論を豊かなものにしている。行政法総論はその成果をフィードバックしつつ，他の参照領域と比較対照することで，租税法上の論点に新たな切り口を提供することができるかもしれない（⇨文献⑤）。以上のような理由から，本書では行政法の主要

参照領域の法分野としてまず租税法を選択し，行政法学を学ぶ上で必要となる租税法の知識を中心に，その内容と理論的に興味深い点をコンパクトに説明することとしたい。

2 租税法の内部構造

租税法学は大きく4つの分野から構成されている。租税行政の過程は大きく分けると，納税義務の成立・確定・消滅の3つの段階に区切ることができる。この租税行政に関する手続ルールを定めているのが**租税手続法**（**租税行政法**）である。行政法を学ぶ上で必要となる租税法の知識を説明する本書の性格から，以下の叙述の中心はこの部分になる。租税手続法に属する代表的な法律として，国税通則法と国税徴収法がある。国税通則法は，租税手続法と租税争訟法（行政不服申立）について規定した通則的な法律であり，国税徴収法は納税義務が自主的に履行されない場合の強制徴収（国税滞納処分）の手続を規定した法律である。

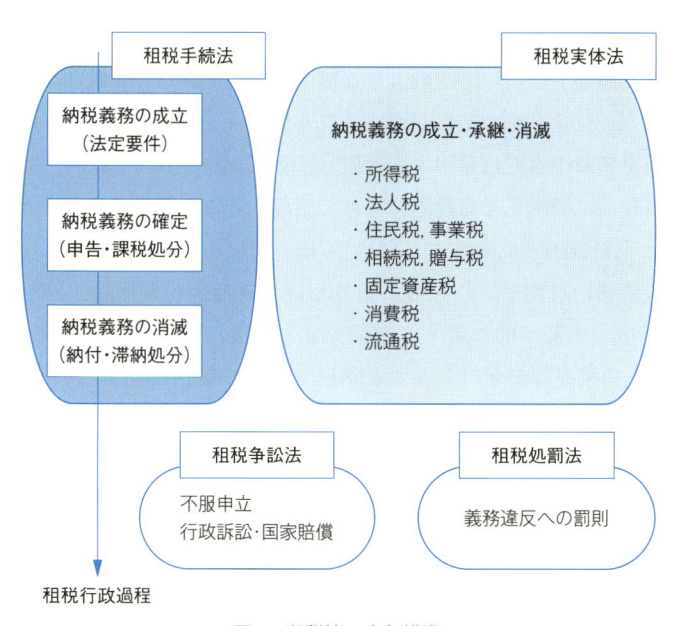

図1　租税法の内部構造

一般の租税法の教科書が叙述の多くを費やすのが，**租税実体法**（**租税債務法**）の分野である。これは，個別の租税法に基づいて成立する納税義務の成立要件（**課税要件**）を中心に論ずるものである。我が国では，税ごとに個別の法律が立法化されていることが多い（例：所得税法・法人税法・消費税法）。課税要件として通常議論されるのは，**納税義務者**（誰が税金を支払う義務を負うか），**課税物件**（何に対して税金を支払うか），**帰属**（納税義務者と課税物件との結びつき），**課税標準**（課税物件を金額・数量で表現），**税率**の5つである。本書ではそのアウトラインのみ説明し，詳細は租税法の基本書に委ねたい。

租税行政過程で生じた私人の権利侵害を救済するためのルールが**租税争訟法**（**租税救済法**）である。行政不服申立に関しては国税通則法で行政不服審査法の特則が定められている。行政訴訟については行政事件訴訟法，国家賠償訴訟については国家賠償法に従って紛争が解決されることになる。

納税義務に私人が違反した場合には，**租税処罰法**（**租税制裁法**）に従って刑事罰を受ける可能性がある。租税処罰法の代表的な法律として国税犯則取締法がある。同法は脱税事件等を捜査する**犯則調査手続**を定めるとともに，**非刑罰的処理としての通告処分**の手続も規定している。

行政法学の問題関心から租税法の法的しくみや特色を検討する本書の関心から，第2節以下において次のような構成をとっている。行政法学においては，一定の一般性を持つ基準が形成される段階（法律・行政基準・行政計画），その基準を個別の事例に適用する段階（行政行為がその代表である），行政上の義務を最終的に実現させる段階に分けて議論することが一般的である。そこで第2節（課税要件形成の過程）においては，租税法における法律・条約・条例・行政基準の役割や，これらにより形成される課税要件論（上記の分類では租税実体法）の基本的な考え方を紹介する。次に第3節（納税義務確定の過程）では，納税義務がどのように成立し，確定するか，納税義務の存否をめぐる争いはどのように解決されるかを説明する。上記の分類では租税手続法・租税争訟法が対象となる。最後に第4節（租税徴収の過程）では，納税義務がどのように履行されるか，義務違反に対してはどのような強制手段や制裁が準備されているかを紹介する。上記の分類では租税手続法の一部と租税処罰法が対象となる。

3 租税法の基本概念

■ 課税主体と租税行政組織

課税権を有するのは国と地方公共団体である。国が徴収する税を**国税**，地方公共団体（地方税法上の用語は**地方団体**）が徴収する税を**地方税**という。

税の種類		具体例
国税		所得税，法人税，相続税，贈与税，消費税，酒税，登録免許税
地方税	都道府県税	都道府県民税，事業税，地方消費税，自動車税，自動車取得税
	市町村税	市町村民税，固定資産税，軽自動車税，市町村たばこ税，都市計画税，国民健康保険税

図2　国税と地方税

国内の国税制度に関する立案に携わっている行政組織は**財務省主税局**である。国税の徴収を担当しているのは，財務省の**外局**（⇨33頁）として設置されている**国税庁**である。その下部機関として，全国に11の**国税局**（沖縄には国税事務所）と524の**税務署**がある。課税処分や滞納処分のほとんどは**税務署長**が行っており，国税局はその税務署長を指揮・監督したり金額の大きな滞納処分を実施したりしている。国税庁の内部部局である**調査査察部**は犯則調査を担当する専門部局である。国税庁にはさらに，特別の機関として**国税不服審判所**が設置されており，行政不服申立の裁決を担当している。関税に関する業務を担当しているのは財務省の内部部局である**関税局**である。関税局の出先機関として全国に9の**税関**が設置され，関税の確定・徴収は**税関長**が行っている。地方税の徴収部局は地方団体の規模によって異なっている（京都府の場合は総務部税務課，北九州市の場合は財政局税務部）。具体的な徴収事務はその出先機関である県税事務所・市税事務所等が行うことが多い。

■ 税の分類

租税はいくつかの分類軸に従って以下のように分類される。

①普通税と目的税

　使途を特定せずに一般的な費用調達目的で徴収する税を**普通税**と呼ぶ。これに対して，税制上最初から特定の目的に充てる予定で徴収される租税を**目的税**と呼ぶ。例えば電源開発促進税（⇨372頁）は「原子力発電施設，水力発電施設，地熱発電施設等の設置の促進及び運転の円滑化を図る等のための財政上の措置並びにこれらの発電施設の利用の促進及び安全の確保並びにこれらの発電施設による電気の供給の円滑化を図る等のための措置に要する費用に充てるため」（電源開発促進税法1条）一般電気事業者に課される税である。この徴税の際に使途が特定されている目的税や，財政上一定の目的に充てることが定められている**特定財源**は，特定の受益者や原因者がいる場合の行政コストを捻出する方式として，あるいは特定の行政分野に予算を安定的に確保する方策として採用されている（⇨250頁）。しかしこれらが増加すれば財政が硬直化し，予算配分の大胆な見直しができなくなるおそれもある。

②内国税と関税

　国税のうち，外国から輸入された貨物に課税されるものを**関税**と呼び，それ以外を**内国税**と呼ぶ。前述の通り，我が国では内国税と関税で徴収のための行政組織が完全に分離している（内国税は国税庁，関税は税関）。関税に関しては国税通則法・国税徴収法・国税犯則取締法が適用されず，手続面に関しては関税法，実体面に関しては関税定率法が適用される。

③直接税と間接税

　納税義務者と租税を実際に負担する者とが同じ租税を**直接税**，両者が異なる租税を**間接税**という。例えば所得税は，所得がある者に対して課税するので，納税義務者と租税負担者が一致する。これに対して前述の電源開発促進税は，納税義務者は一般電気事業者で，実際に税を負担するのは電力利用者である。国税犯則取締法ではこの間接税のうち一部の国税（具体的には国税犯則取締法施行規則1条に列挙されている税）である**間接国税**についてのみ，非刑罰的処理である通告処分を適用することとされている（清永7頁）。

■ 借用概念と固有概念

　行政法総論において行政法と民事法の適用調整を検討する際には，個別行政法規の具体的な法的しくみやその趣旨を重視すべきことが説かれる（⇨23頁）。これに対して租税法では，私人の財の保有や私人間の取引に着目して課税要件を組み立てているため，課税要件を定義する概念を私法上の概念とどう区別するかが大きな問題となる（水野22頁）（⇨文献⑥）。租税法学では，他の法分野（特に民事法）から借用している**借用概念**と，租税法が独自に用いている**固有概念**とを区別している。そして「配当」「不動産」のような借用概念の場合には，原則として借用元の法分野と同じ意味で租税法上も解釈すべきとする。これは，租税収入を確保する目的から経済的な実質に着目して私法の本来の意味よりも拡張して概念を解釈する**経済的観察法**（田中122頁）を採用せず，法的安定性や予見可能性を重視する解釈態度と言える。これに対して「所得」のような固有概念については，その意味内容を租税法規の文言や趣旨に基づき租税法学独自の立場から決定すべきであるとする（金子117頁）。

■ 所得概念

　固有概念の代表例というべき概念が**所得**である。しかし所得税法には，所得が何を意味するかの定義規定は置かれていない。そこで学説上，所得概念をめぐるさまざまな考え方が論じられている。日本の所得税法・法人税法が採用しているとされるのは**包括的所得概念**である。これは，所得を一定期間内の消費と貯蓄と定義する考え方である。この考え方の基礎にあるのは，税金を支払う経済力を意味する**担税力**を増加させる経済的な利得は全て所得であるとする発想である。それゆえこの考え方は，貯蓄を所得概念から除外する**消費型所得概念**（水野138頁）や，貯蓄を所得概念に含む**発生型所得概念**の中でも一時的・偶発的利得を除外する**制限的所得概念**よりも広く所得の概念を捉えている。ただし，担税力を増加させる利得であっても，資産価値の増加益のように現金化されていない所得は，それが譲渡されるタイミングで課税される（**実現主義**）（岡村65頁）。また，持ち家の利用や自己の家事労働から得られる利得（**帰属所得**）も市場取引を経ないため捕捉が難しく，課税

対象となっていない（佐藤13頁）。

■ 課税標準・税率・税額

　税額を算出するために課税物件を金額または数量で表現したものを**課税標準**という。この課税標準に**税率**を掛け合わせると**税額**が計算できる。例えば酒税の場合，製造所から移出される酒類と**保税地域**（関税が課される前の状態で取り置かれている地域）から引き取られる酒類に対して課され，引き取られる酒類の数量が課税標準となる（酒税法22条1項）。酒税法は酒類を4種類に区分しており，例えば発泡性酒類の場合には1キロリットルあたり22万円が税率と定められている（同法23条1項1号）。10キロリットルの発泡性酒類が製造所から移出されるとすれば，税額は220万円ということになる。

　税率の表示の仕方は，酒税のように課税物件を数量で表現する**従量税**の場合には1単位あたりの金額，所得税のように課税物件を金額で表現する**従価税**の場合には百分率となる。百分率で税率を定める場合には，課税標準の多寡に関係なく一定の税率を課す**比例税率**と，課税標準の増加に応じて税率が上がる**累進税率**とがある。累進税率にはさらに，課税標準の増大に対応して全体に高い税率を掛ける**単純累進税率**と，課税標準をいくつかの課税段階に区分した上で段階が上がるごとにより高い税率をそれぞれに設定する**超過累進税率**とに分けられる。所得税法で採用されているのは超過累進税率である（同法89条1項）。

4 　租税法の基本原則

　租税法における基本原則の中心に位置づけられるのは租税法律主義である。これは行政法における法律による行政の原理に相当する考え方であるものの，それよりも法律そのものによる規律を強く求める厳格なものとなっている。租税法律に対する法理論からの要請として位置づけられる考え方が「担税力に応じた課税」と「税制の中立性維持」の原則である（両者は**租税公平主義**の概念で説明されることもある）。租税法律の適用・執行の場面で基本となるのが「要件裁量否定」と「申告納税」の原則である。

■ **租税法律主義**

　国民に対して租税の賦課徴収を行う際に法律の根拠を要求する考え方を**租税法律主義**という。日本国憲法 30 条は「国民は，法律の定めるところにより，納税の義務を負ふ」と規定し，84 条は「あらたに租税を課し，又は現行の租税を変更するには，法律又は法律の定める条件によることを必要とする」としている。租税法律主義の内容としてしばしば説かれるのが，課税要件法定主義と課税要件明確主義である。**課税要件法定主義**とは，課税要件や租税の賦課徴収手続を法律で規定しなければならないとする考え方である。**課税要件明確主義**とは，法律またはその委任を受けた政省令において課税要件はなるべく一義的で明確に規定しなければならないとする考え方である。

　租税法律主義と法律による行政の原理（⇨11 頁）は，行政による恣意的な侵害作用を防止するという点で共通の基盤を有する。他方で，租税法律主義は以下の 3 点について，法律による行政の原理の伝統的な理解（侵害留保論）よりも広い射程を持つ。第 1 は，法定すべき内容として，課税要件のみならず租税の**賦課徴収手続**も含まれていることである。「国民の負担する具体的な担税義務は法律によって定まる，このことは憲法 30 条，84 条の明示するところである。そして，これらの規定は担税者の範囲，担税の対象，担税率等を定めるにつき法律によることを必要としただけでなく，税徴収の方法をも法律によることを要するものとした趣旨と解すべきである」（最大判 1962（昭和 37）・2・21 刑集 16 巻 2 号 107 頁）。伝統的な侵害留保論は，侵害作用に対して根拠規範（行政活動の要件・効果規定）を要求するものであった。これに対して課税要件法定主義からは実体ルールに止まらず，賦課徴収の方法についても法定すべきとの要請が導かれる。第 2 は，法律が行政基準に委任する範囲に具体的な限定が試みられていることである（田中 81 頁）。課税要件法定主義は課税要件を全て「法律」で規定することを要求してはいない。しかし，委任は個別的で具体的なものに限られ，白紙委任は禁止されていると解される。具体的には後述のように，課税要件，中でも税率のような基本的な事項は，原則として委任することができない（岡村 32 頁）。このように，租税法律主義においては単に法律の根拠があるだけではなく，法律に一定の**規律密度**があることも要求されているのである。第 3 は，法律が課税庁に対し

て裁量を認める範囲が制約されていることである。課税要件明確主義によれば，法律及びその委任を受けた命令で課税要件をなるべく明確に定めなければならない。また**不確定法概念**が用いられることはできるだけ回避されるべきであり，もし不確定法概念が要件規定に含まれているとしてもそれは課税庁の**要件裁量**を認める趣旨ではない。さらに，課税義務免除の場合を除いて行政に効果裁量を認めることは原則として許されない（金子77頁）。

　このような法律による行政の原理との差異はなぜ生じているのか。その理由は，自由主義と民主主義の両側面から次のように説明できると思われる。自由主義の側面からは，法律で内容を予め明確に定めておくことで担保される法的安定性・予見可能性に加え，租税徴収に歯止めをかける実効的な法理が租税法律主義以外に存在しないことが指摘できる。租税は使途を特定せずに国家活動に必要な経費を調達する目的を有する。国家活動に必要な経費はいかほどにも拡大しうるので，目的と手段の均衡を考慮する比例原則によって徴税額を制限することはできないのである。また民主主義の側面からは，課税の正当化根拠は法律によってのみ与えられると考えることができる。この点をめぐっては，国家から受ける利益の対価であるとする**利益説**と，国家という共同体に属する国民は当然に納税の義務を負っているとする**義務説**とが対立してきた。最高裁は，両者のどちらかの立場を選択することはせず，「民主政治の下では国民は国会におけるその代表者を通して，自ら国費を負担することが根本原則であって，国民はその総意を反映する租税立法に基いて自主的に納税の義務を負うものとされ（憲法30条参照）その反面においてあらたに租税を課し又は現行の租税を変更するには法律又は法律の定める条件によることが必要とされているのである（憲法84条）」（最大判1955（昭和30)・3・23民集9巻3号336頁）と述べ，租税の賦課徴収は民主政の過程を経た上で，法律によって正当化されるとの見解を示している（**民主主義的租税観**)。租税は受益者負担金や原因者負担金のような当該負担を正当化する根拠（対価性・帰責性）を伴っておらず，それゆえ法律によってしかその徴収に歯止めをかけることができない。このような特殊な構造から，行政法の一般理論に比べてより重い役割が，法律に与えられているのである（⇨文献⑦)。

■ 担税力に応じた課税の原則

　租税法律主義は前述の通り，法律により重い役割を与えている。そこで法律学としては，租税法律に対する法的制御をどのように構想するかが重要となる。この点に関する手がかりとなるのは，**平等原則**（憲法 14 条）と**財産権保障**（憲法 29 条）である。ただし，後者による制御の余地は，自らの財産を自らのために使うことができないほど（**私的効用性**を維持できないほど）の重税が課された場合など（谷口 22 頁）極端なケースに限られ，それほど実効的ではないと思われる（租税法律不遡及の問題につき，判Ⅰ6 最一小判 2011（平成 23）・9・22 民集 65 巻 6 号 2756 頁）。前者による制御に関して最高裁は，平等原則は合理性なき差別を禁止したものであるとした上で，「租税法の定立については，国家財政，社会経済，国民所得，国民生活等の実態についての正確な資料を基礎とする立法府の政策的，技術的な判断にゆだねるほかはなく，裁判所は，基本的にはその裁量的判断を尊重せざるを得ないものというべきである。そうであるとすれば，租税法の分野における所得の性質の違い等を理由とする取扱いの区別は，その立法目的が正当なものであり，かつ，当該立法において具体的に採用された区別の態様が右目的との関連で著しく不合理であることが明らかでない限り，その合理性を否定することができず，これを憲法 14 条 1 項の規定に違反するものということはできないものと解するのが相当である」（前掲・大嶋訴訟）と述べている。この判断基準は立法裁量を広範に認めており，ある租税立法が憲法 14 条に反し違憲無効とされる可能性は現実には極めて低い。そこで租税法学はこの分野においては，公平性が担保された租税制度を設計すべきことを論じる**租税政策論**を強力に展開してきている。その際の重要な準則が，**担税力に応じた課税の原則**である。

　担税力に応じた課税の原則とは，各人の税を支払うことができる能力である**担税力**（水野 13 頁，岡村 58 頁）に応じた税負担が定められるべきとする考え方であり，担税力に応じた税制こそが公平と評価される。例えば所得税法が定める累進税率は，所得が大きくなるほど担税力も増加すると考えれば，比例税率よりも公平な税制と評価されることになる。また，所得税法は後述のように所得を 10 種類に分け，担税力の低い給与所得については**給与所得控除**の制度を設けて税負担を軽減しようとしている。

他方で、経済対策や環境配慮などのさまざまな政策目的に基づいて導入された**租税特別措置**は、担税力に応じた課税の原則と抵触する。租税特別措置とは、担税力などが同様であるにもかかわらずある一定の条件を満たした場合に税負担を軽減（**租税優遇措置**）または加重（**租税重課措置**）するもので、その多くは租税特別措置法で定められており、この規定が個別の租税法の内容を変更している。例えば、電気自動車等のエコカーについて自動車重量税を免税する措置は租税特別措置法 90 条の 12 に基づくものである。租税優遇措置は機能的には補助金とほぼ同じものであるものの、補助金と異なり対象者が把握しにくく、また補助金交付のような交付決定（行政処分）が介在しないことから反対利害関係者が訴訟で争うことが容易ではない。また、特定の業界利益を保護する租税優遇措置が「特別」とは呼べないほど恒常化しているとの批判が寄せられていた（夙に、田中 51 頁）。そこで 2011 年に租税特別措置の適用状況の透明化等に関する法律が制定され、特別措置の適用を受けようとする法人に適用額明細書の提出を義務付けた上で、その集計や実態調査によって租税特別措置の状況が明確化される制度が設けられた。

■ 税制の中立性維持の原則

　税制は人々の経済活動に関する意思決定に対して中立的な立場を維持すべきであるとする考え方を**税制の中立性維持の原則**と呼ぶ。例えば法人税法 23 条 1・2 項は、完全子会社法人株式・関係法人株式等に係る配当等の全額を益金に算入しないと規定している。これは、もし親会社・子会社関係での配当に法人税を課税するとすれば、企業形態の選択に税制が中立的な立場を維持していないことになるためであるとされる（谷口 391 頁）。この場合の配当を課税対象としなければ、企業側としては親会社・子会社の関係を続けるか、合併して垂直統合するかを、租税法上の利害得失を考慮せずに決定することができる。

　他方で、税制が人々の行動を誘導する目的で使われることもしばしばある（前述のエコカーに対する免税措置はその例である）。租税の第 1 の目的は費用調達にあるとはいえ、租税が同時に行動誘導のために利用されることが一律に禁止されているわけではない。ただしその場合には、行動誘導の目的とそのために選択された誘因措置との間に合理的な関係があるかが、同時に検証さ

れる必要がある。担税力に応じた課税の原則や税制の中立性維持の原則は，この検証のいわばベースラインを形成するものであり，そこからの逸脱に対して法的議論に基づく正当化を要求する。このような議論フォーラムを設定することによって，特殊利害が租税制度の形成・変更に直接の影響力を行使することが避けられ得るのである（⇨文献⑧）。

■ 要件裁量否定の原則

　租税法律主義，なかでも課税要件明確主義の考え方は，法律及びその委任立法が規定した課税要件が明確であることを要求し，不確定法概念の使用の抑制を求めている。さらに租税債務関係説の理解によると，法定の課税要件の充足と同時に納税義務は発生しており，後続する課税処分はこれを単に確定するにとどまる。この両者の考え方が結合することにより，課税処分における要件裁量は否定されることになる。つまり，ある事実が課税要件事実に該当するかどうかの法的評価について，課税庁の判断が優先されることはなく，この点について裁判所の審査権が制約されることはない。後述するように，課税要件の解釈と適用に関して国税庁は多くの**通達**を発している（⇨184頁）。課税要件に関する裁量が行政に認められないとすると，これらはいずれも**解釈基準**であって裁量基準ではないことになる。そこで裁判所としては，これらの通達を考慮することなく，独自の法解釈と事実の規範へのあてはめを行えばよいことになる。

■ 申告納税の原則

　国税通則法では納税義務の成立時期を定め（例：所得税（源泉徴収によるものを除く）→暦年の終了の時），納付すべき税額については確定手続を別途規定している。確定の方法として，特に手続を必要としない**自動確定方式**，納税者の申告によって税額が確定する**申告納税方式**，税務署長又は税関長の処分のみにより税額が確定する**賦課課税方式**の3つが定められている。国税に関しては申告納税方式が原則的な形態とされている。この**申告納税の原則**は，納税者の第一次的な税額確定権を認め，自主的な納税により国家運営を支えるという点で，民主主義的租税観に適合的であるとされる。また税額が私人の申告によって確定するという方式は，行政による決定で法関係が変動・確

定される行政法の一般的なモデル，例えば賦課課税方式と比較すると，納税者側のイニシアティブをより強く認めるものであり，租税債務関係説の理解とも親和的である。

税額確定方式	具体例
自動確定方式	予定納税に係る所得税，源泉徴収による国税，自動車重量税，印紙税，登録免許税，延滞税・利子税
申告納税方式	国税の大半
賦課課税方式	地方税の大半

図3　税額の確定方式

　申告納税方式は納税者側の自主性に期待した制度であり，これだけでは徴税が実効的に行えないおそれがある。そこで申告納税を補完する制度や，申告納税を機能させる制度が合わせて設けられている（谷口117頁）。

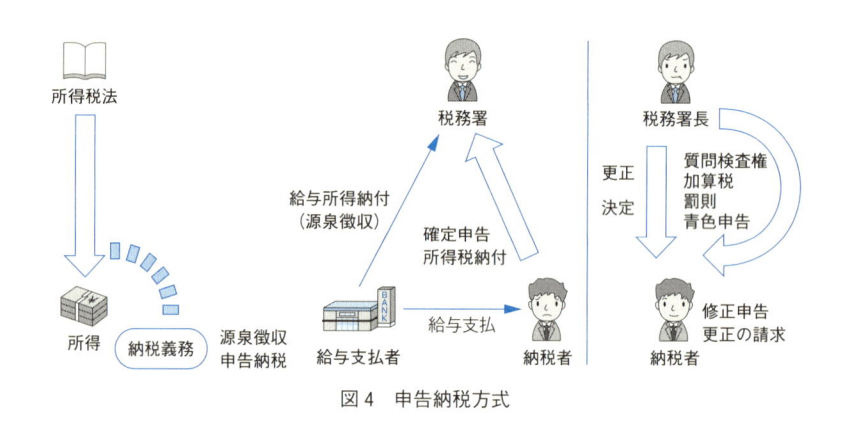

図4　申告納税方式

① 徴税の効率化を図るため，所得税法には**予定納税制度**（所得税法104条）と**源泉徴収制度**（同法181条）（⇨214頁）が規定されている。所得税に関して言えば，申告納税よりも源泉徴収で確保される税額が圧倒的に多い。これらは，暦年の終了を待たず，所得が発生した段階で税額が自動確定される方式である。最終的には確定申告の段階で清算され，税を払いすぎていれば**還付金**が支払われる。

② 申告された税額が法律の定めに適合しない場合には，税務署長は**更正**を行う（国税通則法24条）。また申告書が提出されない場合には，税務署長は**決定**を行う（同法25条）。これらの課税処分によって申告された税額が変更されることがあり得る（この点では申告納税方式は，環境法に見られる届出＋改善命令（⇨363頁）に類似している）。こうした課税処分を行う前提として**質問検査権**が認められており（同法74条の2以下），過少申告や無申告に対しては税額が割増しになる**加算税**の制度もある（同法65条以下）。さらに偽りその他不正の行為によって税を逃れた場合には刑事罰が科される（例：所得税法238条）。他方で，申告納税方式を普及させるためのインセンティブを与える制度として**青色申告**がある（所得税法143条，法人税法121条）。これは，帳簿書類を備え付けている者に対して通常の申告者（**白色申告**）には認められないさまざまな「特典」を認めるものである。青色申告をするためには，税務署長の**承認**を受けなければならない（所得税法146条，法人税法124条）。税務署長は法定の要件を満たす限り承認を与えなければならない。青色申告の承認は**一身専属的**なものであり，事業を別人が承継した場合には改めて青色申告の承認を受ける必要がある（⇨19頁）。青色申告に与えられる特典としては**青色申告特別控除**（租税特別措置法25条の2）のほかさまざまな控除・還付・特別減価償却による税額面での優遇と，帳簿書類に基づく課税処分（**推計課税の禁止**）や**理由附記**のような税額確定手続面での優遇とがあるとされる。ただし後者については，帳簿書類作成義務を課している以上，帳簿書類に基づいて課税処分することは当然であり，2011年の国税通則法改正によって行政手続法の理由提示の適用除外が解除されて白色申告の場合にも理由附記が必要となったことから，青色申告の特典とまでは言えないと思われる（谷口121頁）。税務署長は帳簿書類の備え付けや記録が財務省令で定めるところに従って行われていなかったなどの一定の事実がある場合，青色申告承認を取り消すことができる（所得税法150条，法人税法127条）。これは適法に成立した青色申告承認が事後的な事由で効力を失うものであるから，講学上の**撤回**（⇨63頁）にあたる。ただし，通常の行政行為の撤回と異なり，条文上，一定の事実があった年まで遡って撤回することが許容されている。

2 課税要件形成の過程

1 租税法律

■ 租税法律の解釈

　憲法上の原則である租税法律主義により，課税要件や賦課徴収手続は法律で規定していなければならない。国税の課税要件に関しては，所得税法・法人税法などの税目ごとの法律で規定が置かれ，その特別措置の多くは租税特別措置法にまとめられている。国税の賦課徴収手続については，国税通則法・国税徴収法・国税犯則取締法が通則法としての規定を置いている。地方税については地方税法が課税要件・賦課徴収手続の大枠を定めており，地方団体の条例が具体的な規定を置くことになる。

　租税法律は侵害規範であるから，その解釈は原則として**文理解釈**によるべきである（金子112頁）。すなわち，条文の文言がまず重視されるべきであり，その際には日本語の通常の用語法が参照されるべきである（最三小判2010（平成22）・3・2民集64巻2号420頁）。他方で，税負担の公平や当該課税要件の政策目的を実現させる観点から**目的論的解釈**が行われる場面も見られる。法人の所得に対する税負担が極めて低い**タックス・ヘイブン**に設立されている法人との複数の取引のスキームを用いて**外国税額控除**制度を利用し，この取引がなかった場合と比べて法人税額を減少させてその利益を取引関係者が得た**租税回避行為**をめぐる事件で，最高裁は，外国税額控除制度が国際的二重課税を排斥し事業活動に対する税制の中立性を確保しようとする政策目的のために存在するものと理解した上で，「本件取引に基づいて生じた所得に対する外国法人税を法人税法69条の定める外国税額控除の対象とすることは，外国税額控除制度を濫用するものであり，さらには，税負担の公平を著しく害するものとして許されない」（最二小判2005（平成17）・12・19民集59

巻 10 号 2964 頁［りそな銀行事件］）と述べた。脱税と異なり不当ではあっても違法ではない租税回避行為に関しては立法者が対応を取るべきであり，行政や裁判所は厳格な文言解釈に徹するべきとする**リベラルな租税回避観**（谷口 64 頁）が租税法学において説かれる見解であり，このような見方からは上記のような最高裁判決の解釈手法は強く批判されている（⇨借用概念と固有概念につき 171 頁）（⇨文献⑨）。

■ 租税法律と租税条約

　個人や企業の経済活動が国境を超えて展開するようになってきたことに伴い，租税法においても国際的な政策基準とりわけ条約の役割が大きくなっている（金子 104 頁）。その目的は，各国の徴税の有効性を確保することと，各国の税制の齟齬が国際的な経済活動を制約しないようにすることに大別される。前者については，条約によってお互いの租税行政組織間での情報交換と職務共助のルールを定め，相手国の求めに応じて税務調査や滞納処分を行うことが挙げられる（租税条約等の実施に伴う所得税法，法人税法及び地方税法の特例等に関する法律 8 条の 2，11 条）。後者については，**国際的二重課税**を排除するための二国間条約が締結されている（増井 21 頁以下）。この二国間条約の内容を統一するため，経済協力開発機構（OECD）が**モデル租税条約**を作成している。モデル租税条約そのものには法的拘束力はないものの，加盟国が二国間条約を締結する際には，この内容に準拠して交渉がなされている。我が国では条約が成立すれば国内法上の効力を有する（**一般的受容方式**）。しかし，前述の租税法律主義の趣旨からすれば，少なくとも条約上の課税許容規定については国内での条約実施法の制定が必要であろう（谷口 27 頁）。

２　租税法における条例

■ 地方税法と条例の関係

　憲法 94 条は，地方公共団体は「財産を管理し，事務を処理し，及び行政を執行する権能を有し」と規定している。他方で憲法 84 条は，租税を課す際には「法律又は法律の定める条件」によらなければならないと規定してい

る。この点について租税法学では，地方税において憲法84条にいう「法律」とは「条例」のことであると理解する考え方（**地方税条例主義**）が一般的である（金子90頁）。そうすると，地方税に関する課税要件と賦課徴収手続の大枠を包括的に定めている**地方税法**は，地方団体の課税権を制約するものであると位置づけられる。課税権を基礎付けているのはあくまで条例であり，地方税法は課税処分の根拠とはならないことになる（岡村27頁）。

　地方税法と条例の関係をめぐっては，次の2点の問題がある。第1は，**地方団体の課税権**の法的根拠である。地方税法2条は「地方団体は，この法律の定めるところによって，地方税を賦課徴収することができる」と定めている。この規定が地方団体の課税権を創設したものなのか，それとも課税権は憲法上認められているのかが問題となる。この点については，憲法94条にいう事務の処理や行政の執行にはその裏付けとなる費用調達が不可欠であり（金子89頁），また憲法上は国が法律で地方公共団体に事務処理を義務付けた場合の費用調整に関する規定が存在しないことから，憲法は地方公共団体を国と並ぶ課税権の主体と位置づけているものと考えられる（最一小判2013（平成25)・3・21裁時1576号2頁[神奈川県臨時特例企業税事件]）。その上で地方税法は地方団体の課税権行使のあり方を定めており（規制規範），その枠内で地方団体が条例を定めることにより，具体的な課税権行使がなされることになる。第2は，地方税法の**規律密度**の問題である。地方税法は大枠を定めているとは言ってもその規律密度が高く，地方団体が条例で規律できる範囲は小さい。憲法94条が地方公共団体独自の課税権を認め，また憲法92条が地方公共団体の運営に関する事項は「地方自治の本旨」に基づいて法律でこれを定めると規定している趣旨からすれば，地方公共団体の自主財政権を侵害するほど強度な規律は違憲と解するべきである。

■ 超過課税と法定外税

　そこで問題となるのは，現行の地方税法がどの程度地方団体に自由度を認めているのかという点である。税率に関しては，地方税法の定めは**標準税率**（同法1条5号）とされており，財政上その他の必要があると認める場合には地方団体はこの税率によらなくてよいとされている。そこで標準税率を超える**超過課税**を行って財源を確保したり（例：夕張市），逆に標準税率を下回る

減税を行って地域経済の活性化を図ろうとしたり（例：名古屋市）することも可能である。また税目に関しても，**法定外普通税・法定外目的税**を課すことが可能である。1999年の地方分権改革により，それ以前から存在した法定外普通税について大臣の許可制から**同意を要する事前協議制**へと変更されて法定の要件に合致しない限り必ず同意すべきこととされるとともに，新たに法定外目的税が創設された。分権改革以後に導入された法定外普通税の例として，核燃料税（11道県），神奈川県臨時特例企業税（2009年3月末で失効），豊島区狭小住戸集合住宅税，太宰府市歴史と文化の環境税がある。また法定外目的税の例として，産業廃棄物税（27府県），東京都宿泊税，富士河口湖町遊漁税，北九州市環境未来税がある。

ただし，法定外税の中には，税の主要な負担者を観光客等の当該地方公共団体の住民以外に求めているものも目立つ。このような税の決定の仕方は地方公共団体レベルにおける民主主義的租税観とは整合しない。そこで，法定外税における総務大臣の同意に，当該地方公共団体における条例制定過程において利益が十分に考慮されなかった域外の実質的な税負担者の利益を反映させる役割を果たさせる制度設計も検討すべきと思われる。

3 租税法における行政基準

■ 委任の限界

租税法においても行政基準は大きな役割を果たしている。課税要件法定主義は法律に一定の規律密度を要求する考え方ではあるけれども，法規命令への委任を全く許容しないわけではない。そこで，どのような場合に委任が許容されるのかが問題となる。一般的な判断基準は行政法の場合と同じく白紙委任の禁止（⇨52頁）である。また，命令に委任するだけの合理性があるかどうかで判断すべきとする見解もある（清永30頁）。最高裁が租税法律の委任の仕方が白紙委任であり違憲無効と判断したケースは，これまでのところ存在しない。ただし，以下に見るように，課税要件などの基本的事項を委任することは認められないと理解されており，逆に委任が許されるのは純粋に手続的な事項か，そうでない場合には法律で委任の範囲や内容が明確になっ

ている場合に限られている。

① 1962年改正（昭和37年法律第48号）以前の物品税法は，法律で列挙した物品であって命令で定めるものに対して物品税を課すとの規定になっていた（同法1条）。このことが課税物件の命令への委任にあたり，租税法律主義に反するかどうかが問題となった事件において最高裁は，「物品税法施行規則1条は，前記物品税法1条1項の委任に基づき同条項で既に列挙している物品を，更に限定してその範囲を明確にしたものである」（最一小判1964（昭和39）・6・18刑集18巻5号209頁）とした上で，基本的な重要事項を政令に委任しているとは言えないとした。

② 登記の際に支払わなければならない登録免許税について，租税特別措置法が「政令で定めるところにより」登録免許税法よりも低い軽減税率を定め，同法施行令が「大蔵省令で定めるところにより登記を受ける場合に限り」適用すると定めていた。東京高裁は「法律が租税に関し政令以下の法令に委任することが許されるのは，徴収手続の細目を委任するとか，あるいは，個別的・具体的な場合を限定して委任するなど，租税法律主義の本質を損なわないものに限られるものといわなければならない」とした上で，「本件の委任文言は，その抽象的で限定のない文言にかかわらず，これを限定的に解釈すべきものであり，追加的な課税要件として手続的な事項を定めることの委任や，解釈により課税要件を追加しその細目を決定することの委任を含むものと解することはできない」とした（東京高判1995（平成7）・11・28判時1570号57頁）。

■ 租税通達の法的意義

　租税法においても**通達**は広く用いられている（⇨文献⑩）。租税法の場合には通達の体系化が進んでおり，広く一般的な場面を想定した**基本通達**と個別事例への対応を指示した**個別通達**とがある。ここでは，所得税法が定める**医療費控除**を例に通達が果たしている役割を説明する。所得税法73条1項は所得税が課税される所得金額から医療費にかかった部分を控除する医療費控除を定めている（⇨189頁）。その対象となる医療費について同条2項は図5にあるような文言の規定を置いている。政令への委任を受けて定められた所得税法施行令207条も，基本的には所得税法73条2項と同様の定めをして

```
┌─────────────────────────────────────┐
│ 所得税法73条2項                      │
├─────────────────────────────────────┤
│ 前項に規定する医療費とは，医師又は歯科医師による診療又は治 │
│ 療，治療又は療養に必要な医薬品の購入その他医療又はこれに関 │
│ 連する人的役務の提供の対価のうち通常必要であると認められる │
│ ものとして政令で定めるものをいう。                  │
└─────────────────────────────────────┘
              │ 委任
              ▼
┌─────────────────────────────────────┐
│ 所得税法施行令207条                   │
├─────────────────────────────────────┤
│ 法第73条第2項（医療費の範囲）に規定する政令で定める対価 │
│ は，次に掲げるものの対価のうち，その病状その他財務省令で定 │
│ める状況に応じて一般的に支出される水準を著しく超えない部分 │
│ の金額とする。                                │
│ 　二　治療又は療養に必要な医薬品の購入           │
└─────────────────────────────────────┘

┌─────────────────────────────────────┐
│ 所得税基本通達73-5                    │
├─────────────────────────────────────┤
│ 令第207条第2号に規定する医薬品とは，薬事法第2条第1項 │
│ 《定義》に規定する医薬品をいうのであるが，同項に規定する医 │
│ 薬品に該当するものであっても，疾病の予防又は健康増進のため │
│ に供されるものの購入の対価は，医療費に該当しないことに留意 │
│ する。                                      │
└─────────────────────────────────────┘
```

図5　租税法における通達

いる。この場合に，市販のかぜ薬や漢方薬は対象になるだろうか。

　通達は上級機関から下級機関への**指揮監督権**に基づく行政内部法であって，法規命令と異なり，裁判所に対して法的拘束力が及ぼされるわけではない（**外部効果なし**）。行政法においては**行政規則の外部化**として，一部の行政規則が**平等原則**と結びつくことで裁判所において適用可能なルールとなることが認められている（⇨53頁）。しかし，その際に念頭におかれている行政規則の類型は裁量基準・給付規則・指導規則に限られ，**解釈基準**は一般にその対象外と考えられている。なぜなら，法の解釈は裁判所の専権事項であると日本では理解されているからである。租税法においては課税要件に関して**要件裁量否定の原則**が存在しているため，上記の所得税基本通達は裁量基準ではなく解釈基準と考えられる。そうすると行政規則の外部化により裁判所での適用可能な規範となることはなく，裁判所は通達の解釈を考慮せず自ら

正しいと考える解釈と適用を行えばよい。

　このような考え方は，私人が通達に示されている解釈の不適用を求める場合には問題を生じさせない。しかし，通達に示されている解釈・適用を私人が求める場合には，裁量基準の場合のように平等原則と結合させて裁判所による適用の可能性を開くことができない。そこで租税法学においては，納税者に有利な**慣習法**の成立を認め，通達が示す内容の**行政先例法**に裁判所も拘束されるとの見解が有力である（⇨文献⑪）。具体的には，ある納税義務の免除や緩和が一般的かつ反復・継続的になされて定着した場合には，行政先例法の成立が認められ，その取扱いを変更するには法律の改正が必要であるとする（田中101頁，金子105頁）。しかし，法律による行政の原理をさらに厳格化した租税法律主義が大原則の租税法において，慣習法が成立すると考えるのは無理があるし（塩野・Ⅰ103頁），もし慣習法が成立するならば納税者にとって不利な慣習法も成立するはずである。そこで，通達を公的見解の表示とみて，信頼保護原則を用いることで問題を解決する方が妥当であるように思われる（判百Ⅰ28　判Ⅰ26　CB9-4　最三小判1987（昭和62）・10・30判時1262号91頁［八幡税務署事件］）（⇨19頁）。ただし，私人の経済活動と密接に関連するという租税法の特殊性を考慮したとしても，通達を信頼したことについて納税者に帰責性がないという要件を満たすのは一般には容易ではない（この要件を満たすと判断した，通達にもよらない慣行の変更と過少申告所得加算税につき，判Ⅰ31　最三小判2006（平成18）・10・24民集60巻8号3128頁）。

　この点が特に表面化するのが**緩和通達**である。これは，ある経済的利得について「課税しなくて差し支えない」と規定する通達であり（例：所得税基本通達36-30），租税法律主義から見れば明らかに違法な取扱いである（谷口35頁）。租税法学の中では，納税者の納税義務が縮小される方向については鷹揚に認める見解が有力であるものの，納税者間の執行上の公平や課税要件法定主義の観点からは問題が多いように思われる（岡村35頁）。執行上の考慮や政策的観点から課税を緩和すべき場合には，法律または法律の委任に基づく法規命令での規律が選択されるべきである。

4 課税要件論の基礎

具体的な課税要件の検討が租税法学の中心であり、その内容は租税法の基本書の説明に譲りたい。以下では、課税要件論の基本的な考え方を確認する意味で所得税額の算定方法を、また行政法学と関わりの深い課税要件論として公益法人税制と固定資産税の算定を簡潔に説明することとする。

■ 所得税額の算定方法

所得税額の算定方法は複雑である。所得税法は10種類の所得を定めている。まずその種類ごとに所得の金額を計算する。その際の基本的な考え方は、**収入金額**から**費用**を差し引くことである。こうして計算された金額を**損益通算**する。ただし単純に通算できるわけではなく、通算のルールは所得税法に規定されている。**山林所得金額**と**退職所得金額**を別に計算し、それ以外は総所得金額として合算（ただし長期譲渡所得と一時所得の合計額は1/2にして加算）する。その際には確定申告書を提出する前の年以前の3年内の各年で控除できなかった損失について**繰越控除**を行う。こうして算定された金額から**所得控除**の金額が、総所得金額・退職所得金額・山林所得金額から控除さ

所得の種類	具体例	
利子所得	預貯金・公社債等の利子	資産所得
配当所得	法人から受ける利益の配当, 剰余金の配当	
譲渡所得	資産の譲渡益	
不動産所得	不動産・船舶・飛行機の貸付による賃借料	
山林所得	山林の伐採又は譲渡益	
事業所得	各種の事業から生ずる所得	資産勤労結合所得
給与所得	俸給・給料・賃金・歳費・賞与等	勤労所得
退職所得	退職手当・一時恩給等	
一時所得	懸賞金・生命保険一時金等	
雑所得	公的年金等, その他の雑所得（原稿料・政治献金収入）	

図6　所得の種類

れる。これに**税率**を掛けると所得税の額が算出される。ここから**税額控除**がなされ，残った金額が納付すべき所得税額となる（佐藤43頁）。

① 所得税法は上の表のように10種類に所得を分類し，それぞれに計算方法を分けている。これは所得の発生要因によって担税力が異なるためである。また費用についても計算ルールは異なる。利子所得については，経費の控除は認められていない（同法23条2項）。これに対して配当所得では，株式その他配当所得を生ずべき元本の取得に要した負債の利子の控除が認められている（同法24条2項）。

② 日本の所得税は**総合所得税**の方式を採っており，その現れと言えるのが損益通算である。具体的には，不動産所得・事業所得・山林所得・譲渡所得の金額に損失がある場合には，それをその他の各種所得の金額から控除することとされている（所得税法69条1項）。ただし租税特別措置法において，利子所得・配当所得・譲渡所得について**分離課税**が定められている。分離課税とは，上記のような損益通算をせず，当該所得単独で税額が計算されることをいう。分離課税にするとその部分だけ源泉徴収とする制度を設けることが

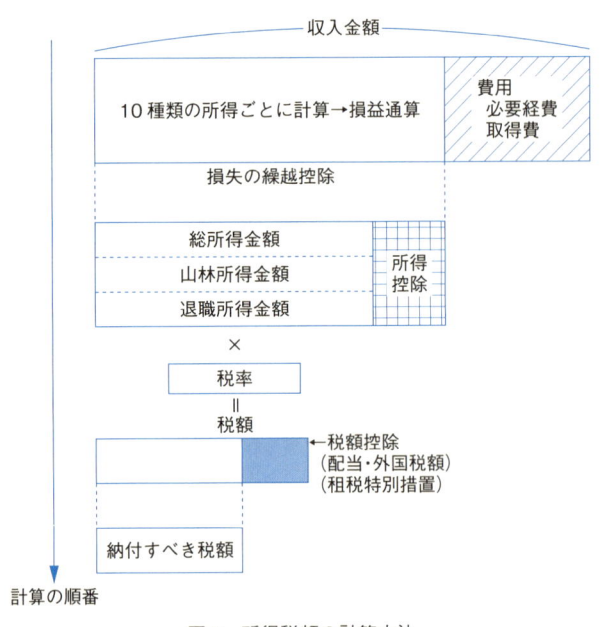

図7　所得税額の計算方法

できるほか(**源泉分離課税**)，合算によって所得が大きくならないので累進税率との関係では税額が小さくなることになる。

③ 所得税法では所得金額を総所得金額・山林所得金額・退職所得金額の3つにまとめることとされている（同法22条1項）。また総所得金額を算定する際に，保有期間が5年超の長期譲渡所得と一時所得については1/2のみを合算対象としている。これらはいずれも担税力との関係での工夫と言える。山林所得は長期にわたる資本投下の成果が一時に得られる所得であり，このまま総所得金額に合算すると累進税率の下では税率が高くなりすぎるおそれがある。また退職所得も給与の一部後払いである点でこれと類似する。両者は所得税法が定める分離課税である。また長期譲渡所得を1/2合算とする理由は山林所得と同じであり，一時所得は偶発的な所得であって担税力が低いのでやはり1/2合算とされている。

④ さらに所得税法は，上記の3つの所得金額から**所得控除**を行うと定めている。これらも担税力の観点から所得税の課税標準を減少させる工夫である。前述の医療費控除もここに含まれる。具体的には，図8のような控除がある（谷口343頁以下）（⇨文献⑫）。

所得控除の類型	趣旨・具体例
基礎的人的控除	納税者やその家族の最低限の生活水準を維持する 基礎控除(所得税法86条)・配偶者控除(同法83条)・配偶者特別控除(同法83条の2)・扶養控除(同法84条)
特別人的控除	納税者の特別な経済的状況に配慮する 障害者控除(同法79条)・寡婦(寡夫)控除(同法81条)・勤労学生控除(同法82条)
不慮損害控除	納税者の病気や事故等に伴う損失に配慮する 雑損控除(同法72条)・医療費控除(同法73条)
義務的支出控除	法律で義務付けられている支出を控除する 社会保険料控除(同法74条)・小規模企業共済等掛金控除(同法75条)
政策的控除	一定の支出を政策的に誘導する 生命保険料控除(同法76条)・地震保険料控除(同法77条)・寄附金控除(同法78条)

図8　所得控除の類型

これらの控除を経た上で算出された3つの所得金額に，それぞれ税率（累進税率）を掛け合わせることで所得税額が算定される。山林所得については累進税率を緩和するため，所得金額を1/5にした上で累進税率を適用し，得られた金額を5倍して税額とする（**五分五乗方式**）（所得税法89条1項）。

⑤ 最後に，配当控除（所得税法92条）や**外国税額控除**（同法95条）などの**税額控除**がなされ，最終的な税額が確定する。累進税率の下では，所得控除は所得金額の多い納税者ほど経済的に有利に働く。これに対して税額控除は税額を計算した後に差し引かれるので，低所得者にも経済的意義が大きい（水野291頁，岡村84頁）。近時議論されている**給付付き税額控除**は，一定の計算方法に従って税額控除を行い，控除できなかった金額を給付するという方式である。低所得者に対する税制による再分配が可能になる反面，社会保障制度との調整や法執行体制整備の問題など課題も多い。

■ 公益法人税制

法人税の課税標準は「各事業年度の所得の金額」（法人税法21条）であり，具体的には各年度の**益金**から**損金**を差し引いた金額である（同法22条1項）。法人税法も**包括的所得概念**を採用しており，課税標準の算定の考え方の基本は上述の所得税法と同じである。益金や損金の算定に当たっては「一般に公正妥当と認められる会計処理の基準」に従うこととされており（同条4項），**企業会計基準**が法人税の税額計算にも影響を与える構造になっている（ただし「別段の定め」（同条2項）によって修正が加えられている）。普通法人の税率は通常25.5％であり，資本金1億円以下の法人の場合には所得金額が800万円以下の部分については19％の軽減税率が適用される。これに対して法人税法別表第1に列挙された公共法人（例：地方公共団体，国立大学法人）には法人税を納める義務がない（同法4条2項）。

公益法人税制は法人税法別表第2に列挙された**公益法人等**（同法2条6号）に対して適用される。具体的には，公益財団法人・公益社団法人，非営利型の一般財団法人・一般社団法人（事業により利益を得たりそれを分配したりすることを目的としない法人，会員に共通する利益を図るための事業を行う法人であって政令で定めるもの（同条9号の2））や健康保険組合・学校法人・社会福祉法人などが含まれる。2011年の改正特定非営利活動促進法により，都道府県知

事・指定都市の市長が認定した**認定特定非営利活動法人**も公益法人税制の対象となった（同法70条）。2006年改正以前の民法の**公益法人制度**のもとでは，主務大臣の幅広い裁量のもとで公益法人の設立が認められ（法人設立における**許可主義**），公益法人となれば自動的に公益法人税制の対象となっていた。しかしこのことは一方では非営利の団体が法人格を取得することを困難にし（1998年の特定非営利活動促進法，2001年の中間法人法の制定はこの問題への対応でもあった），他方で公益法人が主務省庁の下請的な存在として利用されるという問題を生じさせていた。そこで2006年の公益法人三法の制定により，非営利の一般社団法人・一般財団法人は**準則主義**に基づき設立できることとし，公益社団法人・公益財団法人となるにはさらに内閣総理大臣または都道府県知事の**公益認定**を受ける二段階の構造とされた。この方式を採用することで，非営利団体の法人格取得を容易にするとともに，租税優遇措置が受けられる公益法人については主務大臣に認定権限を認めず，内閣府に設置された**公益認定等委員会**や都道府県の合議制機関への諮問手続を経由させることで，公益認定の平準化と透明化を図ろうとしているのである。公益法人税制の概要は以下の通りである（⇨文献⑬）。

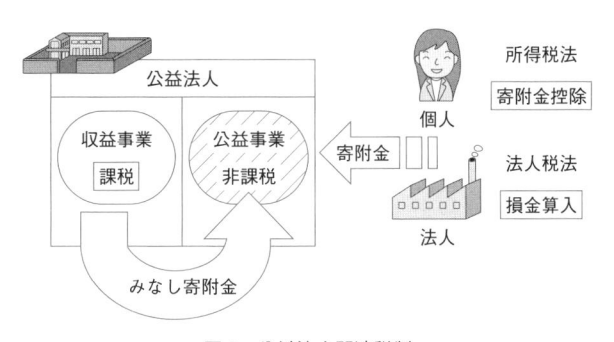

図9 公益法人関連税制

① 公益法人の会計においては，**収益事業**と**公益事業**を**区分経理**しなければならない（公益社団法人及び公益財団法人の認定等に関する法律19条）。法人税法が課税する対象は収益事業のみであり（法人税法4条1項），公益事業は非課税となる。収益事業に対する税率は旧制度の下では軽減税率（22％）であったものの，新制度では普通法人と同じ税率となっている。これは収益事業に

関して公益法人と普通法人との競争条件の平等（**イコール・フッティング**）を確保するための改正であるとされる（金子379頁）。
② 公益法人の収益事業は，公益事業に充てるために行われている。そこで，収益事業から公益事業への支出（**みなし寄附金**）については，その一定割合（50％）までを損金算入することが認められている（法人税法37条5項）。この部分については収益事業の収入から差し引かれることになり，その分法人税が軽減されることになる。
③ 公益法人の公益事業に充てる費用のもう1つの獲得先は，個人・法人からの**寄附金**である。所得税法では**寄附金控除**の制度が設けられており，所得金額の40％を限度額として**所得控除**が認められている（所得税法78条）。法人税法でも，一定の損金算入限度額まで寄附金を損金に算入することができる（法人税法37条3，4項）。さらに2011年の税制改正によって寄附金に関する所得税の**税額控除**も導入されている。

■ 固定資産税の算定

　固定資産税は土地や家屋などの固定資産を対象に課税される市町村税であり，市町村税収の基幹的な部分を占めている。賃料を基準に課税がなされていたかつての地租・家屋税と異なり，固定資産税は固定資産の価格を課税標準としている。その価格は，固定資産課税台帳に登録された価格を用いる（**台帳課税主義**）（地方税法349条）。算定の過程は次の通りである。
① 固定資産の価格は**固定資産評価員**（地方税法404条）の**評価調書**に基づいて，市町村長が毎年3月31日までに決定し（同法410条1項），これを**固定資産課税台帳**に登録しなければならない（同法411条1項）。土地と家屋についての評価は3年に一度であり，基準年度の翌年度・翌々年度は基準年度と同じ価格となるのが原則である（同法349条2，3項）。
② 固定資産課税台帳に登録された価格に不服がある納税者は，登録の公示の日から納税通知書の交付を受けた日の60日後までの間に，**固定資産評価審査委員会**に審査の申出をすることができる（地方税法432条1項）。固定資産評価審査委員会は登録価格に関する不服を審査するために市町村に設置された合議制の機関である（同法423条）。委員会は30日以内に審査の決定をしなければならず（同法433条1項），これに不服がある場合には納税者は決

定の取消訴訟を提起できる（同法434条1項）。この手続で注意すべきことは，固定資産課税台帳に登録された価格に関してはこの方法でしか争えず，固定資産税の賦課決定に対する不服申立・取消訴訟の中ではこの違法主張ができないことである（同法432条3項，434条2項）。評価は3年に一度であるのに対して賦課決定は毎年なされる。2年目と3年目で評価が変わらなかった場合には，その賦課決定の際に登録価格の違法を主張できないのである。これは固定資産の価格を早めに決定し，徴税を円滑・迅速に実施するためであるとされる（金子597頁）。このような二段階構造が，固定資産税の過納金相当額に対する国家賠償請求を最高裁が許容した一因かもしれない 判百Ⅱ241 判Ⅱ161 最一小判2010（平成22）・6・3民集64巻4号1010頁）。（⇨文献⑭）。

③ 固定資産評価審査委員会は市町村長の諮問機関ではなく，自らが不服申立に対して裁断を下す中立的機関である。1999年改正以前は**公開口頭審理**を原則として行うこととされていた。現在でも申出人の求めがあれば**口頭意見陳述の機会**を与えなければならない（地方税法433条2項）。このような構造上の特色から，行政不服申立の審理に関する判例・裁判例の蓄積がある。例えば，口頭審理外で行った職権調査に基づきこれを口頭審理に上程することなく決定した事例で，最高裁は申出人が記録を閲覧した上でこれに反論できることを理由にこのような手続は違法ではないとした（判百Ⅱ144 判Ⅱ120 最一小判1990（平成2）・1・18民集44巻1号253頁）。また，審査委員会の棄却決定の際に市長部局の職員が同席していたことが，委員会の中立性・独立性を著しく害しており違法であると判断した事件 判Ⅱ122 東京高判1998（平成10）・9・30判時1667号20頁）や，委員会が審査対象事項に関する資料を具体的に調べることなく審理を終結したことが違法であると判断した事件 判Ⅱ123 仙台高判1997（平成9）・10・29判時1656号62頁）がある。

④ 固定資産税の税額は，台帳に登録された価格に条例で定める税率を掛けることで算出される。標準税率は1.4％である（地方税法350条1項，741条）。この算定過程を経てさらに**都市計画税**が課される（⇨418頁）。都市計画税の納税義務者は都市計画区域内の土地・家屋所有者であり，課税標準は固定資産税と同じである（同法702条）。

3 納税義務確定の過程

　法律の定める要件を充足した場合に成立する納税義務の多くは、納税者側の申告や課税庁の課税処分によって確定される。納税義務の存否や内容に争いがある場合には、行政不服審査や行政訴訟（とりわけ取消訴訟）・国家賠償訴訟が用いられる。

1 納税義務の成立

■ 納税義務の成立の意義

　国税通則法15条は、国税の納税義務の成立時期を規定している。例えば登録免許税の場合には「登記、登録、特許、免許、許可、認可、認定、指定又は技能証明の時」（同条2項12号）である。ただし自動確定方式をとる税以外では、納税義務の成立だけでは具体的な納税額は確定していない。具体的な税額の確定は、申告や課税処分によってなされることになる。それでは納税義務の成立それ自体にはどのような法的意味があるのだろうか。
① 具体的な納税額が確定していない段階であっても、すでに納税義務が成立していれば、その義務は**包括承継**の場合には**承継**される。具体的には、相続（国税通則法5条）、法人の合併（同法6条）、人格のない社団等の財産に属する権利義務の包括承継（同法7条）などである。
② 納税義務が成立した状態で、法定申告期限前に確定見込み額の徴収を確実に行うため、事前に滞納処分の必要な金額を決定し、納税義務者の財産を差し押える手続がある。これを**繰上保全差押**（国税通則法38条3項）という。逆に、震災等の災害が止んだ日以前に納税義務が成立していた場合には、税務署長等は**納税猶予**ができる（同法46条1項）。納税猶予がなされた場合には、新たに督促や滞納処分をすることができなくなり（同法48条1項）、す

でに差し押えた財産があれば納税者の申請に基づきこれを解除できる（同条2項）。

　これら以外の点については，納税義務の成立よりも納税義務の確定の方が重要である。国税の徴収権の消滅時効は納税義務の成立の時点からではなく，法定納期限（または更正・決定の日）の翌日から5年とされている（国税通則法72条1項）。申告納税制度の場合の法定申告期限は法律で定められているし（例：所得税法120条1項），税金を納めるべき期限である**納期限**についても納税義務の成立時期とは関わりなく法定されている（国税通則法35条）。この意味では，納税義務の成立に大きな意味があるのは自動確定方式の租税に限られているとも言える。

■ 自動確定方式と通知の処分性

　自動確定方式は，納税義務の成立と同時に特別の手続を経ることなく納税義務が確定する方式を言う。その一例である**印紙税**は，課税対象となる文書の作成者を納付義務者とし（印紙税法3条1項），課税標準は文書の数で，文書の種類ごとに税率が決まっている（同法7条）。例えば3万円以上の買い物をした場合に領収書に印紙が貼られ，消印が押されているのを見たことがあるかもしれない。この**印紙納付**が標準的な納付方法である（同法8条）。このように課税標準が明確で，税額の計算も容易であれば，特別な確定手続を経ずに納税義務の確定が可能と考えられているのである。

　特別な確定手続，特に課税庁の決定を経由せずに納税義務が確定することの法的な意味の1つは，誤って税金を納付した場合の救済手段にある。自動確定方式の場合にはとりわけ，税金を払いすぎる事例が生じうる。このうち所得税の源泉徴収のような予定的納税義務の場合，徴収後に計算したところ税金を払いすぎていたとすると，確定申告を経て**還付金**が返還されることになる（所得税法138条1項）。これに対し，納税した段階から本来納税する必要のなかった税金は**過誤納金**として返還されうる。このうち**誤納金**は，自動確定方式のように行政処分を介在させずに納付した場合を念頭に置いており，直ちに不当利得返還請求（誤納金返還請求訴訟）をすることができる。これに対して**過納金**は，申告や更正・決定などの課税処分を経て納税義務が確定した場合の超過部分であり，申告や処分が無効でない限りまず更正の請求

や処分の取消を行ってから還付を求めなければならない（金子724頁）。

　他方で，自動確定方式を採っていても，課税庁から納税義務の存否や内容についての表示行為がなされることがある（谷口114頁）。そのような例として図10のようなものがある。

税の種類	表示行為	
源泉徴収による国税		納税の告知（国税通則法36条）
登録免許税	納付の確認（登録免許税法25条），課税標準・税額の認定（26条），納付不足額の通知（28条），過誤納金の還付通知（31条）	
印紙税	過誤納の確認（印紙税法14条）	

図10　自動確定方式における納税義務の表示行為

　納税義務を確定させる性格を持たないこれらの行為に**処分性**は認められるのだろうか（⇨104頁）。また処分性が認められると，直ちに返還請求訴訟を提起することはできなくなるのだろうか。このことが争われたのが登録免許税の過誤納金の還付通知に関する最高裁判決（判百Ⅱ168　判Ⅱ25　CB 11-13　最一小判2005（平成17）・4・14民集59巻3号491頁）である。

　登録免許税は，所有権の保存登記や弁護士の登録などの各種許認可（具体的には登録免許税法別表第1に列挙されている）を受ける者が納税義務者となる税であり，課税標準は価額（不動産登記の場合）または数量（許認可の場合）である。登記機関は登録をする際に，登録免許税の納付の事実を確認しなければならない（登録免許税法25条）。登録機関は，登録免許税の課税標準や登録免許税の額が法律の規定に従っていなかった場合には，自らが認定した課税標準や登録免許税額を通知する（同法26条1項）。この通知を受けた場合には通知を受けた者は遅滞なくその差額を国に納付しなければならない（同条2項）。過大に登録免許税を納付して登記等を受けた場合には，登記機関は納付された登録免許税の額を所轄税務署長に通知しなければならない（同法31条1項3号）。登記等を受けた者は，登録免許税の過誤納があるときは，登記等を受けた日から5年を経過する日までに登記機関に申し出て，税務署長への通知をすべき旨の請求をすることができる（同条2項）。

　登録免許税は自動確定方式を採用していることから，上記の法的しくみに

含まれる表示行為（納付の確認，税額等の通知，過誤納金の還付通知）にはいずれも税額を確定させる法的な効果はない。しかし登録や免許を与える登録機関側が登録免許税の税額が不足しているとの見解を有している以上，たとえその判断行為に優先的な通用力が制度上は認められていないとしても，この判断に従わずに登録等を得ることは期待できない。登録免許税法はこのことを前提に，一旦登録機関の主張通りの税額を支払い，後に過誤納金の還付を受けるという手続を想定していると考えられる。このようなしくみ解釈を前提とすれば，納付の確認や税額等の通知には処分性はないと考えられる（もし一旦支払うことが経済的に過酷な状況であるとすれば，公法上の当事者訴訟によってこの段階で争うことも考えられる）。過誤納金の還付通知も同様に，税額を確定させる法的な効果を持っていない。しかしこの還付通知を得れば，納税者側は簡易迅速に還付を受けることができる。登録免許税法もこのことを意識して，還付通知を納税者側が請求することができるとする手続的なしくみを用意している。上記の最高裁判決はこの点に注目して，返還請求訴訟の利用可能性を認めつつ，還付の拒否通知が「簡易迅速に還付を受けることができる手続を利用することができなくなる」という手続上の地位を否定する法的効果をもたらすことに注目して，その処分性を肯定したのである。

2 申告納税

■ 申告納税方式と賦課課税方式

　納税義務の確定方法としては，前述の自動確定方式のほか，申告納税方式と賦課課税方式がある。**申告納税方式**は，納税者が納税申告書を課税庁に提出することで納税義務が確定する方式であり，所得税・法人税・消費税などほとんどの国税が採用している。申告納税方式の特色は，課税庁による認定判断を介在させず，納税者の申告のみで納税義務が確定されるところにある。これに対して賦課課税方式は，課税庁の課税処分によって納税義務が確定される方式で，地方税の多く（**普通徴収**）が採用している。地方税法には納税義務の成立時期に関する規定も存在しない。

　申告納税方式を採用している場合，個別の法律で**法定申告期限**が規定され

ている。例えば所得税の場合には翌年の3月15日である（所得税法120条1項）。通常はこの期限内に申告する**期限内申告**がなされなければならない（国税通則法17条）ものの、提出期限後であっても決定があるまでは申告書を提出できる（**期限後申告**）。ただしこの場合には**延滞税**や**無申告加算税**が課されることになる。これに対して賦課課税方式でも行政が課税要件事実を全て自ら調査して賦課決定するわけではなく、納税者側が**課税標準申告**を行い（国税通則法31条、地方税法45条の2等）、これを踏まえて納税義務を確定する**賦課決定**（国税通則法32条、地方税法17条の4第1項1号）を行うことが多い。

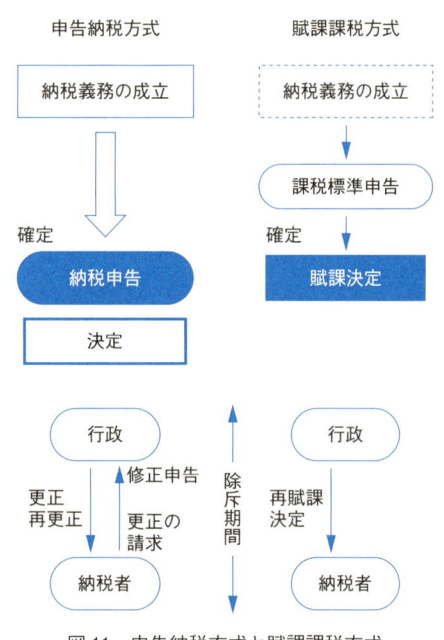

図11　申告納税方式と賦課課税方式

　両者の大きな差異は、納税義務が一旦確定した後の変更の方法にある。賦課課税方式の場合には行政側からは一定期間内（課税標準申告書の提出期限から増額変更の場合は3年、減額変更の場合は5年（国税通則法70条1項2・3号））は**再賦課決定**（同法32条2項）で税額を修正することができる。行政の賦課決定や再賦課決定に不服がある納税者は、行政不服申立や行政訴訟（賦課決定等の**取消訴訟**）によってこれを争うことができる。これに対して申告納税

方式の場合には，行政側からは一定期間内（原則として法定申告期限から5年（同法70条1項1号））は更正・再更正によって税額を修正することができる。これに対してこのような行政側からのアクションが何もない場合には，納税者による申告によって納税義務が確定することになるため，通常の行政争訟のルートで納税義務の適否を争うことができない。そこで国税通則法は次に説明するように，一旦確定した税額を増額する方向で納税者が修正する場合には**修正申告**，減額する方向で修正する場合には**更正の請求**の手続を定め，減額の場合には行政による**更正**を待って初めて納税義務が変更される方式を採っている。

■ 修正申告と更正の請求

① 納税申告書を提出した者は，申告した税額に不足額があるとき，純損失等の金額が過大であるときなど，申告額より本来の税額が多いことに気づいた場合には，更正の決定があるまでは税務署長に**修正申告**を提出できる（国税通則法19条1項）。修正申告はもとの納税申告の効力をゼロベースで変更するものではなく，すでに確定した納税義務には影響を与えない（同法20条）。修正申告の手続は，単に納税者側に自己に不利な修正の可能性を開くという意味だけではなく，納税義務の確定について行政側に有利な構造をも造り出している（岡村299頁）。申告した納税額が本来の額よりも不足している場合には，税務署は次に説明する**更正処分**をすることができる。これは行政処分であるので，納税者側が不満であれば取消訴訟で争うことが当然可能である。しかし同じ修正を修正申告で行うと，納税者側が更正の請求をしてその（一部）拒否処分が出されない限り，行政争訟でこれを争うことができなくなる。このような背景から，我が国では税務署長が更正処分を行わずに，修正申告を勧奨（慫慂）する実務が存在する（⇨文献⑮）。このような構造にもかかわらず修正申告が自主的になされる理由は，税務調査があったことにより更正処分があるべきことを予知してされたものでない場合に修正申告がなされると，過少申告加算税が課されないというしくみ（同法65条5項）が設定されているからである（⇨221頁）。

② 納税申告書を提出した者は，申告した税額が過大であるとき，純損失等の金額が過小であるときなど，申告額より本来の税額が少ないことに気づい

た場合には，税務署長に対して**更正の請求**をすることができる（国税通則法23条1項）。更正の請求には法定申告期限から5年以内（法人税の純損失等の金額過小の場合は9年以内）という期間制限がある。ただし，この期間が経過した後でも，申告等の基礎となった事実に関する訴えについての判決により，事実が申告等の際の計算の基礎としたところと異なることが確定したときなどの**後発的理由**がある場合には，その日の翌日から2ヶ月以内に更正の請求をすることができる（**特別の更正の請求**）（同条2項）。税額の減額について修正申告が認められていないのは，納税者が自己の主観的利益のために義務の確定を修正し，申告義務の適正な履行が図られなくなるおそれがあるためであるとされる（谷口131頁）。また更正の請求という手続が存在するため，税額の減額を納税者が求める場合には減額更正処分を求める直接型義務付け訴訟を提起できず（補充性要件⇨129頁），まず更正の請求を行い，更正処分に不服があればその取消訴訟を提起することになる。

　このように，申告納税方式においては納税者の申告に対して行政が何らかの反応を示さなければ，そのまま納税義務が確定するところに大きな特色がある。その意味では申告は通常の届出と比べてより大きな法的意義を持つと言える。このため，無効な課税処分とパラレルに，申告の意思の不存在を理由とする**申告の無効**の主張が考えられるところである。この点について最高裁は「錯誤が客観的に明白且つ重大であって，前記所得税法の定めた方法以外にその是正を許さないならば，納税義務者の利益を著しく害すると認められる特段の事情がある場合でなければ，所論のように法定の方法によらないで記載内容の錯誤を主張することは，許されない」（判百Ⅰ133　判Ⅰ50　最一小判1964（昭和39）・10・22民集18巻8号1762頁）とした。これは更正の請求の手続に排他性を認めることを原則としつつ，申告の法的意義の大きさに鑑み，特段の事情があれば錯誤無効の主張を許す趣旨と考えられる（⇨24頁）。

3　課税処分

■課税処分の種類

　納税義務を確定する性格を持つ**課税処分**には次のような種類がある。課税

処分によって初めて税額が確定する賦課課税方式の場合の課税処分は**賦課決定**であり，その変更を内容とする処分は**再賦課決定**と呼ばれる。これに対して，納税者の申告によって税額が確定する申告納税方式の場合でも，申告が行われないときには税務署長は**決定**（国税通則法25条）を行う。また申告がなされていてもその計算が法律の規定に従っていない場合などには，課税標準又は税額等の**更正**（同法24条）を行う。更正や決定を行った後に再度その内容を変更する処分は**再更正**（同法26条）と呼ばれ，再賦課決定と同じく期間制限内であれば何度も行うことができる。

　更正も決定もすでに成立した納税義務を確定させる処分である点は共通であり，申告が行われていれば更正，行われていなければ決定となる。無申告の場合に税務署が誤って更正処分をした事件で最高裁は，「過少申告といい無申告といい，ともに申告義務違背であって，いずれに対する加算税も，その本質においては変わりはないものと認むべきであり，また無申告加算税の方が過少申告加算税よりも多額であることは明らかであるから，無申告の場合に誤って過少申告による更正処分をしたからといって，これにより納税義務者が不利益を受けるものではないと解すべきである」（最二小判1965（昭和40）・2・5民集19巻1号106頁）とし，更正処分が違法であるとしてもこれによって権利を侵害されるおそれはないから，処分の名宛人には取消を求める法律上の利益がないと判断した。この判断の背景には，加算税の不利益がないことに加え，更正と決定の法的性質や（申告の有無以外の）処分要件の類似性という要素があるように思われる。

■ 課税処分の手続

　課税処分は行政手続法にいう行政庁の処分の一種である。しかし，国税通則法74条の14は，行政手続法の理由提示規定以外の適用除外を定めている。このため，課税処分の手続は主として国税通則法の定めるルールが中心となる。以下では，課税要件に関する行政調査手続（⇨47頁）と，処分の理由附記（⇨38頁）について説明する。

① 納税義務を確定させる課税処分のための調査，租税を滞納した際に滞納処分のためになされる調査，脱税に対する刑罰の適用などの犯則事件の処理のための犯則調査を総称して**税務調査**という。税務署等の税務職員は，課税

要件事実の存否を確定させるため，納税義務者本人（**本人調査**）やその取引関係者等（**反面調査**）に質問したり物件を検査したり，物件の提出を求めたりすることができる（国税通則法74条の2以下）。質問に答弁しないなど調査を妨害した場合には刑事罰が科される（同法127条）。**犯則調査**（⇨219頁）と異なり，直接的な強制力を伴う強制調査はなく，刑事罰の存在により実効性が間接的に担保されている。実務上は，納税者が質問検査に応じないと**推計課税**（⇨209頁）が行われる（谷口143頁）。推計課税になると税額が高く計算されうることから，この方がむしろ実効性の担保策になっている。

　実地の質問検査が行われる際には，開始日時・場所・目的・調査対象税目・調査対象期間・調査対象帳簿等が本人と**税務代理人**（税理士等）に**事前通知**される（国税通則法74条の9第1項）。この通知に対して，納税義務者から合理的な理由が示された上で日時・場所の変更が求められた場合には，税務署長等には**協議**に応ずる努力義務がある（同条2項）。ただし非違行為が疑われる場合（同条4項）や，過去の調査内容等から事前通知すると正確な税額等の把握が困難になるおそれがあると認める場合（同法74条の10）には，事前通知を要しない。調査の際には**身分証明書**を携帯し，関係人の請求があった場合はこれを提示しなければならない（同法74条の13）。

　調査が終了した後，税務署長等は，更正決定等をすべきと認められない場合には，納税義務者に対してその旨を書面で通知するものとされる（国税通則法74条の11第1項）。逆に更正決定等をすべきと認める場合には，税務署等の税務職員は納税義務者に対して調査結果の内容（更正決定すべきと認めた額とその理由を含む）を説明するものとされる（同条2項）。この説明において，税務職員は**修正申告の勧奨**をすることができ，修正申告の内容を争う場合には更正の請求ができる旨を説明し，その旨を記載した書面を交付しなければならない（同条3項）。

　2011年改正によって法典化された以上のような手続は，課税処分に関する行政調査の公正性や透明性を担保する一助となり，他の行政分野における行政調査手続を構想する上でのスタンダードを示すものである。他方で，調査結果の説明の際に修正申告の勧奨をすることが法定化された点は，更正処分ではなく修正申告の慫慂に流れていた従来の実務を公認する結果になるおそれもあるように思われる（谷口148頁）。そこで少なくとも，調査結果の内

容を説明した際に納税義務者がその内容を書面にするよう求める**書面交付請求権**（国税通則法74条の14第2項は行政手続法35条2項を適用除外にしている点に注意）は認めるべきであろう。

② 行政手続法に規定されている**理由提示**（⇨38頁）は，もともと租税分野における理由附記をめぐる最高裁の判例法理によって形成されたものである。青色申告の「特典」の一種として，「更正通知書にその更正の理由を附記しなければならない」（所得税法155条2項，法人税法130条2項）との規定が設けられてきたことがその背景にあった。昭和40年代までの最高裁判決で確立した考え方を要約すると次の4点にまとめられる。第1に，理由附記の目的は行政庁の判断の慎重確保と不服申立の便宜を与えることにあり，理由附記の瑕疵は独立の取消事由となる。第2に，理由附記の程度は処分の性質と理由附記を定めた法律の規定の趣旨目的から決定される。第3に，附記された理由以外から処分の名宛人が処分理由を推知できたかという事情は考慮されない。第4に，後続の異議決定の理由附記によって先行処分の理由附記の瑕疵が治癒されることはない。このうち理由附記の程度については，所得税法・法人税法には具体的な定めがない。この点について最高裁は，帳簿の記載を否認する場合には「特に帳簿書類の記載以上に信憑力のある資料を摘示して処分の具体的根拠を明らかにすることを必要すると解するのが相当である」（判百Ⅰ127　判Ⅰ98　最二小判1963(昭和38)・5・31民集17巻4号617頁）とし，帳簿記載の事実に対する法的評価を否認する場合には「本件更正における自己の判断過程を逐一検証することができる」（判Ⅰ112　最三小判1985(昭和60)・4・23民集39巻3号850頁）ことが必要であるとする。

　以上のような法理は個別法で理由附記が定められた青色申告にのみ該当し，**白色申告**については当てはまらないとするのが一貫した最高裁判例の理解であった（例えば最三小判1967(昭和42)・9・12訟月13巻11号1418頁）。これに対して2011年改正により，行政手続法の理由提示義務の規定の適用除外が解除されたため，白色申告についても行政手続法上の理由提示がなされることとなった。それでも以下の2点については青色申告の理由附記との違いが残る（谷口161頁）。第1は理由附記の対象となる処分である。青色申告に関しては，増額更正処分・減額更正処分の双方に理由附記の義務がある。これに対して白色申告の場合には，行政手続法の**不利益処分**に該当する場合の

み理由提示が必要となるため，減額更正処分には理由提示が不要となる。第2は理由附記の程度である。行政手続法上の理由提示の程度について，最高裁は「当該処分の根拠法令の規定内容，当該処分に係る処分基準の存否及び内容並びに公表の有無，当該処分の性質及び内容，当該処分の原因となる事実関係の内容等を総合考慮してこれを決定すべき」 判百Ⅰ128 判Ⅰ111/118 最三小判2011（平成23)・6・7民集65巻4号2081頁）との判断基準を示している。白色申告への理由提示の改正と同時に，不動産所得・事業所得・山林所得を生ずべき業務を行う白色申告者全員に対して，財務省令で定める簡易な方法で総収入金額や必要経費を記帳する義務が課されることとなった（所得税法231条の2第1項）。そこで，理由提示の程度の判断に当たっては，青色申告と白色申告の帳簿の詳細度の違いや，当該白色申告者がどの程度記帳義務を果たしていたかが考慮されることとなるように思われる。

■ 課税処分の効果

　課税処分は行政行為の性格を有する行為であり，行政行為の効力論で学ぶさまざまな効力（規律力・公定力・不可争力・執行力）を伴っている（⇨57頁）。租税法と行政法の双方にとって重要な論点として，課税処分（更正と再更正）の相互関係と課税処分の無効の問題を取り上げる。

① 同一の処分要件に対して時系列的に複数の行政行為が存在する場合，行政法の一般的な理解によれば，先行する行政行為が職権取消または撤回され，新たな行政行為が発令されたものと見ることができる。あるいは，先行する行政行為の効果の一部を減ずる場合には，先行行為の一部取消と観念することもできる。両者の関係がどのように理解されるかは，問題となっている実定行政法規の法的しくみによる。

　更正や決定によって一旦納税義務が確定された後に再更正がなされた場合，両者の関係をどのように理解するかをめぐっては，**吸収説**（消滅説）と併存説という2つの見方が示されてきた。**吸収説**は，再更正によって更正は過去に遡って消滅し，再更正が改めて納税義務の全体を確定するとする考え方である。これに対して**併存説**は，再更正によっても更正の部分は存続し続け，再更正は差額の部分を別個に確定するにとどまるとする考え方である。この議論は，納税義務の確定に続く徴収手続や更正処分取消訴訟の（狭義の）

訴えの利益の問題に影響する。吸収説の理解であれば，再更正がされた段階で更正処分は遡って消滅するので，更正処分を前提になされるはずの**徴収手続**の法的基盤が失われることになる。また更正処分取消訴訟の係属中に再更正処分がなされると訴訟の対象である更正処分が消滅するので，**訴えの利益**（⇨113頁）も消滅することになる。

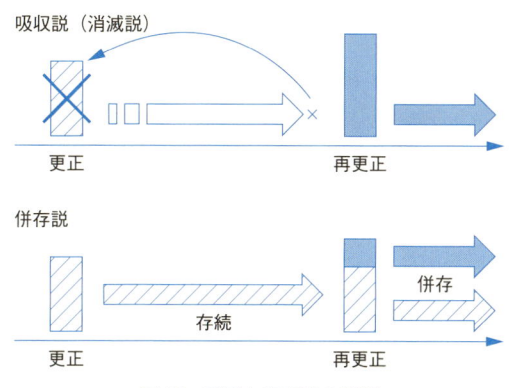

図 12　更正と再更正の関係

　実定法上は，増額の更正・再更正はすでに確定した納付すべき税額に係る部分の国税についての納税義務に影響を及ぼさないこと，減額の更正・再更正はそれにより減少した税額に係る部分以外の部分の国税についての納税義務に影響を及ぼさないことが規定されている（国税通則法29条1, 2項）。租税法学ではこの規定を根拠に，国税通則法は併存説に立つものと理解する立場が多いとされる。これに対して最高裁は一方で，増額再更正については「これらの行為も，各々独立の行政処分であることはいうまでもなく，その取消の求められていない本件においては，第一次更正処分は第二次更正処分によって取り消され，第三次更正処分は，第一次更正処分とは別個になされた新たな行政処分であると解さざるを得ない」（判百Ⅱ179　判Ⅱ54　最三小判1967（昭和42）・9・19民集21巻7号1828頁［まからずや事件］）として吸収説をとった。他方で減額再更正については，「当初の更正処分とは別個独立の課税処分ではなく，その実質は，当初の更正処分の変更であり，それによって，税額の一部取消という納税者に有利な効果をもたらす処分と解するのを相当とする」（最二小判1981（昭和56）・4・24民集35巻3号672頁）として併存説

に近い理解(**一部取消説**)を示している(それゆえ減額再更正は名宛人に不利益を与えるものではなく,その取消を求める利益はないとされる)。実定法の規定と最高裁の理解を前提に考えると,徴収手続との関係では,国税通則法 29 条の規定から,たとえ再更正がなされても更正処分で確定した税額が完全に無効になることはないので,徴収がこれによってできなくなることはない。また訴えの利益に関して言えば,増額再更正があれば再更正処分に対して取消訴訟を提起する必要があり(国税通則法 115 条 1 項 2 号によりこの場合には不服申立前置が不要となる),訴訟係属中に増額再更正処分がなされれば,民事訴訟法 143 条 1 項による訴えの変更を行うことになる。減額再更正の場合には更正処分の一部取消と扱われるので,更正処分に対する取消訴訟はそのまま係属できる。

　この議論の理論的な背景にあるのは,更正や再更正が確定している「納税義務」の中核は何なのか,また租税債務関係説のもとにおける行政の確定行為がどのような法的含意を持つのかという問題である。租税法学説上は,再更正が課税要件事実や課税標準を変更している場合が多いことに注目して,少なくとも理論的には吸収説が正当とする見解が有力である(金子 774 頁,谷口 159 頁)。この見解は,課税処分が確定している納税義務の中核は課税標準にある(税額のみを確定しているわけではない)とする理解に親和的である(理由ごとに処分は別個と理解する立場として,北野 499 頁)。これに対して最高裁の見解は,租税法の特殊性よりも行政法における処分の一般的理解に従ったものであるように思われる。すなわち,共通の処分要件を持つ複数の処分が時系列的に連続している場合,後続の処分が先行処分の一部取消と構成できないならば,後続処分は先行処分を職権取消または撤回した上での新たな処分と考える(一部追加処分はあり得ない)という見方であろう。

② 課税処分により納税義務が確定されると,処分がたとえ違法であっても権限のある機関によって取り消されるまでは有効なものとして通用することになる(公定力)(⇨57 頁)。そこで払いすぎた税額(**過納金**)を返還してもらうためには,まず課税庁が職権で課税処分を取り消すか,納税者が取消訴訟を提起して勝訴する必要がある。これに対して課税処分が無効であれば,誤って払った税額(**誤納金**)の返還を求める訴訟(処分の無効を前提とする**公法上の当事者訴訟**)(⇨126 頁)を直ちに提起すればよいことになる。

処分の無効の判断基準としては，**重大明白説**と**明白性補充要件説**がある（⇨62頁）。最高裁は，冒用登記のために実際には譲渡所得がなかったにもかかわらず所得税の賦課決定処分がされた事件において，「課税処分が課税庁と被課税者との間にのみ存するもので，処分の存在を信頼する第三者の保護を考慮する必要のないこと等を勘案すれば，当該処分における内容上の過誤が課税要件の根幹についてのそれであって，徴税行政の安定とその円滑な運営の要請を斟酌してもなお，不服申立期間の徒過による不可争的効果の発生を理由として被課税者に右処分による不利益を甘受させることが，著しく不当と認められるような例外的な事情のある場合には，前記の過誤による瑕疵は，当該処分を当然無効ならしめるものと解するのが相当である」（判百Ⅰ86　判Ⅰ164　CB2-3　最一小判1973(昭和48)・4・26民集27巻3号629頁）と判示した。この事件では，課税要件の1つである**帰属**（納税義務者と課税物件との経済的な結びつき）が欠けていたことが重視されている（谷口91頁）。また，法律で課税標準とすることが禁止されている雇用保険法の職業転換給付金に対して国民健康保険税を課税した処分の無効が争われた事件においても，最高裁は「課税要件の根幹についての過誤」であるとして処分を無効とした（最三小判1997(平成9)・11・11判時1624号74頁）。これに対して，無限連鎖講（ネズミ講）に対する法人税等の増額更正処分に対して，主宰者の相続財産の破産管財人が法人でない社団としての実体を欠くことを理由に処分の無効を主張した事件で，最高裁は，①ネズミ講の組織は法人としての外観を備えており，仮に課税庁の認定に誤りがあるとしても「誤認であることが本件各更正の成立の当初から外形上，客観的に明白であるということはできない」こと②仮に課税要件の根幹についての過誤があるとしても，税金対策の観点から法人としての外観を整えて法人税等を支払って高額の所得税負担を逃れたという事情からすると，徴税行政の安定とその円滑な運営の要請を斟酌してもなお不可争的効果の発生による不利益を甘受させることが著しく不当と認められるような「例外的な事情」があるとは言えないことから，処分を無効と認めなかった（CB2-8　最三小判2004(平成16)・7・13判時1874号58頁）。この事件では，課税庁と納税者個人という単純な二面関係ではなく複数の利害関係者がかかわっていることから，最高裁はまず**明白性要件**を検討し，次に**根幹過誤**の存在を前提とする**「例外的な事情」**（とりわけ納税者側の帰責性の有

無）の存否を検討したものと思われる。

4 租税争訟

　租税に関する紛争は，納税義務の存否や内容をめぐるものと，租税徴収に関係するものとに大別できる。現行の租税実定法は納税義務確定と租税徴収とを区別しており，租税徴収に関する不服をめぐる争訟（例：滞納処分を構成する諸処分の取消訴訟）において納税義務確定（例：更正処分）の違法を主張することはできない（**違法性の承継**（⇨59，118頁）は認められない）。そうすると，実体的な違法主張（無効主張をのぞく）は納税義務の確定段階に限られることになるので，ここでこの問題に触れることとしたい。租税争訟の中心は行政不服審査と行政訴訟（とりわけ取消訴訟）（⇨文献⑯）である。以下では，行政法の一般理論からみて特色のある点として，国税不服審判の特色，納税義務確定処分の取消訴訟における立証責任，主張制限の問題を取り上げる。

■ 国税不服審判の特色

① 国税に関する行政不服審査については，行政不服審査法の特則として（国税通則法80条1項），国税通則法にさまざまな規定が置かれている。手続上特に重要なのは次の2点である。第1は**不服申立前置**が採られていることである（同法115条）。第2に，不服申立が二段階でなされることである。行政不服審査法においては**相互独立主義**と**審査請求中心主義**により，審査請求ができる場合には審査請求のみを行うのが原則である。これに対して国税不服審判の場合には，まず税務署長に対する**異議申立**を行い（同法75条1項1号），これに不服があれば国税不服審判所長に対して**審査請求**を行う（同条3項）ことが通例である（**異議申立前置**）。これは租税行政運営の統一と紛争のスクリーニング効果を狙ったものである（⇨93頁）。ただし，青色申告書に対する更正処分については異議申立を経由せず，審査請求（**始審的審査請求**）を行うこともできる（同条4項1号）。これも青色申告のメリットである。

② 審査庁として**国税不服審判所**が設置されていることも大きな特色である（国税通則法78条）。国税不服審判所は国税局・税務署の租税行政執行の組織とは分離されており，**国税審判官**3人以上の合議体による議決に基づき，国

税不服審判所長が裁決を行う（同法 94 条，98 条 3 項）。さらに，国税不服審判所は，一定の手続を経れば，国税庁長官の発した通達に示された解釈と異なる解釈によって裁決を下すことができる。具体的には，国税不服審判所長が国税庁長官に意見申出を行い，これに対して国税庁長官が指示をするときは，所長の意見が審査請求人の主張を認容するものでかつ国税庁長官が当該意見を相当と認めるときを除き，国税審議会の議決に基づかなければならない（同法 99 条）（宇賀・行政法 80 頁）。

■ 取消訴訟における立証責任

取消訴訟の立証責任をめぐっては複数の考え方が示されており，なお定説を見ない。ただし納税義務の確定処分の取消訴訟については，おおむね次のように考えることができる（金子 914 頁）。課税庁が課税処分を行うためには課税要件の充足が必要であり，課税要件事実や課税標準に関しては行政側に立証責任が認められる（**法律要件分類説**）。同様の結論は，課税処分が侵害作用を持つ処分であることからも根拠付けられる。ただし原告納税者側に証拠が偏在している場合には，立証責任を原告が負う場合もあり得る。

課税処分の際には行政調査によって課税庁が証拠を収集し，直接的な資料に基づく税額算定を積み上げる**実額課税**が原則である。しかし，証拠となる帳簿書類が不存在であったり信憑性に欠けたりする場合，あるいは行政調査への納税者の協力が得られない場合には，この方法で税額を算定することができない。この場合には，間接的な資料から所得を推計して税額を算定する**推計課税**が行われる（所得税法 156 条，法人税法 131 条）。具体的な推計の方法として，一定期間の純資産の増加から所得を推計する方法や，近隣の同規模の同業種の青色申告者の平均値を用いて所得を推計する方法などがある（金子 777 頁）。推計課税は青色申告の場合には行うことができず，これも青色申告の「特典」の 1 つとされる。推計課税に対する不服に関する立証責任の分配は，上記の実額課税とは異なる。被告行政側は推計課税の必要性と合理性を立証すればよく，これに対して原告納税者側は真実の税額を実額計算によって立証しなければならない（**実額反証**）。これは，原告側に証拠が偏在していること，推計課税によらなければならない原因が原告側にあることから基礎付け得るように思われる。

■ 取消訴訟における主張制限

　取消訴訟においては，取消が求められている処分の適法性が審査されることになる。**取消訴訟の訴訟物**は処分の違法性一般である，とするのが通説的な理解である。そこで，処分の個別の理由は**攻撃防御方法**と捉えられることになるので，処分の同一性が失われない限り，訴訟の段階において処分時には示されなかった理由を差替えることは自由に行われうる。他方で，処分を行う際に行政はその基礎となる事実関係を十分に調査すべきこと，処分の理由が提示されなければならないこと，処分後に処分理由の誤りに気づいた場合には行政側には職権取消と再処分を行う選択肢があることから，取消訴訟において理由の差替えが制限される（**行政側の主張制限**）（⇨118頁）。この問題を考える重要な素材を提供しているのが課税処分をめぐる事例である。

① この問題を考える出発点は，課税処分取消訴訟の訴訟物とは何か，課税処分の同一性とは何を意味するのかという問題である。この点をめぐって租税法学では，総額主義と争点主義という2つの考え方が示されてきた。**総額主義**とは，課税処分の本質をそれにより確定された税額に見出す考え方である。これに対して**争点主義**とは，課税処分の意義を課税要件事実や課税標準の確定に見出す考え方である。総額主義の立場からは賦課される税額に変化がない限り，理由の差替えは自由に行われうるという結論が導かれる。それに対して争点主義の立場によると，処分理由として示された課税要件事実が異なれば課税処分の同一性が失われることになるので，理由の差替えは認められないことになる（金子882頁）。前述の更正と再更正の関係の議論と同じく，ここにも法律の定める要件が充足される際に成立する納税義務とその行政行為による確定との関係をどう捉えるのかという理論的問題が存在する。

　この点について最高裁は，「課税処分の取消訴訟における実体上の審判の対象は，当該課税処分によって確定された税額の適否であり，課税処分における税務署長の所得の源泉の認定等に誤りがあっても，これにより確定された税額が総額において租税法規によって客観的に定まっている税額を上回らなければ，当該課税処分は適法というべきである」（最三小判1992（平成4）・2・18民集46巻2号77頁）と述べ，総額主義の理解を採用している。また，2011年改正以前には理由附記の義務が否定されていた白色申告について，最高裁

は一貫して理由の差替えを幅広く認めていた（例えば最三小判1967（昭和42）・9・12訟月13巻11号1418頁）。これに対して理由附記の義務がある青色申告について，更正処分の際には示されていなかった事実を訴訟段階で処分理由として差替えた事例で最高裁は，この差替えが「右更正処分を争うにつき被処分者たる上告人に格別の不利益を与えるものではないから，一般的に青色申告書による申告についてした更正処分の取消訴訟において更正の理由とは異なるいかなる事実をも主張することができると解すべきかどうかはともかく，被上告人が本件追加主張を提出することは妨げないとした原審の判断は，結論において正当として是認することができる」（判百Ⅱ196　判Ⅱ79　CB 3-5　最三小判1981（昭和56）・7・14民集35巻5号901頁）とした。

② たとえ同一の訴訟物の範囲内にある攻撃防御方法であるとしても，「別異に解すべき特別の理由」（最三小判1978（昭和53）・9・19判時911号99頁）があれば行政側の主張が制限されうる。具体的には，行政過程と司法過程の役割分担の観点や，行政側と原告側の（広義の）武器対等の要素が問題となる。この点について租税法学のこれまでの議論は理由附記義務に集中しており，理由の差替えを自由に認めると，理由附記の2つの機能（処分適正化機能，争点明確化機能）を掘り崩すことが強く警戒されていた（谷口182頁）。確かに理由提示義務違反は単独で取消事由となることが判例上確立し，手続的瑕疵の中では特別な地位を占めている。それは，理由提示に問題がある処分は行政が慎重な判断を行っていない可能性が高いことが類型的に認められ，それゆえ裁判所が実体審査に踏み込むまでもなく取り消すべきであるとの判断に基づくもののように思われる。それゆえ最高裁は，理由提示義務を充足する程度にまで理由が示されている処分に関しては，処分の同一性が確保されている限り，訴訟段階で行政が処分時とは別の処分要件・根拠事実を持ち出して申請拒否処分の適法性を主張することは許されると判断し，理由附記義務が常に処分理由の差替えを許さない趣旨を含むとは解釈しない立場を示している（判百Ⅱ197　判Ⅰ83　CB 10-1　最二小判1999（平成11）・11・19民集53巻8号1862頁［逗子市情報公開条例事件］）。

そこで，この問題の基本的な考え方としては，理由附記義務のみに視野を限定することなく，紛争の一回的解決・訴訟経済の要請と，行政過程の独自の価値への配慮・当事者間の武器対等の要請との均衡を図ることが重要と思

われる。具体的には，課税要件に関する行政調査の際の行政側の調査の程度（行政の調査義務が十分に果たされているか），処分の理由附記の内容・程度（理由の差替えによって原告の主張立証にどの程度の不利益が及ぶか），行政過程による解決可能性（再更正の利用による理由の追加・差替えが可能か）などの事情が考慮されるべきである。

4 租税徴収の過程

　確定された納税義務は，租税が納付されることによって消滅するのが通例である。納付がなされない場合には，行政側が強制的に徴収する租税滞納処分が行われる。納税義務の履行確保手段としてはこのほか，刑事罰や制裁金を科すしくみがある。租税徴収の過程は国税と地方税でほぼ共通するので，以下では原則として国税のみを念頭に置いて説明する。

1 申告納付

　申告納税方式による国税の場合，納税義務者が納税申告書を提出し，法定納期限までに金銭で国に納付する（国税通則法35条1項）。このような納付方式を**申告納付**という（賦課課税方式については，後述の納税の告知の後に納付がなされる）。法定納期限は個別の法律で定められており，申告納税方式の場合には法定申告期限と法定納期限が一致していることが多い（例えば，確定申告分の所得税はどちらも翌年3月15日である）。法定納期限から5年間国の権利行使がなかった場合には，国税の徴収権は**時効**により消滅する（同法72条1項）。他方で法定納期限までに税金を完納しない場合には，その翌日から**延滞税**が課される（同法60条）。

　期限後申告・修正申告や更正・決定によって確定された税額については上記の法定納期限と異なり，納税者によって個別的に異なる**具体的納期限**までに納税しなければならない（期限前申告で確定した税額については法定納期限と具体的納期限が一致する）。この具体的納期限までに租税が完納されないと，後述の**租税滞納処分**の手続に入ることになる。

2　徴収納付

　納税義務者以外の第三者に租税を徴収させたうえで，これを国・地方団体に納付させる方法を**徴収納付**といい，所得税の**源泉徴収**や地方税の**特別徴収**（いわゆる天引き）がその代表例である（⇨文献⑰）。既に説明したように，所得税の源泉徴収は自動確定方式で税額が確定する。源泉徴収の所得税の法定納期限は翌月 10 日（所得税法 183 条 1 項等）であり，それまでに完納されない場合には滞納処分の手続がとられる。

　所得税の源泉徴収に関する法関係は，国と徴収納付義務者との関係にのみ納税義務の確定と徴収に関する権利義務が存在していると理解されている。そして，納税義務者と徴収納付義務者との関係は民事上の債権債務関係であるとされる。この 2 つの関係を完全に分離して考えるところに，判例の源泉徴収理解の特色がある（最一小判 1970(昭和 45)・12・24 民集 24 巻 13 号 2243 頁）。すなわち，源泉徴収の納付義務を負っているのは徴収納付義務者のみであり，もし税が支払われない場合に滞納処分の相手方となったり，**不納付加算税**（国税通則法 67 条 1 項）が課されたりするのは，徴収納付義務者のみである（不納付加算税分を徴収納付義務者が納税義務者に請求することはできない）。徴収納付義務者が税金を過大に納付した場合には，徴収納付義務者のみが誤納

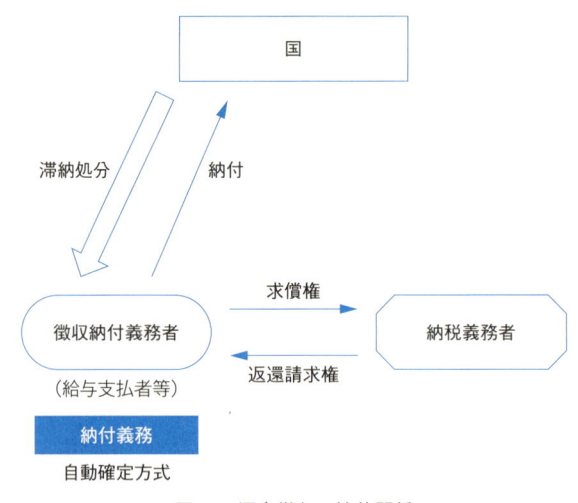

図 13　源泉徴収の法律関係

金返還請求を行うことができる。徴収納付義務者が税額を過小に徴収していた場合には，納税義務者に対して求償権を有し，あるいは給与等から控除することができる（所得税法 222 条）。徴収納付義務者が税額を過大に徴収していた場合には，納税義務者は徴収納付義務者に対してのみその差額の返還を請求することができる（最三小判 1992（平成 4）・2・18 民集 46 巻 2 号 77 頁）。これに対して学説上は，徴収納付された租税はもともと納税義務者の負担に属するものであるから，徴収納付義務者たる法人の解散や破産のように納税義務者が徴収納付義務者に対して返還請求権を行使することが困難な場合には，例外的に国に対して直接還付を請求したり納付すべき税額から控除したりする取り扱いがなされるべきとする有力な見解がある（金子 811 頁）。

3　租税の徴収

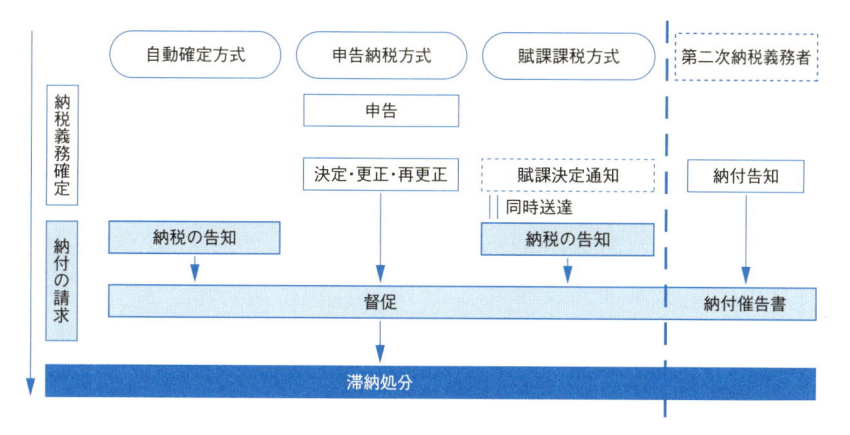

図 14　租税徴収の過程

納税義務が履行されない場合，国や地方団体はその履行を求め，それでも支払われない場合には強制的な手段で徴収することができる。この**租税の徴収**の過程は大きく，**納付の請求**と**滞納処分**に分けられる。

■ 納付の請求

納期限の到来にもかかわらず納税がなされない場合に，その履行を求める

ことを**納付の請求**という。納付の請求には納税の告知と督促の2種類がある。自動確定方式の場合には，特別な確定手続を経ずに納税義務が確定する。この義務が自主的に果たされない場合に，税務署長は**納税の告知**を行い，納付すべき税額や具体的納期限を示すことになる（国税通則法36条）。納税の告知は確定した税額を初めて公に示す行為であり，後続の滞納処分へと進む手続の1つ（徴収処分）であるから，処分性が認められる。ただし納税の告知は課税処分ではないため，納税義務の全部又は一部の不存在確認訴訟（公法上の当事者訴訟）を提起する方が紛争の抜本的解決に資すると考えられる（判百Ⅰ64　判Ⅱ25R2　最一小判1970（昭和45）・12・24民集24巻13号2243頁）。申告納税方式の場合には，税額を確定する行為が存在するので，納税の告知は行われない。賦課課税方式の場合には，税額を確定する**賦課決定通知**と同時に納付の請求の性格を持つ**納税の告知**もなされる（ただし，課税標準申告通りに賦課決定がされた場合には賦課決定通知が送達されず，納税の告知のみがなされることになる（同法32条3項））。

具体的納期限までに納税が完了しない場合，税務署長は**督促**を行う（国税通則法37条）。法定納期限を経過して延滞税が発生している場合にはその部分も合わせて督促しなければならない（同条3項）。督促は納税の告知とともに徴税権の**消滅時効の中断事由**であり（同法73条1項4号），督促状を発した日から起算して10日を経過した日まで完納されない場合には**滞納処分**が行われる（同法40条）。このような法的効果を有することから，督促にも処分性が認められる。

納税義務者や徴収納付義務者が租税を滞納した際に，滞納処分を行ってもなお徴収すべき額が不足すると認められる場合，納税義務者の財産が実質的に帰属していると見うる特別な関係にある第三者に納税義務を負担させることができる。このような納税義務を**第二次納税義務**という（国税徴収法32条以下）。第二次納税義務者に該当するのは，無限責任社員，同族会社，事業譲受人，無償譲受人等である。第二次納税義務は本来の納税義務に代わるものであり，その義務の範囲は主たる課税義務の税額と連動している。このような特色から，第二次納税義務者は主たる課税処分により自己の権利または法律上の利益を侵害されるおそれのある第三者であり，主たる課税処分の取消を求める地位を有する（不服申立権につき，判Ⅱ118　最一小判2006（平成18）・

1・19民集60巻1号65頁)。税務署長が第二次納税義務者から徴収しようとするときは，第二次納税義務者に対して徴収しようとする金額や納期限などを告知しなければならない（同法32条1項）。この**納付告知**によって，第二次納税義務が成立し確定するとされる（金子153頁）。期限内に納付がなされない場合には，納期限から50日以内に**納付催告書**を発する（同条2項）。この日から起算して10日を経過した日までに完納されない場合には，**滞納処分**が行われる（同法47条）。

■ 滞納処分

　督促を行ってもなお自主的な納付がない場合には，**国税滞納処分**により強制徴収することができる（国税徴収法47条以下）。その手続は差押え→換価→配当の順番で行われる。これらの行為にはいずれも処分性が認められる。滞納処分はこれらの総称であり，単一の処分ではない点に注意が必要である。差押は，滞納者の所有する金銭的価値を有する財産（動産・不動産・債権等）であって，後述の差押禁止財産でないものに対して行われる。財産が差し押えられるとその処分が禁止され，使用・収益については国税の徴収上支障がないと認められれば許可される（同法61条）。差し押えた財産は原則として**公売**により**換価**される（同法94条1項）。これにより得られた収入を租税その他の債権に**配当**することで手続が終了する。国税は原則として全ての公課や債権に先立って徴収されうる（同法8条）。また地方税はそれに次ぐ（地方税法14条）（⇨文献⑱）。このように租税には**一般的優先権**が認められているものの，国税徴収法は質権や先取特権などの民事法上の債権との調整規定を置いている（国税徴収法15条以下）。

　租税法律主義の背景に存在する民主主義的租税観（⇨174頁）のもとでは，租税法律に関する立法者の裁量は広い。他方で，日本国憲法が保障している個人の尊重や健康で文化的な最低限度の生活を営む権利との関係では，租税の賦課徴収によってこれらが侵害されることがあってはならない。担税力に応じた課税の原則（⇨175頁）や所得控除に見られる基礎的人的控除（⇨189頁）は，課税によって人間の尊厳に値する最低限度の生活を下回ることのないようにする法的な工夫である。最終的に個人の財産を奪う滞納処分に関してもこうした趣旨からいくつかの規定が置かれている（⇨文献⑲）。

① 最低限度の生活に不可欠な財産は**差押禁止財産**となっている。生活に欠くことのできない衣服・家具や3ヶ月分の食料・燃料（国税徴収法75条），給与や社会保険給付のうちの一定額（同法76条，77条）は，差押えが絶対的に禁止される（**絶対的差押禁止財産**）。社会保障法の中にもこうした規定が含まれている場合がある（⇨244頁）。これに対して，職業の継続に必要な機械等は，滞納者がこれ以外に全額分の租税を徴収できる財産を提供すれば差押えの対象から外れる**条件付差押禁止財産**である（同法78条）。
② 滞納者の生活の維持や事業の継続が困難になるおそれがある場合，税務署長は財産の差押えを猶予または解除したり（国税徴収法151条2項），差押財産の換価を猶予したりする（同条1項）ことができる。また税務署長は，滞納処分を執行することができる財産がないときや，滞納処分を執行することで滞納者の生活を著しく窮迫させるおそれがあるときには，滞納処分の執行を停止することができる（同法153条1項）。この執行の停止は差押・換価のどちらの段階でも行える。滞納者の生活の窮迫を理由とする執行の停止の場合には，差し押えた財産があればその差押を解除しなければならない（同条3項）。
③ 上記の執行の停止が3年間継続したときは，納税義務そのものが消滅する（国税徴収法153条4項）。執行を停止した国税の徴収ができないことが明らかであるときは，税務署長はその納税義務を直ちに消滅させることができる（同条5項）。

　これらの規定のうち②と③については税務署長の裁量（⇨64頁）が認められる規定の仕方になっている。ただし，裁量権行使により影響を受ける滞納者の権利・利益の性質からすれば判断の余地は広くはなく，その権限の不行使が消極的な裁量権の逸脱・濫用（⇨142頁）に該当する事例も多いと考えられる。

4　納税義務違反に対する制裁

■ 租税刑罰と犯則調査手続

　他の行政分野と同じく，租税法においても納税義務違反をはじめとする行政上の義務違反に対して刑事罰の制裁が予定されている。戦前の刑罰は財産

刑のみで，脱税の場合の罰金・科料の額は脱税しようとした税額を基準に算定される**定額刑**であった。また刑法総則の主要規定はほぼ適用除外であった（金子921頁）。こうした実定法制が，行政刑罰を刑事犯と峻別する伝統的な学説の基盤に存在した。しかし，戦中から戦後にかけて自由刑が導入され，裁判官の量刑が認められ，刑法総則の適用除外も現在ではなくなっている。

① 刑事罰が科される代表的な行為は，脱税，徴収納付義務者の不納付，虚偽申告・単純無申告，検査拒否などである。最も代表的な犯罪は，納税義務者・徴収納付義務者が偽りその他不正の行為により租税を逃れる**逋脱犯**である（例：所得税法238条1項）。この場合の刑罰は10年以下の懲役もしくは1000万円以下の罰金またはその併科であり，脱税額が1000万円を超える場合には情状により脱税額以下まで引き上げることができる（例：同条2項）。同じ無申告でも，偽りその他不正の行為と結びついていれば逋脱犯となり，そうでなければ**単純無申告犯**となる（例：同法241条）。

② 上記のような租税に関する刑事罰に関しては，刑事訴訟法の定める手続のほか，国税犯則取締法が定める**犯則調査手続**が存在する（⇨文献⑳）。犯則調査は，最終的には刑事罰を科すことを目的とする手続である点で行政調査と異なる。しかし手続を担うのは検察官ではなく，国税庁調査査察部などに所属する行政職員（**収税官吏**）である。

犯則調査の手段としては，相手方の妨害を実力で排除して調査できる**強制調査**と，行政調査と同様に刑事罰によって間接的に実効性が担保された調査（例：国税犯則取締法1条1項）とがある。どちらの形態であっても，犯則調査が刑事責任の追及を目的とする手続であることから，**黙秘権保障**（憲法38条1項）が及ぶ（最三小判1984(昭和59)・3・27刑集38巻5号2037頁）。さらに，管轄地方裁判所または簡易裁判所の許可状を得た上で，臨検・捜索・差押などの強制調査（例：国税犯則取締法2条1項）を行うこともできる。これは**令状主義**（憲法35条1項）に由来する規定である。

③ 犯則調査手続が終了すれば収税官吏による**告発**がなされ，検察官が刑事訴訟法の手続に従って処理することになる。この段階では間接国税とそれ以外の国税とで処理が異なる。間接国税以外の国税については，犯則事実があると収税官吏が判断すれば告発の手続を行わなければならない（国税犯則取締法12条の2）。これに対して間接国税の場合には，犯則嫌疑者に逃走のおそ

調査手続の種類	担当組織	調査の目的
行政調査	税務職員 　国税庁・国税局・税務署・税関の職員	課税処分
犯則調査	収税官吏 　[間接国税以外の国税] 　国税庁調査査察部, 国税局の査察官 　[間接国税] 　国税局の調査官, 税務署の間接税担当職員	刑事罰
刑事手続	検察官	刑事罰

図15　行政調査と犯則調査

れがあるときなどには直ちに告発しなければならない（同法13条1項）ものの，そうでなければ収税官吏はまず国税局長・税務署長に報告する。国税局長・税務署長が犯則の心証を得た場合には，それが懲役刑に相当すると思料しないときはまず**通告処分**をしなければならない（同法14条）。これは，犯則者に対して理由を明示して罰金・科料に相当する金額等を納付するよう通告するものである。もし犯則者がこれに従って納付すれば，公訴提起がなされない（同法16条1項）。これは**犯罪の非刑罰的処理**（⇨81頁）の一例と言える。この処理が間接国税に限定されているのは，間接国税に違反が多かったからであるとされる（金子933頁）。通告処分に不服があれば，納付を行わず，後続の刑事訴訟においてその適否が争われることになる。このような構造から通告処分の処分性は否定されている（最一小判1972（昭和47）・4・20民集26巻3号507頁）。最終的に告発がなされると，犯則調査において差し押えられた物件は検察官に引き渡される（同法18条1項）。

④　課税処分のために行われる行政調査は犯罪捜査のために用いられてはならない（国税通則法74条の8もこのことを確認している）。しかし，行政調査の際に税務職員が犯則事件の端緒を発見することもあり得る。行政調査に従事した公務員は，公務員法上の**守秘義務**（国家公務員法100条1項）に加え，国税通則法上も守秘義務が課されている（国税通則法126条）。他方で公務員は刑事訴訟法上の**告発義務**も負っている（刑事訴訟法239条2項）。この両者の関係については，租税法学においては守秘義務が優先するとの見解が有力である（金子788頁）。おそらくそれは，行政調査と犯則調査が他の分野と比較

して強い連続性を持っていること，国税通則法に特別の規定が置かれていることを考慮してのことと考えられる。他方で，犯罪行為の抑止が法秩序維持の要諦であり，公務員の最低限の職責であると考えれば，守秘義務が告発義務に優先すると考えるのは困難であるようにも思われる（大橋・I 155頁）。この点について最高裁は，犯則調査の端緒となった行政調査の目的を重視し，犯罪の証拠資料の保全のための手段として行政調査を行うことは違法であるのに対し，「取得収集される証拠資料が後に犯則事件の証拠として利用されることが想定できたとしても，そのことによって直ちに，上記質問又は検査の権限が犯則事件の調査あるいは捜査のための手段として行使されたことにはならない」（判百I 111　判I 124　CB 6-5　最二小決2004（平成16）・1・20刑集58巻1号26頁）と判断している（⇨49頁）。

■ 行政上の制裁金

納税義務違反に対して本来の税額に加算して**附帯税**が課されることがある。附帯税は徴税の便宜上「税」とされているものであって，本来の性質は租税ではない（金子707頁）。行政法学から見れば，これらは行政上の義務違反に対する制裁金（⇨82頁）の一種である。

① 申告納税制度と徴収納付制度の実効性を確保するために設けられているのが**加算税**であり，以下の4種類がある。第1に，期限内に申告した当初税額が修正申告・更正によって過小となったときには，その差額の10％の**過少申告加算税**が課される（国税通則法65条1項）。ただし，自主的な修正申告（⇨199頁）を誘導するため，課税処分に係る行政調査があったことにより更正があるべきことを予知してなされたものでない修正申告の場合には過少申告加算税は課されない（同条5項）。第2に，法定申告期限内に申告がなされず，期限後申告または決定処分によって税額が確定した場合などには，税額の15％の**無申告加算税**が課される（同法66条）。第3に，源泉徴収等による国税が法定納期限までに完納されなかった場合，納税の告知で示された税額または告知を受けることなく納付された税額の10％の**不納付加算税**が課される（同法67条1項）。第4に，上記の3つのケースで納付すべき税額の計算の基礎となるべき事実の隠ぺい・仮装がある場合には，上記の3つの税に代わって，より税額の重い**重加算税**が課される（同法68条）。具体的な税率

は，過少申告の重加算税が35％，無申告の重加算税が40％，不納付の重加算税が35％である。

② 国税の全部または一部を法定納期限までに完納しない場合に，**延滞税**が課される（国税通則法60条1項）。延滞税の税額は，未納の税額の14.6％を基本とし，納期限の翌日から2ヶ月以内であれば7.3％になる（同条2項）。これに対して，延納や納税申告書の提出期限の延長が認められた場合に支払う義務が生ずるのが**利子税**である（同法64条）。

③ 印紙税の納税義務違反に対しては**過怠税**（印紙税法20条）が課される。印紙税が課税文書の作成時までに納付されなかった場合には，税務署長は文書作成者から，納付されなかった印紙税の額とその2倍に相当する金額との合計額（本来の税額の3倍額）を過怠税として徴収する。

参考文献 ［第 2 部・第 1 章］

　本章の理論的な基礎となり，行政法学と租税法学の双方の視点を含んだ参考文献を，本章の記述に関する発展的な理解に資する観点から 20 本に絞り，短い紹介文を付して掲げることとする。

［1　租税法の基本的考え方］

①塩野宏『オットー・マイヤー行政法学の構造』（有斐閣・1962 年）175〜195 頁

　　日本の行政法学が範を取ったドイツ行政法学の理論的体系を確立したオットー・マイヤー行政法学の全体像と構成要素を分析し尽くした，戦後の日本の行政法学における金字塔的な作品である。上掲頁では，行政行為の概念をオットー・マイヤーがどのような意図に基づいて用いているのか，租税法においてはどのような特殊性を持つものとして構想されていたのかが扱われている。

②金子宏「租税法学の体系」同『租税法理論の形成と解明（上）』（有斐閣・2010 年）181〜195 頁［初出 1972 年］

　　1971 年の公法学会部会報告をもとにした論文であり，課税要件論を租税法の中心に位置づけて体系化を図るべきことを鮮明に主張し，その後の租税法学の発展の方向性を決定づけた作品である。

③芝池義一「税法と行政法」同他編『租税行政と権利保障』（ミネルヴァ書房・1995 年）1〜25 頁

　　行政法理論の側から税法の理論的発展を検討した論文であり，本章もこの作業を継承することを意図している。本論文 5〜9 頁では要件裁量否定論が取り上げられ，不確定法概念の解釈に政策的裁量が認められる場合には，裁判所が判断代置することが必ずしも適切でないことがあると指摘されている。

④中里実「経済的手法の法的統制に関するメモ（上）（下）」ジュリスト 1042 号（1994 年）121〜125 頁，1045 号 123〜127 頁

　　租税や課徴金などの経済的手法に対する法律学からの分析の必要性とその方向性を示し，その後の経済的手法に関する行政法学の議論でも常に参照される論文である。本論文の示した課題をより広範な理論的問題の中に位置づけたのが，同「誘導的手法による公共政策」『岩波講座 現代の法 4 政策と法』（岩波書店・1998 年）277〜303 頁である。

⑤藤谷武史「租税法と行政法」金子宏編『租税法の発展』（有斐閣・2010年）71～95頁
　課税要件論を中心に理論的な発展を遂げてきた租税法の現在の理論状況を明快に提示するとともに，行政法学との理論的対話によって，租税手続法・争訟法の改革の方向性の模索，政策手段としての租税法の理論構築，租税法固有の法理・概念の相対化によるこれらの再定位を図ろうとする論文である。本章は，本論文で示された問題意識に対する，行政法学の側からのささやかな応答でもある。

⑥渕圭吾「租税法と私法の関係」学習院大学法学会雑誌（学習院大学）44巻2号（2009年）13～48頁
　租税法と私法の関係をめぐる従来の議論のうち租税法の規定の解釈・適用を念頭に置いた場面のものを検討した上で，これらを「取引の前提としての私法」と「租税法の解釈に際して参照される私法」に分類する。そして，租税回避の否認について，この両者の位相を区別する意義を説く。本論文の示す視点は，行政法と民事法の関係を議論する際にも示唆に富むように思われる。

⑦田中治「租税法律主義の現代的意義」税法学566号（2011年）243～265頁
　民主主義と自由主義の観点から租税法律主義の理論的な基盤を明らかにした上で，近時の判例・裁判例を踏まえて関連する税法上の論点を詳細に検討している。具体的には，政令委任，租税回避行為の否認規定，遡及立法，通達，外国税額控除制度が取り上げられており，租税法律主義が現実の問題の中でどこまで維持されているのか，そこにどのような問題点が見られるのかを論じている。

⑧増井良啓「税制の公平から分配の公平へ」江頭憲治郎＝碓井光明編『法の再構築Ⅰ 国家と社会』（東京大学出版会・2007年）63～80頁
　租税政策を方向付けるキーワードとしてしばしば用いられる「担税力」や「垂直的公平」の意味や，それを原則として採用することの意義を緻密に分析した上で，税制のみならず社会保障制度も含めた視点から所得格差の問題への対応策を論じている。租税法・租税政策における「平等」「公平」の意義については，同「租税法における公平」法学教室（2010年）134～141頁も，平明かつ示唆に富む議論を展開している。

[2　課税要件形成の過程]

⑨岡村忠生「租税法律主義とソフトロー」税法学563号（2010年）141～162頁
　租税法律主義という大原則が存在するにもかかわらず，税法の解釈にあたって「法令以外のところ」が現実には影響を与えている。これらの要素をソフトローと捉

え，その多様性や機能を分析した上で，租税法律主義の今後の方向性を指し示している。本論文のモチーフの1つである「法の指令の認知」における動態的なルール形成プロセスと議会制定法中心の考え方との緊張関係は，行政法総論における法源をめぐる議論にも多大な示唆を与えるものである。

⑩増井良啓「租税法の形成における実験」中山信弘編集代表・中里実編『政府規制とソフトロー』（有斐閣・2008年）185～207頁

租税法実務において極めて大きな役割を果たしている国税庁の法令解釈通達の機能やその動態的な発展の図式を，実験という視点から分析している。通達の内容に人々が従うのは，国税庁の行動を予測できるからであり，課税要件が不明確な分野においてこの傾向が強まる。実務の蓄積としての通達は法令に昇格する場合があり，また事前照会に対する文書回答の手続の中で納税者と国税庁が新たな取引への課税をめぐって実験的な対応を行うこともあり得る。⑨論文とあわせて読むと，租税法における通達の現実の機能やその理論的意義を多面的に把握できる。

⑪中里実「通達に反する課税処分の効力」ジュリスト1349号（2008年）86～91頁

行政法総論においては，法律の根拠なしに通達によって課税されるかどうかが事実上決定されることを問題視する見解が支配的である。これに対して租税法では，課税庁が通達とは異なる基準で課税を行うことを，納税者の信頼を保護する観点から違法とすべきとの議論がある。本論文では，この問題に関する租税法学の理解や関連する下級審裁判例が提示され，個々の通達の定め方に応じて逸脱の許容性が検討されるべきとの見解が示されている。

⑫谷口勢津夫「人的控除」税研146号（2009年）86～119頁

人的な事情を考慮するための所得控除である人的控除は，担税力に応じた課税，あるいは納税者の最低限度の生活を保障する機能をも有する。本論文では，その沿革が詳細に分析され，人的控除に関する税法上の概念が整理された上で，その憲法論的基礎が提示され，それを踏まえて人的控除のあるべき制度設計論が展開されている。

⑬藤谷武史「非営利公益団体課税の機能的分析（1）～（4・完）」国家学会雑誌（東京大学）117巻11=12号（2004年）1021～1129頁，118巻1=2号（2005年）1～110頁，3=4号220～322頁，5=6号487～599頁

非営利公益団体課税に関する浩瀚な日米比較法研究であり，「団体」に対する「所得課税」のあり方という租税法学上の極めて重要な論点に関して緻密な検討がなされている。非営利公益団体への税制優遇を「公益目的の選択に関して私人に授権する税制優遇」と「公益目的支出の時期に関して私人に授権する税制優遇」とに機能

的に分離し、それぞれに固有の正当化根拠を要求するという見方が導出される。財政に対する法的制御のあり方や法律学からの制度設計論へのアプローチの基礎理論構築といった、著者のその後の幅広い研究業績の基盤がここに示されている。

⑭碓井光明「違法な課税処分による納付税額の回復方法」金子宏編『租税法の発展』（有斐閣・2010年）542〜565頁

本章193頁で挙げた最高裁の2010年判決によって、固定資産税の税額が過大に認定された場合に、審査の申出や課税処分の取消訴訟を提起しなくても国家賠償請求ができることが明らかになった。しかし、この判決の射程がどこまで及ぶのかはなお明らかではない。本論文では、固定資産税の賦課課税方式の問題点を指摘してこの判決の結論には理解を示す一方、課税処分の不可争力と国家賠償訴訟との関係についての理論的な整理の必要性を説いている。この問題については、高木光「公定力と国家賠償請求」水野古稀『行政と国民の権利』（法律文化社・2011年）3〜19頁、北村和生「金銭の給付や徴収に関する行政処分と国家賠償請求」同書20〜36頁が、主として行政法学の観点からの検討を行っている。

[3　納税義務確定の過程]

⑮岩崎政明「租税制度における行政手続の課題」ジュリスト1304号（2006年）32〜39頁

行政手続法の制定に際して、それまで行政手続に関する判例法理を創出してきた租税行政手続は、その適用除外の対象とされた。本論文はその適用除外の内容を整理し、適用除外とすることに合理性があるかを検証している。2011年の法改正により適用除外の範囲は縮小している（小幡純子「税務手続の整備について」ジュリスト1441号（2012年）88〜89頁）ものの、本論文が提示している租税行政手続に対する基本的な考え方は現在でもその価値を失っていない。

⑯占部裕典「税務訴訟における当事者訴訟の活用可能性」阿部古稀『行政法学の未来に向けて』（有斐閣・2012年）607〜627頁

2004年の行政事件訴訟法改正によって活用が示唆された当事者訴訟は、確認の利益の充足可能性の問題や更正の請求の排他性から、実際の税務訴訟では活用がなされていない。本論文では、さまざまな局面における税務訴訟を取り上げ、当事者訴訟の活用可能性を探っている。この点と関連して、税法における処分の意味と訴訟方法との関係については、岡村忠生「納税義務の成立について」税研28巻3号（2012年）18〜26頁が、制度の存在目的に遡った理論的考察を展開している。

[4　租税徴収の過程]

⑰渡辺徹也「申告納税・源泉徴収・年末調整と給与所得」日税研論集57号（2006年）121〜163頁

給与所得者に対する源泉徴収と年末調整は，戦後直後に導入され，もはや完全に定着した感がある。しかし，就業形態の多様化や地方税改革の影響から，現在の方式を維持することの問題点も顕在化している。そこで，同じく源泉徴収の方式が存在しながらも年末調整の制度を持たないアメリカ法を参照し，納税環境の整備を基軸とする新たな制度設計の可能性を提唱している。

⑱山下稔「地方公共団体における納税義務の履行確保」法政研究（九州大学）65 巻 1 号（1998 年）149～196 頁

納税義務が果たされない場合には，行政が自力で強制徴収する滞納処分手続が存在する。しかし，地方公共団体においては，地方税滞納処分が十分に機能しているとは言いがたい。本論文では実務家の視点から，機能不全の現状とその背景事情が分析され，それを踏まえて三段階徴収システム（行政サービスの提供や行政の契約締結相手方選択の際に納税要件を課す総合行政徴収システム，徴収の外部委託を促進する嘱託員活用型徴収システム，一部事務組合等の広域行政を利用する協働徴収システム）の構築が提唱されている。

⑲高橋祐介「貧困と税法（1）（2・完）」民商法雑誌 142 巻 2 号（2010 年）139～181 頁，3 号 259～313 頁

税と社会保障の一体改革論や，消費税増税時の給付付き税額控除導入をめぐる議論など，再分配の手法としての税法と社会保障法の境界線は揺らぎつつある。本論文は，税法と生活保護法を対比するという構想に基づき，税法がどのような場面において最低生活費保障機能を果たすかを，実体法と手続法の双方から分析している。

⑳佐藤英明「犯則調査権限導入に関する若干の論点整理」ジュリスト 1270 号（2004 年）47～52 頁

本論文は，独占禁止法に犯則調査手続が導入される際に，犯則調査権限が先行して認められていた租税法の議論状況を参照する形式で書かれている。具体的には令状主義，守秘義務と告発義務の関係，行政調査と犯則調査の関係，犯則調査に対する不服申立の問題が扱われ，租税法における制度設計やその法的問題点が簡明に整理されている。

第2章 社会保障法

1 社会保障法の基本的考え方

1 社会保障法の特色

　私たちが自立した生活を営む基盤となっているのは，自ら獲得した所得である。しかし，病気になった場合には保険証（被保険者証）を医療機関に呈示することによって3割の自己負担で医療サービスを受けることができ，何らかの理由で最低限度の生活を下回った場合には生活保護給付を受けることができる。このように，自立した日常生活を支えるための所得再分配のシステムを構築している法令群を**社会保障法**と呼ぶ。具体的には，年金・医療・介護・福祉サービス・生活保護・児童手当などが含まれる。

> 【社会保障の定義論争】　社会保障の定義をめぐってはいくつかの理解が存在する。最広義の理解は憲法25条及びそれを受けた1950年の社会保障制度審議会「社会保障制度に関する勧告」に示されているものであり，社会保険・国家扶助・公衆衛生及び医療・社会福祉の4つを社会保障制度に含める。これに対して社会保障法学では，個人の従前の生活を脅かす事由＝**要保障事由**が生じた場合に社会保険料・租税等により公的主体が財・サービスを提供する制度を社会保障とする見解が有力である（岩村14頁，西村24頁）。この理解を基本としつつ，軍人恩給・戦争犠牲者援護も社会保障に含める見解や，社会保障関連制度としての住宅対策を社会保障に含める見解[1]も存在する。

　社会保障法は何のために存在しているのであろうか。沿革をたどれば，社会保障法はもともと，**救貧法制**と**労働者共済**の2つから出発しているとされる。もともと社会の特定の階層のみを対象としていたこれらがその対象を普

---

1) 河野正輝「社会保障法の目的理念と法体系」同『社会福祉法の新展開』（有斐閣・2006年）1-25（18）頁［初出2001年］。

遍化させ始めた背景には，国民国家の維持という目的があった。両大戦期に至るまで近代国民国家はその領域拡大のために国民を徴兵し，国家財政のかなりの部分を戦費に割いていた。社会保障制度は一方では国家のために場合によっては生命を捧げる国民に対するいわば報償であり（例：軍人恩給），他方では戦費調達のための方便であった（例：年金保険料）。社会保障は同時に，戦争へと向かう社会を統合・安定化し，国民としての一体感を醸成する装置でもあった。第二次大戦終了前後になると「**社会保険から社会保障へ**」とのキャッチフレーズのもとで，社会保障制度はさらに対象を拡大させた。国家の領域拡大による福利向上を望めなくなった国民国家が新たに打ち出した存在理由は「**福祉国家**」であった。日本国憲法はこの時期に制定されており，生存権（憲法 25 条）の実現は国家にとって重要な役割と位置づけられた。この時期の社会保障は，一方では東西のイデオロギー対立の中で自らの体制を正当化する道具として，他方では経済の高度成長により生じた余剰財源を分配する装置として働いた。この段階までの社会保障法は給付行政分野を代表する法領域であり，国家と受給者との二面関係にのみ焦点が当てられ，受給者の権利をいかに保障するかに関心が向けられていた。ところがその後，経済が低成長の時代に入ったため，社会保障の財源が枯渇し，制度の存続までも危ぶまれる事態に陥りつつある。経済のグローバル化の進展に伴って企業立地の自由度が高まり，国民国家が運営に必要な税収を得るためには企業立地の妨げとなる社会保障負担の増大を回避しなければならないという力が働き始めている。日本でも 1990 年代以降の経済の停滞の中で，社会保障のセーフティーネットにさまざまな部分で綻びが見られるようになってきた。こうした中で，社会保障法においても，給付にのみ注目するのではなく財源調達や負担の部分にも注目し，新たな正当化根拠や基調理念を模索する動きが広がっている。例えば**自己決定**との関係で社会保障法のさまざまな法制度を把握したり，要保障事由が発生することを防ぐ**予防**という考え方が強調されたりしている。また経済活動が国境を越えるのに伴い，社会保障についても国境を越えた国際的な制度調整が課題となりつつある。

　以上のような社会保障法の展開を踏まえると，現時点におけるその特色は次の 3 点に整理できる。第 1 に，社会保障法は給付のみならず負担に関する法でもある。行政法学から見た場合，社会保障法の顕著な特色は給付をめぐ

る法制度の多様性にある。しかしそれを給付からのみ分析したのでは正確な像を結ぶことはできず、その基盤にある負担の法制度を租税法の議論も踏まえて検討することが重要である[2]。第2に、社会保障法は国家・受給者という二面関係にとどまらずそれ以外の幅広い利害関係者を包含する法である。特に、現金給付ではなくサービスを給付する場合（医療・介護・社会福祉サービス）には、サービス提供者が法関係に登場し、法的な問題を複雑化させることになる。第3に、社会保障法は市民や企業の経済活動のあり方にも深くかかわる法である。社会保障法はたしかに国家を中心とする負担と給付の回路を制御するものではあるものの、その諸条件が経済活動のあり方と深くかかわる。このため経済のグローバル化の影響から逃れることはできず、制度間の国際的調整（例：年金の二国間協定）や平準化（例：ILOの活動[3]）にも対応しなければならないのである。

2 社会保障法の内部構造

　社会保障法の内部構造は、2つの軸に注目すると理解しやすい。1つは**財源の調達方式**である。社会保障法の財源調達方式は、他の一般行政活動と同じく租税（⇨164頁）などの一般財源を用いる**社会扶助**方式と、租税とは別に社会保障給付目的に限定して財源を調達する**社会保険**方式とに大別できる（堀・総論107頁）。社会扶助方式では受給者の拠出を前提とせずに給付が受けられるのに対して、社会保険方式では受給者が予め保険料を拠出していないと給付が受けられない。もう1つは**給付の方式**である。社会保障の給付形式は大きく、現金を給付する方式とサービスを給付する方式に分けることができる。主として現金を給付するのが年金保険・労災保険・雇用保険・社会手当・生活保護であり、主としてサービスを給付するのが医療保険・介護保

---

[2] 法と経済学の知見を踏まえ、世代間衡平の観点から予算や財政制度への法的規律の可能性を論じたものとして参照、神山弘行「財政問題と時間軸」公法研究74号（2012年）197-209頁。

[3] 角田82-93頁、吾郷眞一「ILOの活動（1）条約・勧告の採択と適用」日本ILO協会編『講座ILO（国際労働機関）（上）』（日本ILO協会・1999年）113-173頁、伊奈川秀和「社会保障をめぐる国際協力」日本社会保障法学会編『講座社会保障法1 21世紀の社会保障法』（法律文化社・2001年）287-308頁。

険・社会福祉（児童・高齢者・障害者）である。図1はこの2つの軸のもとに代表的な法律を挙げたものである。

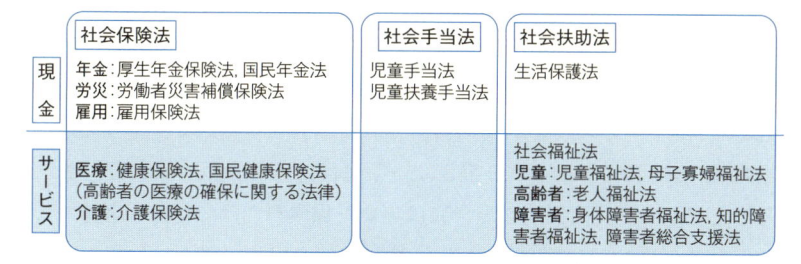

	社会保険法	社会手当法	社会扶助法
現金	年金：厚生年金保険法, 国民年金法 労災：労働者災害補償保険法 雇用：雇用保険法	児童手当法 児童扶養手当法	生活保護法
サービス	医療：健康保険法, 国民健康保険法 （高齢者の医療の確保に関する法律） 介護：介護保険法		社会福祉法 児童：児童福祉法, 母子寡婦福祉法 高齢者：老人福祉法 障害者：身体障害者福祉法, 知的障害者福祉法, 障害者総合支援法

図1　社会保障法の内部構造

【社会手当】　社会保険方式と社会扶助方式の中間に位置づけられるとされるのが**社会手当**と呼ばれるものであり，租税や（児童手当については）事業者拠出金を財源とし，受給者の拠出を求めず定型的な給付を行う。また生活保護とは異なり，厳密な資産調査を前提とせずに給付が行われる。

■ 財源の調達方式

　社会扶助方式は租税（一般財源）を給付の財源とする方式である。これに対して社会保障法に特有の方式として社会保険方式がある[4]。これは，共通のリスクにさらされた人々（**被保険者**）から**保険者**が予め**保険料**を徴収し，リスクが現実化（要保障事由が発生）した場合に保険料を元手に**保険給付**を行う方式である。こうした保険原理は民間保険（私保険）と共通する。ただし社会保険の場合には，以下の3点において民間保険と異なる。第1は，**強制加入制**がとられていることである。民間保険の場合には，保険に加入するかどうかは原則として自由に判断できるのに対して，社会保険の場合には法律で定められた一定の要件に合致する人は強制的に加入させられることになる。これは，任意加入にすると，保険事故発生の危険が高い者のみが加入す

---

[4] 財源の調達方式に関する包括的で詳細な検討として参照，太田匡彦「社会保障の財源調達」フィナンシャル・レビュー 113号（2013年）60-78頁。

る「逆選択」が生じて危険の分散にならないからであるとされる（西村27頁）。第2は，所得に応じた**保険料**が設定されていることが多いことである。民間保険ではリスクに応じて，あるいは保険給付の額に応じて保険料が決まる（**給付反対給付均等の原則**）のに対して，社会保険では所得に応じて保険料が定められている。これに対して給付額については，所得に比例している場合もある（例：厚生年金保険）ものの，それとは異なる基準で決まっていることもある（例：国民健康保険）。第3は，保険料以外に一般財源も投入されていることである。民間保険の場合には集めた保険料だけで給付も事務コストも賄われる（**収支相等の原則**）。これに対して社会保険の場合には租税財源が一定割合で投入されていることが多い（例：国民年金・介護保険）。

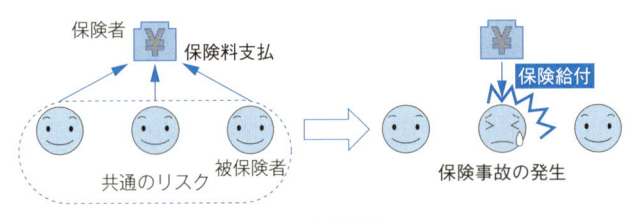

図2　社会保険

　租税も社会保険料も，市民の同意なしに強制的に徴収される点は共通である。しかし社会保険料は，リスクが現実化したときに給付をもらうために支払っている（**対価性**がある）のに対して，租税の場合には国家からの一定の給付の反対給付として支払っているわけではない。この特色は受給者の権利を強める方向にも排除する方向にも働く。保険料は将来の保険給付の反対給付であるから，要保障事由が現実に起きれば，給付者の判断を介在させずとも給付を得ることができる。この意味において社会保険方式は受給権を強める機能を持つ。他方で，社会保険方式による給付は保険料を支払うことが前提となるので，保険料が未納の場合には給付を受けることができない。この意味で社会保険方式は，低所得者の受給を排除する方向にも働きうる[5]。

---

5) 太田匡彦「リスク社会下の社会保障行政（下）」ジュリスト1357号（2008年）96-106（98-104）頁。

■ 給付の方式

　社会保障は，最終的に何を給付しようとしているのかを基準に**金銭給付方式**と**サービス給付方式**とに分けることができる。金銭給付方式の場合には，給付主体が受給者に金銭を支払うことだけで足りるので，法関係が単純化できる。これに対してサービス給付方式の場合には，給付主体が給付の財源を調達するだけでは給付を実現できず，サービス提供者を確保する必要が出てくる。そのため，給付主体・受給者・提供者の三者が法関係に登場し，給付主体の役割は金銭給付の場合に比べると複雑なものとなる。

> **【社会保障法の体系論争】**　社会保障法学において，自己の体系をどのように構築するかをめぐって，大きく2つの立場の対立がある。1つは**制度論的体系論**（例えば吾妻55頁）と呼ばれる考え方であり，上記の財源調達方式による体系化にほぼ対応するものである。もう1つは**要保障事故別の体系論**（荒木252頁）と呼ばれる考え方であり，上記の給付の方式による体系化にほぼ対応する。制度論的体系論は，法律が規定している社会保障制度を歴史的沿革と費用調達方式から「社会保険」「公的扶助」「社会手当」「社会福祉」の4つに分類する。これは，法律が各制度を完結的なものとして規定していること，費用調達のあり方が給付の権利性に影響を与えていることを重視する立場であり，社会保障法学においては通説の地位を占め続けている。これに対して要保障事故別の体系論は，保障すべきニーズと保障給付の内容に注目した体系化を指向するものであり，財源調達方式は技術的な問題と位置づけ，制度設計を誘導する理論的な体系を構築しようとしている[6]。
>
> 　現在の日本の社会保障法は，一定の政策目的を達成するために完結的な法制度を設けており，その設計の中で財源調達方法を決め，給付の方式も金銭給付とサービス給付が1つの法律の中で混在していることも多い（例：生活保護法）。また最終的にはサービスを給付することが目的でも，給付の内容の自由度を確保するために法文上は現金給付として規定している場合もある（例：介護保険法）。以上の現状からすれば，

---

6) この問題意識をさらに発展させ，自由権的側面と社会権的側面を区別せずに障害者に対する一体的な保障を構想する「障がい法」を提唱するものとして参照，河野正輝「地域社会における生活の支援」日本社会保障法学会編『新・講座社会保障法2 地域生活を支える社会福祉』（法律文化社・2012年）9-29（26-29）頁。

> 現行の社会保障法を把握する上では制度論的体系論が有利とされる（岩村17頁）。他方で、社会保障の行政過程を法的に把握しようとする行政法学の立場からは、金銭給付とサービス給付の間に見られる法関係の差異も無視することはできないため、要保障事故別の体系論が重視した所得保障かサービス保障かという観点を重視した分析も必要である。

3　社会保障法の基本概念

　社会保障の行政過程は、給付主体が一定のルールに従って財源を調達し、受給者に対して（多くの場合）給付決定によって受給権を発生または確定させた上で、現実の給付を実施する流れをとっている。ここでは、個別の社会保障制度を問わずその理解の際に共通に必要となる基本的な概念を、以上の流れの中で紹介することとする。

■給付主体

　社会保障給付を実施する主体を**給付主体**という。社会保険方式に基づく給付の場合、給付主体は保険者である。具体的には、政府（厚生年金保険法2条、国民年金法3条1項、労働者災害補償保険法2条、雇用保険法2条1項）、市町村・特別区（国民健康保険法3条1項、介護保険法3条1項）、健康保険組合（民間被用者が対象）や共済組合（公務員が対象）等の**社会保険組合**[7]（国家公務員共済組合法3条1項、健康保険法4条、国民健康保険法3条2項）、後期高齢者医療広域連合（高齢者の医療の確保に関する法律［高齢者医療確保法］48条）、全国健康保険協会（健康保険法4条）である。労働者の相互扶助組織から社会保険が発達したという沿革から、一定の職業を共通にする集団を社会保険の単位とする**職域単位**による構成が目立つ。このような組織単位である社会保険組合は**公共組合**の一種であり、強制加入と行政処分権が法律で認められているため、**行政組織法上の行政主体**（⇨28頁）に含まれる[8]。これに対して、一定

---

7) 日本の社会保障制度における「組合」の史的展開を、私保険との関係にも注目して論じた業績として参照、笠木映里『社会保険と私保険』（有斐閣・2012年）217頁以下。

の地域に住んでいる集団を社会保険の単位とする**地域単位**による構成を取っているのが国民健康保険と介護保険である。国民健康保険は、国民皆保険を実現するために、自営業など被用者でない人を地域に着目して組織化したものであり、地域単位の相互扶助組織（例：定礼）にその歴史的な起源が求められる。介護保険では医療保険をベースに制度が創設されたこと、介護保険法制定以前の高齢者福祉サービスを市町村が実施していたことから、保険者として市町村が選択された。さらに75歳以上が対象となる後期高齢者医療（長寿医療）制度では、保険財政を安定化させる観点から、各都道府県下の全ての市町村を構成員とする**広域連合**（⇨35頁）が保険者とされた。

　社会扶助方式に基づく給付の場合、給付主体は他の行政分野と同じく国・地方公共団体である。具体的にどの行政主体が給付主体なのかは給付の内容によって異なっている。例えば同じ児童福祉法が定める給付についても、保育所における保育サービスの提供は市町村（児童福祉法24条）であるのに対し、障害児施設における給付費は都道府県（同法24条の2）が担当する。また生活保護法と社会福祉各法については、都道府県と市は条例で**福祉事務所**（社会福祉法14条1項）を設置しなければならず（**必置規制**）、その職員が事務を担当することとなる。

■ 財政運営・費用負担のルール

　一般行政活動の場合、その財政運営は予算によって決定される。予算は会計年度ごとに編成され、会計年度を越えて使用できる経費は例外的な位置づけになっている（財政法11～14条の3）。社会扶助方式による費用調達がなされている生活保護や社会福祉に関してもこのことはあてはまる。これに対して社会保険方式の場合には、**特別会計**を設けることで、会計年度から一定程度独立した財政運営が可能となる（特別会計に関する法律96条以下〔労働保険特別会計〕、同法108条以下〔年金特別会計〕）。会計年度ごとに給付に必要な経費を徴収して給付に充てる方式を**賦課方式**と呼び、後の給付のために経費を予め蓄えておく方式を**積立方式**という。我が国の年金保険はもともと積立方式を採用していたものの、現在では賦課方式の部分がか

8）塩野・Ⅲ 113頁、藤田・組織法 172頁。

なり大きくなっている（**修正積立方式**）。医療保険や介護保険は，保険期間が短く3年程度で収支を均衡させる**短期保険**であるため，賦課方式が基本となっている。

社会保障法における負担額を決定する際に，何を基準とすべきかが大きな問題となる。受給者の所得や資産を基準に費用負担を決定する方法を**応能負担**といい，受給者が得る財・サービスの量を基準に費用負担を決定する方法を**応益負担**という。このうち，給付に必要な費用を調達する財源負担の場面では，租税の多くは基本的に応能負担で額が決定される。これに対して社会保険料の額の確定方法は，応益負担を基本としつつ応能負担による修正が加わっていることが多い。特に応能負担の色彩が強いのが医療保険・介護保険であり，いずれも所得に応じて保険料が決まるのに対して，給付は被保険者の需要に応じて決まる。一方，給付を受けた者がその費用の一部を負担する利用者負担については，一般的な傾向として，社会扶助方式による給付の際には応能負担（例：老人福祉法28条1項），社会保険方式による給付の際には応益負担（例：健康保険法74条）が選択されていることが多い。これは，社会扶助方式が受給者の無資力を前提に給付制度を設計していること，社会保険方式の場合には保険給付の総量を抑制する手段としても利用者負担が用いられていることに起因する。ただし最近では，社会扶助方式をとる給付においても応益負担の要素を含めて利用者負担額を決定する手法が見られる（例：児童福祉法56条3項，障害者の日常生活及び社会生活を総合的に支援するための法律［障害者総合支援法］29条3項）（⇨320頁）。

【**保険料減免と生活保護の棲み分け**】　本文で説明した財源負担の方法とは別に，国民年金法・国民健康保険法・介護保険法では保険料減免措置が規定されている。被用者を対象とする健康保険法・厚生年金保険法に減免の規定がないのは，これらの被保険者は雇用関係にあって所得が発生しているため，減免措置の必要性がないと考えられているからであろう（批判として，碓井108頁）。

保険料減免に伴う財源不足は国庫負担・公費負担で穴埋めされることが多い（例：国民年金法85条1項2号）。このためマクロ的に見れば，低所得者の給付は租税財源で，中所得者以上の給付は社会保険料で賄われていると言ってよい。ただし，低所得者向けの給付を生活保護によって設計するか，社会保険各法における保険料減免措置

などを用いて設計するかは，それぞれの制度によって異なっている。
① 国民年金における減免制度は法定免除と申請免除に分かれ，生活保護法の生活扶助を受けていると法定免除に該当する（国民年金法 89 条 1 項 2 号）。申請免除は全額免除・3/4 免除・半額免除・1/4 免除の 4 種類があり，年間所得が政令で定める金額以下であることが要件となっている。老齢基礎年金を満額受け取るためには 480 ヶ月（40 年間＝20 歳から 60 歳まで）の保険料納付が必要であり，減免期間は減免の程度に応じて月数を減算した計算が行われる（同法 27 条）。他方で老齢基礎年金の支給要件として，保険料納付済期間と免除期間の合算で 25 年以上が必要（同法 26 条）であるため，生活保護を受けず国民年金の保険料を納付していない期間が 15 年以上あると老齢基礎年金を全く受給できず，この場合に最低生活水準を下回れば生活保護の受給対象になる（⇨284 頁）。
② 国民健康保険における減免制度は「特別の理由」がある者に対し，条例・規約の定めるところにより減免ができる（国民健康保険法 77 条）と規定されているのみで，その基準は法令上明確ではない。しかしこの「特別の理由」は災害等によって一時的に所得が減少した場面が想定されており，恒常的な低所得を含まないと解されている。その理由は，恒常的低所得者に対しては生活保護法が医療扶助を予定しているからであるとされる。他方，立法論としては，生活保護法で国民健康保険料や利用者負担分をカバーし，国民健康保険の給付制度に統合する設計もありうる。
③ このような制度設計を実現しているのが介護保険法である[9]。介護保険法は，主として介護が必要な 65 歳以上全員を第 1 号被保険者とし，これら親世代を支える 40 歳から 65 歳までの医療保険加入者（生活保護受給者は含まれていないことに注意）を第 2 号被保険者としている。第 1 号被保険者に対する保険料は所得段階別定額保険料方式と呼ばれ，応能負担の色彩が強くなっている。ただし，介護サービスは（生活保護法の介護扶助ではなく）介護保険から提供され，日常生活費・介護保険料・利用者負担は生活保護法の生活扶助から給付される。これに対して第 2 号被保険者と同年齢の生活保護受給者は介護保険の被保険者にならないため，この年齢で介護給付が必要となった場合には，生活保護法の介護扶助によって給付が行われることとなる（西村 308 頁）。

---

9) その背景事情につき参照，堤修三『介護保険の意味論』（中央法規出版・2010 年）91 頁。

■ 給付・負担の単位

　社会保障給付や負担は，個人を単位としている場合（**個人単位**）と世帯を単位としている場合（**世帯単位**）とに分けられる。世帯単位の給付の代表例は生活保護法であり，同法10条は保護の要否・程度を世帯単位で定めることを原則とすると定めている。これは，実際に生計を1つにしている単位に注目して保護の要否を判断するのが適切であること，親族間扶養義務を尽くした上で生活保護の必要性を判断するよう求められていること（同法4条2項）による。また健康保険法は，被保険者の被扶養者が療養を受けた際の家族療養費（同法110条以下）の制度を定め，国民健康保険法が健康保険法の被保険者の被扶養者を適用除外としている（同法6条5号）ことから，やはり世帯を単位とする給付のシステムを予定していると言える。

　これに対して，個人単位の給付方式を採っているのが国民健康保険と介護保険である。国民健康保険においては，法律の定める適用除外に該当しない限り，市町村・特別区の区域内に住所を有する者はみな被保険者となる（国民健康保険法5条）。また国民健康保険には家族療養費は存在せず，被扶養者であっても独立した給付単位と位置づけられている。ただし，費用負担の場面において，国民健康保険法では世帯主にも支払義務を課している（利用者負担金につき同法57条，保険料につき同法76条1項）。

> 【社会保障法と家族[10]】　個人単位か世帯単位かの選択は家族のあり方に影響を与える。それが典型的に現れるのが年金保険の場面である。基礎年金にあたる国民年金の場合，被保険者は自営業者等の第1号，被用者年金各法の被保険者である第2号，第2号被保険者の被扶養配偶者の第3号に分かれている。第3号被保険者も独立した給付単位であるため，年金給付の場面では個人単位で給付を受けることになる。しかし費用負担については，第1号被保険者には全員に保険料納付義務があるのに対して，第2号・第3号被保険者には納付義務がなく，厚生年金保険の保険者（政府・共済組合等）が基礎年金拠出金を負担する方法が採られている（国民年金法94条の2）。第2

---

10) 詳細な検討として，岩村正彦「社会保障における世帯と個人」岩村正彦＝大村敦志編『融ける境　超える法1　個を支えるもの』（東京大学出版会・2005年）261-286頁。

> 号被保険者については厚生年金の保険料の中で基礎年金拠出金部分も含めて保険料が徴収され（厚生年金保険法81条1項），この中で第3号被保険者の保険料も全体として支払われていること，また老齢厚生年金は報酬比例であり，その受給者である夫が死亡した場合にはその老齢厚生年金の3/4が遺族年金として妻に支払われること（同法60条1項1号）を考え合わせると，厚生年金の給付と費用負担及び国民年金の費用負担は世帯単位で行われていると評価することができる。
>
> しかし，世帯単位の給付は，個人のライフ・スタイルの自由を縛ったり，男女間あるいは共働きの女性と専業主婦の女性との間での格差を生じさせたりすることがある。こうした事態を避け，ライフ・スタイルからの制度の中立性を維持するための工夫として，例えば2007年から，厚生年金について離婚時に年金分割によって配偶者側に本人名義の年金が受給可能となる制度が導入されている（同法78条の2）。

■ 給付決定と社会保障争訟

社会保障法においては，給付を受ける地位を確定させ，給付請求権を発生させる際に，給付主体による一定の法的行為（給付決定）が介在することが多い。給付決定がどのような法的性格のものであるかは，給付をめぐる争訟の方法を決める要素にもなる[11]。

第1のタイプは，給付主体による給付決定なしに，法律が定める要保障事由が発生しさえすれば受給者に給付請求権が生ずるものである。例えば私たちが病気になった場合，給付主体である保険者に何らかの判断をしてもらうことなく，医療機関に行って被保険者証を呈示すれば療養の給付を受けることができる。同様の方式は，国家公務員災害補償法に基づく補償請求権（同法8条）にも見られる。給付請求権の存否を争うには，**公法上の当事者訴訟**（⇨131頁）によることになる。

第2のタイプは，給付主体と受給者との契約に基づいて具体的な給付請求権が受給者に発生するものである。例えば，母子及び寡婦福祉法に基づく母子資金の貸し付け（同法13条）や児童福祉法に基づく私立保育所入所（同法

---

11) 大橋洋一「行政手段の分析強化」同編『政策実施』（ミネルヴァ書房・2010年）241-261（247）頁。

24条)[12]がここに含まれる。また，補助金適正化法の適用を受けない要綱に基づく給付の多くも，契約に基づいて給付請求権が発生すると言える[13]。給付請求権の存否を争うには，**公法上の当事者訴訟**によることになる。

> **【資格認定行為の先行】** 契約に基づいて給付請求権が発生する場合，契約が締結されなかったとすると受給希望者が受給権を主張することは著しく困難となる。そこで，法律によって一方当事者に契約締結強制義務を課したり（例：水道法15条1項），給付を受け得る地位を契約に先行して行政行為によって確定させる方法が採られたりすることがある。この方法が見られるのが児童福祉法に基づく保育所入所の場面である[14]。児童福祉法24条1項は，児童が「保育に欠ける」状態にあり，保護者から申込みがあれば市町村に保育所における保育の義務があるとしている。保育に欠けるかどうかは「保護者の労働又は疾病その他の政令で定める基準に従い条例で定める事由」があるかどうかで決まる。つまり，保護者がその児童を（いずれかの）保育所で保育してもらえる地位があるかどうかは法令の定める要件に合致するかどうかで決まり，その認定判断行為が保護者からの申込み＝保育所入所契約の申込みに（論理的には）先行する構造になっているのである。このように制度設計することにより，保育所入所契約の締結前でも保護者側は保育所で保育サービスを提供してもらえる地位があるかを訴訟によって確定させることができるのである。

第3のタイプは，法令の定める給付要件を充足することを給付主体が認定判断した場合に，法令の定める内容の給付請求権が成立するものであり，このときの給付主体の給付決定は**行政行為**（行政処分）と性格付けられる。年金受給権の裁定（厚生年金保険法33条）や生活保護開始決定（生活保護法24

---

12) 社会保障法学においては，保育所入所の法関係は全体として行政処分と把握する考え方が強い（堀勝洋『現代社会保障・社会福祉の基本問題』（ミネルヴァ書房・1997年）178頁，佐藤進＝桑原洋子監修・桑原＝田村和之編『実務注釈 児童福祉法』（信山社・1998年）142頁［田村］，西村469頁）。
13) 労働者災害補償保険法の法体系全体の解釈によって給付の法律上の根拠を導出し，要綱に基づく給付ではないとして処分性を認めた最高裁判例として，判百Ⅱ164　判Ⅱ20　CB 11-11　最一小判2003（平成15)・9・4判時1841号89頁がある。同判決が処分性の判断枠組にもたらしうる帰結につき参照，山本隆司『判例から探究する行政法』（有斐閣・2012年）372頁。
14) 原田大樹「福祉契約の行政法学的分析」法政研究（九州大学）69巻4号（2003年）765-806（776）頁。

条）など，給付決定の多くはこのタイプに属する。給付請求権の存否を争うには**行政不服審査**（ほぼ全ての法律が**不服申立前置**を採用している（⇨88頁））や，行政訴訟においては**抗告訴訟**（取消訴訟・不作為の違法確認訴訟・（申請型）**義務付け訴訟**（例：最三小判2013(平成25)・4・16裁時1578号9頁［水俣病認定訴訟］））が用いられる。

>【**受給権確定行為と受給権形成行為**[15]】　行政行為による給付決定は，さらに2つのタイプに分けられる。1つは，法律の定める要件事実が発生した段階で給付を受けうる地位は発生し，これを確定させるために給付決定（**受給権確定行為**）が必要になるものである。例えば，年金保険における裁定や労災保険における給付決定は，法律の定める要保障事由の発生によって既に成立した給付を受けうる地位を「確定」するものであり，給付の始期は給付決定ではなく要保障事由発生時に遡る。
>
>　もう1つは，法律の定める要件事実が発生したかどうかそのものが給付主体の認定判断にかかっているタイプであり，この場合には給付決定（**受給権形成行為**）によって初めて受給権が成立すると考えられる。例えば，生活保護給付は生活保護開始決定によって受給権が発生し，生活保護基準を下回る生活水準になった時点から受給権が生じるとは考えない。この2つのタイプは現行の社会保障制度において使い分けられており，受給権確定行為は社会保険方式の給付に，受給権形成行為は社会扶助方式の給付に見られる。これはある種の立法準則[16]と位置づけることができるものの，これを破る正当化根拠がある場合にまで立法者を強く拘束するものではない（例えば，社会扶助方式であっても受給権確定行為を立法で導入することは可能）と思われる。

■ 受給権の性格

　給付決定等によって確定された社会保障受給権には，共通の特色がある。第1は，老齢年金などを除いて，社会保障給付に対する公租公課が免除されることである（例：健康保険法62条，生活保護法57条）。その理由は，社会保

---

[15] 原田大樹「政策実施の手法」大橋洋一編『政策実施』（ミネルヴァ書房・2010年）53-75（68）頁。

[16] その理論的な基礎付けを考察するものとして，太田匡彦「権利・決定・対価(1)～(3)」法学協会雑誌（東京大学）116巻2号（1999年）185-272頁，3号341-411頁，5号766-855頁。

障給付が国民の生活水準を直接的に支えるものであり，この給付自体が所得再分配を目的としてなされることに求められる。これに対して，老齢年金等は所得税法上の**雑所得**（所得税法35条）と位置づけられ[17]，課税標準に含まれることになる（⇨187頁）。また老齢年金等による収入は，高齢者医療制度や介護保険の保険料算定の際には収入として扱われ，保険料徴収の際には年金給付から直接徴収される（**特別徴収**）（例：介護保険法131条）。

第2に，受給権は譲渡・担保提供・差押えが禁止される（例：健康保険法61条，生活保護法58条，59条）。その理由は，受給者に給付を確実に受けさせ，金融を受けるために長期にわたり給付の利益を失うことがないようにするためとされる（西村62頁）。ただし老齢年金の場合には，法律で年金担保融資が認められている場合や国税滞納処分での差押えは許容されている（例：厚生年金保険法41条1項）。

第3に，受給権は**一身専属的**なものであって，受給者が死亡した場合に相続されることはない。このことを正面から規定した条文は存在しないものの，受給権が一定の要保障事由を機縁として成立するものであること，受給者本人の生活の維持のために給付されるものであること（判百Ⅰ18　判Ⅰ42　最大判1967（昭和42）・5・24民集21巻5号1043頁[朝日訴訟]），遺族に対しては遺族年金・遺族補償など別の制度が用意されていることから，立法上特別の定め（例：年金支分権につき国民年金法19条）がない限り，社会保障給付受給権一般に通じる原則と位置づけることができる。他方，受給権が既に発生していると見うる場合（前掲・朝日訴訟はそのように考えることができる事例であった）には，通常の経済的利益と同様に相続可能と考えるべきである。

4 社会保障法の基本原則

社会保障法を貫く基本的な考え方を紹介する。これらは解釈論の際に解釈の方向性を示すのみならず，立法論においても制度のあるべき姿を提示する

---

[17] これらの年金は，過去の勤務関係に起因するいわば給与の後払いと考えられて，かつては給与所得として課税されていた。しかし1987年の所得税法改正で，税負担を軽減する等の目的から雑所得に位置づけられ，控除額も大きくなった（金子254頁）。

機能を持つ。

■ 最低生活保障原則

　社会保障法の達成すべき目標は，全ての国民に健康で文化的な最低限度の生活を保障することにある。その根拠は形式的には日本国憲法25条1項の規定に求められ，実質的にはいくつかの論拠を挙げることができる[18]。1つは，日本国憲法が全ての国民を個人として尊重し，生命・自由・幸福追求に対する国民の権利について国政上最大の尊重を必要とする（13条）としており，そうした国民の権利の前提として国民の最低限度の生活保障が要求されているとみる考え方である[19]。もう1つは，日本国憲法が代表民主政を統治構造の中心に据え，財産による選挙人資格の差別を禁止している（44条）ことから，政治過程への参加の前提として国民の最低限度の生活保障が要求されているとみる考え方である[20]。

　最低生活保障原則が立法準則として働くことは認められるとして，この原則が解釈論上も機能し，場合によっては社会保障に関する法令やその適用が違憲であると判断されることはあり得るか。最高裁は朝日訴訟判決の傍論において，憲法25条は直接個々の国民に具体的権利を賦与したものではなく生活保護法によって具体的権利が与えられていること，何が健康で文化的な最低限度の生活であるかの判断は厚生大臣の合目的的な裁量にいちおう委ねられていること，現実の生活条件を無視して著しく低い基準を設定するなどの裁量権の逸脱・濫用の場合には違法な行為として司法審査の対象となることを示した。また堀木訴訟において最高裁（最大判1982（昭和57）・7・7民集36

---

18) 遠藤美奈「憲法に25条がおかれたことの意味」季刊社会保障研究41巻4号（2006年）334-347（341）頁はさらに，人間の尊厳による基礎付けの可能性を指摘する。
19) 憲法13条を社会保障の基礎付けに用いる見解として，菊池馨実「社会保障の法理念」同『社会保障の法理念』（有斐閣・2000年）135-149頁［初出1999年］，同「社会保障法制の将来構想」同『社会保障法制の将来構想』（有斐閣・2010年）1-51頁［初出2006年］。ドイツにおける最低限度保障が人間の尊厳と結びついていることを指摘するものとして，太田匡彦「『社会保障受給権の基本権保障』が意味するもの」法学教室242号（2000年）115-125（118）頁，高田篤「生存権の省察」高田古稀『法治国家の展開と現代的構成』（法律文化社・2007年）132-188（157）頁。
20) 太田匡彦「対象としての社会保障」社会保障法研究1号（2011年）165-271（217）頁。

巻 7 号 1235 頁）は，憲法 25 条の趣旨を踏まえて具体的にどのような立法措置を講ずるかは立法府の広い裁量に委ねられており，それが著しく合理性を欠き明らかに裁量の逸脱・濫用であると見ざるを得ない場合を除いて裁判所が審査するのに適しない事項であると述べている。

> 【裁量統制の手法】　立法者や厚生労働大臣の裁量を広く認める最高裁の立場は，政治部門における合意・決定なしには所得再分配という作用を正当化できないとの見方に依拠したものと言える。これに対する正面からの反論も可能ではある（学説で提示されている 25 条 1 項・2 項分離論はその試みの 1 つである）。他方で，社会保障システムが費用調達を行う際に侵害作用を必然的に伴うものであるとすれば，政治部門による利益の衡量を正面から認めつつその統制手法を開発する方が，解釈準則としても最低生活保障原則を機能させる早道かもしれない。
>
> 　この点で注目されたのが，2006 年に廃止された生活保護法の老齢加算をめぐる訴訟である。中でも福岡高判 2010（平成 22）・6・14 判時 2085 号 43 頁は，社会保障審議会の専門委員会の中間とりまとめのただし書で示されていた，高齢者世帯の最低生活水準が維持されるよう引き続き検討することや激変緩和措置を講じるべきことがその後の決定過程に反映されていないことを捉えて，考慮すべき事項が十分考慮されておらず，または考慮した事項に対する評価が明らかに合理性を欠き，その結果社会通念に照らして著しく妥当性を欠いたとして，老齢加算廃止による保護の不利益変更は違法であると判断した。また，ドイツにおける**首尾一貫性の要請**と呼ばれる判例法理を，立法により形成される制度によって憲法上の権利が保障される局面における違憲審査の方法として，我が国においても用いるべきとする見解も示されている[21]。これに対して，最三小判 2012（平成 24）・4・2 民集 66 巻 6 号 2367 頁（判Ⅰ181 も参照）はこの事件を福岡高裁に破棄差し戻したものの，「老齢加算の廃止に至る判断の過程及び手続に過誤，欠落があるか否か等の観点から，統計等の客観的な数値等との合理的関連性や専門的知見との整合性の有無等について審査されるべき」と述べており，裁量統制手法（⇒67 頁）の利用可能性は認めている。最低生活保障原則を解釈準則としても機能

21）渡辺康行「立法者による制度形成とその限界」法政研究（九州大学）76 巻 3 号（2009 年）249-301（268）頁，木下秀雄「最低生活保障と生活保護基準」日本社会保障法学会編『新・講座社会保障法 3 ナショナルミニマムの再構築』（法律文化社・2012 年）141-158（155）頁。これに批判的な見解として，小山剛「生存権の『制度後退禁止』？」慶應法学（慶應義塾大学）19 号（2011 年）97-115 頁，嵩さやか「所得比例年金の課題」日本社会保障法学会編『新・講座社会保障法 1 これからの医療と年金』（法律文化社・2012 年）215-235（232）頁。

させるためには，裁量統制手法の議論の深化が喫緊の課題である[22]。

■ 応需給付原則

　社会保障給付は需要に応じたものでなければならない。この原則が強く支配しているのが生活保護法である。保護の**必要即応原則**（同法9条）が規定されているほか，自己の資産・能力・民法上の扶養・他の制度に基づく給付では不足する部分についての給付がなされなければならない（同法4条：**補足性原則**）。生活保護給付の程度は，厚生労働大臣が定める基準により測定した要保護者の需要と現に満たされている需要との差の部分に限られており，生活保護基準は最低限度の生活需要を満たすのに十分でありかつこれを越えないものでなければならない（同法8条）。要保護者がどの程度の資産・能力を持っているのかは保護の実施機関が調査することとなっており（同法28条：**資産調査・ミーンズテスト**），この行政調査を拒んだ場合には保護を行わないことができる。

　社会保険方式においても応需給付の考え方が見られる。それがはっきり現れているのが**併給調整**と呼ばれる制度である。これは，社会保障の受給権が同一の受給者に複数成立している場合に，そのうちの1つを完全に支給し，その他を停止または制限して給付額の調整を行うことをいう。例えば，障害厚生年金受給者が老齢厚生年金の受給権を獲得した場合でも，填補すべき所得喪失額はその前後で変わらないので，障害厚生年金の支給を停止する方式で調整が図られる（厚生年金保険法38条1項）。最高裁は前掲・堀木訴訟判決において，保険事故が複数重なったからといって稼得能力の喪失・低下が事故数に比例して増加するわけでは必ずしもないので，このような場合に併給調整を行うかどうかは立法府の裁量に属すると判断している。

---

[22] 尾形健「生存権論の可能性」同『福祉国家と憲法構造』（有斐閣・2011年）139-170（158）頁［初出2007年］。

【損害賠償との調整】 とくに労災保険の場合，保険給付の要件である保険事故の発生と，これに伴って生じる民法上の不法行為・安全配慮義務違反の要件とが同時に成立し，双方の給付の請求が可能になることがある。このような場合，すでに保険給付がなされていれば被害者（被保険者）の損害賠償請求権を保険者が代位取得し，損害賠償がなされていればその額の限度で社会保障給付を行わないとする調整がなされる（例：労働者災害補償保険法12条の4）（西村79頁以下）。これを社会保障給付の側から見れば，応需給付原則の1つの表れと捉えることができるようにも思われる。

■ 自己決定支援原則

社会保障給付は自己決定を支援する目的と態様でなされなければならない。例えば，生活保護法は「自立を助長」するための相談・助言の規定を置く（同法27条の2）。生活保護法では保護の目的は自立の助長とはいえ，その現実の態様は必ずしも「自己決定」を支援するものではない[23]。保護の実施機関は保護の目的達成に必要な指導・指示を行うことができ（同法27条），指示違反の場合には保護の不利益変更や廃止も予定されている（同法62条3項）。こうした**ソーシャルワーク・ケースワーク**を支える専門職として構想されていたのが**社会福祉主事**（社会福祉法18条）であった（桑原43頁）。

これに対して，社会保障給付の内容決定の際に受給者の選択が尊重されるべきであるとする考え方は，社会福祉・介護サービス給付の分野で次第に確立してきた。かつての社会福祉関係法では，給付主体である行政が（少なくとも法令上は）一方的に給付内容を定めてサービス提供を行う**措置制度**がとられていた。しかしその後，受給者を福祉サービス利用者と位置づけ，その選択権を保障しようとする制度改革が1990年代に立て続けになされた[24]。これは，福祉・介護サービスを自己決定の一手段と位置づけ，障害がある人

---

[23] ここでいう「自立」の意味を専ら経済的自立＝生活保護からの脱却と捉えれば，その態様も目的に適っていると言えるのかも知れない。この点に関する批判として，石橋敏郎「資産・能力活用と公的扶助」日本社会保障法学会編『講座社会保障法5 住宅保障法・公的扶助法』（法律文化社・2001年）187-210（200）頁。

[24] 増田雅暢「介護保険制度の政策形成過程の特徴と課題」季刊社会保障研究37巻1号（2001年）44-58（49）頁。

も障害がない人と同じような普通の暮らしを営むことができるようにすべきとする**ノーマライゼーション**の考え方に裏打ちされた改革でもあった。他方で，さまざまに分立した福祉・介護サービスをどのように組み合わせればよいのかを利用者の嗜好だけで決定するのは難しく，そこには専門家のサポートも必要となる。こうした利用者の選択権と専門家の専門性の均衡を保つ手段として位置づけられたのが，**ケアマネジメント・ケアプラン**と**権利擁護**[25]である。ケアマネジメントは，さまざまな福祉・介護サービスをパッケージにして利用者に提供することで，利用者の生活の質（**クオリティ・オブ・ライフ**）を向上させようとするものであり，介護保険法の居宅介護サービスにおいて居宅介護サービス計画（同法46条）として法制化された（⇒325頁）。また利用者の立場を強め，苦情を迅速に解決するための権利擁護の制度も設けられた（例えば社会福祉法83条以下）。

■ 参加機会確保原則

すでに説明した3つの基本原則が個々人に対する個別的な給付の際の基本的な考え方を示したものであるのに対して，次の2つは社会保障制度のあり方に関する原則を示すものである。その1つは，社会保障制度に関するマクロ的な決定に対して，全ての利害関係者に参加の機会が確保されなければならないとするものである。かつて給付行政が注目を集め始めた段階で，侵害行政に対する自由権に匹敵する中心的概念として構想されていたのが**参加権**（Teilhaberecht）であった[26]。これは，受給権は制度が形成されるまでは確たるものとして保障できないこと，それゆえ制度形成への参加こそが重要であることを意識した議論であった。

この点との関係で，社会保障法における特有の議論が**保険者自治**という考え方である。社会保険方式による財源調達の場合には，一般の租税財源とは別に使途を社会保障給付に限定した公金のプールが形成される。これを一般

---

[25] 問題状況を幅広く検討したものとして参照，河野正輝「権利擁護サービスの法」同『社会福祉法の新展開』（有斐閣・2006年）179-256頁［初出1997年］。

[26] 村上武則「Teilhabe（配分参加）について」同『給付行政の理論』（有信堂・2002年）284-307頁［初出1978年］，太田匡彦「社会保険における保険性の在処をめぐって」社会保障法13号（1998年）72-89（82）頁。

の統治機構（国・地方公共団体）の事務に組み込む場合（例：年金保険・国民健康保険）には，基本的には一般的な民主政の回路で給付に関する制度的決定を行えば足りる。これに対してこれとは異なる別の管理機構（例：社会保険組合（⇨236頁））を設置する際には，一般統治機構とは別の民主的意思形成の過程が設定されることになる[27]。

> 【保険者自治の意義と課題】　保険者自治は，一般国民の中から共通の利害集団を取り出して特定の公的任務を遂行させる**作用特定的自治（機能的自治）**の一種である。給付のために必要な財源とその決定を一般行政活動から切り離すことが可能となり，受給権の実効性の向上に繋がることが期待される。また被保険者との関係では，保険者内部の民主的な意思形成によって被保険者のニーズに適合した給付を実現することができ[28]，サービス提供者との関係では，被保険者の利益を組織化して交渉力を高めることでサービス提供費の高騰を抑制することができるとされる。他方で，保険者内部における意思形成過程の民主性確保は現実には困難である（保険者自治を純粋に近い形で維持しているドイツ法においてもこの問題は常に指摘されている）。また日本の医療保障においては近時，医療費コントロールを都道府県レベルで実現しようとする法政策がとられている[29]のに対して，保険者の医療費コントロールの役割と都道府県との関係が十分には精査されていないとも指摘されている[30]。

■ 持続可能性確保原則

社会保障制度に関するマクロ的な決定の際には，当該給付制度の持続可能性が確保されるように配慮がなされなければならない。**世代間扶養**の色彩が濃い年金保険の場合には，現在保険料を支払っている現役世代の将来にわた

---

[27] こうした保険者自治にも手がかりを得て，社会保障法を（国家とは異なる）「社会」の連帯の制度化と捉える見解として参照，倉田聡「社会連帯の在処とその規範的意義」民商法雑誌127巻4=5号（2003年）612-641頁，同「社会保障法における連帯原理」同『社会保険の構造分析』（北海道大学出版会・2009年）17-48頁。

[28] この点に注目し，社会連帯の立場から保険者自治を肯定的に評価するものとして参照，倉田聡『医療保険の基本構造』（北海道大学図書刊行会・1997年）325頁。

[29] 栄畑潤『医療保険の構造改革』（法研・2007年）64頁。

[30] 笠木映里「医療・介護・障害者福祉と地方公共団体」ジュリスト1327号（2007年）24-31（31）頁。

る給付が保障されなければ，保険料の徴収がうまくいかなくなるおそれがある。そこで，年金制度の持続可能性を維持する観点から，**マクロ経済スライド**が導入されている（厚生年金保険法43条の2）。これは，保険料の水準を固定した上で，被保険者数の減少・平均余命の伸び・賃金水準・物価水準といった指標を使って自動的に給付水準を調整するしくみである。

　他方，医療保険や介護保険においては**財政調整**のしくみが見られる[31]。例えば，被用者の退職後には被用者はもはや健康保険に加入できなくなり，国民健康保険に移行することになる。高齢者は医療費の支出が大きくなる傾向にあるため，国民健康保険財政が悪化することとなる。そこで高齢者医療確保法では，75歳未満の高齢者については財政調整によって保険者間の財政格差を是正する手法を採っている（同法32条，36条）。具体的には，各保険者が支払基金に前期高齢者納付金を拠出し，基金がこれを各保険者に交付することで医療費負担の均衡を図ろうとしている。

---

31) 財政調整の現状を分析し，その調整のあり方の基本原理を提示するものとして，伊奈川秀和「社会保障財政の法学的考察」山田晋他編『社会法の基本理念と法政策』（法律文化社・2011年）46-64頁。

2 費用調達の過程

1 社会扶助方式と社会保険方式

　社会保障の費用調達方法の主軸に位置づけられるのが，社会扶助方式（租税）と社会保険方式（社会保険料）である[32]。

■ 賦課・徴収の実体ルール――租税法律主義と財政民主主義

　租税と社会保険料は，法律に基づいて行政主体により強制的に賦課徴収される点において共通する。しかし，以下の3点では両者は異なるとされる（岩村115頁）。第1に，被用者を被保険者とする場合には，社会保険料は**労使折半**になっており，事業主が保険料の半額を負担していることである。また所得税（⇨187頁）と比較すると保険料率がかかる対象（租税で言えば課税標準）が異なっていたり，累進税率が取られていなかったりする点が異なる。第2に，社会保険料の使途は保険給付等に限定されており，その管理のために特別会計に繰り入れられている（この点において社会保険料は**目的税**に類似する性格を持つ）。第3に，保険料の納入と給付の受給との関係に一定の対価関係（**牽連性**）が存在する。保険料を納入していない場合には，給付を受けることができないという受給制限が課されることが多い。これらの特色のうち第1の点は被用者保険に限られており，またどのような保険料負担方式を定めるかはかなりの点において立法裁量に委ねられた事項と言える。その意味で租税と社会保険料を分ける特色は第2と第3の点にあるように思われる。この点をさらに考えるために，旭川市国保料訴訟を分析してみよう。

---

[32] 笠木映里「医療・年金の運営方式」日本社会保障法学会編『新・講座社会保障法1 これからの医療と年金』（法律文化社・2012年）11-30頁。

事実の概要

旭川市 Y は被保険者 X に対して国民健康保険の保険料の賦課処分をしたところ，X は恒常的生活困窮者であり，保険料減免対象にあたるとして賦課処分の取消訴訟を提起した。この中で X は，旭川市国民健康保険条例（本件条例）が保険料率を定率・定額で定めるなど何ら具体的に規定しておらず，この点が租税法律主義（憲法 84 条）に反すると主張した。たしかに本件条例には保険料率の計算方法として，事業に要する費用の見込額から収入の見込額を控除したものを基準にして当該年度において賦課する総額（賦課総額）を算定し，これを所得割総額・資産割総額・被保険者均等割総額・世帯別平等割総額に 50：11：26：13 の割合で分割し，それぞれに料率を定めるとしていた。しかし具体的な保険料率は本件条例には規定されておらず，市長が告示することとされていた。市町村の実施する国民健康保険に関する収支については特別会計を設けなければならず（国民健康保険法 10 条），Y の特別会計において保険料収入は全収入の約 1/3 であり，残りの 2/3 は国庫負担金・Y の一般会計からの繰入金等の公的資金により賄われていた。

憲法 84 条は「あらたに租税を課し，又は現行の租税を変更するには，法律又は法律の定める条件によることを必要とする」と定めている。もし社会保険料にもこの租税法律主義が及ぶとすれば，保険料率を条例で明確に定めていないのは違憲と評価されることになる。本件 1 審判決（旭川地判 1998（平成 10）・4・21 判時 1641 号 29 頁）はこのような理解のもとに本件条例の規定が違憲であるとした。これに対して本件控訴審判決（札幌高判 1999（平成 11）・12・21 判時 1723 号 37 頁）は，保険料について租税法律主義が直接に適用されることはないとし，保険料の賦課徴収に関する根拠を条例で定めていれば具体的な保険料等について下位の法規に委任することも許されるとした。

【国民健康保険料と国民健康保険税[33]】

国民健康保険を市町村が運営する場合，国民

---

33) 形式を「税」にした場合，①徴収権の優先順位が変更される（国税・地方税→社会保険料の順番）②消滅時効が 5 年となる（社会保険料は 2 年）③徴収を免れた場合の制裁として 1 年以

> 健康保険料を地方税法の**国民健康保険税**（地方税法703条の4）の形式で徴収することも可能である（国民健康保険法76条1項）。これは保険料より税の形式の方が徴収率の向上が期待できると考えられたからとされ[34]、現在でも大都市以外の市町村は国保税を用いているところが多い（碓井245頁）。税の形式を取る場合に本件条例と類似の条例の規定を置いていた秋田市国保税事件においては、1審（秋田地判1979（昭和54）・4・27判時926号20頁）、控訴審（仙台高秋田支判1982（昭和57）・7・23判時1052号3頁）ともに租税法律主義違反として条例の定めを違憲としていた（高裁判決で確定）。

　1審と控訴審の判断の分岐点は、本件における国民健康保険料を租税と同視できるかどうかにあった。1審判決はこの点について、強制的に徴収されることと保険料収入が事業の1/3しかなく保険料の対価性が希薄である点に注目して、保険料は租税と同視できるとした。これに対して控訴審判決は、保険料が強制的に徴収される点は社会保険としての国民健康保険の目的・性質に由来するものであり、また公的資金の導入は保険料の対価性による欠損を補充するにすぎないから、保険料収入が財源全体に占める割合が少なくても社会保険としての性格や保険料の対価性が失われるわけではないとして、保険料と租税は同視できないとした。

　最高裁（判百Ⅰ27　判Ⅰ2　最大判2006（平成18）・3・1民集60巻2号587頁）の判断のポイントは次の3点にまとめられる。
① 憲法84条の規定する租税法律主義が適用される租税とは「国又は地方公共団体が、課税権に基づき、その経費に充てるための資金を調達する目的をもって、特別の給付に対する反対給付としてでなく、一定の要件に該当するすべての者に対して課する金銭給付」である。これに対して国民健康保険料は、保険給付を受けることの反対給付として徴収されるものであり、たとえ事業費の2/3が保険料収入以外で賄われているとしても、このことによって

下の懲役・10万円以下の罰金の併科が可能となる（社会保険料の場合は徴収を免れた金額の5倍以下の過料）などの違いが生ずることになる。

[34] 山本正淑＝下村健「特別対談 保険主義の王道（1）昭和20年代、国保の実像」健康保険56巻1号（2002年）20-38（24）頁［山本発言］。国保事業の一般行政化と捉える見解として、新田秀樹『国民健康保険の保険者』（信山社、2009年）208頁。

保険料と保険給付を受けうる地位との牽連性が断ち切られるわけではない。それゆえ，国民健康保険料に憲法 84 条が直接適用されることはない。
② 目的税である国民健康保険税もまた，保険給付を受けることの反対給付として徴収されているものではあるものの，形式が税である以上，憲法 84 条が直接適用される。
③ 国・地方公共団体が賦課する租税以外の公課であっても，その性質に応じて法律または法律の範囲内で制定された条例によって適切な規律がなされるべきであり，賦課徴収の強制の度合い等の点で租税に類似する公課には憲法 84 条の趣旨が及ぶ。賦課要件が法律・条例でどの程度明確に定められるべきかについては，当該公課の性質・賦課徴収の目的・強制の度合い等を総合考慮して判断すべきである。

そして最高裁は③の判断基準を本件にあてはめ，本件条例には算定基準が明確に定められていること，予算・決算審議を通じて議会による民主的統制が及ぶことから，条例に基づいて市長が保険料を告示する方式を採っても，憲法 84 条の趣旨に反するとは言えないと結論づけた。

【法律の留保と租税法律主義の関係】　最高裁判決は上記③の判断基準を導出する際に，「憲法 84 条は，課税要件及び租税の賦課徴収の手続が法律で明確に定められるべきことを規定するものであり，直接的には，租税について法律による規律の在り方を定めるものであるが，同条は，国民に対して義務を課し又は権利を制限するには法律の根拠を要するという法原則を租税について厳格化した形で明文化したものというべきである」と述べ，法律の留保を租税について厳格化したものが租税法律主義であるとの理解を示した。租税法律主義と法律による行政の原理は，どちらも国家権力の行使を国民代表により定められる法律によってコントロールする構想である点で共通の性格を持っている。他方，この説明ではなぜ租税についてのみ要件や手続を法律で完結的に定めなければならない（行政に委任してはならない）とされたのかが不明確である。この差異の理由は，近代租税法が**永久税主義**（田中 87 頁）を採用し，徴税と財政支出とを分断したことに求められるべきであろう（⇨7, 174 頁）。租税は，徴収目的との関係で徴収額に限定をかけることができないため，徴収の限度を法律で明確に定める必要がある[35]。つまり，使途の限定の有無が公租公課への実体ルールの規律密度に強

---

35) 原田大樹「立法者制御の法理論」新世代法政策学研究（北海道大学）7 号（2010 年）109-147

> く影響を与えると考えることができるように思われる（⇨165 頁）。

　租税と保険料の徴収をめぐる実体ルールにつき，最高裁の考え方を改めて整理すると，次のように言うことができる。租税法律主義を定める憲法 84 条[36]は，立法者が租税の形式を選択した場合には当然適用され，立法者が租税の形式を選択しなかったとしても歳入確保目的で歳出目的を特定せずに強制的に徴収する金銭給付であれば適用される。しかし徴収された国民健康保険料は保険給付以外の使途に用いられることはないから，歳出目的を特定した金銭給付であって，憲法 84 条の直接適用の範囲には入らない。国民健康保険料は使途が特定されていることから，たとえ料率が法律・条例で明確に定められていなかったとしても公権力の恣意で無限定に徴収額が増大することはあり得ないから[37]，徴収の根拠と計算方法を条例で規定し，具体的な金額の決定を市長の告示[38]に委ねたとしても違憲の問題は生じない。最高裁はこのように，「対価性」の意義の中心を保険料の使途が特定されていることに求め，規律密度の緩和を許容したのである[39]。

> 【対価性と牽連性】　最高裁は上記①の部分で，使途の限定という意味の対価性に加えて，保険料を支払ったことが保険給付を受けうる地位と結びついているという「牽連性」にも言及している。社会保障法学において社会保険の「対価性」とは普通この牽連性の意味で用いられている。理論的には，牽連性から出発して保険者自治の議論を梃子に，法律・条例による規律密度の緩和を正当化する方向性もあり得るところであ

（124）頁。

36）本件における意義につき参照，山本・前掲註 13）22 頁。

37）同旨，斎藤誠「判批」地方自治判例百選［第 4 版］（2013 年）52-53 頁，田尾亮介「判批」自治研究 84 巻 1 号（2008 年）128-141（137）頁．藤谷武史「判批」租税判例百選［第 5 版］（2011 年）8-9 頁。

38）本件における告示の法的性質につき参照，碓井光明「財政法学の視点よりみた国民健康保険料」法学教室 309 号（2006 年）19-29（26）頁。

39）裁量的歳出とセットになった財政構造ではこの前提が成り立たないことに注意を促す見解として参照，碓井光明「社会保障財政における社会保険料と租税」国立社会保障・人口問題研究所編『社会保障財源の制度分析』（東京大学出版会・2009 年）89-109（93, 99）頁。

> る[40]。本判決の滝井繁男裁判官補足意見はこうした方向性を示している。しかし，本判決の多数意見は，給付の前提条件として何らかの拠出が必要であるとする牽連性を租税との区別においては重視しているものの，規律密度の問題に関しては，個別の拠出と個別の給付が対価関係にあることよりも拠出の全体と給付の全体が対価関係にあることを重視しているように思われる[41]。

■ 賦課・徴収の手続ルール

　租税の賦課・徴収手続（⇨195頁以下）と比較しながら，社会保険料の徴収手続を①納付義務者②納付額の確定方式③徴収方式の順に説明する。
① 所得税の納税義務者が原則として個人（所得税法5条1項）であるのに対し，被用者保険の場合には保険料納付義務者は事業主である（健康保険法161条2項，厚生年金保険法82条2項）。事業主は保険料の半額を自ら負担するとともに，被保険者分についてはその報酬・賞与から源泉控除して徴収することができる。これに対して被用者保険ではない社会保険の場合には，原則として被保険者に納付義務があり，世帯主や配偶者に連帯納付義務を課していることが多い（例：介護保険法132条）。国民健康保険の場合には先述の通り，世帯主に納付義務を集中させる制度設計になっており，仮に世帯主以外に国民健康保険の被保険者がいれば，世帯主が被用者保険の被保険者であっても世帯主に国民健康保険の保険料納付義務がある（岩村135頁）。
② 租税の納付義務は，その確定時期と確定の方式が法律で明示されている（国税通則法15条2項）。これに対して，社会保険料のうち労災保険については，事業主の**申告**によって納付額が決定し，申告がなかったり誤ったりしている場合にのみ政府（保険者）が額を決定し通知する方式が採られている（労働保険の保険料の徴収等に関する法律19条）（**申告納付方式**）。これ以外の社会

---

40) 倉田聡「医療保険法の財政構造」同『社会保険の構造分析』（北海道大学出版会・2009年）189-231頁［初出1999/2006年］。
41) 対価性と牽連性についてはさらに，江口隆裕「社会保障における給付と負担の関連性」国立社会保障・人口問題研究所・前掲註39）111-134頁，太田匡彦「社会保障給付における要保障事由，必要，財，金銭評価の関係に関する一考察」阿部古稀『行政法学の未来に向けて』（有斐閣・2012年）301-339（329）頁，堀・年金69頁以下も参照。

保険料は法令に基づいて納付義務が生じ，これを被保険者に通知・告知する方式となっている。ここで問題となるのは，納付義務が通知等によって確定しているのか，それとも単にそれ以前の段階で確定している納付義務を知らせているだけなのかという点である。その手がかりの1つは不服申立の規定である。国民年金法・国民健康保険法・介護保険法は「保険料」に関する「処分」に不服がある者は審査請求ができるという規定を置く（国民年金法101条1項，国民健康保険法91条1項，介護保険法183条1項）のに対し，健康保険法・厚生年金保険法では「標準報酬」に関する「処分」に不服がある者は審査請求ができるという規定の仕方をしている（健康保険法189条1項，厚生年金保険法90条1項）。この文言の違いを重視すれば，前者においては保険料賦課処分の段階で保険料が確定する（**賦課納付方式**）と考えられる。これに対して後者は，標準報酬と保険料率によって実体法上納付義務が確定しており（**自動確定方式**），**納入告知**（健康保険法164条，厚生年金保険法83条）は権利義務関係に影響を与えるものではないとされる（岩村137頁）。しかし，法律によって保険料率が明確に規定され，標準報酬さえ確定すれば保険料額が確定する厚生年金保険（厚生年金保険法81条）であればともかく，法律によって保険料率が規定されていない現在の健康保険法でこの説明が通用するのかは疑問の余地がある[42]。

③ 保険料の徴収方式は納付義務者が個別に支払を行う方式（**普通徴収**）と，年金から直接差し引く方式（**特別徴収**）とに分けられる。特別徴収の場合には滞納の問題が生じないのに対し，普通徴収では滞納を防止する工夫が必要となる。そこで，保険料を支払わなかった場合にその受給資格が制約ないし否定される立法が見られる。国民年金法では，保険料納付済期間と免除期間が合計で25年に達していないと全く給付されない（同法26条）。厚生年金保険法では，保険料が納付されないまま消滅時効（2年）が経過するとその保険料に係る被保険者期間の保険給付は行わない[43]（同法75条）。国民健康保

---

[42] ただし，岩村137頁は，政府管掌健康保険の一般保険料率が法律で明確に規定されていた時期の実定法を前提にしている。また同頁註13）は，源泉徴収される所得税に関する納税告知が行政処分であるとする最高裁判例（⇒216頁）からすると，健康保険法や厚生年金保険法の納入告知も行政処分と解する余地がないではないとする。

[43] 事業主の被保険者資格取得届出懈怠による年金受給制限の問題につき参照，岩村79頁，碓井

険法では，一定期間保険料を納付しない場合に給付の差止めを行う方式を定める（同法63条の2）。

　社会保険方式の場合には拠出と給付の牽連関係があるとされるにもかかわらず，拠出がなければ直ちに給付しないという立法政策が取られていないのは，未納の場合には**行政上の強制徴収**（⇨76，217頁）制度により保険料を徴収することで，未納者を社会保険制度にとどめることが予定されているからであろう。強制徴収はまず**督促状**で10日以上の期限を指定して督促し，納付に応じない場合には**国税滞納処分**の例により強制徴収される（例：国民年金法96条）。市町村が徴収する国民健康保険・介護保険及び後期高齢者医療にかかる保険料は地方自治法231条の3にいう「法律で定める使用料その他の普通地方公共団体の歳入」（同3項）に該当するため（例：国民健康保険法79条の2），**地方税滞納処分**の例により強制徴収される。督促状の段階で支払わせるために設定されているのが**延滞金**である。これは期限の翌日から完納（財産差押え）前日までの日数に対して，徴収金額につき年14.6％の割合で徴収される（例：国民年金法97条）。滞納処分を実施するのは原則としては保険者である（全国健康保険協会・健康保険組合の場合には厚生労働大臣の，国民健康保険組合の場合には知事の認可が事前に必要）。

　しかし実際には滞納処分は機能していない。特にこの問題が深刻なのは国民年金である。国民年金は普通徴収であって，保険料の支払いから受給までの間に老齢基礎年金であればかなりの年数があるため，給付制限の存在が支払い圧力を生み出しにくい構造にある。そこで近時，保険料の徴収を私人に委託する制度（例：国民健康保険法80条の2）や，納付を私人に委託する制度（例：国民年金法92条の3）が拡大している（碓井112頁）。さらに社会保険庁改革によって発足した**特殊法人**（⇨29頁）の**日本年金機構**には，厚生労働大臣から滞納処分・市町村への処分請求の事務が委任されている（国民年金法109条の4第1項25号）ものの，機構が滞納処分し難いと判断したときにはこの権限の行使を厚生労働大臣に求め（同条2項），さらに厚生労働大臣は悪質な滞納のケースについて財務大臣に対して権限の委任を行うことができる（同法109条の5）。これは国税組織（⇨169頁）を用いて滞納処分ができるよう

115頁。

にする工夫である。加えて、国民年金保険料を滞納する国民健康保険の被保険者証の有効期間を短縮する制度（国民健康保険法9条10項）や、社会保険に関係する事業者（保険医療機関・保険薬局・社会保険労務士等）が社会保険料の滞納処分を受け、かつその日以降に納期限が到来した保険料もすべて滞納している場合に、事業者の指定・更新を認めない（例：健康保険法65条3項5号）制度も導入されている。これらはその要件をある程度限定しているとはいえ、別々の費用調達システムを持っている社会保険制度間で保険料の滞納を給付・事業資格制限と結びつけており、立法準則としての目的拘束原則（⇨19頁）に反している[44]。

滞納処分をめぐる問題状況は、社会保険の場合には他の行政分野よりも一層複雑である。社会保険方式は、租税とは別の資金調達方式によって一定の給付制度を運営している。そのため一方では、不払いの人が払った人の保険料にただ乗りして給付を受け、その結果支払いたくないと考える人が増えて制度が立ちゆかなくなることを防ぐ必要がある。他方では、社会保障給付が個人の生活の維持に重大な意味を持っていること、社会保険方式でカバーできなくなれば生活保護受給が必要となってくることから、最低生活の保障[45]や給付制度の相互調整にも配慮して未納対策をとる必要がある。

2 利用者負担

社会保障財政を支えるもう1つの要素は利用者負担である。利用者負担は応益負担の場合（例：医療保険・介護保険）には、利用を制約する要素であり、これにより財政支出の無制約な膨張を防ぐ意味も有する。自己負担が過大になれば、いくら保険料を納めていたとしても受給を諦めなければならない事態が生じることになる。そこで医療保険各法は、一部負担金が著しく高額になった場合には**高額療養費**（⇨315頁）を支給することとしている（例：健康保険法115条）。さらに、低所得者層が多く加入する構造になっている国

44）原田・前掲註35）126頁。
45）租税滞納処分の最低生活保障機能を検討したものとして参照、高橋祐介「貧困と税法（1）（2・完）」民商法雑誌142巻2号（2010年）139-181頁、3号259-313頁。

民健康保険では，条例（規約）で一部負担金の割合を減ずる一般的減額（国民健康保険法 43 条）と，特別な理由がある被保険者に一部負担金の減免をする個別的減額（同法 44 条）の 2 つの手法が規定されている。

　サービス給付をともに目的とする医療保険と介護保険では，利用者負担の法的構成が大きく異なっている。医療保険においては療養の給付を保険者が保険医療機関を通じて行い，被保険者には保険医療機関等に**一部負担金**を支払う義務が，また保険医療機関等にはこれを受け取る義務が法律により課されている（健康保険法 74 条）。そして保険医療機関等に一部負担金を支払わない場合には，保険医療機関等の請求に基づいて保険者が徴収金の例により最終的には強制徴収することができる。これに対して介護保険では保険者が**介護サービス費**を支払うこととされており，厚生労働大臣が定める基準額の 9 割を保険者が指定介護サービス事業者に支払い（**代理受領**），残りの 1 割分を被保険者が直接事業者に支払う方式を採っている（例：介護保険法 41 条）。このため 1 割分を支払う義務は被保険者と事業者との介護契約に基づいて発生しており，これを支払わない場合の強制徴収の規定もない。

【滞納対策としての償還払い】　介護保険法は上記のように通常は代理受領方式を採用しており，現金給付といいながらも実質的には現物給付と同じようにサービス利用ができる。しかし，第 1 号被保険者（65 歳以上）が保険料を滞納した場合には，災害その他の特別な事情がある場合を除き支払方法を**償還払い**（被保険者が事業者に対してまず全額を支払い，事後的にその 9 割の現金を保険者から受け取る）に変更し，これを被保険者証に記載することとなっている（介護保険法 66 条）。介護保険法制定時には滞納問題がクローズアップされていたため，償還払いへの変更も滞納対策として用いられているのである（岩村 78 頁）。

発展演習

1. Y市は被保険者X（第1号被保険者）に対して介護保険の保険料の賦課決定を行ったところ，Xは恒常的生活困窮者であり，保険料減免対象にあたるとして賦課処分の取消訴訟を提起した。この中でXは，介護保険法が保険料率を何ら具体的に規定しておらず，介護保険条例で定められている保険料率が介護保険法施行令の内容に拘束されているのは租税法律主義（憲法84条）に反すると主張した。この主張をどう考えればよいか。

2. Y市は同市国民健康保険条例において，国民健康保険法43条の定める一部負担金の減額に関する規定を置いていた。また同法44条の個別的減免措置については，要綱に基づき毎年対象者を判断するとしていた。Y市の国民健康保険の被保険者であるXは前年度まで一部負担金の免除を受けていたものの，Y市から届いた通知には，要綱に定める所得基準を上回ったため今年度は免除の対象者とならないと書かれていた。Xはこの決定に不満である。どのような訴訟類型の利用が考えられるか。

3 金銭給付の過程

1 生活保護の行政過程

　健康で文化的な最低限度の生活を下回った場合に，租税などの一般財源で給付を行う制度を**生活保護**という。我が国における困窮者に対する立法による対応には，1874年の**恤救規則**や1899年の**行旅病人及行旅死亡人取扱法**のような対象を限定した救貧法制と，1917年の**軍事扶助法**のような軍人遺族に対する立法の2つの流れがあった。1929年には救貧法制をより包括化した**救護法**が制定され，老衰者・幼者・障害のため労働不能の者などを対象に市町村長が救護を行う体制が整備されたものの，私人に保護請求権が認められたわけではなかった。戦後GHQは，戦前の公的扶助が軍事扶助を特別扱いしていたことと民間の福祉事業を国家が取り込んで軍国主義の実現に利用したことを問題視し，これらの是正を求めた。これを踏まえて1946年に（旧）生活保護法が制定され，この中では軍事扶助を特別扱いしない**無差別平等原則**（**一般扶助主義**）が定められた。しかし，この段階でも保護請求権は認められず，1950年の生活保護法に至ってようやく**保護請求権**が定められ，現在の生活保護法とほぼ同じ内容の扶助や方式が確立した。

　生活保護法に基づく給付は8種類に整理されている（生活扶助・教育扶助・住宅扶助・医療扶助・介護扶助・出産扶助・生業扶助・葬祭扶助）。この中には現物給付のものも含まれている（医療扶助・介護扶助）ものの，大半が金銭給付であるため，本書では金銭給付を一般財源で行う法制度として生活保護を説明する。以下では保護受給の時系列に従って，保護基準の決定・生活保護開始決定・保護の変更と廃止の3つの内容を取り上げることとする。

■ 生活保護基準とその法的性格

　生活保護給付の要否や給付内容がどのように決定されるかを示す考え方が

補足性の原理である。これは，要保護者が自らの資産・能力を活用し，あるいはその親族が扶養義務を果たし，さらには他の社会保障給付を受給してもなお健康で文化的な最低限度の生活を下回っている場合に，その下回っている部分について生活保護給付が行われるとする考え方である。このため，要保護者の現在の生活水準や，要保護者の資産・能力の活用可能性・親族による扶養の可能性を確定させる必要から，保護の実施に先立って**資産調査**（生活保護法28条）が行われる。調査の結果，生活保護基準を下回っていることが認められれば，その差の部分についてのみ給付が行われることになる。

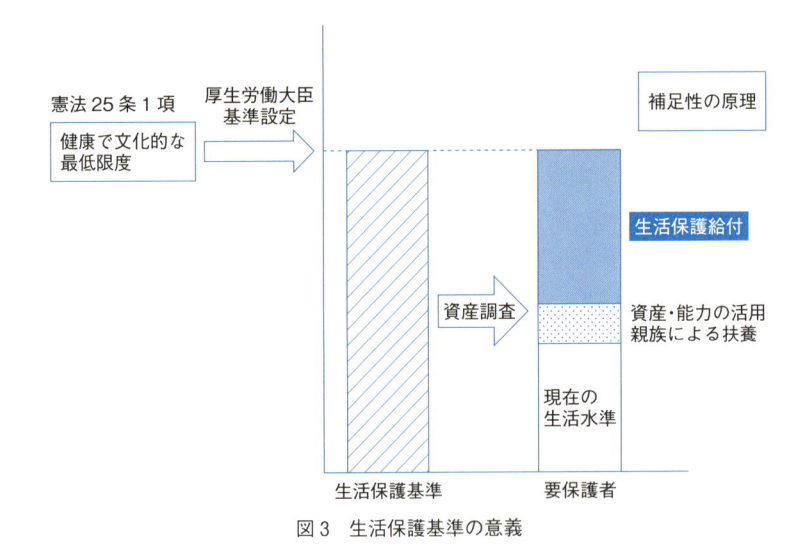

図3　生活保護基準の意義

　生活保護基準は，保護の要否や給付内容を決定する給付の基幹的内容を規定し，被保護者の権利や憲法上「権利」として保障されている生存権[46]の具体的内容を充填するものであるから，本来法律で直接定めるべき内容である（同旨，桑原100頁，碓井405頁）。下位法令へやむを得ず委任するとしても，少なくとも生活保護基準の基本的な算定指針など内容面での具体的な条件を定めなければならないはずである。しかし生活保護法においては8条1

---

[46] この点に注目し，アメリカの憲法理論の分析を踏まえて日本法における生存権規定の意義を検討したものとして，葛西まゆこ『生存権の規範的意義』（成文堂・2011年）。

項で「厚生労働大臣の定める基準」という規定の仕方で下位法令の法形式を特定せずに基準定立を授権し，またその委任内容については同条 2 項で「要保護者の年齢別，性別，世帯構成別，所在地域別その他保護の種類に応じて必要な事情を考慮した最低限度の生活の需要を満たすに十分なものであって，且つ，これをこえないものでなければならない」と定めているのみである。この規定を受けて「生活保護法による保護の基準」が告示の形式で定められており，この中では 8 種類の扶助の種類ごとに額が定められている。

> 【告示の法的性質】 告示は公示を必要とする内容について用いられる法形式であり（国家行政組織法 14 条 1 項），公示の内容に応じてその法的性質は変化しうる（単なるお知らせである場合，行政行為である場合（⇨448 頁），法規命令（⇨50 頁）である場合など多様である）。そこで，生活保護基準の法的性質の確定にあたっては，その法形式が告示であることは手がかりとはならず，むしろ生活保護法が定めている法的しくみの中で生活保護基準がどのような役割を果たしているかが重要である[47]。生活保護基準が生活保護法の委任に基づいて保護の要否や給付内容を確定させるものであり，保護基準を踏まえて個別の生活保護開始決定がなされる構造がとられているから，保護基準は法規命令である。
>
> 　保護基準がそのような法的性質を持つものとして，これを告示の形式で定めることが適切かは別途検討すべき法的課題である。権利義務に関する内容を下位法令に委任する趣旨の根拠規定が法律に定められていれば，その形式が特定されていなくても違憲の問題は生じない。しかし，告示は省議が不要であるため，実質的には担当部局だけの判断で変更することができる。そこで，立法政策としては少なくとも省令事項とすべきとの見解が示されている（大橋・Ⅰ 54 頁）。

　生活保護基準が定める最低生活の基準をどのような方式で算定するかについては，生活保護法にも告示そのものにも言及がない。かつては，最低生活水準を維持するために必要な生活用品を市場で購入したと仮定してこれらを足し合わせる**マーケット・バスケット方式**，最低生活水準を維持するために必要な食料費を計算した上でこれをエンゲル係数で除して生活費を算定する

---

[47] 統制法令における告示につき，このような見解を示すものとして参照，田中二郎「告示の性質」同『法律による行政の原理』（酒井書店・1954 年）291-303（303）頁［初出 1942 年］。

エンゲル方式，一般世帯と生活保護受給世帯の生活水準格差を縮小させるように額を算定する**格差縮小方式**が採られてきた。現在では，民間最終消費支出の伸び率に準拠して保護基準を改定する**消費水準均衡方式**に基づいて保護基準が改定されている[48]。

【生活保護基準の手続的統制】 以上に見たように，生活保護基準に関する実体的な定めは法律上限定的であり，司法審査についても裁量統制手法が深化しなければその実効性の向上は期待しがたい。この状況の下でさしあたり考えられるのは，生活保護基準の策定手続を法定化することである。この点，生活保護基準は処分要件を定める告示であるため，行政手続法2条8号にいう「命令等」に含まれ，同法が定める意見公募手続（⇨51頁）の対象に含まれるように見える。これに対して厚生労働省は，その適用除外を定める同法39条4項3号の「予算の定めるところにより金銭の給付決定を行うために必要となる当該金銭の額の算定の基礎となるべき金額及び率並びに算定方法その他の事項を定める命令等」に該当するとして手続を実施していない[49]。しかし，同号は補助金要綱等を念頭に置いたもので，予算が国会の議決を経ていることから国会の意思を重視する趣旨で定められているものとされる[50]。生活保護給付は予算に基づく給付と異なり，法律で請求権として構成され，国庫負担義務も法定されている（生活保護法75条1項）。こうした点からすれば，生活保護基準を行政手続法の意見公募手続の適用除外とする現在の運用には疑問がある。

■ 生活保護開始決定の過程

生活保護は，保護の実施機関（都道府県知事・市長・福祉事務所設置町村長）が生活保護開始決定（行政行為）を行うことによって開始する。

①受給要件としての国籍

生活保護法2条は「すべて国民は」法律の要件を満たす限り生活保護を受

---

[48] それぞれの方式と法律学的に見た問題点につき参照，阿部和光「生活保護基準と最低保障の課題」同『生活保護の法的課題』（成文堂・2012年）233-260頁［初出1997年］。
[49] 「生活保護法による保護の基準の一部を改正する件について」（http://search.e-gov.go.jp/servlet/Public?CLASSNAME=PCMMSTDETAIL&id=495130039&Mode=2）。
[50] 宇賀克也『行政手続法の解説［第6次改訂版］』（学陽書房・2013年）177頁。

けることができると規定している。これに対して，日本国籍を持たない外国人については，通達によって生活保護法の準用を以前から認めていた[51]。しかし不法滞在者や留学生などの非永住者については1990年以降，準用の対象外とされており，これらに対して保護の実施機関が保護を実施した場合の費用は全額地方公共団体の負担になる（西村496頁）。また準用が認められている永住者についても，あくまで準用なので保護請求権はなく，それゆえ不服申立はできないと行政解釈上は理解されている[52]。

【国籍と社会保障給付】　社会保障給付においては，国籍がその要件となるべきかが議論されることがある（加藤43頁）。他の行政法制度と異なり国籍がクローズアップされやすいのは，社会保障法が給付による所得再分配そのものを制度の目的としていることにある。もっとも，次の3つの方法で社会保障給付をグローバル化に伴う人の移動の増加に対応させる動きが見られる。

第1は，ILOを通じた社会保障制度の平準化である。加盟国の社会保障制度を平準化するために1952年に採択された「社会保障の最低基準に関する条約」（102号条約）を日本は1976年に批准した。その68条には外国人居住者の社会保障の権利の規定があり，自国民と同一の権利を保障するとしつつ，専ら公的財源による給付については外国人に対する特別な規則を国内法で定めることを可能にしている。

第2は，国際人権条約を通じた社会保障制度の平準化である。1979年に批准した国際人権規約（A規約）はその9条で，外国人を含むすべての者の社会保険その他の社会保障の権利を認めると定めている。他方で漸進的な努力を加盟国が行えばよいとする規定も存在する（同規約2条1項）。これに対して1981年に批准した難民条約では，その23条で「合法的にその領域内に滞在する難民に対し，公的扶助及び公的援助に関し，自国民に与える待遇と同一の待遇を与える」との規定があり，また漸進的達成でよいとする条文も存在しない。このため日本は同条約批准に合わせて，国民年金法・国民健康保険法・児童扶養手当法・特別児童扶養手当法の国籍条項を撤廃した。

第3は，社会保障に関する二国間協定（**社会保障協定**）（堀・年金183頁）による制度の平準化である。これは特に年金保険で発達しており，二国間で年金法令の適用を

---

51)「生活に困窮する外国人に対する生活保護の措置について」（昭和29・5・8社発382号）。
52) これに対して，福岡高判2011（平成23）・11・15判タ1377号104頁は，難民条約批准の際に立法措置が見送られた代わりに，立法府・行政府が一定範囲の外国人に対して生活保護法上の待遇を与えることを是認したことを手がかりに，生活保護法の準用による法的保護の対象となると判断している。

> 調整したり，年金加入期間を相互に通算したりする取決めがなされている。
>   基本的に国民国家の枠内での所得再配分を行っている社会保障制度を，グローバル化に伴う人の移動の自由化に対応させるのは容易なことではない[53]。支払った金銭の使途が特定されている社会保険方式であれば，二国間協定の締結で一定の交通整理が可能となる。これに対して一般財源に基づく給付が行われる社会扶助方式のもとでは，外国人に対する給付を請求権として構成する方向で立法裁量を狭める強力な論理を構築するのは難しいようにも思われる。他方で，措置制度の時代から国籍条項を持たなかった社会福祉各法[54]が，支援費制度に伴って請求権構成を取った後も国籍条項を導入しなかったことからすると，生活保護法において給付請求権構成にするために国籍要件を付加したとする従来の説明[55]は見直しの必要があるとも考えられる。

②申請保護の原則

　生活保護開始決定は申請に基づいて行われる（生活保護法7条）。現在の生活保護法が生活保護請求権を認めた際に，職権に基づく処分から申請に対する処分へと変更がなされた。これは，保護開始を生活保護請求権行使に係らせるのが合理的とされたからとされる（西村510頁）。ただし，要保護者が急迫した状況にあるときには職権による生活保護開始決定も可能である（同法25条）。また，要保護者の発見と生活保護受給につなげるため，**民生委員**の協力（同法22条）も定められている。

　生活保護開始決定にも行政手続法の申請に対する処分のルール（審査基準の設定公表・不受理の禁止）が適用される（⇨60頁）。また生活保護法自身が定めている手続ルールとして，標準処理期間（14日間）と保護決定時の理由附記がある（同法24条2，3項）。法律で明確に標準処理期間が定められている点，拒否処分でなくても理由附記が規定されている点[56]は，行政手続法よ

---

53) 理論的な解決の方策につき参照，浅野有紀「社会保障システムの再構想」ジュリスト1422号（2011年）58-66頁。
54) 参照，河野正輝「外国人と社会保障・社会福祉」同『社会福祉の権利構造』（有斐閣・1991年）249-267（256）頁［初出1983年］。
55) 小山進次郎『生活保護法の解釈と運用』（日本社会事業協会・1950年）48頁。
56) その理由は，具体的な給付金額は収入認定された額に依存するという生活保護法の構造か

りも高水準と言える。さらに，延長した標準処理期間（30日）経過後もなお実施機関からの応答がない場合には，申請者はこれを拒否処分とみなすことができる（同条4項）。この場合には行政訴訟において不作為の違法確認訴訟（⇨127頁）を用いる必要はなく，取消訴訟と申請型義務付け訴訟との併合提起を用いて端的に生活保護開始決定の義務付けを求めうる。

> 【水際作戦の違法性】　生活保護受給者を増加させないようにするため，保護の実施機関の中には生活保護申請書を渡さなかったり，申請者が提出した申請書を受け取らなかったりする実務（**水際作戦**）が存在した[57]。しかしこれらは明らかに行政手続法違反である。生活保護法上は申請書という書類を提出する義務が課されていないので，要保護者が口頭で申請の意思を表明すれば足りる（西村510頁，桑原99頁）。またたとえ不受理にされても，実施機関の窓口に書類を置いてくれば，その段階から行政庁には審査義務が生じる。その日から30日経過後に応答がなければ，拒否処分とみなして行政争訟による解決を図ることができる。

③資産調査の意義と限界

　生活保護開始決定を得るためには，要保護者の現在の資力が生活保護基準によって具体化されている健康で文化的な最低限度の生活を下回っていることが確認される必要がある。そのためになされるのが**資産調査**であり（生活保護法28条），給付拒否を背景とする**行政調査**（⇨47頁）の一種である。

　生活保護を受けるためには，現在の所得が最低限度の生活を下回っているだけではなく，利用しうる資産・能力を活用してもなお水準に達していないことが必要となる（同法4条1項）。ここで資産とは，預貯金・年金・不動産・債権等の全ての財産を言う。また能力とは，本人の労働能力を言う。資産の活用とは，原則として売却を前提とする費消であり，例外的な場面でしかこれらの保有は認められない（桑原94頁）。さらに，民法上の扶養義務の

ら，たとえ拒否処分でなくても給付金額をめぐる争訟が生じうる点にあると考えられる。
[57] 日向小太郎「生活保護『ヤミの北九州方式』の実態と，それを支える『地域福祉の北九州方式』」賃金と社会保障1437号（2007年）4-28頁。

履行が生活保護受給に優先する（同条2項）。民法上の扶養義務は夫婦・直系血族・兄弟姉妹（民法752条，877条）にあり，その内容は生活保持義務と生活扶助義務に分けられる（西村505頁）。扶養義務者が自らの生活と同程度の扶養を行う義務がある**生活保持義務**は，夫婦相互間及び未成熟の子に対する親の場合にあてはまる。これ以外の親族については，自らの生活に余裕がある場合にその限度で扶養すれば足りる**生活扶助義務**とされる。

　生活保護の申請があった場合，保護の実施機関は要保護者の資産状況・健康状態などを調査するため，職員に要保護者の居所に立ち入って調査させ，または要保護者に対して医師の検診を受けるべきことを命ずることができる。これは行政調査であるから，資産調査の名の下に犯罪捜査を行うことはできない。立入調査を要保護者が拒否した場合に罰則は用意されていないものの，これを理由として保護決定を拒否したり保護の変更・停止・廃止をしたりすることができる（生活保護法28条4項）。

　行政調査の多くは調査拒否に対する刑事罰を準備することで，間接的に実効性の確保を図ろうとしている。しかし刑事罰が行政上の義務違反に対して機動的に用いられていない現状では（⇨81頁），刑事罰による威嚇はそれほど機能していない。これに対して生活保護の場合には，給付拒否の可能性を担保とするしくみがとられているため，実効性確保の観点からはより強力である[58]。換言すれば，不適切な態様・程度の調査が行われやすい構造にある（桑原115頁）。そこで，生活保護法の定めている給付のしくみ全体から，資産調査の際の手続ルールを導出する必要がある。その手がかりは行政上の法の一般原則である**権限濫用禁止原則**と**比例原則**（⇨18頁）にある。資産調査は，要保護者の資産状況や能力の活用可能性，扶養義務者による扶養義務履行の可能性を調査し，保護の要否及び給付内容を決定するためのものである。そのため，こうした目的とは関係ない事項を調査することは権限濫用にあたる。また，調査目的の範囲内にあるとしても，その調査態様が要保護者のプライバシーに対して与える影響が最小のものとなるようになされなければならない。さらに，資産調査の際の手続的瑕疵については，資産調査が生活保護決定と直接結びつく構造になっていることからすると，軽微な瑕疵で

---

58) 阿部・I 489頁。資産調査全般の問題点につき，あわせて同書494-495頁も参照。

ない限り原則として単独で生活保護開始（一部）拒否決定の取消事由になると考えるべきであろう。

④生活保護開始決定と給付の始期

資産調査の結果，要保護者が自力で獲得できる収入（生活保護・変更決定までの過程で行政がこれを確定することを**収入認定**と呼ぶことがある）が生活保護基準を下回っている場合には，その下回っている部分が給付されることになる。この保護の要否及び内容を確定する保護の実施機関の認定判断行為を**生活保護開始決定**という（生活保護法24条1項）。生活保護開始決定は，法令に基づき要保護者が最低生活を下回っている事実を認定してこれが生活保護給付の要件を満たすことを確定させるとともに，具体的な給付の内容を形成する行政行為である。これまで説明したように，個別の生活保護給付の内容は法令の規定から直ちに確定できるものではなく，生活保護基準の設定水準や要保護者の収入に依存している。こうした特性からすれば，生活保護開始決定は受給権確定行為ではなく**受給権形成行為**（⇨243頁）である。

生活保護法には給付の始期に関する明文の規定はない。この点をめぐって実務上は，申請が行われた後，当該要保護者が要保護の状態にあると判定された日から給付されると扱われている。これに対して学説上[59]は，申請時期とは関係なく要保護状態が発生したときが確認できればその時点に遡って給付できるとする説[60]や，申請時期以降において要保護状態が発生したときから給付すべきとする説（西村521頁）などが主張されている。生活保護法は一方で，要保護状態にある者に対して給付請求権を認めるとともに，他方で給付の要否や具体的な給付内容については行政に調査させた上で決定させるシステムを構築している。また要保護者の急迫状況の際には職権をもって保護開始する義務を保護の実施機関に課している（同法25条1項）。このような法的しくみ全体の趣旨からすれば，どの時点から要保護状態だったのかの認定判断は第一次的には行政に委ねられており，行政がそのように判断した時点から給付が開始されねばならないとする理解が妥当である。

---

[59] 行政法学の観点からこの問題を分析したものとして，太田前掲註16)・(1)論文196頁。
[60] 小川政亮『社会事業法制［第4版］』（ミネルヴァ書房・1992年）271頁。

> **【生活保護開始決定拒否処分に対する救済方法】** 生活保護法においては審査請求に加えて再審査請求することもでき（同法66条），不服申立前置の規定があるため，少なくとも審査請求に対する裁決を経た後でなければ訴訟提起できない（同法69条）。この分野においてはとりわけ，簡易迅速で要保護者の利益に配慮した不服申立（⇨96頁）の運用が求められる。
>
> 　生活保護開始決定拒否処分に対する訴訟上の救済方法としては，取消訴訟と申請型義務付け訴訟を併合提起し，合わせて仮の義務付けを求めることが考えられる。生活保護給付の要否・内容を決める2つの要素のうち，何が最低生活であるかを具体化する生活保護基準の設定に関しては，政治部門の広範な裁量が認められる。これに対して個別の要保護者が要保護状態にあるかどうか（行政の判断過程における「収入認定」の部分）については，裁判所による統制は強度になされうる。そこで，給付の始期をめぐる紛争の際には，行政が要保護状態と認定した時点とは異なる判断を裁判所が示すことも可能と考えられる。

■ 保護変更・廃止決定の過程

　生活保護給付は，健康で文化的な最低限度の生活を保障する目的とともに，被保護者の自立をもその目的としている。このため，最終的に給付が廃止されることこそが法制度上も目指されているのである。

①指導・指示の法的性格

　生活保護を受給している被保護者には，能力に応じて勤労に励み，支出の節約を図り，生活の維持・向上に努める義務が課されている（生活保護法60条）。これを支える制度的基盤として，保護の実施機関は被保護者に対して，生活の維持・向上その他保護の目的達成に必要な指導・指示をすることができる（同法27条1項）。これは**ケースワーク**と呼ばれているものであり，生活保護行政の中でも中心的な位置を占める。この過程の中で行政側は被保護者の生活の自立を支援するとともに，生活保護受給の諸ルールを被保護者に遵守させるべく活動する。被保護者はこの指導・指示に従わなければならない（同法62条1項）。この規定に違反した場合の罰則は規定されていないものの，違反時には保護の変更・停止・廃止を行うことができる（同条3項）。つまり，指導・指示の実効性確保策として不利益処分が用いられており，逆

に不利益処分の側から見れば，指導・指示が書面で行われていることが処分要件に位置づけられている（同法施行規則 19 条）。

【指導・指示の行為形式と救済方法】　指導・指示が行政指導なのか行政行為なのかをめぐっては以前から見解の対立が見られる。指導・指示それ自体は，被保護者に対して強制可能な権利・義務の変動を生じさせているわけではない。しかし指導・指示への不服従は，保護の不利益な変更につながるものとして法律上位置づけられている。前者を重視すれば行政指導，後者を重視すれば行政行為と性質決定されることになる。ただしこの結論は，行政行為と行政指導の概念をどう定義するかにも依存するため，ここでは訴訟類型の選択に限定して検討する。

　指導・指示そのものは最高裁が処分の典型として想定しているものとはやや異なっている。しかし，処分かどうかが疑わしい精神的表示行為（通知・勧告など）と処分性が認められる行為とが連続する場合であって，先行する精神的表示行為に紛争の成熟性が認められる場合に，最高裁はこうした表示行為にも処分性を認めて来た（⇨106 頁）。他方で，2004 年の行政事件訴訟法改正によって当事者訴訟の活用が明示されたため，そうした行為を無理に処分と性質決定しなくても救済できるルートが存在している。こうした現状の下で，指導・指示に処分性を認め，後続する保護変更・停止・廃止処分を待たずに取消訴訟の提起を認めるべきであろうか。社会福祉学の知見を踏まえてこの法的しくみを詳細に検討した見解[61]によると，生活保護法 27 条の指導・指示に従うよう義務付けた同法 62 条 1 項は，ケースワークの前提として必要となる相互の絶対的信頼関係（ラポール）形成の基礎となる諸条件に関する行政と被保護者との見解対立を収拾するため，通常の行政行為で認められている通用力（公定力と不可争力に相当する）をここにも認め，行政の判断に不満のある被保護者に対しては早期にこの点を争って対立を解消することを被保護者に要請したものと位置づける。また同条 3 項は，被保護者が指導・指示にも従わず，かといって行政の指導・指示を争訟において争わない態度を示した際に，保護の変更等によって絶対的信頼関係が形成されないまま生活保護給付が無意味に継続することを防ぐ権能を行政に認めたものであるとする。しかし，指導・指示の全てが保護の不利益変更の処分要件を先行して完全

---

[61] 太田匡彦「生活保護法 27 条に関する一考察」小早川光郎＝宇賀克也編・塩野宏先生古稀記念『行政法の発展と変革（下）』（有斐閣・2001 年）595-628（616）頁。ただし，同論攷は行政事件訴訟法改正以前に公表されたものであり，かつ論者の行政行為理解はその後変化している（同「行政行為」公法研究 67 号（2005 年）237-251 頁）ことにも注意が必要である。

> に確定させるものとは言い難いこと，被保護者が指導・指示に従う義務がないことの確認訴訟（当事者訴訟）を提起すれば上記の要請（の一部）に応えうる（こうした要素は確認の利益を肯定する方向で用いうる）ことからすると，紛争の成熟性の観点から処分性を早期段階に認める必要性は高くないようにも思われる。

②保護変更・廃止決定とその司法審査

　生活保護の被保護者にとって給付量が減少する（＝不利益な）方向での変更や廃止の可能性は，行政による資産調査を拒んだ場合（生活保護法28条4項）のほか，次の2つの場面で生じる。第1は，被保護者の収入状況が改善した場合である。保護の実施機関は常に被保護者の生活状態を調査し，保護の内容を変更する必要があると認めるときは職権によって決定を行い，被保護者に書面で通知しなければならない（同法25条2項）。また，保護を必要としなくなった場合には，保護の実施機関は速やかに保護の停止・廃止を決定し，被保護者に書面で通知しなければならない（同法26条）。その前提として，被保護者の生計に変動があった場合には，速やかに保護の実施機関または福祉事務所長に届出を行う義務が課されている（同法61条）。この場合には，行政手続法の不利益処分手続のうち，処分基準の設定と理由提示以外のルール（聴聞または弁明の機会の付与）の適用が除外されている（生活保護法29条の2）。第2は，行政による指導・指示に従わず，あるいは保護施設を利用している場合に保護施設の管理規程に従わなかった場合である（同法62条3項）。この場合の手続ルールとして追加されるのが，生活保護法上の**弁明の機会の付与**である（同条4項）。行政手続法の弁明の機会の付与と異なり，口頭による意見陳述が可能である。こうした要件にあてはまらない場合には，一旦決定された保護の内容が不利益に変更されることはない（同法56条）[62]。

　第1のタイプの紛争の争点は，収入認定の適法性にあることが多い（下級

---

62) このほか，生活保護基準が変更されることによって給付額が減らされる場合もありうるものの，ここでの議論からは除外して考える。この点については，棟居快行「生存権と『制度後退禁止原則』をめぐって」同『憲法学の可能性』（信山社・2012年）389-408頁［初出2008年］。

審裁判例を素材とする詳細な検討として，碓井412頁以下）。特に問題になるのは，預貯金・共済年金・満期保険金のように，生活保護を元手として貯蓄が行われる場合である。被保護者の子を高校に進学させる費用に充てるため生活保護費の中から保険料月額3000円を支払い，その満期保険金約45万円を受け取ったところ，そのほとんどが収入認定されて生活扶助が減額された事件で最高裁（最三小判2004(平成16)・3・16民集58巻3号647頁）は，「生活保護法の趣旨目的にかなった目的と態様で保護金品等を原資としてされた貯蓄等は，収入認定の対象とすべき資産には当たらないというべきである」とし，満期保険金を収入認定した上で保護額を減額した本件変更処分を違法とした。最高裁がこのタイプの変更処分について裁量を認めず，また生活保護関連通達[63]にも言及せずに判断を行っている点は注目されるべきである。

これに対して第2のタイプの紛争における争点は，指導・指示の内容の適法性と，違反の場合に選択された変更・廃止措置の適法性である。このうち違反時の変更・廃止措置については条文上，**効果裁量**（選択裁量・決定裁量）が認められている。そこでこの場合の司法審査は実体的判断代置ではなく裁量統制手法（⇨65頁）によることになる。特に重要なのは**比例原則**を用いた**社会観念審査**である。すなわち，一方では指導・指示違反の内容や態様が，他方では選択された措置の被保護者に対して与える影響が検討され，両者の均衡がとれていなければ裁量権の逸脱・濫用が認められることになる。

③生活保護と他の社会保障制度との役割分担

生活保護廃止までの過程で被保護者の自立に向けたディスインセンティブとして働く可能性があるのが**補足性の原理**である。この考え方に基づく生活保護給付では，収入を高めるほど保護費が削減されることになり，生活保護基準を上回るところまで収入を高めないと，生活水準の向上を実感することができない。また，生活保護が廃止されると一般の社会保障制度に再移行することとなり，医療保険や介護保険の保険料を支払わなければならなくな

---

[63] 例えば，「生活保護法による保護の実施要領について」（昭和38・4・1社発第246号）が代表的である。

る。このように、生活保護と他の社会保障制度とのシームレスな調整が現行法においては弱く[64]、このことも生活保護からの脱却を難しくしている。そこで、2013年の生活保護法改正案には、**就労自立給付金制度**が含まれていた。これは、生活保護受給期間中の就労の結果得られた収入のうち収入認定された額の範囲内の金額を仮想的に積み立て、安定した職に就いたことで生活保護が廃止された際に一時金として支給することで、再度生活保護水準を下回ることのないようにすることを目的としたものであった。

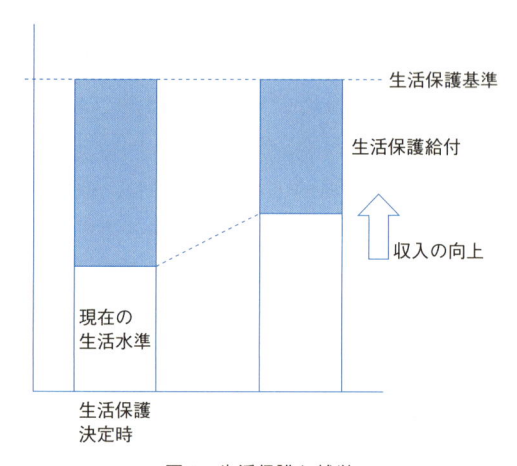

図4　生活保護と就労

発展演習

1. 生活に困窮するXはY市の福祉事務所を訪れ、生活保護申請に関する相談をしようとしたところ、担当職員から生活保護受給は不可能であると告げられ、申請書を渡してもらえなかった。そこで翌日、X

---

[64] 最低賃金制度と社会保障制度の構造的問題について比較法的検討も踏まえた分析をした業績として参照、神吉知郁子『最低賃金と最低生活保障の法規制』（信山社・2011年）。

は保護を申請する意思と氏名・住所・性別・生年月日・職業・保護を必要とする理由を書いたメモを福祉事務所に持ち込み，受け取ろうとしない担当職員の机上に置いて帰宅した。30日が経過しても応答が得られないため，Xは県知事に審査請求したところ，そもそも有効な申請書が提出されていないため生活保護開始決定がなされていないことに違法はないとの裁決がなされた。これに不満のXはYに対して拒否処分の取消訴訟と義務付け訴訟を併合提起し，仮の義務付けを求めた。Xの立場に立って拒否処分の違法性及び義務付け訴訟の本案勝訴要件の充足を主張しなさい。

2. 被保護者Aは通院移送費を架空請求し，約3000万円を不正に受給していた。しかしこの事実が報道された後も保護の実施機関Y市長は生活保護法78条に基づく費用徴収を不正受給額の半額分しか行わなかった。同市の住民Xは①Aへの不当利得返還請求をY市長に求め（地方自治法242条の2第4号），②市長から生活保護開始決定・実施に関する権限の委任を受けていたにもかかわらず，不正受給を見抜けずにY市に損害を与えた福祉事務所長に対して損害賠償を命令するよう求める（同上）住民訴訟を提起した。これらの主張は認められるか検討しなさい。

2　年金保険の行政過程

　稼得能力の低下・喪失に伴う所得の低下を補うためになされる定型的で定期的な金銭給付を**年金**という。生活保護が**補足性の原理**に基づく最低生活保障給付であるのに対して，年金は受給者の現在の生活水準を個別的に精査することなく（**資産調査をせずに**）一定額の給付を定期的に（この点が**一時金**と異なる[65]）行うところに特色がある。この意味で年金に関する法は，労災・雇用保険や社会手当などとともに**所得保障法**に含まれる[66]。年金制度はもとも

---

[65]　喜多村悦史（有泉亨＝中野徹雄編）『国民年金法（全訂社会保障関係法2）』（日本評論社・1983年）41頁。

と，軍人や官吏に対する恩給から出発しており，1923年には**恩給法**が制定されていた。これに対して民間の被用者を対象とする年金制度としては，1939年の**船員保険法**と1941年の**労働者年金法**（1944年に厚生年金保険法と改称）が戦前の段階から存在した。戦後になると，恩給法は国家公務員共済組合法となり，厚生年金保険法からは業務上災害に関する給付が労災保険法に移管された。さらに1959年には国民年金法が制定され，**国民皆年金体制**が整備された。その後，1985年には国民年金法と厚生年金保険法が改正され，全国民が加入する基礎年金としての国民年金と，被用者向けの報酬比例部分の厚生年金の**二階建て構造**へと転換した。我が国の実定法制において年金給付は，これまでのところ一貫して主として社会保険方式で行われてきている。これに対しては税方式を広く採用すべきとの見解や，特に報酬比例部分を民営化すべきとの見解も示されている。以下ではまず，年金制度の基本構造についてこうした問題も含めて説明し，続いて年金保険の行政過程を，財源調達過程と給付過程に分けて説明する。

■ 年金制度の基本構造

①給付の種類

年金給付の種類は，老齢年金・障害年金・遺族年金に大別される。その大

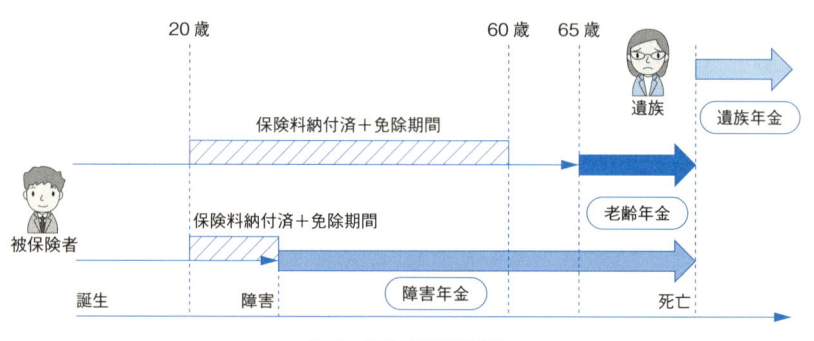

図5　年金給付の種類

---

66) 所得保障法の構造を給付過程に沿って検討したものとして，岩村正彦「所得保障法の構造」日本社会保障学会編『講座社会保障法2 所得保障法』（法律文化社・2001年）3-22頁。

まかなイメージは図5の通りである。

老齢年金は，満65歳に到達し，保険料納付済期間と保険料免除期間を合算して25年以上の要件を満たしている場合に給付される年金である。**障害年金**は，傷病の初診日において被保険者である者が**障害認定日**（初診日から起算して1年6ヶ月経過した日またはその期間内に傷病が固定した日）において障害等級に該当する場合であって，所定の保険料納付済期間・免除期間を有する場合に給付される年金である。**遺族年金**は，被保険者あるいは老齢年金受給権者が死亡した場合にその遺族に対して支払われる年金である。この3つの保険事故はいずれも所得水準の低下をもたらすものであり，年金保険はこの点に注目して所得保障給付を行う社会保障制度である。

> 【年金保険以外の所得保障制度】 傷病のうち業務起因性があるものについては，労働者災害補償保険法に基づく労災保険給付がなされる（西村370頁以下）。労災保険の保険料は使用者側のみが負担しており，療養補償以外の給付は原則として金銭給付の形式でなされる。失業時の生活保障としては雇用保険法に基づく求職者給付・就職促進給付・教育訓練給付などが準備されている。これらはいずれも社会保険方式に基づく。
>
> これに対して社会扶助方式で給付されるのが社会手当であり，具体的には，広く児童一般を対象とする児童手当，片親が養育している児童を対象とする児童扶養手当，障害児を対象とする特別児童扶養手当がある（西村425頁以下）。

②国民皆年金体制

1959年に国民皆年金体制が確立した段階では，民間被用者向けの厚生年金，自営業者向けの国民年金，公務員向けの共済がそれぞれ完結的な給付のしくみを持っていた。これに対しては，制度間を移動した場合の給付の調整に不備があること，特に厚生年金は世帯単位で給付が設計されていて女性の年金権が確立していないこと，さらに国民年金の財政が危機的であることが問題となっていた[67]。こうした点を改善するため，1985年の年金改革にお

---

67) 社会保険審議会厚生年金保険部会「厚生年金保険制度改正に関する意見」（1983年7月15日）［厚生省年金局＝社会保険庁年金保険部『改訂国民年金・厚生年金保険改正法の逐条解説』

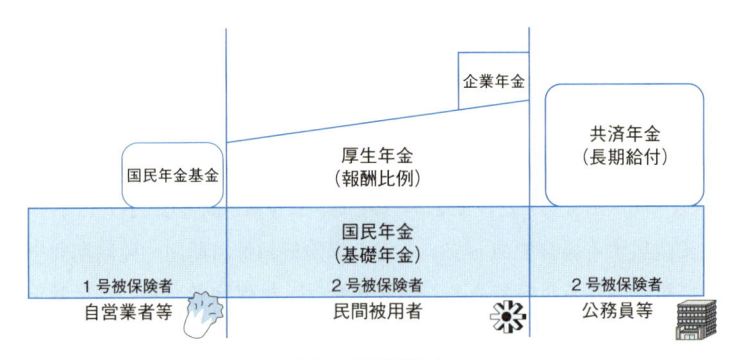

```
                  企業年金
国民年金基金  厚生年金        共済年金
            (報酬比例)      (長期給付)
            国民年金
            (基礎年金)
1号被保険者  2号被保険者    2号被保険者
自営業者等  民間被用者      公務員等
```

図6　国民皆年金

いては，二階建て構造が採用された。国民年金は日本国内に住所を有する20歳以上60歳未満の全員を被保険者とする（国籍要件なし）。このうち，厚生年金保険法・国家公務員共済組合法・地方公務員等共済組合法・私立学校教職員共済組合法の被保険者を**2号被保険者**，その被扶養者を**3号被保険者**とし，それ以外（具体的には自営業者・農林漁業・無職など）を**1号被保険者**としている。国民年金は保険料・保険給付とも定額である。2号被保険者はさらに被用者年金にも加入しており，その保険料・保険給付は報酬比例である。3号被保険者には保険料支払い義務はなく，2号被保険者が拠出金の形式でその分を全体として負担している。

　これら強制加入のしくみに加え，任意加入の制度も存在する。報酬比例部分を持たない1号被保険者向けには**国民年金基金**が設けられている（国民年金法115条以下）。各都道府県に1つずつの**地域型国民年金基金**と，漁業従事者・弁護士・医師といった業態ごとに設立されている**職域型国民年金基金**の2種類があり，老齢年金と遺族一時金の給付が行われる。また農業従事者については，独立行政法人農業者年金基金法が定める農業者年金に加入することもできる。一方，企業で働くサラリーマンなどの厚生年金保険加入者にも，**企業年金**と呼ばれる任意の付加的給付がある。このうち**厚生年金基金**は厚生年金適用事業所の事業主とそこで使用される被保険者で組織された法人であり（厚生年金保険法107条），本来であれば国が給付すべき老齢厚生年金

（中央法規出版・1986年）2-6頁］。

の一部を代行し(**代行部分**=物価スライド・標準報酬月額再評価にともなう増額部分を除く給付),さらに企業独自の**加算部分**を給付するものであった。しかし基金の財政状況が悪化してきたことから,2013年の法改正により基金の新設は認められなくなり,現存する基金についても運営が健全な一部の基金以外は今後清算されることとなっている。企業年金にはこのほか,代行を行わない**確定給付企業年金**や,将来の給付額を確定させず掛金を自己責任により運用する**確定拠出年金**(ここには1号被保険者を対象とする個人型年金も含まれている)もある[68]。公務員の場合には共済年金(長期給付)の中に民間の3階部分(企業年金)に相当する**職域加算**が存在する(2015年10月から共済年金は厚生年金に統合され,職域加算も廃止される予定)。

> 【年金改革の論点と行政法学との接点】 少子高齢社会となっている日本では,(老齢)年金制度の持続可能性をめぐってさまざまな議論が行われている。ここでは,行政法学との接点に注意を喚起する目的で,年金改革の論点を2つ紹介する。
> ① 年金保険はもともと,自らが支払った保険料を後で自らが受け取る積立方式から出発した。しかし戦後のインフレーションによって積立方式では十分な給付水準が確保できなくなったため,1954年の厚生年金保険法改正の際に現役世代の保険料からも給付費用を賄う賦課方式を含む修正積立方式に変更された。このため現在は,現役世代の保険料で高齢者の年金給付を賄うとする**世代間扶養**が強調されている。ところが,少子高齢社会を迎えると,高齢者の増加に対してこれを支える現役世代が激減し,年金制度の持続可能性が失われる。そこで積立方式を再導入しようとする案も示されている[69]。他方で,インフレ・リスクをヘッジしながら着実に資金運用することが以前に比べて難しい現状(財政投融資の廃止・国債市場や株式市場の不安定性)では,積立方式によって一定水準の給付を約束するのは困難であり[70],逆にこれを自己責任で運用させるのは個人ではカバーできない要保障事由に対して給付を行うという社会保険の制度趣旨と整合しない[71]。さらに,現在の方式を変更する際には,財産権保障[72]

---

68) 詳細につき参照,森戸英幸『企業年金の法と政策』(有斐閣・2003年)。
69) 例えば,八田達夫=小口登良『年金改革論——積立方式へ移行せよ』(日本経済新聞社・1999年)29頁。
70) この論点と密接に関係する国債管理のあり方につき参照,藤谷武史「財政赤字と国債管理」ジュリスト1363号(2008年)2-9頁。
71) ただし,年金の直接給付という方法でなくても,国家が年金制度の枠組を形成したり,私人

や信頼保護の観点から何らかの移行措置が求められ、その制度設計・移行コストも考慮する必要がある（現在の運用方式につき、碓井346頁）。

② 日本の年金制度はこれまで一貫して社会保険方式を主軸としてきた。しかし、生活保護とその他の社会保障制度との接続部分への配慮が十分ではなかったこと等が影響して、国民年金の保険料を支払うことができず、結果として老後に無年金になる人が出てきている。そこで、基礎年金部分は一般財源で賄い、報酬比例部分のみを社会保険方式とする案が主張されている。その背景には、国民年金の保険料徴収率が低水準に止まっているため、租税の徴収と一本化する方が未納問題の解決ができるとする判断もある。他方で、現在の国民年金にもさまざまな形で一般財源がかなり投入されている。また（政治的な実現可能性を措くとすれば）権限の委任を用いて社会保険方式のまま国税庁に徴収を一本化することは不可能ではないだろうし（現に日本年金機構が設立された際に一部は実現している）、目的税で徴収し特別会計を設けるという方式でこうした目的を達成することも可能であろう。さらに社会保険方式のままでも現在の資格期間（保険料納付済期間＋免除期間）25年を短縮したり（2015年10月から10年に短縮予定）、保険料不足部分を一般財源で穴埋めしたりして無年金者をなくすことはできる（それにより生活保護受給者を抑制できるならば、トータルとしての一般歳出は減ることになる）。このように考えると、社会保険方式か社会扶助方式かという議論は、たしかに制度設計のモデルを提示する機能を有しているものの、さまざまなバリエーションが存在する具体的な制度設計の局面では十分な切れ味を持っているとは言えない。そこで行政法学には、行政上の強制徴収の実効性確保策の開発、権限の委任の理論の深化、目的税と特別会計の規範的意義の探究、一般財源投入の規範的正当化根拠の解明など、地道な理論的作業が求められているのである。

■ 年金財源調達の過程

①保険料の徴収

国民年金の保険料は定額である。2004年改正で**保険料水準固定方式**が導

間（労使間）で形成される年金制度に規制を加えたりする方法で責任を果たすことはあり得る。この点につき参照、嵩さやか『年金制度と国家の役割』（東京大学出版会・2006年）。

72) 石川健治「財産権条項の射程拡大論とその位相（1）」国家学会雑誌（東京大学）105巻3=4号（1992年）149-213（157）頁。

入され，それまでの5年ごとの**財政再計算**による保険料の法改正による変更が放棄された。2005年度以降保険料が段階的に引き上げられ，2017年度以降は月額16,900円で固定される（西村・入門77頁）。さらに，この金額に保険料改定率（物価指数・標準報酬平均額から算定され，2013年度は0.951）を掛けたものが実際の保険料になる（国民年金法87条）。これに対して厚生年金の保険料は定率であり，報酬が高くなれば保険料も高くなる。保険料率は法律で明確に規定されており（保険料改定率のしくみはない），2017年9月以降に保険料率が183/1000となる。この率を標準報酬月額・標準賞与額に掛けて保険料が決まる（厚生年金保険法81条）。**標準報酬月額・標準賞与額**とは，一定の範囲内の報酬月額・賞与額を一定の額とみなす制度である。例えば厚生年金保険法の場合，報酬月額が101,000円以上107,000円未満の者の標準報酬月額は104,000円とされており（厚生年金保険法20条），保険料を計算する際にはこの範囲の報酬月額の者は全員が104,000円×保険料率で計算を行うことになる。同様のしくみは健康保険法にもあるものの，両者の等級の分け方は異なっている。標準報酬月額・標準賞与額は上限と下限が設けられており，一定金額以上または以下の報酬月額・賞与は同一の標準報酬月額・標準賞与額で計算される。例えば厚生年金保険法の場合，報酬月額605,000円以上の者は標準報酬月額62万円として計算される。標準報酬月額は，毎年7月1日現在で使用される事業所において4月から6月までの3ヶ月の平均報酬額をもとに等級にあてはめて算定される（**定時決定**）。この額をその年の9月から1年間の標準報酬月額とすることとなっている（同法21条）。

　国民年金の保険料納付義務があるのは1号被保険者のみであり，2号・3号については次に説明する拠出金による財政調整で処理されている（国民年金法94条の6）。国民年金は負担と給付を個人単位化しているものの，世帯主に世帯に属する被保険者の保険料を連帯して納付する義務を，また配偶者の一方に被保険者たる他方の保険料を連帯して納付する義務を課している（同法88条2，3項）。これに対して厚生年金の保険料納付義務は事業主にあり，事業主は自己負担する半額分に加えて，被保険者負担部分を賃金から控除して合わせて納付する（厚生年金保険法82条）。保険料納付義務が履行されない場合には**滞納処分**がなされうる。年金保険の特色は，こうした事務が**日本年**

金機構に委任[73]されていることである（⇨259頁）。

　厚生年金保険料に関する免除制度は基本的に存在しておらず，育児休業中の被保険者について事業主が厚生労働大臣に申し出た場合には，育児休業開始日の属する月から終了する日の翌日が属する月の前月までの期間の保険料の徴収を行わないとする規定が存在するのみである（厚生年金保険法81条の2）。これに対して国民年金保険料に関しては多段階の免除制度が存在する。まず，法律の要件に該当すると行政による決定を経ることなく保険料納付義務が消滅するタイプがある（**法定免除**）。具体的には障害基礎年金や生活保護法の生活扶助を受給した場合などである（国民年金法89条）。これ以外の減免は，申請に基づく行政処分を得る必要がある（**申請免除**）。これには一般保険料免除と学生保険料免除の2種類がある。**一般保険料免除**は全額免除（同法90条），3/4免除，半額免除，1/4免除（同法90条の2）の4種類に分かれており，連帯納付義務者である世帯主・配偶者も同様の要件を満たすことが共通の条件となっている。これに対して**学生保険料免除**ではこの共通の条件の規定がないので，学生本人についてのみの要件該当性を判断することになる（同法90条の3）。保険料免除が以上のいずれかによって認められると，当該期間は保険料免除期間と扱われ，①老齢基礎年金の受給権を成立させる資格期間に算入され，②障害基礎年金の受給資格の1つを具備することになる。ただし，老齢年金の給付額を引き下げないためには厚生労働大臣の承認を得て，10年以内の免除保険料の**追納**（同法94条）を利用することとなる。一般保険料免除の全額免除の場合には，年金額の計算の際に免除期間の1/2の月数が加算される（追納しなくても国庫負担相当部分は給付される）のに対して，学生保険料免除ではこのような加算がないため，追納しなければ老齢基礎年金は免除期間分については全く受給できない（同法27条8号）。

【**免除割合の決定**】　申請免除の要件は次の5つの中のどれか1つを満たせばよいことになっている。つまり①前年の所得が一定額以下である②被保険者又は被保険者の属する世帯の他の世帯員が生活保護法による生活扶助以外の扶助等を受給している③地

73）日本年金機構への委任のあり方の問題点につき参照，碓井348頁以下。

方税法に定める障害者であって前年の所得が一定額以下である④地方税法に定める寡婦であって前年の所得が一定額以下である⑤保険料を納付することが著しく困難な天災等の事由がある，の5つである。申請免除の効果は全額・3/4・半額・1/4の4種類に分かれているものの，これら5つの要件規定のうちその種類ごとに異なるのは①だけで，②～⑤は共通である。そうすると，これら4つのいずれかの要件を満たす場合に，免除割合はどのように決めることになるのかが問題となる（碓井370頁）。例えば⑤の天災等を理由に3/4免除の申請をしたのに対して半額の免除を認める決定を行いうるのかが具体的には検討課題となる。

免除の各処分は根拠規定を異にする独立した処分であるとすれば，3/4免除の要件を満たさないと行政側が判断すればその全部拒否処分を行うべきという見方も可能である。他方で，各処分の要件が共通であって沿革的には1つの減免処分であったことを重視すると，一部拒否処分として半額免除処分を行うこともできると見うる。紛争解決の迅速性の観点や，免除の各規定が特定額の免除を求める法的地位[74]を申請者に認めたと言えるほどの手がかりに欠けることからすると，申請内容を最大限として行政側に減額幅を決定する効果裁量があると解するのが妥当と思われる。

②拠出金による財政調整

保険者間での財政調整のために支出される金銭を**拠出金**という。年金保険においては次の2つが存在する。第1は，公務員共済における拠出金である。国家公務員の長期給付の業務を担当する国家公務員共済組合連合会（国家公務員共済組合法21条）と，地方公務員の長期給付の積立基金を管理する地方公務員共済組合連合会（地方公務員等共済組合法38条の2）との間で，財政状況のよい方から悪い方へ拠出金を拠出するしくみがみられる（国家公務員共済組合法102条の2，地方公務員等共済組合法116条の2）。第2は，**基礎年金拠出金**である。被用者年金の被保険者の保険料は，その保険者である政府・共済組合が徴収してこれを拠出金として納付している（国民年金法94条の2，94条の4）。この拠出金には3号被保険者の保険料相当部分も含まれている。

---

[74] このような地位を導出することができた優良運転者免許更新の事件（⇨115頁）で，最高裁は一部拒否処分の構成ではなく独立した処分として同処分を位置づけている。

> **【3号被保険者未納問題】** 典型的にはサラリーマンの妻（専業主婦）を対象とする3号被保険者制度に対しては，働く女性との不公平がしばしば指摘される（西村248頁）。確かに3号被保険者には保険料納付義務がないものの，上述のように拠出金という形での費用負担がなされ，マクロ的には家計から3号被保険者保険料相当額が支出されていることになる。またミクロのレベルでも，被用者年金の被保険者資格が変更になった場合には届出を行っておかないと，被用者保険の保険者からその分の基礎年金拠出金が納付されないため，未納と取り扱われることになる（**3号被保険者未納問題**，碓井362頁）。

③一般財源の投入

　年金保険は保険料のみで運営されているわけではない。年金財政への一般財源の投入は，給付費と事務費の2つの場面で行われている。**給付費**への一般財源の投入は，基礎年金部分の給付に要する額の1/2（国民年金法85条1項1号，厚生年金保険法80条1項等），国民年金保険料免除期間がある者に対する老齢基礎年金の給付費用（国民年金法85条1項2号），障害基礎年金の給付に要する額の20/100（同項3号）の3つである。また**事務費**については，国民年金・厚生年金とも国庫の予算の範囲内での費用負担が規定され（国民年金法85条2項，厚生年金保険法80条2項），国民年金については被保険者資格の管理などの事務を行っている市町村に対して政府が事務費を交付するしくみがある（国民年金法86条）。

　これらの一般財源の投入はどのように正当化できるだろうか。事務費に関しては，国民年金・厚生年金とも政府管掌である点に求めることができよう。ただし，社会保険という独自の制度を置いている以上，保険料の中からも適正な事務費が支出されることは首肯できる（事務費の問題につき詳しくは，碓井343頁）。一方，給付費のうち保険料免除期間に対応する老齢基礎年金の給付費用の一部の負担や障害基礎年金給付に対する負担は，いずれも保険原理を維持しつつ生活保護制度に機能的に代替する生存権保障の一形態と評価することができるかもしれない。これに対して，基礎年金部分の給付の1/2の費用負担も広い意味では生存権保障の一環と言えるものの，最低生活を下回るおそれがある程度具体的に想定できる局面に対する国庫負担というよ

り，制度の安定性や信頼性を国家が保障する趣旨で投入している色彩が強いように思われる。

> **【年金保険と児童手当】** 国民年金は，たとえ給付に要する費用の1/2が一般財源によって賄われているとしても社会保険方式とされる。そしてこの理解を前提に，拠出と給付の牽連性に基づく給付要件が定められている。これに対して事前の拠出を前提としない一般財源に基づく定型的な金銭給付が社会手当であり，我が国では児童手当がその代表である。しかし，この児童手当の財源のかなりの部分は事業者拠出金で支えられている。児童手当法は公務員でない被用者に対する手当の財源として，0歳から3歳未満まではその7/15を事業主拠出金，16/45を国，4/45ずつを都道府県と市町村が負担し，3歳以上はその2/3を国，1/6ずつを都道府県と市町村が負担することとしている。国家・地方公務員に対する児童手当は国・地方公共団体がそれぞれ全額を負担し，被用者でない者については国・都道府県・市町村が1/3ずつ負担している（同法18条）。事業者拠出金は厚生年金保険法の事業主や共済組合から徴収し，その金額は，賦課標準（標準報酬月額・標準賞与額）に，当該年度において児童手当の支給に要する費用の予想総額を基準に算定される拠出金率を掛けて算定される（児童手当法20条，21条）。さらに児童手当予算は，年金特別会計の児童手当勘定で管理されている（特別会計に関する法律111条6項）。このように，民間被用者に関して言えば，児童手当のマクロの費用負担構造は厚生年金保険に極めて近い。他方で，事業者拠出金がどのような理由で正当化できるのか[75]という点については不明確な要素が多く，また仮に事業者拠出金が憲法84条のいう租税に当たるとすれば，現在の拠出金算定方法の定め方は租税法律主義に反するとの指摘がある（碓井440頁）。

■ 年金給付の過程

①給付要件と給付水準

　年金給付の給付要件と給付水準は画一性が高く，行政による決定に左右される内容が少ない。老齢年金のうち国民年金の**老齢基礎年金**は，満65歳に

---

[75] 『五訂児童手当法の解説』（中央法規出版・2013年）3頁は「将来の労働力の維持，確保にもつながる効果が期待されるからである」とする。

達したことと,保険料納付済期間と免除期間の合計が 25 年以上あることが給付要件である(国民年金法 26 条)。また給付額は所定の保険料を全て納付している場合には年額 780,900 円に改定率を掛けたものである(同法 27 条)[76]。**老齢厚生年金**の支給要件も国民年金と同じである(厚生年金保険法 42 条)。給付額は国民年金と異なり定額ではなく,被保険者期間の平均標準報酬額に再評価率(物価と賃金の変動を基礎として算定)を掛けたものを被保険者期間の月数で割った額の 5.481/1000 に相当する額に被保険者期間の月数を掛けた額である(同法 43 条)。老齢年金受給権は一身専属的な権利であり,受給権者の死亡で消滅する(国民年金法 29 条,厚生年金保険法 45 条)。

　障害年金のうち**障害基礎年金**は,傷病が治ったとき(障害認定日)に残った障害が政令で定める障害等級(1 級・2 級)に該当する状態にあるときに支給される。支給の前提として,当該傷病の初診日の前日において,その月の前々月までに保険料納付済期間と免除期間の合計が被保険者期間の 2/3 以上あることが必要である(国民年金法 30 条)。障害認定日に障害等級に該当する障害の状態になくても,その後満 65 歳に達する前日までに症状が悪化して障害等級該当の状態になった場合には,障害基礎年金の請求が可能となる(**事後重症制度**,同法 30 条の 2)。障害基礎年金の支給額は,2 級については 780,900 円に改定率を掛けた額,1 級はその 25%増額された金額となる(同法 33 条)。これに対し,**障害厚生年金**も基本的な支給要件はほぼ同じである(厚生年金保険法 47 条)。障害基礎年金との違いは,障害等級に 2 級よりも軽い 3 級が加えられていることである。また給付額の算定方法も異なっており,基本的には老齢厚生年金と同じ方法で(報酬比例)算定され,被保険者期間が 300 ヶ月に満たないときは 300 ヶ月として計算される。この額が障害 2 級の場合であり,1 級については 25%増額される。また 3 級については障害基礎年金が支給されないため,最低保障額として障害基礎年金の 3/4 の額が必ず支給される制度がある(同法 50 条)。3 級より軽い程度の障害の場合には**障害手当金**の制度がある(同法 55 条)。障害年金は,受給者が死亡した

---

76) 国民年金は基礎年金化される前の制度創設時から均一・定額の保険料と年金額の方式を採用している。これは,対象者の職業や収入がまちまちで,公平で正確な所得把握が困難だからとされていた。参照,吉原健二『わが国の公的年金制度』(中央法規出版・2004 年)50 頁。

とき，または障害の程度が改善して障害等級に該当しなくなってから3年もしくは受給者が65歳に達したときのいずれか遅い方の時点でその受給権が消滅する（西村238頁）（国民年金法35条，厚生年金保険法53条）。

> 【学生無年金問題】 初診日に20歳未満であった者が障害認定日以後に20歳に達した場合にはその日において，障害認定日が20歳に達した日後であれば認定日後において，障害等級に応じた障害基礎年金が支給される（国民年金法30条の4）。これはもともと，国民皆年金が成立したときにこれを補完する全額国庫負担の福祉年金の1つとして設けられた障害福祉年金が，1986年の年金改革の際に障害基礎年金と一本化したものである。これに対して，初診日が20歳以上になるとこの適用から外れるので，国民年金の被保険者であって保険料を納付するか免除を受けていなければ受給資格を満たさなくなる。いわゆる**学生無年金問題**はこの構造から生じている。
> 　国民年金法はもともと学生を強制加入の対象としておらず，任意加入の学生に対する特別な保険料免除措置も用意していなかった。このため学生も強制加入となった1992年以前には圧倒的多数の学生が国民年金に加入しておらず，初診日において被保険者でなかったために障害基礎年金を受け取ることができない事例が発生していた。こうした学生無年金障害者が提起した訴訟のいくつかの下級審判決では，国の立法不作為（⇒148頁）を認めたものもあった。これを受けて2004年に特定障害者に対する特別障害給付金の支給に関する法律が制定され，月4万円（障害等級1級の場合は5万円）が一般財源によって給付されるようになった。この立法の前後から下級審における障害者側敗訴判決が目立ち始め，最高裁ではいずれの事件でも敗訴となった[77]。
> 　現在では学生は強制加入の対象となり，学生向けの特別の保険料減免制度も設けられている。他方で，ほとんどの学生が自己の所得を持っていない段階で（実質的には親に）保険料を払わせるか，その期間分の保険料を事後的に本人に追納させる現在の制度設計が適切なものなのか，検討の余地があるようにも思われる。

遺族年金は，被保険者（老齢年金の受給権者）の死亡後に遺族が生計を維持できるように給付されるものであり，遺族基礎年金と遺族厚生年金とで受給

---

[77] 最二小判2007（平成19）・9・28民集61巻6号2345頁では，「無拠出制の年金給付の実現は，国民年金事業の財政及び国の財政事情に左右されるところが大きいこと等にかんがみると，立法府は，保険方式を基本とする国民年金制度において補完的に無拠出制の年金を設けるかどうか，その受給権者の範囲，支給要件等をどうするかの決定について，拠出制の年金の場合に比べて更に広範な裁量を有しているというべきである」として広範な立法裁量を認めた。

権者に違いがある。**遺族基礎年金**の受給権者は，被保険者または被保険者であった者によって生計を維持していた妻・子であって，子については18歳に達する日の年度内か20歳未満であって障害等級に該当する障害の状態にあり，かつ現に婚姻していないことが必要で，妻はそのような条件を満たす子と生計を同じくしていなければならない（国民年金法37条の2）。これは，かつての母子年金・遺児年金を受け継いでいるという沿革上の理由に基づく（西村239頁）。支給要件は，被保険者・被保険者であった者であって国内に住所を有する60歳以上65歳未満の者・老齢基礎年金受給権者の死亡であり，死亡日の前日において，死亡日の属する月の前々月までに被保険者期間があり，かつ保険料納付済期間と免除期間の合算が被保険者期間の2/3以上必要である（同法37条）。給付額は780,900円に改定率を掛けた額であり，子の数に応じて加算がある（同法38条，39条）。これに対して**遺族厚生年金**の受給権者は，被保険者または被保険者であった者によって生計を維持していた配偶者・子・父母・孫・祖父母で，妻にはこれ以上の条件はないものの，夫・父母・祖父母については55歳以上であること，子・孫については遺族基礎年金と同等の要件が課されている（厚生年金保険法59条1項）。支給要件は国民年金と同じもののほか，被保険者であった者が資格喪失後に被保険者であった期間に初診日がある傷病により当該初診日から5年経過する日より前に死亡したとき，障害等級1・2級に該当する障害状態の障害厚生年金受給権者が死亡したときが加わっている（同法58条）。遺族年金は受給権者の生計を支えることを目的としているので，法律で規定されている以下のような事由があれば失権する。遺族基礎年金の場合には，受給権者の死亡・婚姻・養子となったとき及び受給権者の前述の資格要件を喪失した場合には失権する（国民年金法40条）。遺族厚生年金の場合にはこれらに加え，国民年金法の遺族基礎年金の受給資格がある子と生計を同じくしていた妻が受給権獲得当時30歳未満であるときには，5年間の有効期限が設定されている（厚生年金保険法63条1項5号）。

【児童扶養手当の制度趣旨】　国民皆年金体制を補完するために父親との死別母子世帯を対象とする母子福祉年金が無拠出制の年金として発足し，それが現在の遺族基礎年

金に繋がっている。その際にこの制度の対象外である父との生別母子世帯に対して同様の給付をすることを目的に導入されたのが**児童扶養手当**であった（西村433頁）。しかし、2010年改正以前の児童扶養手当法4条の規定する対象児童には生別母子世帯の児童だけではなく、世帯の生計維持者としての父の扶養が期待できない児童が含まれていた。これに関して法律の委任規定（「その他前各号に準ずる状態にある児童で政令で定めるもの」）を受けた同法施行令は、父から認知された児童を除き母が婚姻によらないで懐胎した児童を対象として規定していた。このことが同法の委任の趣旨を逸脱しているかが争われた事件で最高裁 判I 178 CB 1-7 最一小判2002（平成14)・1・31民集56巻1号246頁）は、法4条1項の対象児童の類型化は児童の現実の扶養の観点からなされたものであり、認知により法律上の父が存在することと、父による現実の扶養が期待できることとは異なるとして、この委任規定を違法無効とした。なお、2010年改正後は父子家庭も児童扶養手当の対象に含まれている。

②年金裁定と併給調整

年金の支給は、年金を支給すべき事由が生じた翌月から開始される（国民年金法18条1項、厚生年金保険法36条1項）。しかし、例えば老齢年金の場合、満65歳に到達した翌月から自動的に支給されるわけではなく、厚生労働大臣の裁定を得て初めて給付がなされる（国民年金法16条、厚生年金保険法33条[78]）。裁定を得ないまま5年が経過すると、時効によってその部分の給付を受ける権利が消滅する[79]（国民年金法102条1項、厚生年金保険法92条1項）。**裁定**は法律で定められている年金受給資格の存在を確定する行政行為であり（**受給権確定行為**）（⇨243頁）、裁定を経て初めて具体的な受給権を獲得する。

【年金裁定と児童手当支給認定】　年金と同様に定型的な金銭給付を行う社会手当にお

[78) なお、厚生年金基金が代行する場合には、基金が裁定する（厚生年金保険法134条）。
[79) この権利はいわゆる「基本権」（支分権と対置される）に対応する。時効制度の問題点につき参照、碓井光明「公的年金の給付に係る時効問題」ジュリスト1341号（2007年）118-125（121）頁、碓井397頁。

いても，行政の認定判断行為が給付の過程に介在する。例えば児童手当では，市町村長による認定（同法8条1項）により支給がなされることとなり，給付の始期は認定請求の翌月からとなっている（同条2項）。行政による決定の前の段階で給付請求権が観念できない制度設計になっていることから，この認定は受給権形成行為と性格付けることができる（堀・総論228頁）。ただし，なぜ社会手当の場合に受給権形成行為が採用されているのかは別途検討すべき理論的課題である。1つの要因は財政方式の違いであり，無拠出制の社会手当の場合には行政の決定以前の給付請求権を抽象的なレベルでも観念できないとする見方がありうる。しかし，児童手当のかなりの部分が事業主等からの拠出金で賄われていることや（⇨287頁），児童手当の給付要件・効果が年金保険と同等程度に詳細であることからすると，敢えて年金と異なる方式の給付決定を用いたことに対する正当化根拠が十分にあるのかは疑問が残る[80]。

　年金保険の給付の際，同種の基礎年金と厚生年金の組み合わせ以外は複数の年金が給付されることは原則としてなく，どちらか一方の支給が停止されるか，金額が減額される。これを**併給調整**という（国民年金法20条1項，厚生年金保険法38条1項）。例えば，すでに障害基礎年金を受給している者が満65歳に達すると老齢基礎年金の受給資格を得ることとなるものの，この場合に老齢基礎年金を受給しようとすると障害基礎年金の支給が停止になる（障害基礎年金と老齢厚生年金の併給は可能である（西村・入門72頁））。これは，保険事故の重なり合いが当該被保険者の稼得能力の喪失とは比例しないためである。ただし，重要な例外として，遺族の老後保障の趣旨も含まれる遺族厚生年金と老齢基礎年金との併給は認められている（西村264頁）。

③不正受給・過誤払の是正

　偽った事実に基づいた年金裁定や併給調整により停止されるべき年金についての停止処分が行われていなかった場合には，これらの決定を取り消したり，過誤払の部分の返還を請求したりすることがなされる（碓井147頁以下）。年金裁定の職権取消は講学上の行政行為の取消（⇨63頁）にあたるため，原則としては年金裁定時に遡って無効となる（**遡及的無効**）。ただし，受

---

80) 同旨，河野正輝「社会保険の法律関係」成田頼明編『行政法の争点［新版］』（有斐閣・1990年）298-299（299）頁。

給権者に帰責事由がなく，年金裁定を信頼して支払い済の年金を全て費消しているような場合には遡及効が制限され，将来に向かっての無効のみが認められることがある。このような取り扱いは，行政上の法の一般原則の1つである**信頼保護原則**（⇨19頁）にも基づくものとも説明される[81]。

年金裁定が職権取消され，あるいは支給停止決定がなされて，その効果が遡及的に及ぶ場合には，本来より多く支払われた年金の調整や返還が必要となる。その手段として内払調整と充当の2つの方法が現行法上規定されている。**内払調整**とは，支払いすぎた年金額を将来的に支払うべき年金が前払いされたとみなすものである（国民年金法21条，厚生年金保険法39条）。また**充当**とは，受給権者が死亡した後の過払い部分について，これを弁済すべき者に対して支払うべき年金給付の支払金の金額を過誤払の返還金債権の金額にあてるものである（国民年金法21条の2，厚生年金保険法39条の2）。これらの方式が利用できない場合には，民事訴訟または公法上の当事者訴訟（給付訴訟）によって**不当利得返還請求**を行政側が行うことになる。ただし，偽りその他不正の手段により給付を受けた場合には，国税滞納処分の例による**行政上の強制徴収**を用いる（国民年金法23・95条，厚生年金保険法40条の2・89条）。

発展演習

1. XはA の経営する会社からの役員報酬を年額900万円受けていた。夫が死亡後にXが遺族年金支給を求めたところ，XはAによって生計を維持していた配偶者（厚生年金保険法59条1項）にあたらないとして拒否処分を受けた。厚生年金保険法施行令3条の10は，生計維持の基準について「当該被保険者又は被保険者であった者の死亡の当時その者と生計を同じくしていた者であって厚生労働大臣の定める金額以上の収入を将来にわたって有すると認められる者以外」という要件を規定している。その金額は「国民年金法等における遺族基礎年金等

---

[81] より詳細な検討として，中川丈久「『職権取消しと撤回』の再考」水野古稀『行政と国民の権利』（法律文化社・2011年）366-395頁。

の生計維持の認定に係る厚生大臣が定める金額について」（平成6・11・9庁保発第36号）と題する通達によって850万円とされている。Xがこの処分の違法性をどのように主張すればよいか検討しなさい。
2. Xは25年前に障害年金の支給裁定を受けていたところ，厚生労働大臣の再調査の結果，Xに保険加入の遺漏及び平均標準報酬月額の計算の誤りが見つかった。そこで大臣は前裁定を取り消して過去に遡って年金額を減額する再裁定処分を行い，内払調整及び今後支給する年金額を減額することとした。Xがこの処分の違法性をどのように主張すればよいか検討しなさい。

4 サービス給付の過程

1 医療保障の行政過程

　病気やけがなどで医療サービスが必要となった場合，我が国においてはその広範な部分が社会保障給付によってカバーされている。具体的には，民間被用者向けの**健康保険**，自営業者等向けの**国民健康保険**，公務員向けの**共済（短期給付）**，さらには生活保護給付の中の**医療扶助**である（業務起因性のある事故で医療が必要となった場合には**労災保険**で給付される（小西194頁以下））。以下では，医療保障の行政過程を4つの段階に区切って説明する。我が国では医療サービスの給付主体・給付制度が分立しているため，まず医療サービスの給付主体を概観する。次に，医療給付の費用調達構造を，これまで扱った生活保護・年金との違いを中心に簡潔に説明する。医療保障の行政過程に特徴的なのは，給付を実際に提供する医師・医療機関が法関係に登場することである。そこでこのような医療提供体制がどのような法的しくみに基づいて整備されるのかを検討する。さらにその上で，医療保障給付がどのようになされるのかを3つのタイプに分けて説明する。

■ 医療サービスの給付主体

　日本の医療保障は1922年に制定された**健康保険法**によって本格的な展開を始めた。これは労働政策的観点から立法されたものであり（島崎39頁），順次ブルーカラー労働者に適用が拡大された。1939年にはホワイトカラーを対象とする**職員健康保険法**が制定され，1942年に健康保険法に統合された。これに対して主として農村を対象とする地域保険としては，1938年に**国民健康保険法**が制定され，現在の職域保険・地域保険の二元構造が戦前の段階で成立していた（島崎217頁）。この地域保険の運営を市町村に義務付け，市町村に住所を有する者は被用者保険加入者等を除いて強制加入とした

1958 年の改正国民健康保険法によって，**国民皆保険**が実現した。

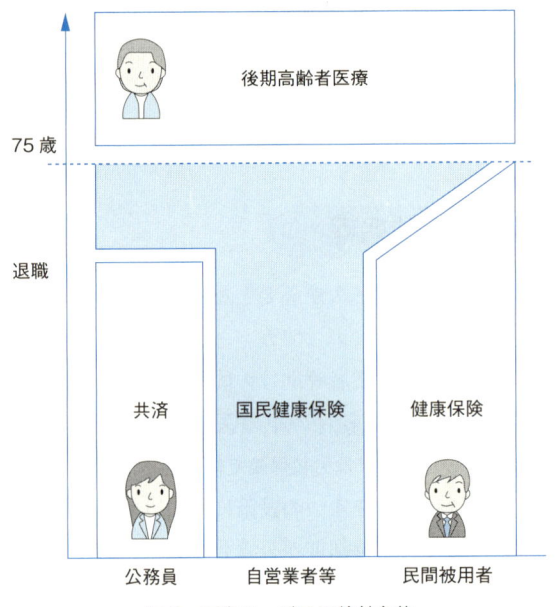

図7　医療サービスの給付主体

　国民皆保険は，雇用されている間は健康保険・共済（被用者保険），雇用されていなければ国民健康保険に加入させる方式により，国民全員をいずれかの被保険者とするものである。国民健康保険は被用者保険に加入できない人を対象としているため，退職した高齢者は国民健康保険へ加入することとなる。かつては被用者保険の自己負担率が国民健康保険より低かったため，退職後の自己負担の増加が大きな問題となっていた。そこで老人福祉法に基づく老人医療費自己負担分の公費負担（**老人医療無料化**）が 1973 年になされた。ところがこれが老人医療費の急膨張をもたらしたことから，1982 年に制定されたのが**老人保健法**である。この法律では，老人医療の費用を公費と医療保険の保険者からの拠出金で賄う方式をとり，定額の自己負担を導入した。また受給開始年齢が段階的に 75 歳まで引き上げられ，自己負担も定率負担（1 割）へと変更された。さらに，2008 年には高齢者医療確保法が施行され（老人保健法の全部改正），75 歳未満の高齢者に対する保険者間での費用負担調整と，75 歳以上の高齢者に対する独自の給付制度が導入されている。

①健康保険組合と全国健康保険協会

　民間被用者向けの健康保険法の保険者は，健康保険組合と全国健康保険協会である（健康保険法4条）。**健康保険組合**は，適用事業所の事業主・そこで使用される被保険者・任意継続被保険者から構成される**公共組合**（⇨30頁）である。健康保険組合は，適用事業所ごとに，あるいは複数の適用事業所を単位として，事業主が組合員となる資格を有する被保険者の1/2以上の同意を得て**規約**を作成し，厚生労働大臣の**認可**を得て設立される（同法11・12条）。健康保険組合が設立されると，事前に同意したかどうかに関わりなく，当該適用事業所の事業主や事業所に使用される被保険者は，当該健康保険組合の組合員となる（**強制加入**，同法17条1項）。健康保険組合の特色は，組合ごとに独自の意思決定・執行機関が置かれていることである。組合には意思決定機関として労使同数から構成される**組合会**（同法18条），執行機関として**理事**，業務監査のための**監事**が置かれる（同法21条，22条）。ただし規約で定めうる事項やその範囲は法令で定められている（例：付加給付（同法53条），保険者指定病院における一部負担金減免（同法84条2項），保険料率（同法160条），事業主の保険料負担割増負担（同法162条））。

　健康保険組合の組合員でない被保険者が加入しているのが**全国健康保険協会**であり，主として保険給付を担当する（同法7条の2）。被保険者資格の確認，標準報酬月額・標準報酬額の決定，保険料徴収業務は厚生労働大臣が行う（同法5条）。全国健康保険協会は，国家事務を担当するために法律によって設立された**特殊法人**である（碓井222頁）。協会には理事長・理事・監事が置かれ（同法7条の9），理事長・監事の任免権は厚生労働大臣にある（同法7条の11）。事業主・被保険者の意見を反映させるための機関として**運営委員会**が設置され，事業主・被保険者・学識経験者から厚生労働大臣が各同数を任命する（同法7条の18）。運営委員会が関与できるのは，定款の変更，運営規則の変更，事業計画・予算・決算などの決定である（同法7条の19）。協会には都道府県ごとに**支部**が置かれ（同法7条の4），業務遂行の際に事業主・被保険者・学識経験者の意見を聴く**評議会**が設置される（同法7条の21）。

> 【全国健康保険協会と日本年金機構】　かつて，年金保険と政府管掌健康保険（健康保険組合の被保険者以外に対する給付を担当）に関する事務は，厚生労働省の外局である社会保険庁が担当していた。しかし，健康保険における保険者機能の強化を意図した 2006 年の健康保険法改正によって，政府管掌健康保険部分を担当する特殊法人として全国健康保険協会を設立する規定が置かれた。また社会保険庁の不祥事や年金不信への対応として 2007 年に成立した日本年金機構法では，社会保険庁の残された事務部分を担当する新たな特殊法人として日本年金機構を設置することとされた。2001 年の中央省庁再編の際に導入された独立行政法人制度によって，それ以前に存在していた特殊法人の多くは独立行政法人に移行した。それにもかかわらずこの 2 つの組織が特殊法人の形態を取ったのは，独立行政法人と比べて大臣に強い監督権を認めるためである[82]。

②市町村と国民健康保険組合

　自営業者等の被用者でない者を対象とする国民健康保険の保険者は，市町村と国民健康保険組合である。**国民健康保険組合**は，同種の事業に従事する一または複数の市町村区域に住所を有する者で構成される公共組合である。全国的に広く設立されているものとして，医師・歯科医師・薬剤師国民健康保険組合があり，他にも建設業・税理士等の組合が存在する。組合の設立は，15 人以上の発起人が規約を作成し，組合員となるべき者 300 人以上の同意を得て都道府県知事に認可の申請をする。都道府県知事が認可すれば組合が成立する（国民健康保険法 17 条）。この場合には国民健康保険組合に属する被保険者は，次に説明する市町村国民健康保険の被保険者でなくなることになる。国民健康保険組合は健康保険組合と類似の内部構造を持ち，法令の枠内において組合自治によって負担・給付の内容を決めることができる。

　被用者保険（健康保険・共済）にも国民健康保険組合にも加入していない市町村（特別区を含む，以下同じ）域内に住所を有する者は，市町村の国民健康保険の被保険者となる（同法 5 条，6 条）。市町村は国民健康保険事業に関する収支に関しては特別会計を設けなければならない（同法 10 条）。ただし一

---

82) 荻原和宏「社会保険庁改革関連法①」時の法令 1802 号（2008 年）6-14（14）頁。

般財源からの繰入れや補助は幅広く行われている（碓井205頁）。

> **【外国人と国民健康保険】** 国民健康保険法には国籍要件はなく，「住所を有する者」であれば外国人にも国民健康保険法が適用されることとなる。この解釈につき最高裁（判Ⅱ 145）（CB 18-10）最一小判2004（平成16)・1・15民集58巻1号226頁）は，「国民健康保険は，市町村が保険者となり，その区域内に住所を有する者を被保険者として継続的に保険料等の徴収及び保険給付を行う制度であることに照らすと，法5条にいう「住所を有する者」は，市町村の区域内に継続的に生活の本拠を有する者をいうものと解するのが相当である」とした。そして在留資格を有しない外国人であっても，当該市町村の区域内で安定した生活を継続的に営み，将来にわたってこれを維持し続ける蓋然性が高い場合には被保険者資格が認められるとの判断を示している。ただし，現在では国民健康保険法施行規則1条1号で，在留資格を有しない者が同法の適用除外と規定されている[83]。

③後期高齢者医療広域連合

　高齢者医療のうち75歳未満の部分については，それぞれの保険者が給付を行い，退職に伴って生じる負担のアンバランス（国民健康保険の負担過重）に対しては後述のように財政調整で対応するしくみがとられている。これに対して75歳以上（65歳以上75歳未満のうち障害の状態にあるとの認定を得た高齢者を含む）に対する給付は，各都道府県に1つ設立される**後期高齢者医療広域連合**が担当する（高齢者医療確保法48条）（⇨35頁）。この広域連合には各都道府県下の全ての市町村が加入し，保険者として保険料の決定や給付を行う。他方で，保険料の徴収など被保険者との接点に関する業務は，市町村が担当する。地方自治法上，広域連合は特別地方公共団体に位置づけられ，長や議会議員を直接公選する方法も選択可能であるものの，実際には行われていない（碓井276頁）。

---

[83] この省令改正の経緯につき参照，稲森公嘉「外国人と国民健康保険」週刊社会保障58巻2302号（2004年）48-51頁。

> **【広域連合選択の理由】** 社会保障法において広域連合はこれまでも，例えば介護保険において利用されてきた（これに対する批判として，大橋・Ⅰ238頁）。しかし，都道府県下の全市町村が参加する広域連合が個別の行政法規で事務遂行主体と規定されたのは，後期高齢者医療制度が初めてのことである。これは，財政の安定のために市町村域を超える広域化が必要であったこと，医療費コントロールを都道府県単位（医療法の医療計画）で進めていることとの平仄を合わせるために都道府県という区切りが適切であったこと，しかし都道府県はこれまで医療保険を担当したことがなく，保険料徴収や事務処理のノウハウがなかったこと[84]などによるものである。ただし，保険料の徴収や窓口業務などのコストがかかる事務は市町村に残されている。また，広域連合に対して法律で事務を割り当てることと地方自治の憲法保障との関係については，理論的に詰めた検討がほとんどなされていない。

■ 財源調達の過程

生活保護法に基づく医療扶助を除けば，医療サービスの保障は社会保険方式によって行われている。ただし年金保険にも見られたように，拠出金等による財政調整や一般財源の投入はここでも見られる。

①保険料の徴収

健康保険の保険料は厚生年金保険料の算定方法に類似しており，標準報酬月額・標準賞与額に**一般保険料率**を掛けることで算定される。一般保険料率は健康保険の給付費用に充てられる部分の**基本保険料率**と，前期高齢者納付金・後期高齢者支援金に充てられる部分の**特定保険料率**から構成されている。40歳以上の介護保険2号被保険者の場合にはこの額にさらに介護保険料額が上乗せされる（健康保険法156条）。一般保険料率は30/1000から120/1000の範囲内で健康保険組合または全国健康保険協会が決定する。保険料率の変更には厚生労働大臣の認可が必要である（同法160条1，8，13項）。政府管掌健康保険が協会管掌健康保険に変更された際に，保険料率決定において大きな変更が加えられた。それは，法律で保険料率を明示する方式をやめ，

---

[84] 土佐和男『高齢者の医療の確保に関する法律の解説』（法研・2008年）252頁。

法律で規定した範囲内において都道府県を単位として保険料率を定める方式を導入したことである（同条1項）。都道府県間の負担の不均衡を是正するための調整は前提とされている（同条4項）とはいえ，基本的には都道府県を単位として負担と給付の均衡を図ることが予定されている（同条2，3項）。保険料は協会管掌・組合管掌とも事業主が半額を負担する（同法161条1項）。納付義務が事業主のみにある（同条2項）点も厚生年金保険と同じである。

国民健康保険の保険料の定め方に関する法律上の手がかりはほとんどなく，詳細は政令の基準に基づく条例・規約に委ねられている（国民健康保険法81条）。国民健康保険組合に関しては政令で定める基準が簡素で（国民健康保険法施行令29条の8），組合自治に委ねられているのに対し（その実態につき，碓井259頁），市町村に関しては政令の定めは詳細である（同令29条の7）。国民健康保険の給付に必要な額から一部負担金・国庫負担金・調整交付金・一般会計からの繰入金等の見込額を控除した基礎賦課総額を区分する標準割合が3パターン定められている（4区分方式・3区分方式・2区分方式）。ただしこれらの区分はいずれも応能的要素（所得割・資産割）と応益的要素（被保険者均等割・世帯別平等割）とを半々にしている（碓井249頁）。国民健康保険税の形式で徴収される場合には，地方税法が法律のレベルでこうした定めを置いている（地方税法703条の4）。国民健康保険の保険料は世帯主（市町村国保）・組合員（国保組合）から徴収する（国民健康保険法76条1項）。

後期高齢者医療においては，一部負担金を除く給付に要する費用の1割を保険料で賄っている。その保険料は，広域連合内で均一であることその他の政令で定める基準に従って広域連合の条例で定める（高齢者医療確保法104条2項）。賦課総額に対する標準割合は所得割総額・被保険者均等割総額で半々とされている（碓井284頁）。保険料の徴収は市町村の事務である。

②拠出金・支援金による財政調整

さまざまな給付主体が分立する医療保障においては，それぞれが独立採算で事業を行っているように見える。しかし実際には保険料として徴収した金額の一部を**拠出金・支援金**という形で集め，これを財政的に弱い給付主体に**交付金**として再分配するしくみが見られる。保険者が保険料の形で集めているのは自身の保険給付のためだけではなく，それゆえ保険者は「多様な資金

の集金機関の側面」(碓井224頁)を有している。ただし，制度設計の際には財政調整を正当化できる論理があるかどうかを常に検証する必要がある。

　健康保険制度の保険者間の財政調整のしくみは2つある。1つは健康保険組合相互の財政調整であり，各組合が**調整保険料**を徴収してその連合組織である**健康保険組合連合会**に拠出金を支払い，連合会が財政状況の悪い健康保険組合に対して交付金を支払うものである（健康保険法附則2条）。もう1つは，**日雇拠出金**である。健康保険法の被保険者であるためには常用的な使用関係が必要とされ，日雇労働者のように期間が限定されて雇用される場合には被保険者資格を満たさない。そこでこうした労働者に対しても健康保険法上の給付を行うために**日雇特例被保険者**の制度が設けられている（西村165頁）。その保険者は全国健康保険協会であり（健康保険法123条1項），その費用は日雇特例被保険者からの保険料のほか，日雇特例被保険者を使用する事業者の設立する健康保険組合からの拠出金で賄われている（同法173条1項）。これに対して国民健康保険制度の保険者間の財政調整はなく，財政不均衡の解消は専ら一般財源の投入で処理されている。

　高齢者医療制度においては大がかりな財政調整のしくみが設けられている。その基本構造は，被用者保険から国民健康保険への財政支援である。既に述べたように我が国の国民皆保険の構造では，企業等に雇用されている間は被用者保険，退職後には国民健康保険に加入することとなる。しかし高齢者は一般には収入が年金等に限られるのに対して医療サービスの必要性が高まるため，国民健康保険の財政状況が悪化することになる。そこで，65歳以上75歳未満に対する**前期高齢者医療**については，それぞれの保険者が給付に責任を持ちつつ，こうした財政構造上の不均衡を財政調整によって解消する方法が採用されている。これは各保険者の加入者に占める前期高齢者の加入率に応じて（高齢者医療確保法32条1項），**前期高齢者納付金**を社会保険診療報酬支払基金に支払い，支払基金が前期高齢者の加入率が高い保険者に**前期高齢者交付金**を支払うものである。かつての**退職者医療制度**のもとでは，国民健康保険被保険者のうち65歳未満で被用者年金（厚生年金等）の被保険者期間が20年以上等の条件を満たす退職被保険者の療養給付費を被用者保険の保険者が負担するものであった（国民健康保険法附則6条，7条）。しかし，前期高齢者に関する財政調整制度は前期高齢者の加入率を基準とする

もので、このような計算方法の変更によって健康保険組合の大半が負担増[85]となり、財政赤字が拡大している（碓井293頁）。これに対して75歳以上に対する**後期高齢者医療制度**は、前述の通り後期高齢者医療広域連合を保険者とする独自の保険制度を創設した。ただし保険料で賄われているのは費用全体の1割にすぎず、残りは公費と医療保険各保険者からの**後期高齢者支援金**を財源とする**後期高齢者交付金**で支えられている。制度導入時にはこの部分が費用全体の4割となっているものの、今後の後期高齢者人口の増加と若年人口の減少を反映させ、比率の変化に応じて交付金の割合が引き下げられる計算方式が採られている（高齢者医療確保法100条1項）。各保険者の支援金額は加入者数の比率で按分することが基本であり[86]、それにメタボ健診等の保険者の努力を反映させた調整率を掛けることになっている（同法120条1項）。

③一般財源の投入

健康保険制度において一般財源の投入は2つの局面に見られる。1つは、事務費に関する国庫負担であり（健康保険法151条）、全国健康保険協会のみならず健康保険組合に対しても行われる（同法152条）。もう1つは、全国健康保険協会に対する国庫補助であり（同法153条）、被保険者に係る給付費に加えて前期高齢者納付金・後期高齢者支援金・介護納付金も対象となっている。また日雇特例被保険者の給付等に関する補助も存在する（同法154条）。

国民健康保険制度においては一般財源の投入がさらに広範に行われている。1つは、事務費に関する国庫負担であり、国民健康保険組合に対して事務執行の費用を国庫負担する（国民健康保険法69条）。市町村に関して同様の規定がないのは、地方分権推進との関係で事務費負担金が一般財源化されたからである（碓井234頁）。もう1つは、給付費等に関する国庫負担（市町村に対して）・国庫補助（国保組合に対して）である。このうち市町村に対して

---

85) 野々下勝行「退職者と前期高齢者 報酬比例から人頭割への急変」健康保険63巻8号（2009年）76-79頁。
86) 2010年の法改正により、後期高齢者支援金の1/3部分について総報酬割が導入され、加入者割は2/3となっている（高齢者医療確保法附則14条の3）。これにより組合健保の支出額が増大し、協会健保の支出が減少している（厚生労働省「医療保険制度の安定的運営を図るための国民健康保険法等の一部を改正する法律案の概要」社会保険61巻3号（2010年）8-10頁）。

は，被保険者に対する療養の給付をはじめとする諸給付に要する費用や，前期高齢者納付金・後期高齢者支援金・介護納付金（前期高齢者交付金を得ている場合はこの金額から差し引く）に要する費用の32%が国庫負担の対象である（同法70条1項）。ただし一部負担金を市町村の判断で減額している場合には，減額がないものとして計算される（同条2項）。また虚偽の徴収率を報告したなど市町村が確保すべき収入を不当に確保しなかった場合には，国庫負担の減額措置がある（詳細及び問題点につき碓井235頁）。さらに，国民健康保険独自のものとして，**調整交付金**という制度がある。この基本的な考え方は地方交付税交付金に類似しており，給付に必要な額から収入額を差し引いた不足額を基準に，調整率（医療費の高低や保険料収納割合で決定される）を掛けて算定される（同法72条，72条の2）。加えて，所得の少ない者に対する減額賦課部分については市町村が一般会計から国民健康保険特別会計に繰り入れなければならない。その繰り入れの3/4相当額は都道府県負担となっている（同法72条の3）。このほか，補助・貸付・都道府県の広域化等支援基金からの貸付などの規定も存在する（詳細は碓井243頁）。

　高齢者医療制度のうち前期高齢者部分については，上記の健康保険・国民健康保険における一般財源の投入のみである。これに対して後期高齢者医療制度については，給付に要する費用の半分は公費によって賄われている。これは国民健康保険と同様，負担金と調整金に分かれる。負担金のうち**一般負担金**は，療養の給付に要した費用から現役並み所得がある者の給付費用（特定費用の額）と療養の給付費用にあてるための収入額等を差し引いた額を基準に，国がその3/12（高齢者医療確保法93条1項），都道府県が1/12（同法96条1項），市町村の一般会計が1/12（同法98条）を負担するものである。また**高額医療負担金**がこれとは別に規定されている（同法93条2項・96条2項）。これに対して**調整金**は後期高齢者の都道府県ごとの所得格差を是正するために設けられているもので，基本的な考え方は国民健康保険の場合と類似する（詳細は碓井279頁）。このほか，減額賦課部分に関する市町村の特別会計への繰り入れ（同法99条）や補助・貸付（同法102，103条），財政安定化基金からの貸付・交付金（同法116条）の制度がある。

■ 医療提供体制整備の過程

　医療保障は医療サービスそのものを現物給付で提供することを原則とする。そのため，医療提供体制を整備することも給付主体の役割となる。まず，医療を提供するためには医師・歯科医師・薬剤師といった医療従事者や診療所・病院・薬局といった医療提供施設が必要である。我が国においては医師法・医療法などがこの点に関する法制度を用意している。次に，これら医療従事者・医療提供施設のうち，保険医療や医療扶助を担当するものを選択する段階が必要である。周知の通り我が国では国民皆保険のもと，保険診療を担当しない医療従事者・医療提供施設はほとんど存在しない。さらに，被保険者や生活保護受給者が医療サービスを受けた際にその診療報酬を支払う法関係が展開する。この2つの段階については健康保険法・国民健康保険法が規定している。以下ではこの3つの過程[87]を順番に説明する。

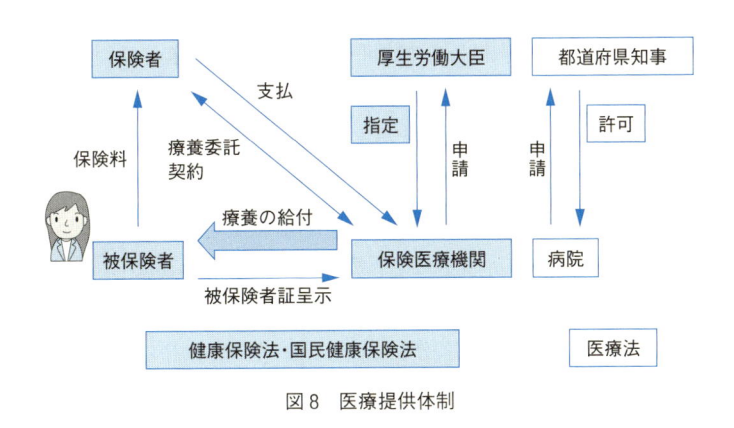

図8　医療提供体制

①医師法と医療法

　医師となるためには，国家試験に合格し厚生労働大臣の**免許**を受けなければならない（医師法2条，歯科医師法2条）。また医師以外は医業を行えず，医

---

87) こうした見方につき参照，原田大樹「民営化と再規制」法律時報80巻10号（2008年）54-60（59）頁。

師でなければ医師という名称を用いることはできない（医師法17条，18条，歯科医師法17条，18条）。このように医師免許制は，医師に対して医業にかかる独占的な地位を認める一方，さまざまな義務も課している。例えば，診療治療の求めを拒んではならないとする**応招義務**（医師法19条1項，歯科医師法19条1項），死体等検案時の異常に関する警察署への**届出義務**（医師法21条）などである。医事に関する犯罪・不正行為や医師としての品位を損するような行為があった場合には，戒告・医業停止・免許取消が可能である（医師法7条2項，歯科医師法7条2項）。いずれの場合も医道審議会の意見聴取手続があり，免許取消の際には厚生労働大臣の聴聞または都道府県知事による意見聴取手続を経なければならない。

　病院・診療所などの医療提供施設に関する規制は医療法が定めている。医療法は，20人以上の入院設備を持つ**病院**とこれを持たない**診療所**に関する公衆衛生の観点からの規制を定めることを基本としている。この目的を達するため，医療法は病院開設の際に都道府県知事（診療所等の場合には保健所を設置する市・特別区の市長・区長）の許可を得ることを要求している（医療法7条1項）[88]。許可要件の中心は施設の構造と人員であり（同法21条，23条），これを満たしていれば営利を目的としていない限り，許可を与えなければならない（同法7条4，5項）。医療法のもう1つの目的は，医療提供体制の整備である。制定当時の医療法は，公立病院を整備することで医療提供体制を整えようとし，そのための計画として医療機関整備計画を作成していた[89]。その後，国民皆保険の実現によって全ての国民が社会保険の医療保険に加入するようになると，民間病院が急増していった。その背景には，医療保険から支出される診療報酬の中に，本来の医療サービス分の額に加えて，病院を設置する投資的経費も含まれている**一元的費用調達システム**がとられていたことがある。つまり病院としては，保険診療さえ続けていれば建設費用を最終的に回収できるしくみになっているのである[90]。民間病院が増えすぎて逆に

---

88) 判Ⅱ46 最二小判2007（平成19）・10・19判時1993号3頁は，医療法の公衆衛生保護目的に注目して，病院開設許可に対する近隣の病院経営者の原告適格を否定している。
89) 小山進次郎『社会保障関係法（Ⅱ）』（日本評論新社・1953年）329頁［近藤功］，厚生省医務局編『医制百年史（記述編）』（ぎょうせい・1976年）445-446頁。
90) その契機は，1961年の国民皆保険を医療国営化の方法によらず実施したことに対する医師会

医療保険の財政を圧迫することになってきたため、1967年医療法改正で公立病院中心を改め、逆に公立病院の病床数を減らすために医療機関整備計画を用いるようになった。民間病院の増加傾向はなおも続いたため、1985年医療法改正では**都道府県医療計画**（同法30条の4）を定めて必要病床数を確定するとともに、1987年からは民間病院の設置抑制にもこれを流用する実務が始まった。医療法上は、公立病院と民間病院とで、医療計画に定められている基準病床を超過する開設許可申請に対する取り扱いが異なっている。すなわち公立病院に対しては、基準病床数超過を理由として開設不許可処分をすることができる（同法7条の2）。これに対して民間病院の場合には先述の通り公衆衛生上の見地からの不許可処分しかできず、病床数超過に対しては都道府県知事が勧告（同法30条の11）できるに止まる。しかし実務上は、通達に基づいて、当時の健康保険法43条ノ3第2項の定める保険医療機関指定拒否事由（「其ノ他保険医療機関トシテ著シク不適当と認ムルモノナルトキ」）に該当すると扱った上で、次に説明する保険医療機関指定拒否処分につなげることで、勧告の実効性を担保しようとしていた。現在では、指定拒否事由を定める健康保険法65条4項2号にこの内容が明示されている。

②保険医・保険医療機関指定

医療保険の給付の中心である療養の給付（診察・薬剤等の支給・手術等）はいずれも現物給付であり、厚生労働大臣の指定を受けた病院・診療所（**保険医療機関**）または薬局（**保険薬局**）の中から被保険者が選定した提供者から給付の提供を受けることとなる（健康保険法63条3項、なお国民健康保険法40条）。この保険医療機関や保険薬局で医療に従事する医師・歯科医師・薬剤師もまた、厚生労働大臣の登録（**保険医・保険薬剤師**）を受けている必要がある（健康保険法64条）（**二重指定制**[91]）。保険医療機関指定の法的性質を考える

の要求であったという。参照、武見太郎＝有岡二郎『実録日本医師会』（朝日新聞社・1983年）58-59, 63頁。

91) もともと医師等のみの個人指定制を採用していた保険医療において、二重指定制が取られた理由は、医療機器の発達や診療内容の細分化に伴い、医師周辺の人的・物的資源を把握している医療機関を指定した方がより実態に合致するからとされる（国民健康保険中央会広報部編『国民健康保険法の解釈と運用』（社会保険出版社・2000年）279頁）。

上で，以下の事例[92]を検討しよう。

> **事実の概要**
>
> 私人Xは医療法7条に基づく病院開設許可申請を県知事に対して行った。県が医療法30条の4に基づき定めていた医療計画によると，Xの申請は当該区域の必要病床数を上回るものであったため，県知事は医療法30条の11に基づく開設中止勧告を行った。Xは勧告に対する不服従の意思を明確に示したため，県知事は開設許可を出した。その後Xは病院建設工事に着手し，工事完了後に厚生労働大臣の権限の委任を受けた地方厚生局長（健康保険法205条1項，同施行規則159条1項5号の2）に対して保険医療機関指定の申請を行ったところ，局長は指定を拒否した。

　保険医療機関指定を公法上の契約とする見解がある[93]。健康保険法では当初，医師会と政府とが契約を締結した上で希望する医師が保険診療を担当する方式がとられていた[94]。しかし1942年に健康保険法と職員健康保険法が統合した際に，地方長官が一方的に医師を指定し，正当な理由がなければ医師はこれを拒めない強制指定制が導入された。その際に，契約条件である診療の内容や報酬についても行政基準で定める現在の方法が，合わせて導入されている（島崎50頁）。戦後，地方長官による指定は都道府県知事の機関委任事務に変更され，申請に基づく指定となり，機関委任事務廃止後は厚生労働大臣の直接執行となっているものの，この基本的な構造はその後変わっていない。指定の要件や効果は健康保険法及び下位法令で詳細に定められており，指定は法令に基づく認定判断行為と容易に性格付けることができる。最高裁もこうした理解を前提に，特段の論証なしに指定に処分性を認めている。
　医療法の病院中止勧告は，医療法のしくみだけを分析すれば行政指導である。中止勧告に従わなかったとしても開設許可が得られるからである。しか

---

[92] 判百Ⅱ167 判Ⅱ26 CB11-14 最二小判2005（平成17）・7・15民集59巻6号1661頁と 判Ⅰ127 最一小判2005（平成17）・9・8判時1920号29頁を事例の素材とした。
[93] 『健康保険法の解釈と運用［第11版］』（法研・2003年）482-483頁。
[94] その展開と問題状況につき参照，中静未知『医療保険の行政と政治』（吉川弘文館・1998年）160-187頁。

し，健康保険法との関係では，保険医療機関指定拒否要件と結びついており，指定拒否の要件を申請に先行して確定する法的効果を有している。指定拒否の定めは条文上「できる」規定であり，仮に中止勧告に従わなかったとしても指定を受ける可能性はある（場合によってはこの理由に基づく指定拒否が裁量権の逸脱・濫用と評価されることもあり得る）。ただし医療費抑制の観点からすれば（健康保険法2条），必要病床数超過の場合に指定が得られる可能性は極めて低く，また保険医療機関指定の申請は病院開設後になされるため，この段階まで争わせるのを待つのは病院開設者の経済的利益を著しく害する。このような点から，病院開設中止勧告に処分性を認めて取消訴訟で争わせることには十分な理由がある（⇨107頁）。

③診療報酬と一部負担金

医療保険の被保険者が指定保険医療機関に出向いて被保険者証を呈示した上で診療を求め，医療機関がこれに応じて療養の給付を行った場合，この被保険者について保険者と医療機関との間で療養委託契約関係が生じる。この内容を定めているのが2つの行政基準である[95]。1つは保険診療の基本的な枠組を定めている**保険医療機関及び保険医療養担当規則**（厚生労働省令）であり（以下，**療担規則**という），もう1つは保険診療の対象となる医療行為とその報酬額が定められている**診療報酬の算定方法**（告示）である（以下，**診療報酬点数表**という）。診療報酬の算定方法は**出来高払制**を基本としている。これは，個別の医療行為に点数がつけられ，それに1点単価（10円）を掛けることで報酬額を算定する方法である。この方式は，被保険者にとって必要な給付を医師が組み立て，これを報酬に反映させる点で優れている反面，個別の診療行為の必要性について被保険者側が吟味する機会を欠くため過剰診療に陥りやすいと指摘されている（西村205頁）。そこで，大学病院などの特定機能病院を中心に，被保険者の病気の種類に応じて定額を支払う**診断群分類包括評価方式**が導入されている。

保険者との診療委託契約に基づく指定保険医療機関の報酬のうち3割は被

---

[95] 日本・ドイツ・フランスにおける医療保険の給付の範囲の問題を緻密に検討した研究として参照，笠木映里『公的医療保険の給付範囲』（有斐閣・2008年）。

保険者からの**一部負担金**として支払われ，残りの7割が保険者から支払われる（健康保険法74条，国民健康保険法42条）。保険医療機関は**診療報酬明細書（レセプト）**を保険者に送付し，保険者がこれを審査した上で診療報酬を支払う。ただし保険者は多くの場合，**社会保険診療報酬支払基金**か**国民健康保険団体連合会（国保連）**に審査・支払いを委託している（健康保険法76条5項，国民健康保険法45条5項）。この委託関係は公法上の契約関係であり，「診療担当者に対し，その請求にかかる診療報酬につき，自ら審査したところに従い，自己の名において支払をする法律上の義務を負う」とするのが判例の理解である（最一小判1973(昭和48)・12・20民集27巻11号1594頁）。支払基金では，診療担当者・保険者・学識経験者の三者を代表する医師による**審査委員会**がレセプトの療担規則適合性等を実質的に審査する[96]。

> **【診療報酬点数表告示と減点査定の処分性】** 医療サービス給付に関する給付主体（保険者）・給付提供者・受給者（被保険者）の三面関係は，給付関係の基盤形成については行政基準・行政行為，具体的な給付関係の展開については契約によって設計されていると理解するのが分かりやすい。基盤形成に関しては，法令で定められた要件を充足するとの厚生労働大臣の認定判断（＝指定）によって指定保険医療機関の地位が生じ，その権利義務関係は療担規則及び診療報酬点数表をはじめとする健康保険法の下位法令で形成されている。診療報酬点数表は健康保険法76条2項の委任に基づく告示（行政基準）で，医師・病院代表，保険者代表，公益代表の三者構成による中央社会保険医療協議会への諮問（同法82条1項）が必要である。この答申を得ずに行われた医療費職権告示をめぐる事件で，東京地裁はその処分性を認めている（判Ⅱ90 東京地決1965(昭和40)・4・22行集16巻4号708頁）。その理由は，告示で定められた診療報酬そのものが適法であるかどうかを争う行政の決定がここにしかない（決定の最終性）ことにある（⇨104頁）。確かに，診療報酬点数表に基づいて具体的な報酬を確定する段階は存在する（保険者・支払基金等による査定）。しかし，この段階では点数表を基準に具体的な医療行為が適切なものであったかのみが判断され，点数表それ自体の適

---

96) 個人情報保護条例に基づく訂正請求権（⇨45頁）によりレセプトの訂正ができるかどうかにつき，判百Ⅰ46 判Ⅰ94 CB10-7 最二小判2006(平成18)・3・10判時1932号71頁は「保険医療機関が請求した療養の給付に関する費用の内容等を明らかにするという本件レセプトの文書としての性格に適さない」ことをも理由に，記載の訂正は条例の定める訂正請求制度において予定されていないと判断した。

> 法性は問題にならない。この具体的な給付関係の展開の段階は契約と理解されるため，「査定」という名称にもかかわらず，減点査定は契約関係の中の1つの表示行為に過ぎず，その処分性は否定されている（最判1978(昭和53)・4・4判時887号58頁）。個別の診療報酬をめぐる争いではそれゆえ給付訴訟（民事訴訟または公法上の当事者訴訟）が用いられることになる（碓井216頁）。

■ 医療サービス給付の過程

医療サービス給付は，現物給付・現金給付の現物化・現金給付の3つの形態で行われる。その内容には各給付制度で共通点が多いため，以下では健康保険法を例に説明する。

①現物給付——療養の給付

健康保険の給付の中心は**療養の給付**である（健康保険法63条）。具体的には診療，薬剤又は治療材料の支給，処置・手術その他の治療，居宅における療養上の管理・世話・看護，病院又は診療所への入院・世話・看護であり，これらは保険医療機関を通じて**現物給付**される。療養の給付の特色は，医療が必要かどうかについて給付主体（保険者）の認定判断行為を介在させないところにある。例えば年金給付に関しては，一定の保険事故の発生によって年金受給請求権が生じているとはいえ，それが厚生労働大臣の裁定（行政行為）によって確定されることが給付を現実に受けるためには不可欠である（⇨291頁）。これに対して療養の給付では，被保険者が保険医療機関に対して被保険者証を呈示して療養の給付を求め，保険医療機関がこれに応じるだけで給付が開始される（それゆえ下記の最高裁判決の事例では，公法上の当事者訴訟（確認訴訟）（⇨131頁）が選択されている）。

現物給付方式は，一方では被保険者が一旦費用を医療機関に支払ってから事後的に現金給付を得る**償還払**と比べると，多額の金銭を一時的に準備・調達する手間が省ける点で有利である。他方でこの方式は，少なくとも給付制度の要素だけを捉えれば，被保険者と保険医療機関との間に給付の内容形成に関する法関係を生じさせない[97]。確かに被保険者は療養の給付を受けた後に，保険医療機関に対して**一部負担金**を支払う（同法74条1項）。しかしこ

れは本来保険者が支払うべき診療報酬の一部を，法律の規定に基づいて負担させているに過ぎない（同条2項）。これとは別に民事上の診療契約を観念できるものの，保険給付に関してのみ言えば，この契約が果たしている役割はほとんどない（反対，西村172頁）。このように現物給付方式は，給付の内容を給付主体が決定し，被保険者にその自由を認めない点に特色を有する。実務上はさらに，現物給付方式での療養の給付に被保険者が全額自己負担して自由診療を上乗せすることも禁止されると解されてきた（**混合診療禁止原則**）。この取り扱いが適法なものと言えるかをめぐる事件（判Ⅱ97R1 最三小判2011（平成23）・10・25民集65巻7号2923頁）を次に検討してみよう。

▪事実の概要

健康保険の被保険者であるXは，腎臓がんの治療のため，保険診療に該当するインターフェロン療法と，自由診療に当たるインターロイキン2を用いた活性化自己リンパ球移入療法（LAK療法）とを併用する治療を受けていたところ，保険医療機関からこのような混合診療は厚生労働省の解釈に反するので両診療を併用することはできないと告げられ，これを断念せざるを得なかった。そこでXは公法上の法律関係に関する確認の訴えとして，国を被告として，混合診療を受けた場合でも保険診療相当部分のインターフェロン療法を受けることができる地位の確認を求めた。

最高裁は［1］制度の沿革に着目した理由付けと［2］健康保険法が定める保険外併用療養費制度及び療担規則の規定の2つに注目して混合診療禁止原則が適法と認めた。

［1］1984年の健康保険法改正で，現在の保険外併用療養費の前身である**特定療養費**が導入された。その背景は，歯科治療における金合金を用いた歯科材料の患者全額負担や特別の病室の提供に対する差額ベッド代の徴収を通達によって運用上認めていたところ，高額の負担を患者に要求する事態が生

97）このことは，給付をめぐる法関係とは別に被保険者（患者）と保険医療機関との契約（類似の）関係が重畳的に成立することを否定するものではない（参照，菅野耕毅『医療契約法の理論』（信山社・1997年）107頁，井原辰雄『医療保障法』（明石書店・2006年）134頁）。

じて社会問題となったことにある。特定療養費はこうした被保険者の選択による医療サービスについて，保険診療でカバーできる部分は現金給付とする方式で立法化された。その際に，高度先進医療についてもこの制度の対象となった。その後 2004 年に内閣府の規制改革・民間開放推進会議が中間とりまとめで，混合診療の全面解禁を求める意見を公表した。これに対して厚生労働省は，引き続き特定療養費によりこの問題に対応することを企図し，2006 年健康保険法改正により，支給対象が将来的にも療養の給付の対象となることを前提にしない選定医療と，将来対象に組み入れるかどうかの評価を行う評価医療とに再構成された保険外併用療養費となった。このような立法経緯からすれば，混合診療禁止原則がその前提に存在している。

　[2] 健康保険法の委任を受けた療担規則は，厚生労働大臣の定めるもの以外の新しい療法を禁止し（18条），使用医薬品・歯科材料についても同様の禁止を行っており（19条），この委任を受けた「療担規則及び薬担規則並びに療担基準に基づき厚生労働大臣が定める掲示事項等」（平成 18・3・6 厚生労働省告示第 107 号）が，「新しい療法」として保険外併用療養費の対象である評価医療を規定し（第5），一部の先進医療に係る薬物（第7）につき患者に処方できる薬物と定めている。また，療担規則は評価医療に関して保険外併用療養費を超える金額の支払いを受けることができるとする一方，その範囲を超える金額の支払いを受けることを禁止する趣旨の規定を設けている（5条）。このような健康保険法の法体系全体の整合的解釈をしようとすれば，保険外併用療養費を定める健康保険法 86 条の規定の解釈として，混合診療禁止原則が導ける。

　健康保険法 86 条の文言には，最高裁判決自身も認めるように混合診療禁止原則の「趣旨が必ずしも明瞭に示されているとはいい難い」[98]。それにもかかわらず最高裁が混合診療禁止原則を適法と判断した実質的な理由は，医療サービスの公平性や財源面も含む適正な制度運営を重視したことにある。

---

98) 大谷剛彦裁判官補足意見はさらに，「被保険者として受けられる保険適用のある診療やその場合の費用負担については，法が正面から規定を置かず，診療を提供する側についての規範のいわば裏返しとして，診療を受ける患者側の権利，義務が導かれることになり，被保険者である患者の側からすると甚だ分かりにくい法構造」であると述べている。

同原則は，被保険者個人のレベルでは，医療サービスの構造上弱い立場にある患者側に多額の自己負担の支払いを要求する（1984年改正以前のような）事態が発生しないことを担保している。また制度運営のレベルでは，医療保険の給付の範囲を確定する際に重要な役割を果たしている中央社会保険医療協議会において，同原則が医療提供側代表に保険診療の範囲を拡大させようとするインセンティブをもたらす。つまりこの原則が財政問題を理由とする給付範囲縮小圧力に対抗する原動力となり，結果として資力による医療サービスの不平等が深刻にならないという効果がもたらされているのである[99]。

②現金給付の現物化——保険外併用療養費

　法文上は療養等に要した費用を支給すると規定した上で，当該費用を保険者が保険医療機関等に直接支払い，そのことによって保険者が被保険者に支払ったとみなすとするものがある。これを**現金給付の現物化**（代理受領方式）という。この方式はもともと戦前の職員健康保険法で採用され[100]，それが現在でも医療サービス給付の一部で用いられている。現実には現物給付と同じにもかかわらずこのような規定の方式が用いられる理由は，法令で規定されている現物給付の内容を柔軟化するため（上記の混合診療禁止原則を破るため），あるいは一部負担金に関する一般ルールと異なる定めをするためである[101]。主に前者の目的でこの方式を採っているのが，保険外併用療養費（健康保険法86条），訪問看護療養費・家族訪問看護診療費（同法88条，111条）である。また主に後者の目的でこの方式を採っているのが，入院時食事療養費（同法85条），入院時生活療養費（同法85条の2），被保険者の家族を対象とする家族療養費（同法110条［かつては被保険者本人と家族で一部負担金の割合

---

99) 笠木映里「日本の医療保険制度における『混合診療禁止原則』の機能」新世代法政策学研究（北海道大学）19号（2013年）221-238（234）頁。
100) その背景として，当時の健康保険法が一部負担金制度を採用していなかったのに対して新たに一部負担制を採用したこと（療養費の8/10を療養費として支給［代理受領］），当時毎年繰り返されていた健康保険法の診療報酬契約改定における政府と医師会との紛糾を避けるために厚生大臣が定める点数表による点数単価方式の報酬決定を採用したことが挙げられる。参照，吉原健二＝和田勝『日本医療保険制度史』（東洋経済新報社・1999年）95頁。1010
101) これらの点以外の目的につき参照，稲盛公嘉「公的医療保険の給付」日本社会保障法学会編『新・講座社会保障法1 これからの医療と年金』（法律文化社・2012年）93-112（95-96）頁。

が異なっていたものの，現在ではどちらも3割となっている]）である。

このうち保険外併用療養費は，高度の医療技術のような**評価療養**（同法63条2項3号）や，入院時の個室（差額ベッド）のような**選定療養**（同項4号）を受けた場合の基礎的部分を支給するものである[102]。これらは現物給付としての療養の給付から除外されており，その基礎的な（療養の給付に相当する水準の）部分については保険から現金給付され，これを越える部分は全額被保険者負担となっている。この現金給付部分については実際には保険者から保険医療機関に対して直接支払われ，保険医療機関が被保険者本人に代わって受け取っている（**代理受領**）。このことをもって，保険者から被保険者に対する現金給付がなされたものとみなされる。

③現金給付――高額療養費

現物給付を原則とする医療サービス給付の中では例外的なものとして，被保険者に対して現金を給付する方式も存在する。具体的には，移送費（健康保険法97条）・家族移送費（同法112条），傷病手当金[103]（同法99条），埋葬料（同法100条）・家族埋葬料（同法113条），出産育児一時金（同法101条）・家族出産育児一時金（同法114条），出産手当金（同法102条），高額療養費（同法115条）・高額介護合算療養費（同法115条の2）である。また，指定保険医療機関が存在しない等の事情でやむを得ずそれ以外の医療機関から医療サービスを受けた場合（例：海外の医療機関での受診）に一旦自己の費用で支払いを行って，その費用を保険者に請求する療養費（同法87条）も現金給付の方式をとるものである[104]。

このうち**高額療養費**は，被保険者自身が1ヶ月あたりに支払った自己負担額が著しく高額になった場合に支給される現金給付である。その計算方法は政令で定められており（健康保険法施行令41条，42条），所得区分に応じて金額は異なる。高額療養費は健康保険法の規定上はなお現金給付であるものの，

102）榮畑・前掲註29）152頁。

103）制度の詳細と問題点につき参照，中野妙子『疾病時所得保障制度の理念と構造』（有斐閣・2004年）18-51頁［初出2003年］。

104）療養費に関する給付の範囲（診療報酬点数表の被保険者に対する効力）の問題につき参照，笠木・前掲注95）18，45-47頁。

政令レベルでは現物化（代理受領）の規定が設けられている（同令43条）。すなわち，被保険者が法の規定により支払うべき一部負担金の支払いをしなかったときは，保険者が高額療養費部分を保険医療機関に支払うものとし，その支払いによって保険者から被保険者への高額療養費の支給があったものとみなされる。実際には，保険者が**限度額適用認定証**を予め発行し，被保険者がこれを提示することで自己負担額から高額療養費部分を差し引いている。

発展演習

1. 外国人AはX市に転入したとして，国民健康保険の被保険者資格を取得したと届け出た。しかしXが調査したところ，Aは住所を転々と変えていることが分かった。そこでXはAに対して被保険者証を交付できないと通知した。これに対してAはY県の国民健康保険審査会に審査請求し，審査会は，AはX市の域内で継続的に居住する可能性が高いとして，Aに被保険者資格を認める裁決をした。Xはこれに対して不満である。どのような法的対応が考えられるか。
2. Y市の国民健康保険の被保険者であるXは，病気治療のためA病院に入院し，A病院の請求通りの一部負担金を支払った。この金額が高額療養費を受け取りうる額となったため，XはY市に対して高額療養費を請求した。しかし県国保連の審査委員会は，A病院が行った薬品投与の一部が療担規則に照らして適切ではないと判断し，Y市はこの判断を受けてXの請求の半額分の高額療養費のみを支払う決定を行った。Xは誰に対してどのような訴訟を提起すればよいか。

---

2 福祉・介護サービス保障の行政過程

　最低限度の生活を営むのに必要な金銭を給付してもなお，健康で文化的な生活を営めない場合があり得る。例えば，障害を負ったり高齢になったりして生活上の介護や見守りが必要となった場合，このようなサービスが提供さ

れなければ，生活費の手当ができたとしても，自立した生活を営むことは難しい。福祉・介護サービスは，こうした生活上のハンディキャップに対して行われる給付であり（西村444頁，桑原2頁），受給者の自立した生活の実現がその目標である。

社会福祉に関する法律は対象者に応じて大きく3つのグループに分かれている。第1は児童を対象とする**児童福祉**であり，児童福祉法が代表的な法律である。第2は障害者を対象とする**障害者福祉**であり，支援費支給制度を規定した障害者総合支援法と，個別の福祉法である身体障害者福祉法・知的障害者福祉法・精神保健及び精神障害者福祉に関する法律（精神障害者福祉法）が含まれる。第3は高齢者を対象とする**高齢者福祉**であり，老人福祉法と介護保険法が代表的な法律である。これらのうち介護保険法に基づく給付はその名の通り社会保険方式であり，それ以外の給付は社会扶助方式で行われる。以下では，医療保障と同様に，給付主体・財源調達過程・提供体制整備過程・給付過程の順番で，福祉・介護サービス保障の行政過程を説明する。

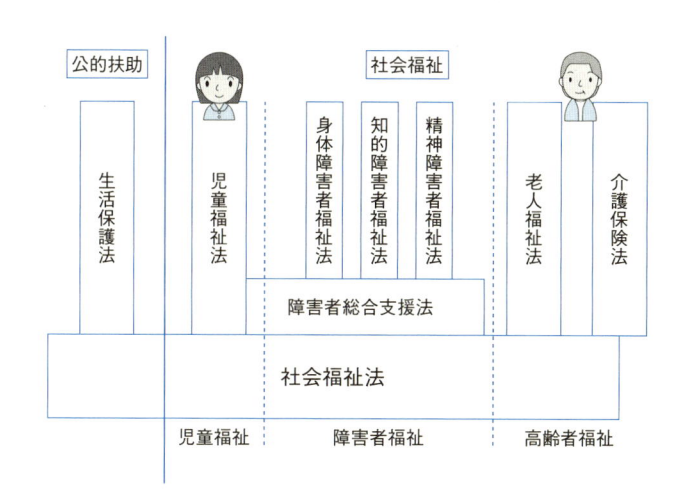

図9 社会福祉・介護給付に関連する法律

【**社会福祉と公的扶助**[105]】 歴史的には，社会福祉と公的扶助はともに救貧法制から出

---

105) 社会福祉の史的展開を丹念に分析している業績として参照，北場勉『戦後社会保障の形成』

発している。1929年に制定された救護法では、地方長官の認可を得て私人が設置した養老院・孤児院などの救護施設に被保護者を収容委託する救護委託制度が規定されていた（同法13条）。これに対して1938年に制定された社会事業法は、民間社会事業の振興を目的としており、事業開始の届出制、寄附金募集許可制、国庫補助などを規定していた。戦後GHQは、これらの社会事業が軍国主義を助長したとみて、国家の責任での扶助・福祉を貫徹させようとした。公の支配に属しない慈善事業に対する補助を禁止した日本国憲法89条はその現れであり、これを受けて社会事業法に代わって1951年に制定された社会福祉事業法では、社会福祉法人制度や生活保護・社会福祉に関する専門の行政機構・職員に関する規定を置いた。これが現在の社会福祉法に繋がっており、それゆえ同法は社会福祉・公的扶助に関する通則的な規定を持っている。

　低所得者対策（救貧・防貧政策）の一環として位置づけられていた社会福祉は、所得とは関わりなく生活の自立のためにサービス給付を行う独自の制度としての色彩を次第に強めていった（荒木183頁）。その象徴が保育所と高齢者介護であった。所得が低く両親とも働きに出なければならないため保育に欠ける児童を保育する場であった保育所は、共働きによりむしろ収入が高い家庭が保育を外部化するための施設となっていった。また高齢化の進展で介護サービスへの需要が普遍化すると、在宅介護・施設介護は低所得者のみならず誰もが必要なサービスと認識されるようになった。1990年代になされた社会福祉基礎構造改革（保育所入所改革・介護保険法制定・障害者の支援費支給方式の導入）は、こうした福祉サービスの対象者の普遍化を正面から受け止め、サービス提供の基盤を大胆に改革したものであった。

■ 福祉・介護サービスの給付主体

　福祉・介護サービスの給付主体はすべて一般行政組織（国・都道府県・市町村）である。介護保険の保険者は市町村で、公共組合は存在しない。

①社会福祉各法

　社会福祉各法の給付主体は、給付の種類に応じて都道府県または市町村となっている。児童福祉法において都道府県が給付を担当するのは、療育の給付（児童福祉法20条）・母子生活支援施設への入所（同法23条）・障害児入所給付費の支給（同法24条の2）・障害児入所医療費の支給（同法24条の20）・

（中央法規出版・2000年）。

児童自立支援施設等への入所（同法27条）等である。また市町村が給付を担当するのは，子育て支援事業（同法21条の8）・保育所への入所（同法24条）等である。障害者総合支援法の給付は市町村が担当する（障害者総合支援法22条）。これに対して精神障害者に対する措置入院は都道府県が担当する（精神保健及び精神障害者福祉に関する法律29条）。老人福祉法上の居宅介護・施設入所は市町村が行う（老人福祉法10条の4，11条）。このように，医療関係の給付や児童福祉法上の施設数の少ない施設への入所は都道府県，それ以外は市町村という区分が見られる。

②介護保険法

介護保険法の保険者は市町村である。もともと高齢者に対する福祉・介護サービスは，老人福祉法の枠内で市町村が行っていた。ただしそれは，主として低所得の高齢者や障害等で施設に入所せざるを得ない高齢者のみを対象とした選別的なものであり，それ以外の部分は家族による介護が前提とされていた。しかし高齢化の急速な進行，女性の社会進出と同居家族の減少による家庭の介護力の低下，介護サービス不足を理由とする病院への入院（**社会的入院**）の増加などから，介護サービスを保障する新たな制度の必要性が認識されるに至ってきた（西村284頁）。介護保険の保険者を市町村にするかどうかをめぐっては，市町村の財政力の格差や国民健康保険事業の赤字状況から否定的な見解も示されていた。にもかかわらず市町村が選択されたのは，住民に身近な市町村が担当することが好ましいという考え方（地方自治への試金石としての介護保険）[106]に加え，高齢者介護については以前から市町村が担当してきた沿革も影響したと思われる。

介護保険の被保険者は，市町村・特別区（以下「市町村」という）の区域内に住所を有する65歳以上の者（**1号被保険者**）と，40歳以上65歳未満の医療保険加入者（**2号被保険者**）である。2号被保険者が給付を受けられるのは，老化が原因とされる政令で指定された16の**特定疾病**（例：骨折を伴う骨粗鬆症・初老期認知症）に限られている（介護保険法7条3項2号，同令2条）。

---

106) 池田省三「社会福祉政策を転換する介護保険」ジュリスト1131号（1998年）34-40（39）頁。

■ 財源調達の過程

①社会福祉各法

　社会福祉各法に基づく給付は一般財源でなされるため，保険料の拠出を必要としない。しかし，現物給付のしくみ（措置制度・保育所）については，サービス給付後に費用徴収が行われうる。また現金給付のしくみ（支援費）では，サービス利用に必要な全額が給付されるわけではないので，ここでも一部負担の問題が生じる。

　現物給付に要する費用を第一次的に負担することを**支弁**と呼ぶ。例えば都道府県・市町村以外の設置する保育所において保育を行うことに要する保育費用は，市町村の支弁とされている（児童福祉法51条5号）。その上で国庫は，政令の定めるところによりその費用の1/2を負担し（同法53条），都道府県は政令の定めるところによりその費用の1/4を負担する（同法55条）。これらの規定から，例えば社会福祉法人が経営する保育所における保育の費用はまず市町村がその全額を支払い，その費用の半分を国，1/4を都道府県，1/4を市町村が負担するという構造になっていることが分かる。その上で，費用を支弁した市町村長は，家計に与える影響を考慮して保育所における保育を行うことに係る児童の年齢等に応じて定める額を，本人またはその扶養義務者から徴収できる（同法56条3項）。これは応能負担に応益負担を加味した方式とされる（西村487頁）。

　これに対して，障害者総合支援法の場合には，厚生労働大臣が定める基準により算定したサービス費用の額から政令で定める負担上限月額（同法施行令17条）を差し引いた額が給付費として支給される。負担上限月額は利用者の収入に応じて決定される。ただし，サービス費用の額の1割分の額が負担上限月額を下回る場合には，1割分の額が差し引かれることになる（同法29条3項2号括弧書き）。結果としてこの方式も保育所と同じく，応能負担と応益負担の双方が考慮された利用者負担額の決定方法となっている。

【社会福祉における応能負担原則の変容】　伝統的には，社会福祉各法における費用徴

収は専ら応能負担原則に基づいていた。現在でも上記の保育所と支援費以外の費用負担は基本的に応能負担原則によっている（例：身体障害者福祉法38条1項「その負担能力に応じ」）。医療保険の一部負担金が応益負担に基づくのに対して、福祉サービスの提供に対する利用者負担部分が応能負担となっている理由は2つ考えられる。1つは、福祉サービス受給者が低所得者中心であり、応益負担方式では費用負担が困難と考えられたためである。もう1つは、福祉サービスが一般財源による給付であるからである。一般財源に基づく場合には困窮の程度に応じた給付という発想が原則であり（阿部・I 189頁）、サービスの対価を支払うだけの所得があるならばその部分は自己負担すべきであるとの考え方がとられた。後者の発想の延長として、1997年の児童福祉法改正以前の保育所利用料や、同年の介護保険法成立以前の老人福祉法上の施設サービスに対する費用負担は、扶養義務者の所得が高ければ全額が請求されていた。しかし、福祉サービスが必ずしも低所得者向けのものではないことが認識された社会福祉基礎構造改革後に登場した新たな保育所入所方式や介護保険法・支援費支給制度では、応益負担の色彩も含む自己負担の決定方式が採用されている。

他方で、障害者総合支援法の前身である障害者自立支援法の立法時には、サービス費用の1割を自己負担とする制度への批判が強まった[107]。これは、障害者に対する所得保障制度[108]が十分でない（現行制度では障害基礎年金）にもかかわらず、サービスに応じた自己負担を求めようとしたからである。この事例は、費用負担をどのように設計するかを検討する際には、他の給付制度においてどのような所得保障がなされうるかをも考慮した上で決定しなければならないことを示している。

②介護保険法

介護保険の財源は、保険料50％と一般財源50％で賄われている。保険料の徴収方法は1号被保険者と2号被保険者で大きく異なっている。1号被保険者は市町村が直接徴収（普通徴収または特別徴収）するのに対して、2号被保険者は市町村が徴収するのではなく（介護保険法129条4項）、医療保険の保険者が医療保険料と同時に徴収して社会保険診療報酬支払基金に**納付金**として納付し、支払基金が市町村に対して**介護給付費交付金**を交付する方式を

---

[107] このため、厚生労働省は通知と予算措置でさまざまな利用者負担軽減措置を講じていた。
[108] 障害者の就労の観点から所得保障のあり方を詳細に検討したものとして参照、永野仁美『障害者の雇用と所得保障』（信山社、2013年）。

とっている（同法125条1項，150条）。1号被保険者と2号被保険者の負担率はその総人数比で按分する方式がとられており（同法125条2項），高齢人口の増加によって1号被保険者の負担割合が次第に高くなっている。

　1号被保険者に対する保険料は，「政令で定める基準に従い条例で定めるところにより算定された保険料率により算定された保険料額によって課する」（同法129条2項）。このような定め方が憲法84条（租税法律主義）に反するかどうかが争われた事件で，最高裁（最三小判2006（平成18）・3・28判時1930号80頁）は「介護保険法129条2項は，介護保険の第1号被保険者に対して課する保険料の料率を，政令で定める基準に従い条例で定めるところにより算定する旨を規定し，具体的な保険料率の決定を，同条3項の定め及び介護保険法施行令38条所定の基準に従って制定される条例の定めるところにゆだねたのであって，保険者のし意を許容したものではない。そうすると，同法129条2項は，憲法84条の趣旨に反するということはできない」とし，これは旭川国民健康保険料事件最高裁判決の趣旨に徴して明らかであるとした（⇨253頁）。これに対して学説からは，介護保険法施行令38条が保険料額決定の核心である1号被保険者内部での負担割合を標準割合として定めていることは実質的条例主義の排除であり，こうした内容は本来法律で定められるべきであるとする批判が提起されている（碓井96頁）。この方式は**所得段階別定額保険料方式**と呼ばれるもので，給付のために必要となる費用のうち1号被保険者全体で負担すべき額を人数で割った額（基準額）に，所得に応じた標準割合を掛けて算定される（西村319頁）。また，国民健康保険の場合と同じように，減免制度を条例で規定することも可能である。このように介護保険法は低所得者に対する一応の配慮を行っているように見えるものの，現実には低所得者が負担できないような保険料が賦課され，これをめぐる訴訟も提起されている[109]。

　一般財源からの負担は次のように規定されている。国は介護給付・予防給付に要する費用の20/100，施設給付の費用の15/100を負担し（同法121条），都道府県は介護給付・予防給付に要する費用の12.5/100，施設給付の

---

[109] 詳細につき参照，伊藤周平「介護保険料負担と被保険者の権利」同『介護保険法と権利保障』（法律文化社・2008年）245-292頁。

費用の 17.5/100 を負担する（同法 123 条）。市町村の一般会計は，介護給付・予防給付（施設給付を含む）の 12.5/100 を負担する（同法 124 条）。これに加えて国は，1 号被保険者の年齢・所得分布を考慮して市町村に対して給付費総額の 5/100 に相当する調整交付金を交付する（同法 122 条）。また，財政安定化のためのしくみとして，都道府県が財政安定化基金を設けて資金交付・貸付を行うこと（同法 147 条）や，市町村同士が調整保険料に基づいて財政調整を行う市町村相互財政安定化事業（同法 148 条）も規定されている。

【利用者負担と軽減措置】　介護保険法においては，提供されたサービスに必要な額の原則として 90/100 が介護サービス費として支払われる方式がとられている（例：介護保険法 41 条）。ただし施設介護サービス費については，食事・居住・日常生活に要する費用（**ホテルコスト**）は全額自己負担となっている（同法 48 条 1 項）。この利用者負担金が著しく高額になった場合に，高額介護サービス費・高額医療合算介護サービス費が支給される（同法 51 条，51 条の 2）。また，居宅介護サービス費に関しては，災害その他の特別の事情（同法施行規則 83 条）があれば，市町村が 90/100 を超え 100/100 以下の範囲内で定めた割合が，サービス費として給付される（同法 50 条）。しかしこれは，支援費支給方式に見られる恒常的な低所得に対応したものではない。介護保険法においては低所得者向けの利用者負担軽減措置の多くが通達によって行われており（碓井 320 頁以下が批判的に検討している），これらのうち恒久的性格を持つものについては少なくとも法定化がなされるべきである。

■ 福祉・介護提供体制整備の過程

福祉・介護サービス提供体制の整備は，医療サービスの場合と類似している点が多いため，医療と同様に①施設・人員の確保②給付提供者資格の認定③個別的な給付提供関係の展開の順に説明する。医療との大きな違いは次の 3 点に見られる。第 1 は，**社会福祉法人**という運営組織が登場する点である。医療においても**医療法人**制度が設けられており（医療法 39 条以下），株式会社のような営利目的の病院開設許可申請に対しては，たとえ法定の要件を満たしていたとしても許可を与えないことができる（同法 7 条 5 項）。このように医療法人の制度趣旨の中核は法人の非営利性の担保にある（同法 54 条）のに対し，社会福祉法人は以下で説明するように「公の支配」に属させるこ

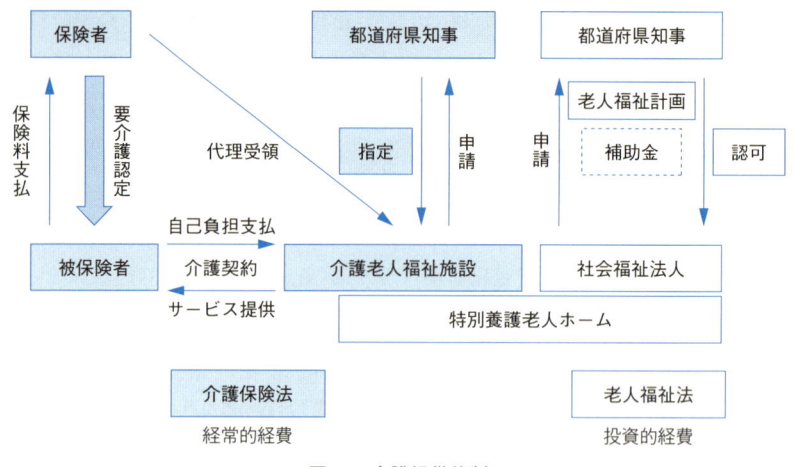

図10 介護提供体制

[図:保険者・都道府県知事・被保険者・介護老人福祉施設・社会福祉法人等の関係を示す図。保険料支払、要介護認定、代理受領、自己負担支払、介護契約、サービス提供、指定、申請、老人福祉計画、補助金、認可、特別養護老人ホーム。介護保険法（経常的経費）、老人福祉法（投資的経費）]

とが主目的で制度が作られている。第2は，施設サービスの場合の建設費用がサービス給付費用に含まれない**二元的費用調達システム**がとられていることである[110]。このため，医療の場合と異なり，施設建設に関する補助金交付制度が見られる。第3は，法文上**現物給付**が採用されているもの（措置制度・保育所入所など）と**現金給付の現物化**が採用されているもの（介護保険給付・支援費支給）の2種類が存在することである。この点は個別的な給付関係の展開の際に差異を生じさせる。

①人員・運営組織・施設の確保

福祉・介護サービスを提供する専門職として法律上規定されている資格制度が，保育士（児童福祉法18条の4以下），社会福祉士・介護福祉士（社会福祉士及び介護福祉士法），介護支援専門員（介護保険法69条の2以下）である[111]。このうち，保育士・社会福祉士・介護福祉士は**名称独占**であり，医師のような**業務独占**ではないから，この資格がなくてもサービス提供は可能であ

---

110) 増田雅暢「特別養護老人ホームと施設整備費」月刊介護保険2巻20号（1997年）28-31（31）頁。
111) これに対して，社会福祉主事（社会福祉法18条以下），児童福祉司（児童福祉法13条），身体障害者福祉司（身体障害者福祉法11条の2），知的障害者福祉司（知的障害者福祉法13条）はいずれも行政組織内部での専門職制度である。

る[112]（児童福祉法18条の23，社会福祉士及び介護福祉士法48条）。ただし，次に説明する給付提供者資格の認定の要件として一定数の有資格者を有していることが含まれており（例：児童福祉施設の設備及び運営に関する基準33条2項），このしくみを通じて資格制度の実効性が担保されている。介護支援専門員についても，介護保険法による報酬を受けるための指定居宅介護支援事業者の指定要件として介護支援専門員が一定数必要と規定することで，資格制度の実効性が担保されている（介護保険法79条2項2号，81条1項）。

> **【介護支援専門員の役割】** 介護保険法独自の専門職として規定されているのが**介護支援専門員（ケアマネージャー）**である。さまざまなサービスが単一の給付提供者によって一元的に提供される施設サービスと異なり，居宅介護サービスの場合には，複数の種類のサービス（例えばショートステイ，デイサービスなど）が複数の給付提供者から提供されることが多い。そこで，被保険者のニーズに合ったサービスを組み合わせてパッケージとして提供するケアマネジメントと呼ばれる手法が介護保険法で導入された。介護支援専門員はこのケアマネジメントを行い，居宅介護サービス計画（ケアプラン）を作成することとなる。これは個人を単位とする行政計画（ミクロ行政計画）の一種であり（⇨54頁），ケアマネジメントはサービス提供者間の調整を行う**媒介（仲介的）行政作用**の一例といえる[113]。介護保険法が介護支援専門員を独自の資格制度として規定し，居宅介護サービス計画費を利用者負担なしの10割給付としているのは，このしくみが給付システムの中核に位置づけられている証左である。他方で，その制度趣旨を生かすのであれば，介護支援専門員と居宅サービス事業者が結合している現状を改め，介護支援専門員のサービス提供者からの経済的中立性を確保することが検討されるべきである。

福祉・介護サービスの提供者として重要な役割を果たしているのが社会福祉法人である。社会福祉法では，**第1種社会福祉事業**（例：児童養護施設，特別養護老人ホーム，障害者支援施設，授産施設等を経営する事業）と**第2種社会福祉事業**（例：保育所，老人居宅介護等事業，障害福祉サービス事業）を限定列挙し

---

112) 社会福祉士・介護福祉士の法制化までの過程を分析したものとして参照，北村喜宣「『社会福祉士及び介護福祉士法』の立法過程」季刊社会保障研究25巻2号（1989年）177-188頁。
113) 原田・前掲注14）785頁。

(同法2条)，施設サービスが中心の第1種社会福祉事業については国・地方公共団体・社会福祉法人が経営することを原則とし（同法60条），居宅サービスが中心の第2種社会福祉事業については都道府県知事への事後届出制をとっている（同法69条1項）。社会福祉法人を設立する際には，事業を行うのに十分な資産を備え（同法25条），定款を作成して都道府県知事の**認可**（**法人認可**）を受けなければならない（同法32条）。社会福祉法人においては監事が必置で（同法36条1項），役員の同族支配を防止する規定も盛り込まれている（同条3項）。解散の際の残余財産は定款の定める帰属者に帰属し，それでも処分されない財産は国庫に帰属する（同法47条）。法人に対する監督は二段階構造になっている。一般的監督関係においては，行政は社会福祉法人に対して報告徴収・業務財産検査，措置命令，業務停止命令，役員解職勧告，解散命令を出すことができる（同法56条）。さらに補助金や低利融資を受けた場合には，事業・会計に関する報告徴収，社会福祉法人予算の変更勧告，役員解職勧告，補助金・貸付金の返還命令を出すこともできる（同法58条）。このような，他の法人制度と比べても強度の行政監督の下に置かれている理由は，憲法89条の定める**公の支配**に属しない慈善・博愛事業への公金支出禁止との整合性をとるためである。

【社会福祉法人制度と憲法89条】　社会福祉法人に公金が支出される場面は大きく施設建設の際の補助金と，措置委託契約に基づく措置費の支払いとに分かれる。社会福祉基礎構造改革以前から存在した措置制度と呼ばれる給付方式においては，行政が自ら現物でサービスを提供するか，社会福祉法人と措置委託契約を締結した上で社会福祉法人に措置費を支払い，社会福祉法人が行政に代わってサービスを提供するかのいずれの方法で給付がなされていた。この措置費には施設建設費は含まれず，日々のサービス提供に必要な経常的経費のみが手当てされていた。しかし施設の建設には莫大な資金が必要となるため，社会福祉法人による施設建設費用のかなりの部分は補助金や低利融資によって賄われてきた。

　こうした公金の流れが憲法89条に抵触しないようにするため，社会福祉法は2つの工夫を行っている。1つは，補助金を受けた場合に強度な行政監督を予定することによって，「公の支配」に属させるというロジックである[114]。そしてもう1つは，個別の受給者に対する給付提供を委託する措置委託契約が，行政が必要なサービスを適切な対価を支払って「購入」しているものであって，同法が禁止する行政の社会福祉法

人に対する「責任転嫁」ではない（同法61条2項）と整理したことである。戦前の社会事業法における収容委託は，その費用を施設が負担するのが原則であり（収容委託は地方長官がその施設が本来保護すべき要保護者を引き取ることを促す行政処分であると考えられていた），施設への補助金は包括的な算定方式がとられていて必ずしも委託者数に応じた算定ではなかった。これに対して戦後の措置委託制度においては，委託者数に単価を掛けることで措置費が算定される方式へと変更されたのである。

施設設置の際の一般ルールは社会福祉法が規定している。同法62条によると，市町村または社会福祉法人が施設を設置して第1種社会福祉事業を経営しようとするときには，事業開始前に都道府県知事に**届出**をしなければならない（社会福祉法人以外の民間法人が施設を設置する場合には**許可**を得る必要がある）。施設の設備規模・構造・福祉サービスの提供方法等については，厚生労働省令で定める基準を踏まえて都道府県が条例を定めなければならず，施設設置者はこれを遵守しなければならない（同法65条）。この特別ルールとして，児童福祉法・老人福祉法は一部施設について**施設認可制**を定めている。児童福祉法における児童福祉施設（児童養護施設・保育所等）については，国・都道府県に設置義務（児童福祉法35条1，2項）があり，市町村は都道府県知事に事前届出したうえで設置することができるとされている（同条3項）。社会福祉法人などそれ以外の民間法人については，都道府県知事の**認可**（**施設認可**）を得て児童福祉施設を設置することができる（同条4項）。類似の規定スタイルは老人福祉法15条にもあり，社会福祉法人は都道府県知事の認可を得て養護老人ホーム・特別養護老人ホームを設置することができる（同条4項）。このような特別の規定がない施設や障害者施設（障害者総合支援法83条4項，身体障害者福祉法28条3項）については，社会福祉法の定めによる。この施設認可が与えられる際には，補助金（例：社会福祉施設等施設整備費補助金）や低利融資の交付も内定されていることが通例である（碓井481頁以下）。この補助金の分配決定に大きな影響を与えるのが**社会福祉計画**である（⇨54頁）。児童福祉法では保育需要が増大している特定市町村に対して**市町村保育計画**を，同じく保育需要が増大している特定都道府県に対し

---

114) 木村忠二郎『社会福祉事業法の解説』（時事通信社・1951年）116頁。

て**都道府県保育計画**を策定させ，保育所の整備を計画的に促進させようとしている（児童福祉法 56 条の 8，56 条の 9）。障害者総合支援法では，国の策定した基本方針を踏まえ，自立支援給付の提供体制を整備するための**市町村障害福祉計画**と**都道府県障害福祉計画**が策定される（障害者総合支援法 88 条，89 条）。老人福祉法にも同様に，**市町村老人福祉計画・都道府県老人福祉計画**の定めがある（老人福祉法 20 条の 8，20 条の 9）。施設の建設がこれらの計画に組み込まれることが，補助金交付や独立行政法人福祉医療機構による低利融資の条件となっていることが多い[115]。これらの計画に組み込まれずに自己資金だけで施設を建設したとしても，後続の給付提供者資格の認定が拒否される法制度となっているものも存在する（障害者総合支援法 36 条 5 項）。また，計画に定められたサービス量を超える場合に施設認可を与えないとするものもある（老人福祉法 15 条 6 項）。

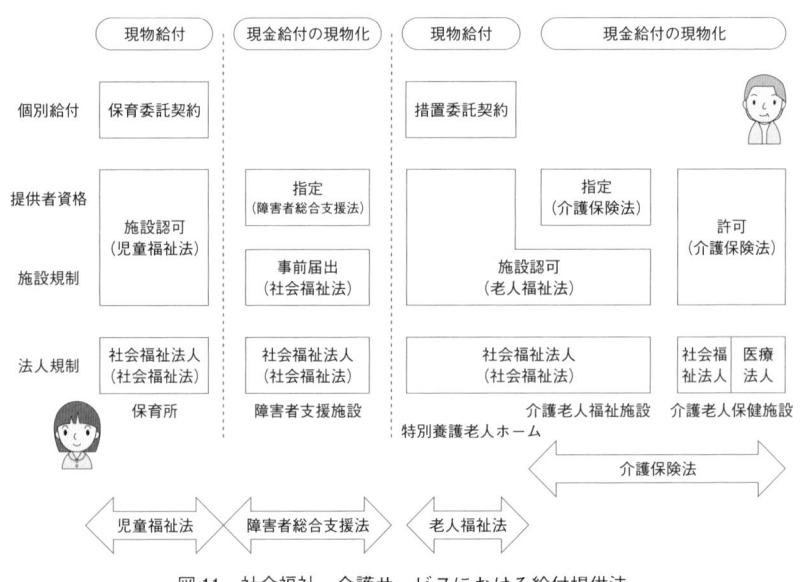

図 11　社会福祉・介護サービスにおける給付提供法

---

[115] 実務上は，補助金の交付が確実になった後でなければ法人設立を認めないとの運用がなされている（「社会福祉法人の認可について」（平成 12・12・1 障第 890 号・社援第 2618 号・老発第 794 号・児発第 908 号）第 4）。

②給付提供者資格の認定

給付提供者資格の認定の方法は大きく2つのグループに分かれる。第1は、施設における現物給付の場合（例：保育所・特別養護老人ホーム）である。これらの施設認可は、施設が完成した場合には当該施設に福祉サービスの提供を委託する基礎資格を与える趣旨をも含むものである。より正確に言えば、これらの施設認可を得なくても施設の建設を適法に行える（無認可での建設に対する罰則はない）ものの、当該施設完成後に給付提供者としての資格が与えられず、各法律が予定する施設として扱われないことになる。

【認可外保育施設と認証保育所】　都市部における保育の需要の高まりに伴う待機児童の増加に見合う保育所数の供給は、十分にはなされてこなかった。その理由として、保育所の認可を得る際に満たさなければならない児童福祉の設備及び運営に関する基準（行政基準）が都市部においては過大な要求となっていること、2000年までは通達（昭和38・3・19児発271号）によって民間保育所の運営主体を社会福祉法人に事実上限定していたことなどが挙げられる。こうした需要と供給のギャップに対して、ベビーホテルと呼ばれる無認可保育所が急増し、その保育の質が大きな社会問題となった[116]。当時の児童福祉法では、こうした無認可施設に対して児童福祉審議会に諮問した上で都道府県知事が事業停止命令・施設閉鎖命令を出すことができるとしていたものの、その前提となる立入調査権が認められていなかったこともあって実例はなかった[117]。そこで1981年改正の際に無認可施設に対する立入検査権限が追加された。さらに2001年改正によってこれら認可外保育施設に関する届出制が導入された（児童福祉法59条の2）。また、認可外保育施設と保護者との契約に関するルール（説明努力義務・書面交付義務）も追加された（同法59条の2の3、59条の2の4）。

これに対して、都市部の自治体では、認可外保育施設を積極的に活用しようとする動きも見られる。例えば東京都では、要綱に基づき、一定の施設・職員・保育時間等の基準を満たす認可外保育施設を**認証保育所**とし、保護者に対する情報提供を行っているほか、運営費の一部を補助している（碓井559頁以下）。

---

116) 堂本暁子編『ベビーホテルに関する総合調査報告』（晩声社・1981年）。
117) 児童福祉法規研究会編『最新・児童福祉法 母子及び寡婦福祉法 母子保健法の解説』（時事通信社・1999年）378頁。

第2は，現金給付の現物化（介護保険・障害者自立支援給付）の際の提供者資格の認定である。この場合には，居宅・施設のいずれについても都道府県知事の「指定」と呼ばれる行政行為で給付資格が認定される（例：介護保険法70条）。指定や指定取消の要件は法律で定められており，指定を受けている間，指定事業者は厚生労働省令の**人員，設備及び運営に関する基準**の内容を踏まえて制定された都道府県条例を遵守しなければならない（例：介護保険法73条，74条）。介護保険や障害者自立支援給付の給付主体が市町村であるにもかかわらず都道府県知事が指定を行う理由は，市町村域を超えた広域のサービス利用の可能性があること，サービス整備計画や補助金交付などにおいて都道府県に重要な役割が割り当てられていることにあると思われる。他方で介護保険法の2005年改正により，地域特性に応じた多様で柔軟なサービスを提供する**地域密着型サービス**事業者の指定（同法78条の2）を市町村長が行う方式が導入されている（西村・入門112頁）。

> 【「指定」と「許可」】　介護保険法の施設サービスの二本柱である「介護老人福祉施設」と「介護老人保健施設」の資格付与は，それぞれ「指定」と「許可」という用語が用いられている。介護老人福祉施設の指定を得るためには，老人福祉法上の認可を得た上で同法の特別養護老人ホームとなっていなければならない（介護保険法86条1項）。これに対して介護老人保健施設は介護保険法単独の施設であり，別の法令による設置行為を必要としない。そこで，施設認可＋指定の2つをまとめて行うニュアンスを込めて法文上「許可」という言葉が用いられている（同法94条）。

③個別的な給付提供関係の展開

　給付主体と給付提供者（施設等）との間で，個別の利用者ごとに給付提供関係が成立するのは，現物給付の場合だけである。保育所における保育の実施や特別養護老人ホームへの入所の場合には，医療保険と同様に，個別の利用者について委託契約が結ばれ，これに基づいて給付主体から措置費が支払われることとなる。給付提供者は正当な理由がない限りこの契約の締結を拒否できない（例：児童福祉法46条の2，老人福祉法20条2項）。これに対して，介護保険・支援費支給方式のような現金給付の現物化の場合には，給付主体

(市町村)が利用者に現金を給付し，利用者と給付提供者が契約を締結した上でサービスを利用することになっているため，給付主体と給付提供者との委託契約関係は存在しない。

■ 福祉・介護サービス給付の過程

　福祉・介護サービスの給付は，これまで見てきたように，社会保険方式と社会扶助方式，現物給付方式と現金給付方式が混在しており，これらを正確に理解するのは骨の折れる作業である。そこで以下では，福祉・介護サービスの給付の過程を制度形成の沿革順に大きく3つのモデルに分けて，そのイメージを把握してもらうこととしたい。第1は職権措置モデルであり，児童虐待を受けた児童が児童養護施設に保護される場面が典型である。この場合には職権に基づく行政行為によって福祉サービスが現物で提供され，一般財源によって賄われることとなる（**措置制度**）。第2は外部化モデルであり，両親が共働きの場合にその子供が私立保育所で保育サービスを受ける場面を想定している。行政には保育に欠ける児童を保育所で保育する義務が法律上課されており，保護者は自らの選択した保育所において保育サービスを受けることを市町村と契約した上でサービス提供を受けることとなる（**保育所方式**）。第3は自己決定モデルであり，高齢や障害のため日常生活に不自由がある利用者が，介護保険給付または障害者自立支援給付を受ける場面を想定している。利用者は場合によっては成年後見制度や権利擁護事業の助けを借りて給付提供者と契約を締結し，社会保障給付によって給付費用の大半を賄いながらサービスを受けることとなる（**現金給付の現物化**）。

①職権措置モデル──児童養護施設

　国・地方公共団体は，児童の保護者とともに，児童を心身ともに健やかに育成する責任を負う（児童福祉法2条）。ネグレクトや児童虐待など，保護者が児童の養育の責任を果たさない場合には，児童福祉法上の次のような措置がとられることとなる。児童虐待を受けたと思われる児童を発見した場合には，速やかに福祉事務所・児童相談所に**通告**しなければならない（児童虐待の防止に関する法律［児童虐待防止法］6条1項，児童福祉法25条）。通告を受けた福祉事務所・児童相談所は，速やかに当該**通告児童**の状況の把握を行う

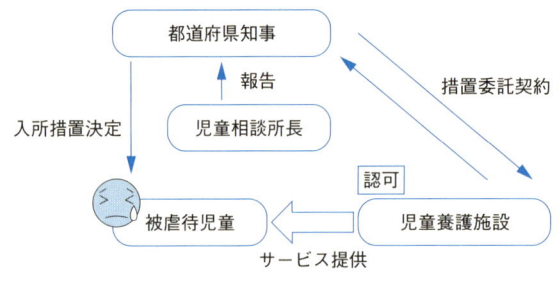

図12 児童養護施設への措置委託

（児童福祉法25条の6）。児童虐待への対応には，学校・病院・地域社会といった関係者間での情報交換や連絡調整が不可欠であることから，2004年の児童福祉法改正で**要保護児童対策地域協議会**（子どもを守る地域ネットワーク）の設置努力義務規定が設けられている（同法25条の2）。虐待が疑われる場合には，都道府県知事は保護者に対して児童を同伴して出頭することを求め（児童虐待防止法8条の2），児童の住所・居所への立入調査（⇨48頁）を行う（同法9条）。立入調査に保護者が協力しない場合には，都道府県知事は，当該児童の住所の所在地を管轄する地方裁判所等の裁判官の発する許可状を得て，臨検・捜索を行うこともでき（同法9条の3），その際には鍵を外す等の必要な措置をとることも可能である（同法9条の7）。通告児童に対する必要な処遇を専門的な見地から判断するのは児童相談所長であり（児童福祉法26条），その報告を受けて都道府県は①児童又はその保護者に訓戒を与え，または誓約書を提出させる②児童又はその保護者を児童家庭支援センター等に指導させる③児童を児童養護施設等に入所させる④家庭裁判所に送致する，のいずれかの措置をとらなければならない（同法27条）。このうち，児童を親と引き離して児童養護施設に入所させる措置は，通常の場合には親権者の同意が必要である（同条4項）。しかし児童虐待の場合には，家庭裁判所の許可を得てこの措置をとることが可能である（同法28条1項2号）[118]。さらに，親が児童養護施設や児童が通う学校等の付近を徘徊しないように，これを禁止する命令を都道府県知事が出すこともできる（児童虐待防止法12条の4）。**児童養護施設**は，保護者のいない児童や虐待されている児童を入所させて養護する施設であり（児童福祉法41条），都道府県知事が入所措置をとることで，当該児童につき措置委託契約が施設との間で成立する。

児童養護施設における入所措置の実施の法的性格について，施設事故に関する国家賠償責任が問われた最高裁判決（判百Ⅱ 239　判Ⅱ 135　CB 18-13）最一小判 2007（平成 19）・1・25 民集 61 巻 1 号 1 頁［積善会事件］）を素材にさらに検討してみよう（⇨146 頁）。

> **事実の概要**
> 　原告 X は，母親が病気療養のため家庭での養育が困難になったことから，児童福祉法 27 条 1 項 3 号に基づく入所措置により，被告 Y_1 県の委託を受けた社会福祉法人 Y_2 の経営する施設に入所した。X は同じく 3 号措置により入所中の児童ら 4 名から暴行を受け，重篤な後遺症が残った。そこで X は，施設長や職員が監督義務，安全配慮義務を怠ったとして，被告 Y_1 に対しては国家賠償法 1 条 1 項に基づき，また被告 Y_2 に対しては民法 715 条（使用者責任）に基づき損害賠償を請求した。

　最高裁は，児童福祉法が定めている都道府県の任務・資金・権限に注目して，社会福祉法人 Y_2 の職員の養育監護行為が都道府県の公権力の行使に当たる公務員の職務行為であると判断した[119]。児童福祉法は都道府県に児童相談所の設置を義務付け，要保護児童について児童相談所長の報告を受けて児童養護施設に入所させる措置などをとるべきことを定め，児童虐待の場合には保護者の意に反する場合でも家庭裁判所の承認を得て入所措置をとることができること，この場合に入所に要する費用は都道府県の支弁としていること，児童養護施設の長は親権者等のない児童に対して親権を行い，親権者等がある児童についても監護・教育・懲戒の措置をとることができることを手がかりとして，以下のように述べている。「このように，法は，保護者による児童の養育監護について，国又は地方公共団体が後見的な責任を負うことを前提に，要保護児童に対して都道府県が有する権限及び責務を具体的に

---

[118] 児童虐待と親権との関係につき参照，小池泰「親権をめぐる問題点」ジュリスト 1414 号（2011 年）73-77（74）頁。

[119] 原田・前掲註87）60 頁，板垣勝彦「保障行政の法理論（8・完）」法学協会雑誌（東京大学）128 巻 8 号（2011 年）1951-2034（2011-2017）頁，小幡純子「国家賠償法の適用範囲について（下）」法曹時報 64 巻 3 号（2012 年）503-524（510）頁。

規定する一方で，児童養護施設の長が入所児童に対して監護，教育及び懲戒に関しその児童の福祉のため必要な措置を採ることを認めている。上記のような法の規定及び趣旨に照らせば，3号措置に基づき児童養護施設に入所した児童に対する関係では，入所後の施設における養育監護は本来都道府県が行うべき事務であり，このような児童の養育監護に当たる児童養護施設の長は，3号措置に伴い，本来都道府県が有する公的な権限を委譲されてこれを都道府県のために行使するものと解される。」最高裁が重視したのは，この職権措置モデルにおいてはサービス提供・実施の責任を行政が負っており，措置委託はその責任の履行の一形態に過ぎないということである。

　このような職権措置モデルは，救貧・防貧政策としての社会福祉にも適合的であった。しかし，名宛人が福祉サービスを要求するような場面に対してもこのモデルが拡張された結果，名宛人の**申請権**を観念することが困難となり[120]，これがサービス提供不実施の場合の権利救済を著しく困難にした。また，福祉サービスの供給量に大きな影響を与える社会福祉法人認可は施設建設補助金の多寡に連動しており，予算の**インクリメンタリズム**の中で需要に応じた供給の拡大に失敗した。こうした問題点を解決するために1990年代に入って本格的に展開したのが，社会福祉基礎構造改革である。以下ではその成果として生み出された2つのモデルを紹介する。

②**外部化モデル――（私立）保育所**

　1997年の児童福祉法改正により，保育所入所の方式が従来の措置制度から，保護者と市町村との契約に変更された。これは，夫婦共働き世帯の一般化や世帯所得水準の上昇の中で，保育所が果たす役割が児童福祉法制定当初とは変わってきたことを背景としている。保育所は家庭における保育機能を

---

[120] 代表的な行政解釈として参照，大山正『老人福祉法の解説』（全国社会福祉協議会・1964年）125頁。ただし，解釈論によって措置制度の枠内でも申請権や利用者・提供者間の契約（類似の）関係を導出できるとする学説上の努力はなされていた。例えば，河野正輝「社会福祉の法的構造」同『社会福祉の権利構造』（有斐閣・1991年）9-51（36-45）頁［初出1979年］，木佐茂男「保育所行政からみた給付行政の法律問題」公法研究46号（1984年）156-170（160）頁，阿部泰隆「憲法上の福祉施策請求権」西谷剛他編・成田頼明先生古稀記念『政策実現と行政法』（有斐閣・1998年）1-19（6）頁。

外部化するためのものであり、保護者の多様なニーズに応えるべく、保育所の選択権を保護者に正面から認めるとともに、保護者の選択を通じた保育所間の質の競争が起きることが期待されたのである[121]。この方式の法的意義を考える上では、保育所民営化に関する最高裁判決（判百Ⅱ211　判Ⅱ29　CB 11-16　最一小判2009（平成21）・11・26民集63巻9号2124頁）が参考になる。

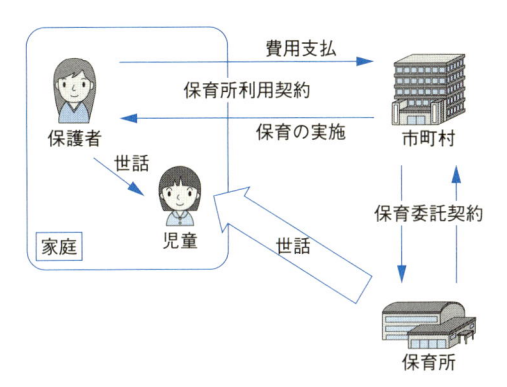

図13　保育の実施の委託

:事実の概要

　Y市はその設置する保育所の一部を民営化の対象とすることとし、議会の議決を経てY市保育所条例の一部を改正する条例を制定した。同条例の別表から民営化対象の保育所が削除され、これらは社会福祉法人の運営へ移管された。民営化された保育所において保育を受けていた児童及びその保護者ら（Xら）は、本件条例制定行為が、Xらの選択した保育所において保育を受ける権利を違法に侵害するものであるとして、その取消を求めた。

　最高裁は、保育所入所が契約か行政行為かについては明言を避けている。しかし、次のように判示した上で、廃止条例の処分性を認める1つの手がかりとしている。「平成9年法律第74号による児童福祉法の改正がこうした仕組みを採用したのは、女性の社会進出や就労形態の多様化に伴って、乳児保

---

121) 児童福祉法規研究会編・前掲註117) 167頁。

育や保育時間の延長を始めとする多様なサービスの提供が必要となった状況を踏まえ，その保育所の受入れ能力がある限り，希望どおりの入所を図らなければならないこととして，保護者の選択を制度上保障したものと解される。そして，前記のとおり，被上告人においては，保育所への入所承諾の際に，保育の実施期間が指定されることになっている。このように，被上告人における保育所の利用関係は，保護者の選択に基づき，保育所及び保育の実施期間を定めて設定されるものであり，保育の実施の解除がされない限り（同法 33 条の 4 参照），保育の実施期間が満了するまで継続するものである。そうすると，特定の保育所で現に保育を受けている児童及びその保護者は，保育の実施期間が満了するまでの間は当該保育所における保育を受けることを期待し得る法的地位を有するものということができる。」同じ廃止条例であっても，最高裁は小学校廃止条例に関してその処分性を否定している（最一小判 2002（平成 14）・4・25 判例自治 229 号 52 頁）。その理由は「上告人らは，被上告人東京都千代田区が社会生活上通学可能な範囲内に設置する小学校においてその子らに法定年限の普通教育を受けさせる権利ないし法的利益を有するが，具体的に特定の区立小学校で教育を受けさせる権利ないし法的利益を有するとはいえない」とした点にある。

　つまり，就学指定という行政行為によって通学先の小学校を確定させる学校教育法のしくみにおいては，たとえ保護者の希望を聞いて指定したとしても，特定の小学校で 6 年間学ぶ法的な地位は保障されていない。これに対して児童福祉法の保育所入所については，保護者の選択権を保障し，その選択に基づき就学年齢に達するまでは同一の保育所での保育を受ける法的な地位が保障されている[122]。このような選択権と地位保障を端的に表現できるのが**行政契約**という行為形式であり[123]，保育所入所の法関係を，保育に欠けるかどうかを認定し，市町村に保育の実施義務があることを確定する行政行

---

[122] 社会福祉法令研究会編『社会福祉法の解説』（中央法規出版・2001 年）273 頁は，「児童の保護者は，自分の子どもを預けたい保育所を選択して市町村に申込書を提出し，当該市町村は，原則として，当該申込書に記載された保育所の経営者に『保育の実施』を委託しなければならない義務が生ずる」という意味で，市町村と児童の保護者との間に行政上の契約関係があるとする。

[123] 亘野格「保育所利用関係における合意の拘束力」小林武他編『『民』による行政』（法律文化社・2005 年）208-240（221）頁。

為と，保護者の選択に基づき特定の保育所で保育サービスを受ける行政契約との重畳と理解する意義はここに存在する（同旨，大橋・Ⅱ 59 頁）（⇨105 頁）。

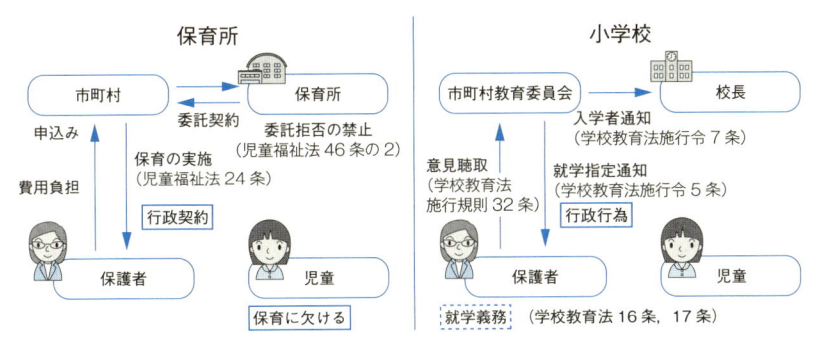

図14　保育所入所と小学校入学の法的差異

　他方でこの保育所方式が，サービスの現物給付と市町村・提供者間の委託契約という措置制度の枠組をなお維持している点には注意が必要である。つまり，選択権や契約の導入がなされたのは，給付主体と保護者とのインターフェイスの部分に限られており，保護者と保育所との直接契約という方式は採られていない。また，保護者には親権があり，本来的には保護者の役割である児童の保育を，保護者が市町村と契約を結ぶことで外部化したという図式のもとでは，児童ではなく保護者が契約締結主体となるから，次で説明する自己決定モデルのように契約締結主体の行為能力について法的な対応を特別に採る必要はない。このような意味において保育所方式は，措置制度と介護保険・支援費支給方式の中間的な法的しくみと言える。

【子ども・子育て支援法】　2012 年に成立した子ども・子育て支援法においては，幼稚園・保育所・認定こども園に共通の給付方式として，以下の介護保険給付・障害者自立支援給付とほぼ同じ現金給付の現物化が採用されている。ただし，私立保育所への保育の実施委託の制度はなお残されており，保育所と保護者との直接契約方式への変更は公立保育所に限られている。保育の実施委託の方式は市町村が保育料を徴収して私立保育所に委託料として支払うのに対して，直接契約方式では保育所が自らの責任で保育料（自己負担部分）を徴収しなければならなくなる。この点が私立保育所の直

接契約方式への移行を押しとどめた理由であろう。

③自己決定モデル──介護保険給付・障害者自立支援給付

　1997年に制定された介護保険法や，2000年の社会福祉事業法等改正により導入された障害者福祉における支援費支給方式においては，さらにドラスティックな制度変更がなされた。利用者が給付提供者と直接契約を締結することによってサービスを利用し，その利用料の原則として9割を給付主体が現金給付するという方式が採用されたのである。

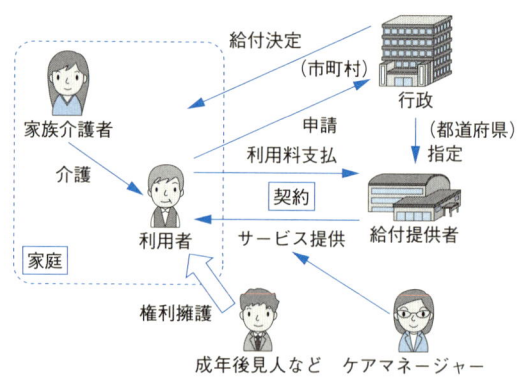

図15　介護保険給付の実施

　介護保険を例に，給付の過程を概観する。介護保険給付を受けようとする被保険者は，保険者である市町村に対して**要介護認定**の申請を行う（介護保険法19条1項）。この申請は指定居宅介護支援事業者等による代行も可能である（同法27条1項）。市町村は調査担当職員を申請者のもとに派遣して要介護認定に必要な調査を行う（この調査は**指定市町村事務受託法人**（同法24条の2）が行うこともでき，この場合には介護支援専門員に調査を行わせることもできる）。この調査結果をコンピュータに入力して必要な要介護時間を計算するのが**第一次判定**である。市町村はさらに，申請者の主治医の意見を求め（同法27条3項），市町村が設置した専門家による介護認定審査会に判定を依頼する。この**第二次判定**の結果を受けて市町村は要介護認定を行い，状態区分

等を被保険者証に記載する（同条7項）。要介護度の状態は，要支援1・2，要介護1〜5の7段階に分かれており，それぞれ給付額の上限が決まっている。要介護認定と要支援認定は条文上別々の処分に見えるものの，認定審査会は要介護認定の申請に対して要支援（あるいはその逆）の判断を下すことができ，この場合には被保険者が要支援認定の申請をしたものとみなすとの規定がある（同法35条）。要介護・要支援認定は申請があった日から効力を生ずる（同法27条8項，32条7項）。標準処理期間は30日とされ，特別な理由があれば処理見込期間とその理由を申請者に通知する（同法27条11項，32条9項）。これらの期間が経過しても応答がない場合には，市町村が申請を却下したとみなすことができる（同法27条12項，32条9項）。

　介護保険のサービスは居宅サービスと施設サービスに大別される。**居宅サービス**には，訪問介護・訪問入浴介護・訪問看護・訪問リハビリテーション・居宅療養管理指導・通所介護（デイサービス）・通所リハビリテーション・短期入所生活介護（ショートステイ）・短期入所療養介護・特定施設入居者生活介護（有料老人ホームにおける介護）・福祉用具貸出・特定福祉用具販売が含まれる（同法8条1項）。また**施設サービス**には，介護福祉施設サービスと介護保健施設サービスがある（同条25項）。要介護認定を受けた被保険者はこれらの中からサービスを選択し，その給付に要する額の90/100を介護保険から支払ってもらうのが基本である。ただし要介護度に応じて給付上限が決まっているので，それを超える部分は全額自己負担になる。この金銭給付は市町村から指定事業者に直接支払われ，それによって被保険者に支払ったものとみなされる（**代理受領方式**）（例：同法48条4，5項）。居宅サービスの場合には，さまざまなサービスを被保険者のニーズに合わせて調整する**居宅介護サービス計画**（ケアプラン）（⇨325頁）の作成が推奨されており，居宅介護サービス計画費は介護保険給付の中では唯一の10割給付となっている（同法46条2項）ほか，居宅サービスにおいて代理受領方式をとるためには，居宅介護サービス計画の作成と市町村への届出が必要となっている（例：同法41条6項）。

　この方式も保育所方式と同様，給付の必要性に関する認定判断（要介護認定）と給付内容の形成（福祉・介護契約）とを分節している。そして給付内容の形成の自由度を高めるため，現物給付方式をとらず，現金給付の現物化を

用いている。このような手法は医療保険におけるかつての特定療養費をモデルとしているものの，医療保険と異なり介護保険ではこの方式が一般ルールとなっている。この結果，介護保険ではカバーされない給付についても，利用者の資金と希望に応じて介護保険サービスと並行して提供がなされることとなっている[124]。つまり，現金給付の現物化は，現物給付方式に見られる給付主体による強力な給付内容コントロールを排除するためにとられた法技術であり，それゆえ，現金給付化したから給付主体のサービス提供基盤整備義務がなくなったと考えるのは単純に過ぎる。また，福祉・介護契約は利用者本人が締結することが想定されており，この点で保育所契約が保護者を契約当事者としていたことと異なる。この背景には，家庭における介護の要素を制度設計から一旦捨象し，利用者本人の自己決定を尊重する理念を前面に押し出した上で，必要があれば成年後見制度や権利擁護事業の力を借りるという考え方が見られる。他方で，この文脈における契約は，以上のような政策目的から選択された法的手法であり，それゆえこれに対する法的規律のあり方は，契約をとりまくさまざまな行政法制度全体を視野におさめた上で検討されるべきである[125]。

【支援費支給方式の独自性?】　上記の介護保険における給付のしくみは，障害者福祉サービスに関する支援費支給方式にも基本的にあてはまる。ただし，要介護認定に相当する支給決定の要件・効果の定め方がやや異なっている。支給要件を定める障害者総合支援法22条1項は，「障害程度区分，当該障害者等の介護を行う者の状況，当該障害者等の置かれている環境，当該申請に係る障害者等又は障害児の保護者の障害福祉サービスの利用に関する意向その他の厚生労働省令で定める事項を勘案」して支給の要否を決定するとしている。さらに同法施行規則12条には，法律に明示されていな

---

[124] 医療サービスと介護サービスの違いにつき参照，堤修三・前掲注9) 48, 53頁。
[125] 荒木誠之「保健・福祉行政の展開と転換」同『生活保障法理の展開』（法律文化社・1999年）139-152（150）頁，原田・前掲注14) 798頁，岩村正彦編『福祉サービス契約の法的研究』（信山社・2007年），中野妙子「介護保険法および障害者自立支援法と契約」季刊社会保障研究45巻1号（2009年）14-24頁，内田貴『制度的契約論』（羽鳥書店・2010年）。有料老人ホームに対する老人福祉法による契約規制につき参照，嵩さやか「福祉サービス契約と不当条項規制」法学（東北大学）77巻1号（2013年）1-34頁。

い考慮要素として,「当該申請に係る障害福祉サービスの提供体制の整備の状況」(同条9号)が規定されている。要介護認定と比較すると,介護者の状況,サービス利用の意向,サービス提供体制整備が追加されている。また,介護保険法の要介護認定は申請日に遡って効力を生じ(介護保険法27条8項),申請日以前であっても緊急その他やむを得ない理由によりサービスを受けた場合において必要があると認めるときには特例居宅介護サービス費(同法42条1項1号)などの「特例サービス費」が支給されうる。これに対して障害者総合支援法は,支給決定が有効となる時点を厚生労働省令に委任しており(同法23条),同法施行規則15条1項本文は「支給決定を行った日から」としている。また,特例介護給付費(同法30条1項本文)などの「特例給付費」は,申請日に遡って給付を受け得るとされ,申請日よりも前の給付は予定されていない。これらの規定の仕方の違いは何に由来するのか。

　介護を行う者の状況が要件の考慮要素に含まれているのは,障害者総合支援法の対象に障害児も含まれていること,高齢者の場合と異なり障害者の場合には成年後見や権利擁護事業の利用が現実的には困難であり,家庭の介護力の存在をなお前提とせざるを得ないことがその理由と考えられる。しかし,サービスの利用に関する意向が給付決定にどのように影響するのかは不明確である。この点に関して,障害者総合支援法制定前の支援費支給方式について,「支給決定の前に,障害者と施設・事業者との間に財やサービスの供給に関する契約締結の意思が確定していなければならないのである。それゆえ,このような契約成立の見込みなしに,市町村は支給決定をなしえない」[126]とする見解があった。しかしそう解釈できる論拠は不明確であり[127],少なくとも提供できるサービスが存在していれば支給決定は可能と思われる。

　これに対して,給付の始期が介護保険法と障害者総合支援法とで異なっている理由は,強いて言えば両者の財政方式の違いにある。もちろん,介護保険法が念頭に置いている保険事故と障害者総合支援法における支給の必要性の判定とでは,後者により広いバリエーションが認められ(障害の種類や程度は老齢に伴う介護の必要性と比較すると個人差が大きい),これに伴って給付の必要性に関する行政の認定判断に広い裁量が認められる余地がある。しかし,障害者総合支援法は給付要件判断の方法や手続を介護保険に接近させてきており,この理由による差異の正当化はもはや困難と思われる。そこで別の説明方法として,児童手当や生活保護のような一般財源に基づく給付と平仄を合わせた給付の始期を定めたという見方もできるかもしれない。その背景には,一般財源に基づくサービス給付の場合には一般会計予算の制約がかかるために,

---

126) 倉田聡『これからの社会福祉と法』(創成社・2001年)99頁。
127) 同旨,太田・前掲註61)248頁(公法研究67号)。

需要に対応して必要経費が措置される構造になっていないという事情がある。障害者総合支援法施行規則がサービス提供体制整備の状況を支給決定の考慮要素に付加しているのはそれゆえである。そしてこの点にこそ、介護サービス提供に社会保険制度が導入された最大の要因が存するのである。

発展演習

1. 社会福祉法人Xは児童養護施設の建設を計画し、所在地であるA市はその建設補助金を支出した。その補助条件の中には、XがA市からの10人を限度として優先的に措置委託児童を受け入れることという内容が含まれていた。Xが施設の運営を開始したところ、措置児童の多くがA市以外からのものとなり、10人の優先枠が守れなくなりそうになってきた。そこでXはY県知事に対して、A市以外からの措置児童の委託契約を当分の間受け入れないとする意思表示を行ったところ、知事は「児童福祉法46条の2により、知事の措置委託に対しては正当な理由がない限りこれを拒んではならず、貴施設の提示した理由は正当な理由とは認められないため、今後とも措置委託を行う」との通知を発した。この通知に不満のXはどのように不服を争えば良いか、またXの主張は認められるか、検討しなさい。

2. 指定居宅サービス事業者Xは、A県知事から指定を受けて介護保険サービスの提供を行っていた。A県はXが不正請求を行っていた事実を突き止め、Xに介護報酬を支払っていたY市にこれを通知した。Y市はこれを受けて不正請求分と加算金の支払いを請求するとともに、独自にXに関する調査を行ったところ、Xが不正の手段によって指定を得ていたことがわかった。そこでYは介護保険法22条3項に基づき、これまでにXに対して支払った介護報酬とその加算金を支払うよう請求した。Xはこれに対していかなる反論ができるか、検討しなさい。

第3章 環境法

1 環境法の基本的考え方

1 環境法の特色

　私たちの生活は，自然環境からのさまざまな恵沢があってはじめて成立している。人間の経済的・社会的活動はもとより，その生存さえも自然環境なしには維持できない。しかしそのことは，人間が自然環境に対して常に負荷をかけ続けていることをも意味する。**環境法**は，自然環境の無秩序な利用による環境破壊を防止し，良好な環境の維持と次世代への継承を図るにはどうすれば良いのかという課題に取り組んでいる。

　日本の環境法は**公害法**から発展した。公害問題は**足尾銅山鉱毒事件**など明治時代からすでに存在していたものの，公害の予防を目的とする立法措置がとられるようになったのは戦後のことであった。戦後直後に東京都などいくつかの地方公共団体で公害規制条例が制定され，国レベルでも 1958 年に公共用水域の水質の保全に関する法律と工場排水等の規制に関する法律（いわゆる**水質二法**）が制定された。さらに 1962 年には，ばい煙の排出の規制等に関する法律も制定された。60 年代後半には**四大公害事件**（イタイイタイ病，熊本水俣病，阿賀野川有機水銀中毒，四日市ぜんそく）がクローズアップされ，1967 年には公害対策基本法が制定された。この時期までの立法には，経済発展と公害対策との両立を求める**経済調和条項**が含まれていた。これに対して，光化学スモッグ事件や田子の浦ヘドロ事件などの新たな公害問題が噴出した 1970 年の公害国会では，経済調和条項を削除する法改正がなされ，水質汚濁防止法や廃棄物の処理及清掃に関する法律［廃掃法］などが新たに制定された。1971 年には総理府の外局として**環境庁**が設置された。こうして，多量の有毒物質が特定の工場などから排出されることによって生ずる健康被害に対する法的な予防措置が確立し，公害問題は大きく改善されるに至った。これに対して，1990 年代以降注目されるようになったのが**地球環**

境問題である。とりわけオゾン層の破壊や地球温暖化，生態系の破壊などの問題が取り上げられ，1992年にはブラジルで地球サミットが開催された。このような動向を踏まえ，1993年には公害対策基本法が改正されて**環境基本法**が制定された。環境法という名称もこの頃から一般化した。

　環境法の特色は次の3点にまとめられる。第1は，現在の国民の利益だけではなく**将来世代の利益**をも考慮しなければならないことである。公害問題と異なり環境問題は，現在の国民に直接的で明確な被害をもたらすものだけではない。また，現在の科学的知見のもとでは環境被害とのはっきりした因果関係が確定できていない物質についても，将来世代の利益の観点から規制する必要が生ずることもある。幅広い利害関係者が存在するのは行政法の参照領域においては普遍的な状況であるものの，そこに将来世代までも含まれ，また不確実な**リスク**の問題にも対処しなければならないという構造を有する点は，環境法の大きな特色と言える。そこで計画的な**環境管理**が環境法の主要な任務の1つとなる（高橋編67頁）。

　第2は，環境法によって抑制すべき対象となる**環境負荷**の多くが，人間の日常生活や経済活動から生じていることである。公害問題の場合には，工場などが本来であれば必要な汚染物質処理費用を払わずに外部に排出することが問題であり（**外部不経済**），その費用を原因者に支払わせる方向で規制すれば解決に導くことができた。しかし二酸化炭素の排出やごみの発生は人間の経済活動から不可避的に生じるものであり，公害問題と同じ対応は難しい。環境法において経済的手法や情報的手法などの**政策手法論**や**公私協働・自主規制**などが語られる背景にはこうした事情が存在する。

　第3は，環境問題の性格により，解決を図るべき公的空間の規模が異なることである。騒音・振動や生活環境にかかわる問題は，国よりも市町村や都道府県など地方公共団体のレベルの方が適切に解決できる可能性が高い。これに対して毎年春に黄砂とともに中国大陸から飛来する大気汚染物質に対する対策や生物多様性保護・地球温暖化対策などの問題は，一国単位での解決には限界があり，国際的な協力の枠組の中でその解決が模索されるべきものである。このように環境法においては，多層的なガバナンス構造の中で，どのレベルに解決を委ねるのが最も有効・適切かという視点が重要になる。

　以上のような特色を背景に，環境法においては行政法学に関係する多様で

先進的な法的しくみが発展を続けており，参照領域の中でも行政法学に対して最も知的刺激を与え続けている法分野と言っても過言ではない。また環境法は，民事法や刑事法とも密接な接点を有する学際的な性格を有しており，行政法学との関係のみならずこれらの隣接法分野との対話の結果生み出される議論にも注目する必要がある。本章では紙数の制約から，行政法学を学ぶ上で不可欠と言える環境法の基礎的な知識や法的しくみに焦点を絞り，主として行政法学の問題関心から説明することとしたい。

2 環境法の内部構造

環境法はさまざまな個別環境法令の集合であり，その内部をどのように分類整序するかについての定説はなお存在しない（その試みとして，原田 21 頁，大塚 42 頁，北村 26 頁）。環境法の特色として，規制対象となる環境問題に応じて投入される政策手法・法的しくみにかなりの差異が存在する点が挙げられる。そこで本章では，規制対象に着目して環境法を大きく次の 3 つのグループに分けることとしたい。

第1は，環境に負荷を与える汚染物質の排出を規制し，あるいは蓄積された汚染物質の除去を目的とする行政過程にかかわる**環境メディア法**である。**環境メディア**とは，水・大気・土壌のような環境を構成する個別の媒体を指す。我が国では，環境法が公害法と呼ばれていた頃から，個別の環境メディアごとに規制措置を立法するスタイル（大気汚染防止法・水質汚濁防止法など）がとられている。これに対してヨーロッパでは，個別環境メディアを超えた環境全体を対象にその汚染の抑制を模索する**統合的環境保護**と呼ばれる考え方が見られ，日本の立法の中にもそのような傾向を持つもの（例：ダイオキシン類対策特別措置法）が存在する（大塚 327 頁）。公益事業法やエネルギー法としての性格も有しているため純然たる環境（メディア）法とは言えないものの，環境への汚染物質の排出を完全に抑制しなければならない**原子力法**も本書ではこの枠内で取り扱うこととする。

第2は，廃棄物の処理や資源の有効利用を適正に遂行することに関係する**循環管理法**である。廃棄物をめぐる紛争は行政法の授業においてもしばしば取り上げられるため，廃掃法のしくみの輪郭を理解しておくことは極めて重

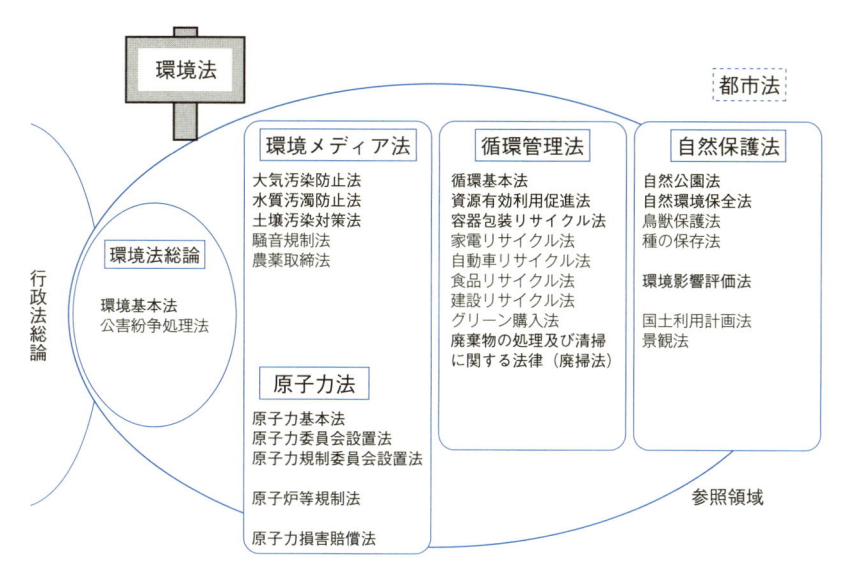

図1 環境法の内部構造

```
                    環境法
                                                    都市法

        環境法総論    環境メディア法    循環管理法      自然保護法
                    大気汚染防止法    循環基本法      自然公園法
行                  水質汚濁防止法    資源有効利用促進法  自然環境保全法
政   環境基本法       土壌汚染対策法    容器包装リサイクル法  鳥獣保護法
法   公害紛争処理法    騒音規制法      家電リサイクル法   種の保存法
総                  農薬取締法      自動車リサイクル法
論                                食品リサイクル法   環境影響評価法
                                建設リサイクル法
                    原子力法       グリーン購入法    国土利用計画法
                                廃棄物の処理及び清掃  景観法
                    原子力基本法    に関する法律（廃掃法）
                    原子力委員会設置法
                    原子力規制委員会設置法
                    原子炉等規制法                参照領域
                    原子力損害賠償法
```

要である。また近時，資源の有効利用を促進するための循環基本法と個別のリサイクル法が立法され，分野ごとに特色ある資源有効利用のためのスキームが形成されている。

第3は，自然環境の保護や生態系の維持を目的とする**自然保護法**である。人工的な要素も含む景観保護や生活環境の保護とも密接に関わる領域であり，この点では都市法との境界領域に属する分野と言える。他方で希少動植物の保護のような生物個体保護に関係する法令も存在する。公共工事等の環境影響の低減に関係する環境影響評価法は，環境法全般にかかわる要素があるものの，その大きな目的の1つが自然環境・生態系保護にあることを考慮し，この分野の中で説明する（森林法・河川法・海岸法も自然保護法に含めて体系化する見解として，畠山21頁）。

3 環境法の基本概念

ここでは，環境法のあらゆる分野で登場する基本的な用語・概念や考え方を5つ紹介する。

■ 外部不経済

　そもそも環境負荷に対する行政による規制が必要とされる理由はどこにあるのだろうか。これを経済学（ミクロ経済学）の立場から説明する際に用いられる概念が，外部不経済である。ここでいう外部とは，市場を経由しないという意味である。ある経済主体の行為が市場を経由せずに，別の経済主体に何らかの便益を生じさせる場合を**外部経済**，不利益を生じさせる場合を**外部不経済**と呼ぶ。ある工場が有毒な排水を川に垂れ流し，下流で魚が死滅して漁民が生活できなくなる不利益を引き起こすのが，外部不経済の典型例である。この不利益は，工場と漁民とが市場を介して取引した結果ではない。このような**外部性**の問題は，**市場の失敗**の一例とされ，行政による介入を正当化する1つの根拠となる。

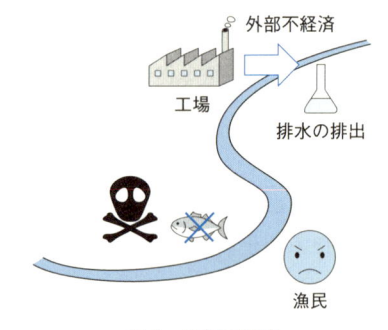

図2　外部不経済

　工場は汚水を川に垂れ流すことにより，汚水の処理費用を負担せずに製品を生産して市場で売買していることになる。行政による規制によって汚水の処理を義務付ければ，工場はこの部分の費用を価格に転嫁して市場に製品を出荷することになる。このようにして外部性が価格に反映され，市場取引の要素に組み込まれることを**外部性の内部化**という。同様の結果は，汚水の処理をしない場合に処理費用にあたる額を課税する（このような外部効果による過剰生産等を是正するための税を**ピグー税**と呼ぶ）ことによっても達成される。

　他方で，ミクロ経済学では**コースの定理**と呼ばれる考え方が存在する。これは，取引費用（当事者間の交渉や裁判に要する費用）がゼロであれば，**権利の**

初期配分がどのようなものであったとしても，また上記のような行政による介入やピグー税が存在しなくても，私人間の交渉・取引によって効率的な資源配分が達成されるとする考え方である。そうであるとすれば，規制が特に存在しなくても，当事者間の交渉に委ねれば環境問題は解決するようにも思われる。しかし，次の2点において注意が必要である。第1は，コースの定理が問題にしているのは効率的な資源配分であって，当事者間の分配が公正であることまでは含意していない。第2は，コースの定理の成立条件として，取引費用が十分に低いこと，交渉を行う前提として権利の帰属が明確になっていること，交渉の結果まとまった約束が守られるように履行強制制度が機能していることが求められていることである。特に**取引費用**は，当事者が多くなり利害関係が錯綜すればするほど増大する傾向にある。この2つの問題から，権利の初期配分をどのようにしておくか（例：漁民に漁業権を認めるか，工場に排水権を認めるか）が，現実には重要な要素となる。

■ 環境に関する権利

それでは，環境法において環境に関する「権利」はどのように議論されているのであろうか。権利論が機能する局面の中心は訴訟であるので，ここでは訴訟との関係で環境に関する権利論を概観する。

① 公害訴訟の代表的な形態は，民事の不法行為に基づく損害賠償請求訴訟である。不法行為の構成要件（民法709条）の中にも権利・利益侵害が含まれているものの，この要件に関しては違法性や過失で実質的に判断する立場が有力である。違法性の判断基準として用いられているのが**受忍限度論**と呼ばれる考え方である。これは，侵害行為の態様や被侵害利益の性質に加え，侵害行為の**公共性**や被害防止措置も考慮に入れて侵害行為の違法性を判断する点に特色がある（判百Ⅱ249 判Ⅱ171 最大判1981(昭和56)・12・16民集35巻10号1369頁［大阪空港訴訟］，判Ⅱ172 CB 19-10 最二小判1995(平成7)・7・7民集49巻7号1870頁［国道43号訴訟］）(⇨152頁)。

② 公害問題の解決のためには，環境に負荷を与える行為をやめさせること（差止）が重要である。民事の差止訴訟は通常，**人格権**侵害を根拠になされる。人格権は民法の特定の条文を根拠とするものではなく，財産的利益とは異なる人格的利益（生命・身体・名誉に関する利益）に対する保護が裁判上確

立し，権利として位置づけられるに至ったものである。しかし，公害に関する民事差止訴訟において，人格権侵害があれば直ちに侵害行為が違法と判断されるわけではなく，ここでも受忍限度論が機能している。しかも，差止が認められるためには，損害賠償が認められる場合に比べてより高い違法性が要求されると考えられている（**違法性段階説**）。

③ 人格権の考え方の持つ限界に挑戦したのが**環境権**である。人格権に基づく民事差止は，個人の生命や健康に対する侵害が差し迫っているかすでに生じている場面を念頭に置いている。これに対して，個人に具体的な損害がなくても，良好な環境が侵害されるおそれがあれば，原則として民事差止請求が認められるべきとするのが，環境権侵害に基づく民事差止訴訟のアイデアである。また，個人レベルでの具体的損害が不要なので，環境を共有する地域住民全てに差止請求権が認められることになる。つまり環境権は個々人の個別的利益というより，地域全体の利益を背景に成立しているのである。しかし判例においては環境権の考え方は受け入れられるに至っておらず，その理由は，原告の個別的利益ではない環境利益を私権と捉えた上で民事訴訟による解決を認めることに難がある点に求められている（大塚682頁）。

■ 環境利益

このように環境に関する利益は，それが個人の生命や健康に直接的に影響するものとならない限りは個別的利益と位置づけることが難しい。また環境利益を守るための規制によって制約されるのは，**財産権**に代表される経済的自由である。このような環境利益の特性を正面から認め，私権ではなく**集団的利益**（共同利益）あるいは公益として**環境利益**を位置づける見解が強まっている（北村51頁）。これは，法律・条例の制定やそれにより基礎付けられる行政過程で環境利益の内容が具体化される点を重視する立場である。

① 個人の生命・健康に直接の被害をもたらさない環境負荷に対しては，それをどの程度まで低減すべきなのかを一義的・客観的に決定することが難しい。その代表例は**都市景観**である（判Ⅰ184R3 最一小判2006（平成18）・3・30民集60巻3号948頁［国立マンション民事訴訟］）（⇨27, 465頁）。環境権論はこのような場面において，良好な環境を享受していた私人の一部が訴訟のルートを通じてその権利の保護を図ることを主として構想していた。これに対して

集団的利益として環境利益を位置づける立場からは，訴訟によって直ちに保護されるほどの強い効力を認めない。むしろ，何が保護されるべき環境利益なのかは，第一義的には法律・条例の制定によってある集団的利益としての環境利益が「公益」として性格付けられることを重視し，その枠内で環境利益が保護され，その目的に対応する形で財産権などの経済的自由が制約されることを正当化する発想をとる。集団的利益としての環境利益の立場においては，個人が手にしているのは立法・行政過程への**参加権**である（⇨文献①）。これに対応して，国や地方公共団体などの公的主体には，その活動の際に環境への配慮を行わなければならないとする**環境配慮義務**が課されることになる（環境基本法4条，6条）。

② 集団的利益としての環境利益の考え方は，環境利益の侵害に対する訴訟を一切封じるものではない。その1つの手段は，行政過程において設定されている一定範囲の住民が持つ不可分利益（**凝集利益**）に基づく訴訟（抗告訴訟）である。このような利益が認められるかどうかの判断に当たっては，個別の行政法規によって外延の明確な一定範囲の住民に手続的な参画権が与えられているかどうかが重視される（⇨文献②）。もう1つの手段は，環境行政法規の適正な執行を確保する観点から，その執行状況への利害・関心を持つ私人に訴権を法律で認めることである。私人による法執行や環境団体訴訟はこの系統の訴訟に位置づけられる。これらの2つの手段においてはいずれも立法による制度形成が前提になっており，生の環境利益が一旦行政法規によって公益に変換された上で訴訟過程に持ち込まれる構造がとられていることに注意が必要である。

③ このように，環境利益は政治過程・行政過程における内容形成によってその保護範囲が具体的に確定する性格を持っている。それでは，環境に関する規定を憲法上設けることにはどのような意義が認められるだろうか（⇨文献③）。この問題は，新しい人権としての（**憲法上の**）**環境権**として長く議論されてきた。解釈論としては憲法13条や25条を手がかりにこのような権利を認めることが考えられる。ただし，環境権を個人の防御権として捉えると，政治過程によって内容が具体化される性格と齟齬を来すことになる。また環境権を給付請求権として捉えると，生存権論と同様にその内容が憲法上なお確定していないという問題が表面化する。そこで憲法上も，目指すべき

価値としての国家の**環境配慮義務**という考え方がとられる方が穏当であるように思われる（⇨文献④）。これは，単に立法過程や行政過程における環境保護政策を憲法上基礎付けるという機能にとどまらず，**将来世代の利益**としての環境利益を現在世代が配慮するとする世代間のコミットメントとしての性格をも有するものである。そこで，現在世代による民主政の過程では十分に顧慮されないおそれがある将来世代の環境利益にも重み付けを与えるため，通常の民主政とは異なるシステム（例えば**環境団体訴訟**）を設定しておくことが考えられる（⇨文献⑤）。

■ 政策手法

行政による一般的な規制は，法律や法律に基づく行政基準によって何らかの行為義務が私人に対して設定され，これに違反した場合には個別の監督活動（不利益処分）が行政によってなされ，さらにそれにも違反した場合には義務の強制的な履行または義務違反への制裁措置がとられるという過程をたどる。このような**規制的手法**（**直接規制，命令・監督手法**＝command and control）以外にも環境法においてはさまざまな**政策手法**が見られる（整理の試みとして，大塚77頁以下，北村110頁以下）（⇨文献⑥）。環境負荷の発生は企業の経済活動や市民の日常生活と深い関係があり，行政による典型的な規制の手法だけでは環境負荷の低減を実現することが困難であるからである。また，これらの手法は単独で使われるのみならず，政策目的に合わせて組み合わせて使われる（**ポリシー・ミックス**）ことにも注意が必要である（倉阪243頁）。
① 伝統的な公害問題に対して**規制的手法**は有効に働く（環境基本法21条）。例えば，特定の工場が有毒な物質を排出している場合に，一定量以上の排出を法律（または法律に基づく行政基準）で禁止する。浄化装置を設置するなどの一定の要件を満たした工場にのみ操業を許容する**許可制**を採用するか，あるいは許容量を超える環境汚染物質の排出が確認された段階で操業停止命令・改善命令を出す**下命制**を採用して，個別の排出を行政が監督する。これらの行政上の義務に違反した場合には，刑事罰を科すことで義務履行を確保する。このような手法は後に見るように，現在でも環境法における規制システムの中核に位置づけられている。
② 規制的手法は行政活動の名宛人の権利・利益を侵害する作用を持つ。そ

のため，環境負荷を与える物質が環境被害を生じさせること（**因果関係**）が明確でなければ，比例原則的な考慮から，名宛人の権利を制約する手法を政策手段として利用することは難しい。また，規制執行の際に行政が監視・情報収集を行うコストが大きく，それは排出源が拡散するほど顕在化する（例：温室効果ガスの排出）。さらに，排出基準の設定は守るべき義務の明確化に資する反面，基準を満たしてしまえばそれ以上に環境負荷物質の排出を削減しようとするインセンティブが働かない。こうした規制的手法の弱点をカバーするために発達してきたのが，**誘導的手法**（間接規制）である。その中心となる政策手段は，情報と金銭である。**情報的手法**は，環境負荷物質の排出量などの情報を公表し，それが市民の市場における購買行動に影響を与えることで，環境により配慮した企業活動を実現しようとする手法である。例えば，**環境ラベル**を商品に表示して購買を促す手法や，企業の環境に対する取り組みをまとめて公表する**環境報告書**がこれにあたる（大塚105頁）。経済的手法は，環境親和的な活動を行う企業に対して**補助金**交付や税制面での優遇を与えたり（その問題点につき，北村113頁），環境に負荷を与える経済活動に対して**賦課金**（**誘導課徴金**）や**環境税**を課したりすることで，環境に配慮した活動を促す手法である（環境基本法22条）。賦課金の例として，公害健康被害の補償等に関する法律の定める**汚染負荷量賦課金**がある（同法52条以下）。これは，ばい煙に含まれる大気汚染物質の排出量に応じて賦課金の金額が決まるものであり，事業者としては賦課金を支払うか，汚染物質低減対策をとって賦課金の支払額を抑制するかの選択を行うことになる（⇨文献⑦）。

③ 被規制者の側が公的利益に適合する行動を決定する**自主的手法**（**自主規制**）も多く見られる。古くから存在していたのが行政と事業者との合意に基づいて環境配慮行動をとらせる**公害防止協定**である（⇨69, 390頁）。これは，法令に基づく規制権限を持たない地方公共団体（とりわけ市町村）と事業者とが**行政契約**を結び，事業者側が環境基準の遵守や情報開示を約束し，行政の立入検査権を認めることを主要な内容とする。公害防止協定を締結することで事業者側は行政から補助金等の優遇を受けたり，施設の許認可時にインフォーマルに要求される地元同意を確保したりすることができる。これに対して，1990年代から増えてきたのは，事業者の環境配慮に向けた自主的な取り組みを事業者の意思決定に組み込む**環境マネジメント**である（⇨文献

⑧）。これは，計画・実施・点検という一連の過程において環境配慮がなされるようなシステムが事業者の意思決定の中に埋め込まれていることを求めるものであり，基準に合致するシステムかどうかを**審査登録機関（認証機関）**が**認証**する。この認証を得て事業者が市場競争の上で優位性を発揮することが，このシステムを作動させる動因となっている（大塚 113 頁）。さらに，環境に配慮した一定の手続をとらせることを義務付けることによって（例：環境影響評価法），あるいは事業所の中に環境配慮を担当する専門組織を設置させることで（例：特定工場における公害防止組織の整備に関する法律）事業者の環境配慮的行動を引き出そうとする**手続的手法**もここに含まれる。

■ 環境に関する基準

　規制的手法において，環境に関する基準は環境保護の内容や程度を決定する役割を果たしている。我が国においては，この基準は大きく 2 種類に分けられる。1 つは，環境基本法 16 条に基づいて設定される**環境基準**である。もう 1 つは，大気汚染防止法や水質汚濁防止法などの個別の環境法に基づいて設定される**排出基準・総量規制基準**である。両者の違いは，環境基準が「人の健康を保護し，及び生活環境を保全する上で維持されることが望ましい基準」（環境基本法 16 条 1 項）とされているのに対して，排出基準や総量規制基準は後続の行政過程（改善命令等の不利益処分が代表的である）に対して法的な拘束力を持っている点にある。

① **排出基準**は，環境負荷を与える物質の排出量を直截に規制する基準であり，通常は**濃度規制**として定められる。例えば水質汚濁防止法の場合，環境省令によって有害物質の種類ごとに許容限度が定められる（同法 3 条）。工場が排水施設を設置する場合には届出が必要とされており（同法 5 条），排水基準に適合しない場合には**計画変更命令**（同法 8 条）が出されることになる。この濃度規制では，大量の水を混ぜて排出すれば基準をクリアしてしまうため，多数の排出源が存在する地域では有効な規制とは言えなくなる。そこでこのような**指定地域**については排出基準に加えて都道府県知事が**総量削減計画**（同法 4 条の 3）を定め，これに基づいて**総量規制基準**を策定する方式がとられている。この方式では環境負荷を与える物質の排出量そのものが問題になるため，より実効的な環境保護が行われうる。はじめから全ての地域で総

量規制を行わないのは，環境保全という目的の達成にとって必要最小限度の規制手段が選択されるべきとの考え方（**比例原則**）が存在するからであろう。

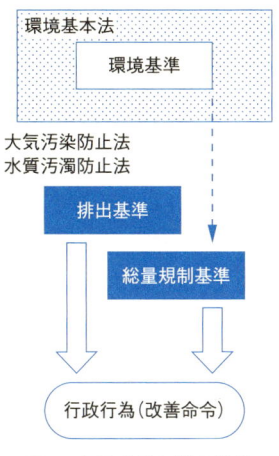

図3　環境基準と排出基準

② **環境基準**は，環境基本法に基づいて**告示**の形式で定められるもので，環境上の望ましい基準を定める指標として位置づけられ，直接国民の権利・義務を確定するものではないと考えられている（例：「微小粒子状物質による大気の汚染に係る環境基準について」（平成21年9月9日環境省告示33号））。しかし，このことは環境基準が法的な意味を全く持たないということを帰結しない。総量規制基準が定められる要件として排出基準のみによるのでは環境基準の確保が困難と認められる場合が示されており（例：水質汚濁防止法4条の2第1項），一般廃棄物処理施設・産業廃棄物処理施設の許可要件の中にも「過度の集中により大気環境基準……の確保が困難となると認めるとき」（廃掃法8条の2第2項，15条の2第2項）が含まれている。また，環境基準は民事の不法行為に基づく損害賠償・差止訴訟における受忍限度の判断要素にも取り込まれている。このような法的な関連性から，環境基準に処分性を認めることが考えられなくはない。しかし裁判例（判Ⅱ 27 東京高判1987(昭和62)・12・24行裁例集38巻12号1807頁）では，環境基準が公害被害者の法的地位に変動をもたらすものではないこと，排出基準・総量規制基準との関係は事実上の連動にとどまることを理由に，環境基準の処分性が否定されている。

4　環境法の基本原則

　環境法を貫く基本的な考え方を紹介する。これらは現在の環境法の解釈の一助となるほか，立法論においても制度のあるべき姿や理念を構想する立法準則としての機能を持つ。

■ 環境配慮原則

　人間の社会的活動や経済的活動は，自然環境への負荷なしには成立しない。環境負荷に対するコントロールを行わないと自然環境は悪化の一途を辿り，回復不可能な状況に陥ると，人間の活動そのものが成り立たなくなってしまう。そこで，1980年前後から主張され始めた考え方が**持続可能な発展**（sustainable development）である。その内容は，環境の維持・改善に向けて諸施策を統合することと，将来世代の利益に十分な配慮をすることに整理できる（大塚50頁）。環境実定法の中でも，例えば環境基本法4条は「環境への負荷の少ない健全な経済の発展を図りながら持続的に発展することができる社会」の構築をめざすとの規定があり，国等における温室効果ガス等の排出の削減に配慮した契約の推進に関する法律も「環境への負荷の少ない持続的発展が可能な社会」の構築に資することが目的とされている（同法1条）。経済活動と環境とが密接な関わりを有する以上，特定の環境メディアや環境分野の法律のみで環境保護を実現するのでは不十分であり，環境法以外の法分野においても可能な限り環境配慮の要請を取り込まなければならない。環境影響評価法33条が定める**横断条項**はその現れである。また，将来世代の利益に配慮するため，現在世代により構成される統治過程（立法・行政・司法）の中に将来世代の利益を（少なくとも擬似的に）代表させうるしくみ（例：専門家による基準定立，環境団体訴訟）を埋め込む必要がある。

　さらに**国際環境法**の文脈にも視野を広げると，先進国と発展途上国との利害調整の問題もここに含まれる。発展途上国から見れば，環境保護を主張する先進国は過去に大きな環境負荷を生じさせたことにより経済発展しているのに，なぜ発展途上国が現在から将来に向かって経済発展することを（環境問題を理由に）許さないのか，という構図になるからである。持続可能な発展という考え方は，むしろこの文脈から生まれたものである。そこで，開発

や貧困克服の問題も国際環境法では重要なテーマとなる。

■ 予防原則

　環境に負荷を与える行為を規制することは、事業者等の経済的自由を制約することとなる。このため、他の法分野と同じく**比例原則**の要請が環境立法・環境行政活動の双方に対して働くことになる。具体的には、環境負荷を与える物質や行為とその被害との因果関係が立証され、その被害を防止するとする政策目的とそのために投入される政策手段が合理的であり、両者の関係に均衡が保たれていることが必要である。しかし、環境法においては、ある被害の原因とされる物質やこれと被害との因果関係に関する科学的知見が確立せず、にもかかわらず被害の拡大が進行するという場面が想定される。具体的危険とはなお言えない**リスク**のレベルにとどまるこうした**不確実性**を伴う問題（⇨文献⑨）に対しても、それにより生ずると予想される被害が甚大で不可逆的であれば、現在の段階で何らかの対策をとるべきとする考え方を、**予防原則**（**予防的アプローチ**）という。この考え方には、現在世代の利益のみならず将来世代の利益をも考慮して現在の環境規制の内容・水準を決定すべきとする要請も含まれており、この点に注目すれば環境配慮原則（持続可能な発展）の実現にも資する原則と位置づけることも可能である。予防原則を実定化した例として紹介されるのが、化学物質の審査及び製造等の規制に関する法律［**化審法**］と特定化学物質の環境への排出量の把握等及び管理の改善の促進に関する法律［**PRTR法**］である（北村76頁以下）。

① 化審法はポリ塩化ビフェニル（PCB）汚染が原因で発生した**カネミ油症事件**を契機に制定されたもので、環境負荷を与える物質の排出規制を主眼としてきたそれまでの公害立法と異なり、製造・輸入の段階で包括的な規制を行う**クローズド・システム**が採用された。具体的には、危険度に応じて類型化される前に全ての**新規化学物質**の製造・輸入について**事前審査制度**が採用され、厚生労働大臣・経済産業大臣・環境大臣への届出を行わなければならない（同法3条）。この届出から3ヶ月以内に審査が行われ、同法の定める化学物質のどの分類にあてはまるかが通知される（同法4条）。この通知を受けた後でなければ当該化学物質の製造・輸入は禁止され（同法6条）、その違反に対しては刑事罰（同法58条）が科される。化審法においては、危険物質で

あるから規制するという発想から，安全が証明されていないから規制するという発想へとその基本的な考え方が転換している。

② PRTR 法は，市場投入時の規制に関係する化審法と異なり，市場投入後の化学物質の管理の適正化と排出量の把握を目的とするものであり，1996 年に**経済協力開発機構**（**OECD**）が加盟国に対して制度導入勧告を行ったのを受けて，1999 年に制定された。同法が規制の対象にしているのは，人の健康や動植物の生息に支障を及ぼすおそれがあるなどの有害性があり地域環境に滞留すると認められる**第 1 種指定化学物質**（同法 2 条 2 項）と，同様の有害性を持ち地域環境への滞留が将来的に見込まれる**第 2 種指定化学物質**（同条 3 項）である。どちらも具体的な物質は政令で特定されることとなっており，政令の制定の際に「化学物質による環境の汚染により生ずる人の健康に係る被害並びに動植物の生息及び生育への支障が未然に防止されることとなるよう十分配慮」（同条 4 項）することが要請されている。第 1 種指定化学物質の製造・使用を業として行う第 1 種指定化学物質等取扱事業者は，化学物質の環境への排出量と廃棄物として処理する移動量を把握し，これを都道府県知事経由で主務大臣に届け出なければならない（同法 5 条）。この情報は営業の秘密を確保した上でデータベース化され，業種別・地域別に公表されるほか，情報公開請求があれば事業所ごとのデータも開示される（同法 10 条）。このようなしくみを **PRTR**（Pollutant Release and Transfer Register）**制度**という。同法はさらに，第 2 種指定化学物質の取り扱いも含む指定化学物質等取扱事業者に対し，化学物質の譲渡・提供の際にその相手方に対して化学物質の性状・取り扱いに関する情報を提供する**化学物質安全性データシート**（MSDS：Material Safety Data Sheet）**制度**も定めている（同法 14 条）。PRTR 法は，人間の生命や健康に対する影響がなお明らかではない化学物質も含めて，その排出や移動を文書化し，集計・公表することによって，化学物質の適正な管理と排出を行わせる手法を採用している（大塚 427 頁）（⇨文献⑩）。

■ 原因者責任原則

環境問題の多くは，本来であれば事業者が支払うべき汚染物質処理費用を事業者が支払わずに環境に排出することで生じている。この結果，事業者は処理費用分を価格に転嫁せずに市場取引を行うことができる。しかしこのこ

とは環境汚染だけでなく，汚染物質処理費用を適切に負担している事業者が競争上不利になるという問題をも引き起こすことになる。OECDはむしろ後者の問題を念頭に置いて，外部不経済の内部化を汚染者に求め，国家が公害防止のために補助金を支出することの禁止を求めた。汚染防止の費用は汚染者が支払うべきであるとするこのような考え方を**汚染者負担原則**（PPP: Polluter-Pays-Principle）あるいは**原因者責任原則**（原因者負担原則）という。

　原因者責任原則が働くのは主として制度設計の局面である。ある環境問題の解決に費用が発生する場合に，環境に負荷をかける行為を行っている原因者に対して負担を求めることが出発点となる（ここでいう費用には，法律上設定された汚染防止義務の履行に必要な設備投資経費も含まれる）。原因者責任原則に基づく費用支払義務や行為義務は典型的な侵害作用であるため，法律の根拠が当然必要となる。原因者がはっきりしない場合や国家起因性が認められる場合には，国・地方公共団体の一般財源による費用負担がなされうる（**公共負担原則**）。

　原因者責任原則そのものは分配の公平に由来する考え方であり，原因者に汚染防止費用を支払わせることが環境保護にとって効果的であるとする理由付けはそれほど前面に押し出されてはいない。他方で，廃棄物処理・リサイクル法制においては，廃棄者のみならず当該製品の製造者や設計者にも処理費用の負担を求める**拡大生産者責任**（EPR: Extended Producer Responsibility）と呼ばれる考え方が確立しつつある。これは，生産者の責任が及ぶ範囲を製品消費後の消費者による廃棄の段階にまで拡大しようとするものであり，循環型社会形成推進基本法11条が事業者の責務という形式でこのことを規定している。事業者が負う具体的な義務は個別のリサイクル法によって規定されており，例えば容器包装に係る分別収集及び再商品化の促進等に関する法律［容器包装リサイクル法］においては，事業者に再商品化義務（同法11条）が課されている。拡大生産者責任の考え方の背景には，環境負荷を効率的に最小限にできるのは，製品の設計を担う生産者であるという見方がある（北村63頁）。生産者が廃棄物の処理費用を引きうけるとしても，それを価格に転嫁すれば実質的には消費者が処理費用を負担することになる。しかし生産者は市場において，価格と品質をめぐる競争状態に置かれている。この競争の中に環境配慮の要素が取り込まれれば，より安いコストで環境負荷の低減

を実現できるとする考え方が，拡大生産者責任を基礎付けている。

■ 市民参画原則

　環境政策の形成過程や実施過程に市民が積極的に参加し，それぞれの役割を果たすように制度を形成すべきことを要請する考え方を**市民参画原則**という（**市民参画**の語の含意につき北村 97 頁，**協働原則**（⇨文献⑪）の語を用いるものとして倉阪 155 頁）。市民に果たすことが期待される役割は，政策形成過程と政策実施過程で大きく異なる。

① 環境という保護法益は，それが個人の生命・健康に直接影響を及ぼすものでない限り集団的な性格を有する。このような環境利益の内実をどのように形成・確定するかは，民主政の過程の中で決定される。環境利益のもう1つの特色は，小規模のレベルから地球環境レベルまでの**多層的構造**が見られる点にある。国家レベルの環境問題に対して国家の民主政の過程が環境利益の内容を決定するとしても，それより規模が小さい環境問題（例：ある狭域的地域に存在する自然環境の保護）について国家が一律に決定を下すのは困難である。そこでこうした問題については地方公共団体の決定に委ねたり，あるいは法律のレベルで市民参加手続を規定して，立法段階で汲み尽くされなかった利害を行政過程において継続的に調整したりすることが考えられる。市民参画はこの段階の利害調整のインプット機能を担っており，個別の地域固有の環境利益がこの過程を経て形成されることになる。

② 環境問題は人間の社会生活・経済活動と表裏の関係にある。それゆえ行政が監視すべき環境負荷活動は広範かつ多量に存在している。しかし行政側のリソースには限りがあるため，法執行が十分に行えない状況が容易に発生する（**執行の欠缺**）。そこで，環境に関する情報を市民に積極的に公表し，市民が訴訟等のルートを通じて環境法規違反行為の是正を求める**私人による法執行**が環境法においても要請される（⇨文献⑫）。また，もう少しマイルドな手法として，被規制者と行政との間で交渉・調整を行い，環境法規の遵守を契約・協定によって担保することも考えられる。ただしこのような手法をとる場合には，規制者と被規制者との間に癒着が生じないよう，第三者市民からみて当該行政活動の適法性や適切性が検証可能となるような透明性確保のしくみが不可欠となる。

■ 多層的役割分担原則

　環境利益の内容形成や環境法執行の分野における基本的な考え方である市民参画原則は，国家のみが公的任務の遂行を独占せず，私的主体もそこに参画する**複線化**の方向性を示している。これに対して，さまざまなレベルに存在する環境問題を国際機構・国家・地方公共団体のどの事務として処理するかを決定づけるのが**多層的役割分担原則**である。ごく一般的に言えば，ここには２つの考え方が存在する。１つは事務をなるべくより狭域の単位で処理し，狭域では解決できない問題についてのみそれよりも広域の単位で処理すべきとする**補完性原理**である。もう１つは，この問題を垂直的な権力分立と捉えた上で，それぞれの単位の民主政の構造から適正な決定が期待できる事務を配分する**機能的権力分立**（**機関適性**）の考え方である。これに対し，実定法制度を素材にこの点を議論する場合にはこの２つの考え方で単純に割り切ることはできず，国際機構と地方公共団体のそれぞれのレベルでの事務処理を区別して検討する必要がある。

① 国境を超える環境問題には大きく分けると次の２種類がある。１つは，隣国で環境汚染物質が排出され，それが大気・水などの環境メディアを経由して自国の国民に被害を与える場合である。例えば中国大陸で排出された大気汚染物質が風に乗って北部九州に到達し，光化学スモッグなどの被害が出るのはこの例である。その一部は国際法上の**国家責任**で対処することが可能ではある。しかし，市民の受けた被害の直截かつ迅速な救済のためには，条約によって環境被害を生じさせる不法行為に関する裁判管轄権についてのルールを明確に規定することが望ましい（西井＝臼杵編144頁以下）。もう１つは，地球温暖化やオゾン層の破壊，生物多様性保護に代表される**地球環境問題**である。この問題を国家のレベルを超えて国際的な条約で取り扱う前提として，個別の国家の利益とは異なる**国際公益**の成立が求められることになる。こうした問題を「人類の共通の関心事」（生物多様性条約前文）と捉えることができれば，国家を超えた環境管理の枠組の成立が基礎付けられる。この種の条約として，地球温暖化対策に関する気候変動枠組条約，海洋投棄汚染を防止するロンドン条約，有害化学物質の規制を目的とするストックホルム条約・ロッテルダム条約，有害廃棄物の越境移動を防止するバーゼル条

約，野生動物の国際取引を規制するワシントン条約などがある（大塚143頁以下）。これらの条約に広く見られる特色として，まず一般的義務を定める**枠組条約**を締結し，具体的な規制の内容・方法については**議定書**などの**二次法**で確定する方式がとられている。これは多国間の利害調整の迅速化や，規制内容を状況に適合するよう動態化することを目的としている（西井編33頁）。これらの条約上の義務を国内で履行するために，**実施法・担保法**が立法されている。このように地球環境条約が存在する領域においては条約・二次法・法律が役割分担した上で，国際レベルと国内レベルの政策が相互に調整される政策実現過程が成立している（⇨文献⑬）。

② 地域の環境問題に対しては，地域における事務（地方自治法2条2項）を担う地方公共団体が対処することになる。他方で国はさまざまな環境法を制定しており，これと地方公共団体の事務処理のあり方，とりわけ地方公共団体の条例制定権との関係が問題になる。地方公共団体が国の法律で設定されたものとは別の制度を条例で導入しようとする場合，その許容性は徳島市公安条例事件最高裁判決が示した2つの基準（⇨21頁）によることになる。これに対して，近時環境分野をも念頭に議論されているのは，法律により設計された制度の一部分の基準を，行政手続法にいう審査基準・処分基準ではなく，条例で書き換えることが可能かどうかという問題である（**上書き条例**）。これを肯定する見解は，1999年の地方分権改革によって国の機関として事務遂行する機関委任事務が廃止され，すべての事務が地方公共団体そのものの事務になったことを重視する。そして，国の法律が地方公共団体に対してある事務の実施を義務付ける際には地域の事情に応じて調整できるオープン・スペースが存在するはずであり，この部分について法律の一部を上書きする**法律実施条例**の制定は可能であるとする（具体例も含め，北村88頁以下，北村・自治体34頁以下）。このような見解に対しては，法治主義の観点，とりわけ法律の規律密度の観点から，条例が法律の定める基準を書き換えるには法律にこれを許容する授権規定があることが必要であるとする考え方も存在する。義務付け・枠付けの廃止が課題となった2010年の地方自治法改正の際には基本的に後者の立場から，条例による規律の自由度を3段階（参酌・標準・従うべき基準）で法律上明示することとされた。

2 環境負荷物質規制の過程

　環境法の典型的な行政過程の1つは，環境に負荷を与える物質の排出を規制するものであり，このようなしくみは公害法の時代から存在した。環境負荷物質への規制の手法としては，大気や水などへの排出行為を事前に抑制・禁止し，フローとしての環境負荷物質の低減を図る事前予防型（大気汚染防止法・水質汚濁防止法）と，すでに蓄積されてしまったストックとしての環境負荷物質の除去を命令する事後対応型（土壌汚染対策法）の2つに大別できる。さらに，やや特殊なものとして，自然環境への有害物質排出を完全に抑え込まなければならない原子力法もここで説明することとしたい。

1 事前予防型の行政過程

■ 規制の基本的構造

　有害物質の排出を規制する事前予防型のしくみをとる大気汚染防止法と水質汚濁防止法の基本的な構造は，基準の設定と基準遵守のための行政行為（**不利益処分**）である。このうち不利益処分には，事業開始前の計画変更命令（事前措置命令）と事業開始後の改善命令の2種類がある。
① 法律で規制対象となっている施設（例：ばい煙発生施設）の設置者は，施設の設置の前に必要事項を届け出なければならない（大気汚染防止法6条，水質汚濁防止法5条）。この**届出**それ自体は，行政側に諾否の応答義務のない行政手続法上の届出にあたる。しかし，届出の内容が排出基準の不適合につながると行政が判断した場合には，**計画変更命令**（**事前措置命令**）を出すことができる。この，事業開始前の届出＋変更命令という組み合わせは，大気汚染防止法と水質汚濁防止法に共通する特色である。変更命令は届出から60日以内にのみ出されることになっており，また逆に60日経過しないと施設

設置ができないため，機能的に見ればこれは施設設置の許可制と同じである（内閣の分担管理原則［＝環境行政と経済産業行政との分離］がこの制度選択の背景にあることを示唆するものとして，北村 399 頁）。
② 操業中の施設から排出基準を超える物質が排出されている場合には，まず**改善命令**が出され，これに違反すれば刑事罰の制裁が科されるのが通常の制度設計である。これに対して，水質汚濁防止法の排水基準や大気汚染防止法のほとんどの基準への違反については，改善命令を介することなく刑事罰を科す**直罰制**がとられている（運用上の問題につき北村 400 頁）。

■ 大気汚染防止法

大気汚染防止法は固定発生源に関して，ばい煙・揮発性有機化合物・粉じん・有害大気汚染物質の4つを規制している。また移動発生源に関して，自動車排出ガスの許容限度等を定めており，自動車から排出される窒素酸化物及び粒子状物質の特定地域における総量の削減等に関する特別措置法（自動車 NOx・PM 法）も制定されている（大塚 343 頁）。

① 燃料の燃焼等の過程で発生するいおう酸化物・ばいじん・有害物質を**ばい煙**という（大気汚染防止法 2 条 1 項）。ばい煙規制は，大気汚染防止法制定時からその中心に位置づけられてきた。これらの規制基準は環境省令で定められており，**濃度規制**がなされている。通常は**一般排出基準**が適用されるものの，施設が集合して大気環境基準が達成されていない地域で新たに設置される施設に対して適用されるより厳格な**特別排出基準**も存在する（同法 3 条 3 項）。さらに都道府県は条例で，いおう酸化物以外について，省令の基準よりも厳しい内容の条例を定めることができる（同法 4 条 1 項：委任条例）。いおう酸化物に関しては，地域特性を考慮しうる **K 値規制**と呼ばれる方式がとられ，煙突を高くしてより遠くまで物質を拡散することが求められている。しかし，工場が密集している地域では，高煙突化によっても汚染が一定量を超えることになる。そこで 1974 年改正で**総量規制**が導入され，政令で定められた指定地域において都道府県知事が**指定ばい煙総量削減計画**を策定し，これに基づいて**総量規制基準**が都道府県知事により定められることとなった（同法 5 条の 2）。

② 光化学スモッグの原因となる光化学オキシダントの生成には**揮発性有機**

化合物（**VOC**）が関係している。ただし，VOC の量がどの程度になれば人間の健康被害に繋がるかはなお明らかではない。そこで大気汚染防止法は濃度規制による排出量の削減を規定して（同法 17 条の 4）**予防原則**による対応をとる一方，事業者の自主的取組との組み合わせ（同法 17 条の 3）をも規定し，自主規制との**ポリシー・ミックス**を標榜している（北村 395 頁）。

③ **粉じん**に対する規制は，一般粉じんと特定粉じんとに分けられる。このうち**特定粉じん**は石綿（アスベスト）のみが省令で指定されており，1 リットル中のアスベストの本数で排出基準が定められている（濃度規制）。これに対して**一般粉じん**は，施設を単位として集塵機の設置や散水などにより粉じんを削減することを求める技術的な基準となっている（同法 18 条の 3）。

④ **有害大気汚染物質**は，継続的に摂取されれば人の健康を損なうおそれのある物質のことであり（同法 2 条 13 項），現在の科学的知見では，比例原則を考慮すれば対策をとるのが困難な類型である（⇨357 頁）。他の 3 つと異なり排出基準は定められておらず，むしろ事業者の自主規制（⇨文献⑭）を期待するような規定になっている（同法 18 条の 20）。

■ 水質汚濁防止法

水質汚濁防止法の前身は，1958 年に制定された**水質二法**（水質保全法・工場排水規制法）である。このような規制立法が存在したにもかかわらず，その後の水俣病の発生を防ぐことができなかった。その大きな理由は**指定水域制**と基準の設定・執行の緩慢さにあった。水質二法はすべての公共用水域を対象とするのではなく，その中で水質の汚濁により人の健康や生活環境・関連産業に被害が生じている水域を個別に指定した上で，その指定水域のみを対象に水質基準が決定される方式をとっていた。しかしその指定は機動的には進まず，また指定された後に設定される水質基準も現状追認的なものにとどまり，さらに 1 つの事業所の複数の排水口の平均値が水質基準を超えていないと，違反とはされなかった（北村 347 頁）。水質汚濁防止法は水質二法の問題点を解消すべく，全ての公共用水域を対象とし，また排水口単位での基準遵守を要求するようになった。水質汚濁防止法のしくみの要点は以下の通りである。

① 水質汚濁防止法の基本的な枠組は，特定施設を設置する事業場等（**特定**

事業場）が公共用水域に排水基準違反の排水を行うことを禁止することにある。ここで**特定施設**とは，人間の健康に被害を及ぼす物質を含む排水または生活環境被害を生ずるおそれのある排水を排出する政令で定める施設とされており（同法2条2項），同法施行令の別表第1に具体的に列挙されている（例：病床数300以上の病院の入浴施設）。また規制の対象となる排水は，健康被害を与える有害物質（**健康項目**）と生活環境被害を引き起こす汚染の状態（**生活環境項目**）（例：生物化学的酸素要求量（BOD）の数値）の2つで定義される。さらに，公共用水域への排水行為のみならず，地下への浸透行為も別途規制対象とされている。

② 水質汚濁防止法の排水基準も**濃度規制**が基本である。このうち健康項目については，環境基準を達成するため，環境基準に準拠して定められる。これに対して生活環境項目は環境基準と関係なく設定されており，ある程度実現可能な数値が設定される傾向にある（北村354頁）。この環境省令で定められる全国一律の排水基準では環境基準の達成が困難な場合，都道府県は条例でそれより厳しい基準を定めることができる（同法3条3項）。さらに，東京湾や伊勢湾のような閉鎖性水域の場合には，各都道府県がより厳しい排水基準を定めたとしても，有害物質の流入する総量が一定水準を超えて健康に被害を与える可能性がある。このような場合には**総量規制制度**（同法4条の2）が適用され，環境大臣が**総量削減基本方針**を定め，都道府県知事がその達成のための**総量削減計画**を策定し（同法4条の3），これに基づいて知事が**総量規制基準**を定める（同法4条の5）ことになる。

③ 水質汚濁防止法はさらに，地下への有害物質の浸透を規制する2つの手法を規定している。1つは，健康項目に該当する有害物質を使用する特定事業場に対して地下浸透を禁止するものである（同法12条の3）。違反に対しては浸透の一時停止命令や改善命令が出される（同法13条の2）。もう1つは，既に汚染された地下水に対する浄化を求める措置命令（同法14条の3）であり，これはストック型の汚染に対応するしくみである。措置命令の対象は「有害物質に該当する物質」の地下水への浸透による健康被害であり，この表現は浸透行為時ではなく現在において有害物質に該当するものであれば適用対象とする趣旨とされる（北村370頁，大塚364頁）。

② 事後対応型の行政過程

■ 土壌汚染対策法

　土壌汚染は足尾銅山鉱毒事件やイタイイタイ病のように、有害物質が川を流れて土壌に影響を与えることで生ずるほか、工場などが産業廃棄物を**自家処理**する際に敷地内に埋めることでも発生する（北村406頁）。土壌に有害物質がストックとして蓄積されそれが周辺環境に拡散されるようになると、これを何らかの形で除去する以外に対策がとれなくなる。土壌汚染に対する立法は農用地への対応が先行した。1970年に制定された農用地の土壌の汚染防止等に関する法律は、都道府県知事が**農用地土壌汚染対策地域**を指定し（同法3条）、**農用地土壌汚染対策計画**を策定して（同法5条）対策事業を行い、原因者に対して費用の負担を求める（公害防止事業費事業者負担法2条2項3号）しくみを規定している。これに対して市街地の土壌汚染対策については、前述の水質汚濁防止法の地下水汚染対策のほかダイオキシン類対策特別措置法などが部分的に規定を置いていたにとどまり、包括的な立法は2002年に制定された土壌汚染対策法まで待つこととなった。そのしくみの基本構造と特色は次の通りである。

① 土壌汚染対策法の基本的な構造は、土壌汚染の調査→区域指定→汚染物質除去の三段階に分かれている。また、調査や汚染物質除去は土地所有者（管理者・占有者）に義務付けられており、その経済的負担でなされることが予定されている。これは土地所有者の**状態責任**に着目した制度設計である。ただし、原因者がはっきりしている場合には知事は原因者に除去を指示することとされ（同法7条1項但書）、また所有者が除去した場合でも所有者は原因者に除去措置の費用を求償できる（同法8条1項）ことから、その限りで原因者負担原則は貫かれている（大塚413頁）。この費用請求権は取引費用を低下させるために政策的に創設されたものとされる（北村431頁）。汚染物質が除去されると区域指定が解除される。

② 調査が行われるのは次の3つの場合である。第1は、鉛や砒素等の**特定有害物質**（同法2条1項、同法施行令1条）を使用していた工場が廃止された場合であり、水質汚濁防止法2条2項の特定施設（⇨366頁）のうち上記の

```
┌─────────────────────────────┐
│      土壌汚染状況調査        │
│ ・義務的調査                 │
│  使用廃止有害物質使用特定施設│
│  大規模土地の形質変更届出→個別調査義務│
│  健康被害の生ずるおそれ→個別調査義務│
│ ・自主調査                   │
└─────────────────────────────┘
              ↓
┌──────────────┐  ┌──────────────┐
│要措置区域の指定│  │形質変更時    │
│・土壌汚染     │  │要届出区域の指定│
│・人への健康被害│  │・土壌汚染    │
│ のおそれ      │  │              │
└──────────────┘  └──────────────┘
      ↓                 ↓
┌──────────────┐  ┌──────────────┐
│汚染の除去    │  │現状維持・封じ込め│
│指示→措置命令 │  │届出→計画変更命令│
│→行政代執行   │  │              │
│→指定支援法人 │  │              │
│（助成金・助言）│  │              │
└──────────────┘  └──────────────┘
```

図4 土壌汚染対策法の行政過程

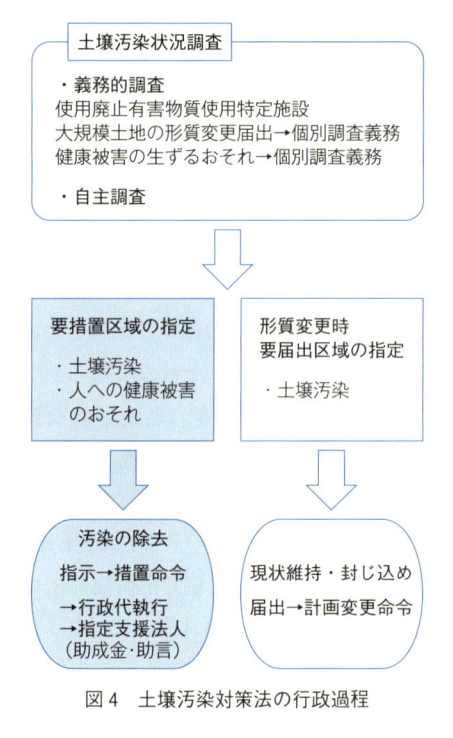

特定有害物質を使用していた施設が該当する（土壌汚染対策法3条1項）。これは土壌汚染が類型的に疑われるためである（北村416頁は「被疑者扱い」と表現する）。廃止の事実は水質汚濁防止法の使用廃止の届出（水質汚濁防止法10条）によって知ることができ，知事は土地所有者を登記簿で確認して**通知**を行う（土壌汚染対策法3条2項）。この通知を受けるとそれ自体の法的効果として汚染調査・報告の義務が生じ，これに従わなければ報告命令（同条3項）が出され，これにも違反すると刑事罰が科される（同法65条）ことから，通知には処分性が認められる（最二小判2012(平成24)・2・3民集66巻2号148頁）（⇨106頁）。ただし，関係者以外の者が立ち入ることができないような用途で利用される場合など，健康被害が生ずる蓋然性が低い場合には，都道府県知事の**確認**を受けることで調査が猶予される（同法3条1項但書，同法施行規則16条2項）。第2は，都道府県知事が一定規模以上の土地の形質変更届出があった際に土壌汚染のおそれがあると認めるとき（同法4条），土壌汚染に起因する地下水汚染等が確認でき，これにより健康被害が生ずるおそれ

があると知事が認めるときである（同法5条，同法施行令3条）。これは第1の定型的類型から抜け落ちた事例を処理するためのものである。この2つの要件に該当すれば指定調査機関による**法定調査**が行われることになる。これに対して第3に，**自主調査**という類型が2009年改正で加えられた。2002年の法制定後，法定調査よりも法定外の自主調査が大半を占めるようになった。これは同法の制定を契機に土壌汚染が不動産取引の際に大きな考慮要素となり，売買希望者が売主に対して土壌汚染の調査や浄化措置を求めるようになったからである。2009年改正法はこの自主調査も法律に取り込んだ上で，調査の結果を受けて次の区域指定の申請ができるというルートを設けた（同法14条）。これにより知事は，信頼性の高い自主調査であればその結果を利用して区域指定を行うことができるようになった（北村434頁）。

③ 調査の結果，当該土地の土壌汚染の状態が指定基準を超えれば区域指定がなされ，土地所有者等に汚染の除去措置が義務付けられる。土壌汚染対策法は2種類の区域を規定している。1つは，汚染状態に関する環境省令（同法施行規則31条）で定める基準と人の健康被害に関する政令（同法施行令5条）で定める基準の双方を充足する**要措置区域**（同法6条）であり，これに指定されると汚染の除去を都道府県知事が指示する（同法7条）ほか，土地の形質変更が原則として禁止される（同法9条）。もう1つは，上記の汚染状態に関する基準のみに該当し，土壌汚染物質を人が摂取するおそれのない場合に指定される**形質変更時要届出区域**（同法11条）であり，形質変更時の届出が必要となる（同法12条）ものの，汚染の除去は求められない。2002年の法制定以降，汚染土壌の除去に対する社会的需要が高まった結果，汚染物質を封じ込めていれば人に健康被害を及ぼさない場合でも除去がなされてしまい，搬出される土壌の適正処理に関する規定も欠如していたため，かえって汚染物質が拡散してしまう事態となった。そこで2009年の法改正により，人に健康被害を与えない事例についてはむしろ形質変更を抑制して除去を求めないことにするとともに，汚染土壌の搬出について事前届出と計画変更命令（同法16条），運搬基準（同法17条）に違反した場合の措置命令（同法19条）の規定を新設することとしたのである。

3 排出絶対抑制型の行政過程

■ 原子力法の基本構造

　大気汚染防止法・水質汚濁防止法などの通常の環境メディア法は，有害物質の排出を人体に影響を与えない一定水準（閾値）以下に抑え込むことを目的にしている。逆に言えば，法令で定められた基準を下回る排出は許容されていることになる。これに対して，環境に有害な物質を排出することが全く認められていないタイプの規制が存在する。その代表は**原子力法**である。これまで原子力法は環境法で取り上げられることが少なかった。その理由は理論的なものというよりも，原子力行政を所管する行政組織がこれまで内閣府（旧：総理府）・経済産業省（旧：通商産業省）・文部科学省（旧：科学技術庁）であって環境省（旧：環境庁）ではなかったことにある。しかし，2011年の福島第一原子力発電所事故以前においても，原子力発電と（少なくとも政治的には）密接な関係にあった地球温暖化対策は環境省が所管していたし，同事故を契機に成立した原子力規制委員会設置法は同委員会を環境省の**外局**とした。この制度改革の際に，環境基本法などに存在した放射性物質等の適用除外規定が削除されている。このため，今後は原子力法を環境法の中に含めて説明することが増えてくると思われる。

　日本の原子力法は1955年に制定された原子力基本法を中心に，行政組織法としては同年に制定された原子力委員会設置法と2012年に制定された原子力規制委員会設置法が，また行政作用法としては1957年に制定された核原料物質，核燃料物質及び原子炉の規制に関する法律［原子炉等規制法・炉規法］が主要な内容を定めている。また，原子力事故の場合の賠償制度を定めた法律として，原子力損害の賠償に関する法律［原賠法］が1961年に制定され，原子力事業者への責任集中と無過失責任を定めている。日本の原子力法制の変遷を，行政組織に焦点を合わせて略説する。

① 原子力法の草創期には，原子力の軍事利用の抑止と平和利用の強力な推進が意図され，大臣の指揮監督権から独立した行政委員会方式の導入が学界等から強く主張された。しかしこの方式に対する政治的支持が集まらず，結果として原子力発電所の原子炉の許可については，旧総理府に設置された原

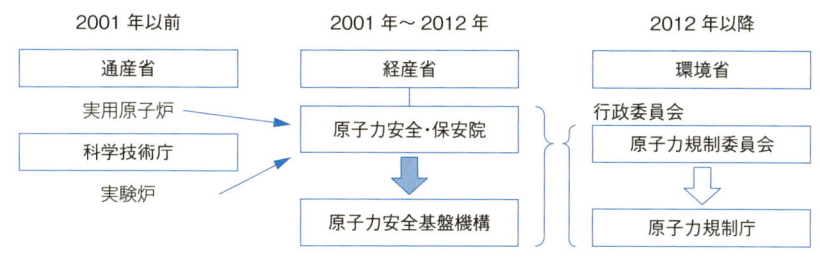

2001年以前	2001年～2012年	2012年以降
通産省 → 実用原子炉	経産省	環境省
科学技術庁 → 実験炉	原子力安全・保安院 ↓ 原子力安全基盤機構	行政委員会 原子力規制委員会 ↓ 原子力規制庁

図5 原子力行政組織の変遷

子力委員会の意見を聞いた上で内閣総理大臣（科学技術庁長官に権限委任）が与え，詳細設計以降のチェックは通商産業大臣が担当する方式となり，原子力委員会は委員長を国務大臣（科学技術庁長官）とする**大臣委員会**として設置されることとなった。原子力行政の主要な所管行政機関は，原子炉などの商用実用炉を所管する通商産業省と，核燃料サイクル政策をはじめとする技術開発や実験炉を所管する科学技術庁の2系統存在した。

② 1974年の**原子力船むつ号放射能漏れ事故**により，放射能汚染に対する不安や原子力安全行政に対する批判が高まった。これを受けて1978年に法改正がなされ，原子炉の種類ごとに許認可権限が一元化された（原子力発電所の原子炉については，その全ての許認可を通商産業大臣が担うことになった）。また，原子力委員会とは別に原子炉の安全面のみを審査する**原子力安全委員会**が総理府に設置され，通商産業大臣による原子炉設置許可について安全面から再度チェックを行う**ダブル・チェック体制**がとられるようになった。1999年の**茨城県東海村JCO事故**を受け，2000年の省庁再編の際には，旧科学技術庁が担っていた実験炉に対する規制の大半を経済産業省が吸収し，経済産業省の**特別の機関**として設置された**原子力安全・保安院**が規制実務を担う方式となった（許認可権限そのものは経済産業大臣）。

③ 2011年の東日本大震災直後に発生した**福島第一原発事故**では，大量の放射性物質が環境に放出され，今なお多くの近隣住民が帰宅できない事態となっている。この事故の検証過程で原子力規制機関の独立性の欠如が強く指摘され，2012年の法改正で原子力安全・保安院が廃止され，新たに環境省の外局としての**原子力規制委員会**が設置された。同委員会は環境大臣の所轄の下に自己の名で規制権限を行使する行政委員会であり，その事務局として**原子力規制庁**が設置されている（⇨文献⑮）。

■ 発電用原子炉の設置・管理に対する規制

　原子力発電所に設置されている発電用原子炉の設置・管理に対する規制は，2012年の法改正の前後で大きく異なる。そこでまず改正前のしくみを説明する。

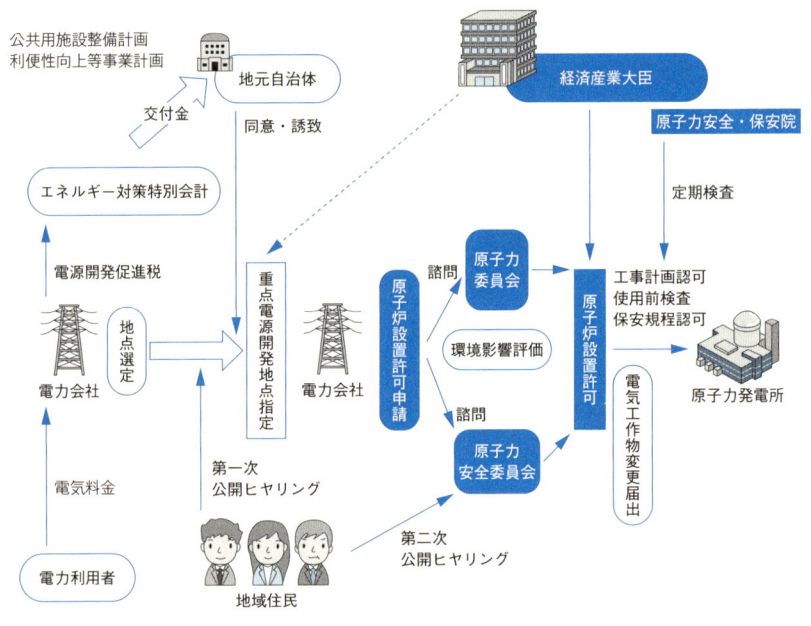

図6　発電用原子炉設置手続（2012年改正以前）

　原子力発電所の事故がもし発生すると，周辺住民や地域に対する被害は深刻なものとなりうる。地盤が安定している等の原子炉設置の技術的な条件に合致する土地が見つかったとしても，立地自治体が強く反対することは容易に想定できる。そこで，1974年に電源開発促進税法が制定され，電力利用者が支払う電気料金に税額分が上乗せされている（⇒170頁）。この税源は**エネルギー対策特別会計**で管理されている。電力会社が新たな原子炉の建設を決める際には地域住民の意見をインフォーマルに聴取する**第一次公開ヒヤリング**が行われ，地元自治体の同意が得られると経済産業大臣が**重点電源開発地点**に指定する。この指定の前後から，電源開発促進税を財源とする多額の

交付金が地元自治体に交付されることになる。このようなしくみは福島第一原発事故後も基本的には存続している。

地元同意を得た状態で、電力会社は原子炉設置許可申請を経済産業大臣に対して行っていた。経済産業大臣は具体的な審査を原子力安全・保安院に行わせる一方、内閣府に設置された諮問機関である原子力委員会と原子力安全委員会（1978年改正以前は原子力委員会に設置されていた**原子炉安全専門審査会**）に諮問していた。原子力安全委員会は多数の**審査指針**（行政規則、行政手続法上の審査基準に該当する）を策定しており、これに基づいて安全面からのチェックを行っていた。原子炉設置許可の要件は、①原子力の平和利用・エネルギー政策との適合性②申請者の技術的能力・経理的基礎③災害の防止上の支障がないこと、であった。設置許可の審査対象は原子炉の基本設計に限られ、詳細設計については後続する**工事計画認可**で確認されていた。工事完成後に**使用前検査**が行われ、操業後の安全性については**保安規程認可**で確定される保安規程に従っているかどうか**定期検査**で確認されていた。

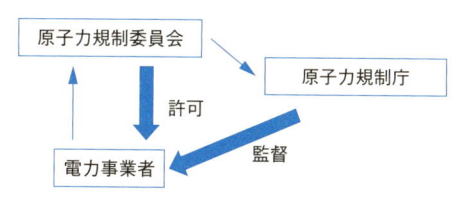

図7　発電用原子炉設置手続（2012年改正後）

2012年改正では原子炉等規制法も改正され、発電用原子炉に関する許認可・監督権限が全て原子力規制委員会に一元化された。実際の規制実務を担当する原子力規制庁のスタッフを充実させるため、法改正以前には原子力安全・保安院への技術的援助を行うために存在していた独立行政法人**原子力安全基盤機構**を原子力規制庁に吸収することとなっている。この改正では、原子炉設置許可の実体面でも変更が加えられた。新たな許可要件規定は、①原子力の平和利用への限定②申請者の技術的能力・経理的基礎③重大事故の発生・拡大防止に必要な技術的能力④災害の防止上の支障がないものとして原子力規制委員会規則で定める基準への適合性、である。このうち①についてのみ、許可前に原子力委員会の意見を聴かなければならない（原子炉等規制

法43条の3の6)。また、原子炉等規制法の目的規定に「国民の生命、健康及び財産の保護、環境の保全並びに我が国の安全保障に資する」との文言が追加された（同法1条）。

　このような法改正は、原子炉設置許可をめぐるこれまでの最高裁判例の判断にどの程度の影響をもたらすであろうか。第三者の原告適格の問題と判断過程統制の問題とに分けて検討する。

① 原子炉設置許可処分の取消訴訟（無効確認訴訟）における第三者の原告適格について最高裁は、

> 原子炉設置許可の基準として、右の3号（技術的能力に係る部分に限る。）及び4号が設けられた趣旨は、原子炉が、原子核分裂の過程において高エネルギーを放出するウラン等の核燃料物質を燃料として使用する装置であり、その稼働により、内部に多量の人体に有害な放射性物質を発生させるものであって、原子炉を設置しようとする者が原子炉の設置、運転につき所定の技術的能力を欠くとき、又は原子炉施設の安全性が確保されないときは、当該原子炉施設の従業員やその周辺住民等の生命、身体に重大な危害を及ぼし、周辺の環境を放射能によって汚染するなど、深刻な災害を引き起こすおそれがあることにかんがみ、右災害が万が一にも起こらないようにするため、原子炉設置許可の段階で、原子炉を設置しようとする者の右技術的能力の有無及び申請に係る原子炉施設の位置、構造及び設備の安全性につき十分な審査をし、右の者において所定の技術的能力があり、かつ、原子炉施設の位置、構造及び設備が右災害の防止上支障がないものであると認められる場合でない限り、主務大臣は原子炉設置許可処分をしてはならないとした点にある。そして、同法24条1項3号所定の技術的能力の有無及び4号所定の安全性に関する各審査に過誤、欠落があった場合には重大な原子炉事故が起こる可能性があり、事故が起こったときは、原子炉施設に近い住民ほど被害を受ける蓋然性が高く、しかも、その被害の程度はより直接的かつ重大なものとなるのであって、特に、原子炉施設の近くに居住する者はその生命、身体等に直接的かつ重大な被害を受けるものと想定されるのであり、右各号は、このような原子炉の事故等がもたらす災害による被害の性質を

> 考慮した上で，右技術的能力及び安全性に関する基準を定めているものと解される。右の3号（技術的能力に係る部分に限る。）及び4号の設けられた趣旨，右各号が考慮している被害の性質等にかんがみると，右各号は，単に公衆の生命，身体の安全，環境上の利益を一般的公益として保護しようとするにとどまらず，原子炉施設周辺に居住し，右事故等がもたらす災害により直接的かつ重大な被害を受けることが想定される範囲の住民の生命，身体の安全等を個々人の個別的利益としても保護すべきものとする趣旨を含むと解するのが相当である。

と述べた上で第三者の原告適格を肯定し，原子炉からの距離については「当該住民の居住する地域と原子炉の位置との距離関係を中心として，社会通念に照らし，合理的に判断すべき」とした（判百Ⅱ171　判Ⅱ41　CB 12-5）最三小判 1992（平成 4）・9・22 民集 46 巻 6 号 571 頁［もんじゅ訴訟］）（⇨111 頁）。2012 年改正法では旧 24 条 1 項 3 号の要件が 43 条の 3 の 6 第 1 項 2 号に，旧 24 条 1 項 4 号の要件は 43 条の 3 の 6 第 1 項 4 号となった上で原子力規制委員会規則への委任規定が加えられた。また 43 条の 3 の 6 第 1 項 3 号要件として重大事故（シビア・アクシデント）に対応する技術的能力が加えられている。さらに 1 条の目的規定で「生命」「健康」「財産」「環境」が明確に保護法益として加えられている。他方で，原子炉等規制法は改正後も，許可の際の地域住民等の**参加手続**を設定していない。このような点からすると，近隣住民の原告適格の判断を変更する要素は今回の改正では付け加えられていないように思われる。

② 原子炉設置許可処分に対する司法審査の手法・程度について最高裁は，

> 技術的能力を含めた原子炉施設の安全性に関する審査は，当該原子炉施設そのものの工学的安全性，平常運転時における従業員，周辺住民及び周辺環境への放射線の影響，事故時における周辺地域への影響等を，原子炉設置予定地の地形，地質，気象等の自然的条件，人口分布等の社会的条件及び当該原子炉設置者の右技術的能力との関連において，多角的，総合的見地から検討するものであり，しかも，右審査の対象には，将来の予測に係る事項も含まれているのであって，右審査においては，

原子力工学はもとより，多方面にわたる極めて高度な最新の科学的，専門技術的知見に基づく総合的判断が必要とされるものであることが明らかである。そして，規制法 24 条 2 項が，内閣総理大臣は，原子炉設置の許可をする場合においては，同条 1 項 3 号（技術的能力に係る部分に限る。）及び 4 号所定の基準の適用について，あらかじめ原子力委員会の意見を聴き，これを尊重してしなければならないと定めているのは，右のような原子炉施設の安全性に関する審査の特質を考慮し，右各号所定の基準の適合性については，各専門分野の学識経験者等を擁する原子力委員会の科学的，専門技術的知見に基づく意見を尊重して行う内閣総理大臣の合理的な判断にゆだねる趣旨と解するのが相当である。

　以上の点を考慮すると，右の原子炉施設の安全性に関する判断の適否が争われる原子炉設置許可処分の取消訴訟における裁判所の審理，判断は，原子力委員会若しくは原子炉安全専門審査会の専門技術的な調査審議及び判断を基にしてされた被告行政庁の判断に不合理な点があるか否かという観点から行われるべきであって，現在の科学技術水準に照らし，右調査審議において用いられた具体的審査基準に不合理な点があり，あるいは当該原子炉施設が右の具体的審査基準に適合するとした原子力委員会若しくは原子炉安全専門審査会の調査審議及び判断の過程に看過し難い過誤，欠落があり，被告行政庁の判断がこれに依拠してされたと認められる場合には，被告行政庁の右判断に不合理な点があるものとして，右判断に基づく原子炉設置許可処分は違法と解すべきである。

と述べた（判百Ⅰ81　判Ⅰ139　CB 4-5　最一小判 1992（平成 4）・10・29 民集 46 巻 7 号 1174 頁［伊方原発訴訟］）（⇨文献⑯）。2012 年の法改正では，原子炉設置許可権者が専門家により構成される原子力規制委員会となった。また許可要件のうち 4 号要件については原子力規制委員会規則への委任という形式が選択されている。これに対して従来は，内閣総理大臣（後には通商産業大臣・経済産業大臣）に幅広い判断の余地を認め，その諮問手続という枠内で原子力安全委員会が作成した行政規則の性格を持つ指針が実質的な審査基準となっていた。このような差異に注目すると，科学的・専門技術的知見の必要性という正当化理由はなお維持されているものの，具体的な審査手法として調査審

議・判断の過程の過誤・欠落のみで足りるかどうかは疑問の余地がある。許可の実体要件面の詳細化によって考慮要素が法律で明確に示されることになったため，**実体的判断過程統制**に類似する審査手法が採用される可能性が開かれたと考えることができる（⇨66頁）。また，規則委任という方式が採用されたことにより，規則が法律の委任の趣旨に反して違法・無効と判断されて処分の違法を導出することもあり得る（⇨52頁）。

■ 原子力損害賠償制度

　原子力発電所の事故は，一度発生すると甚大な被害を広範囲にわたって生じさせる。そのような事態が生じないように行政による事前規制のしくみを設けてはいるものの，それと並行して，もし事故が生じたときのために損害賠償措置を整備する必要性が高い。そのための法制度が**原子力損害賠償制度**である。日本は原子力の平和利用をスタートさせた際，自前の核燃料も原子炉の技術も持ち合わせていなかった。そこで，当時民生用実用炉を開発していたアメリカやイギリスと**二国間原子力協定**を締結して，これらを輸入した。この協定締結の際に，原子力事故の際に自国（または自国原子炉製造業者）の免責を認める条項が要求され，これに応えるために日本側が整備したのが原賠法であった。

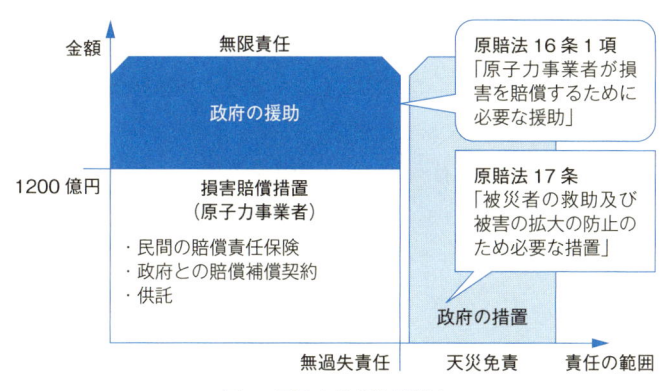

図8　原子力損害賠償制度

　原賠法の特色は3点にまとめられる。第1は，原子力事業者への**責任集中**である（同法3条2項）。仮に事故が発生した場合，それが原子炉製造業者

（プラント業者）の設計・施工ミスである可能性は当然存在する。しかしこの場合でも，同法は原子力事業者に対してのみ損害賠償が請求可能としている。第2は，原子力事業者に**損害賠償措置**の義務を課したことである（同法6条）。事故発生時に想定される損害額を踏まえて民間保険会社と**原子力損害賠償責任保険契約**を締結するか，国との**原子力損害賠償補償契約**の締結または**供託金**の供託を行うこととし，これがなされていないと原子炉の運転を禁止した。前述の責任集中は，民間保険会社が現時点での最高額を保険金にかけるために被保険者を限定することをも目的とするものである。第3は，原子力事業者に**無過失責任・無限責任**を課し，大規模な天災地変などの場合に限定して免責を認めたことである（同法3条1項）。無過失責任・無限責任は，事故の際に損害賠償額が頭打ちにならないことにして，周辺住民の不安を解消するためとされた。さらに，賠償措置額を超える損害が生じた場合，または天災等の免責要件に合致する場合には，政府が援助を行う旨の規定が設けられた（同法16条1項，17条）。

　2011年の福島第一原発事故の直前には，賠償措置額は1200億円まで引き上げられていた。しかしこの額は，実際に生じた損害を塡補するにはほど遠い少額にしかならなかった（今回の事故は地震と津波によるものであるため民間保険からの支払はなく，政府からの補償契約に基づく補償金支払いだけがなされている）。そこで，原賠法制定時には制度設計上の空白になっていた，賠償措置額以上の部分の「援助」の法制度が必要となった。2011年に制定された原子力損害賠償支援機構法は，認可法人として**原子力損害賠償支援機構**を設置し，原子力事業者（主として原子力発電所を保有する電力会社）から負担金を徴収することで，損害賠償を行うスキームを設定した。

3 廃棄物処理・リサイクル推進の過程

 環境負荷物質規制と並んで古典的で典型的な環境行政過程が，廃棄物処理行政である。この分野においては，一般廃棄物と産業廃棄物とで法的しくみが大きく異なっており，この点の正確な理解が重要となる。また，とりわけ21世紀に入ってからは，循環型社会の形成が重要な政策課題となっており，循環型社会形成推進基本法や各種のリサイクル立法がなされている。

1 一般廃棄物処理の行政過程

■ 廃掃法の基本的なしくみ

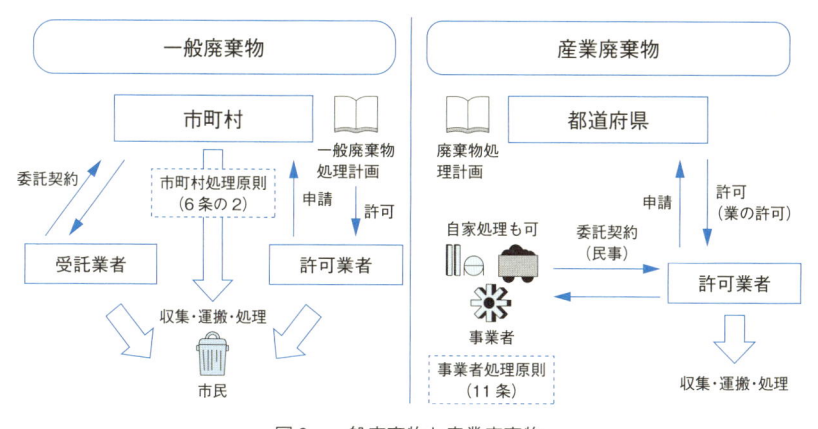

図9 一般廃棄物と産業廃棄物

 廃棄物の収集・運搬・処理に関するしくみを定めているのが廃掃法である。この法律は，廃棄物処理やリサイクルに関する基本的な法制度の理解に不可欠であるのみならず，行政法総論から見てもさまざまな論点を含み，ま

た重要な判例・裁判例も存在する学習価値の高い法律である。他方で，度重なる改正を重ねた結果，条文構造も法文も非常に読みにくいものとなっている（北村469頁は「需要に応えて計画性のない増改築をした温泉旅館」と表現する）。そこでまず，この法律を理解するために必須の考え方を2つ説明する。

① 廃掃法は沿革上の理由から，廃棄物を一般廃棄物と産業廃棄物とに分け，それぞれに全く発想を異にするしくみを設定している。後に詳しく説明するように，産業廃棄物とは産業活動から生じた廃棄物という意味ではない。**産業廃棄物**は，産業活動に伴って排出されるもののうち廃掃法施行令2条で規定されている20種類の廃棄物（汚泥・がれき類・燃え殻など）に限られ，それ以外は**一般廃棄物**である。そして，一般廃棄物に関しては**市町村処理原則**がとられ，基本的には市町村が収集・運搬・処理をその一般財源によって実施することになる。これは，同法の前身である汚物掃除法（1900年）や清掃法（1954年）が**公衆衛生**の観点から汚物の処理を市町村の事務としたことに由来する。市町村以外にも民間の一般廃棄物処理業者が存在しうるものの，これらは市町村長の**許可**を受け（許可業者）または市町村と**委託契約**を結んで（委託業者）事業を行うこととなる。これに対して，産業廃棄物は排出者による処理（**自家処理**）が原則であり，排出者が産業廃棄物処理業者と委託契約（民事契約）を締結して処理してもらうこともできる。産業廃棄物処理業者は県知事からの許可を受ける必要がある。一般廃棄物処理業の許可は，本来市町村の行うべき事務を特別に実施するある種の特許的な性格を持つのに対して，産業廃棄物処理業の許可は，経済活動の自由を前提とする許可制と同様であるとされる。

② 一口に廃棄物の「**処理**」といっても，そこには「**収集**」「**運搬**」「**（狭義の）処理**」の3種類が含まれている。また，収集・運搬にはそれに適した車

	収集	運搬	処理
一般廃棄物処理業	市町村長の許可		［処理業］市町村長の許可 ［処理施設］知事の許可
産業廃棄物処理業	知事の許可		［処理業］知事の許可 ［処理施設］知事の許可

図10　廃棄物処理に関する許可制度

両等が必要であり、処理には処理場が必要となる。廃掃法は廃棄物を一般廃棄物と産業廃棄物に大別した上で、処理業者に関する許可制と処理施設に関する許可制を用意している。

■ 廃棄物の定義と種類

何が廃棄物にあたるかは、廃掃法の定める規制のしくみが適用されるかどうかを決める重要な要素である。同法は**廃棄物**を「ごみ、粗大ごみ、燃え殻、汚泥、ふん尿、廃油、廃酸、廃アルカリ、動物の死体その他の汚物又は不要物であって、固形状又は液状のもの」と定義している（同法2条1項）。ごみ以下の列挙は例示であり、解釈問題としては「**不要物**」とは何かが重要である。この点をめぐっては、所有者本人の主観的な占有の意思の有無に着目する見解（**主観説**）と、物そのものの経済的な価値・利用可能性に注目する見解（**客観説**）とがある。法制定当初は客観説の理解が有力であったものの、その後、客観的には経済価値があっても占有者が不要と考えて廃棄する場面で廃掃法の適用ができないことが問題視されて、主観説の要素がとりこまれてきた（**総合判断説**）。しかし主観説に傾きすぎると、1990年以降問題が表面化した**豊島産業廃棄物不法投棄問題**のように、占有者が何らかの意図を持って客観的には廃棄物にあたるものを集めていても、占有者が「ごみではない」と言えば、廃掃法の規制（例えば措置命令）を適用できないことになる。この点について最高裁は、「『不要物』とは、自ら利用し又は他人に有償で譲渡することができないために事業者にとって不要になった物をいい、これに該当するか否かは、その物の性状、排出の状況、通常の取扱い形態、取引価値の有無及び事業者の意思等を総合的に勘案して決するのが相当である」との立場を採った上で、おからについて「豆腐製造業者によって大量に排出されているが、非常に腐敗しやすく、本件当時、食用などとして有償で取り引きされて利用されるわずかな量を除き、大部分は、無償で牧畜業者等に引き渡され、あるいは、有料で廃棄物処理業者にその処理が委託されており、被告人は、豆腐製造業者から収集、運搬して処分していた本件おからについて処理料金を徴していた」ことから廃棄物にあたると判断した（最二小決 1999（平成11）・3・10 刑集53巻3号339頁）。最高裁は一般論としては総合判断説に立った上で、無償あるいは引き取り時に引き取る側に費用が

支払われているかどうか（逆有償性）に着目して廃棄物かどうかを判断している。また2003年の法改正で，廃棄物であることの「疑いのある物」の処理に関する行政調査（⇨47頁）が可能となり（同法19条1項），廃棄物の定義にあたるかどうかを精査しなくても一定の対応がとれるようになった（大塚457頁）。

　廃掃法はこの廃棄物を一般廃棄物と産業廃棄物に大別し，別々の法制度を用意している。このうち**一般廃棄物**は産業廃棄物以外の廃棄物（同法2条2項）と控除的に定義されている。これに対して**産業廃棄物**は，「事業活動に伴って生じた廃棄物のうち，燃え殻，汚泥，廃油，廃酸，廃アルカリ，廃プラスチック類その他政令で定める廃棄物」と「輸入された廃棄物」（同条4項）とされ，同法施行令2条に具体的に限定列挙されている。この中には，紙くず・木くずのように一定の産業分野（例：出版業・建設業）で生じたものに限って産業廃棄物とすると規定されているものもある（北村451頁）。この定義で重要な点は，事業活動から生じた廃棄物であっても一般廃棄物となるもの（**事業系一般廃棄物**）が存在することである。そしてこれも一般廃棄物なので，法律上は市町村に処理責任があることになり，原因者負担原則と整合しないことが批判されている（大塚458頁）。この分類といわばクロスする形で，爆発性・毒性・感染性の強い廃棄物が**特別管理一般廃棄物・特別管理産業廃棄物**（同法2条3，5項）に分類され，そうでない廃棄物とは別の処理基準・許可の体系が設定されている。

■ 一般廃棄物処理の行政過程

　一般廃棄物処理は市町村が行うことが原則であり，民間事業者がこれに参入するのは例外的と言える。一般廃棄物処理業を営む場合には市町村長の許可を得なければならない（廃掃法7条1項）。許可要件として規定されているのは，市町村による収集・運搬が困難であること，市町村が定める**一般廃棄物処理計画**に適合すること，事業を的確に実施できる能力があること，暴力団関係者であるなどの**欠格事由**に該当しないことである（同条5項）。これに対して，処理施設の許可権者は都道府県知事となっている（市町村が一般廃棄物処理計画に従って処理するために設置する際には届出でよい）（同法8条1項，9条の3）。許可要件として規定されているのは，設置計画が環境省令で定める技

術上の基準に適合していること，周辺地域の生活環境等に対して適正な配慮がなされていること，維持・管理を適切に行う能力があること，欠格事由に該当しないことである。施設設置をめぐる法的構造は産業廃棄物の場合もほぼ同じであることから，法的問題に関する詳細は後に述べることとする。

　一般廃棄物に関するしくみの中で重要な位置を占めているのが一般廃棄物処理計画である。これは市町村が一般廃棄物の収集・運搬・処理に関して策定する計画であり（CB 16-6 東京地判1994(平成6)・9・9判時1509号65頁），市町村が民間の業者に許可を出す際には許可要件として位置づけられている。事業系一般廃棄物の収集・運搬業への参入を希望して市長に一般廃棄物処理業の許可申請をしたのに対して，市長が同市の策定した一般廃棄物処理計画に適合しないことを理由にこれを拒否した事例において，最高裁は「一般廃棄物の適正な収集及び運搬を継続的かつ安定的に実施させるためには，既存の許可業者等のみに引き続きこれを行わせることが相当であるとして，当該申請の内容は一般廃棄物処理計画に適合するものであるとは認められないという判断をすることもできるものというべきである」と述べ，拒否処分を違法とはしなかった（判Ⅰ126 CB 8-4 最一小判2004(平成16)・1・15判時1849号30頁）。廃掃法が一般廃棄物につき市町村処理の原則をとり，また市町村自身での処理が困難かどうかについて一般廃棄物処理計画を策定させることで確定する方式をとっていることから，この計画にはある種の需給調整機能が認められると最高裁は判断したと考えられる。

❷ 産業廃棄物処理の行政過程

■ 産業廃棄物処理の行政過程

　産業廃棄物処理の行政過程は，事前規制としての**業の許可・処理場の設置許可**と，事後規制としての**改善命令**等とに大きく分けられる。そもそも産業廃棄物に関しては，事業者が自ら処理しなければならないことが原則である（廃掃法11条1項）。事業者は自分自身で処理してもよいし，処理業者に委託してもよい。ただし自家処理の場合も政令で定める産業廃棄物処理基準に従ってなされなければならない（同法12条1項）。これに対して業者に委託

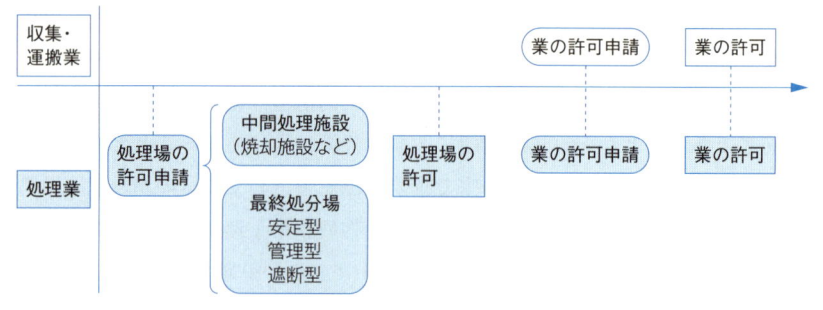

図11　産業廃棄物処理に関する許可の行政過程

する場合には，処理業者との委託契約を締結することとなる。その際にも政令で定める委託基準に従わなければならない（同条6項）。一口に処理業と言ってもそこにはいろいろな種類が含まれている。収集・運搬業者のほか，ごみを主として焼却する**中間処理業者**やごみを埋め立てる**最終処分業者**が存在し，事業者はこれらと個別に契約を締結することとなる（北村459頁）。

① 事前規制に関して，収集・運搬業は業の許可のみが予定されている。これに対して処理業の場合には，処理施設の許可と業の許可の2種類が必要になる。新たに処理業を始める場合には，まず処理場の許可を得て処理施設を有した上で事業の許可を申請する必要がある（北村466頁）。処理施設は中間処理施設と最終処分場とに分けられる。**中間処理施設**とは，廃プラスチック類処理施設や汚泥脱水・乾燥施設，焼却施設など，廃棄物の容積を圧縮する処理を行う施設を言う（廃掃法15条1項，同法施行令7条）。これに対して**最終処分場**とは，廃棄物を最終的に埋め立てる施設を言う（同法15条1項）。これはさらに安定型・管理型・遮断型に分けられる。**安定型最終処分場**は，廃プラスチックやガラスくずなど埋め立てても化学変化を起こさないものを埋め立てる施設である（同法施行令7条14号ロ）。**遮断型最終処分場**は，水銀など有害な物質が含まれる産業廃棄物を埋め立てる施設であり（同法施行令7条14号イ），有害物質が外部に流出しないような構造がとられている。この両者以外に該当するのが**管理型最終処分場**である（同法施行令7条14号ハ）。紛争になりやすいのは安定型と管理型であり，本来遮断型でしか埋め立ててはいけない有害な物質がこれらに埋め立てられることで周囲の環境が汚染される事例がしばしば見られる。

② 産業廃棄物の処理が適正になされるため，廃掃法は以下の3つの極めて特色のあるしくみを用意している。第1は，1991年改正で特別管理産業廃棄物に導入され1997年に全ての産業廃棄物に適用が拡大された**産業廃棄物管理票（マニフェスト）**である（同法12条の3）。これは産業廃棄物の運搬・処理の流れを記録するためのもので，処分が完了すれば委託者に終了票が送付される。記録によって不法投棄を防止しようとしているのが，このしくみの特色である（大塚470頁）。第2は，産業廃棄物処理場の**操業記録閲覧請求**である（同法15条の2の3）。これは，処理施設の維持管理に関して環境省令で定める事項を記録して処理施設に備え置き，生活環境の保全上の利害関係者に閲覧させるものである。行政による監督資源が限られていることから，利害関係者に法執行の一翼を担ってもらうしくみと言える。第3は，埋め立て完了後の最終処分場が適切に維持管理されるように設けられた**維持管理積立金**（同法15条の2の4）である。これは，安定型・管理型の処分場の設置者に，処分完了後の維持費用を前もって独立行政法人環境再生保全機構に積み立てさせるものである。

③ 許可業者による不適切な処理に対しては**改善命令**（同法19条の3）や許可の取消・撤回（同法14条の3の2）による対応が想定されている。これに対し，不法投棄された廃棄物や違法操業の結果として流出した汚染物質が生活環境の保全上の支障を生じさせ，または生じさせるおそれがあるときは，**措置命令**が用いられる（同法19条の4以下：一般廃棄物に対しても同様のしくみがある）。大きく言えば同法は2種類の措置命令を定めている。1つは収集・運搬・処分者や違法委託者，さらにマニフェスト交付義務違反者やそれらの教唆・幇助者に対する命令である（同法19条の5）。教唆・幇助者等まで拡大している点に特色があるとは言え，こうした違法行為者に対する是正命令は他の行政法分野でも広く見られるしくみである。これに対してもう1つは，処分者に資力がなく，排出事業者が適正な対価で委託していない場合に，仮にその委託が適法であったとしても排出事業者に対して命令を出すものである（同法19条の6）。これは，委託価格を大幅に引き下げさせることで不法投棄を誘引することを防ぐ意味も持つ。これら2つの命令は**代替的作為義務**を課す行政行為であるから，行政代執行法の規定に従って**行政代執行**することが可能である（⇨77頁）。しかし実際には，汚染物質の除去には多額の費用が

かかり，また行政代執行に要した費用を措置命令の相手方から全額徴収するのは現実には不可能である。そこで同法は，措置命令の相手方に命令を履行する見込みがないなどの場合に，行政の費用で除去措置を行い（同法19条の8），産業界も出捐する**産業廃棄物適正処理推進センター**の基金（同法13条の12，13条の15，19条の9）に費用面での協力を求めることができるとする規定を置いている（大塚484頁）。原因者負担原則を貫くことでいつまでも有害物質が除去されないことを避けるため，一般財源による対応可能性を明示しているのである（北村502頁はさらに，民事保全による措置命令費用確保の実務を紹介している）。

最後の点との関係で重要な事件として，安定型処分場における不適切な廃棄物処理の結果，浸透水基準を大幅に超過する鉛が含まれた地下水が検出され，周辺住民が県に対して措置命令を求め，裁判所が義務付けを容認した例がある（福岡高判 2011（平成 23）・2・7 判時 2122 号 45 頁［最三小決 2012（平成 24）・7・3 は上告受理申立を不受理としたため高裁判決が確定］）。この事件で福岡高裁は，鉛で汚染された地下水により，周辺住民の生命・健康に重大な損害が生じるおそれがあることを認め，また業者に対する民事訴訟が「他に適当な方法」に該当するとは直ちに言えず，業者の経済状態からしてもこの方法によって損害を避けることができる具体的な可能性は認めがたいとした。さらに，措置命令を出しても業者がその経済状態からみてこれを遵守する措置を採ることが期待できない場合でも，知事は廃掃法 19 条の 8 の規定を用いて代執行をすることができるので，措置命令によって損害を回避することができるとの判断が示されている（⇨129 頁）。ここでは，一般財源による行政代執行の対応可能性を法が規定していることも，裁判所が義務付けを認める 1 つの考慮要素となっている。

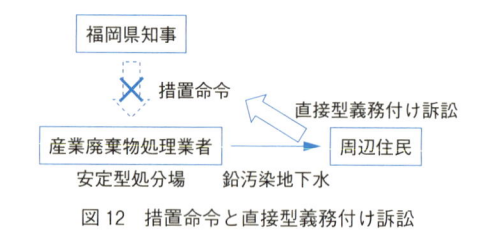

図 12　措置命令と直接型義務付け訴訟

■ 産業廃棄物処理業者に対する規制

産業廃棄物処理業者に対する許可制の基本的な特色は次の2点にある。第1は，許可権者が都道府県知事（政令指定都市・中核市等の市長も含む）となっている点である。第2は，法定の要件を充足すれば許可が与えられる**警察許可**の性格を持つとされることである。先に述べたように，一般廃棄物処理に関しては市町村処理が原則であり，許可業者は例外的なものと位置づけられていることから，一般廃棄物処理計画との適合性という要件によってかなり広い裁量が市町村に認められている。これに対し，産業廃棄物処理は事業者による自家処理が原則で，産業廃棄物処理業者はその代わりに委託を受けて処理を行う関係に立つ。そのため一般廃棄物処理業の許可に認められるような広範な裁量は都道府県知事にはないと考えられている。

産業廃棄物処理業の許可要件は，収集運搬業と処分業とで書き分けられている。ただし基本的な構造は共通であって，①事業の用に供する施設が環境汚染を引き起こさないものになっていること②申請者の廃棄物処理に対する知識と経理的基礎があること③過去に生活環境保全を目的とする法令の規定に違反したなどの欠格事由に該当しないことが求められる。このうち②と③については，産業廃棄物処理場の近隣住民（第三者）が処理場を経営する処理業者の許可取消訴訟を提起した場合に「自己の法律上の利益に関係のない違法」（行政事件訴訟法10条1項）の主張に該当するかが問題となる（⇨117頁）。しかし，これらの規定に違反した状態の事業者は，不適切な廃棄物処理を行う蓋然性が極めて高く，それゆえ法はこのような類型を設けて許可要件としたと考えられる。そして，廃棄物の不適切な処理は周辺住民の生命・健康に直接重大な影響をもたらしうるから，これらの事情も違法主張の理由に含めて良いと考えられる（大塚476頁）。

産業廃棄物処理業の許可にも取消し（講学上の撤回）（⇨63頁）の規定が設けられている。このうち前述の許可要件①（＝設備の技術的基準）や②（＝設置者の知識・経理的基礎）を欠くようになった場合と，許可の附款に違反した場合には許可を「取り消すことができる」（廃掃法14条の3の2第2項）となっているのに対して，③の欠格事由のうち悪質性の高い類型に該当する場合には許可を「取り消さなければならない」（同条第1項）と規定されてい

る。許認可の撤回の場合，通常は**効果裁量**が認められる立法がなされており，要件に該当しても行政には処分しない自由がある。これに対して廃棄物処理業の許可制は**義務的取消規定**となっており（一般廃棄物処理業も同様である：同法7条の4第1項），この点に顕著な特色が見られる（義務的取消のその他の例として，狩猟免許の取消（鳥獣保護法52条1項）や公益認定（⇨191頁）の取消（公益認定法29条1項）がある）。また，欠格事由の中には浄化槽法その他「生活環境の保全を目的とする法令で政令で定めるもの」の規定に違反して刑罰が科された場合（同法7条5項4号ハ，同法14条の3の2第1項1号）も含まれている。こうした義務的取消規定は立法者の法執行に対する決意の表れであり，換言すれば法執行者である都道府県知事等への不信感の表明でもある（北村489頁）。ただし，個別の事情によっては，法定の要件に合致したとしても，比例原則違反によって許可取消処分が違法と判断される余地はあるように思われる（同旨，北村498頁）（⇨18頁）。

■ 産業廃棄物処理施設に対する規制

　産業廃棄物処理施設の設置は，行政法の全体を見渡してもとりわけ法的紛争が生ずる可能性の高い局面である。そこでまず，廃掃法が定める許可のしくみを説明し，その後，それ以外の紛争解決の方策を検討することとする。

　産業廃棄物処理施設の設置許可は都道府県知事が行い，その基準として廃掃法は次の4つを定めている（同法15条の2）。第1は環境省令（同法施行規則12条以下，一般廃棄物の最終処分場及び産業廃棄物の最終処分場に係る技術上の基準を定める省令［**共同命令**］）で定める技術上の基準に適合していること，第2は周辺地域の生活環境の保全等への適正な配慮がなされたものであること，第3は申請者の能力が施設の設置・管理を的確に行うに足りるものであること，第4は欠格事由に該当しないことである。加えて，中間処理施設の1つである焼却施設については，その過度の集中により大気環境基準の確保が困難となると認めるときは許可をしないことができる（同法15条の2第2項）（⇨355頁）。以上の要件の中で最も紛争になりやすいのは**生活環境配慮要件**である。産業廃棄物処理業の許可と同様，処理施設の許可にも効果裁量はないと考えられているため，許可を拒否するかどうかはこの要件の解釈・適用にかかっていることが多い。また，この要件と関連して，知事は許可を与

える際に生活環境の保全上必要な条件を付すことができる（同条4項）。これは**附款**（⇨68頁）の一例であり，業者側の経済的自由と地域の生活環境保全とのバランスを考慮し，附款で解決できる場合には拒否処分ではなく附款付許可処分で対応するオプションを立法者が明示している。

　この生活環境保全を実現する手続として，同法は次の2つを定めている。第1は，申請者による**生活環境影響調査**である（同法15条3項）。これは後述の環境影響評価法が定める手続よりも簡易なものなので，**ミニ・アセスメント**（ミニアセス）とも呼ばれる。産業廃棄物処理施設の中でも規模の大きな最終処分場は環境影響評価法に基づく環境影響評価の対象となるものの，これ以外については廃掃法の手続のみが適用されることになる。具体的には，大気質・騒音・振動・悪臭・水質・地下水等の調査事項について施設設置の影響を調査・分析し（同法施行規則11条の2），調査書を許可申請書に添付しなければならない。知事は，申請書と調査書を1ヶ月間**縦覧**し，関係市町村長の意見を聴かなければならないほか，施設の利害関係者は生活環境の保全の見地からの**意見書提出**が可能である（同法15条4，5，6項）。第2は，施設の許可をする場合には専門的知識を有する者の意見を聴かなければならないとする手続である（同法15条の2第3項）。

　しかし，以上のような廃掃法の定めは，法的紛争の予防や解決に十分機能しているとは言いがたい状況にある。その理由は，生活環境影響調査のタイミングが遅いこと，事業者によって実施されるため評価の中立性が確保されていないこと，生活環境以外の影響（例えば自然環境への影響）が評価の対象外になっていること，許可基準が遵守されていることを行政が十分に監視できないことにある（北村475頁）。そこで，以下に略述するような同法の許可制以外の方策も実際には用いられている。

法的手法	アクター	手法の特色	廃掃法の問題点
民事差止訴訟	周辺住民	許可とは独立に利用可能	基準・執行の不十分さ
行政指導	都道府県	事実上の地元同意を要求	利害調整手続の欠如
公害防止協定	市町村	行政契約による権限獲得	市町村に権限なし
水源保護条例	市町村	許可とは独立に立地規制	

図13　産業廃棄物処理施設建設に対する法的対応

① 周辺住民が産業廃棄物処理施設の設置者に対して、**人格権**侵害に基づく**民事差止訴訟**を提起することがしばしばなされる。処理場の設置許可の法効果には人格権を侵害してよい（＝周辺住民に対し受忍を義務付ける）という内容は含まれていないことから（塩野・Ⅱ223頁、宇賀・Ⅱ183頁）、この種の民事差止訴訟は廃掃法上の許可が出ていてもこれを取り消すことなく提起できると考えられる（⇨58頁）。さらに下級審裁判例の中には、許可が出ていても使用・操業の差止を認める判決を下しているものもある（北村515頁）。その背景には、廃掃法の定める許可制の要件になっている構造基準・維持管理基準が操業後も継続的に満たされる保証がないとの考慮がある。他方で裁判例の中には、廃掃法に基づく共同命令の遵守義務は行政上の義務であると同時に周辺住民に対する責務でもあるとして、人格権の内容への充塡を示唆するものがある（鹿児島地判2006（平成18）・2・3判時1945号75頁）。廃棄物処理場の設置をめぐる行政手続と民事訴訟との交錯は、行政法と民事法の組み合わせ（⇨27頁）による問題解決の一例を示している。

② 許可の申請に際して、許可権者である都道府県知事が申請者に対して**地元同意**を求める**行政指導**をすることがある。前述の生活環境影響調査が1997年に導入された際には、この地元同意要求の行政指導を吸収することが意図されていた。しかしこの調査＋意見書提出の手続では、住民側に対する情報提供や、地元と申請者とのコミュニケーションの推進には不十分であり、結果として問題の解決にならなかった（大塚490頁）（⇨文献⑰）。そこでいくつかの県では、申請に対する審査基準に含める形で、または条例の形式で、地元と申請者との利害調整手続を設定している。ただし、廃掃法の許可規定にはそもそも地元同意を求める趣旨はなく、生活環境保全上の利益の考慮が求められているのみである。そのため、環境保全上の対策がとられているにもかかわらず、同意がないという理由のみで拒否処分を行うことは違法と評価される。

③ 産業廃棄物処理に関する権限は都道府県に集中しており、市町村には全くない。処理場設置許可手続においても、知事が関係市町村長に意見を聴くことが予定されているのみである。そこで市町村が処理場の設置希望者と**公害防止協定**を締結し、その中で市町村に立入検査権や情報閲覧請求権を認めるケースがしばしば見られる（北村・自治体61頁）。これは法律上の無権限を

行政契約によってカバーしようとする**交換契約**の一種である（⇨69頁）。この協定によって事業者が得るのは地元の理解・同意であり，前述の地元同意の行政指導の１つの要素として，こうした協定が締結されていることを県が要請する実務がその背景に存在する。公害防止協定は，それが相手方に対する強制の性格を持つものではなく，また廃掃法の定める規制に反する内容を持つものでなければ，法的拘束力を有し，民事訴訟を通じてその履行を求めることができる。廃掃法の規定と公害防止協定の条項との抵触関係は，個別の条文ごとに判断される（判百Ⅰ 98 判Ⅰ 189 CB 9-8 最二小判 2009（平成 21）・7・10 判時 2058 号 53 頁［福間町公害防止協定事件］）。

④ 県が許認可の際に地元同意を要求しないとすると，業者側に公害防止協定を締結するインセンティブが働かなくなる。この場合に市町村は，廃掃法とは別に**自主条例**を制定して，廃棄物処理施設の立地を規制することがあり得る。この場合には，徳島市公安条例事件最高裁判決が示す基準（⇨21頁）に照らして，制定された条例が法律と矛盾抵触するものではないことが論証される必要がある。そのため，公衆衛生を目的とする廃掃法とは別の政策目的，例えば水道水源を保護する目的で条例を制定することがあり得る。紀伊

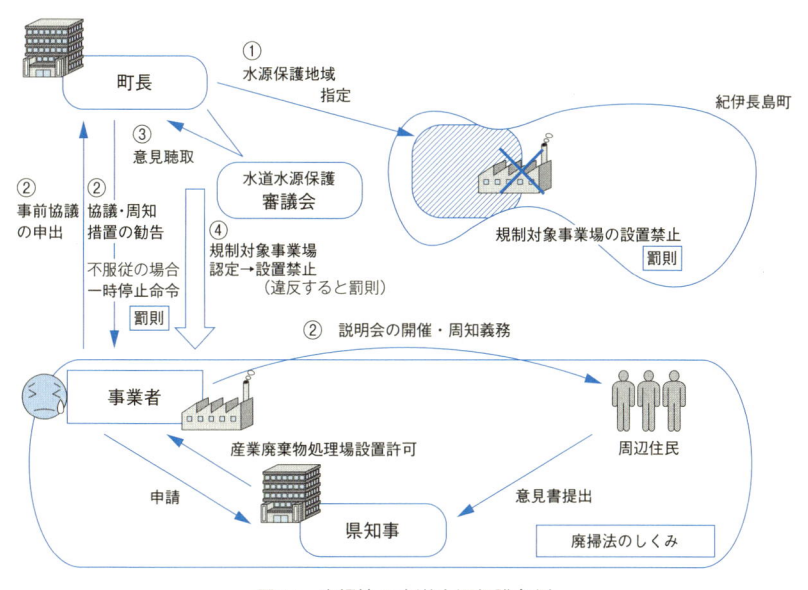

図14 廃掃法と水道水源保護条例

長島町水道水源条例事件（判百Ⅰ32　判Ⅰ16　CB 9-7　最二小判 2004（平成 16）・12・24 民集 58 巻 9 号 2536 頁）はまさにそのような例であった。

　同条例は水道水源の保護を目的とし，水源保護地域を指定した上で，同地域内での規制対象事業場（産業廃棄物処理施設もここに含まれる）の設置を禁止していた。そして規制対象事業場の認定を行う前に**事前協議**のしくみを設けていた。控訴審（名古屋高判 2000（平成 12）・2・29 判タ 1061 号 178 頁）は，廃掃法と水道水源条例とで規制の目的が異なるとして条例を適法と判断していた。これに対して最高裁は，同条例が法律の範囲内かどうかについては判断せず，この条例が事業者の設置計画を町が知った後に制定されたものであるという事情も踏まえ，条例が定める協議手続の中で事業者が不利にならないようにする**配慮義務**が町にあると判示した。

3　循環型社会推進の行政過程

■ 循環型社会の理念と政策

　1990 年代後半に入ると廃棄物処理場の逼迫問題が深刻化した。そこで，廃棄物の処理量を減らすため，ごみの発生抑制や再使用・再生利用が重要な政策課題として認識されるようになってきた。2000 年に制定された循環型社会形成推進基本法［循環基本法］は，その政策理念を明確化し，原因者責任原則を拡張する**拡大生産者責任**を明文化した（同法 11 条 2 項）。同法は「廃棄物等のうち有用なもの」を「循環資源」と定義した上で（同法 2 条 3 項），その循環的な利用に向けて次のような優先順位を設定している（同法 7 条）。最優先されるべきは**発生抑制**（Reduce）であり，続いて循環資源をそのままあるいは修理した上で製品（の一部）として使用する**再使用**（Reuse），さらに循環資源を原材料として使用する**再生利用**（Recycle）である（これら 3 つをまとめて 3 R と呼ぶ）。これらがうまくいかない場合には循環資源を燃料として用いる**熱回収**が模索され，**適正処分**が優先順位の最後に位置づけられている。

　循環基本法は基本法なので，リサイクルに関する詳細な法制度を定めているわけではない。個別の法制度は資源の有効な利用の促進に関する法律［資

```
           ┌─ 資源有効利用促進法（1991）
           │  容器包装リサイクル法（1995）
  循環基本法│  家電リサイクル法（1998）
           │  建設リサイクル法（2000）
           │  食品リサイクル法（2000）
           └─ 自動車リサイクル法（2002）
```

図15　リサイクル関連立法

源有効利用促進法］などリサイクル諸法が設定している。資源有効利用促進法は最初に制定された再生利用のための法律で，政令で指定された業種・商品について再生利用のための基準・標準を主務大臣が策定し，担保措置として指導・助言，勧告，公表，命令措置を予定するものである。例えばパソコンは**指定省資源製品**に指定され，業界団体が自主回収・再資源化のスキームを形成している（⇨文献⑱）。同法以外の５法はそれぞれの分野においてリサイクル制度を完結的に規定している。以下ではその中で最も歴史が古い容器包装リサイクル法のしくみを説明し，その他の諸法については同法と比較した制度の特色を簡潔に示すにとどめる。

■ 容器包装リサイクル法

　最初の個別リサイクル立法として容器包装が選択された理由は，その一般廃棄物に占める高い割合にあった。最終処分場の逼迫が大きな問題となる中，まず抑制すべき廃棄物として容器包装廃棄物が選ばれ，1995年に容器包装リサイクル法が制定された。その特色は，市町村に容器包装の**分別収集義務**を課し，容器包装を利用する特定事業者に**再商品化義務**を課した上で，**指定法人**（日本容器包装リサイクル協会）による再商品化を基本とするリサイクルを行わせてごみの量を抑制しようとしているところにある。容器包装は，主務省令（同法施行規則１条，別表第一）で定められる**特定容器**（例：缶，ガラスびん，紙袋，プラスチック製の袋など）とそれ以外の**特定包装**とに分けられる。ただし，リサイクルの中で最も手間と費用がかかる分別収集を基本的に市町村の役割とした点が，拡大生産者責任の貫徹の観点からは問題として指摘されている（大塚519頁）。

① 主務大臣は，容器包装廃棄物の排出抑制・再商品化の計画的な推進のた

め**基本方針**を策定する（同法3条）。さらに主務大臣は，これに即して3年ごとに5年を1期とする**再商品化計画**を定めなければならない（同法7条）。市町村がこの基本方針に即し，再商品化計画を勘案して**市町村分別収集計画**を策定する（同法8条1,3項）ことで，これに従った**分別収集義務**が生じる（同法10条1項）。計画策定の際には廃掃法の**一般廃棄物処理計画**との適合性が確保されなければならない（同法8条3項）。リサイクルの際にはどの程度の量が収集されるか，またどの程度のリサイクル処理能力があるかという問題が重要になるため，**行政計画**とその**計画間調整**の体系が設定されているのである（⇨54頁）。この分別収集に要する費用は，当初は全額が市町村負担とされ，これが事業者の環境配慮設計を阻害すると批判されていた（⇨文献⑲）。2006年改正では，再商品化に現に要した費用が見込み額を下回った場合に，再商品化を担当する指定法人等が市町村に対して再商品化の合理化に寄与する程度に応じて金銭を支払うしくみが設けられた（同法10条の2，同法施行規則7条の4）ものの，この点に関する根本的な解決にはなっていない。

② 市町村が分別収集した容器包装廃棄物のうち省令で定める基準に適合するものが**分別基準適合物**（同法2条6項）であり，分別収集されたもののうちこのスキームを使わなくても市場でリサイクルがなされているスチール缶・アルミ缶・段ボール・飲料用紙製容器（同法施行規則3条）は再商品化義務の対象外となっている（逆に対象となるのはびん・ペットボトル・プラスチック製容器包装などである）。再商品化義務が課される**特定事業者**は，特定容器利用事業者・特定容器製造等事業者・特定包装利用事業者である（同法2条11，12，13項）。**再商品化義務量**は，分別収集見込み量の全国合計に主務大臣が再商品化されるべき量の占める比率として定める特定事業者責任比率（同法11条3項）を掛けて前年度再商品化未達成量を足し合わせた**再商品化義務総量**をもとにして，これに**特定容器比率**（同条2項2号イ），当該業種が用いたものとして主務大臣が定める**業種別比率**（同号ロ），当該業種が用いた容器包装のうち当該特定事業者が排出した見込み（自主回収量があればこの見込み量から減算）の比率（同号ニ）を順に掛けて確定される。この算定の際に，市町村分別収集計画で定められた分別収集量が意味を持つのである（実際には市町村計画を束ねた**都道府県分別収集促進計画**（同法9条）をもとに算定される）。

ただし，いくら回収しても再商品化工場の処理能力が追いつかなければ再商

品化できないため，再商品化計画に定められる再商品化見込み量に特定事業者責任比率を掛けた量が分別収集見込み量をもとに先述の方法で計算した量より少なければ，再商品化見込み量に基づく量が再商品化義務総量となる（同法11条3項）。
③ 特定事業者の再商品化義務は，指定法人と再商品化契約を締結し，これに基づいて委託料を支払うことで履行される（**指定法人ルート**）のが一般的である（同法14条）。それ以外に，特定事業者が自ら再商品化する方法（**自主回収ルート**）と，指定法人以外の第三者に委託して再商品化する方法（**独自ルート**）もあり，いずれも主務大臣の**認定**を得る必要がある（［自主回収ルート］同法18条1項，［独自ルート］同法15条1項）。再商品化義務を果たさない場合には指導・助言，勧告，公表，命令と進み，命令違反には罰金が科される（同法19条，20条，46条）。ただし実際には，事業者の排出見込み量や認定の申請は事業者側のイニシアティブに任されている部分が大きく，支払うべき委託料や再処理費用を支払っていない**フリーライダー**が多く存在するとされる（北村536頁）。

■ リサイクル諸法

最後に，容器包装リサイクル法以外のリサイクル諸法の特色を略説する。
① 1998年に制定された特定家庭用機器再商品化法［家電リサイクル法］は，エアコン・冷蔵庫・テレビ・洗濯機・乾燥機（特定家庭用機器）の収集・運搬・再商品化を目指す法律である。同法は，再商品化料金の支払義務を排出者に，また排出家電の引き取り義務を事業者に負わせた点に大きな特色を持つ。排出者からの有料での引き取りと製造者への引渡は家電の小売業者が担う（同法9～11条）。しかし，排出時に有料での引き取りの方式をとることは，排出者の不法投棄の誘因となるおそれがあると指摘されている。
② 2000年に制定された建設工事に係る資材の再資源化等に関する法律［建設リサイクル法］と食品循環資源の再生利用等の促進に関する法律［食品リサイクル法］は，他のリサイクル諸法と大きく異なる性格を持つ。建設リサイクル法は，建設廃棄物が不法投棄されないように解体過程をコントロールすることを目的に制定されており，解体の前に分別解体計画を知事に届け出させ，その内容が省令の定める分別施工に適合しない場合には計画変更命令が

出される（同法9条，10条，15条）。また食品リサイクル法は，売れ残り食品や食べ残しなどの食品廃棄物の再生利用を促進するため，食品循環資源の肥料化を行う事業者の登録制度や，食品関連事業者・肥料化事業者・農林漁業者の共同での再生利用事業計画の認定制度を設け，廃掃法・肥料取締法の特例措置を用意することを中心とするものである（同法11条，19条）。

③ 2002年に制定された使用済自動車の再資源化等に関する法律［自動車リサイクル法］は，使用済み自動車から生ずるフロン類・エアバック類・シュレッダーダストの引き取りと再商品化を義務付けるものである。同法は家電リサイクル法と異なり，法施行後に購入される自動車については購入時，施行時点で既に販売されている自動車については最初の車検時までにリサイクル費用を自動車所有者が負担することとした（**自車充当方式**）。これにより，不法投棄の誘因を小さくすることが狙いである。このリサイクル費用は指定資金管理法人（自動車リサイクル促進センター）が管理することとし，製造事業者の倒産等でリサイクル費用に充てられなくなる事態を避けようとしている（同法73条）。

4 生態系保護の過程

　生態系保護の行政過程が本格的に整備され始めたのは，環境庁設置後のことである。その具体的な手法として，大規模な公共工事の前に事業者に環境影響を評価させてより環境負荷の少ない方法をとらせる環境影響評価（環境アセスメント），一定の地域を指定して開発行為などを制限して自然を保護する保護地域規制，希少な動植物の個体保護のために狩猟・採集や流通を規制する生物個体保護の3種類がある。また2008年には生物多様性基本法が制定され，同法に基づく**生物多様性国家戦略**は，環境基本計画と並んでこの分野の上位計画として位置づけられている（同法12条2項）。

1 環境影響評価の行政過程

■ 環境影響評価法の意義と特色

　環境に影響を及ぼす行政活動（例：大規模な公共施設建設）の前に，その環境に与える影響を調査・評価し，環境への負荷を低減する環境保全措置（ミティゲーション）などの代替案を検討した上で最終的な決定を行う手続を**環境アセスメント**（**環境影響評価**）と呼ぶ（条約等に基づく環境影響評価につき，西井＝臼杵編169頁以下）。環境アセスメントは必ずしも生態系保護のみのためになされるわけではなく，より広く公害防止目的も含む**環境配慮**のためになされる手続である（⇨356頁）。このような手続が必要であるとの認識は，すでに1970年代前半にも見られた。1981年には環境影響評価法案が国会に提出されたものの廃案となり，その後は閣議決定（環境影響評価実施要綱）に基づく**閣議要綱アセス**が行われていた。1993年に制定された環境基本法では環境アセスメントも含む環境配慮に必要な措置を講ずることが規定され（同法20条），1997年になってようやく環境影響評価法が制定された。これほど

までに時間がかかった大きな理由は，環境影響評価手続が公共工事にかかる時間・費用を増大させることにあった。他方で先進諸国では環境アセスメントがいわば標準装備となっており，制定前年の段階で，OECD加盟国のうちこの手続を持たないのは日本だけという状況になっていた（大塚260頁）。こうした国際的な制度平準化圧力も，環境影響評価手続の法定化には大きく貢献している。

```
          ┌─────────────────┐
          │   都市計画法    │
          └────────┬────────┘
                   ↓
          ┌─────────────────────────────┐
          │ 戦略的環境アセスメント（SEA）│
          └─────────────────────────────┘
                   ↓
          ┌─────────────────┐
          │   都市計画決定  │
          └────────┬────────┘
                   ↓
          ┌───────────────────────────────┐
          │ 環境アセスメント（事業アセス）│
          └───────────────────────────────┘
                   ↓
          ┌─────────────────┐
          │ 都市計画事業認可│
          └────────┬────────┘
                   ↓
          ┌─────────────────┐
          │ 用地取得・事業実施│
          └─────────────────┘
```

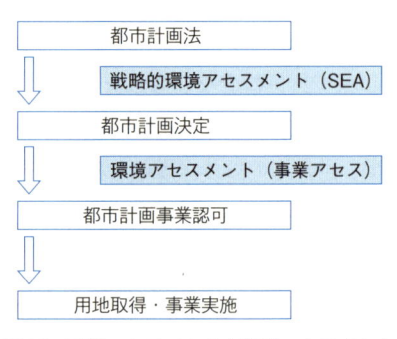

図16　事業アセスメントと戦略アセスメント

　環境影響評価法の特色は次の3点にまとめられる。第1は，アセスメントを行う時期が事業の実施の決定の後となる**事業アセスメント**の性格を持つことである。ある施設の工事が行われる場合に，どのような形で工事すれば環境に対する負荷を小さくできるかを検討するのが，環境影響評価法の定めるアセスメントの基本である。これに対して，そもそもその施設を建設するかどうかまで検討対象にして行うアセスメントを**戦略的環境アセスメント（SEA）**という。環境保護の方策を自由に考えるためには，早期段階のアセスメントが好ましいことは言うまでもない。他方でこの段階でアセスメントが実施されると，公共事業中止のリスクが高まることになる。環境アセスメントの制度を要請した環境基本法20条は，この点について事業アセスメントにとどまることを明確に規定しており，2011年に環境影響評価法が改正されて**計画段階配慮書**（日本版SEA）と呼ばれる早期段階が追加されても，この性格は変わっていない。

　第2は，アセスメントを行う主体が事業者とされていることである。例外的に**都市計画**（都市施設を定める都市計画・市街地開発事業（⇨418頁））と**港湾**

計画については，民間事業者ではなく行政（都市計画決定権者，港湾管理者）がアセスメントを実施する（環境影響評価法40条以下）。すなわち，これら以外のアセスメント手続は，厳密な意味での「行政」手続ではなく，事業を実施する民間事業者に対して環境影響の調査を義務付けているのである。これは，効率的な環境情報収集という点からは首肯できるものの，事業を実施したいという強い意向を持つ事業者が本当に環境影響に対して真摯な調査と配慮を行うのかどうかという点には疑問が残る。手続の信頼性を確保するためには，事業者が環境コンサルタントに委託するアセスメント委託契約に対する法的規律を検討するなどの手段をとる必要がある（北村310頁）。

　第3は，環境アセスメントの結果が行政の決定に反映される**横断条項**（環境影響評価法33条2項）の存在である。事業の許認可を定める個別法の中には，許認可の要件として環境への配慮を要求していないものもある（例：鉄道事業法8条2項）。このような場合でも，横断条項が存在することで個別法の許認可要件として環境配慮が上乗せされ，もし環境配慮が十分でないと許認可権者が判断すれば，個別法の根拠規定に環境配慮がなくても，拒否処分を下すことができる。環境影響評価法は事業者には手続法的な義務を課し，行政側に対しては実体法的な**環境配慮義務**を要求するという特色を持つ（北村307頁）。

■ 環境影響評価手続

　環境影響評価手続は全部で6つの段階に分かれている。
① **計画段階配慮書**は2011年の法改正で追加された段階である（環境影響評価法3条の2）。それ以前の環境影響評価が，ある事業の実施を前提にその方法をどうするか決める部分で行われていたのに対し，配慮書段階はそれ以前の事業規模や立地の決定の考慮をする場面での利用が想定されている。日本版SEAとの別名にもかかわらず，この手続では事業の実施そのものを再考することは予定されておらず，それゆえ戦略的環境アセスメントの定義には該当しないと考えられている。
② 環境影響評価法の対象は，事業の種類・公的関与（法律上許認可が要求されている事業・補助金の交付対象事業・国等が行う事業等）・規模によって定義され，この要件に合致すれば必ず手続がとられる第1種事業と，手続を取るか

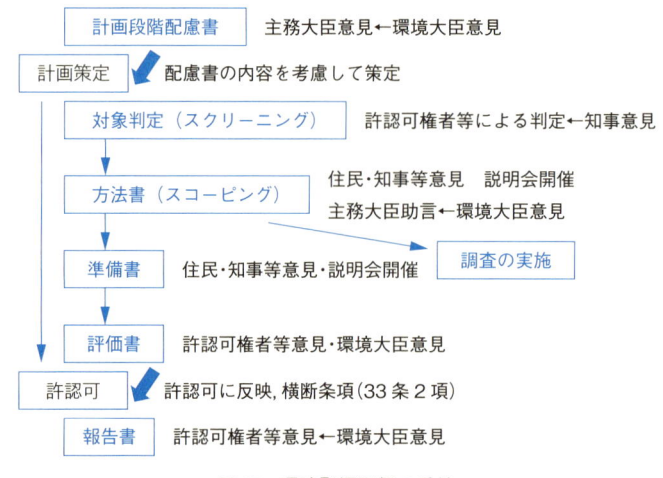

```
計画段階配慮書    主務大臣意見←環境大臣意見
    ↓
計画策定    配慮書の内容を考慮して策定
    ↓
対象判定（スクリーニング）    許認可権者等による判定←知事意見
    ↓
方法書（スコーピング）    住民・知事等意見　説明会開催
                        主務大臣助言←環境大臣意見
    ↓                                    → 調査の実施
準備書    住民・知事等意見・説明会開催
    ↓
評価書    許認可権者等意見・環境大臣意見
    ↓
許認可    許認可に反映，横断条項（33条2項）
    ↓
報告書    許認可権者等意見←環境大臣意見
```

図17　環境影響評価の手続

どうかの**対象判定（スクリーニング）**が必要な第2種事業とに分けられている（同法2条2，3項）。列挙されている事業の種類は，高速自動車国道・河川・鉄道・飛行場・発電所・廃棄物最終処分場・埋め立て等である。第1種事業のおおむね75％程度以上の規模の事業が第2種事業とされており（例：長さ10km以上の鉄道建設が第1種事業であるのに対し，第2種事業は長さ7.5km以上10km未満とされている［同法施行令6条，7条，別表第1］），第2種事業のうち対象判定の結果，環境影響の程度が著しいものとなるおそれがあると判断されれば手続が実施されることになる。ここで対象から外れても，地方公共団体の条例で定められている環境アセスメント手続の対象とされる場合もある（条例の特色につき，北村・自治体166頁以下）。このような手続がおかれた趣旨は，一定規模以上を手続対象とする（**裾切り**）と，それをぎりぎり下回る規模での事業が増え，法定の手続が空洞化するおそれがあると考えられたからである。

③　環境影響評価を実施する際に重要なのは，どのような調査項目をどのような手法で調査し，環境影響を予測するかという点である。事業が行われる土地の環境は千差万別なので，法令の基準で一律にこれらを決めてしまうのは難しく，そのため調査方法を確定させる**方法書（スコーピング）**段階が設定されている（同法5条）。この段階から幅広い**市民参加手続**がとられること

になる。具体的には**説明会**の開催がなされるほか（同法7条の2），方法書が**公告縦覧**され（同法7条），「環境の保全の見地からの意見を有する者」は縦覧期間満了日の翌日から起算して2週間を経過する日までに事業者に対して**意見書**を提出することができる（同法8条）。意見書の内容が環境保全の見地に関係するものであれば，周辺住民に限らず誰でも意見書の提出ができる（この点は廃掃法のミニ・アセスメント（⇨389頁）と大きく異なる）。これは，環境アセスメントが環境配慮に向けて幅広く情報を収集するための手続と考えられているからとされる（権利防衛参画の側面も指摘するものとして，北村319頁）。ここで出された意見は都道府県知事・市町村長に送られ（同法9条），都道府県知事も方法書に対して意見を述べることができる（同法10条）。これを踏まえて事業者は調査の方法を検討する（同法11条1項）。その際には主務大臣に対して技術的助言を求めることができ，技術的助言を記載した書面の交付前に，主務大臣は環境大臣の意見を聴かなければならない。

④ 方法書により調査方法が確定すれば，事業者はこれに基づいて**調査**を実施する。この結果をまとめ，さらに意見を聴くために**準備書**が作成される（同法14条）。ここでは，どのような環境影響が考えられるかという点と同時に，どうすればそれをできる限り低減できるか（ミティゲーション）という点も検討対象となる。代替案（複数案）を検討した上で最も環境に配慮した決定を導出するのがこの段階での課題である（大塚268頁）。準備書に対しても方法書と同様の参加手続が設定されている。

⑤ ここまでの手続を踏まえ，**評価書**が作成される。事業者は，準備書に対する意見を反映させた上で，環境負荷を低減する措置を検討する。この評価書は許認可権を持つ主務大臣等に送られ，主務大臣等はその写しを環境大臣に送付して意見を求める（同法22条）。環境大臣は環境保全の見地から意見を述べ，主務大臣等も意見を述べることができる（同法23条，24条）。これを受けて事業者は評価書を**補正**することができる（同法25条）。このようなやりとりの実効性を担保しているのが**横断条項**である（⇨399頁）。

⑥ 許認可がなされた後に実際に事業が行われる。2011年の法改正ではこの後の段階に**報告書**段階が追加された（同法38条の2，38条の3）。これは，実際にミティゲーションがなされ，環境影響を最小限に抑えているかを検証するために設けられた手続である。

2 保護地域規制の行政過程

■ 保護地域指定による自然環境保護

　自然環境や希少動植物の保護を目的とする立法においては、保全すべき地域を指定して一定の行為規制を課す手法が広く見られる。具体的には、自然公園法の特別保護地区・特別地域・海域公園地区・利用調整地区・普通地域、自然環境保全法の原生自然環境保全地域・自然環境保全地域・都道府県自然環境保全地域、鳥獣の保護及び狩猟の適正化に関する法律［鳥獣保護法］の鳥獣保護区・特別保護地区、絶滅のおそれのある野生動植物の種の保存に関する法律［希少種保護法］の生息地等保護区がこれにあたる。

① 自然公園法は、アメリカの**ナショナルパーク**制度の影響を受けて**国立公園制度**を導入する目的で制定された国立公園法（1931 年）を改正して 1957 年に制定された。同法は優れた自然の風景地の保護と利用を目的として一定の地域を指定するゾーニング型の公園制度を規定しており、それゆえ自然公園のかなりの面積が私有地となっている。このような公園制度を**地域指定制公園**と呼び、土地そのものを公有とした上で公園にする**営造物公園**と対比される。地域指定には複数の種類があり、それに応じて行為規制の内容も変わってくる。私有地に対する厳しい行為規制がなされる場合には**損失補償**がなされることもある。このほか自然公園法は、公園内における生態系の維持・回復を図る**生態系維持回復事業**を規定し、民間団体が認定を受けて事業を行うしくみを予定している（同法 38 条以下）。また、里山などの維持管理のために NPO 法人が環境大臣等の指定を受けて**公園管理団体**となり（同法 49 条）、この公園管理団体等と土地所有者等が**風景地保護協定**を締結して公園の管理を行うしくみも存在する（同法 43 条）。

② 自然環境保全法は、自然環境の総合的な保全と次世代への継承を目的に 1972 年に制定された。当初の構想では自然公園法と一本化した上で保安林や都市緑地についても統合的に規制することも含まれていたものの、環境庁・林野庁・建設省の折衝が難航し、結果的には現在のような狭い射程（優れた自然の風景地→自然公園法、原生状態の保護を含む自然環境保護→自然環境保護法）となったのである。同法の地域指定の特色は、**原生自然環境保全地域**と

いう非常に厳しい規制がかかる地域を設定したことである（同法14条以下）。この地域内では工作物の新築，土地の形質変更はもとより，木竹・植物の伐採・採取・植栽，動物の捕獲・放牧，車の使用などが原則として禁止され，学術研究その他公益上の理由により環境大臣が許可した場合と災害時の応急措置としてのみこうした行為を行うことができる（同法17条1項）。この行為規制に違反した場合には環境大臣は**中止命令・原状回復命令**を出すことができ（同法18条1項），**自然保護取締官**（レンジャー）にこの権限を行使させることができる（同条2項）。ただし，原生自然環境保全地域に指定されるためには，当該土地が国・地方公共団体の所有であることが前提になっており（同法14条1項），そもそも指定できる地域が限定的である。

③ 鳥獣保護法は1918年に制定され，鳥獣の保護と鳥獣による被害の防止の双方を目的としている。同法は原則として鳥獣・鳥類の卵の捕獲・採取を禁止し（同法8条），学術研究・鳥獣による生活環境・農林水産業・生態系への被害の防止・数の変動が激しい特定鳥獣（同法7条）の数の調整を目的として都道府県知事が**許可**した場合には狩猟が可能となる（同法9条）。ただし，捕獲等が生息状況に著しく影響を及ぼすおそれのないものとして環境省令で定める**狩猟鳥獣**（同法施行規則3条，別表第1：マガモ，タヌキ，ヒグマなどが指定されている）を**鳥獣保護区・休猟区**等以外で捕獲する場合（同法11条1項），農林業に伴い捕獲・採取することがやむを得ない鳥獣・鳥類の卵であって環境省令で定めるものの捕獲等（同法13条，同法施行規則12条，13条）については，知事の許可を受けずに行うことができる。このように，鳥獣保護区に指定（同法28条）されると，鳥獣の捕獲が原則として禁止される。ただし，生息地を保護するためにさらに強度な行為規制をかけることはこれだけではできず，さらに**特別保護地区**に指定（同法29条）することで，建築物の建築や木竹の伐採等が原則として禁止されることになる。

④ 希少種保護法は1992年に，同年の**生物多様性条約**の採択やワシントン条約京都会議を契機に，絶滅のおそれのある野生動植物の保存と生態系の保全を目的に制定された。同法は，国内希少野生動植物種の保存のため必要があると認めるときに環境大臣が**生息地等保護区**を指定できるしくみを定めている（同法36条）。このうち**管理地区**に指定されると，建築・土地の形質変更・伐採のほか，国内希少野生動植物種の生息に必要なものとして環境大臣

が指定する野生動植物の捕獲や，国内希少野生動植物種の生息に支障を及ぼすおそれのある動植物種として環境大臣が指定するものの持ち込みが禁止される（同法37条）。管理地区の中でもさらに人の立入を制限する**立入制限地区**に指定されると，非常災害の応急措置等の例外的な場合を除き立入が禁止される（同法38条）。管理地区の外側に，緩やかな規制（届出制）を行う**監視地区**が指定される（同法39条）。生息地等保護区は全国で9箇所しか指定されておらず，その背景には財産権の尊重・国土保全その他の公益との調整を要請する同法3条の規定の存在が指摘されている（大塚599頁）。

■ 自然公園法の地域指定と行為規制

自然公園法は自然公園を国立公園，国定公園，都道府県立自然公園に分けている。このうち**国立公園**は，我が国の風景を代表するに足りる傑出した自然の風景地であって環境大臣が指定するものをいう（同法2条2号）。これに準ずる優れた自然の風景地が**国定公園**（同条3号），都道府県が条例で指定するのが**都道府県立自然公園**（同条4号）である。国立公園・国定公園に指定されると，公園の保護と利用のための**公園計画**（同法7条）が決定される。利用については，公園内に道路や休憩所などを整備する**公園事業**（同法9条）での整備が予定されている。これに対して保護については，地域指定と行為規制が次のように規定されている。

① 当該公園の風致を維持するために公園計画に基づいて**特別地域**を指定することができる（同法20条）。特別地域は規制の厳しい順に，第1種から第3種に分けられる。工作物の設置・木竹の伐採・広告物の設置等が原則として禁止され，環境大臣（国立公園の場合）または都道府県知事（国定公園の場合）の許可が得られればこうした行為を行うことができる。この特別地域の中で景観維持のため特に必要があるときには**特別保護地区**が指定される（同法21条）。特別保護地区では特別地域における規制に加えて，木竹の植栽や家畜の放牧等も禁止される。海中景観の優れた地域については**海域公園地区**の指定がなされうる（同法22条）。

② 上記の地域指定が保護目的に特化したものである（地域指定の実務の問題点につき畠山215頁）のに対して，**利用調整地区**は保護と利用のバランスをとるために指定される（同法23条）。これは，環境大臣等の**認定**を得なければ

立入できないとするもので，公園利用者数が過剰になって風致景観が破壊されることを防ごうとするものである。これら以外は**普通地域**と呼ばれ，一定の行為が一律に予め禁止されることはなく，届出が求められるか（同法33条），必要な場合に中止命令が出されるか（同法34条）にとどまる。

③ 自然公園法は地域指定制公園であるため，その中には私有地も多く存在する。その私有地が上述の地域指定を受けると，たとえ所有者といえども許可なくして当該土地を使用・収益することができなくなる。そこで，不許可となって損失を受けた場合に通常生ずべき損失を補償する**不許可補償**の規定が存在する（同法64条1項）。この規定は，**損失補償**を定める憲法29条3項の具体化であり（北村572頁），この規定が存在するからと言って損失補償の要否に関して別の基準が導かれるわけではない（⇨155頁）。

3 生物個体保護の行政過程

■ ワシントン条約と希少種保護法

生物多様性を確保するため，希少種の個体を保護する行政過程が設定されている例がある。その代表が希少種保護法である。同法の保護の対象の1つである国際希少野生動植物種（同法4条4項）は，ワシントン条約・渡り鳥保護条約の保護対象をもとに同法施行令（1条，別表第2）で列挙されている。**ワシントン条約**は，絶滅のおそれのある野生動植物の国際取引を規制することで絶滅を防ぐことを目的に1973年に採択された条約で，日本は1980年に締結している。この条約の国内実施法として，輸入の規制について外国為替及び外国貿易法・輸入貿易管理令と関税法があるほか，すでに違法に輸入された個体の返送については希少種保護法が規定を置いている（西井編108頁）（⇨文献⑳）。

希少種保護法の生物個体保護のしくみは次の通りである。まず，国内希少野生動植物種・緊急指定種の生きている個体の捕獲・採取等を禁止し（同法9条），学術研究・繁殖目的等のために環境大臣の**許可**を得た場合にのみ捕獲等が可能となる（同法10条）。希少野生動植物種の個体等の譲渡等も原則禁止され，許可を得た場合にのみ可能になる（同法12条，13条）。国内希少野

生動植物種の個体の輸出入は禁止される（同法15条）。外国為替及び外国貿易法52条に定める**輸入承認**を得ずに輸入された希少野生動植物種の個体について，経済産業大臣は輸入者に対して**返送命令**を出すことができ，返送しないときは**行政代執行**（⇨77頁）ができる（同法16条）。

■ カルタヘナ議定書とカルタヘナ法

　生物多様性の保全や遺伝資源の利用促進を目的に1992年に**生物多様性条約**が採択され，日本は1993年に締結している。同条約は生物多様性の保全のための国家的な計画策定を義務付け，環境影響評価手続の導入を求める一方，遺伝子組換えによって生物多様性の保全に影響が出ることを防ぐ（バイオセーフティ）ための管理を求めている。その詳細を定めたのが2000年に採択された**カルタヘナ議定書**である。このカルタヘナ議定書では，遺伝子組換え生物の越境移動に関する生物多様性への影響評価と輸入の可否の判断，越境移動から生じる法的責任に関する手続を定めることが求められている。

　このカルタヘナ議定書の国内実施法として制定されたのが，遺伝子組換え生物等の使用等の規制による生物の多様性の確保に関する法律［カルタヘナ法］である（西井編136頁以下）。同法は，遺伝子組換え生物の環境への拡散を防止しないで行う**第1種使用等**と，拡散を防止しながら行う**第2種使用等**に大別して，その規制システムを設定している（同法2条5，6項）。よりリスクの高い第1種使用等の場合には，その開発者等が**第1種使用規程**を定め，主務大臣の**承認**を受けなければならない（同法4条）。これに対して第2種使用等の場合には，主務省令で定められた拡散防止措置を採らなければならず（同法12条），これが定められていない場合には個別に主務大臣の**確認**を受けた拡散防止措置を採らなければならない（同法13条）。

　地方公共団体の中にはさらに，遺伝子組換え作物と一般作物との交雑・混入が発生することを防止するため，独自の条例を制定しているところがある。例えば北海道は2005年に遺伝子組換え作物の栽培等による交雑等の防止に関する条例を制定し，カルタヘナ法にいう第1種使用のうち開放系一般栽培については許可制，開放形試験栽培については届出制を設け，交雑・混入防止措置を義務付ける方式をとっている。ここでも，条約・国家法・条例の三層での興味深い政策実現・調整の過程が見られるのである。

参考文献［第2部・第3章］

　本章の理論的な基礎となり，行政法学と環境法学の双方の視点を含んだ参考文献を，本章の記述に関する発展的な理解に資する観点から20本に絞り，短い紹介文を付して掲げることとする。

[1　環境法の基本的考え方]

①畠山武道「環境権，環境と情報・参加」法学教室269号（2003年）15～19頁

　環境権に関する歴史から説き起こし，主として憲法上の権利としての環境権の位置づけに注目して，環境権と民主的意思形成や参加手続との関係を，比較法的な視点も踏まえて平易に説明している。

②仲野武志『公権力の行使概念の研究』（有斐閣・2007年）

　行政実体法を個別の権利に分解する従来の学説の方法に異を唱え，秩序構造における利害調整の法として行政法学を再定位する。主観的権利と拡散的利益の中間領域にある凝集利益に注目し，これに対する裁判上の保護として取消訴訟を位置づけている。行政実体法を根拠とし，判例政策の変更があっても守られるべき取消訴訟の原告適格の範囲を画そうとする議論であり，環境利益に対する裁判上の救済のあり方を考える上での基礎理論を提示している。

③松本和彦「憲法における環境規定のあり方」ジュリスト1325号（2006年）82～89頁

　仮に憲法に環境権の規定を入れるとしたら，どのような点に留意して法的構成を行わなければならないかという観点から，環境権の性格を論じている。憲法上の環境権として意味があるとすれば，民主的な政治プロセスによっては十全に考慮されない将来世代の環境利益を組み込む点にあるとの方向性を示している。

④桑原勇進『環境法の基礎理論』（有斐閣・2013年）

　国家の憲法上の環境保全義務を，国民の憲法上の権利の観点から基本権保護義務論によって基礎付ける理論構想を提示している。本章との関係では，日本法における基本権保護義務論の意義を示して批判論に応答している第5章（120～139頁）の記述が極めて示唆に富む。

⑤島村健「環境団体訴訟の正統性について」阿部古稀『行政法学の未来に向けて』（有斐閣・2012年）503～541頁

環境団体訴訟の有用性を整理した後，その導入の際に障壁となる憲法上の許容性を司法権概念・裁判を受ける権利・行政権概念との関係で論じ，さらに規範論的な積極的正統化を試みている。その際には，自然的存在基盤を将来世代のために維持するために民主政の過程から距離を確保することが重視されている。

⑥勢一智子「ドイツ環境行政手法の分析」法政研究（九州大学）62巻3=4号（1996年）583～631頁

新たな行政手法の「宝庫」としての環境法を行政法学の問題関心から分析し，その成果を行政法総論に還元する方向性を提示している。伝統的な規制型手法が変容を受けていること，新たな手法として誘導型手法（経済的手法・啓発手法・合意形成手法）や総合型手法（計画手法・環境アセスメント）が発展していることを緻密に分析し，私人の自主性や行政との対話を踏まえたボトムアップによる制度形成モデルが見られることを指摘している。

⑦大塚直「環境賦課金（1）～（6・完）」ジュリスト979号（1991年）44～51頁，981号92～100頁，982号39～47頁，983号101～108頁，986号47～57頁，987号61～65頁

経済的手法の代表例である環境賦課金に関する包括的な比較法研究であり，その後の議論の土台を形成した論文である。ドイツの水質汚染に対する排出賦課金，フランスの大気汚染に対する排出賦課金と，日本の公害健康被害補償法の賦課金が詳細に比較検討され，賦課金制度導入にあたって考慮すべき法的問題点が整理されている。

⑧高橋信隆『環境行政法の構造と理論』（信山社・2010年）

環境行政法における新たな手法の1つである自主的手法を中心に，ドイツ法との比較法研究を行っている。特にEC法の影響を受けたドイツの環境監査制度が詳細に分析され，その法的特色が明快に描き出されている。

⑨下山憲治『リスク行政の法的構造』（敬文堂・2007年）

食品・製品安全法を素材に，行政がリスクを管理する手法・組織・手続や，それを正当化し限界付ける法理論を，EU法・ドイツ法との比較法研究を踏まえて展開している。同様の問題に対して国家による制御と社会による制御という観点から分析を試みたものとして，戸部真澄『不確実性の法的統御』（信山社・2009年）がある。またリスク行政を素材に，行政機関の判断過程（内的手続）と他の主体との役割分担（外的手続）を理論的に秩序づける刺激的な試みとして，山本隆司「リスク行政の手続法構造」城山英明＝山本隆司編『融ける境 超える法5 環境と生命』（東京大学出版会・2005年）3～59頁がある。

⑩黒川哲志『環境行政の法理と手法』（成文堂・2004年）

アメリカ環境法・行政法との比較法研究を踏まえ，環境リスクコミュニケーションのあり方や，経済的手法の制度設計可能性を論じている。本章との関係では，リスクコミュニケーション手段としてのPRTR制度をアメリカのTRI制度と比較して論じている第4章（92〜124頁）の記述が，情報的手法の意義と法的課題を考える上で多くの手がかりを示している。

⑪山田洋「参加と協働」同『リスクと協働の行政法』（信山社・2013年）27〜46頁［初出2004年］
環境法や社会福祉法に見られる「協働」を分析した上でこれに法的意義づけを与え，協働が公的課題の解決のために有効に機能する条件を明らかにしている。従来の参加と協働との違いを，課題解決に向けた市民の積極的な役割に見出し，その機能条件として，行政の中立性維持や協働相手方との距離保障・透明性の維持の重要性を指摘している。

⑫大久保規子「混迷するドイツの環境団体訴訟」新世代法政策学研究（北海道大学）20号（2013年）227〜256頁
日本と同様に環境団体訴訟が抑制的に用いられてきたドイツでは，オーフス条約を受けて団体訴訟を環境法一般に導入する立法がなされた。その訴訟要件・本案要件に含まれていた主観的な権利・利益との関連性を要求する規定が，EU法に違反するとする欧州司法裁判所の判決を受けて，ドイツでは新たな立法がなされた。本論文ではその内容が紹介されるとともに，ドイツの行政訴訟制度の特質からみた団体訴訟制度の位置づけが示されている。

⑬北村喜宣「国際環境条約の国内的措置」横浜国際経済法学（横浜国立大学）2巻2号（1994年）89〜122頁
バーゼル条約の成立と国内実施法としてのバーゼル法の立法過程を緻密に辿りながら，環境条約の内容を国内で実施する際に考慮すべき行政法上の問題点が緻密に整理・検討されている。また，もう1つの越境環境問題の類型である越境汚染については，児矢野マリ「『越境汚染』に対する法的枠組と日本」法学教室393号（2013年）32〜41頁が国際法的な対応の枠組を紹介している。

［2　環境負荷物質規制の過程］
⑭藤井康博「環境法原則の憲法学的基礎づけ・序論（1）〜（4・完）」早稲田大学大学院法研論集126号（2008年）175〜199頁，127号147〜171頁，128号115〜142頁，129号（2009年）231〜258頁
環境法原則の理論的意義を整理し，その基礎付けを憲法論に求めている。個人の尊厳や人間の尊厳を梃子に，国家に規律された自主責任手法を公法学的に位置づける作業がなされている。この問題に関する極めて重要な先行業績として，島村健「エ

コマークとエコ監査」国家学会雑誌（東京大学）112 巻 3=4 号（1999 年）355 ～435 頁がある。

⑮高橋滋「福島原発事故と原子力安全規制法の課題」阿部古稀『行政法学の未来に向けて』（有斐閣・2012 年）395～421 頁

福島第一原発事故で明るみに出た原子力安全規制法の問題，とりわけバックフィットと規制行政機関のあり方の問題について，それまでの議論状況を整理した上で，制度形成の際に考慮されるべき要素が摘示されている。原発をめぐる訴訟の側面については，高木光「裁判所は原子炉の安全性をどのように取り扱ってきたか」法学セミナー 56 巻 11 号（2011 年）24～28 頁が詳細に論じている。また，原発事故が環境法に与える影響を包括的に論じたものとして，環境法政策学会編『原発事故の環境法への影響』（商事法務・2013 年）がある。

⑯交告尚史「伊方の定式の射程」加藤追悼『変動する日本社会と法』（有斐閣・2011 年）245～269 頁

伊方原発最高裁判決が示した証明責任に関する定式が，本論文の分析対象である。まずその背景となる原子炉に関する法制度が説明され，この定式を民事訴訟法学や行政法学がこれまでどのように理論的に位置づけようとしてきたかが示されている。そして，抗告訴訟や民事差止訴訟でこの定式が用いられている例が紹介され，この定式を用いるべき射程が提示されている。

[3　廃棄物処理・リサイクル推進の過程]

⑰阿部泰隆「改正廃棄物処理法の全体的評価」ジュリスト 1120 号（1997 年）6～15 頁

現行の廃棄物処理法の基盤となっている 1997 年改正を素材に，廃棄物処理法のしくみと問題点を詳細に論じている。本論文が提示している法的問題点や改革提言は，その後の廃掃法の改正の経緯を辿る上でも，また他の法分野における規制・法執行のあり方を考える上でも有用な指針を現在でも示し続けている。

⑱原田大樹『自主規制の公法学的研究』（有斐閣・2007 年）

経済関係法・情報法・環境法・社会法・都市法に見られる自主規制の事例を収集し，その問題点を公法学的立場から検討している。本章との関係では，資源有効利用促進法に基づき業界団体がパソコンリサイクルのスキームを形成する過程を実態分析した第 4 章の記述が関連する。

⑲大橋洋一「企業責任と誘導型行政手法に関する一考察」同『対話型行政法学の創造』（弘文堂・1999 年）162～195 頁 ［初出 1999 年］

容器包装リサイクルに関する日独の法制度を比較し，誘導という観点からその理論

的な意義を整理している。ドイツの法制度においては，最もコストがかかる廃棄物の収集をも製造者の経済的負担のもとに行わせており，この点に日本の容器包装リサイクル法制との最大の差異が存在することを指摘している。

[4 生態系保護の過程]

⑳坂元雅行「絶滅危惧種の違法取引に対する法執行」新世代法政策学研究（北海道大学）14号（2012年）137～184頁

ワシントン条約の国内的実施に関する実務を，豊富なデータとともに詳細に紹介している。税関や裁判所による法執行の実情や，問題点を解決するための制度改善提案が示されている。

第4章
都市法

1 都市法の基本的考え方

1 都市法の特色

　私たちの住む街の生活環境や生活基盤は，どのように維持・整備されているのだろうか。高い建物が建っている地域とそうでない地域では，何か違いがあるのだろうか。幅の広い道路を整備するには，どうすればいいのだろうか。このような（農村・森林地域と対比される意味における）都市空間の整序や整備に関する法を**都市法**という[1]。

> 【都市法学の展開】　都市法学の淵源は，戦後直後から発展した土地法学に求めることができる[2]。民事法学からは土地所有権理論と主として農業分野における現実の土地利用関係の差異がまず意識され，都市化の発展に従って都市的な土地利用も視野に含めた総合的な土地法制の基本的構造への関心が高まった[3]。また行政法学の側からも，土地行政を素材とする法制度の分析が試みられ，道路・公園・都市計画事業・国土開発に関する法制度が取り上げられた[4]。
>
> 　都市化の急速な進展に伴い，これに対応する法理論としての「都市法学」を構築すべきとする議論は1980年代後半以降に強まってきた。『都市法』と題する最初の体系書が出版されたのは1987年である。同書は都市問題に対応する法律学の学問分野として都市法を定義し（五十嵐2頁），建築の自由を前提とする近代都市法と建築不自由を

---

1) 原田純孝「比較都市法研究の視点」同他編『現代の都市法』（東京大学出版会・1993年）3-27（9）頁。
2) 高橋寿一「『土地法』から『都市法』への展開とそのモメント」社会科学研究（東京大学）61巻3=4号（2010年）5-25頁。
3) 川島武宜『所有権法の理論』（岩波書店・1949年），渡辺洋三「土地財産権論」同『土地と財産権』（岩波書店・1977年）84-108頁。
4) 代表的な業績として，田中・土地法がある。

> 前提とする現代都市法という2つの概念を用いて（五十嵐22頁）日本の実定都市法を批判的に分析する作業を行った。行政法学においても，こうした問題意識に対応する議論が展開されてきている[5]。

　行政法学の観点から見た都市法の特色は次の3点にまとめられる。第1は，多様な行為形式が用いられていることである。都市の秩序ある発展や都市整備に重要な役割を果たす**都市計画**は，**行政計画**（⇨54頁）の代表例である。建物の建築の詳細な基準は，建築基準法施行令・施行規則をはじめとするさまざまな**行政基準**（⇨50頁）で定められている。開発行為や建築行為を合法的に行うのに必要な**開発許可・建築確認**は，いずれも**行政行為**（⇨55頁）の典型例である。これらの手続に付随する形で，あるいはこれらとは独立して，行政が開発業者等に対して開発行為のあり方を一定の方向に誘導しようとする**行政指導**（⇨72頁）も見られる。都市法において顕著なのは，都市環境の維持を目的とする**行政契約**（**私人間協定**を含む）（⇨69頁）が豊富に見られることである[6]。このような多様な行為形式の利用や，行政計画・行政契約が他の参照領域と比べて多用されるのは，都市法における利害状況が複雑で，これらを調整するためにさまざまな行政活動が行われていることの証左でもある[7]。

　第2は，近代公法学が前提とする古典的な代表民主政が機能しにくい状況が広範に見られることである。その理由の1つは，地域固有の事情への配慮が必要となる構造にある。伝統的な代表民主政は，諸利害から切り離された代表者の合議により定立された規範に個別の執行行為を従属させることで，

---

5) 代表的な業績として，磯部力「『都市法学』への試み」雄川献呈『行政法の諸問題（下）』（有斐閣・1990年）1-36頁，見上崇洋『地域空間をめぐる住民の利益と法』（有斐閣・2006年），角松生史「『互換的利害関係』概念の継受と変容」水野古稀『行政と国民の権利』（法律文化社・2011年）150-178頁。

6) 類似の状況はドイツにおいても見られる。参照，大橋洋一「行政契約の比較法的考察」同『現代行政の行為形式論』（弘文堂・1993年）161-250頁［初出1992年］。

7) 見上崇洋「問題の所在と『共通利益』について」同『地域空間をめぐる住民の利益と法』（有斐閣・2006年）1-17（6-7）頁［初出2004年］。

決定の公正性・適正性・平等性を確保することを意図していた。しかし，都市の土地利用や都市基盤の形成のあるべき姿はそれぞれの地域によって大きくばらついており，国家レベルにおける一元的な制度形成が困難である。また，地域のレベルでの都市問題への対応に有用な法制度が国家レベルで準備されるとは限らないため，地域の政策需要に対応するためにさまざまな地域的ルールが生み出されることになった（まちづくりに関する**要綱行政**はその典型である）。もう1つの理由は，都市のあるべき将来像や理想像に対するコンセンサスが形成されにくくなっていることである。右肩上がりの経済成長が続いている時代においては，目指すべき都市の将来像が比較的明確に存在し，その実現のために中期的にどのような行政施策を展開するのが合理的かという観点からさまざまな法的手法を投入することが可能であった。そのような時代においては，都市計画に関する技術者（**プランナー**）が理想像を描き，これを行政が強力に実現する構造に，市民の一定程度の理解と同意が得られていた。しかし右肩下がりの現在においては，まちづくりの理想像が各人によってばらばらである（例えば中心市街地に都市機能を集約する**コンパクト・シティ**（⇨500頁）が理想なのか，それとも市街地の均衡ある発展の方が望ましいのかをめぐって，市民の合意を形成するのは容易なことではない）。もはや技術者が提示したあるべき都市像を素直に受け入れることは期待できず，それゆえ**市民参加手続**による，ある意味では泥臭い利害調整を経て，現実化可能な将来の都市像が形成される必要がある[8]。

　第3は，土地所有権（私権）と**共通利益**（公益・**集団的利益**）[9]を調整するための法制度が発展しうることである。私有財産制を採用する日本においては，土地の利用や都市開発のイニシアティブは原則として私人の側にある。道路・公園などの都市基盤に関しては行政が整備するとしても，あるべき都市の理想像を現実化するには，私人の土地利用や開発行為を時に規制し，時に誘導しなければならない。このような利害状況に対応するため，行政法と

---

[8] 佐藤岩夫「都市計画と住民参加」原田純孝編『日本の都市法II 諸相と動態』（東京大学出版会・2001年）405-424（409）頁。

[9] 磯部力「都市空間の公共性と都市法秩序の可能性」法哲学年報1999号（2000年）51-63（60）頁は，都市空間管理に関する法を公物管理の法理で把握することを提唱する。

民事法の組み合わせによる問題解決（⇨25頁）を図ろうとする法制度が豊富に見られるほか，行政法内部においては行政過程と司法過程の役割分担のあり方を検討する素材が多く存在する。

都市法は法制度が複雑・緻密で技術的色彩も強く，初学者にとってはアクセスしにくい参照領域ではある。しかし以上のような理由から，行政法学の一般理論にとっても，また行政法の学習にとっても，重要な素材が豊富である。都市法を理解すれば，行政法総論を体得したと言っても過言ではない。

2 都市法の内部構造

都市法の中核的法律は都市計画法である。都市計画法は大きく2つの内容を規定している。1つは，都市の空間を区分した上で**土地利用規制**を行うシステムである。**区域区分・地域地区**（用途地域など）といった都市計画を定めた上で，当該地域における建築物の用途・形態・高さなどを詳細に規制する。そしてそれを担保する手段として，土地の造成などの開発行為に対しては**開発許可**，建物の建築に関しては建築基準法の**建築確認**が用いられる。

```
都市計画法
├─ 土地利用規制
│   都市計画
│    ↓
│   開発許可     都市計画法
│    ↓
│   建築確認     建築基準法
│                建築士法
│
├─ 都市基盤整備
│   都市施設     土地収用法
│   道路法       都市公園法
│                駐車場法
│
│   市街地開発
│                土地区画整理法
│                市街地再開発法
│                新住宅市街地開発法
│
├─ 都市環境管理
│   景観法
│   文化財保護法
│   都市緑地法，生産緑地法
│
├─ 住宅法
│   公営住宅法
│   都市再生機構法
│   住宅金融支援機構法
│
└─ まちづくり法
    中心市街地活性化法
    都市再生特別措置法
```

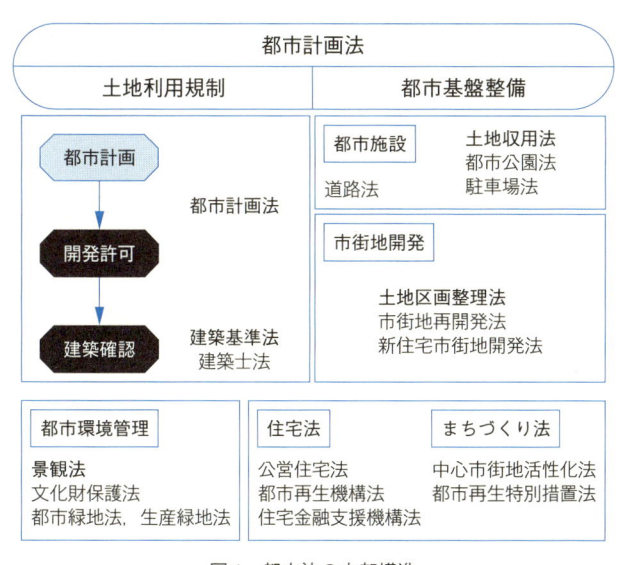

図1　都市法の内部構造

もう1つは，**都市基盤整備**に関するシステムである。道路・公園・上下水道などの都市に必要なインフラ（都市施設）の整備に関しては，**都市施設**に関する都市計画でその配置を決定し，**都市計画事業認可**を経て必要な土地を土地収用法に基づく**収用**によって確保した上で建設を行うのが基本である。その際の財源の一部は，市街化区域の固定資産に課される**都市計画税**（⇨193頁）により賄われる。また，一定の地域で道路・公園と宅地を同時に整備する（面的整備）**土地区画整理事業**や中心市街地における再開発ビルの整備を行う**市街地再開発事業**に代表される**市街地開発事業**は，土地区画整理法・都市再開発法に基づき地権者等により組織される**公共組合**（⇨30頁）や都道府県・市町村等の公共団体が施行する。

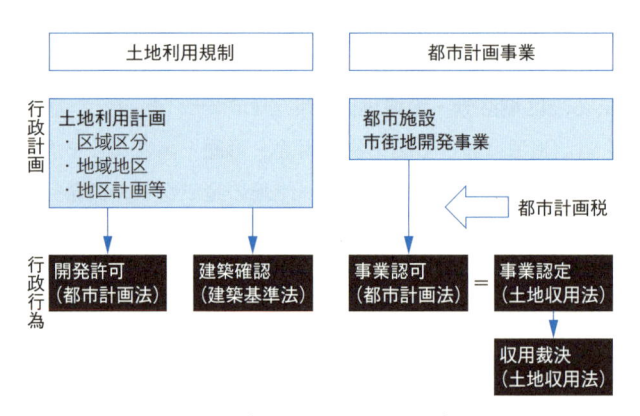

図2　土地利用規制と都市計画事業

こうした基幹的なしくみのほか，都市の景観や緑地などを保護する都市環境管理に関する法律（景観法・文化財保護法・都市緑地法など），住宅の整備に関する法律（住生活基本法・公営住宅法・独立行政法人都市再生機構法・独立行政法人住宅金融支援機構法など），まちづくりに関する法律（中心市街地活性化法・都市再生特別措置法など）も重要な役割を果たしている。

3　都市法の基本概念

ここでは，都市法を理解する上で必須の基本的な概念群を5つ紹介する。

■ 都市計画

都市計画とは，都市の土地利用や都市の基盤となる施設，市街地開発に関する内容を持ち，都市計画法の規定に従って定められる計画を言う（都市計画法4条1項）。都市計画は都道府県が指定した**都市計画区域**内の土地利用や都市基盤施設を定めるものであり，その内容は多岐にわたる。都市計画（決定）と呼ばれるものは，上述の定義にあてはまる行政による決定のかたち（**行為形式**）を指しており，都市計画の内容や法的効果（関連して，処分性を肯定する可能性），都市行政の過程の中で果たすべき役割は以下で説明するそれぞれの計画によって大きく異なっている点に注意が必要である。

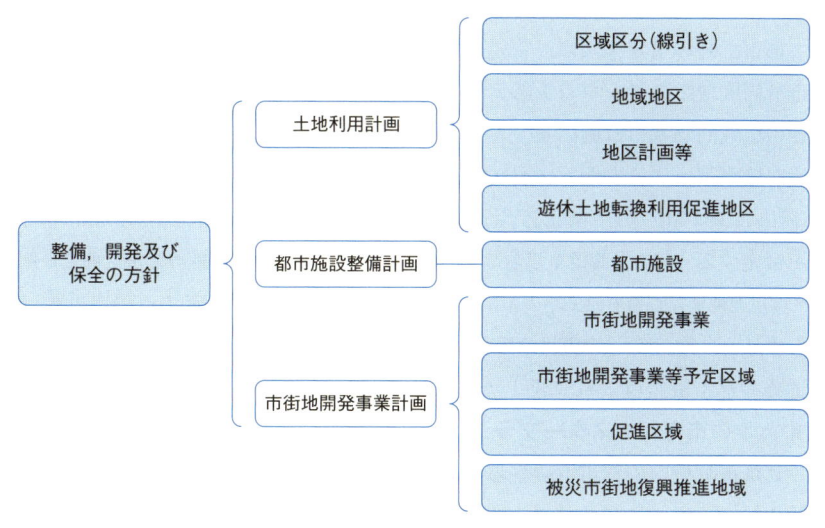

```
                          ┌─ 区域区分（線引き）
              ┌─ 土地利用計画 ─┼─ 地域地区
              │              ├─ 地区計画等
              │              └─ 遊休土地転換利用促進地区
整備，開発及び ─┼─ 都市施設整備計画 ── 都市施設
保全の方針     │              ┌─ 市街地開発事業
              └─ 市街地開発事業計画 ─┼─ 市街地開発事業等予定区域
                             ├─ 促進区域
                             └─ 被災市街地復興推進地域
```

図3　都市計画の種類

　都市計画法には10種類の都市計画が規定されている（生田14頁）。これらは**整備，開発及び保全の方針**（**都市計画区域マスタープラン，整開保**）とそれ以外の分野別計画の二層制になっている[10]（都市計画区域マスタープランも都市計画の一種である）。分野別計画は，都市の**土地利用規制**のための計画（区域区分・地域地区が代表的である）と，都市施設や市街地開発事業などの**都市基盤**

---

10) マスタープランにつき参照，西谷剛『実定行政計画法』（有斐閣・2003年）82頁。

都道府県	市町村
・都市計画区域の整備，開発及び保全の方針 ・区域区分 ・（準都市計画区域） ・都市再開発方針 ・都市再生特別地区等 ・市町村域を超える地域地区 ・市街地開発事業 ・市街地開発事業等予定区域	都道府県が策定するもの以外 ・（市町村マスタープラン） ・用途地域 ・特別用途地区 ・景観地区・風致地区・伝統的建造物群保存地区等 ・地区計画等 ・都市施設 ・小規模な市街地開発事業

図4　都市計画の策定権者

整備のための計画に大別される。分野別計画はその上位計画であるマスタープランに即して定められなければならない（同法6条の2第3項）。

　都市計画の策定権限は，都道府県と市町村に分かれている。都道府県は都市計画区域マスタープランのほか，区域区分や市町村域を超える地域地区などの広域的な都市計画の策定権限を持つ。これに対して市町村は，法律で都道府県が策定すると明示されている以外の都市計画の策定権限を持っており（同法15条1項柱書），例えば用途地域・特別用途地域・地区計画等は市町村が策定する（地方分権改革以前は市町村の都市計画策定権限は極めて限定的で，例えば用途地域は都道府県知事が策定権者であった）。市町村が策定する都市計画にもマスタープラン（**市町村の都市計画に関する基本的な方針**）があり，市町村が定める都市計画はこれに即したものでなければならない（同法18条の2第4項）。この**市町村マスタープラン**は，都市計画という形式を取っていない。これは市町村内の都市計画区域に限らず，当該市町村全体のまちづくりの方針を幅広く柔軟に定めることができるようにしたためと言われている（生田38頁）。ただし，その策定手続の整備は十分ではない[11]。

　都市計画という形式を取ることの意義は，都市計画法が定める**都市計画策定手続**を経て決定されるところにある[12]。都市計画の案を作成するのは計画

---

11) 長野基＝饗庭伸「自治体議会による都市計画の統制・運営の現状と可能性」都市計画59巻4号（2010年）27-30頁。
12) 日本の都市計画策定手続の現状と問題点を整理したものとして，張栄紅「中国の都市計画策定における住民参加手続に関する一考察」九大法学104号（2012年）1-60（13-19）頁。

第4章 都市法●421

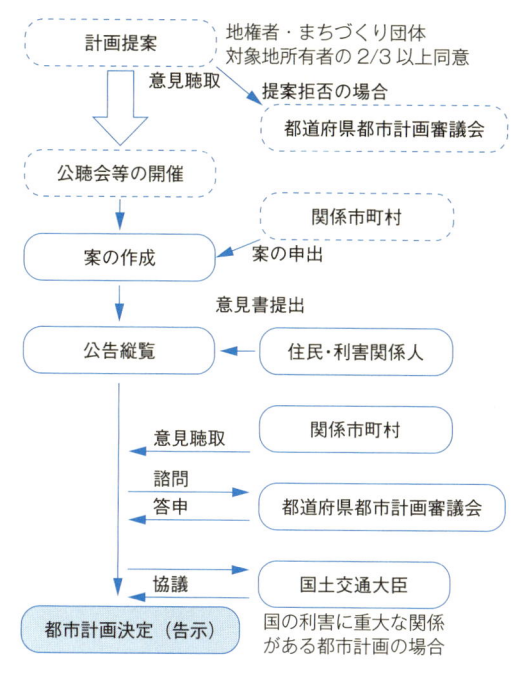

```
                計画提案     地権者・まちづくり団体
                   │        対象地所有者の2/3以上同意
                意見聴取    提案拒否の場合
                   ▼       ──────→ 都道府県都市計画審議会
                公聴会等の開催
                   │              関係市町村
                   ▼    案の申出
                案の作成  ◄──────
                   │
                   ▼    意見書提出
                公告縦覧 ◄────── 住民・利害関係人
                   │
                   │ 意見聴取    関係市町村
                   │ ──────→
                   │ 諮問
                   │ 答申       都道府県都市計画審議会
                   │ ◄──────
                   │ 協議       国土交通大臣
                   │ ──────→   国の利害に重大な関係
                   ▼            がある都市計画の場合
                都市計画決定（告示）
```

図5　都市計画策定手続

策定権者である。都道府県が策定する都市計画については，その案の内容を市町村が申し出ることができる（同法15条の2）。また一体として整備・開発・保全すべき規模の区域の所有者等や，まちづくりの推進を図ることを目的とする特定非営利活動法人等の非営利団体などが，都市計画の決定・変更の提案を行う**都市計画提案制度**が設けられている（同法21条の2）。提案する際には，対象となる土地所有者等の人数及び地積の2/3以上の同意が必要となる。都道府県・市町村がこの提案を受け入れない場合には，都道府県都市計画審議会（市町村都市計画審議会）（同法77条，78条）に素案を提出して意見聴取した上で，受け入れないとする判断とその理由を提案者に通知しなければならない。案の作成段階における参加手続として，都市計画法は**公聴会**の開催等住民の意見を反映させるために必要な措置を講ずるものとすると規定する（同法16条1項）。案が作成されると，都道府県・市町村は，案及び都市計画決定しようとする理由を**公告**し，2週間**縦覧**しなければならない（同法17条1項）。住民及び利害関係人はこの案について**意見書**を提出すること

ができる（同条2項）。意見書に対する行政側の**応答義務**は規定されていない。このため行政手続法の命令等に対する**意見公募手続**よりも，都市計画策定の手続水準は低いものに止まっている[13]（都市計画は行政手続法の命令等に含まれないので，行政手続法の意見公募手続の規定の適用はない）。都道府県策定の場合，計画案はさらに関係市町村からの意見聴取，**都道府県都市計画審議会**への諮問，国土交通大臣との協議（都市計画区域マスタープラン，区域区分など国の利害に重大な関係のある都市計画の場合）を経て（同法18条）**都市計画決定**され，その内容が告示されることによって効力が生じる（同法20条）。市町村策定の場合には**市町村都市計画審議会**への諮問（不設置の場合には都道府県都市計画審議会），都道府県知事との協議を経ることとなる（同法19条）。

■ 空間管理（都市計画区域・区域区分・地域地区・地区計画）

都市法における空間管理の顕著な特色は，4つのレベルにおいて対象地域を特定し，そこに土地利用規制や都市基盤整備を行うというしくみが見られることである。

① 最も広域の空間管理の単位は**都市計画区域**である。都道府県は，「一体の都市として総合的に整備し，開発し，及び保全する必要がある区域」を都市計画区域として指定する（都市計画法5条1項）。2以上の都府県にまたがる場合には，国土交通大臣が関係都府県の意見を聴いた上で指定する（同条4項）。先に説明した都市計画は，以下の2つの例外を除いて，この都市計画区域内の土地利用・都市基盤整備を内容として定められる。第1は道路・河川等の都市施設の都市計画で，特に必要がある場合には都市計画区域外の施設を定めることができる（同法11条1項柱書）。第2は**準都市計画区域**である。これは高速道路のインターチェンジの近くなどに大型店が出店して無秩序な市街化が進行するのを防止するため，都市計画区域外において土地利用規制のみを行うために設定される区域である（同法5条の2）。

② 都市計画区域内における最も大きな区分は，**区域区分に関する都市計画**（**線引き**）によってなされる。これは都市化が郊外に無秩序に拡大することを

---

[13] 佐藤岩夫「日本の行政過程における市民参加」松本博之＝西谷敏編『現代社会と自己決定権』（信山社・1997年）88-106（91）頁。

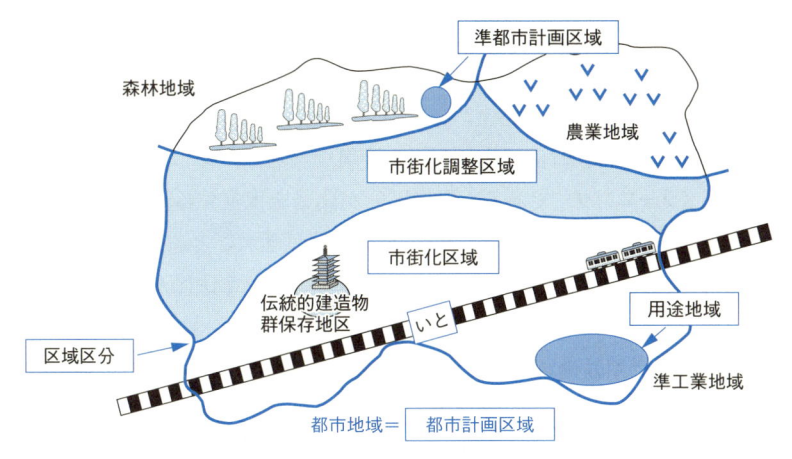

図6 都市計画による空間管理

防止するため，市街化を促進すべき**市街化区域**と，市街化を抑制すべき**市街化調整区域**に大別するものである（同法7条）。市街化区域になると［1］土地利用を規定する**用途地域**が定められる［2］市街化のために必要な道路・公園等の**都市施設**の都市計画が定められる［3］**市街地開発事業**が行われる地区が定められる［4］都市施設の整備等の財源確保を目的とする地方税である都市計画税が課税されうるなど，市街化の促進のための法制度が作動することになる。逆に，市街化調整区域では原則として用途地域が定められず，市街化のための都市基盤整備も行われない。市街化調整区域においては例外的なものを除いて土地の造成などの**開発許可**が受けられない。

【非線引き都市計画区域と都市計画白地地域】　線引きされて市街化調整区域になると，上記のように厳しい開発制限が行われる。ただし，このような区域区分は全ての都市計画区域で行われるわけではない。もともとは，スプロール防止という目的との関係で，都市計画法原始附則3・4項により，線引きの適用対象は，人口集中の見られる都市に限定されていた。しかし2000年の法改正で，地方の実情に合わせた線引きを可能にする趣旨から，首都圏・近畿圏・中部圏の既成市街地等や政令指定都市については線引きを引き続き行うものとし（同法7条1項，同法施行令3条），それ以外は都市計画区域ごとに都市計画策定権者（多くは県）が判断することとなった。非線引き都市計画区域は市街化区域よりも開発が容易となっており，なかでも用途地域を指定して

いない都市計画白地地域は極端に規制が緩やかである[14]。

③ 都市計画区域内における土地利用の詳細な管理のために用いられるのが**地域地区**（ゾーニング）である。区域区分が開発を促進するか抑制するかの二分法的な規制手法であるのに対し、地域地区は地域ごとにさまざまな内容の土地利用規制を可能とするため、豊富なメニューを法律が準備している（都市計画法8条）。代表的な地域地区が**用途地域**であり、少なくとも市街化区域については**用途地域指定**（色塗り）が行われることになる。用途地域は12種類に分かれており、土地利用の用途を基準に住宅地・商業地・工業地に区分した上で、それ以外の目的の建物との混在の程度を考慮した細分類が設定されている。用途地域の中ではさらに、建物の高さ等の形態についてもその許容限度を規定することとなっており、どの用途地域に指定されるかによって、建物の用途のみならず形態の大枠も定まることとなっている。

④ 幅広の道路に囲まれた**街区**を単位として、より詳細な土地利用規制を行うのが**地区計画**である（都市計画法12条の5）。用途地域よりも狭い範囲の土地を対象に細かな土地利用規制を行ったり、その地区に必要な区画街路・小公園等の地区施設を整備したりするため、ドイツのBプラン（地区詳細計画）をモデルに1980年の都市計画法改正で導入された。地区計画は、土地利用規制と都市基盤施設整備の2つの要素を持つ計画である。

■ 形態規制

地域地区や地区計画においては、建物の用途の他に、その形態についても詳細が定められる。中でも重要なのが建ぺい率と容積率である。

① **建ぺい率**とは、建築面積の敷地面積に対する割合を言う（都市計画法8条3項2号ロ括弧書き部分、建築基準法53条）。建ぺい率が低いと、隣の建物との間により広い空間ができることになるため、居住環境は良好になる。逆に建ぺい率が高いと、敷地のぎりぎりまで建物が建つことになるため、土地を有

---

[14] 石井喜三郎「これからの都市政策の課題と都市計画法の抜本改正」新世代法政策学研究（北海道大学）3号（2009年）221-256（242）頁。

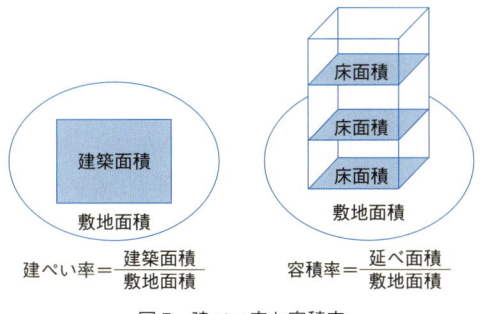

図7 建ぺい率と容積率

効利用することができるようになる。

② **容積率**とは，建築物の延べ面積の敷地面積に対する割合を言う（都市計画法8条3項2号イ括弧書き部分，建築基準法52条）。容積率が大きければ大きいほどより高い建物を建てることができるようになる。もともと建築基準法では，**建築物の高さ制限**という方法で直接的に高さを規制していた。しかし，建築自由への影響をより小さくする目的から，設計の自由度を高めうる容積率規制へと1963年以降徐々に転換し（生田94頁），現在では高さに関する直接的な規制（**絶対高さ制限**）は，第1種・第2種低層住居専用地域と，用途地域以外の地域地区である高度地区で残されているに過ぎない。容積率が大きくなるとその建物を利用する人数も多くなり，これに応じた道路整備が必要となる。そこで，たとえ高容積率が定められていても，当該敷地の前面道路の幅員が12m未満の場合には容積率が制限される（建築基準法52条2項）。

【その他の形態規制手法】 建ぺい率・容積率以外にも，以下のような形態規制の手法がある。
① 隣の建物との距離を一定程度に保つには，**建ぺい率**を低く抑えればよい。しかし建ぺい率は敷地面積が分母になっていることから，敷地面積の広くない戸建て住宅の場合にはこの規制だけで距離を保つことが難しい場合がある（生田91頁）。そこで用いられるのが**外壁の後退距離**の制限であり，第1種・第2種低層住居専用地域において都市計画によって1m以上または1.5m以上の距離をとる定めを置くことができる（建築基準法54条）。
② 高層の建物が近くに建てられると，日照・通風・景観が悪化し，また高層の建物を

利用する人が増えることで近隣の道路が渋滞する可能性がある。この問題に対しては**容積率**の増減で対応することが多いものの、もう1つの方法として端的に建築物の高さや斜線を制限する方法がある。建築基準法では**絶対高さ制限**（同法55条）・**道路斜線制限**（同法56条1項1号）・**隣地斜線制限**（同項2号）・**北側斜線制限**（同項3号）・**日影規制**（同法56条の2）・**高度地区**（同法58条）の6種類が具体的な方法として定められている。これらのうちどれが用いられ得るかは用途地域ごとに決まっており（都市計画でその具体的な規制値を定めることもある）、高度地区においては高さ制限そのものの内容を都市計画で定めることになる。

③ 上記の3つの**斜線制限**は、日照や通風を維持するために、一定の基準点（例：前面道路の反対側の境界線）からの斜線を定め、その斜線よりも高い部分に建築することを禁止する**仕様規定型**の規制である。これに対して**性能規定型**の規制を行うのが**天空率**であり、これが政令で定める基準を満たした場合には3つの斜線制限規制は適用されない（同法56条7項）。天空率とは、一定の基準点（例：前面道路の反対側の境界線）から4mないし16mの位置に立って空を見上げた場合、頭上に広がる全天空面積に対して実際に空が見えている（＝建築物によって遮られていない）部分の割合のことを言う（鵜野116頁）。

■ 単体規定と集団規定

都市計画法が土地利用規制を面的に行うのに対して、個別の敷地に対する建築物の規制を担うのが**建築基準法**である。建築基準法に基づく建築制限は大きく2つのグループに分かれている。1つは個別の建物がその利用者の生命・健康・安全を守りうるものとなることを目的とする規制であり、**単体規定**と呼ばれる（建築基準法第2章）。単体規定は建築物の構造や避難経路確保、居室の採光、建築材料の品質などを定めるものであり、その建物が都市計画区域内にあるか外にあるかを問わず適用される。詳細は建築基準法施行令以下の行政基準に委ねられている。かつては条件を満たす一定の仕様を規定する方式（**仕様規定**）がとられていたものの、現在では必要な性能を規定し（**性能規定**）、その性能を達成するための具体的な仕様を特定しない方式となっている。もう1つは都市の適正な土地利用の観点からの規制であり、このような規定群は**集団規定**と呼ばれている（同法第3章）。集団規定に含まれているのは、上述の用途規制・形態規制に加えて、**道路に関する規制**（代表

的なものとして，建物を建てるときには原則として幅4m以上の道路に接していなければならないとする**接道義務**がある）である。集団規定は都市計画区域内・準都市計画区域内の建物に限って適用される（同法41条の2）。

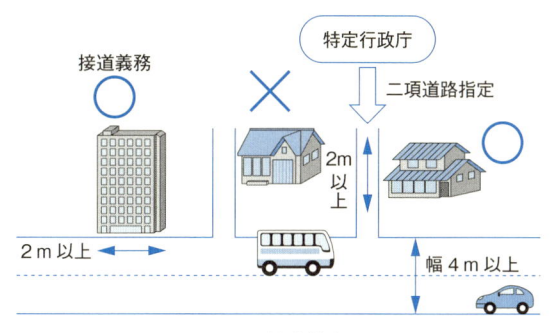

図8　接道義務

　土地の造成などの開発行為に対しては都市計画法の**開発許可**を得なければならないとされるのに対して，個別の建築物の建築の際には建築基準法の**建築確認**を得る必要がある（建築基準法6条）。建築確認は建物の設計図をチェックするものであり，建物の設計が建築基準法令（都市計画区域・準都市計画区域においては単体規定・集団規定の双方）を満たしているかどうかが確認される。それゆえ建築確認もまた，都市計画によって定められた土地利用規制を担保する手段と位置づけられる。1950年にアメリカの法制度の影響を受けて制定された建築基準法においては，建築における技術的な側面が重視され，建築確認は建築技術的見地から設けられた建築規制を客観的に充足するものであれば必ず与えられるものと位置づけられた（その反映として名称が建築「許可」ではなく「確認」となっている）。またそのための専門職として**建築主事**が**特定行政庁**（市町村長または都道府県知事）の下に置かれ，建築主事が確認を行うという日本法においては珍しいしくみが設けられた。その後，違反建築物への対応により行政資源を割くことを目的として，1998年に建築確認業務を民間開放する法改正がなされている[15]。

---

15) その問題点や解決の方向性につき参照，櫻井敬子「技術と安全」公法研究69号（2007年）168-177（172）頁。

■ 土地収用と換地・権利変換

　都市計画の内容を実現する過程のうち、土地利用規制の基本的な事項は上述の通りである。これに対してもう1つの柱である都市基盤整備については、最終的に**土地収用**で実現する方法と、**換地・権利変換**で実現する方法の2種類が用意されている。

① 都市計画法は、道路・公園・下水道といった都市の基盤となる施設を点あるいは線として整備するために、**都市施設**に関する都市計画を用意している。例えば**都市計画道路**と呼ばれる道路は、この都市計画決定によって整備が決定された道路のことである。都市計画決定がされると、その予定地において**建築許可制**がとられ、移築が難しい堅固な建物等を建てることができなくなるなどの建築制限がかかる（同法53条、54条）。都市施設を整備するためにはさらに、**事業認可**と呼ばれる決定を経る必要がある（同法59条）。予定地は形質変更制限・建築制限の下におかれる（同法65条）。事業認可は土地収用法の**事業認定**と同等の効力を持つ（同法69条）ため、予定地は最終的には土地収用法が定める収用の手続に基づいて獲得され、都市施設が整備されることになる。これに対応する**損失補償**は土地収用法が定めるところによりなされるほか、都市計画事業者は生活再建のための措置を講ずるよう努めるものとされている（都市計画法74条）。

② 道路や公園などの都市基盤施設と宅地や商業施設等の整備を同時に面的に行うために、都市計画法は**市街地開発事業**に関する都市計画を用意してい

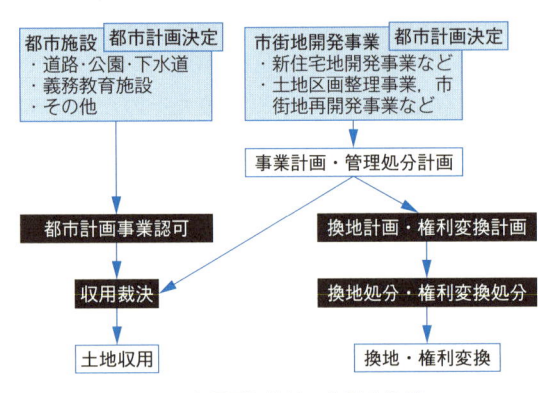

図9　収用型と換地・権利変換型

る。市街地開発事業には，都市施設と同じく収用によって土地を確保した上で整備を行うもの（例：新住宅市街地開発事業）も存在しているものの，これとは別の手法として土地所有者の負担によって（土地を収用せず）**換地・権利変換**という方法で必要な土地を捻出するしくみも見られる。例えば土地区画整理事業においては，施行地域の土地の所有権者等が**土地区画整理組合（公共組合）**を設立（土地区画整理法14条）し（このほか，市町村が施行する**公共団体施行**などもある），不整形な土地を整理した上で，道路・公園等の公共施設に必要な部分と，売却して事業費を捻出するのに必要な**保留地**を差し引いた残りの部分を，所有権者等に**換地処分**によって割り当てる（同法103条）。換地処分は所有権者等の元の所有地の所有権を消滅させ，新たに割り当てられた土地の所有権を獲得させる**行政行為**である（同法104条）。元の所有地と新しい所有地とは経済的に均衡が保たれる形で交換されなければならない（**照応原則**）（同法89条1項）。もちろん，新しい所有地の面積は，道路等の公共施設部分（**公共減歩**）と保留地部分（**保留地減歩**）を差し引いているため，元の所有地の面積よりも小さくなる。それでもこの事業が成立するのは，公共施設等が整備された結果それぞれの所有地の地価が上昇し，所有地の減少部分をカバーできるからである（カバーできない部分は**減価補償金**が支払われるか，転出者がいる場合には転出者の土地を**先行買収**することで減歩を抑制する）。この手法は都市の中心部において道路用地を確保するのにしばしば利用され（大橋・都市計画法353頁）（この部分の費用は**公共負担金**という形で行政から支出されている），そのためこれに対する強い反対運動も起きていた。最近では開発しても地価が上がるとは言えない経済状況となっていることから，土地区画整理事業による市街地開発や道路整備はますます困難になっている。そのため，事後的に収支を均衡させる目的で組合員に**賦課金**が課されるケースも増えている。

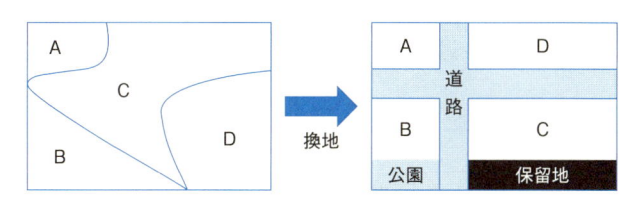

図10　土地区画整理事業

4 都市法の基本原則

　都市法を貫く基本的な考え方を紹介する。これらは現行制度の理解の一助となるほか、立法論においても制度のあるべき姿を構想する手がかりとしての機能を持つ。

■ 計画行政原則

　都市法においては、さまざまな政策分野・レベルにおいて計画のしくみが見られる。そして、この計画に従って後続の行政過程が展開する。計画を基軸に行政活動がなされるべきとする考え方を計画行政原則と呼ぶ。

　行政計画の利用が多い点は、他の参照領域と比較した都市法の大きな特色である。その理由は次の2点にあると考えられる。第1は、長期的視点に立った一貫性のある都市の空間管理や基盤整備を行うための法技術として適当だからである。都市計画は後続のさまざまな行政行為の基準として機能することで、個別の行政活動を政策的に一貫させる役割を担っている[16]。このような観点からすると、都市計画の内容を変更することはできる限り避けるべきであり、内容の変更に伴って従前の都市計画の内容を信じて行動した私人が受けた損害を賠償しなければならないとする考え方（**計画担保責任**[17]）が導かれる（**計画の安定性**）。他方で、行政実務がこの要請に傾斜した結果、都市計画決定から長期間経過してもなお都市施設の整備等が実現しないまま、予定地の所有者等が建築制限を負い続けているという状況が発生している（そのような紛争事例として、判百Ⅱ261　判Ⅱ185　CB 20-8 最三小判2005（平成17）・11・1判時1928号25頁）。都市計画法は基礎調査（同法6条1項）の結果等を踏まえて適時に計画の変更をすることも要求しており（同法21条1項）、計画の現実への**適合義務**も同時に考慮されなければならない。

　第2は、参加手続を経て土地所有権に対する制約を加えることに対する公共性・公益性を創造する過程としての役割を担っているからである[18]。都市

---

16) 西谷・前掲註10) 20頁。
17) 代表的な研究書として、手島孝『計画担保責任論』（有斐閣・1988年）。
18) 遠藤博也『計画行政法』（学陽書房・1976年）48頁。より詳細な分析として、角松生史「『計

計画は行政基準（行政立法）と異なり、法律においては定めるべき内容の大枠や選択肢（例えば建築基準法52条1項1号は、第1種・第2種低層住居専用地域の建築物の容積率について、5/10, 6/10, 8/10, 10/10, 15/10, 20/10 のうち当該地域に関する都市計画において定められたものと規定している）のみが示され、どのような場合にどの内容を定めるべきかという詳細な条件付けは見られない。行政基準と比較した法律の規律密度の低さを正当化するのが、継続的な民主的意思形成過程としての都市計画という見方である[19]。都市計画法が定めている計画策定手続は、立法段階では汲み尽くせなかった諸利害を考慮した上で、都市の土地利用や基盤整備の具体的な内容を、地域事情に応じて決定することを期待して設定されている。このような目的からすれば、現状の手続保障の水準や実際の運用状況はいずれも満足できる水準にはなく、改善が必要である（生田16頁）。

■ 私有財産尊重原則

日本国憲法29条は、憲法上の権利として財産権を保障している。そこで都市法においても、私有財産の使用・収益・処分に配慮したしくみが多く見られる。例えば、都市法においては、同じ参加手続であっても、所有権者等が参加する手続とそれ以外が参加する手続とで、参加者の与えうる影響を区別しているものが目立つ。都市計画の提案の場合には所有権者等の2/3以上の同意が必要とされるのに対して、都市計画の案に対して住民・利害関係者が提出する意見書への行政の応答義務は規定されていない。このような区別は権利救済の場面にも反映されており、例えば都市施設の整備に必要な都市計画事業認可の取消訴訟を提起する場合、その事業によって所有権が奪われうる（収用の対象となる）者には問題なく原告適格が認められるのに対し、そのような権利を持たないものの生活環境面での被害を受けうる第三者の原告適格は、行政事件訴訟法の2004年改正を受けて2005年に出された小田急訴訟最高裁判決でその一部がようやく認められたにとどまる（⇨112頁）。

画による公共性』・再考」原田古稀『法治国家と行政訴訟』（有斐閣・2004年）513-549頁。
19）阿部泰隆「都市建設における住民との合意形成」同『国土開発と環境保全』（日本評論社・1989年）353-370頁［初出1980年］。

また，別の例として**建築自由の原則**を挙げることができる。これは，所有地の開発や建築物の建築はその所有者等がもともと自由に行えるものであって，法律による土地利用規制はその自由を奪うものであるとする考え方である[20]。そこで，土地利用規制立法に関して規制目的・規制手段の両方のレベルで必要最小限にとどめようとするものが目立つ[21]。これに対して，日本の1968年の都市計画法が区域区分や開発許可制度を導入した際にモデルとなったイギリスの1962年都市・農村計画法や，日本が1980年に地区計画を導入する際にモデルとした（西）ドイツの連邦建設法典においては，もともと所有権者には建築の自由はなく，土地利用に関する計画が策定されて初めて開発が可能になるとする**建築不自由の原則**が採用されているとされる[22]。

　日本の憲法上の財産権保障が立法実務においてなぜこれほど固いものと理解されてきたのかの解明は，重要な理論的課題である[23]。同時に，財産権に関する立法の際に守られるべき憲法上の権利保障の中核的な要素の摘出と，立法者が公共の利益との衡量を行う際に指針となり得る準則の提示も求められている。

■ 民間主導開発原則

　私有財産制をとる日本法のもとでは，建築や都市開発は民間のイニシアティブで行われることが通例であり，行政が一般財源を用いて整備するのは，道路・公園といった誰もが利用する都市基盤に限られる。この**民間主導開発原則**は，一面では先述の私有財産尊重原則と表裏の関係にある。また，公金支出が許容される使途は，市民一般が利用するものに限られ，それ以外の建築物に関して補助金等を支出することは，私人の財産形成に公金が用い

---

20) より詳細には，参照，高橋寿一「『建築自由・不自由原則』と都市法制」原田純孝編『日本の都市法 II 諸相と動態』（東京大学出版会・2001年）37-60（45）頁。
21) 藤田宙靖「必要最小限規制原則とそのもたらしたもの」同他編『土地利用規制立法に見られる公共性』（土地総合研究所・2002年）7-18頁，曽和俊文「まちづくりと行政の関与」芝池義一他編『まちづくり・環境行政の法的課題』（日本評論社・2007年）20-38（28-38）頁。
22) 藤田宙靖「我国地区計画制度の性格」同『西ドイツの土地法と日本の土地法』（創文社・1988年）283-305頁［初出1982年］。
23) そのような作業として例えば，吉田克己「民法学と公私の再構成」早稲田大学比較法研究所編『比較と歴史のなかの日本法学』（成文堂・2008年）416-459頁。

られることとなって適切ではないという説明も可能である。

　この原則はある意味では当たり前のことのように思われる。しかしこの原則は，地方公共団体のまちづくり政策の手段を強く規定している。例えば，市町村の顔とも言うべき地区である駅前に商業施設が立地すれば，中心市街地活性化の観点からは好ましいとの政策判断がなされたとする。しかし，市町村は事業者に対して当該地域で営業するように命じることはできないし，市町村が自ら商業施設を運営するのは（経営上のリスクや公金投入の妥当性の観点から）かなりの困難が伴う。そこで市町村としては例えば，**市街地再開発事業**によって駅前に再開発ビルを建てるように地権者等を説得し，道路整備など公金が支出できる事業と絡めることによって市町村の財源をここに投入し，こうした政策課題を達成しようとするのである。あるいは，都市のアメニティ確保や緊急時の避難場所としての活用を念頭に置いて，大都市部の中心地域において**公開空地**（くうち）をビル所有者等に確保してもらうために，**容積率**のボーナスが設けられている。このような一定の政策目的実現のための**誘導**のしくみが設けられる前提として，都市の開発が民間主導で展開されるという原則が存在しているのである。急激な経済成長がもはや見込めない現状においては，旺盛な民間開発圧力を行政側が土地利用規制の手法を使って規制するだけではまちづくり政策を実現することはできず，上記のような公金投入や誘導のしくみをも視野に入れる必要性が高まっている[24]。

■ 補完性原則（狭域調整優先原則）

　都市法の最大の特色である計画の多用の背景には，地域事情に応じた政策プログラムの形成を許容するという基本的な立場が存在する。このような狭域調整を優先する原則をここでは**補完性原則**と呼ぶ。その表れと考えられる法的しくみをいくつか紹介し，補完性原則の含意を検討することとしたい。
① 都市法においては，法定された行政契約の実例が他の参照領域と比較して格段に多い[25]。とりわけ特徴的なのは**私人間協定**を行政が認可する方式で

---

24) 吉田克己「都市法の近時の改正動向と公共性の再構成」法律時報 84 巻 2 号（2012 年）63-68（67）頁。
25) 栗田卓也＝堤洋介「都市の公共性と新たな協定制度」学習院法務研究（学習院大学）5 号

あり，具体的には**建築協定**[26]（建築基準法69条以下），**緑地協定**（都市緑地法45条以下），**景観協定**（景観法81条以下）などがある。これらは，一定の地域に住む土地所有者間で土地利用に関する自主的なルールを定め，行政の認可を得ることで以後の土地所有権取得者に対しても効力を及ぼす（対世効）ものであり，狭域調整の一例と言える。ただしその実現手段は民事訴訟に限定されているため，行政活動の基準として機能するわけではない。

② 換地・権利変換を用いる都市基盤整備手法においては，土地区画整理組合や市街地再開発組合などの**公共組合**が重要な役割を果たしている。これは，市街地開発事業の実施に関して共通の利害関係を持つ人的集団を組織化し，その中で費用と便益の対応関係を明確化するとともに，構成員同士の互換的な利害関係を構築することで，利害調整を促進する機能を有している[27]。市街地開発事業のうち紛争が激化したケースには，公共団体施行の土地区画整理事業や第2種市街地再開発事業のように，組合ではなく地方公共団体が事業を実施しているものが多い。狭域における利害調整は，都市法に特徴的な利害関係の輻輳性を克服する手段としても用いられている。

③ 都市問題への対応の最前線にあるのは市町村である。開発意欲が高かった時代においては，法令上の権限がないことへの対応策として，市町村による**要綱行政**が展開した。典型的には，要綱の中で開発の規模や開発負担金に関するルールを定め，これに応じない場合には建築確認を留保したり，給水拒否を行ったりする手段を執ることで，その実効性を確保しようとした。市町村が条例ではなく要綱に頼ったのは，市町村独自の開発規制を条例で定めるとその内容が都市計画法と抵触し，裁判所において違法・無効と判断されることをおそれたからである。このような要綱行政が都市法学誕生の1つの母体となった（五十嵐319頁）ことから，この分野においては市町村の地域ルールである条例を全国一律の法令よりも優先させるべきこと，市町村に都

（2012年）1-19頁。

26) 建築協定に関する分析として，大橋洋一「建築協定の課題と制度設計」同『都市空間制御の法理論』（有斐閣・2008年）117-134頁［初出2001年］，長谷川貴陽史『都市コミュニティと法』（東京大学出版会・2005年）。

27) 原田大樹『自主規制の公法学的研究』（有斐閣・2007年）61頁，髙橋寿一「建築協定と地区計画」日本不動産学会誌24巻4号（2011年）65-72頁。

市法上の権限をなるべく多く分配することが説かれる[28]。

■ 対流原則（多段階調整原則）

　土地利用に関する都市計画のシステムは，広域から狭域へと向かう複数のレベルでの計画が並立するものであり，その相互調整のあり方が問題となりうる。そこで参考となる考え方が，ドイツの国土整備法（Raumordnungsgesetz）1条3項でも規定されている**対流原則**（Gegenstromprinzip）と呼ばれる考え方である。これは広域・狭域の**計画間調整**[29]の際にそれぞれの内容を相互に反映させる方法で調整するものであり，どちらかがどちらかに内容的に従属することを避けようとする発想である。都市計画を含む国土計画の体系においては，とりわけこのような考え方が重要となる[30]。

　狭域による利害調整を優先する**補完性原則**と，多段階での相互調整の際に対話と譲歩を要求する**対流原則**との間にはある種の緊張関係が認められる。2つの原則は日本の実定法制において計画の策定権者と計画間調整の手法を定める際に考慮される2つの極点を示すものである。一方では，まちづくりをめぐる権限は市町村に優先的に配分されるべきとの考え方が権限配分ルールの基盤として存在する。これは地方自治の憲法保障の観点からも要請されている。他方では，配分される権限の性質やその行使をめぐる利害状況によっては，広域調整的な役割や利害からの距離保障の観点から，市町村よりも都道府県（場合によっては国）に配分されるべき任務も存在する。この場合には，狭域における調整と広域的調整との相互作用のための組織や手続が準備される必要がある。対流原則はこの場面において働く考え方である[31]。

---

28) 角松生史「自治立法による土地利用規制の再検討」原田純孝編『日本の都市法Ⅱ 諸相と動態』（東京大学出版会・2001年）321-350（327）頁は，条例による規制の合理性の要素として「認知的先導性」「試行的先導性」を挙げる。
29) 大橋洋一「計画間調整の法理」同『現代行政の行為形式論』（弘文堂・1993年）251-339（276）頁［初出1992年］。
30) 大橋洋一「対話型国土計画への期待」同『都市空間制御の法理論』（有斐閣・2008年）12-25（15）頁［初出2006年］。
31) 都市計画区域マスタープランと市町村マスタープランの関係を素材にこの問題を論じたものとして参照，野田崇「市町村マスタープランは都市計画マスタープランによって調整され得るか？」新世代法政策学研究（北海道大学）16号（2012年）265-283頁。

【準都市計画区域の策定権者】　準都市計画区域は都市計画区域外における乱開発を防止するため、2000年の都市計画法改正で追加された。当初は市町村が策定権者であり、地方自治の発想からは好ましい制度と考えられていた。しかし実際には指定された件数がごくわずかにとどまった。その理由は、準都市計画区域が都市計画区域と異なり、土地利用規制のみを内容とする（都市基盤整備を含まない）計画である点にある（生田28頁）。開発圧力の強い地域において、住民との距離が近い市町村は開発利害に押されて、機動的な準都市計画区域指定ができなかった。このため2006年の法改正で、策定権者が都道府県に変更された。この事例は、決定が利害状況に与える影響に応じて多層的な構造のどのレベルに権限を割り当てるのが適当かという視点が、法制度設計の際に必要であることを示しているように思われる[32]。

---

32) 櫻井敬子『行政法講座』（第一法規・2010年）245頁、原田大樹「立法者制御の法理論」新世代法政策学研究（北海道大学）7号（2010年）109-147（123）頁。

2 土地利用規制の過程

1 土地利用計画策定の行政過程

■ 国土利用計画と都市計画区域との関係

　都市地域を含む国土利用に関する計画体系は，国土形成計画法（旧：国土総合開発法）に基づく**国土形成計画**と，国土利用計画法に基づく**国土利用計画・土地利用基本計画**の二本立てになっている[33]。都市計画区域との関連性が深いのは，国土利用計画法に基づき都道府県が策定する**土地利用基本計画**（同法9条1項）である。国土利用計画は国土利用の構想を示すものであり，具体的な場所の土地利用の内容を示すものではない。これに対して土地利用基本計画は，都市地域・農村地域・森林地域・自然公園地域・自然保護地域の5つに都道府県域を区分し，ある場所の土地利用の方向性を示す機能を持っている（同条2項）。このうち**都市地域**が，都市計画法の**都市計画区域**と基本的に対応している（生田12頁）。これに対して都市計画法の**準都市計画区域**は都市計画区域外で指定されることになるので，上記の都市地域以外の

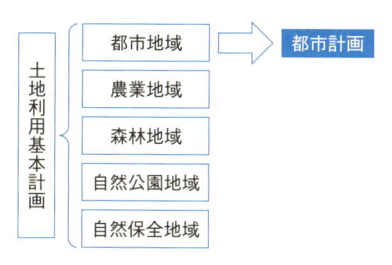

図11　土地利用基本計画と都市計画

---

33) その相互関係につき参照，大橋・前掲註30）23頁。

地域が主たる対象となる。

■ 区域区分と地域地区

　都市計画法の広域的土地利用規制は，区域→地域→地区の順に小規模になり，規制の内容はより詳細になる。ここでは区域区分，用途地域，用途地域以外の地域地区について説明する。

① **区域区分**（線引き）は都市計画区域内部を**市街化区域**と**市街化調整区域**に二分し，開発行為や都市基盤の整備を原則として市街化区域に限定することで，市街地の無秩序な拡大を防止しようとするものである。ただし，線引きが行われていない**非線引き都市計画区域**も広範に存在する。

② 地域を定めて当該地域の建築物の用途や形態を規制する地域地区（ゾーニング）として，都市計画法はさまざまな都市計画を定めている。このうち最も基本的なのが**用途地域**である。用途地域は，住居系（第1種・第2種低層住居専用地域，第1種・第2種中高層住居専用地域，第1種・第2種住居地域，準住居地域），商業系（商業地域，近隣商業地域），工業系（工業地域，準工業地域，工業専用地域）合わせて12種類である。用途地域が定める規制の内容は，用途規制と形態規制に大別される。**用途規制**は建築物の用途の制限であり，例えば最も規制の厳しい**第1種低層住居専用地域**においては住宅，幼稚園・小・中・高等学校，図書館等，派出所・郵便局，神社・寺院・教会等，公衆浴場・診療所・保育所，老人ホーム等，小規模の老人福祉センター等しか建てられないことになっている（商業施設・ホテル・大学・病院などは建てられない）。これに対して一番規制の緩い**準工業地域**においては，危険性が大きい工場，危険物の貯蔵量の多い貯蔵施設，個室付き浴場以外は何でも建てることができる。**形態規制**は建物の高さや隣の建物との距離などの形態に関する規制であり，主要な規制項目は**建ぺい率**と**容積率**である。さらに，用途地域によってはそれ以外の方法での規制を都市計画で定めることとされているものがある。例えば最も規制の厳しい第1種低層住居専用地域においては，容積率・建ぺい率のほか，建物の外壁から敷地境界線までの距離（1mまたは1.5m）を定める**外壁の後退距離の限度**や，**建築物の高さの最高限度**（10mまたは12mまで）も都市計画で定め得る。

【用途地域指定と損失補償】 用途地域に指定されると，土地所有者にとっては建築物の用途や形態が制限されることになり，土地の財産的価値が下落することとなる。都市計画法には用途地域指定に伴う損失補償規定は存在しないので，憲法29条3項から直接，損失補償請求権が生じるかが問題となる（⇨154頁）。

[1] 補償が必要との方向に傾く手がかりとしては，警察制限と公用制限の二分論がある。安全や秩序維持などの消極目的の場合にはその規制が財産権に内在するものであると考えられて補償不要とされ，こうした目的を超える積極目的の場合には逆に補償が必要とされる。用途地域指定は住環境の維持・向上などの積極目的に基づくものであり，この点のみからは補償が必要という結論が導き出されうる。しかし他方で，用途地域は一定の地域の土地所有者に対して同じ規制を及ぼすことにより，その地域の住環境を全体として維持するものである。つまり，お互いに自由な土地利用を諦めることにより，その地域の環境を良好なものに保とうとする利害構造が見られる（互換的関係）。このような点に注目すれば，補償不要の結論が導き出される。

[2] それでは，もともと指定されていた容積率を減ずる用途地域の変更がなされた場合はどうか（**ダウンゾーニング**）。中高層マンションの建設を抑制するために容積率を低くすると，既存のマンションの中には，厳しくなった容積率の制限を超えてしまうものが出てくる可能性がある[34]。この場合でも後述の既存不適格制度によって，増改築まではその存続が許される。しかしマンションの建替えをしようとした場合には，容積率を超える部分の住民は必ず新たなマンションから出て行かなければならないことになる。そこで，このような場合に転出を余儀なくされた住民には，損失補償請求権が生じると考えられる。当該地域の住環境を守るために，特定の人に対してその財産権を奪う効果をダウンゾーニングがもたらしているからである。

用途地域指定には処分性が認められるか。次の事例（判百Ⅱ160 判Ⅱ31 CB11-6 最一小判1982（昭和57）・4・22民集36巻4号705頁）を検討しよう。

---

[34] 実際にダウンゾーニングが行われた福岡県春日市でもこの問題が生じ，マンション住民との紛争が生じた。春日市は，マンションの建替えが必要となった場合に備えて高度地区を導入して絶対高さ制限（20m）を定め，実際に建て替える際にはその地域の容積率を規制強化以前に戻した上で，建て替えを行うマンションに対してのみ例外許可（高度地区の都市計画を根拠とする例外許可）を与えて高さ制限を緩和する方式での対応を試みているという（米野史健「ダウンゾーニングで生じた既存不適格マンションへの対応に関する考察」都市計画別冊 都市計画論文集36巻（2001年）457-462（461）頁）。高度地区の緩和措置に関する詳細な研究として参照，大澤昭彦「高度地区の緩和措置を活用した大規模建築物の規制・誘導に関する研究」土地総合研究18巻3号（2010年）139-180頁。

■事実の概要

病院を経営するXは、将来の病院拡張を検討していた。ところが岩手県知事は、X所有地を含む地区を工業地域に指定することを内容とする盛岡広域都市計画用途地域の決定を行った。工業地域においては病院等の建築物が建築できなくなるため将来の病院拡張ができなくなることに加え、工業地域に指定されると周辺に工場が進出するのではないかと考えたXは、用途地域指定の取消訴訟を提起した。

すでに見たように、用途地域指定による建築規制の主要な内容は、用途規制と形態規制である。この事件では特に用途規制が問題となっている。工業地域に指定されてもXは直ちに病院の経営ができなくなるわけではなく、次の増改築までは建築物の存続は許される（**既存不適格制度**）（⇨464頁）。しかし、増改築の際に必要となる**建築確認**の審査の際に新たな用途地域指定に基づく基準が適用され、建築確認が拒否されることになる。最高裁は、用途地域指定が土地所有者に建築基準法上新たな制約を課し、権利義務関係が変動したことは認めつつも、それは「当該地域内の不特定多数の者に対する一般的抽象的な」制約に過ぎないとして、処分性を否定した。この判断の背景には、後続の建築確認拒否処分取消訴訟で用途地域指定の違法を争えば足りるという発想がある。

確かに、近い将来の増改築ができなくなる不利益については、建築確認の段階に至らないと**紛争の成熟性**が認められないとする判断は理解できる（⇨104頁）。しかし、将来にわたって増改築をするつもりがない土地所有者が、用途地域の指定によって周辺の住環境の悪化がもたらされることの不利益を争う場合には、用途地域指定の段階ですでに紛争は成熟しており、この場合には処分性が認められるとも考えられる。このように、争う立場によって処分性の有無を別々に判断する立場を**相対的行政処分論**という[35]。あるいは、

---

35) 阿部泰隆「相対的行政処分概念の提唱」同『行政訴訟改革論』（有斐閣・1993年）87頁以下［初出1982年］、亘理格「相対的行政処分論から相関関係的訴えの利益論へ」阿部古稀『行政法学の未来に向けて』（有斐閣・2012年）753-774頁、興津征雄「抗告訴訟における第三者の出

2004年の行政事件訴訟法改正によって当事者訴訟の活用が促されており，このような場合に用途地域指定に処分性を認めなくても，建築制限の確認訴訟を提起することで同じ目的を達成することも考えられる。
③ 用途地域はわずか12種類しかなく，また建築してよい建築物もそれほど限定されているとは言えない。そこで用途地域内の一定の地区についてさらに詳細な規制を行うため，用途地域以外の地域地区が用いられる[36]。

> 【さまざまな地域地区】　用途地域以外の地域地区は大きく次の5つのグループに分けることができる（生田66頁）。
> [1] **詳細規制型**　用途地域よりも細かい規制を行ったり，国土交通大臣の承認を得て用途地域の制限を緩和したり（建築基準法49条2項）することができる**特別用途地区**（都市計画法8条1項2号）と，非線引き都市計画白地区域や用途地域が定められていない準都市計画区域において用途規制を定めることができる**特定用途制限地域**（都市計画法8条1項2号の2）がここに含まれる。これらの具体的な規制内容は条例で定めることとなる。特別用途地区の具体例として，一定の業種や危険性の共通する工場のみの立地を認める**特別工業地区**や風俗店・ホテル・劇場・騒音を発生させる工場等の立地を禁止した**文教地区**などがある（鵜野50頁）。
> [2] **高度利用型**　大都市の中心地域における高層の建物の建設を促進するために用いられる地域地区であり，**特例容積率適用地区**（同項2号の3），**高層住居誘導地区**（同項2号の4），**高度利用地区**（同項3号），**特定街区**（同項4号），**都市再生特別地区**（同項4号の2）が含まれる。例えば高層住居誘導地区では，住宅部分の床面積が全体の床面積の2/3以上である建築物の容積率の最高限度を，都市計画で定められた容積率の1.5倍まで引き上げる容積率のボーナスが与えられる（⇨497頁）。
> [3] **防火型**　市街地の中で特別に防火上の措置（耐火建築物等）がとられなければならない場合に用いられる地域地区であり，**防火地域・準防火地域**（同項5号），**特定防災街区整備地区**（同項5号の2）がある。
> [4] **都市環境保全型**　都市の中で維持する必要がある環境を保全するために用いられる地域地区であり，**高度地区**（同項3号）・**景観地区**（同項6号）・**風致地区**（同項7号），**歴史的風土特別保存地区**（同項10・11号）・**伝統的建造物群保存地区**（同項15

訴可能性と処分性」同書655-672頁。
36) 例えば，京都大学法学部・大学院法学研究科の敷地は，第1種中高層住居専用地域・容積率200%・建ぺい率60%と指定され，第1種高度地区（絶対高さ制限20m）にもなっている。

号），**緑地保全地域・特別緑地保全地区・緑化地域**（同項12号）・**生産緑地地区**（同項14号）が含まれる。都市における良好な自然景観の維持には風致地区，都市における良好な都市景観の維持には景観地区（⇨489頁），建築物の高さの最高限度を規定して均整がとれた街並みを維持するためには高度地区（最高限高度地区）が用いられる。また文化財保護法の規定により伝統的建造物群保存地区が定められると，現状の変更が規制され，保存のために必要な措置がとられることになる。

[5] **都市施設確保型**　都市にとって必要な施設の確保のための規制措置を定める地域地区であり，**駐車場整備地区**（同項8号），**臨港地区**（同項9号），**流通業務地区**（同項13号），**航空機騒音障害防止地区・航空機騒音障害防止特別地区**（同項16号）が含まれる。例えば，駐車場整備地区に指定されると，市町村が条例で，一定の大規模建築物の建設等の際に**駐車施設の付置義務**を定めることができる。

■ 地区計画等

地域地区が一定の広がりのある地区を対象に建築物の用途や形態を規制するものであるのに対し，**地区計画**は幅広の道路で囲まれた**街区**（一街区または複数街区）という狭域を単位として，詳細な土地利用計画や地区に必要な区画街路・小公園等の**地区施設**を一体的に定め，当該地区の整備・開発・保全を行うことを目的とする計画である。開発規制と建築規制を一本化する点にも大きな特色が認められる（大橋・都市計画法307頁）。地区計画の特別版として，都市計画法以外の法律に基づいて策定されるものが4種類あり，これらをまとめて**地区計画等**という（都市計画法12条の4）。例えば，密集市街地整備法の規定による**防災街区整備地区計画**は，阪神・淡路大震災の経験から市街地における防火・防災対策を面的に行うために設けられたもので，建築物の外壁等を耐火構造とすることや，災害時の避難場所として消防水利等を設置した公園を地区防災施設として整備することなどを含むものである（鵜野258頁）。

地区計画を定めることができる区域は，用途地域の全域のほか，用途地域が定められていない区域においては①住宅・市街地などの開発事業に関連する場合②市街化が無秩序に進行しつつある場合③健全な住宅市街地環境を保全する場合である（同法12条の5第1項）。地区計画も都市計画の一種であるから，都市計画の策定手続に従って策定される。さらに地区計画固有の手続

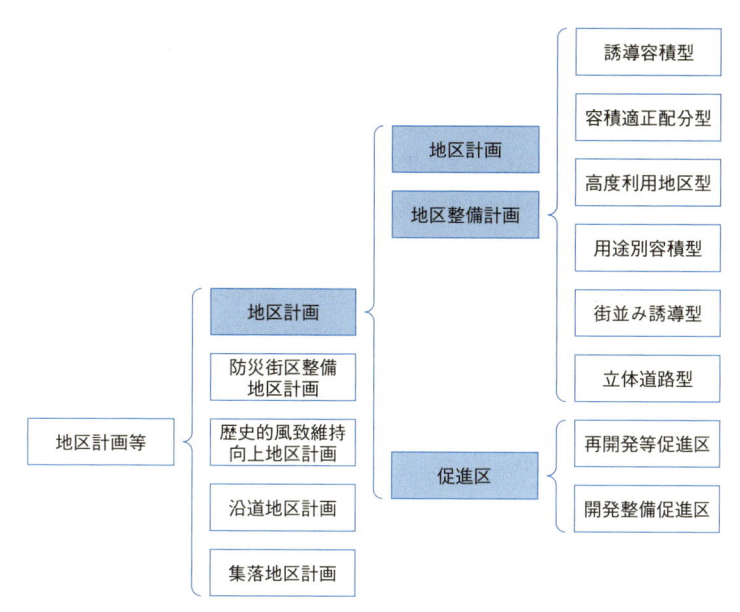

```
地区計画等 ──┬── 地区計画 ──┬── 地区計画 ──┬── 誘導容積型
             │              │              ├── 容積適正配分型
             │              │  地区整備計画 ├── 高度利用地区型
             │              │              ├── 用途別容積型
             │              │              ├── 街並み誘導型
             │              │              └── 立体道路型
             │              │
             │              └── 促進区 ──┬── 再開発等促進区
             │                          └── 開発整備促進区
             ├── 防災街区整備地区計画
             ├── 歴史的風致維持向上地区計画
             ├── 沿道地区計画
             └── 集落地区計画
```

図 12　地区計画等の種類

として，地区計画の手続に関する条例の定めるところにより，対象区域内の所有者等の利害関係者の**意見聴取**をした上で案を作成することとされている（同法 16 条 2 項）。さらにこの条例において，住民・利害関係人からの地区計画の**案の申出**の手続を定めることができる（同条 3 項）。

地区計画の区域区分・地域地区との大きな違いは，都市環境の保全や開発の規制に用いられるのみならず，美しい街並みの開発を**誘導**する際にも用いられることにある。このような用途の違いから，地区計画はいわば三層構造になっている。

① 地区計画においては，**地区計画区域**が指定され，**地区計画の目標**や当該**区域の整備，開発及び保全に関する方針**が定められる（同法 12 条の 4 第 2 項，12 条の 5 第 2 項）。当該地区の具体的な規制内容がまだ固まっていない場合などには，この内容のみを地区計画で定めることがある（生田 175 頁）。ただしこれだけでは規制効果は生じない。

② 規制効果を生じさせるためには，地区施設及び建築物等の整備並びに土地の利用に関する計画である**地区整備計画**を定める必要がある。地区整備計画区域の指定は，地区計画の全域でも一部の区域でもよい。地区整備計画に

おいて定めることができる事項は多岐にわたる（同法12条の5第7項）。1つは地区施設の配置及び規模である。都市全体の基盤施設である都市施設と異なり，地区施設は当該地区の住民が主として利用する道路・公園である。もう1つは開発行為や建築に関する詳細な規制であり，用途制限・容積率の最高限度と最低限度・建ぺい率の最高限度・建築物の敷地面積の最低限度・壁面の位置の制限・壁面後退区域における工作物の設置制限・建築物の高さの最高限度と最低限度・建築物の形態や色彩等・建築物の緑化率などが定められる。用途地域と比較すると，最高限度のみならず**最低限度**も定めうる項目があること，建築物のデザイン（**意匠**）や**緑化率**のように用途地域に含まれない規制項目があることが注目される。さらに，現存の樹林地・草地などの保全に関する事項を定めることもできる。

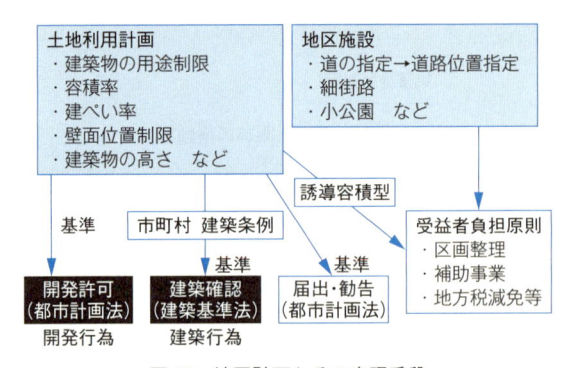

図13　地区計画とその実現手段

地区整備計画で定められた内容を実現する手段は以下の4つである。
［1］地区施設の整備については，地区施設の主たる利用者である住民が負担して整備を進める**受益者負担原則**がとられている。この点は，一般財源が投入されて整備される都市施設との大きな違いである。
［2］開発行為や建築規制のうち一定規模以上の**開発行為**については，地区整備計画の内容への適合が都市計画法の**開発許可**の要件とされており（同法33条1項5号），計画に適合しない開発行為は禁止されている。
［3］地区整備計画の建築規制の内容を市町村が改めて**条例**（**地区計画条例**）で定めれば，この条例の規定も建築基準関連法令に含まれ，**建築確認**の際の要件に含まれることになる（建築基準法68条の2）。

[4] 開発許可の対象とならない小規模の開発行為や，地区計画条例が定められていない場合における建築行為については，その着手の 30 日前までに市町村長に**届出**を行うことが義務付けられている。ただし，これが計画に適合しないと認められる場合には，市町村長は設計変更の**勧告**や土地の処分についての**斡旋**などを行いうるに過ぎない（都市計画法 58 条の 2）。

③ 地区計画の中で中心的な役割を果たす地区整備計画は，上記の通り，当該地区での規制を地域地区よりも強める効果を持つ。またこの計画で整備される地区施設については，当該地区の住民の自己負担が原則となる。これから宅地を開発する場合や，ワンルームマンション反対運動など，その地区で住環境維持への機運が高い場合には，このような地区計画のメニューだけでもその利用は進む。しかし，それ以外の場面（特に既存市街地の維持・整備）で地区計画の利用を促進することは困難である。そこで現在の地区計画には，制度利用や地区施設整備の促進を図るためのさまざまな**誘導**措置が盛り込まれている。例えば 1992 年に導入された**誘導容積型地区計画**（都市計画法 12 条の 6）は，道路などの地区施設の整備がなされるまでは低い**暫定容積率**を適用し，地区施設が整備されれば計画段階で設定されたより高い数値の**目標容積率**が適用されるようになるしくみであり，容積率を操作することで地区施設の整備を促進しようとするものである（制度の詳細や問題点につき，鵜野 247 頁）。このような容積率をボーナスするタイプの地区計画が現在数多く用意されており，地区計画がむしろ規制緩和に使われる状況さえ生じている（生田 171 頁）。

さらに地区計画には，市街地再開発を行うべき**再開発等促進区**や大規模小売店舗等の立地を誘導する**開発整備促進区**を定め，用途地域指定による土地利用制限を緩和することができる（同法 12 条の 5 第 3，4 項）。これらは，都市の開発と都市基盤施設の整備を一体的に行うことを目的としている。この種の地区計画は，計画がなければ開発ができない点において，ドイツの地区詳細計画に類似している。

【地区計画の処分性】　上記の通り，一言で地区計画といっても，法的効果に注目すればいくつかの段階があり，それに応じて処分性の判断も変化しうる。地区計画の目標

などが定められたに過ぎない（地区整備計画が含まれない）段階での地区計画には地区内の所有者等に対する法的効果はなく，処分性は認められない。これに対して地区整備計画が定められると，これが開発許可の際の基準として機能するほか，土地の区画形質変更・建築行為に対する届出が必要となるなど，土地所有者等への法的効果が生じている。しかし最高裁（最二小判1994（平成6）・4・22判時1499号63頁）は，「区域内の個人の権利義務に対して具体的な変動を与えるという法律上の効果を伴うものではなく，抗告訴訟の対象となる処分には当たらない」としている。さらに，建築制限に関して地区計画の主要な内容が市町村の条例で定められると，地区整備計画の内容が建築確認や是正命令の際の要件として機能するようになる。この段階の地区計画に関する最高裁の判断はない。地区計画の法的効果に注目すれば，この段階では一定の地域の土地所有者に対して他の地域と比較して強度な建築制限が及ぶことになるので，処分性を肯定する条件がそろっている[37]。これに対して，地区計画の後の行政過程において開発許可・建築確認という争うポイントが設定されていることを重く見れば，この段階の地区計画に関しても処分性が否定される見解に傾くと思われる。

■ 道路に関する規制

これまで見てきたように，土地利用に関する都市計画においては，建築物の用途や形態の規制内容が地域ごとに定められており，この内容が建築基準法の**集団規定**の主要部分を構成する。それとともに集団規定の内容となっているのが**道路に関する規制**である。その特徴は，都市計画区域・準都市計画区域内であれば，区域区分・地域地区・地区計画の定めによらず原則として一律の規制内容を持っていることにある。その規制内容をシンプルに述べれば，道路内の建築が制限されること，建物を建てようとするときは道路に2m以上接していなければならないこと（**接道義務**）である。

① **建築基準法上の道路**は道路法上の道路に限られないものの，原則として幅員4m以上でなければならない（建築基準法42条）。具体的には，道路法上の道路（国道・都道府県道・市町村道）（同条1項1号），都市計画法・土地区画整理法などによる道路（同項2号），建築基準法第3章の規定が適用される際（1950年11月23日）に既に存在していた道路（**既存道路**）（同項3号），道路

---

[37] 亘理格「判批」民商法雑誌113巻3号（1995年）456-460頁。

法・都市計画法などによる新設・変更事業計画のある道路で2年以内にその事業が執行される予定のものとして特定行政庁が指定したもの(**計画道路**)(同項4号)，接道義務を満たすために道路法・都市計画法などによらないで築造する道で，政令の基準に適合し，特定行政庁から位置の指定を受けたもの(**位置指定道路**)(同項5号)の5種類がある。

> 【私有地の道路?】　基幹的で幅広の道路の多くは道路法上の道路であり，その利用を開始する供用開始の前提として，道路の所有権などの権原が行政にあることが通常は前提となる。しかし例外的に，私人が所有権を持っている土地を道路として供用することがある(**私有公物**)(⇨24頁)。この場合であっても私権行使が制限される(道路法4条)ほか，道路法上の道路は建築基準法上の道路にもあたるため，敷地内の建築制限が及ぼされる。
>
> また，上記の5種類の建築基準法上の道路のうち，既存道路(3号)と位置指定道路(5号)は私道であってもよい。特に位置指定道路は，宅地造成のために既存道路から各分譲敷地までを結ぶ形で築造されることが多い。位置指定道路は原則として既存道路に両端が接続していなければならず，行き止まり(**袋路状道路**)は禁止されている。しかし道路延長が35m以下の場合，終端に自動車が転回できる広場がある場合，幅員6m以上の場合など，自動車の方向転換が可能な場合には指定が認められる(建築基準法施行令144条の4)。

建築基準法上の道路の条件となっている幅員4mの例外が**二項道路**(同法42条2項)である。これは，建築基準法第3章の規定が適用される際に現に建築物が建ち並んでいた幅員4m未満の道路を特定行政庁が指定すると，幅が狭いにもかかわらず建築基準法上の道路とみなされる特例である。これによって，4m未満の道路しか接していないとしても建築基準法の接道義務を満たすことができ，建物の増改築等が可能となる。しかしこの規定は同時に，二項道路の中心線から2mを道路の境界線とみなすとしており，増改築の際にはこの部分に建物を建てることができなくなる(**セットバック義務**)。この二項道路の制度は，一方では古くからの市街地において増改築ができなくなることを避けるとともに，他方でセットバック義務を課すことで徐々に幅4mの道路が形成されることを企図しているのである。特定行政庁による指定は，個別の道路を見て判断している場合(**個別指定**)もあるものの，多

くは一定の条件（例えば幅2.2m以上）を満たした道路を二項道路とすると**告示**の形で定めている（**一括指定**）。最高裁は、一括指定の方式をとっている場合でもその法的効果は個別指定と変わらないので、その処分性は肯定されるとしている（判百Ⅱ 161　判Ⅰ 174　CB 11-10　最一小判 2002（平成14）・1・17民集56巻1号1頁）（その他の訴訟類型の利用可能性につき、金子84頁）（⇒105頁）。

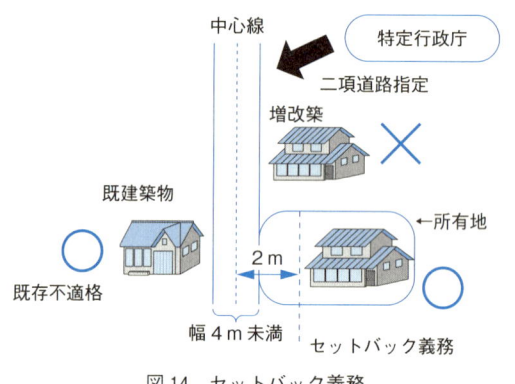

図14　セットバック義務

② 道路に関する制限として、地下施設やアーケードなど一部の例外を除き、道路内での建築物の建築は禁止される（建築基準法44条）。また特定行政庁が道路の外側の敷地部分に**壁面線の指定**を行うと、建築物の壁・柱などはこの壁面線よりも道路側に建築することができなくなる（同法47条）。これは街区内の建築物の位置を整えることを目的とする制度で、特定行政庁による指定の前に利害関係者の公開による意見聴取と建築審査会の同意が必要になる。壁面線が指定された場合には、容積率や建ぺい率の規制緩和がなされる（同法52条12項、53条4項）。

③ 都市計画区域・準都市計画区域内で建築物の建築を行う際には、その敷地が道路に2m以上接していなければならない（**接道義務**）。宅地を新規に開発する際の位置指定道路や区画街路のほとんどが幅4mになっているのは、この接道義務をぎりぎり満たした上でより多くの敷地面積を販売するために開発業者がとった行動の結果である。接道義務を満たすための建築基準法上の道路には、前述の通り私道も含まれている。その私道の変更や廃止が自由に行われると接道義務を満たさない建築物が生じてしまうため、私道の変

更・廃止により接道義務を満たせなくなる場合には特定行政庁はその変更等を制限することができる（同法 45 条）。

2 開発行為規制の行政過程

■ 国土利用計画法の土地取引規制

　大規模な開発を行うためには広い土地を取得する必要がある。この土地の取得を規制するのが**国土利用計画法**である。同法はもともと 1970 年代の急速な地価高騰に対応するために制定され，土地の利用目的や価格を規制する手段を用意している。この手続は同時に，最も早期の段階での土地利用規制手法でもある（大橋・都市計画法 328 頁）。

① 土地の利用目的規制の手段として，国土利用計画法は**事後届出**と**勧告**を定めている。市街化区域については 2000 平方メートル以上，市街化区域以外の都市計画区域については 5000 平方メートル以上，その他の区域では 10,000 平方メートル以上の土地の売買契約を締結した場合，この契約による権利取得者は，契約締結日から 2 週間以内に，市町村を経由して契約に係る土地の所在・面積・利用目的・対価などを都道府県知事に届け出なければならない（同法 23 条）。都道府県知事は，この内容が土地利用基本計画その他の土地利用計画に適合せず，合理的土地利用に著しい支障があると認めるときは，土地利用審査会の意見を聴いてその土地利用目的について必要な変更をすべきことを勧告することができる（同法 24 条）。この勧告に従わない場合には，勧告の内容と不服従の事実を公表することができる（同法 26 条）。

② 土地価格規制の手段として，国土利用計画法は 3 つの区域を定めることとしている。**規制区域**（同法 12 条）は土地の投機的取引を強く抑制すべき区域であり，都道府県知事が区域指定すると，同区域内での土地取引は都道府県知事の**許可**を得なければならなくなる（同法 14 条 1 項）。許可を受けない取引に対しては罰則（3 年以下の懲役又は 200 万円以下の罰金）（同法 46 条）に加えて，取引そのものの民事上の効力を無効とするとする規定が置かれている（同法 14 条 3 項）。これは行政行為の類型論における**認可**（**法律行為認可**）の数少ない実例の 1 つでもある（⇨57 頁）。ただし規制区域の指定はこれまで一

度も行われたことがない（鵜野 9 頁）。次に**注視区域**（同法 27 条の 3）は一定期間内の地価上昇が社会的経済的事情の変動に照らして相当な程度を越える場合などに設定される区域であり，同区域内では土地取引の前に①の届出を行わなければならない。①との違いは**事前届出制**が採用されている点にある。またこれに後続する勧告の内容には，土地価格が高すぎる場合に当該契約を中止すべきことも含まれている（同法 27 条の 5）。最後に**監視区域**（同法 27 条の 6）は地価が急激に上昇しあるいはそのおそれがある区域であり，同区域内では土地取引後に①の届出を行わなければならない。注視区域との違いは，**事後届出制**であること，届出が必要な面積を都道府県が規則でより小規模に変更できること（同法 27 条の 7 第 1 項）にある[38]。

■ 開発許可

　区域区分（線引き）の都市計画の内容の実現に深く関わるのが，都道府県知事の**開発許可**（都市計画法 29 条）である。開発のために必要な土地の区画形質の変更を一律に禁止した上で，都市計画法令に適合するものについてのみ許可を与えることで，市街地が無秩序に拡大するスプロールを抑制することを目的とする。開発許可の基準は市街化区域と市街化調整区域で大きく異なっている。以下では，開発許可の基本的なしくみと問題点を検討する。

①開発許可の対象

　都市計画法の規制対象である**開発行為**は，同法 4 条 12 項により「主として建築物の建築又は特定工作物の建設の用に供する目的で行なう土地の区画形質の変更」と定義されている（典型例は，山野を切り開いて宅地造成を行う工事である）。この定義では，全ての土地の区画形質の変更ではなく，建築物や特定工作物（コンクリートプラント・ゴルフコース等）の建設を目的とするものに限定されているため，建物を伴わない青空駐車場や資材置き場には開発許可は不要である。また区画形質に注目した定義であるため，建築行為については対象外（開発許可と建築確認の二元主義）となっている。

---

38) 大橋洋一「国土法における行政指導」同『行政法学の構造的変革』（有斐閣・1996 年）67-79 (68) 頁［初出 1995 年］。

このような定義上の限定に加え，都市計画法は，市街化調整区域を除き，小規模な開発については開発許可を不要とする**裾切り**を行っている。具体的には，市街化区域は1,000平方メートル未満，非線引き都市計画区域・準都市計画区域は3,000平方メートル未満（都市計画法施行令19条1項），都市計画区域外は1ヘクタール未満（同令22条の2）の開発行為に対して開発許可は不要である。開発許可の対象がこのように限定されている理由は，市街地の無秩序な拡大を抑制するために，市街地が拡大する要因である人の居住や労働につながる大規模な開発行為のみを対象とすればよいからとされる（生田204頁）。

②開発許可の基準

開発許可の基準は2段階構造になっている。第1段階として，市街化区域・市街化調整区域を問わず全ての開発行為に対して要求される基準（同法33条）があり，これは一定の水準を確保した市街地開発を行わせるためである。具体的には，開発行為が用途地域・特別用途地区・地区計画などの土地利用に関する都市計画に適合していること（同条1項1，5号），開発行為の結果必要となる公共施設が整備されていること（同項2，3，4，6，11号），地盤沈下・地すべりなどの災害を引き起こさないこと（同項7，8号），環境保全や周辺地域に対する環境上の悪影響を及ぼさないこと（同項9，10号），申請者に開発行為を行う資力や能力があること（同項12，13号），開発行為の関係権利者の相当数の同意を得ていること（同項14号）である。これらに関する技術的細目は政令に委任されており（同条2項），地方公共団体が地域の事情に基づき条例でこれを強化したり緩和したりすることもできる（同条3項）。

第2段階として，市街化調整区域の（ゴルフコース等市街化を促進しない開発行為を除く）開発行為に対してのみ適用される基準（同法34条）がある。第1段階の基準がこれを満たせば開発許可しなければならないとされているのに対して，第2段階の基準はそのいずれかに該当すると認める場合でなければ許可してはならないとされている。具体的には，周辺住民のための店舗・事業所（同条1号）や農林漁業産品の処理・加工等に用いられる建物（同条4号）など，市街化と結びつかないと考えられる利用形態が列挙されている。

③開発許可と市町村

　開発許可を申請する前に，申請者は開発行為によって影響を受ける公共施設の管理者と協議し，その**同意**を得なければならない（都市計画法32条1項）。ここでの公共施設管理者として想定されているのは，道路・河川の管理者のほか，水道事業者・義務教育施設管理者などである。また，開発行為によって設置された公共施設の管理をすることとなる者との間で，申請者は協議を行っておく必要がある（同条2項）。開発行為に伴って必要となる区画街路や区画内の小公園などは，開発者が費用負担して整備することが原則であり，これらの施設が都市計画施設である幹線街路などである場合に限って，開発業者は土地の取得費相当分を国・地方公共団体に対して請求できる（同法40条3項）。開発許可を受けた開発行為により設置された公共施設の用に供する土地は，開発業者が自ら管理する場合を除き，工事完了検査の公告の翌日に，公共施設管理者（第1号法定受託事務として当該公共施設を管理する地方公共団体であれば国）に帰属する（同条2項）。

　開発許可の権限は都道府県知事にあり，この手続に市町村や周辺住民等の利害関係者が参加するしくみは設けられていない。市町村にとって唯一存在する機会は，公共施設管理者としての立場で開発許可申請の同意をするタイミングである（安本96頁）。そこで市町村は，無秩序な宅地開発によって適正な土地利用ができなくなったり，義務教育施設等の公共施設の新設に関する多額の費用負担を行わなければならなくなったりすることを避けるため，この同意拒否をも担保手段として**宅地開発指導要綱**に基づく行政指導（⇨73頁）を行ってきた（五十嵐319頁以下が詳細である）。その内容は，かつては新設の公共施設の設置費用の一部を負担させる**開発負担金**の支払いを求めるものが目立ち，最近では法律が要求する水準以上に街区の設備を充実させることを求めるものが多いという（生田215頁）。それでは，この同意拒否を争う方法としてどのようなものが考えられるだろうか。この点が争われた最高裁判決（判百Ⅱ163　判Ⅱ33　CB11-9　最一小判1995（平成7）・3・23民集49巻3号1006頁）を素材に検討しよう。

事実の概要

市街化調整区域における開発行為をしようとしたXは、道路・下水道管理者である盛岡市長Yに対して申請に対する同意を求めた。これに対してYは同意できないと回答したため、Xは同意拒否処分の取消訴訟などを提起した。

最高裁は、同意拒否の**処分性**を否定した。その理由は、同意拒否行為それ自体に開発行為を禁止又は制限する効果があるわけではないという点にある。公共施設管理者の同意は開発許可の申請手続の前に置かれており、その法的効果は開発許可手続を適法に進行させることができないという意味にすぎない、と最高裁は解釈した。このように開発許可と公共施設管理者の同意を切り離した上で、後者について法律は「協議」「同意」という文言を使い、また不服申立を許容する規定を置かなかった点を捉えて、立法者はこれを処分としない意図であったと最高裁は考え、その処分性を否定したのである。しかし、都市計画法33条1項柱書は、同条が列挙する基準を満たすことに加え「申請の手続がこの法律又はこの法律に基づく命令の規定に違反していないと認めるとき」という許可要件を定めている。このように、公共施設管理者の同意が得られていなければ許可要件を充足しないという**要件の連動構造**が存在するにもかかわらず最高裁が同意の処分性を否定した理由は、都市計画法が公共施設管理者の同意を得た者に限って公共施設に影響を与える開発行為を適法に行えることを認めているからであり、同意を得ていない者に

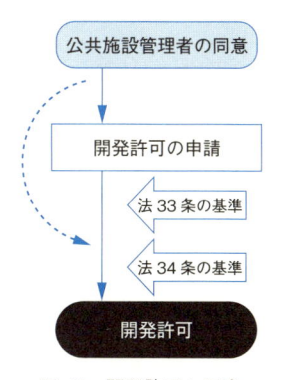

図15 開発許可と同意

そもそも開発行為を行う権利があるわけではないという点にあった。

この最高裁の論理のうち，同意と開発許可を分けて考えるという前者の点については，同意の処分性がないとするならば当事者訴訟としての確認訴訟を用いて，適法に開発許可を申請しうる地位の確認を請求することが考えられる。また，食品衛生法違反通知事件（⇨106頁）など近時の最高裁判例は，複数の行政決定が連続する場面において，先行行為が後続処分の要件（の一部）を確定していると見うる場面では，先行行為を単なる精神的表示行為とするのではなく処分と考える傾向を示している。このような発想からすれば，要件の連動構造を持つ公共施設管理者の同意と開発許可についても同意の処分性が認められるべきと思われる。しかし，最高裁の後者の考え方である，同意を得ていない者にはそもそも開発行為を行う権利はないという方に焦点を当てる[39]と，いかなる訴訟類型を用いようとも争うことができないという帰結が導かれうる（大橋・Ⅱ65頁はこの点を厳しく批判する）。たしかに本件のような市街化調整区域の開発行為については，開発が抑制される区域であるから，その理解も成り立ちうるかも知れない。しかし財産権保障の観点からすれば，開発行為一般についてこの理解の射程が及ぶと解することはできないように思われる。そこで，救済の可能性を開いた上で[40]同意の裁量統制手法を構築すること[41]，他方で市町村が公共施設管理者としての立場を越えて開発許可に対して影響力を行使しうる手続法的な規律[42]を導入すること（生田218頁）が必要であろう。

---

[39] 綿引万里子「判解」最高裁判所判例解説民事篇（平成7年度）（1995年）380-400（392）頁。

[40] 金子37頁は，開発許可拒否処分取消訴訟の中で公共施設管理者同意拒否の違法性を争わせるべきとする。

[41] 都市計画法制研究会編『よくわかる都市計画法』（ぎょうせい・2010年）188頁は，「本来の公共施設の管理者の立場を超えた理由（いわゆる他事考慮）により同意・協議を拒んだり，手続きを遅延させたりすることは，法の趣旨を逸脱した運用となるおそれがある」とする。

[42] このような手続を条例で導入した実例（高知県土地基本条例）を詳細に分析したものとして参照，北村喜宣「土地利用調整制度の分権対応」同『分権改革と条例』（弘文堂・2004年）209-246頁［初出2002年］，内海麻利「総合的土地利用のための都道府県条例の広域的役割」同『まちづくり条例の実態と理論』（第一法規・2010年）217-230頁。

④開発許可の法的効果

　開発許可の最も基本的な法的効果は，適法に開発行為を行うことができるようになる点にある。加えて，開発許可を受けた開発区域内の土地においては，その工事が完了するまで建築物等の建築が原則として禁止される（都市計画法37条）。さらに，都道府県知事は，用途地域が定められていない土地の区域における開発許可の際に必要があれば，その土地についての建築物の建ぺい率・高さ・壁面の位置などを定めることができる（同法41条1項）。

　開発許可の審査は工事の計画書類を対象とするのに対し，工事が済んだ後に行われるのが**完了検査**である。その際には，工事が開発許可の内容に適合しているかどうかが検査され（同法36条2項），適合性が認められれば**検査済証**が交付されるとともに，**工事完了公告**がなされる（同条3項）。この公告の翌日に，開発行為によって設置された公共施設の管理者が市町村になる（同法39条）ほか，用途地域が定められていない地域においては，当該開発許可に係る予定建築物以外の建築物の建設が禁止される（同法42条1項）。

　このように，土地利用に関する都市計画（特に区域区分）の内容を実現させる手段である開発許可は，開発行為を適法に行う地位を付与している。そして，工事が開発許可に適合しているかどうかは完了検査によって担保されている。それでは，完了検査を経ると開発許可の法的効果は消滅してしまうのであろうか。この点をめぐる最高裁判決（ CB 13-7 　最二小判1993（平成5）・9・10民集47巻7号4955頁）を素材に検討しよう。

■事実の概要

　Xらは急傾斜地の土地所有者である。Xらの隣地の土地所有者が開発許可を得て開発工事を行ったことから，Xらの土地ががけ崩れ等の被害を受けるおそれがあるとして，Xらは知事Yに対して開発許可の取消訴訟を提起した。判決が下る前に工事が終了して完了検査が行われ，検査済証が出された。

　最高裁は，検査済証の交付がされた後においては，開発許可の取消を求める訴えの利益は失われたと判断した。最高裁は，開発許可の法的効果を「これを受けなければ適法に開発行為を行うことができない」という点に見出

し，完了検査の後も何らかの法的効果が残っているのかを，同法81条の**違反是正命令**との関係に注目して検討している。同条1項1号は「この法律若しくはこの法律に基づく命令の規定若しくはこれらの規定に基づく処分に違反した者」に対して国土交通大臣等が違反是正の措置を命令することができると定めている。完了検査により確かめられるのは上述の通り開発許可への適合性であって，都市計画法令への適合性ではない（この点が建築確認（⇨460頁）と完了検査の関係と異なっている）。そうすると，「処分に違反した者」であるかどうかを判断する際には開発許可の内容が手がかりとなり，この限りで開発許可の法的効力は工事完了後も残っていると考え得る余地がある。しかし最高裁は，都市計画法33条の許可基準を満たしていないのに出された許可に基づき工事をした者は「この法律……に違反した者」に該当するし，違法な許可が取り消されたからといって同法81条の違反是正命令が必ず出されるという関係にもないので，開発許可と是正命令との関係は完全に切断されているとした（藤島昭裁判官補足意見はこの点をより明確に説く）。このような理解に立つと，開発許可取消訴訟は工事が完了すると訴えの利益の消滅によって却下されることとなり，これを防ぐためには取消訴訟の提起の際にあわせて執行停止の申立てをしておく必要が高いことになる。

　このような最高裁の見解に対して学説は批判的である。そのポイントは，最高裁が取り上げた点以外に開発許可の完了検査後の効力を論ずる要素が残されていることにある[43]。具体的には，1つは，用途地域が定められていない地域については上述の通り開発許可によって建ぺい率等が制限されうること（同法41条），もう1つは後続する建築確認との連動が見られることである。建築基準法の建築確認（建築基準法6条）の審査対象法令である建築基準関係規定の中には開発許可を定める都市計画法29条が含まれている（建築基準法施行令9条12号）。そうすると，建築確認取消訴訟の訴えの利益が消滅するまでの間については，開発許可取消訴訟の訴えの利益は失われていないと考えるべきであろう。

---

43) 金子11頁が詳細に検討している。

3 建築規制の行政過程

■ 建築規制の組織法的側面

　都市計画で定める土地利用に適合し，居住者にとって安全な建築物を建てさせるための建築規制のしくみを規定しているのは，建築基準法だけではない。建築に関係する人的要素に注目した立法として建築士法と建設業法がある。また，欠陥住宅問題への対策のため，建築確認と並ぶ住宅性能評価のしくみを定める住宅の品質確保の促進等に関する法律や，住宅に瑕疵があった場合の瑕疵担保責任を履行させるための保証金の供託や保険制度を定めた特定住宅瑕疵担保責任の履行の確保等に関する法律がある。

　建築規制にはさまざまなアクターが登場する。まず，建築確認を行うのは**建築主事**である。政令で指定する人口25万人以上の市には建築主事を置かなければならず，それ以外の市町村でも設置することは可能である（建築基準法4条1, 2項）。建築主事を置かない市町村については都道府県に置かれた建築主事が建築確認を担当することとなる（同条5項）。建築主事は一級建築士試験に合格し，2年以上の実務経験を持ち，建築基準適合判定資格者検定に合格して国土交通大臣の登録を受けた者（同法77条の58）の中から市町村長・都道府県知事が任命する（同法4条6項）。

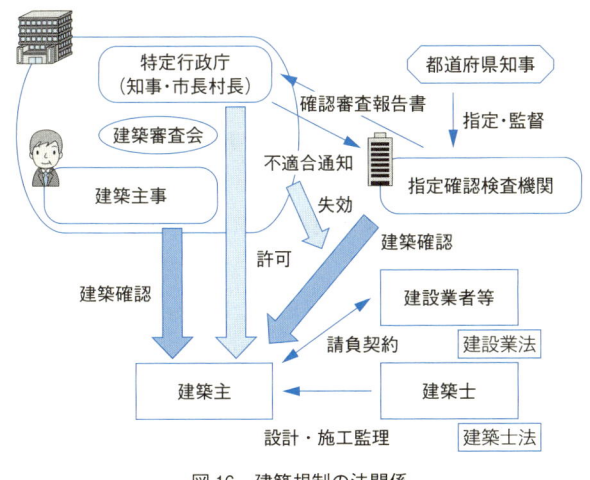

図16　建築規制の法関係

建築主事を置く市町村または都道府県の長（市町村長・都道府県知事）を**特定行政庁**という（同法2条35号）。違法建築物に対する**是正命令**や除却の**代執行**は特定行政庁の権限である（同法9条）。建築基準法の道路のうち計画道路・位置指定道路と**二項道路**は特定行政庁の指定が必要である（同法42条1・2項）。用途地域指定に基づく建築制限を個別の事情に応じて解除する**例外許可**（同法48条）も特定行政庁が行う（⇨461頁）。建築協定の認可も特定行政庁の権限である（同法73条1項）。このように特定行政庁には建築確認以外のさまざまな権限が与えられている。

建築主事を置く市町村・都道府県に**建築審査会**が設置される（同法78条）。建築審査会は専門家で構成され，例外許可など特定行政庁が与える許可に同意を与えるほか，建築主事・特定行政庁・指定確認検査機関等の処分の不服に対する**審査庁**としても機能する（同法94条）。建築基準法では**不服申立前置**（⇨88頁）がとられているため（同法96条），同法に基づく処分に関する不服はまず建築審査会によって審査されることとなる。

1998年の建築基準法改正によって，建築確認・中間検査・完了検査については国土交通大臣・都道府県知事が指定した民間の**指定確認検査機関**（同法77条の18）も行えることとなった。指定確認検査機関の指定要件は，実際の建築確認や検査を行う確認検査員の数が省令で定める以上であること，業務実施計画が適切であること，資本金等の経理的基礎が十分あること，役員・構成員・職員が検査業務の公正な実施に支障を及ぼすおそれがないこと，並行して行われている確認検査以外の業務が確認検査業務の公正な実施に支障を及ぼすおそれがないこと等である（同法77条の20）。確認検査員の基礎資格は建築主事と同じである（同法77条の24）。指定確認検査機関が建築確認を行い，確認済証の交付を受けると，建築主事による確認とみなされる（同法6条の2第1項）。指定確認検査機関は一定期間内に出した建築確認について**確認審査報告書**を作成し，特定行政庁に提出しなければならない（同条10項）。特定行政庁が報告書の提出を受けて建築物の計画が建築基準関係規定に適合しないと判断した場合には，指定確認検査機関に対して**不適合通知**を行い，この通知によって指定確認検査機関が出した当該確認済証はその効力を失う（同条11項）。指定確認検査機関に対する一般的な監督措置と並んで，個別の建築確認等に対する特定行政庁の個別的コントロールの可能

性が法律に盛り込まれている点が，このしくみの特色である[44]。

> **【指定確認検査機関と被告の選択】** 指定確認検査機関が行った建築確認に不服がある場合，誰を相手に訴訟を提起すればよいのだろうか。
> ①取消訴訟　指定確認検査機関は国や地方公共団体に所属していないものの，建築確認という処分を行う行政庁である。建築確認に対する取消訴訟を提起する場合には，行政事件訴訟法11条2項の規定により，指定確認検査機関を被告とすることとなる。
> ②取消訴訟から国家賠償訴訟への訴えの変更　建築確認取消訴訟を行っている途中で工事が完了すると，現在の最高裁判例の理解によれば狭義の訴えの利益が消滅する。そこで，行政事件訴訟法21条の規定を用いて（⇨121頁）国家賠償請求に訴えを変更することがしばしば行われる。その際の被告は同条1項の規定によると「当該処分又は裁決に係る事務の帰属する国又は公共団体」である。この点に関して 判百Ⅰ6 判Ⅱ135 R 2 CB 18-12 最二小決2005（平成17）・6・24判時1904号69頁は，事務帰属公共団体は当該建築物を確認する権限がある建築主事が置かれた地方公共団体であると判断した。これは，上記のような建築確認に関する特定行政庁の個別的コントロールの可能性が法律で規定されていることを意識してのものと思われる[45]。
> ③国家賠償訴訟　上記の最高裁判決が指定確認検査機関と建築主事の双方を特定行政庁の監督下で建築確認を行うものと見ているとすれば，国家賠償訴訟のみが提起される場合でもその被告は建築主事が置かれた地方公共団体であることになりそうである。その場合でも，指定確認検査機関を費用負担者と見ることができれば，国家賠償法3条1項の規定を用いて同機関をも被告とする可能性は残されている（別の法的構成の可能性を示すものとして，金子418頁）。

建築物の設計や工事が設計通り行われているかを監督（これを**工事監理**という）する役割を担っている民間の専門職が**建築士**である。建築士法は1級建築士，2級建築士，木造建築士でなければできない設計・工事監理の対象となる建物を規定しており（建築士法3条，3条の2，3条の3），建築基準法でも

---

[44] 小幡純子「国家賠償法の適用範囲について（上）」法曹時報64巻2号（2012年）237-263（258）頁。

[45] 仲野武志「判批」ジュリスト増刊・平成17年度重要判例解説（2006年）43-44頁は，この種の強度な監督規定が他の指定法人制度にも見られることを指摘し，同判決はむしろ，事務帰属に関する結論を先取りした上で，国家責任法の平面における行政作用の単一性ともいうべき大前提に立脚したものと言わざるを得ないとする。

同様の規定が置かれている（建築基準法5条の4）。建築士は建築工事の請負業者と建築主との間に立ち，設計と施工の適切性を確認する重要な役割を担っている。しかし現在の法制度の下ではその経済的中立性を確保するしくみ（**設計・施工分離**）は設けられていない[46]。

■ 建築確認と完了検査

一定の建築物を建築しようとする場合，建築主はその着工前に**建築確認**を得なければならない（建築基準法6条）。建築確認は**建築主事**または**指定確認検査機関**によって行われる。

① 建築確認の対象となるのは，建築基準法上の「建築物」のうち同法6条1項の1号から4号までに該当するものである。建築物の定義は同法2条1号にあり，その主要なものは，土地に定着する工作物のうち屋根及び柱または壁を有するものとこれに付随する門塀と，地下または高架の工作物内に設ける事務所・店舗等である。都市計画区域・準都市計画区域内においてはこれらの建築物の建築行為は全て建築確認の対象となる。これに対して，学校・病院・工場等の**特殊建築物**で床面積100平方メートル以上のもの，木造建築で3階建て以上等の大規模なもの，木造以外の建築物で2階建て以上等の大規模なものについては，全国どこでもその建築・大規模修繕等の際に建築確認が必要となる。

② 建築確認は設計図を審査するものである。既に述べたように一定の建築物についてはその設計図を建築士が作成しなければならないとされている。これが守られていないときには，建築確認の具体的な内容の審査に入らず，直ちに拒否処分されることになる（法律上はこれを「受理」の語で示している）（同法6条3項）。具体的な内容審査については，大規模建築物等については35日以内，それ以外の建築物については7日以内の**標準処理期間**が法定されている（同条4項）。かつて大規模建築物等について21日であったものが延長されたのは，2005年の**姉歯事件**で構造計算書が偽装されたことに起因する2006年の法改正の結果である。この改正によって，一定規模以上の建築物の建築確認の際に，建築主事・指定確認検査機関は，都道府県知事に対

---

46) 澤田和也『欠陥住宅紛争の上手な対処法』（民事法研究会・1996年）47頁。

して**構造計算適合性判定**を求める手続が追加された（同条5項）。判定は都道府県知事または**指定構造計算適合性判定機関**が行う（同法18条の2）。

③ 建築確認の要件は，**建築基準関係規定**に設計が適合していること（同法6条1項）と，構造計算適合性判定で構造計算が適正と判定されること（同条11項）である。建築確認の効果は，適法に建築工事が行えるようになることである（同条14項）。建築確認はその効果に注目すれば，一律に禁止された行為を個別に解除する**許可**，あるいは法的地位を設定する**形成行為**（塩野・I 121頁）である。また建築確認は，建築基準関係規定や構造計算が適正であれば必ず与えられるものであり，政策的な判断に基づく裁量の余地がないと考えられている（判百Ⅰ132　判Ⅰ201　CB 5-2　最三小判1985（昭和60）・7・16民集39巻5号989頁［品川マンション事件］は「基本的には裁量の余地のない**確認的行為**」とする）。この点が，行政組織に属する建築主事ではなく民間の指定確認検査機関にも建築確認を開放することができる根拠として使われた[47]。

【特定行政庁による建築規制緩和措置】　政策的配慮から，都市計画で定められた建築制限を建築物の建築前の段階で緩和する場合には，特定行政庁による許可（特例許可）や認定が建築確認の前に必要となる。以下ではその代表的なものを紹介する。
①用途地域の建築制限緩和　　用途地域に関する都市計画で定められた建築制限を個別の建築行為に関して緩和するものである（建築基準法48条1～13項但書）。その実体的要件は，地域環境に与える悪影響がないことまたは公益上やむを得ないことであり，手続的要件として利害関係者の出頭を求めて公開の意見聴取を行い，建築審査会の同意を得ることが必要である（同条14項）。
②総合設計制度　　敷地面積が一定規模以上の建物であって，敷地内に広場・歩道・庭園など誰でも利用できる**公開空地**を設ければ，容積率の限度・絶対高さ制限・斜線規制が緩和され，本来の建築制限よりも高い建物が建てられる制度である（同法59条の2）。実体的要件として，交通上・安全上・防災上・衛生上の支障がないこと，建ぺい率・容積率・各部分の高さについて総合的な配慮がなされることにより市街地の環

---

[47] 指定確認検査機関の制度導入時における問題点を整理したものとして参照，大橋洋一「建築規制の実効性確保」同『対話型行政法学の創造』（弘文堂・1999年）196-230頁［初出1999年］，米丸恒治「建築基準法改正と指定機関制度の変容」政策科学（立命館大学）7巻3号（2000年）253-272頁。

境の整備改善に資することが規定され、手続的要件として建築審査会の同意が必要である。緩和措置の中には日影規制は含まれていない。これとよく似た規制緩和措置を持つ**特定街区**（都市計画法9条19項、建築基準法60条）は用途地域以外の地域地区の都市計画であり、都市計画法が定める手続に従って街区単位で策定される。これに対して総合設計許可は敷地を単位として、特定行政庁の許可によって認められる。周囲の建築物と調和しない高層建築物はこの制度によって建てられていることが多く、建築紛争になっている事例も目立つ（制度の問題点につき、生田333頁）。
③一団地の総合的設計制度・連担建築物設計制度　建築基準法に基づく建築制限は、1つの敷地に1つの建築物が建築されるとする**一建築物一敷地の原則**に基づいている。これに対して、一定の条件を満たして特定行政庁が認定すると、接道義務・容積率・建ぺい率・外壁の後退距離・高さ制限・日影規制などの特例対象規定に関しては、複数の建築物を同一敷地内にあるものとみなす特例が認められている。更地にこれから建築物を建築する場合を**一団地の総合的設計制度**（建築基準法86条1項）、団地内に既存建築物がありこれを前提に新たに建築物を建てる場合を**連担建築物設計制度**（同条2項）という。実体的要件として、安全上・防火上・衛生上の支障がないこと、手続的要件として建築審査会の同意が必要である。この制度を使うと、一団地内の他の敷地で利用していない容積率を移転することで高層ビルを建築することが可能となる。

　建築確認を受けた建築物が建築基準関係規定に適合しているかを検査するものとして、建築基準法は中間検査と完了検査を規定している。
① 3階建て以上の共同住宅の床・はりに鉄筋を配置する工事の工程などの特定工程を含む建築工事の場合、その工程の工事が終わった段階で建築主事または指定確認検査機関の**中間検査**を受けなければならない（同法7条の3、7条の4）。検査の結果、工事中の建築物が建築基準関係規定に適合すると認められれば、**中間検査合格証**が交付され、その後の工事を継続することができるようになる。
② 建築確認を受けた工事が完了した場合、建築主は建築主事または指定確認検査機関による**完了検査**を受けなければならない（同法7条、7条の2）。検査の結果、建築物が建築基準関係規定に適合すると認められれば、**検査済証**が交付される。完了検査の申請をしなかった場合には、1年以下の懲役又は100万円以下の罰金が科される（同法99条1項3号）。ただし、検査済証を受けなければ建築物の使用が禁止されるのは全国どこでも建築確認が必要とされる大規模建築物（同法6条1項1～3号）のみであり、都市計画区域・準都

市計画区域内の戸建て住宅（同項4号に該当）にはこの制限が及ばない。このことが欠陥住宅問題の解消がなされない原因の1つと指摘されている。

■ 是正措置命令と代執行

　建築確認や完了検査が建築基準関連規定に適合しない違反建築物を建てさせないしくみであるのに対して，既に存在してしまっている違法建築物に対しその是正を求める行政過程を構成するのが是正措置命令と代執行である。
① 特定行政庁は，建築基準法令の規定に違反した建築物について，建築主等に対して工事の施工停止，当該建築物の除却・移転・改築・増築・模様替え・使用禁止・使用制限など違反を是正するために必要な措置をとることを命ずることができる（建築基準法9条1項）。これを**是正措置命令**という。是正措置命令を出そうとする場合には，その理由を提示した上で相手方に意見書・自己に有利な証拠の提出の機会（相手方が求めれば公開による意見聴取の機会）を与えなければならない（同条2，3項）。ただし緊急の場合にはこの手続を取らずに仮の使用禁止・使用制限命令を出すことができる（同条7項）。特定行政庁がその職員のうちから任命した**建築監視員**も，緊急時には仮の使用禁止・使用制限命令・工事の停止命令を出すことができる（同法9条の2）。
② 是正措置命令の相手方が義務を履行しないとき，不十分な履行しかしないとき，履行しても期限までに完了する見込がないときは，特定行政庁は行政代執行法の規定による**行政代執行**を行うことができる（同条12項）。

【工事・代執行の完了と狭義の訴えの利益】　最高裁判例の理解によれば，建築工事が完了し，検査済証が交付されれば，建築確認取消訴訟の訴えの利益は消滅する（判百Ⅱ183　判Ⅱ55　CB13-4 最二小判1984(昭和59)・10・26民集38巻10号1169頁）。また是正措置命令に基づく建築物の除却が代執行されると，除却命令・代執行令書の取消訴訟の訴えの利益は消滅する（最三小判1973(昭和48)・3・6集民108号387頁）。結果にのみ注目すれば，いずれも工事が終わったので狭義の訴えの利益が消滅すると判断されているように見える。しかしその理由付けは両者で大きく異なっている。
　建築確認の取消訴訟の訴えの利益の判断にあたっては，建築確認の法的効果がどの段階まで及ぶのかを法律の規定から解釈した上で，建築確認の法的効果は適法に工事を行うことができるという意味のみであると理解して，工事完了検査がなされて検査

済証が出された段階における狭義の訴えの利益が否定されている。建築基準法上は上述の通り，中間検査・完了検査はいずれも建築確認との適合性ではなく建築基準関連規定との適合性が審査されることになっている。また是正措置命令の要件も同様であり，建築確認の内容がこうした後続の行政上の決定に影響を与えるところがないと裁判所が解釈したため，工事完了によって訴えの利益が失われるとされたのである。

　これに対して，除却命令や代執行令書の取消訴訟の訴えの利益については，除却命令を実現する工事の完了に焦点が当てられた判断がなされている。代執行が終わってしまうと，たとえその原因となった除却命令や代執行の途中における代執行令書を取り消しても，回復すべき事実状態が存在しないと最高裁は理解しているようである。代執行費用の納付義務についても最高裁は費用納付命令自体を対象に争うべきと考えており，是正命令から始まる代執行の過程とは切り離して考えている。もし，除却命令や代執行令書の取消判決の拘束力により，行政に原状回復義務が生じると解すれば，狭義の訴えの利益は工事完了後もなお失われない。しかし一旦事実状態を大きく変更している以上，その救済手段として原状回復とするか金銭賠償とするかは，救済の実効性の観点からはそれほど有意な違いをもたらさないようにも思われる。

　建築基準関係規定は状況に応じて変更されている。例えば，大地震による建築物への被害に関する新たな知見・経験が得られれば，これに基づいて**単体規定**の中でも耐震強度に関する基準が強化される。また，当該地域がそれまでとは別の用途地域に指定されて**集団規定**が変更され，建てられる用途が従来よりも制限されることもあり得る。このような場合でも，現に存する建築物や建築工事中の建築物に対しては強化された規制が適用されない（建築基準法3条2項）。このような建築物のことを**既存不適格建築物**という。これらの既存不適格建築物に対しては，強化された規制の内容に基づく是正措置命令がとられることは通常ない。ただし，保安上危険な建築物に対して是正措置命令が出されたり（同法10条），強化された集団規定に違反した状態で公益上著しく支障がある場合に所在地市町村議会の同意を得て（場合によっては損失補償した上で）是正措置命令が出されたり（同法11条）することはあり得る。このような例外を除けば，建物所有者等に大きな経済的負担をさせて建築基準関連規定の変更に適合させる必要はないと考えられた結果としてとられているのが既存不適格制度であり（生田120頁），**比例原則**あるいは**信頼保護原則（現存保障原則）**（⇨19頁）に基づき既存建築物に対して新たな建

築行為がなされるまでは旧来の規定が適用されるとする画一的な処理がとられたものと思われる。建築紛争の際には，既存不適格制度が適用される「現に建築……の工事中の建築物」とはいかなる意味なのかが問題となりうる。これが主要な争点の1つとなったのが国立マンション事件（是正措置命令義務付け訴訟：第1審＝ 判Ⅰ184 CB 15-6 東京地判 2001（平成 13）・12・4 判時 1791 号 3 頁，控訴審＝東京高判 2002（平成 14）・6・7 判時 1815 号 75 頁）であった。

:事実の概要

　　国立市においてマンション建設を計画する A 社は同市内で土地を購入し，高さ 50m を超えるマンションの建築計画を立てた。国立駅から続く大学通りの沿道に関してはその建築物の高さを 20m 以下とする都市計画が定められていたところ，マンション建設予定地はその隣接地で，都市計画上は高さ制限がない地域であった。国立市は同市都市景観形成条例に基づき，高さを 20m の並木に調和させるよう行政指導したものの A は受け入れず，東京都の建築主事に対して建築確認を申請し，確認を得た日に建築物の基礎などをつくるために土地を掘削する根切り工事を行った。

　　国立市はこれに対して，マンション建設予定地を含む地区の建築物の高さを 20m 以下に制限する地区計画の案を作成して公告・縦覧し，この地区計画を A の根切り工事の直後に決定・告示した。また地区計画に基づく建築規制の内容を建築確認に反映させるための国立市地区計画の区域内における建築物の制限に関する条例を改正して，根切り工事の直後に公布・施行した。

　　地区計画の地区内の土地の所有者 X らは，東京都多摩西部建築指導事務所長 Y に対し，建築中のマンションの高さ 20m を超える部分の是正を命ずる，建築基準法 9 条 1 項に基づく是正措置命令権限を行使しないことが違法であることの確認などを求めて訴訟を提起した。

　第 1 審判決では，上記の請求を法定外抗告訴訟（⇨130 頁）としての**義務確認訴訟**とみた上でこれを認容した（この**市村判決**の判断が，2004 年の行政事件訴訟法改正の際に義務付け訴訟を法定化する 1 つの契機となったとされる）。本案部分における判断のポイントは，根切り工事の着手をもって，建築基準法 3 条 2 項にいう「現に建築の工事中」にはあたらないとした点にあった。同判決では，その判断基準として「敷地において，計画された建築物の基礎又はこ

れを支える杭等の人工の構造物を設置する工事が開始され，外部から認識できる程度に継続して実施されていることを要する」とされた。

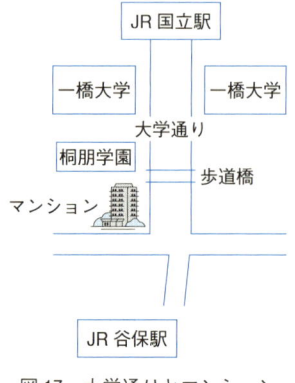

図17　大学通りとマンション

これに対して控訴審判決では，「現に建築の工事中」とは「建築物の実現を直接の目的とする工事が開始され，建築主の建築意思が外部から客観的に認識できる状態に達しており，かつ，その工事が継続して実施されていることを要する」とし，**根切り工事**でも「現に建築の工事中」にあたると判断して原告の請求を認めなかった（最高裁は上告受理申立てを却下したため，この判断で確定している）。

一般的に言えば，開発業者は当該土地の都市計画上の制限を調査し，開発が経済的な利益をもたらすかどうかを判断した上で土地の取得や建築計画に着手するので，設計図が完成した建築確認後の段階で開発の前提である都市

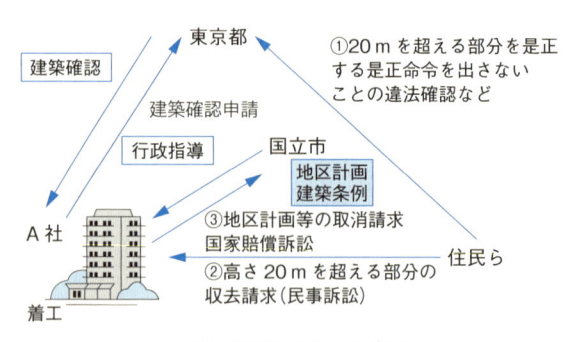

図18　国立マンション事件

計画上の制限が大きく変更されると，経済的な不利益を受けることとなる。その意味において，既存不適格が現に建築の工事中の建築物にも適用されることには一応の合理性はある。他方で，この事件においては，建築予定敷地の手前までが建築制限による低層で良質の街並みとなっていることをもセールスポイントとしてマンション建設が計画され，建設予定地以外の都市計画上の非規制部分についても高さ20mが事実上遵守されていた。このような状況の下で根切り工事の着手をもって「現に建築の工事中」に該当すると判断することが適切であったのかどうか，疑問が残る[48]。

発展演習

1. X市は街並みの美しいP地区とその周辺を対象地域とする地区計画を策定して地区内の建築物の高さを30m以内に制限し，地区計画建築物条例においても同様の内容を規定した。対象区域内のマンションに居住するXらは，この地区計画によって所有する不動産の価額が低下することに加え，将来のマンション建替えが困難になることを危惧している。地区計画に対する不服の訴訟としてどのようなものが考えられるか。
2. 開発業者Aは宅地を開発する目的で急傾斜地を含む土地を購入し，知事Yから開発許可を得て工事に着工しようとしている。急傾斜地の下側に土地を所有しているX_1と現にその土地に住んでいるX_2は，開発の結果崖崩れが起きて，自らの生命や財産が危険にさらされることをおそれている。X_1とX_2が開発許可取消訴訟を提起する場合，その訴訟要件を満たすかどうか検討しなさい。

---

[48] 角松生史「建築基準法三条二項の解釈をめぐって」法政研究（九州大学）68巻1号（2001年）97-125（116）頁は，既存不適格を，現に存する建築物に対する保護というコアの部分と現に建築工事中の建築物に対する保護という外延拡大部分とに分け，前者は財産権の現存保障から導出されるのに対して，後者は予測可能性確保の観点から建築主の損害と規制によって達成される公益との比較衡量によって判断されるべき内容とする。

3 都市整備の過程

1 都市施設整備の行政過程

　道路・公園・下水道などの都市の基盤となる施設を単独で一般財源によって整備する行政過程は，都市計画決定→都市計画事業認可→土地収用・事業の実施の順に展開する。

■都市計画決定

　都市整備の過程の最初の段階に位置づけられるのが，**都市施設に関する都市計画決定**である。都市施設として定めることができる施設は都市計画法に列挙されており（都市計画法11条），道路・公園がその典型例である。都市計画決定手続を経て都市計画が定められると，都市施設の予定地に対して**建築許可制**が取られ（同法53条），事業の実施を妨げるような堅固な建築物を建築することができなくなる。
　① 都市計画決定の実体的要件として法律は，「土地利用，交通等の現状及び将来の見通しを勘案して，適切な規模で必要な位置に配置することにより，円滑な都市活動を確保し，良好な都市環境を保持するように定めること」（同法13条1項11号）を要求している。また対象となる施設については，市街化調整区域以外では道路・公園・下水道の3種類については必ず定めることとされており，住居系用途地域では義務教育施設をも定めるものとしている（**必須計画施設**）。現状と将来の見通しを調査するため，都市計画法は都道府県に対しておおむね5年ごとの**都市計画基礎調査**を行わせるしくみを定めており（同法6条），この調査結果に応じて都市計画を変更する必要が明らかになったときには都市計画を変更しなければならない（同法21条1項）。都市施設に関する都市計画で法律上要求されている条件はこれだけであり，都市計画決定における要件面・効果面に幅広い裁量が認められている。

② そこで都市計画決定の違法性を主張する際には、裁量権の逸脱・濫用があったことを主張する必要があることになる[49]。最高裁は小田急訴訟本案判決（判百Ⅰ79 判Ⅰ185 最一小判2006（平成18）・11・2民集60巻9号3249頁）において、その判断方法を以下のように定式化している。

> 当該決定又は変更が裁量権の行使としてされたことを前提として、その基礎とされた重要な事実に誤認があること等により重要な事実の基礎を欠くこととなる場合、又は、事実に対する評価が明らかに合理性を欠くこと、判断の過程において考慮すべき事情を考慮しないこと等によりその内容が社会通念に照らし著しく妥当性を欠くものと認められる場合に限り、裁量権の範囲を逸脱し又はこれを濫用したものとして違法となる。

ここに見られる判断手法は、**実体的判断過程統制**と呼ばれるものである（⇨66頁）。都市施設に関する都市計画においては、円滑な都市活動に必要な都市施設を定めることが要求されており、その際にはさまざまな利害を衡量して決定を行う必要がある。またその前提として、都市基盤の必要性の判断が、十分な事実調査と適切な事実評価に基礎付けられていなければならない。このような都市計画の特性をも勘案して、最高裁は上記のような判断枠組を採用していると考えられる。

> 【都市計画の違法性判断の基準時】　このような都市計画決定の構造からすれば、違法性判断の基準時は当該都市計画決定時と考えられる。他方で、特に都市施設の都市計画決定では、戦前や戦後直後になされた決定が現在まで維持され、その間の社会情勢の変化に対応していない内容のままとなっている場合も多い。このような局面においては、都市計画変更決定がなされないことの違法（都市計画法21条）を追及する方が適切であろう。最高裁は変更に関しても上記のような判断枠組に含めて考えているので、裁量審査の判断方法そのものは都市計画決定の場合と変わらない。

③ 都市施設の都市計画決定がなされると、その事業予定地内に対して**建築**

---

49) 都市計画に対する司法審査の役割や具体的な審査手法につき参照、久保茂樹「都市計画決定と司法による裁量統制」青山法学論集（青山学院大学）51巻3＝4号（2010年）89-126頁。

許可制がとられる（都市計画法53条）。すなわち，通常の建築確認に加えて，都道府県知事の許可が必要となる。これは，将来の事業の実施を妨げるような堅固な建築物の出現を未然に防ぐ趣旨であり，同法54条は許可の効果裁量を認めていない（「許可をしなければならない」）。その要件として，二階建て以下で地階がないこと，主要構造部が木造・鉄骨造・コンクリートブロック造であること，容易に移転・除却可能と認められることの全てが満たされなければならない。このような建築制限を**都市計画制限**と呼ぶ。

この都市計画制限は財産権者に対する土地利用制限であるため，**損失補償の要否**が問題となる（⇨154頁）。都市計画法には補償規定は置かれていないため，憲法29条3項に基づく請求が可能かどうかを検討する必要がある。この規制目的は将来の都市計画施設の整備のため（積極目的）であるから，この点だけを捉えれば補償が必要という結論になりそうである。しかし制限の程度・態様は建築許可制であってその程度が軽いと考えられること，後続の都市計画事業認可を経て土地収用される際に財産権者には補償がなされ，その際の価格は建築許可制が及ぶ前の地価が基準とされること，許可要件を満たしているのに建築が不許可となった場合には所有者からの申出に応じた買取り・土地の先買い制度があること（都市計画法55～57条）から，一般的に言えば補償は不要であると考えられている（生田128頁）。

【長期にわたる都市計画制限と損失補償の可能性】　都市計画制限の損失補償を不要とする1つの論拠は，その制限が一時的なものであって，最終的には土地収用の際に補償がなされるという点にある。しかし現実には，都市計画決定がされてから60年以上が経過してもなお都市計画事業認可の手続に進んでいない事例も珍しくない（見直しの動きにつき，大橋・Ⅱ403頁，安本182頁）。このような場合にまで損失補償を不要とすべきかが問題となる。この点が争われた事件で最高裁 判百Ⅱ261 判Ⅱ185 CB 20-8 最三小判2005（平成17)・11・1判時1928号25頁）は，「一般的に当然に受忍すべきものとされる制限の範囲を超えて特別の犠牲を課せられたものということが未だ困難」として損失補償を認めなかった（⇨157頁）。しかし「未だ」の表現には，場合によっては損失補償が認められる余地があるとのニュアンスが込められている。これを敷衍した藤田宙靖裁判官補足意見は，損失補償の要否の判断にあたって，都市計画制限の期間も考慮されるべきことを明確に述べている。ただこの事例においては，当該土地がもともと第1種住居地域で容積率200％・建ぺい率60％と定められている

ため，そもそも高い建物が建てられないことに注目して「特別の犠牲」とは言えないとしている。逆に言えば，もともと高度利用が想定されている地域内の都市計画制限が長期にわたっている場合には，損失補償が必要との結論になり得る。立法論としては，建築不許可のタイミングを待たず，都市計画決定から一定の年数が経過した場合に地権者からの買取請求を認める制度が提案されている（生田 133 頁）。

■ 都市計画事業認可

都市施設の整備を実際に行うためには，都市計画決定に続いて都市計画事業認可を得る必要がある。この事業認可は土地収用法の事業認定と同等とみなされ（都市計画法 69 条），収用裁決を経て最終的には予定地が収用されることで確保される。また事業認可が得られると，予定地に対する強度の開発・建築制限（**都市計画事業制限**）が及ぶ。

> 【都市施設の都市計画決定の処分性】　都市施設の整備の行政過程は都市計画決定→都市計画事業認可と展開し，都市計画事業認可は行政行為（処分）である。これに対して都市施設の都市計画決定は都市計画事業認可のいわば青写真であり，これに伴って生じる建築制限（建築許可制）も事業認可段階と比較すれば軽度で，後続の事業認可段階で取消訴訟が可能であるから，その処分性はないと考えられてきた（最三小判 1987（昭和 62)・9・22 判時 1285 号 25 頁）。しかし浜松土地区画整理事業計画事件最高裁判決において最高裁は，将来的に換地処分を受けうる地位に立たされることに注目してその処分性を認めた（⇨477 頁）。土地区画整理事業計画は都市施設でいえば都市計画事業認可にあたる段階であるので，この判断が都市施設の都市計画決定の処分性の議論に直ちに影響を与えるものではない。ただ，都市施設の都市計画決定も最終的には収用を受ける地位に立たせる行政過程の最初の段階であり，最高裁の考え方を拡張すれば，実効的な権利救済の観点からこれに処分性を認める余地はある。また，処分性を肯定しない場合には，当事者訴訟（確認訴訟）を活用し，都市計画制限の不存在確認訴訟を提起することも考えられる（安本 179 頁）。

① 都市計画事業の実施者は原則として市町村であり，市町村が都道府県知事の**認可**を受けて施行する（同法 59 条 1 項）。市町村が施行することが困難な場合には都道府県が施行者となり，国土交通大臣の認可を受ける（同条 2

項)。国の機関は国の利害に重大な関係を有する都市計画事業を施行でき,この場合には国土交通大臣の承認を受ける(同条3項)。さらに私人(典型的には鉄道事業者)も,事業の施行に関する免許等を受けている場合には都道府県知事の認可を受けて施行者となり得る(同条4項)。事業認可の基準は「事業の内容が都市計画に適合し,かつ,事業施行期間が適切であること」(同法61条1号)である。都市施設の都市計画決定に処分性がないことを前提とすると,事業認可の取消訴訟においては,これに先行した都市計画決定(あるいは変更決定を行わなかったこと)が違法となると事業認可も違法と評価されることになる。

② 都市計画事業認可は施行者に事業に関連する**収用権**を与えることを内容とする。このため,施行に伴って土地が収用されうる者に事業認可取消訴訟の原告適格が認められることには争いがない。問題は事業予定地の周辺住民に原告適格が認められるかどうかである。この点について小田急訴訟最高裁判決(判百Ⅱ177 判Ⅱ37 CB 12-11 最大判2005(平成17)・12・7民集59巻10号2645頁)は,関連法令の中に東京都公害防止条例を含めて環境上の利益も事業認可処分の保護法益に含まれるとした上で,都市計画決定手続・環境影響評価手続(⇨399頁)への参加権や被害の内容・態様・程度に注目して,一部の周辺住民の原告適格を肯定した(⇨112頁)。

③ 都市計画事業認可があると,事業地に対しては厳しい土地利用制限が課される。計画段階においては建築行為の許可制のみであるのに対して,この段階においては土地の形質変更・建築物の建築・工作物の建設・一定重量以上の物件の設置・堆積が都道府県知事の許可制のもとにおかれる(同法65条1項)。この許可には,計画段階と異なり許可要件が定められていない。これは,事業施行直前の段階においては原則として土地利用が禁止され,やむを得ない特別な事情がある場合にのみ例外的に許可が与えられる余地を残す趣旨と考えられる。この土地利用制限に対する損失補償の規定はないものの,土地所有者は土地の**買取請求**(同法68条)を行うことができるので,実質的には補償が行われると言える。

2　市街地開発事業の行政過程

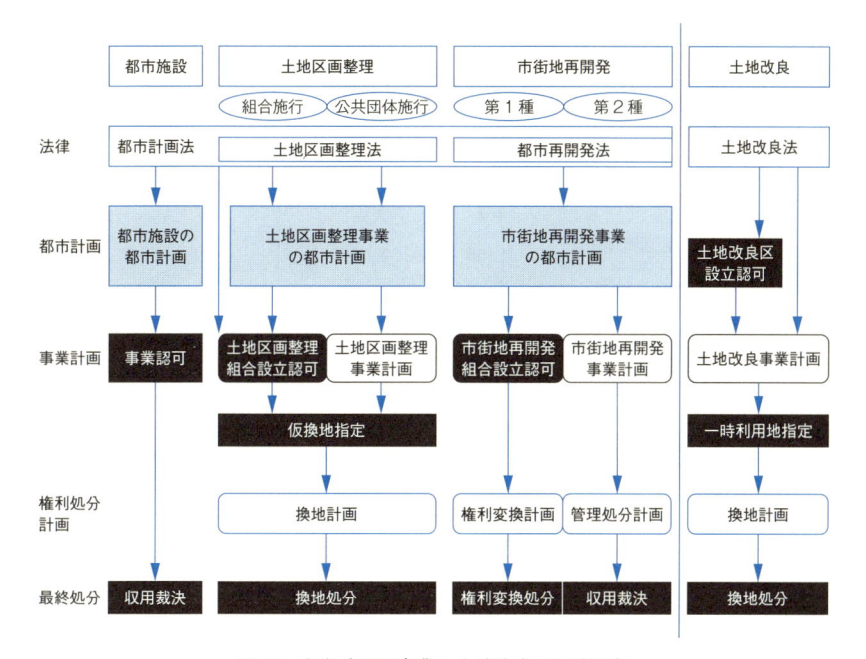

図19　市街地開発事業と土地改良の行政過程

　都市施設整備が道路・公園・下水道などの施設を単体で整備するものであるのに対して，これらの都市基盤施設と宅地等を一体的に（面的に）整備する手法が**市街地開発事業**である。市街地開発事業のもう1つの特色は，収用のほか，**換地・権利変換**で事業に必要な土地を取得する方法が見られる点にある。市街地開発事業の中には，かつて大規模なニュータウン開発の際に用いられた**新住宅市街地開発事業**のように，最終的には土地収用によって事業地を確保するものもある。これに対して**土地区画整理事業**を代表に，事業地からの立ち退きではなく換地・権利変換の手法によって所有地の一部を減歩によって施行者が取得しつつ，開発に伴う地価の上昇によって損失を穴埋めするしくみも見られる（同じ手法で農地を整備するのが**土地改良事業**である[50]）。

50）土地区画整理事業は都市計画区域内でしか行うことができない（土地区画整理法2条1項）。

以下ではそうした行政過程の代表として土地区画整理事業を取り上げて説明する。これを空間で（再開発ビルの形で）実施するのが市街地再開発事業であり，その土地区画整理事業との違いを中心に特色を簡潔に説明する。

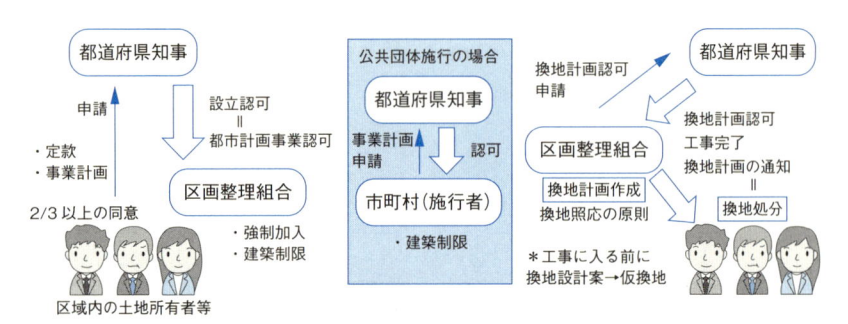

図20　土地区画整理事業の過程

都市計画事業として行われる土地区画整理事業は，市街地開発事業の都市計画決定を経て，土地区画整理組合の設立認可（または土地区画整理事業計画），換地計画，仮換地，換地処分と進み，換地処分によって区域内の所有者の所有権が新たな土地に移されることになる。換地の前後で土地の経済的価値に変動がある場合には，清算金または減価補償金が支払われる。

■ 土地区画整理事業の施行者と事業計画

土地区画整理事業の施行者は，個人・独立行政法人都市再生機構・地方住宅供給公社（土地区画整理法3条1項），土地区画整理組合（同条2項），土地区画整理会社[51]（同条3項），都道府県・市町村（同条4項），国土交通大臣（同条5項）である。これらのうち頻繁に行われているのが，事業予定地内の所有者等が強制加入する土地区画整理組合による**組合施行**と，都道府県・市町村が行う**公共団体施行**である[52]。土地区画整理を円滑に進めるためには，対

そこで東日本大震災の復興の際には，集落の移転の際に土地区画整理事業が利用可能となるように，復興特区制度の中で特例措置が設けられている。参照，原田大樹「震災復興の法技術としての復興特区」社会科学研究（東京大学）64巻1号（2012年）174-191頁。

51) 土地区画整理会社の特色と問題点につき参照，安本典夫「まちづくりの担い手としての公共組合の可能性」小林武他編『「民」による行政』（法律文化社・2005年）178-207頁。

象となる地区の地権者等の合意形成が不可欠である。組合施行の場合にはこの作業を地権者のイニシアティブで行い，行政側はこれを第三者的に誘導すればよいから，行政側としては組合施行の方が好ましいことになる。

① 組合施行の場合，**市街地開発事業の都市計画決定**（都市計画法12条1項1号）によって定められた施行区域の中で行われると，都市計画事業として当該区画整理がなされることになる。ただし施行区域外であっても区画整理そのものは行うことができる（この場合には都市計画事業にはならない）。土地区画整理事業が都市計画で定められると，都市施設の場合と同じく，予定地内の建築行為が許可制の下におかれる（同法53条1項：都市計画事業でない組合施行の場合にはこの制限の適用はない）。

組合を設立するためには7人以上の発起人が定款・事業計画を定め，借地権申告手続（土地区画整理法19条）を経て宅地所有者・借地権者の同意（各権利者総数の2/3以上かつ宅地・借地の総地積の2/3以上）を得た上で，都道府県知事の認可を受けなければならない（同法14条1項）。都市計画決定を経た**土地区画整理組合設立認可**は都市計画事業認可とみなされ（同条4項，都市計画法59条4項），さらに厳しい土地利用制限（土地区画整理法76条1項）に服する。都市計画事業認可における都市計画事業制限と比べて，違反者に対する改善命令とその履行確保策としての代執行措置が規定されている点がより厳しい（同条4，5項）。定款には事業の範囲や組合の意思決定方法等が記載され（同法15条），事業計画には施行地区・工区，設計概要，事業施行期間，資金計画が定められなければならない（同法6条1項）。

② 公共団体施行の場合には，必ず土地区画整理事業の都市計画決定を行わなければならない。その上で，組合施行における定款にあたる施行規程（同法53条）を条例で定め，また事業計画を作成しなければならない。その際には，**公告縦覧**と利害関係者の**意見書提出手続**が設けられている。さらに都市計画決定手続の場合と異なり，都道府県知事は出された意見書を都市計画審議会に付議しなければならず，審議会が意見を採択すべきと議決すれば事業

---

52) 公共団体施行が選択されるのは，①マスタープランに位置づけられる当該地方公共団体にとっての重要地区②保留地が十分確保できず減価補償の対象となる地域である。大橋・都市計画法364頁。

計画を修正し，採択すべきでないと議決した場合にはその旨を意見書提出者に通知しなければならない（同法55条4項）。事業計画のうち設計概要については，都道府県施行の場合には国土交通大臣の，市町村施行の場合には都道府県知事の**認可**を受けなければならない（同法52条1項）。事業計画決定の公告後の建築制限は，都市計画決定を経た組合施行の場合と同じである。
③ 事業計画段階の処分性については，現在では最高裁判例によって以下のような理由からほぼ全てのものに対して認められている。

> （土地収用法）事業認定＝（都市計画法）都市計画事業認可→定型的処分
> 　　起業者（施行者）に収用権を認める点を重視
> （土地区画整理法［組合施行］）土地区画整理組合設立認可[53]
> 　　強制加入の組合設立＋組合に事業の施行権を認める点に注目
> （土地区画整理法［公共団体施行］）土地区画整理事業計画
> 　　計画に基づき最終的には換地処分を受けうる地位に立たされることを重視
> （都市再開発法［第2種］）市街地再開発事業計画[54]
> 　　計画に基づき最終的には収用を受けうる地位に立たされることを重視
> （土地改良法）［市町村営］土地改良事業認可[55]（現在では知事との協議）＝［都道府県営］土地改良事業計画
> 　　計画に対する不服申立規定の存在に注目

　上記のうち公共団体施行の土地区画整理事業における土地区画整理事業計画について最高裁は当初，その処分性を否定した[56]。その理由は，①事業計画は土地区画整理事業の青写真に過ぎない一般的・抽象的な計画であること（**青写真論**）②事業計画の公告に伴って生じる土地利用制限は事業を円滑に進めるための付随的な制限であって事業計画そのものの効果として生じるものではないこと（**付随的効果論**）③事業計画段階で争わなくても建築物等の除却命令や仮換地指定・換地処分に対する取消訴訟を提起すれば足りること（**成熟性論**）にあった。この判断を覆したのが，浜松土地区画整理事業事件最

---

53) 判Ⅱ32 最三小判1985（昭和60）・12・17民集39巻8号1821頁。
54) 判Ⅱ30 CB 11-8 最一小判1992（平成4）・11・26民集46巻8号2658頁。
55) 最一小判1986（昭和61）・2・13民集40巻1号1頁。
56) CB 11-3 最大判1966（昭和41）・2・23民集20巻2号271頁［青写真判決］。

高裁判決（判百Ⅱ159　判Ⅱ1　CB 11-15　最大判 2008（平成 20）・9・10 民集 62 巻 8 号 2029 頁）であった。

> **事実の概要**
> 浜松市は市内の駅の高架化と駅周辺の公共施設整備を念頭に土地区画整理事業を行おうとし，静岡県知事から事業計画の設計の概要について認可を受けて事業計画を決定・公告した。事業施行地区の土地所有者である X らは，この事業が宅地の利用増進という法律の本来の目的を欠くものであるとして事業計画決定の取消訴訟を提起した。

最高裁は，①の青写真論については，事業計画の決定によって施行地区内の宅地所有者等の権利にいかなる影響が及ぶかが一定の限度で具体的に予測可能になるとした上で，事業計画の決定によって宅地所有者等が「土地区画整理事業の手続に従って**換地処分を受けるべき地位**に立たされる」とした。この考え方は，市街地再開発事業計画に処分性を認めた最高裁判決と類似している。②の付随的効果論については，多数意見においてはその効果が付随的であることは否定されているものの，土地利用制限から直ちに処分性を認めるとの理解には立っていない[57]。③の成熟性論については，仮換地指定段階では換地計画が具体的に定められ，換地処分段階では工事も終了しており，このタイミングを待って取消訴訟をしても事情判決がされる可能性が相当程度あるため，「事業計画の適否が争われる場合，**実効的な権利救済**を図るためには，事業計画の決定がされた段階で，これを対象とした取消訴訟の提起を認めることに合理性がある」とする。このように最高裁は，換地処分を受けうる地位に立たされることに法的地位の変動の要素を見出し，また事業計画の適否を換地処分段階まで待って争わせることが実効的な権利救済を妨げる[58]ことから，事業計画の処分性を肯定した（⇨105 頁）。

57）これに対して涌井紀夫裁判官意見は，端的にこの要素のみに注目して処分性を認めるべきとする。
58）ドイツ法の「時宜にかなった段階的権利救済」の考え方につき参照，大橋・都市計画法 337 頁。

最高裁は，土地区画整理事業計画に処分性を認めるに当たって，その射程を限定する姿勢を示している。判決がその判断の中核に置いた換地処分を受けるべき地位と実効的な権利救済の要請は，土地区画整理事業や市街地開発事業のように，事業計画から換地・権利変換処分に至る連続的・直線的な行政過程が存在する**非完結型計画**の場合に強く働く（藤田宙靖裁判官補足意見参照）。これに対して，用途地域指定のように都市計画決定の後に収用・権利変換を伴う事業実施の行政過程がない**完結型計画**の場合には，この論理は直ちには当てはまらない。ただし完結型計画であっても，訴えの成熟性が認められるものであればその処分性が肯定される余地はある（塩野・Ⅱ110頁）。

■ 換地計画と仮換地・換地処分

　事業計画段階までで土地区画整理事業のマクロの決定過程が終了し，その後は工事の実施と個別の権利者の権利変動の確定作業が行われる。
① 工事に入る前の段階で，換地の位置や地積を設計した**換地設計案**が作成される。この換地設計案に基づいて**仮換地の指定**（土地区画整理法98条）がなされる（生田154頁）。仮換地指定は事業を段階的に進捗させ，長期間にわたる事業期間中でも所有者等が土地の使用収益を行えるようにする目的でなされる行政行為であり，仮換地指定の効力発生の日から換地処分の公告の日まで，仮換地に対しての使用・収益を可能にする（逆に従前の宅地に対しての使用・収益を停止する）効力を持つ（同法99条，100条）。
② 仮換地指定後に実際の工事が行われる。工事が終了した段階で従前の宅地に対する所有権を新たな土地に対する所有権へと変更する**換地処分**がなされる。この換地処分は**換地計画**に基づいて行われる（同法87条）。換地計画における重要な理念は**照応原則**である（同法89条1項）。これは，換地の前後で宅地の経済的価値がほぼ同等であることを要求する原則であり，従前地と換地の間での照応と，各権利者間での照応の双方が要求される（生田154頁）。このため，照応原則違反かどうかが争点となる場合には，区画整理に伴い換地処分を受けた全員への配分のあり方が問題になることから，換地処分の出訴期間経過後は，**無効確認訴訟**の方が所有権（現在の法律関係）に関する訴え（**争点訴訟**）よりも直截かつ適切な争訟解決手段となる（土地改良法における換地処分の無効確認訴訟の訴えの利益につき，判百Ⅱ186　判Ⅱ66　最二小判

1987(昭和 62)・4・17 民集 41 巻 3 号 286 頁)（⇨126 頁）。換地計画の策定に関しても事業計画と同様の参加手続（公告縦覧・意見書提出・意見書不採用時の提出者への通知）が予定されている（土地区画整理法 88 条）。

③ 施行者は換地計画を定めて都道府県知事の認可を得なければならない（同法 86 条）。工事の終了後，この換地計画に定められた関係事項を関係権利者に通知することによって換地処分がなされる（同法 103 条 1 項）。換地処分によって従前の土地に代わって新しい土地に対する権利へと移行する（地役権のみなお従前地に存続する）（同法 104 条）。換地処分の公告の結果，換地計画で定められた**清算金**も確定する。清算金は換地処分によって従前地の経済的価値と照応しない土地となった場合等に，金銭によって清算する方法である（同法 110 条 1 項）。さらに**保留地**は施行者が取得し（同法 104 条 11 項），公共施設用の土地は国・地方公共団体に帰属する（同法 105 条）。

■ 市街地再開発事業の特色

都市再開発法に基づく**市街地再開発事業**は，これまで説明した土地区画整理事業を空間的に展開するものである（鵜野 274 頁以下が詳細である）。施行区域内の宅地を合体させて土地所有者の共有とし，その上に再開発ビルを建て，建物の床の所有権（とこれに対応する建物の地上権の共有持分）に従前の宅地に対する所有権を**権利変換**する方式が一般的である（**第 1 種市街地再開発事業**）。この場合に床の一部を**保留床**として売却し，事業費に充当することになる。これに対して，施行者が従前の土地建物の権利を一旦取得し（この際に土地収用を用いることができる），その補償金を支払うかまたは再開発地区内の残留希望者に対して再開発ビルの建物の床と敷地の共有持分を給付する**管理処分方式**も規定されている（**第 2 種市街地再開発事業**）。

市街地再開発と土地区画整理の注目すべき差異の 1 つは，市街地再開発事業の施行区域が土地区画整理事業よりも限定されている点にある。これは再開発ビルを建てるにはその土地の高度利用を図る地域であることが都市計画で定められているべきとの考え方に基づいている。まず，大都市を含む都市計画区域内の市街化区域においては都市計画に**都市再開発方針**を定めなければならない（都市再開発法 2 条の 3）。次に，都市計画法の用途地域以外の地域地区制度の 1 つである**高度利用地区**[59]・都市再生特別地区に指定するか**特定**

地区計画等（地区計画・防災街区整備地区計画・沿道地区計画であって地区整備計画が定められ，その中で高度利用地区について定めるべき事項が定められ，建築基準法に基づく条例でもそれらの制限が定められているもの）を策定した土地のうちおおむね5年以内に再開発に着手すべき区域を**市街地再開発促進区域**に指定することがしばしば行われる（都市計画法10条の2第1項1号，都市再開発法7条）。これは，再開発の合意形成を行っている間に予定区域内に堅固な中層・小規模の建築物が出現するのを抑制するために設けられており，市街地再開発促進区域内での建築行為が都道府県知事の許可制の下に置かれる（都市再開発法7条の4）。市街地再開発促進区域内であれば第1種市街地再開発事業の施行区域となる（同法3条柱書）。原則的な方法は，当該区域を高度利用地区等に指定し，現実には低度の土地利用しかなされていない（都市再開発法3条2～4号の要件を満たす）ことをもって，事業の施行区域とするものである。第2種市街地再開発事業の施行区域となるためにはこれよりもさらに厳しい要件（例：都市防災上の緊急性）が課されている（同法3条の2）。

　もう1つの差異は，事業の進め方である。土地区画整理事業の場合には，**仮換地指定**がなされてから工事が進行する。工事中でも宅地所有者等は，仮換地指定された土地の使用・収益が可能であり，その地区に住み続けることができる。これに対して市街地再開発事業では，対象地区内の建物を解体してから区分所有建物（ビル）を建設するため，全員が地区外に一旦移住する必要がある。このため仮換地指定にあたる決定は存在しない（この時点で権利変換がなされる）。このような違いが，第2種市街地再開発事業における市街地再開発事業計画の処分性を（土地区画整理事業計画と比較して）最高裁が早くから認めていた背景にあるとも考えられる[60]。

【**土地区画整理事業・市街地再開発事業の将来**】　土地区画整理事業・市街地再開発事業はいずれも，開発に伴ってたとえ保留地・保留床等の部分が減少したとしても，従

59）高度利用地区決定（都市計画決定）と市街地開発事業は従来セットで捉えられることが多かったという。参照，大橋・都市計画法370頁。
60）福岡右武「判解」最高裁判所判例解説民事篇（平成4年度）（1992年）485-507（500）頁。

前の土地の経済的価値と少なくとも同等程度にまで減少後の財産的価値が上昇することを前提としていた。しかし土地価格の低迷や地方都市の空洞化といった「右肩下がり」の現状において，このような想定は維持できなくなっている。たしかに交換価値ではなく使用価値に注目して，居住地周辺の公共施設が改善されれば，これに伴う負担（公共減歩）は受益者負担であると考える（生田 151 頁）余地はある。ただしこの場合でも保留地・保留床が売れない（あるいは当初の想定よりも大幅な価格低下に見舞われる）ことにより事業の収支が均衡[61]しなくなる問題がなお存在する。

　この場合に，組合に対して地方公共団体が補助金を投入することも一応は考えられるものの，財政規律（さらにはこれを担保しうる**住民訴訟**制度（⇨137 頁））との関係で問題が生ずることになる。そこで提案されているのが組合の破産の制度である（安本 203 頁以下が詳細に検討する）。伝統的には公共組合は公共目的の実現を使命とする観点から破産制度が設けられてこなかった。しかし，市街地開発に関する慎重な意思形成を担保する意味からも，また強制加入とされる組合員が不測の債務を負わない観点からも，破産制度の検討が必要であるように思われる[62]。

3 住居保障の行政過程

　人が多く集まる都市には多くの住居が必要である。しかし住居保障の行政過程に対する分析はこれまでのところあまり十分にはなされてこなかった。その理由は，私有財産尊重原則・民間主導開発原則のもとで住居を行政が給付するという方式がほとんど見られなかったこと（このため社会保障法における住居保障分析も停滞している[63]），土地やマンション（区分所有法制）の問題は民事法学の対象と考えられて公法学からのアプローチが少なかったこと，住

---

61) 収支均衡の実務上の重要性につき参照，竹下憲治「組合施行型都市再開発事業の行政法的分析」法政研究（九州大学）68 巻 2 号（2001 年）507-544（532）頁。
62) 市街地再開発組合の解散後に，売れなかったビルの床を保有して賃借する持床会社が第三セクターで設立され，その後に持床会社が破産するケースは現に見られる（北九州市・コムシティ問題）。
63) この問題を社会保障法の側から検討したものとして参照，山田晋「住宅保障と社会保障」日本社会保障法学会編『新・講座社会保障法 3 ナショナルミニマムの再構築』（法律文化社・2012 年）293-310 頁。

宅政策を枠付けるべき住居法が概観性・体系性を欠いていたことに求められる。戦後日本の住宅政策は，住宅建設計画法を基盤に（五十嵐286頁以下），**公営・公団・公庫の三本柱**による住宅供給を中心としてきた（安本228頁）。すなわち，低所得者向けには公営住宅法による公営住宅（市営住宅・県営住宅等）の供給，中位層に対しては日本住宅公団法（のちに**住宅・都市整備公団法**）による公団住宅の供給，持ち家が買える層には住宅金融公庫法による住宅金融公庫の低利融資がなされてきた。そして，この順にステップ・アップして最終的には持ち家を持たせることが住宅政策・経済政策の基本であった[64]。

しかしこのうち公団については，特殊法人改革を経て，現在の組織である**独立行政法人都市再生機構**は住宅供給を行わず（公団住宅の管理業務のみ継続）都市基盤の整備や都市再生が業務の中心となっている。また公庫についても，現在の組織である独立行政法人**住宅金融支援機構**は直接の低利融資を行わず，民間金融機関による住宅ローンを支援する証券化支援業務などが柱となっている。そこで，公共部門による唯一の住宅供給方法である公営住宅法の概要を簡単に説明する。また，従来民事法学だけが関心を向けてきたマンション法制に関しては，2002年に制定されたマンションの建替えの円滑化等に関する法律［マンション建替え法］が権利変換を導入しており，行政法学からの分析も必要な状況となっている。そこでこの法律のしくみも簡単に説明することとしたい。

■ 公営住宅法の概要

公営住宅法は住宅に困窮する低額所得者に対して低廉な家賃の公営住宅を賃貸・転貸するしくみを定めている（公営住宅法1条）。公営住宅の**事業主体**となるのは都道府県及び市町村である（同法2条1号・16号，3条）。
① 公営住宅の整備は都道府県・市町村（事業主体）が行い，国がこれに対して一定比率で補助を行うのがその基本構造である（同法7条）。整備の基準は国土交通省令で定める基準を参酌して事業主体が条例で定める（同法5条1項）。整備の方法としては，新規建設のほか，借り上げ方式（同法9条）も認

---

[64] 平山洋介『住宅政策のどこが問題か』（光文社・2009年）が日本の住宅政策の特色と問題点を整理している。

められている。

② 公営住宅の利用関係は，民事法における賃貸借契約を基盤とし，これに公営住宅法やこれに基づく事業主体の公営住宅条例が運営管理面からの修正を行っている。家賃は入居者の収入や当該公営住宅の状況を考慮し，**近傍同種の住宅家賃**以下となるように事業主体が定める（同法 16 条 1 項，同法施行令 2 条）。敷金は，3 ヶ月分の家賃に相当する金額の範囲内で事業主体が定める（同法 18 条 1 項）。家賃や敷金には減免や徴収猶予も認められている。入居者資格も法律で定められており（同法 23 条），その詳細は事業主体の条例で定められる。この点において公営住宅の入居の法関係は，保育所入所（⇨336 頁）と類似する。入居者資格の認定と入居者の決定は行政行為であり，入居者の利用関係は行政契約によって規律されることになる[65]。収入超過者に対しては公営住宅明渡の努力義務が定められ，明け渡さない場合にはその収入を勘案しかつ近傍同種の住宅家賃以下で事業主体が定めるものとされる（同法 28 条 1・2 項）。さらに引き続き 5 年以上の入居者であって最近 2 年間政令で定められている基準を超える高額の収入がある場合には，事業主体は公営住宅の明渡請求ができ，それでも明け渡さない場合には家賃を近傍同種の住宅家賃の 2 倍額とすることとされている（同法 29 条）。このほか，入居者が不正行為で入居した場合や家賃を 3 ヶ月以上滞納した場合などにも，事業主体は公営住宅の明渡請求をすることができる（同法 32 条）。

■ マンション建替え法の概要

マンションが老朽化した場合の建替えをするには合意形成に時間がかかる上に，一旦マンションを取り壊すと**管理組合**が解散してしまい（建物の区分所有等に関する法律［区分所有法］55 条 1 項 2 号），建替えを円滑に行うことができなかった。そこでマンション建替え法は，区分所有法 62 条 1 項の建替え決議がなされたあとに，住民 5 人以上が共同して定款・事業計画を定め，知事の認可を得て**マンション建替え組合**を設立する方式を導入した（マンション建替え法 9 条 1 項）。認可の申請の際には建替え合意者の 3/4 以上の同意が必要であり（同条 2 項），組合設立認可がなされると，建替え合意者は組

---

[65] 同旨，板垣勝彦「公営住宅法の課題（1）」自治研究 88 巻 6 号（2012 年）91-114（95）頁。

合に強制加入させられる（同法16条1項）。建替えの結果建設される新たなマンションの区分所有権は，都道府県知事の認可を得て組合が行う**権利変換処分**（同法68条1項）によって生じる[66]。

このように，マンション建替え法の基本的なスキームは，都市再開発法が定める市街地再開発事業と極めてよく似ている。他方でマンション建替え組合は，自分たちが居住していたマンションを建て替えることのみを目的とすることから，公共組合とは考えられていない。**公共組合**とされるためには，強制加入・処分権付与と並んで，公益実現のためという要素も必要とされているからであろう（⇨30頁）。

発展演習

1. Y県知事はA公園事業を都市計画決定し，予定地の南側から道路に至る民有地を事業地とした。知事はさらに都市計画事業認可をしようとしている。民有地の所有者であるXは，隣の国有地を使って事業をすべきと考えており，この都市計画決定に不満である。Xはどのような訴訟を提起することが考えられるか。またこの都市計画決定の違法性をどのように主張すればよいか。
2. Y市は市内中心部で第1種市街地再開発事業による再開発ビルを建設することを促進するため，予定地を市街地再開発促進区域にする都市計画決定を行った。区域内に建築物を所有し，店舗を営業しているXは再開発事業に反対である。Xはこの後の行政過程の展開に伴って，どのような訴訟を提起することが考えられるか。

---

66) 高田公生「法令解説 マンションの建替えの円滑化」時の法令1682号（2003年）6-29頁。

4 まちづくりの過程

これまで,都市法の基幹的な法的しくみについて説明してきた。以下では,これまでの知識を前提にその応用課題として,近時都市法・まちづくり政策において問題となっている具体的な分野を取り上げ,その問題状況と関連する法制度を概説することとしたい。

1 景観維持の行政過程

都市における景観は都市に残る緑地等の**自然景観**と,街並みのような**都市景観**に大別される。都市の自然景観を保護する法的なしくみとして,都市計画法の**風致地区**のほか,都市公園法(都市公園)や都市緑地法(緑化保全地域等)が規定を置いている。都市景観に関しては2004年に制定された景観法が景観のコントロールのための複数のしくみを用意している。

■ 都市緑地の保全

都市の緑地を確保するためのしくみは,一定の地域を指定してその地域内での緑地を保全する**地域制緑地制度**と,都市基盤の一種としての都市公園を整備して緑地を維持・創出する**営造物緑地制度**とに分けられる(生田303頁以下)。前者が土地利用規制の過程に,後者が都市基盤整備の過程にそれぞれ対応する内容を持つ。

① 都市計画法が定める用途地域以外の地域地区の代表例でもある風致地区(同法8条1項7号)は「都市の風致を維持するため定める地区」(同法9条21項)であり,ここでいう都市の風致とは良好な自然的景観のことである。風致地区における建築・宅地造成・木竹の伐採などについては,政令で定める基準に従い地方公共団体の条例によって規制の内容が定められる(同法58条1項)。この条例の中で建築許可制がとられており,その地区の風致に悪影響

を及ぼす建築・開発行為が抑制されることとなる。ただし，風致地区における建築不許可に対しては損失補償が予定されておらず[67]，逆にこのことが不許可処分を困難にしている（生田 304 頁）。

　同じく都市計画法が定める用途地域以外の地域地区に含まれている**緑地保全地域**（同法 8 条 1 項 12 号）は，無秩序な市街地化・公害・災害の防止または地域住民の健全な生活環境を確保するために必要である場合に，都市計画区域・準都市計画区域内の相当規模の土地の区域に対して定められるものである（都市緑地法 5 条）。緑地保全地域が都市計画で定められた場合，都道府県または市（以下「都道府県等」という）は**緑地保全計画**を定め，この中で開発・建築行為規制や緑地保全に必要な施設整備などに関する事項を定める（同法 6 条）。これよりもさらに厳しい規制が予定されているのが**特別緑地保全地区**（同法 12 条）であり，地区内での建築・宅地造成・土地の形質変更などの際には都道府県知事・市長の許可を得なければならない（同法 14 条 1 項）。この許可は「当該緑地の保全上支障があると認めるとき」（同条 2 項）には与えてはならないとされており，不許可の場合には通常生ずべき損失を補償するとの規定も置かれている（同法 16 条）。また不許可のため土地所有者の利用に著しい支障を来す場合には，所有者は都道府県等に対して土地の買い入れの申出をすることができる（同法 17 条）。

【緑地と税制】　都市緑地とよく似た言葉に「生産緑地」がある。これは，都市における農林漁業との調整を目的とする（生産緑地法 1 条）制度である。生産緑地地区もまた都市計画法が定める用途地域以外の地域地区の 1 つである（都市計画法 8 条 1 項 14 号）。市街化区域内の農地等で災害防止等に効用がありかつ公共施設等の敷地の用に供する土地として適していること，500 平方メートル以上の区域であること，農林漁業の継続が可能な条件を備えていることを充足する場合，生産緑地地区を定めることができる（生産緑地法 3 条 1 項）。生産緑地は農地等として管理されなければならず（同法 7 条 1 項），これに伴い地区内の建築・宅地造成行為等は，市町村長の許可制の下におかれている（同法 8 条）。生産緑地地区に指定される最大の意義は，固定資産税（⇨

---

[67] その背景には，風致地区における建築制限は，財産権の内在的制約の範囲内でなされるべきとの発想が存在しているように思われる。参照，都市計画法制研究会編・前掲註 41) 61 頁。

> 192頁）の課税の際に宅地よりも安い「農地」として課税される点にある（地方税法附則19条の2）（生田309頁）。
> 　同様に，税金面での優遇（相続税の評価減）とリンクさせて緑地を保存する方式として，都市緑地法55条1項の定める市民緑地制度がある。これは，土地所有者と地方公共団体が契約を締結し，地方公共団体が一般に利用できる緑地として管理するものである（生田319頁）。

② 都市に緑地を提供するもう1つの手段は，行政が都市基盤整備の一環として都市公園を整備し，これを管理する方法である。都市公園法はこのような公物としての公園を想定している（これに対して自然公園法は公園内の所有権は私有のまま，開発制限を課すことでこれを維持する**地域指定制公園**の方式をとる（⇨402頁））。都市公園（その種別につき，大橋・都市計画法355頁以下）も都市施設の一種であり（都市計画法11条1項2号），都市施設に関する都市計画決定と都市計画事業認可を経て整備されることが多い（都市公園法2条1項1号）。工事が完了すると，都市公園の区域や供用開始期日等を管理者が公告することにより設置される（同法2条の2）。公衆が公物の本来の利用目的に従って，他人の共同使用を妨げない方法で使用する**自由使用**（宇賀・Ⅲ464頁）が原則的な使用形態である。これに対して物品販売や集会などを公園で行う行為は，他者の自由使用との調整が必要となることから，公園管理者の許可を受けることが必要となる（**許可使用**：同法12条［国が設置した場合］）。さらに公園内における電柱の設置など，公物の排他的使用形態である**特許使用**については，公園管理者の占用許可を受ける必要がある（同法6条，7条）。

■ 都市景観の保全

　戦後の都市法制においては都市景観の位置づけは極めて弱いものに止まっていた。歴史的な価値の高い街並みについては特別法（例：古都における歴史的風土の保存に関する特別措置法）による**歴史的風土特別保存地区**や，文化財保護法による**伝統的建造物群保存地区**が，都市計画法が定める用途地域以外の地域地区として存在し，この地区に指定されるとさまざまな建築・開発制限が課されていた。これに対して，それ以外の都市景観の維持に関しては，都市計画法の地域地区であった**美観地区**のほかは，地区計画・建築協定で対

	景観計画	景観地区
策定主体	景観行政団体	市町村
都市計画法上の位置づけ	なし	用途地域以外の地域地区
策定手続	公聴会の開催等，市町村・都市計画審議会の意見聴取 計画提案	都市計画策定手続（公告縦覧・意見書提出・都市計画審議会・計画提案）
内容	良好な景観形成のための行為制限（景観形成基準等）	形態意匠の制限（必須），建築物の高さ，壁面位置制限，敷地面積の最低限度
実現手段	事前届出→勧告→変更命令 変更命令の対象は建築物・工作物の形態意匠に限定	形態意匠：認定・是正命令 それ以外：建築確認・是正命令（建築基準法）

図 21　景観計画と景観地区

応する途しかなかった。そこで先進的な地方公共団体は**景観条例**を制定して独自の景観保全政策を展開していた[68]。このような動きを受けて 2004 年に**景観法**が制定され，都市景観保全の一般的な法的枠組が整備された（景観法制定が景観利益に対する法的評価にもたらした影響を示す裁判例として，判Ⅱ60 広島地判 2009（平成 21）・10・1 判時 2060 号 3 頁［鞆の浦埋立免許差止訴訟］）。

　景観法の担い手となるのは**景観行政団体**である。これはすでに景観行政が各地方公共団体で展開されていたことに配慮し，その二重行政を回避するためにとられた方式である（安本 149 頁）。政令市及び中核市は法定の景観行政団体であり，それ以外の市町村については都道府県知事との協議・同意を経て景観行政団体となることができる。都道府県は景観行政団体である市町村が存在しない部分について景観行政団体となる（景観法 7 条 1 項）。この方式は，事務配分に関する**補完性原則**と多層的な調整原則としての**対流原則**を法制度化した興味深い事例と言える。景観法が定める基幹的なしくみは，景観計画と景観地区である。以下ではその概要と特色を説明する。

① **景観計画**は，良好な景観を形成している比較的広い区域を対象に景観行

---

68) 参照，大橋・都市計画法 376 頁以下，伊藤修一郎『自治体発の政策革新』（木鐸社・2006 年）。

政団体が**景観計画区域**を定め，区域内での行為制限や景観に関連する他の法令に基づくしくみの調整を行う内容を規定するものである[69]（景観法8条）。その内容は，[1]建築物・工作物の修繕・模様替え・色彩変更などのうち景観形成の観点から条例で届出対象とすべき行為[2]良好な景観形成のための勧告を行う基準（**景観形成基準**）である（同条4項）。景観形成基準には高さの最高限度・最低限度や壁面の位置の制限といった，他の土地利用規制の都市計画にも見られる事項と並んで，**形態意匠**（デザイン）の制限が含まれている（同項2号イ）。景観計画は都市計画ではないものの，都市計画の策定手続とよく似た手続が法定されている。住民参加手続としては**公聴会**が例示され（同法9条1項），条例で付加することは妨げられない（同条7項）。また都市計画区域・準都市計画区域に係る部分については，都市計画審議会の意見を聴かなければならない（同条2項）。都道府県が景観行政団体である場合には関係市町村の意見を聴かなければならない（同条3項）。さらに都市計画提案制度と類似した**景観計画提案制度**も法定されている（同法11条）。

　景観計画の実効性を担保するために，事前届出→勧告→変更命令の過程が設定されている。景観計画区域内における建築・開発行為や条例で追加された行為をしようとする者は，事前に景観行政団体の長に**届出**を行わなければならない（同法16条1項）。景観行政団体の長は，景観形成基準に適合しないと判断した場合には，30日以内に必要な措置を採ることを**勧告**することができる（同条3, 4項）。この勧告に従わない場合であって，建築物・工作物が形態意匠の制限に適合しないときに限って，景観行政団体の長はさらに**変更命令**を出すことができる（同法17条）。違反時には罰則（50万円以下の罰金：同法102条）が科される変更命令の対象が形態意匠に限定されている理由は，その他の項目が建築確認の審査項目と重なるためその整合性確保の観点からとされている（生田280頁）。

② **景観地区**は，市街地の良好な景観の形成を図るため，都市計画区域・準都市計画区域内で定められる用途地域以外の地域地区の一種であり，策定主体は市町村である（景観法61条1項，都市計画法8条1項6号）。都市計画区

---

[69] 具体的な事例を分析したものとして，岩橋浩文『都市環境行政法論』（法律文化社・2010年）192-200頁。

域・準都市計画区域以外で定められる場合には**準景観地区**と呼ばれる（景観法74条）。景観計画が比較的広域を対象とするのに対して、景観地区は景観計画の中でも特に良好な景観の維持・形成が必要な場所を選択し、そこに都市計画法・建築基準法の規制のしくみを連結させることでより強度の規制を行おうとするものである。景観地区はかつて美観地区と呼ばれていた都市計画法上の地域地区を発展させたものであり[70]、都市計画に位置・種類・区域・面積を定める（都市計画法8条3項）ほか、**建築物の形態意匠の制限**を必ず定め、必要に応じて建築物の高さの最高限度・最低限度、壁面の位置の制限、建築物の敷地面積の最低限度を定めることができる（景観法61条2項）。景観地区は都市計画の一種であるため、策定手続は都市計画と同じである。

景観地区の実効性を担保する手段は大別して2つある。1つは形態意匠の制限に関して、景観地区内の建築物の形態意匠は景観地区の制限に適合するものでなければならず（景観法61条）、建築の前に市町村長の**認定**を得なければならない（同法63条）。さらに、違反建築物に対しては市町村長が**措置命令**を行って改善を要求し、最終的には代執行によってこれを実現できる（同法64条）。もう1つは形態意匠以外の規制事項（建築物の高さ等の制限）に関して、建築基準法のしくみ（⇨460頁以下）がそのまま用いられる。つまり建築の前になされる**建築確認**（建築基準法6条1項）では景観地区の規制への適合性が審査され、違反建築物に対しては**是正命令**（同法9条1項）が下される[71]。このほか、工作物の形態意匠制限や開発行為制限に関しては条例で必要な規制を定めることとされている（景観法72条、73条）。

【地区計画との連携】 すでに説明したように、地区計画（⇨448頁）においても地区

---

70) 美観地区は「市街地の美観を維持するために定める地区」（都市計画法旧9条20号）とされていたため、新たに良好な景観の形成を図る地区には適用できないとされていた。参照、国土交通省都市・地域整備局都市計画課監修・景観法制研究会編『逐条解説 景観法［第6版］』（ぎょうせい・2009年）126頁。

71) 総合的なまちづくりの推進や市民にとっての制度のわかりやすさの観点から、こうした対象事項の分立を批判的に検討するものとして参照、野呂充「都市景観行政と建築の自由」阪大法学（大阪大学）62巻3＝4号（2012年）645-661（652）頁。

整備計画の中で建築物の形態意匠制限を定めることができる。しかし地区整備計画が定められた段階でもその担保手段は届出・勧告に止まり，さらに地区計画条例を定めて建築確認によって規制内容を担保しようとしても，その対象は建築物の屋根・外壁に限られ，建築物全体のデザインには及ばないとされていた（生田 286 頁）。そこで景観法は新たに地区計画等形態意匠条例のしくみを設け，この条例の中で地区計画の形態意匠制限を義務付け，市町村長による認定制度や違反是正措置に関する規定を定めることができるとした（景観法 76 条）。これにより，景観地区だけでなく地区計画の方法によっても，強制力を伴う景観の維持・形成手段が準備されたのである。

発展演習

1. X の隣地にはスーパーマーケットと社宅が数棟建てられていた。しかしこれらがいずれも取り壊されて空き地となっている。ここに大手の開発業者 A が目を付け，これらの土地を購入して高層マンションを建てる計画を進行させているとの情報がある。高層マンションの建築を抑制するために取りうる法的手段を検討しなさい。
2. 景観行政団体である A 市は，市の郊外を対象とする景観計画を策定し，その中で建築物の高さの最高限度を 20m と定めた。開発業者 Y は景観計画区域内の土地に高さ 40m のマンションを建築する計画を立てた。A 市は変更の勧告を検討しているものの Y が受け入れる状況にはなく，また都市計画法・建築基準法上は 40m の建物でも建てられる地域であるため，このままでは建築確認が出されそうである。予定地の隣地に住む X はこのマンション建設に不満である。どのような法的手段の利用が考えられるか検討しなさい。

2　都市生活環境維持の行政過程

都市の生活環境には，都市景観のみならず，都市における安全・秩序・風紀などのさまざまな要素が含まれる。以下ではその中でも，遊技施設・公営

競技施設の立地規制の問題と，今後対策が必要となってくる空き家の問題を取り上げる。

■ 遊技施設・公営競技施設の立地規制

　賭博は刑法で禁止されている（刑法185条）。それにもかかわらず日本にギャンブルを行っている（ように見える）施設が存在するのは，次の2つの法的処理がなされているからである。第1は，設備を設けて「射幸心をそそるおそれのある遊技」をさせる営業やスロットマシン等により客に遊戯させる営業であるとして風俗営業等の規制及び業務の適正化等に関する法律［風営法］の規制対象となっている民間の営業である（同法2条1項7・8号）。これは，遊技の結果の偶然性を技術的にある程度排除するとともに，遊技とそれに伴う金銭の増減とを切り離す（同法23条1項）ことで，そもそも賭博にはあたらないと処理し，遊技について警察法的な観点から規制を行っているものである[72]。第2は，地方公共団体等に対して個別の法律で一定の要件を満たす場合に正面からギャンブルを認める処理であり，公営競技と呼ばれている類型である。具体的には，競馬法（日本中央競馬会・都道府県），自転車競技法（都道府県・総務大臣が指定する市町村），小型自動車競走法（都道府県・京都市・大阪市・横浜市・神戸市・名古屋市・都の全ての特別区の組織する組合・小型自動車競走場が存在する市町村），モーターボート競走法（都道府県・総務大臣が指定する市町村），スポーツ振興投票の実施等に関する法律（独立行政法人日本スポーツ振興センター）が規定を置いている。これらに共通する立地規制として，これまで説明した都市計画法の**用途地域**が利用可能である。住居系の用途地域の場合にはこれらの施設の建設は禁止されている。また，工業地域・工業専用地域・用途地域指定のない区域においても勝馬投票券発売所などの建設は禁止されている。そこで，紛争の多くは都市計画法上の規制が緩い地域（例：準工業地域）における建設の事例で発生する。

① ぱちんこ店などの営業の際には，風営法に基づく許可を公安委員会から受けなければならない（風営法3条1項）。この許可基準は事業者に対するもの（同法4条1項）と営業所に対するもの（同条2項）とに分かれており[73]，

---

[72] 溝上憲文『パチンコの歴史』（晩聲社・1999年）116-126頁。

後者に係る拒否の要件として，「営業所が，良好な風俗環境を保全するため特にその設置を制限する必要があるものとして政令で定める基準に従い都道府県の条例で定める地域内にあるとき」（同項2号）との規定がある。そして，政令で定める基準の内容は「住居が多数集合しており，住居以外の用途に供される土地が少ない地域」（住宅集合地域）と「その他の地域のうち，学校その他の施設で学生等のその利用者の構成その他のその特性にかんがみ特にその周辺における良好な風俗環境を保全する必要がある施設として都道府県の条例で定めるものの周辺の地域」（同法施行令6条1号）であり，学校に関しては施設の敷地の周囲「おおむね100メートルの区域を限度とし，その区域内の地域につき指定を行うこと」（同条2号）とされている。つまり，住居集合地域と教育施設等から条例で定める**距離制限**の範囲内にある地域については，風俗営業の立地が規制されていることになる。

② 公営競技の場合にも類似の立地規制が存在する。例えば競輪の場合，競走場の設置の際には経済産業大臣の許可が必要であり（自転車競技法4条1項），その許可要件は経済産業省令に委任されている（同条4項）。自転車競技法施行規則においてその詳細が定められており，立地に関しては「文教上又は保健衛生上著しい支障を来すおそれがない場所であること」（同規則10条1号），「観客の利便及び競輪の公正な運営のため適切なものであり，かつ，周辺環境と調和したものであって，経済産業大臣が告示で定める基準に適合するものであること」（同条4号）と規定されている。また申請書に添付する図面として「競走場付近の見取図（敷地の周辺から千メートル以内の地域にある学校その他の文教施設及び病院その他の医療施設の位置並びに名称を記載した一万分の一以上の縮尺による図面）」（同規則8条2項1号）が要求されている。風営法と異なりギャンブルを直截に公認しているにもかかわらず，明確な距離制限が設けられていない理由は，運営主体が地方公共団体に限定されているところに求められるのであろう[74]。大阪サテライト事件最高裁判決（判百Ⅱ

---

73) ぱちんこ屋等の場合にはさらに，遊技機に対する規制も追加されている（風営法4条4項）。参照，風俗問題研究会『最新風営適正化法ハンドブック 全訂第3版』（立花書房・2011年）94頁。

74) それでも，公営ギャンブルによる利益と環境悪化が完全に切り離されうる場外発売施設の場合には問題が残ると言えよう。この点につき参照，木佐茂男編『〈まちづくり権〉への挑戦』

178 判Ⅱ45 最一小判2009(平成21)・10・15民集63巻8号1711頁)は，こうした制度設計を前提に，医療従事者等の利益の個別保護性を，地理的にみて大きな被害がもたらされうる者に限定した。このような局面において第三者の原告適格を拡張するには，生活環境利益に対する最高裁判例の感受性を高めるとともに，規律密度に乏しく地元住民との利害調整過程を欠く実定法制度の改善が必要である（⇨112頁）。

■ 空き家対策

　居住世帯のない空き家は年々増加を続け，今や800万戸に迫ろうとしている。その管理が不十分である場合には周辺住民の安全への悪影響があるほか，空き家が犯罪の現場として使われる危険もある。そこで，地方公共団体の中には空き家管理条例を制定して対応に乗り出しているところもある。

① 空き家の管理が不適切な結果，建物の劣化が進み，保安上・衛生上著しく危険で有害となるおそれがある既存不適格建築物に対して，特定行政庁は，建築物の所有者・管理者・占有者に対して除却・移転・改築等の措置を採るよう**勧告**することができる（建築基準法10条1項）。勧告に従わない場合には**是正措置命令**を出すことができ（同条2項），著しく危険な場合には勧告なしに是正措置命令を出すこともできる（同条3項）。それでも対応しない場合には，**行政代執行**により是正措置命令の内容を実現できる。

② 建築基準法に基づく上記の措置は，行政代執行が機能すればその実効性が確保できる。しかし**代執行の機能不全**から，現実にはこのしくみで解決できる事案は限られている。そこで地方公共団体の中には，**空き家管理条例**を制定して，新たな問題解決の制度設計を試みているところがある[75]。その手法は大きく2つに分けられる。1つは，空き家の管理が不十分な場合に助言・指導→勧告→命令→公表という行政過程を設定して，相手方に管理を十分行うようにさせるものである。命令の実効性は公表により担保されているほか，公表でも相手方が義務履行しない場合には行政代執行により対応する

　（信山社・2002年）。

75) 詳細な検討として，北村喜宣「空き家対策の自治体政策法務（1）（2・完）」自治研究88巻7号（2012年）21-47頁，8号49-79頁。

ことも考えられる。もう1つは，倒壊の危険がある空き家への措置に対する**助成**や，所有者の申出に基づき地方公共団体が**緊急安全措置**をとる方法である。緊急安全措置には所有者の同意が要件とされ，同意兼協定書によって必要な費用を事後的に所有者に支払わせる方法が採られている。これは**行政契約**（⇨69頁）によって緊急安全措置を行う興味深い事例と言える。所有者の同意を不要とする**即時執行**（⇨78頁）の方式が採られなかったのは，所有権に対する強度の侵害となることや，建築基準法と条例との抵触の可能性が意識されたためかもしれない。

発展演習

1. Y町は，市街地の郊外にラブホテルが進出することを防ぐため，Y町市街地環境保全条例を制定した。それによると，町長が一定の区域を保全地域に指定し，保全地域内でラブホテルを新設する場合には町長の許可を得なければならない。許可を得ずに営業した場合には罰金が科される。町長はA地区を保全地域に指定したのに対し，ここでラブホテルを新設しようとしていたXは，A地区が都市計画法・風営法上はラブホテルの建設が可能なのに条例で規制するのは違法と考えている。Xが訴訟を提起する場合，その訴訟類型としてどのようなものが適切か，またどのような本案主張が考えられるか，検討しなさい。
2. Y市は空き家管理条例を制定し，管理が不適切な空き家に対する是正命令権限を規定した。Aが所有する空き家は非常に危険な状態になっており，台風が来れば倒壊して近隣住民の生命や財産に危険が及ぶ可能性がある。条例で定められている周辺住民の申出を受けて，Y市はAに対して危険除去措置命令を出した。Aが従わなかったのでY市は公表措置をとったものの，なおAはこれに従う様子を見せていない。このような場合，措置命令の行政代執行を行うことと，危険が迫っている際には所有者の同意を得て市長が緊急安全措置を採ることの2つが規定されている。Aの隣地に住むXらは，Y市に対して

このいずれかの措置によってAの空き家の除却か危険状態の改善をして欲しいと考えている。Xらが訴訟を提起する場合，その訴訟類型としてどのようなものが適切か，またどのような本案主張が考えられるか，検討しなさい。

3 市街地活性化の行政過程

■ 大都市中心市街地の再生

　東京都心部や大阪中心部などではここ10年前後で，それまでには建てられたことのない超高層建築物が目立つようになってきている。このことと**都市再生**政策とは強く関係している。戦後日本の国土政策は，一方では大都市圏のスプロールを防止することで都市の拡大を抑制し，他方で大都市と地方が均衡ある発展を目指すことを基調としていた（**多極分散型**）。しかし，1990年代前半のバブル崩壊により，高い土地取得費を払って買った大都市中心部の地下が下落して民間の開発意欲が大きく減少し，大都市中心部といえども空き地や未開発の土地が目立つようになった。またグローバル化の影響で，グローバル企業の本社・支社立地等をめぐる世界の大都市間競争が激しくなり，日本の顔としての大都市を世界の他の大都市に負けないものとすべきであるとの認識が強まってきた（生田325頁以下）。こうして21世紀初頭から，大都市に人口を集中させる政策が明示的に採られるようになったのである。

　大都市中心市街地以外で高層マンションを建築する際には，規制の弱い地域（例：準工業地域）において広い土地を購入し，容積率の限界まで高いマンションを建てる方法が採られている。これに対して大都市中心市街地はそもそも高度利用が予定されており，また土地を大量購入するには莫大な資金がかかる。そこで民間業者の開発意欲を刺激するために，その地域で従前よりも高い建物が建てられるように容積率の規制を緩和する方法が考えられる。大都市中心市街地で超高層建築物が増加した理由は，当該敷地における容積率の引き上げを実現する次の2グループの法制度にある（⇨461頁）。
① 都市計画法に基づくしくみとして，用途地域以外の地域地区を用いるも

のと，地区計画を用いるものとがある。

	容積率を増やすタイプ	容積率を移転するタイプ
地域地区	高層住居誘導地区 都市再生特別地区	特定街区 特例容積率適用地区
地区計画	誘導容積型地区計画 高度利用型地区計画 用途別容積型地区計画	再開発等促進区を定めた地区計画 容積率適正配分型地区計画

図22　都市計画法による容積率の操作

　これらはその働きに注目すると，容積率を増やすタイプと，別の敷地から容積率を移転するタイプとに分けられる。前者の代表が**都市再生特別地区**である（都市計画法8条1項4号の2，都市再生特別措置法36条）。これは，都市の再生を緊急・効率的に進めなければならない地域を政令により**都市再生緊急整備地域**に指定し（都市再生特別措置法2条3項），この地域内で既存の用途地域の規制を緩和する新たな都市計画を定めるものである。都市再生特別地区の特色は，既存の用途地域制限を適用せず，都市再生特別地区の建築規制のみが適用される点にある（建築基準法60条の2）。また，他の緩和方法（特別用途地区［条例制定も必要］・高度利用地区［斜線制限緩和には特定行政庁の許可も必要］）と比較すると，都市計画決定のみで緩和が可能で，かかる時間が短いという特色がある[76]。後者の代表は**特例容積率適用地区**（都市計画法8条1項2号の3）である。これは隣接していない土地の間でも容積率の移転ができる制度で，道路などの都市基盤施設が地区全体で十分整備されていることを条件に，利害関係者の同意を得て特定行政庁が特例容積率の限度の指定を行う（建築基準法57条の2）（生田345頁）。
② 建築基準法に基づくしくみとして，次のようなものがある。

76）都市再生特別措置法研究会編『改正都市再生特別措置法の解説Q&A』（ぎょうせい・2006年）96-97頁。

容積率を増やすタイプ	容積率を移転するタイプ
総合設計制度	一団地の総合的設計制度 連担建築物設計制度

図23　建築基準法による容積率の操作

　都市計画法と建築基準法の違いは，都市計画決定手続を経て地区・街区単位で容積率の規制を緩和したり移転を認めたりするか，敷地単位で特定行政庁の判断によってこのような緩和措置を実現するかにある。建築紛争になりやすいのは後者であり，特に**総合設計制度**（判百Ⅱ176　判Ⅱ43　CB 12-10　最三小判2002(平成14)・1・22民集56巻1号46頁）においては，地域の土地利用状況とはかけ離れた超高層建築物が出現する可能性が高い（生田333頁）。

> 【財産権としての容積率？】　容積率はもともと，高さ制限による建築規制よりも柔軟な規制方法として導入されたものである（⇨425頁）。しかし各敷地に対する建築物の高さの規制のための容積率は，上で見たように現在では一定の政策目的（例：公共空地の確保，都市再生の実現）を実現するために私人の行動を誘導する手段として用いられている。さらに，特例容積率適用地区になると，隣接敷地間でなくても容積率を移転させて，地区内の制限よりも高い建物が建てられることになる。移転元と移転先の民事上の関係では，地役権が設定されてその対価が支払われる（生田346頁）。こうなると容積率は，土地所有権から派生した財産権の様相を帯びることになる。容積率の性格の変遷は，容積率制限の強化や容積率移転の決定（例：総合設計許可）の撤回の許容条件や損失補償などの理論的問題にも大きな影響を与えうる。

■ 地方都市中心市街地の活性化

　かつての地方都市は駅などの交通結節点を中心に市街地が発展し，中心に近いほど多くの人が集まる構造が通例であった。しかしモータリゼーションの進展を背景に郊外の大型店が林立し，駐車場がそれほど多く整備されていない中心市街地にある商業施設の集客力が低下してきた。そこで地方都市中心市街地活性化の手段としては，郊外の商業施設の立地を抑制する方法と，中心市街地における商業施設の立地を促進する方法とが考えられる。
① 歴史的にみれば都市における商業問題は，中心市街地内部における中小

商業者と百貨店との対立の図式が支配的であった[77]。百貨店の出店を規制する**百貨店法**（1937年，再び1956年に制定）が，大規模スーパーなどの擬似百貨店にも対応するために1973年に**大規模小売店舗法**［**大店法**］となり，立地の地元においてインフォーマルな利害調整活動が展開されていた[78]。この出店規制が日米構造協議で取り上げられ，1998年には大店法が廃止されて大規模小売店舗立地法となった。この間に中心市街地の空洞化が深刻な問題となり，地方都市の中心部での大型店の破綻・撤退が目立つようになってきた。このため中心市街地における商店街と百貨店は現在ではむしろ協調関係にあり，これらと郊外の大規模小売店舗とが競争関係に立っている。

　大店法が商業関係者間での出店調整の方法を採っていたのに対し，大規模小売店舗立地法では出店予定地の「周辺の地域の生活環境の保持」（同法1条）のための調整ルールが中心に据えられている。具体的には，出店者の都道府県に対する事前届出→説明会の開催→市町村の意見聴取・住民や商工会議所の意見書提出→都道府県の意見→勧告→公表という行政過程が設定されている。このように大規模小売店舗立地法は一定の地域における出店を規制しうるものとはなっていない。出店規制はむしろ都市計画法の区域区分・地域地区でなされることが想定されていた。しかし実際には用途地域などによって出店規制ができるのはごくわずかに過ぎず，大型店が大量に郊外に出店する事態となった（生田356頁）。そこで2006年の都市計画法等の改正では，従来出店制限がなかった第2種住居地域・準住居地域・工業地域における店舗等の出店を原則禁止とし，さらに非線引き都市計画区域の白地地域についても同様とした（ただし**開発整備促進区**を定める地区計画（⇨445頁）を策定すれば出店可能である）。

② これに対して，中心市街地の側を活性化するために1998年に制定された中心市街地の活性化に関する法律は，政府が定める基本方針（同法8条）に基づく**基本計画**を市町村が作成し，内閣総理大臣がこれを認定する（同法9条）と，予算措置や法令の特例措置（例：土地区画整理事業の際の保留地を公営

---

77) 原田・前掲註27) 87-88頁。
78) 長谷川貴陽史「事前調整指導の法社会学的考察」本郷法政紀要（東京大学）5号（1996年）207-237頁。

住宅等に当てた上で保留地の対価を行政が支払う）が受けられるしくみを定めている。2006年改正では商業施設の活性化だけではなく生活空間としての中心市街地を活性化する観点から，さまざまな関係者が参画する**中心市街地活性化協議会**（同法15条）を法定化した（生田358頁）。このほか，2004年の都市再生特別措置法の改正で全国都市再生を実現するために，使途の限定が緩やかな**まちづくり交付金**（都市再生特別措置法47条）が法定化された。

【**人口減少時代の都市法・まちづくり政策**】 都市法は旺盛な民間の開発意欲をどのようにコントロールするかを，これまで議論の中心に据えてきた。しかし本章でもたびたび登場しているように，右肩下がりの経済成長と人口減少時代を迎えた現段階においては，逆に民間の開発意欲をどう刺激するかが問題となっている。その基調理念の1つが**コンパクト・シティ構想**である。これは市街地の機能を集約して郊外への拡散を防ぐ一方，中心市街地の土地利用を高度化する方向の議論である[79]。これまで略説した市街地活性化の行政過程も，基本的にはこの政策の方向性と一致した制度設計となっている。

他方，中心市街地の利用を高度化するとすれば，ビルを高層化し，現在低層であるビルも建て替えていくことになるであろう。しかし高層化は都市環境や都市の安全（例えば地震・台風などの自然災害）確保の観点からみて，必ずしも得策とは言い切れない。ビルを民間ベースで建て替えるためには少なくとも建設費がカバーできる程度に床の売買益が必要であり，そのためには容積率をアップしなければならない。老朽化と建て替えが繰り返されれば，中心市街地の建築物はますます高層になる。容積率アップの無限ループに陥らないためには，建物の寿命を延ばし，建物を維持する方向で都市の成長を管理する方策が開発されるべきであろう。

発展演習

1. Aは住居地域内の自己所有地にオフィスビルを建てる計画を立てた。

---

[79] 「縮退型」都市計画においては，都市部と郊外との計画に基づく空間的な総合性がより重要になると指摘するものとして，内海麻利「拡大型・持続型・縮退型都市計画の機能と手法」公法研究74号（2012年）173-185（181）頁。

当該地域での容積率を緩和してもらうため，Aは公開空地を設計に盛り込んだ上で，特定行政庁であるY県知事に総合設計許可を申請し，知事は総合設計許可を与えた。さらにAは建築主事に建築確認を申請し，建築確認を得ている。建設予定地の周辺住民Xらは，このビルが建つと日照・通風・採光を良好に保つことができなくなり，また火災や地震の際の倒壊のおそれがあるとして，総合設計許可と建築確認の取消訴訟を提起しようとしている。Xらがその訴訟要件を満たすか検討しなさい。

2. 地場のスーパーチェーンを経営するAは，準住居地域においてスーパーを出店しようとしている。Y市もまた，当該地域の利便性を高め，居住を促進するにはスーパーを立地させた方が良いと考え，同地区を対象とする地区計画を策定し，その中に開発整備促進区を設定した。地区計画対象区域内に居住して八百屋を営むX_1と，対象区域に隣接する地区で商店を経営するX_2は，Aが出店することで自分たちの経営が立ちゆかなくなることを恐れ，その出店を阻止したいと考えている。この場合，どのような訴訟類型の利用が考えられるか。また本案主張は認められそうか検討しなさい。

判例索引

1950–1959 年

最大判 1953(昭和 28)・2・18 民集 7 巻 2 号 157 頁(判百 I 9, 判 I 47) ……………24
最三小判 1954(昭和 29)・7・30 民集 8 巻 7 号 1501 頁(判 I 37)[府立医大退学処分事件] ………66
最大判 1955(昭和 30)・3・23 民集 9 巻 3 号 336 頁 …………………………………174
最三小判 1955(昭和 30)・4・19 民集 9 巻 5 号 534 頁(判百 I 242, 判 II 164) ………140
最二小判 1955(昭和 30)・9・30 民集 9 巻 10 号 1498 頁(判百 I 13) ………………26
最二小判 1956(昭和 31)・11・30 民集 10 巻 11 号 1502 頁(判百 II 236, 判 II 142R, CB18-1) ……146
最二小判 1958(昭和 33)・3・28 民集 12 巻 4 号 624 頁(判百 I 56, 判 I 171)[パチンコ球遊器事件] ………53
最三小判 1958(昭和 33)・7・1 民集 12 巻 11 号 1612 頁(判 I 138) ………………65

1960–1969 年

最二小判 1960(昭和 35)・3・18 民集 14 巻 4 号 483 頁(判百 I 12, 判 I 51) ………26
最一小判 1960(昭和 35)・3・31 民集 14 巻 4 号 663 頁(判百 I 10, 判 I 46) ………24
最三小判 1961(昭和 36)・3・7 民集 15 巻 3 号 381 頁(判 I 163, CB2-2) …………62
最大判 1962(昭和 37)・2・21 刑集 16 巻 2 号 107 頁 …………………………………173
最大判 1962(昭和 37)・5・30 刑集 16 巻 5 号 577 頁(判百 I 116, 判 I 22)[大阪市売春勧誘行為取締条例事件] ………21
最一小判 1963(昭和 38)・5・31 民集 17 巻 4 号 617 頁(判百 I 127, 判 I 98) ………39, 203
最大判 1963(昭和 38)・6・26 刑集 17 巻 5 号 521 頁(判百 II 259, 判 II 183)[奈良県ため池条例事件] ………155
最一小判 1964(昭和 39)・1・23 民集 18 巻 1 号 37 頁 ………………………………26
最一小判 1964(昭和 39)・6・18 刑集 18 巻 5 号 209 頁 ………………………………184
最一小判 1964(昭和 39)・10・22 民集 18 巻 8 号 1762 頁(判百 I 133, 判 I 50) ……24, 200
最一小判 1964(昭和 39)・10・29 民集 18 巻 8 号 1809 頁(判百 II 156, 判 II 18, CB11-2)[東京都ごみ焼却場事件] ………103
最二小判 1965(昭和 40)・2・5 民集 19 巻 1 号 106 頁 ………………………………201
東京地決 1965(昭和 40)・4・22 行集 16 巻 4 号 708 頁(判 II 90)[医療費値上げ職権告示事件] ……310
最大判 1966(昭和 41)・2・23 民集 20 巻 2 号 320 頁(判百 I 114, 判 I 206)[農業共済組合事件] ………79
最大判 1966(昭和 41)・2・23 民集 20 巻 2 号 271 頁(CB11-3)[青写真判決] ……105, 476
最大決 1966(昭和 41)・12・27 民集 20 巻 10 号 2279 頁(判 I 213) ………………82
最一小判 1967(昭和 42)・4・21 訟月 13 巻 8 号 985 頁(判 II 76) ……………………119
最大判 1967(昭和 42)・5・24 民集 21 巻 5 号 1043 頁(判百 I 18, 判 I 42)[朝日訴訟] …………23, 244
最一小判 1967(昭和 42)・9・12 訟月 13 巻 11 号 1418 頁 ………………………203, 211
最一小判 1967(昭和 42)・9・19 民集 21 巻 7 号 1828 頁(判百 II 179, 判 II 54)[まからずや事件] ………205
最大判 1968(昭和 43)・11・27 刑集 22 巻 12 号 1402 頁(判百 II 260, 判 II 178, CB20-1)[名取

川事件]··154
最三小判 1968(昭和 43)·12·24 民集 22 巻 13 号 3254 頁(判百 II 180, 判 II 53, CB14-3)[東京 12 チャンネル事件]···110

1970-1979 年

最大判 1970(昭和 45)·7·15 民集 24 巻 7 号 771 頁(判百 II 155, 判 II 19) ···········104
最一小判 1970(昭和 45)·8·20 民集 24 巻 9 号 1268 頁(判百 II 243, 判 II 167, CB19-1)[高知落石事件]··150
最二小判 1970(昭和 45)·9·11 刑集 24 巻 10 号 1333 頁(判 I 214) ··················83
最一小判 1970(昭和 45)·12·24 民集 24 巻 13 号 2243 頁(判百 I 64, 判 II 25R2) ·······214, 216
最大判 1971(昭和 46)·1·20 民集 25 巻 1 号 1 頁(判百 I 51)··························52
最一小判 1971(昭和 46)·10·28 民集 25 巻 7 号 1037 頁(判百 I 125, 判 I 97, CB3-1)[個人タクシー事件]··39
東京地判 1971(昭和 46)·11·8 行裁例集 22 巻 11=12 号 1785 頁(判 II 35)[函数尺事件]·····106
最一小判 1972(昭和 47)·4·20 民集 26 巻 3 号 507 頁································220
最三小判 1972(昭和 47)·5·30 民集 26 巻 4 号 851 頁(判百 II 254, 判 II 181) ·········155
最大判 1972(昭和 47)·11·22 刑集 26 巻 9 号 554 頁(判百 I 109, 判 I 122, CB6-1)[川崎民商事件]··49
最三小判 1973(昭和 48)·3·6 集民 108 号 387 頁·····································463
最一小判 1973(昭和 48)·4·26 民集 27 巻 3 号 629 頁(判百 I 86, 判 I 164, CB2-3) ·······62, 207
東京高判 1973(昭和 48)·7·13 行裁例集 24 巻 6=7 号 533 頁(判 I 143, CB4-1)[日光太郎杉事件]··67
最二小判 1973(昭和 48)·9·14 民集 27 巻 8 号 925 頁(判 I 140R4)[分限降任処分]·········67
最一小判 1973(昭和 48)·12·20 民集 27 巻 11 号 1594 頁·······························310
最三小判 1974(昭和 49)·2·5 民集 28 巻 1 号 1 頁(判百 I 94, 判 I 162, CB20-3) ·······64, 156
最三小判 1974(昭和 49)·12·10 民集 28 巻 10 号 1868 頁(判百 I 123, 判 II 56)[旭丘中学校事件]···115
最三小判 1975(昭和 50)·2·25 民集 29 巻 2 号 143 頁(判百 I 37, 判 I 29/44)·······23, 141
最一小判 1975(昭和 50)·5·29 民集 29 巻 5 号 662 頁(判百 I 126, 判 I 106, CB3-3)[群馬中央バス事件]··39
最三小判 1975(昭和 50)·7·25 民集 29 巻 6 号 1136 頁(判百 II 244, 判 II 168, CB19-4) ·····151
最大判 1975(昭和 50)·9·10 刑集 29 巻 8 号 489 頁(判 I 19, CB1-2)··················21
最三小判 1975(昭和 50)·11·28 民集 29 巻 10 号 1754 頁(判百 II 250, 判 II 175R)[鬼ヶ城事件]··153
最三小判 1976(昭和 51)·4·27 民集 30 巻 3 号 384 頁(判 II 65) ····················126
最二小判 1976(昭和 51)·12·24 民集 30 巻 11 号 1104 頁(判百 I 38, 判 I 45) ·········24
最三小判 1977(昭和 52)·3·15 民集 31 巻 2 号 234 頁(判百 II 153, 判 I 35)[富山大学事件]·····106
最大判 1977(昭和 52)·7·13 民集 31 巻 4 号 533 頁(津地鎮祭訴訟)····················138
最三小判 1977(昭和 52)·12·20 民集 31 巻 7 号 1101 頁(判百 I 83, 判 I 140, CB4-2)[神戸税関事件]··66
最一小判 1978(昭和 53)·2·23 民集 32 巻 1 号 11 頁(判 I 41) ·······················23
最三小判 1978(昭和 53)·3·14 民集 32 巻 2 号 211 頁(判百 II 141, 判 II 36, CB12-1)[主婦連ジュース訴訟]··95
最判 1978(昭和 53)·4·4 判時 887 号 58 頁···311
最二小判 1978(昭和 53)·5·26 民集 32 巻 3 号 689 頁(判百 I 33, 判 I 10, CB4-3)[個室付浴

最三小判 1978(昭和 53)・7・4 民集 32 巻 5 号 809 頁［夢野台高校事件］················151
最一小判 1978(昭和 53)・9・7 刑集 32 巻 6 号 1672 頁(判百Ⅰ112, 判Ⅰ121, CB6-3) ·············49
最三小判 1978(昭和 53)・9・19 判時 911 号 99 頁 ················211
最大判 1978(昭和 53)・10・4 民集 32 巻 7 号 1223 頁(判百Ⅰ80, 判Ⅰ7, CB4-4)［マクリーン事件］················53
最二小判 1978(昭和 53)・10・20 民集 32 巻 7 号 1367 頁(判百Ⅱ235, 判Ⅱ159, CB18-2)［芦別事件］················148
最二小判 1978(昭和 53)・12・8 民集 32 巻 9 号 1617 頁(判百Ⅰ2, 判Ⅰ60, CB11-4)［成田新幹線事件］················32
秋田地判 1979(昭和 54)・4・27 判時 926 号 20 頁 ················254

1980-1989 年

東京地判 1980(昭和 55)・6・18 判時 969 号 11 頁 ················144
最三小決 1980(昭和 55)・9・22 刑集 34 巻 5 号 272 頁(判百Ⅰ113, 判Ⅰ120, CB9-2)［自動車一斉検問］················49
最三小判 1980(昭和 55)・11・25 民集 34 巻 6 号 781 頁(判百Ⅱ181, 判Ⅱ57, CB13-2) ················115
最三小判 1981(昭和 56)・1・27 民集 35 巻 1 号 35 頁(判百Ⅰ29, 判Ⅰ28, CB9-3)［宜野座村工場誘致事件］················20
最二小判 1981(昭和 56)・4・24 民集 35 巻 3 号 672 頁 ················205
最三小判 1981(昭和 56)・7・14 民集 35 巻 5 号 901 頁(判百Ⅱ196, 判Ⅱ79, CB3-5) ·············119, 211
最一小判 1981(昭和 56)・7・16 判時 1016 号 59 頁 ················152
最大判 1981(昭和 56)・12・16 民集 35 巻 10 号 1369 頁(判百Ⅱ249, 判Ⅱ171)［大阪空港訴訟］················152, 349
最二小判 1982(昭和 57)・3・12 民集 36 巻 3 号 329 頁(判百Ⅱ234, 判Ⅱ156) ················148
最一小判 1982(昭和 57)・4・1 民集 36 巻 4 号 519 頁(判百Ⅱ237, 判Ⅱ141, CB18-4) ················144
最一小判 1982(昭和 57)・4・8 民集 36 巻 4 号 594 頁(判Ⅱ52)················114
最一小判 1982(昭和 57)・4・22 民集 36 巻 4 号 705 頁(判百Ⅱ160, 判Ⅱ31, CB11-6) ················439
最二小判 1982(昭和 57)・4・23 民集 36 巻 4 号 727 頁(判百Ⅰ131, 判Ⅰ137, CB5-1)［通行認定留保事件］················74
最大判 1982(昭和 57)・7・7 民集 36 巻 7 号 1235 頁［堀木訴訟］················245
最一小判 1982(昭和 57)・7・15 民集 36 巻 6 号 1169 頁(判百Ⅱ169, 判Ⅱ22, CB7-2) ················81
仙台高秋田支判 1982(昭和 57)・7・23 判時 1052 号 3 頁 ················254
最一小判 1982(昭和 57)・9・9 民集 36 巻 9 号 1679 頁(判百Ⅱ182, 判Ⅱ50, CB13-3)［長沼ナイキ基地事件］················110
最二小判 1983(昭和 58)・2・18 民集 37 巻 1 号 59 頁(判百Ⅱ255, 判Ⅱ182, CB20-4) ················155
最一小判 1984(昭和 59)・1・26 民集 38 巻 2 号 53 頁(判百Ⅱ245, 判Ⅱ169, CB19-5)［大東水害訴訟］················151
最二小判 1984(昭和 59)・2・24 刑集 38 巻 4 号 1287 頁(判百Ⅰ101, 判Ⅰ204)［石油カルテル事件］················74
最三小判 1984(昭和 59)・3・27 刑集 38 巻 5 号 2037 頁················49, 219
最二小判 1984(昭和 59)・10・26 民集 38 巻 10 号 1169 頁(判百Ⅱ183, 判Ⅱ55, CB13-4) ···113, 463
最一小判 1984(昭和 59)・11・29 民集 38 巻 11 号 1260 頁················150
最一小判 1984(昭和 59)・12・13 民集 38 巻 12 号 1411 頁(判Ⅰ24) ················25
最三小判 1985(昭和 60)・1・22 民集 39 巻 1 号 1 頁(判百Ⅰ129, 判Ⅰ109, CB3-6)［旅券発給

拒否事件〕 ··· 60
最大判 1985(昭和 60)・3・27 民集 39 巻 2 号 247 頁(判 I 1)〔大嶋訴訟〕 ································· 164
最三小判 1985(昭和 60)・4・23 民集 39 巻 3 号 850 頁(判 I 112) ·· 203
最三小判 1985(昭和 60)・7・16 民集 39 巻 5 号 989 頁(判百 I 132, 判 I 201, CB5-2)〔品川マ
　　　ンション事件〕 ··· 74, 461
最一小判 1985(昭和 60)・11・21 民集 39 巻 7 号 1512 頁(判百 II 233)〔在宅投票廃止事件〕 ········· 148
最三小判 1985(昭和 60)・12・17 民集 39 巻 8 号 1821 頁(判 II 32) ·· 105
最三小判 1985(昭和 60)・12・17 判時 1179 号 56 頁(判 II 38)〔伊達火力訴訟〕 ························· 109
最三小判 1985(昭和 60)・12・17 民集 39 巻 8 号 1821 頁(判 II 32) ·· 476
最一小判 1986(昭和 61)・2・13 民集 40 巻 1 号 1 頁 ··· 476
最三小判 1986(昭和 61)・3・25 民集 40 巻 2 号 472 頁(判百 II 247, 判 II 173R2, CB19-6)〔点
　　　字ブロック不設置事件〕 ·· 152
最一小判 1987(昭和 62)・3・20 民集 41 巻 2 号 189 頁(判 I 191)〔福江市ごみ焼却場事件〕 ··········· 70
最一小判 1987(昭和 62)・4・17 民集 41 巻 3 号 286 頁(判百 II 186, 判 II 66) ···················· 126, 478
最三小判 1987(昭和 62)・9・22 判時 1285 号 25 頁 ··· 471
最三小判 1987(昭和 62)・10・30 判時 1262 号 91 頁(判百 I 28, 判 I 26, CB9-4)〔八幡税務署
　　　事件〕 ·· 19, 186
東京高判 1987(昭和 62)・12・24 行裁例集 38 巻 12 号 1807 頁(判 II 27) ································· 355
最一小判 1988(昭和 63)・3・31 判時 1276 号 39 頁(判 I 124R2, CB6-4) ···································· 49
最一小判 1988(昭和 63)・6・17 民集 1289 号 39 頁(判百 I 93, 判 I 157, CB2-4)〔菊田医師事
　　　件〕 ·· 63
最二小判 1989(平成元)・2・17 民集 43 巻 2 号 56 頁(判百 II 170, 判 II 39, CB12-2)〔新潟空
　　　港訴訟〕 ··· 109
最三小判 1989(平成元)・9・19 民集 43 巻 8 号 955 頁(判百 I 8, 判 I 25) ··································· 25
最二小決 1989(平成元)・11・8 判時 1328 号 16 頁(判百 I 97, 判 I 202, CB5-3)〔武蔵野マン
　　　ション刑事事件〕 ··· 69
最二小判 1989(平成元)・11・24 民集 43 巻 10 号 1169 頁(判百 II 229, 判 II 150, CB18-6)〔宅
　　　建業法事件〕 ·· 143

1990–1999 年

最一小判 1990(平成 2)・1・18 民集 44 巻 1 号 253 頁(判百 II 144, 判 II 120) ··························· 193
東京地判 1990(平成 2)・9・18 判時 1372 号 75 頁(判 II 190, CB20-6) ···································· 155
最一小判 1990(平成 2)・12・13 民集 44 巻 9 号 1186 頁(判百 II 246, 判 II 170, CB19-7)〔多摩
　　　川水害訴訟〕 ··· 151
最二小判 1991(平成 3)・3・8 民集 45 巻 3 号 164 頁(判百 I 106, 判 I 3, CB9-5)〔浦安ヨット
　　　事件〕 ··· 13, 139
最三小判 1991(平成 3)・7・9 民集 45 巻 6 号 1049 頁(判百 I 52, 判 I 179, CB1-6) ··················· 52
最一小判 1992(平成 4)・1・24 民集 46 巻 1 号 54 頁(判百 II 184, 判 II 51, CB13-6) ················ 114
最一小判 1992(平成 4)・2・18 民集 46 巻 2 号 77 頁 ·· 210, 215
最大判 1992(平成 4)・7・1 民集 46 巻 5 号 437 頁(判百 I 124, 判 I 5, CB3-7)〔成田新法事
　　　件〕 ·· 38
最三小判 1992(平成 4)・9・22 民集 46 巻 6 号 571 頁(判百 II 171, 判 II 41, CB12-5)〔もん
　　　じゅ訴訟〕 ·· 111, 375
最一小判 1992(平成 4)・10・29 民集 46 巻 7 号 1174 頁(判百 I 81, 判 I 139/ II 17, CB4-5)
　　　〔伊方原発訴訟〕 ·· 68, 117, 376

判例索引●507

最一小判 1992(平成 4)・11・26 民集 46 巻 8 号 2658 頁(判Ⅱ 30, CB11-8) ……………476
最三小判 1992(平成 4)・12・15 民集 46 巻 9 号 2753 頁(CB16-4)[一日校長事件] ………138
東京高判 1992(平成 4)・12・18 判時 1445 号 3 頁(判Ⅱ 133, CB18-7) ………………149
最三小判 1993(平成 5)・2・16 民集 47 巻 2 号 473 頁(判百Ⅱ 198, 判Ⅱ 77)[和歌山労基署長
　事件] ……………………………………………………………………………119
最一小判 1993(平成 5)・2・18 民集 47 巻 2 号 574 頁(判百Ⅰ 103, 判Ⅰ 203, CB5-4)[武蔵野
　マンション国家賠償訴訟] ……………………………………………………74
最一小判 1993(平成 5)・3・11 民集 47 巻 4 号 2863 頁(判百Ⅱ 227, 判Ⅱ 148, CB18-8)[奈良
　民商事件] ………………………………………………………………148
最三小判 1993(平成 5)・3・16 民集 47 巻 5 号 3483 頁(判百Ⅰ 82, 判Ⅰ 145)[第 1 次教科書訴
　訟] ………………………………………………………………………68
最三小判 1993(平成 5)・3・30 民集 47 巻 4 号 3226 頁(判百Ⅱ 248, 判Ⅱ 173, CB19-8)[校庭
　開放事件] ………………………………………………………………152
東京高判 1993(平成 5)・6・24 判時 1462 号 46 頁(CB19-9)[日本坂トンネル事件] …………151
最二小判 1993(平成 5)・9・10 民集 47 巻 7 号 4955 頁(CB13-7) ………………………455
最二小判 1994(平成 6)・4・22 判時 1499 号 63 頁 ……………………………………446
東京地判 1994(平成 6)・9・6 判時 1504 号 40 頁(判Ⅱ 165) ……………………………149
東京地判 1994(平成 6)・9・9 判時 1509 号 65 頁(CB16-6) ……………………………383
最三小判 1994(平成 6)・9・27 判時 1518 号 10 頁(判Ⅱ 44R1, CB12-6) ………………110
最大判 1995(平成 7)・2・22 刑集 49 巻 2 号 1 頁(判百Ⅰ 23, 判Ⅰ 62) ……………………33
最一小判 1995(平成 7)・3・23 民集 49 巻 3 号 1006 頁(判百Ⅱ 163, 判Ⅱ 33, CB11-9) ………452
最二小判 1995(平成 7)・6・23 民集 49 巻 6 号 1600 頁(判百Ⅱ 230, 判Ⅱ 153R1)[クロロキン
　薬害訴訟] ………………………………………………………………143
最二小判 1995(平成 7)・7・7 民集 49 巻 7 号 1870 頁(判Ⅱ 172, CB19-10)[国道 43 号訴訟] ……349
東京高判 1995(平成 7)・11・28 判時 1570 号 57 頁 ……………………………………184
最二小判 1996(平成 8)・3・8 民集 50 巻 3 号 469 頁(判百Ⅰ 84, 判Ⅰ 141, CB4-6)[エホバの
　証人事件] …………………………………………………………………18
仙台高判 1997(平成 9)・10・29 判時 1656 号 62 頁(判Ⅱ 123) ……………………………193
最三小判 1997(平成 9)・11・11 判時 1624 号 74 頁 ……………………………………207
最一小判 1997(平成 9)・12・18 民集 51 巻 10 号 4241 頁(判Ⅰ 53) ………………………27
旭川地判 1998(平成 10)・4・21 判時 1641 号 29 頁 ……………………………………253
東京高判 1998(平成 10)・9・30 判時 1667 号 20 頁(判Ⅱ 122) …………………………193
最三小判 1998(平成 10)・10・13 判時 1662 号 83 頁(判百Ⅰ 120, 判Ⅰ 215) ………………83
最一小決 1999(平成 11)・1・11 判時 1675 号 61 頁(判Ⅱ 107) …………………………125
最一小判 1999(平成 11)・1・21 民集 53 巻 1 号 13 頁(判Ⅰ 196, CB7-3)[志免町給水拒否事
　件] ………………………………………………………………………69
最一小判 1999(平成 11)・1・21 判時 1675 号 48 頁(CB18-9) …………………………106
最二小決 1999(平成 11)・3・10 刑集 53 巻 3 号 339 頁 …………………………………381
横浜地判 1999(平成 11)・6・23 判例自治 201 号 54 頁(判Ⅱ 139) ………………………145
最一小判 1999(平成 11)・7・19 判時 1688 号 123 頁(判百Ⅰ 76, 判Ⅰ 100, CB8-5) …………53
最二小判 1999(平成 11)・11・19 民集 53 巻 8 号 1862 頁(判百Ⅱ 197, 判Ⅰ 83, CB10-1)[逗子
　市情報公開条例事件] ……………………………………………………119, 211
札幌高判 1999(平成 11)・12・21 判時 1723 号 37 頁 …………………………………253

2000–2009 年

名古屋高判 2000（平成 12）・2・29 判タ 1061 号 178 頁 …………………………392
最三小判 2001（平成 13）・3・13 民集 55 巻 2 号 283 頁（判百Ⅱ 175，判Ⅱ 42）［林地開発許可事件］……………………………………………………………………………111
東京地判 2001（平成 13）・12・4 判時 1791 号 3 頁（判Ⅰ 184，CB15-6）［国立マンション事件（市村判決）］………………………………………………………………465
最一小判 2002（平成 14）・1・17 民集 56 巻 1 号 1 頁（判百Ⅱ 161，判Ⅰ 174，CB11-10）［二項道路事件］……………………………………………………………………105, 448
最三小判 2002（平成 14）・1・22 民集 56 巻 1 号 46 頁（判百Ⅱ 176，判Ⅱ 43，CB12-10）［総合設計許可事件］………………………………………………………………112, 498
最一小判 2002（平成 14）・1・31 民集 56 巻 1 号 246 頁（判Ⅰ 178，CB1-7）……52, 291
最一小判 2002（平成 14）・4・25 判例自治 229 号 52 頁 ………………………………336
東京高判 2002（平成 14）・6・7 判時 1815 号 75 頁 …………………………………465
最三小判 2002（平成 14）・6・11 民集 56 巻 5 号 958 頁（判Ⅱ 180，CB20-7）………156
最三小判 2002（平成 14）・7・9 民集 56 巻 6 号 1134 頁（判百Ⅰ 115，判Ⅰ 207，CB7-4）［宝塚市パチンコ店規制条例事件］…………………………………………………79
最一小判 2003（平成 15）・9・4 判時 1841 号 89 頁（判百Ⅱ 164，判Ⅰ 20，CB11-11）［労災援護費不支給事件］……………………………………………………………104, 242
最三小決 2003（平成 15）・12・25 民集 57 巻 11 号 2562 頁（判Ⅰ 182）……………52
最一小判 2004（平成 16）・1・15 民集 58 巻 1 号 226 頁（判Ⅱ 145，CB18-10）……299
最一小判 2004（平成 16）・1・15 判時 1849 号 30 頁（判Ⅰ 126，CB8-4）…………383
最二小決 2004（平成 16）・1・20 刑集 58 巻 1 号 26 頁（判百Ⅰ 111，判Ⅰ 124，CB6-5）…49, 221
最三小判 2004（平成 16）・3・16 民集 58 巻 3 号 647 頁 ……………………………275
最一小判 2004（平成 16）・4・26 民集 58 巻 4 号 989 頁（判Ⅱ 23，CB11-12）［食品衛生法違反通知事件］………………………………………………………………106
最三小判 2004（平成 16）・4・27 民集 58 巻 4 号 1032 頁（判百Ⅱ 231，判Ⅱ 152）［筑豊じん肺訴訟］……………………………………………………………………143
最三小判 2004（平成 16）・7・13 判時 1874 号 58 頁（CB2-8）……………………207
最二小判 2004（平成 16）・10・15 民集 58 巻 7 号 1802 頁（判百Ⅱ 232，判Ⅱ 153，CB18-11）［水俣病関西訴訟］…………………………………………………………143
最二小判 2004（平成 16）・12・24 民集 58 巻 9 号 2536 頁（判百Ⅰ 32，判Ⅰ 16，CB9-7）［紀伊長島町水道水源保護条例事件］…………………………………………392
最三小決 2005（平成 17）・3・29 民集 59 巻 2 号 477 頁（判百Ⅱ 193，判Ⅱ 101）……120
最一小判 2005（平成 17）・4・14 民集 59 巻 3 号 491 頁（判百Ⅱ 168，判Ⅱ 25，CB11-13）［登録免許税還付通知拒絶通知事件］…………………………………………106, 196
最二小決 2005（平成 17）・6・24 判時 1904 号 69 頁（判百Ⅰ 6，判Ⅱ 135R2，CB18-12）…145, 459
最二小判 2005（平成 17）・7・15 民集 59 巻 6 号 1661 頁（判百Ⅱ 167，判Ⅱ 26，CB11-14）［病院開設中止勧告事件］……………………………………………………107, 308
最一小判 2005（平成 17）・9・8 判時 1920 号 29 頁（判Ⅰ 127）……………………308
最三小判 2005（平成 17）・9・13 民集 59 巻 7 号 1950 頁 ……………………………83
最大判 2005（平成 17）・9・14 民集 59 巻 7 号 2087 頁（判百Ⅱ 215，判Ⅱ 4，CB16-7）［在外邦人選挙権訴訟］………………………………………………………………132
最三小判 2005（平成 17）・11・1 判時 1928 号 25 頁（判百Ⅱ 261，判Ⅱ 185，CB20-8）……157, 430, 470
最一小判 2005（平成 17）・11・10 判時 1921 号 36 頁（判Ⅰ 193R1）［下関市日韓高速船事件］……139

東京高判 2005（平成 17）・11・22 訟月 52 巻 6 号 1581 頁（判Ⅱ74）［柏崎・刈羽原発事件］…………118
最大判 2005（平成 17）・12・7 民集 59 巻 10 号 2645 頁（判百Ⅱ177，判Ⅱ37，CB12-11）［小田
　急訴訟］……………………………………………………………………………………………112, 472
最一小判 2006（平成 18）・1・19 民集 60 巻 1 号 65 頁（判Ⅱ118）………………………………216
鹿児島地判 2006（平成 18）・2・3 判時 1945 号 75 頁 ……………………………………………390
最三小判 2006（平成 18）・2・7 民集 60 巻 2 号 401 頁（判百Ⅰ77，判Ⅰ144，CB4-8）［日教組教
　研集会事件］……………………………………………………………………………………………67
最大判 2006（平成 18）・3・1 民集 60 巻 2 号 587 頁（判百Ⅰ27，判Ⅰ2）［旭川市国保料訴訟］………254
最二小判 2006（平成 18）・3・10 判時 1932 号 71 頁（判百Ⅰ46，判Ⅰ94，CB10-7）［レセプト訂
　正請求事件］……………………………………………………………………………………………310
最三小判 2006（平成 18）・3・28 判時 1930 号 80 頁 ………………………………………………322
最一小判 2006（平成 18）・3・30 民集 60 巻 3 号 948 頁（判Ⅰ184R3）［国立マンション民事訴
　訟］………………………………………………………………………………………………27, 350
最二小判 2006（平成 18）・7・14 民集 60 巻 6 号 2369 頁（判百Ⅱ162，判Ⅰ197，CB1-9）［高根
　町水道料金事件］…………………………………………………………………………………………20
最三小判 2006（平成 18）・10・24 民集 60 巻 8 号 3128 頁（判Ⅰ31）…………………………186
最一小判 2006（平成 18）・10・26 判時 1953 号 122 頁（判百Ⅰ99，判Ⅰ192）…………………70
最一小判 2006（平成 18）・11・2 民集 60 巻 9 号 3249 頁（判百Ⅰ79，判Ⅰ185）［小田急訴訟（本
　案）］……………………………………………………………………………………………………55, 469
最一小判 2007（平成 19）・1・25 民集 61 巻 1 号 1 頁（判百Ⅱ239，判Ⅱ135，CB18-13）［積善会
　事件］……………………………………………………………………………………………145, 333
最三小判 2007（平成 19）・4・17 判時 1971 号 109 頁（判百Ⅰ43，判Ⅰ86）……………………42
最二小判 2007（平成 19）・9・28 民集 61 巻 6 号 2345 頁 ……………………………………………289
岡山地決 2007（平成 19）・10・15 判時 1994 号 26 頁（判Ⅱ108）………………………………137
最二小判 2007（平成 19）・10・19 判時 1993 号 3 頁（判Ⅱ46）…………………………………306
最三小決 2007（平成 19）・12・18 判時 1994 号 21 頁（判百Ⅱ206，判Ⅱ104，CB17-7）………136
最二小判 2008（平成 20）・1・18 民集 62 巻 1 号 1 頁（判百Ⅰ100，判Ⅰ194）…………………138
最大判 2008（平成 20）・9・10 民集 62 巻 8 号 2029 頁（判百Ⅱ159，判Ⅱ1，CB11-15）［浜松土
　地区画整理事業計画事件］………………………………………………………………………105, 477
大阪高判 2008（平成 20）・9・26 判タ 1312 号 81 頁（判Ⅱ151）［大和都市管財事件］………143
最一小決 2009（平成 21）・1・15 民集 63 巻 1 号 46 頁（判百Ⅰ45，判Ⅰ89）……………………44
最二小判 2009（平成 21）・2・27 民集 63 巻 2 号 299 頁（判Ⅱ40，CB13-9）［ゴールド免許事件］…115
東京地判 2009（平成 21）・3・24 判時 2041 号 64 頁（判Ⅱ140）…………………………………145
最二小判 2009（平成 21）・7・10 判時 2058 号 53 頁（判百Ⅰ98，判Ⅰ189，CB9-8）［福間町公害
　防止協定事件］………………………………………………………………………………………71, 391
広島地判 2009（平成 21）・10・1 判時 2060 号 3 頁（判Ⅱ60）［鞆の浦埋立免許差止訴訟］………488
最一小判 2009（平成 21）・10・15 民集 63 巻 8 号 1711 頁（判百Ⅱ178，判Ⅱ45）［大阪サテライ
　ト事件］…………………………………………………………………………………………112, 493
最二小判 2009（平成 21）・10・23 民集 63 巻 8 号 1849 頁（判百Ⅱ251，判Ⅱ175，CB18-14）………153
最大判 2009（平成 21）・11・18 民集 63 巻 9 号 2033 頁（判百Ⅰ53，判Ⅰ180，CB1-10）…………53
最一小判 2009（平成 21）・11・26 民集 63 巻 9 号 2124 頁（判百Ⅱ211，判Ⅱ29，CB11-16）［横
　浜市保育所廃止条例事件］………………………………………………………………………105, 335
最一小判 2009（平成 21）・12・17 民集 63 巻 10 号 2631 頁（判百Ⅰ87，判Ⅱ75）［たぬきの森事
　件］………………………………………………………………………………………………………59

2010年-

最大判 2010(平成 22)・1・20 民集 64 巻 1 号 1 頁(判Ⅱ 5)［空知太神社事件］……………138
最三小判 2010(平成 22)・3・2 判時 2076 号 44 頁(判Ⅱ 174)［キツネ飛び出し事件］…………151
最一小判 2010(平成 22)・6・3 民集 64 巻 4 号 1010 頁(判百Ⅱ 241, 判Ⅱ 161)……59, 149, 193
福岡高判 2010(平成 22)・6・14 判時 2085 号 43 頁……………………………………………246
福岡高判 2011(平成 23)・2・7 判時 2122 号 45 頁………………………………………………386
最三小判 2011(平成 23)・6・7 民集 65 巻 4 号 2081 頁(判百Ⅰ 128, 判Ⅰ 111/118)［一級建築
　士懲戒処分事件］……………………………………………………………………39, 67, 204
最一小判 2011(平成 23)・9・22 民集 65 巻 6 号 2756 頁(判Ⅰ 6)……………………………175
最三小判 2011(平成 23)・10・25 民集 65 巻 7 号 2923 頁(判Ⅱ 97R1)［混合診療訴訟］………312
福岡高判 2011(平成 23)・11・15 判タ 1377 号 104 頁…………………………………………267
最二小判 2011(平成 23)・12・16 判時 2139 号 3 頁(判Ⅰ 52)……………………………………26
最一小判 2012(平成 24)・1・16 判時 2147 号 127 頁(判Ⅰ 12)［教職員国旗・国歌訴訟］………66
最二小判 2012(平成 24)・2・3 民集 66 巻 2 号 148 頁…………………………………………368
最一小判 2012(平成 24)・2・9 民集 66 巻 2 号 183 頁(判百Ⅱ 214, 判Ⅱ 59)［君が代訴訟］…129
最三小判 2012(平成 24)・2・28 民集 66 巻 3 号 1240 頁(判Ⅰ 181)［老齢加算廃止事件］………68
最三小判 2012(平成 24)・4・2 民集 66 巻 6 号 2367 頁…………………………………………246
最二小判 2012(平成 24)・4・23 民集 66 巻 6 号 2789 頁(判Ⅰ 18)［氏家町浄水場用地事件］…138
最二小判 2012(平成 24)・12・7 判時 2174 号 21 頁(判Ⅰ 175)……………………………………52
最二小判 2013(平成 25)・1・11 民集 67 巻 1 号 1 頁(判Ⅰ 177)［医薬品ネット販売禁止事件］…53
最一小判 2013(平成 25)・3・21 裁時 1576 号 2 頁［神奈川県臨時特例企業税事件］……………182
最三小判 2013(平成 25)・4・16 裁時 1578 号 9 頁［水俣病認定訴訟］…………………………243

事項索引

あ

青色申告 …………………………… 19, 179
　――特別控除 ……………………… 179
青写真論 …………………………… 476
空き家管理条例 …………………… 494
足尾銅山鉱毒事件 ………………… 344
アスベスト ………………………… 365
姉歯事件 …………………………… 460
安全情報 …………………………… 42
安全配慮義務 ………………… 23, 141

い

委員会 ……………………………… 33
閾値 ………………………………… 370
異議申立 ……………………… 90, 208
異議申立前置 ……………………… 208
意見公募手続 …………………… 51, 422
意見書 ………………………… 401, 421
意見書提出 ………………… 43, 389, 475
違憲無効説 ………………………… 154
イコール・フッティング ………… 192
維持管理積立金 …………………… 385
意思形成過程情報 ………………… 43
石綿 ………………………………… 365
遺族年金 ……………………… 279, 290
一建築物一敷地の原則 …………… 462
一元的費用調達システム ………… 306
一元論 ……………………………… 147
1号被保険者 ………………… 280, 319
一時金 ……………………………… 277
位置指定道路 ……………………… 447
一団地の総合的設計制度 ………… 462
一部事務組合 ……………………… 35
一部取消説 ………………………… 206
一部負担金 …………… 261, 310, 311
市村判決 …………………………… 465
一括指定　→　二項道路
一身専属性 …………………… 179, 244
一般競争入札 ……………………… 70
　　制限付き―― ………………… 70
一般権力関係 ……………………… 9
一般的受容方式 …………………… 181
一般的優先権 ……………………… 217
一般廃棄物 …………………… 380, 382
一般廃棄物処理計画 ………… 382, 394
一般扶助主義 ……………………… 263
一般負担金 ………………………… 304
一般法主義の原則 ………………… 36
一般保険料免除 …………………… 284
一般保険料率 ……………………… 300
委任 …………………………… 30, 70
委任行政 ………………… 31, 56, 144
委任条例 ……………………… 16, 20
委任命令 …………………………… 51
茨城県東海村 JCO 事故 ………… 371
違反是正命令 ……………………… 456
違法行為の転換 …………………… 62
違法性一元論 ……………………… 147
違法性段階説 ……………………… 350
違法性の承継 ………… 59, 118, 208
医療扶助 …………………………… 295
医療法人 …………………………… 323
色塗り ……………………………… 424
インカメラ審理 ……………… 44, 89
インクリメンタリズム …………… 334
印紙税 ……………………………… 195

う

ヴォーン・インデックス ………… 44
訴えの客観的併合 ………………… 120
訴えの変更 ………………………… 120
訴えの利益 ………………………… 205
　狭義の―― ……………………… 103
　広義の―― ……………………… 103
上書き条例 ………………………… 362
運営委員会 ………………………… 297

え

永久税主義 ………………………… 255

永久保存の原則···46
営造物規則···51
営造物公園···402
営造物緑地制度·····································485
益金···190
SEA　　→　戦略的環境アセスメント
閲覧請求権···96
エネルギー対策特別会計···························372
エンゲル方式·······································266
援護法···156
延滞金···259
延滞税································198, 213, 222

お

OECD　　→　経済協力開発機構
応益負担···238
応招義務···306
横断条項··································356, 399, 401
応答義務·······························60, 127, 422
応能負担···238
公の営造物···141
公の支配···326
公の目的···149
汚染者負担原則···································359
汚染負荷量賦課金································353
オムニバス方式·····································46
恩給法···278

か

課··30
海域公園地区······································404
外局·····································33, 169, 370
街区···424, 442
外形標準説···146
介護給付費交付金································321
戒告··77
外国税額控除·····································180
介護サービス費···································261
介護支援専門員···································325
開示請求権·······································45, 47
解釈基準·································51, 177, 185
改善命令·································364, 383, 385
ガイドライン··51
買取請求···472
開発及び保全に関する方針（地区計画）····443
開発許可·······················417, 423, 427, 444, 450
開発整備促進区·····························445, 499

開発負担金···452
外部経済···348
外部効果·······································51, 185
外部効計画···54
外部性··105, 348
外部性の内部化···································348
外部不経済····································345, 348
外部法関係···9
外壁の後退距離···································425
外壁の後退距離の限度·························438
価格固定方式······································156
化学物質安全性データシート···············358
係··30
閣議··32
閣議要綱アセス···································397
格差縮小方式······································266
学生保険料免除···································284
学生無年金問題···································289
拡大生産者責任······························359, 392
確定給付企業年金································281
確定拠出年金······································281
確認··368
確認審査報告書···································458
確認訴訟···131
確認的行為···461
確認の利益···131
過誤納金···195
加算税··································82, 179, 221
加算部分···281
瑕疵··150
過失··147
瑕疵の治癒·····································62, 123
加重返還金···82
過少申告加算税···································221
課税処分···200
課税標準······································168, 172
課税標準申告······································198
課税物件···168
課税要件···168
課税要件法定主義································173
課税要件明確主義································173
課税要件論···165
過大考慮・過小考慮······························66
過怠税··222
課徴金··82
学校事故型···147
合併特例区···35

事項索引●513

過渡的な安全性 …………………………151
カネミ油症事件 …………………………357
過納金 ……………………………195, 206
下命・禁止 …………………………57, 352
仮換地指定 …………………………478, 480
仮処分 ……………………………………134
仮の義務付け ……………………………136
仮の差止め ………………………………136
過料 ………………………………………81
科料 ………………………………………81
カルタヘナ議定書 ………………………406
簡易代執行 ………………………………77
換価 ………………………………………217
環境アセスメント …………………55, 397
環境管理 …………………………………345
環境基準 ……………………………354, 355
環境基本法 ………………………………345
環境権 ……………………………………350
環境権（憲法上の）………………………351
環境税 ……………………………………353
環境団体訴訟 ……………………………352
環境庁 ……………………………………344
環境配慮義務 ……………351, 352, 397, 399
環境負荷 …………………………………345
環境報告書 ………………………………353
環境法上の一般原則 ……………………17
環境マネジメント ………………………353
環境メディア法 …………………………346
環境ラベル ………………………………353
環境利益 …………………………………350
換刑処分 …………………………………81
完結型計画 ………………………………478
勧告 …………………………………72, 494
監査機関 …………………………………30
監査請求前置 ……………………………138
監事 ………………………………………297
監視区域 …………………………………450
監視権 ……………………………………32
監視地区 …………………………………404
慣習法 ………………………………18, 186
関税 ………………………………………170
間接規制 …………………………………353
間接強制 ……………………………… 76, 78
間接税 ……………………………………170
完全補償説 ………………………………156
換地 ………………………………………429
換地計画 …………………………………478

換地処分 ……………………………429, 478
　――を受けるべき地位 ………………477
換地設計案 ………………………………478
官庁契約　→　公共契約
還付金 ………………………………178, 195
管理組合 …………………………………483
管理処分方式 ……………………………479
管理地区 …………………………………403
完了検査 ……………………………455, 462
関連請求 …………………………………120
緩和通達 …………………………………186

き

機関委任事務 …………………………20, 36
機関訴訟 ……………………………99, 137
棄却 ………………………………………97
企業会計基準 ……………………………190
企業年金 …………………………………280
期限 ………………………………………68
期限後申告 ………………………………198
危険責任 …………………………………155
期限内申告 ………………………………198
基準設定原則 ……………………………38, 39
規制緩和 …………………………………47
規制規範 …………………………………13
規制区域 …………………………………449
規制的行政指導 …………………………72
規制の手法 ………………………………352
規則 ………………………………………16
帰属 …………………………………168, 207
羈束行為 …………………………………65
羈束裁量 …………………………………65
帰属所得 …………………………………171
基礎年金拠出金 …………………………285
既存道路 …………………………………446
既存不適格 …………………………440, 464
期待可能性 ………………………………144
北側斜線制限 ……………………………426
議定書 ……………………………………362
機能的権力分立 …………………………361
機能的自治　→　作用特定的自治
規範の授権理論 …………………………64
既判力 ………………………………122, 128
　――の客観的範囲 ……………………123
　――の時的限界 ………………………123
　――の主観的範囲 ……………………123
寄附金 ……………………………………192

みなし——	192
基本権	8
基本権保護義務論	26
基本法	15
基本保険料率	300
義務確認訴訟	465
義務説	174
義務付け訴訟	101, 127, 128, 243
申請型——	127
直接型——	128
非申請型—— → 直接型——	
義務的取消規定	388
規約	297
逆有償性	382
却下	97
客観訴訟	99, 137
救護法	263
吸収説	204
糾弾型	99
救貧法制	230
給付規則	51
給付主体	236
給付訴訟	131
給付反対給付均等の原則	234
給付費	286
給与所得控除	175
給与負担者	153
競願事例	110
協議	202
狭義の訴えの利益	113
強行法規	26, 57
共済	295
教示	61, 95
凝集利益	351
行政委員会	35
行政運営情報	42
行政概念	9
強制加入	233, 297
行政側の主張制限	210
行政官庁理論	30
行政機関	28, 30
作用法上の——	30
組織法上の——	30
行政基準	11, 50, 415
行政規則	51, 106
行政規則の外部化	185
行政計画	54, 394, 415
行政刑罰	80
行政契約	69, 336, 353, 415, 495
行政行為	14, 55, 104, 242, 415, 429
——の撤回	63
——の附款	68
——の不存在	62
——の無効	58, 61
行政罰	80
行政裁判所	22
行政裁量	64
行政指導	72, 390, 415
行政指導指針	73
行政主体	28
行政作用法上の——	28
行政組織法上の——	28
行政上の強制徴収	259, 293
行政上の秩序罰	81
行政上の不服申立	44
行政上の法の一般原則	17, 71
行政処分	56, 94, 242
行政審判	9, 83, 89
——後置	83
——前置	83
行政先例法	186
行政争訟	88
行政組織法上の行政主体	236
行政訴訟	44, 98
行政代執行	77, 385, 406, 463, 494
代執行の機能不全	494
行政庁	30, 56
強制調査	219
行政調査	47, 48, 269
行政通則法	5
行政手続	37
——条例	60
——への参加権	110
——法	11, 37
行政の緊急措置	13
行政の契約締結義務	69
行政の第一次的判断権	127
行政不服審査	243
行政文書	46
——管理規則	46
行政便宜主義	142
行政法各論 → 参照領域	
行政法総論	5, 10
行政立法 → 行政基準	

事項索引●515

行政領域　→　参照領域	
供託金	378
共通利益	416
協働原則	360
共同訴訟	121
共同命令	388
共同利益	350
業の許可（廃掃法）	383
業務起因性	295
業務独占	324
供用開始決定	23
供用関連瑕疵	152
許可	57, 327, 352, 380
許可主義	191
許可使用	487
局	30
拠出金	285, 301
居宅介護サービス計画	339
居宅サービス	339
距離制限	110, 493
規律責務	15
規律密度	15, 54, 173, 182
規律力	56, 57, 104
緊急安全措置	495
金銭給付方式	235
金銭債権	76, 78

く

区域区分	417, 438, 450
——に関する都市計画	422
クオリティ・オブ・ライフ	249
具体的納期限	213
国地方係争処理委員会	36
区分経理	191
組合会	297
組合施行	474
繰上保全差押	194
クローズド・システム	357
グローマー拒否	42
軍事扶助法	263
訓令権	32

け

ケアプラン	249
ケアマネジメント	249
ケアマネージャー	325
計画間調整	394, 435

計画段階配慮書	398, 399
計画担保責任	430
計画変更命令	354, 363
景観行政団体	488
景観協定	434
景観計画	488
景観計画提案制度	489
景観形成基準	489
景観条例	488
景観地区	441, 489
景観法	488
景観利益	26
経済協力開発機構	358
経済調和条項	344
経済的観察法	171
警察規制	154
警察許可	387
警察法上の一般原則	17
形式的基準　→　特別犠牲	
形式的当事者訴訟	100, 130
形質変更時要届出区域	369
形成原因	103
形成行為	461
形成訴訟	103
形成判決	122
形成力	123
形態意匠	444, 489
形態規制	438
K値規制	364
契約	104
契約正義論	26
ケースワーク	248, 272
結果回避可能性	143
欠格事由	382
原因者責任原則	359
減価補償金	429
現金給付の現物化	314, 324, 331
権限の融合	84
権限不行使型	147
権限濫用禁止原則	19, 270
健康保険	295
健康保険組合	30, 297
健康保険組合連合会	302
原告適格	103, 107
現在地主義	41
検査済証	455, 462
現実の危険	132

516 ● 事項索引

原処分主義……………………………97
原子力安全委員会……………………371
原子力安全基盤機構…………………373
原子力安全・保安院…………………371
原子力規制委員会……………………371
原子力規制庁…………………………371
原子力船むつ号放射能漏れ事故……371
原子力損害賠償支援機構……………378
原子力損害賠償制度…………………377
原子炉安全専門審査会………………373
原生自然環境保全地域………………402
源泉徴収………………………178, 214
源泉分離課税…………………………189
現存保障原則…………………………464
建築確認………417, 427, 440, 444, 460, 490
建築監視員……………………………463
建築基準関係規定……………………461
建築協定…………………………69, 434
建築許可制……………………428, 468, 469
建築士…………………………………459
建築自由の原則………………………432
建築主事………………………427, 457, 460
建築審査会……………………………458
建築不自由の原則……………………432
建築物の高さ制限……………………425
建築物の高さの最高限度……………438
限度額適用認定証……………………316
現物給付………………………311, 324
建ぺい率………………………424, 425, 438
権利侵害から違法性へ………………146
権利変換………………………429, 479, 484
権利擁護………………………………249
権力関係説……………………………165
権力的作用型…………………………147
権力的事実行為………………………94, 106
権力留保説……………………………14, 71
牽連性…………………………………252

こ

行為規制………………………………25
広域連合…………………………35, 237
行為形式………………………11, 50, 419
公益事業………………………………191
公益通報………………………………47
公益認定………………………………191
公益法人………………………………191
公園管理団体…………………………402
公開空地………………………433, 461
公開口頭審理…………………………90, 193
公開ヒヤリング………………………372
公害法…………………………………344
公害防止協定…………………69, 353, 390
高額医療負担金………………………304
高額療養費……………………260, 315
効果裁量………………………64, 275, 388
交換契約…………………………69, 391
後期高齢者医療広域連合……………299
後期高齢者医療制度…………………303
公共組合………30, 236, 297, 418, 429, 434, 484
公共契約………………………………70
公共減歩………………………………429
公共性…………………………………349
公共団体施行…………………429, 474
公共負担金……………………………429
公共負担原則…………………………359
公共用物………………………………23
攻撃防御方法…………………………210
公権
　――の一身専属性……………………22
　――の消滅時効………………………23
　――の法的性質………………………23
公権力性………………………………104
公権力の行使…………………………100
　実体的公権力観……………………104
　手続的公定力観……………………104
公権力の行使（国家賠償法）………141
公告……………………………………421
公告縦覧………………………55, 401, 475
抗告訴訟………………………99, 100, 243
工作物責任……………………………140
工事監理………………………………459
工事完了公告…………………………455
公私協働………………………………345
工事計画認可…………………………373
控除
　医療費――…………………………184
　外国税額――………………………190
　寄附金――…………………………192
　給付付き税額――…………………190
　繰越――……………………………187
　所得――……………………187, 189
　税額――……………………188, 190
控除説…………………………………9
公所有権………………………………23

事項索引 ● 517

公序良俗違反	26
更正	179, 199, 201
——の請求	199, 200
更正処分	19, 199
公正性	17
公正・透明の原則	36
厚生年金基金	280
構造計算適合性判定	461
高層住居誘導地区	441
拘束力	97, 114, 124, 128
拘束力（取消判決）	127
公聴会	61, 421, 489
公定力	57, 61
口頭意見陳述	96
口頭意見陳述の機会	193
高度地区	426, 441
高度利用地区	441, 479
公認会計士法	83
公表	72, 84
公物	23
公文書管理委員会	46, 47
公法学の指針的価値	17
公法・私法二元論	22
公法上の当事者訴訟	125, 206, 241, 242
公務員	144
——の個人責任	140
公用制限	154
公用物	23
効率性	18
効率性原則	71
行旅病人及行旅死亡人取扱法	263
考慮不尽・他事考慮	66
高齢者福祉	317
港湾計画	398
互換的な関係	155
国際環境法	356
国際公益	361
国際的二重課税	181
告示	17, 355, 448
国税	169
国税局	169
国税審判官	208
国税滞納処分	76, 78, 83, 217, 259
国税庁	169
国税不服審判所	169, 208
告知・聴聞	61
告知聴聞原則	38

国定公園	404
国土形成計画	437
国土利用計画	437
告発	219
告発義務	220
国民健康保険	295
国民健康保険組合	298
国民健康保険税	254
国民健康保険団体連合会	310
国民健康保険法	295
国民年金基金	280
国民皆年金体制	278
国民皆保険	296
国立公園	402, 404
国立大学法人	29
個人識別型	42
個人情報	42
個人情報保護制度	45
個人単位	240
コースの定理	348
国家責任	361
国家と社会の二元論	8
国家の責務規定	8
国家のレガリア	57
国家賠償訴訟	58
国家賠償法	140
国家補償	88
国家補償の谷間	156
固定資産課税台帳	192
固定資産税	192
固定資産評価審査委員会	192
事案解明義務	117
誤納金	195, 206
五分五乗方式	190
個別指定 → 二項道路	
固有概念	171
固有の資格	95
根幹過誤 → 処分の根幹の過誤	
根拠規範	13, 73
混合診療禁止原則	312
コンパクト・シティ	416, 500

さ

再開発等促進区	445
罪刑均衡	83, 165
裁決	97
——固有の瑕疵	97

――主義 ……………………………90, 97
再更正 ………………………………201
財産区 …………………………………35
財産権 …………………………175, 350
最終処分場 …………………………384
再使用 ………………………………392
再商品化義務 ………………………393
再商品化計画 ………………………394
再審査義務 …………………………124
再審査請求 …………………………90
財政再計算 …………………………283
財政調整 ……………………………251
財政投融資 ……………………………29
裁定 …………………………………291
最低限度 ……………………………444
裁定的関与 ……………………………92
裁判上保護に値する利益説 ………109
裁判を受ける権利 ……………………99
再賦課決定 ……………………198, 201
財務会計行為 …………………137, 138
債務名義 ………………………………75
裁量 ……………………………………89
裁量基準 ………………………………51
裁量行為 ………………………………65
裁量的開示 ……………………………43
裁量統制手法 …………………………65
作為義務 ……………………………142
差押禁止財産 ………………………218
差止請求権 ……………………………27
差止訴訟 ………………………101, 128, 129
差止訴訟（民事）……………………390
雑所得 ………………………………244
サービス給付方式 …………………235
作用特定的自治 ……………………250
参加権 …………………………249, 351
参加的効力 …………………………121
参加手続 ……………………………375
産業廃棄物 ……………………380, 382
産業廃棄物管理票 …………………385
産業廃棄物適正処理推進センター …386
3号被保険者 ………………………280
3号被保険者未納問題 ……………286
3条機関 ………………………………34
参照領域 ……………………5, 9, 164
暫定容積率 …………………………445
参与機関 ………………………………30
山林所得金額 ………………………187

し

市街化区域 ……………………423, 438
市街化調整区域 ………………423, 438
市街地開発事業 ………418, 423, 428, 473
市街地開発事業の都市計画決定 …475
市街地再開発事業 ……………418, 433
市街地再開発促進区域 ……………480
自家処理 ………………………367, 380
指揮監督権 ……………………31, 91, 185
　行政各部の―― ……………………33
事業アセスメント …………………398
事業系一般廃棄物 …………………382
事業主体 ……………………………482
事業損失 ……………………………152
事業認可 ……………………………428
事業認定 ……………………………428
時効 …………………………………213
事後規制 ………………………………47
自己決定 ……………………………231
事後重症制度 ………………………288
自己情報コントロール権 ……………45
事後届出 ……………………………449
事後届出制 …………………………450
資産調査 ………………247, 264, 269, 277
事実行為 ……………………………106
自車充当方式 ………………………396
自主回収ルート ……………………395
自主規制 ………………………345, 353
自主条例 ………………………16, 20, 391
自主調査 ……………………………369
自主的手法 …………………………353
事情裁決・決定 ………………………97
市場の失敗 …………………………348
事情判決 ……………………………122
私人間協定 ……………………69, 415, 433
始審的審査請求 ……………………208
私人による法執行 …………………360
施設サービス ………………………339
施設等機関 ……………………………29
施設認可 ……………………………327
事前規制 ………………………………47
自然景観 ……………………………485
自然公物 ………………………149, 151
事前審査制度 ………………………357
事前措置命令 ………………………363
事前通知 ……………………………202

事項索引●519

事前届出制 …………………450	私的効用性 …………………175
自然保護取締官 ……………403	自動確定方式 …………177, 195, 258
自然保護法 …………………347	指導規則 ………………………51
持続可能な発展 ……………356	自動執行性のある条約 …………16
自治事務 …………………36, 93	児童福祉 ……………………317
自治紛争処理委員 ……………36	児童扶養手当 ………………291
市町村 ………………………35	児童養護施設 ………………332
市町村障害福祉計画 …………328	指導要綱 → 指導規則
市町村処理原則 ……………380	自白の拘束力 ………………116
市町村の都市計画に関する基本的な方針 …420	シビア・アクシデント ………375
市町村分別収集計画 …………394	支部 …………………………297
市町村保育計画 ……………327	支弁 …………………………320
市町村マスタープラン → 市町村の都市計画に関する基本的な方針	市民参画 ……………………360
	市民参加手続 ……………400, 416
市町村老人福祉計画 …………328	事務事業情報 …………………43
実額課税 ……………………209	事務の共同処理 ………………35
実額反証 ……………………209	事務費 ………………………286
実現主義 ……………………171	指名競争入札 …………………70
執行課徴金 ……………………82	地元同意 ……………………390
執行機関 …………………30, 35	諮問機関 ………………………30
――の多元主義 ………………35	社会観念審査 …………65, 66, 275
執行停止 ……………95, 129, 135	社会手当 ……………………233
実効的な権利救済 …………107, 477	社会的入院 …………………319
執行の欠缺 …………………360	社会福祉計画 ………………327
執行不停止原則 ……………113, 134	社会福祉主事 ………………248
執行命令 ………………………51	社会福祉法人 ………………323
執行力 …………………………57, 76	社会扶助 ……………………232
実施計画 ………………………54	社会保険 ……………………232
実質の確定力 …………………58	社会保険組合 ………………236
実質的基準 → 特別犠牲	社会保険診療報酬支払基金 …310
実質的証拠法則 ………………90	社会保障協定 ………………267
実質的当事者訴訟 …………100, 131	社会保障計画 …………………54
実施法 → 担保法	釈明処分の特則 ……………116
執政作用 …………………………9	借用概念 ……………………171
実体的判断過程統制 ……66, 70, 377, 469	車検拒否 ………………………82
実体的判断代置 ………………66	斜線制限 ……………………426
実体法型 ………………………99	収益事業 ……………………191
質問検査権 …………………179	重加算税 ……………………221
指定確認検査機関 …………458, 460	従価税 ………………………172
指定構造計算適合性判定機関 …461	私有公物 …………………24, 447
指定市町村事務受託法人 ……338	自由裁量 ………………………65
指定省資源製品 ……………393	収支相等の原則 ……………234
指定水域制 …………………365	自由使用 ……………………487
指定地域 ……………………354	収税官吏 ……………………219
指定ばい煙総量削減計画 ……364	修正申告 ……………………199
指定法人 ……………………393	修正申告の勧奨 ……………202
指定法人ルート ……………395	修正積立方式 ………………238

自由選択主義	91
重大性要件（差止訴訟）	129
重大性要件（直接型義務付け訴訟）	129
重大な事実誤認	66
重大な損害	135
重大明白説	62, 207
住宅金融支援機構	482
集団規定	426, 446, 464
集団の利益	350, 416
重点電源開発地点	372
充当	293
収入金額	187
収入認定	271
住民訴訟	137, 481
収用	418
慫慂	199
収用権	472
縦覧	389, 421
従量税	172
就労自立給付金制度	276
受益者負担原則	444
主観訴訟	99
受給権確定行為	243, 291
受給権形成行為	243, 271
首長主義	35
主張制限	
原告側の――	117
被告行政側の――	118
恤救規則	263
出訴期間制限	58
受忍限度論	349
首尾一貫性の要請	246
守秘義務	220
授益的処分の撤回	84
主要事実	116
循環管理法	346
準景観地区	490
準工業地域	438
準則主義	191
準都市計画区域	422, 437
準防火地域	441
省	30, 33
照応原則	429, 478
障害年金	288
使用開始決定→供用開始決定	
障害者福祉	317
障害手当金	288

障害認定日	279
障害年金	279
償還払	261, 311
仕様規定	426
状況拘束性理論	155
消極目的規制	154
条件	68
条件付差押禁止財産	218
条件プログラム	50
証拠調べ	116
――申立権	96
証拠の記録に基づいた施策	46
使用者責任	140
状態責任	367
省庁設置法	33
承認	179
消費型所得概念	171
消費者の契約解除権	27
消費水準均衡方式	266
消費税	164
情報公開・個人情報保護審査会	44
情報公開制度	39
情報的手法	353
使用前検査	373
消滅時効の中断事由	216
条約	16
将来世代の利益	345, 352
省令	16
条例	16, 20, 444
職	30
職域加算	281
職域型国民年金基金	280
職域単位	236
職員健康保険法	295
職能分離	90
職務義務違反論→職務行為基準説	
職務行為基準説	147
助成的行政指導	72
除斥事由	61
職権証拠調べ	96, 116
――の禁止	116
職権処分の端緒	60
職権探知主義	96, 116
職権取消制限の法理	63, 113
所得	171
所得控除	192
所得税	164

事項索引●521

所得段階別定額保険料方式 …………322	信頼保護原則 ………19, 53, 293, 464
処分 ………………………103, 196, 453	審理官 ……………………………90
処分基準 …………………………61	診療所 …………………………306
処分義務確認訴訟 …………………130	診療報酬点数表 …………………309
処分権主義 …………………………115	診療報酬明細書 …………………310
処分時 ……………………………123	
処分性　→　処分	**す**
処分性拡大論 ………………………56	随意契約 …………………………70
処分の違法性一般 …………………123	推計課税 …………………202, 209
処分の覊束性 …………………128, 130	推計課税の禁止 …………………179
処分の根幹の過誤 ……………62, 207	水質二法 ……………………344, 365
処分の無効確認訴訟 ………………125	スクラップ・アンド・ビルド方式……33
処分要件欠如説 ……………………147	スクリーニング …………………89, 400
書面交付請求権 ………………73, 203	スコーピング ……………………400
書面審理主義 ………………………96	裾切り ……………………400, 451
処理場の設置許可（廃掃法） ………383	3R ………………………………392
自力救済禁止原則 …………………75	
知る権利 ……………………………40	**せ**
白色申告 …………………179, 203	整開保　→　整備, 開発及び保全の方針
人員, 設備及び運営に関する基準 …330	税額控除 …………………………192
侵害留保の原則 ………………12, 71	生活環境影響調査 …………………389
人格権 ……………………349, 390	生活環境配慮要件 …………………388
信義則　→　信頼保護原則	生活扶助義務 ……………………270
審級省略 ……………………………90	生活保護 …………………………263
人工公物 …………………………150	生活保護開始決定 …………………271
申告 ………………………………257	生活保持義務 ……………………270
申告納税方式 ……………177, 197	税関 ………………………………169
申告納付 …………………213, 257	請求権発生説 ……………………154
申告の無効 ………………………200	請求の追加的併合 …………………120
審査委員会 ………………………310	制限的所得概念 …………………171
審査基準 …………………………60	政策手法 ……………………345, 352
審査指針 …………………………373	清算金 ……………………………479
審査請求 ……………………90, 208	生産緑地地区 ……………………442
――中心主義 …………………91, 208	成熟性 ………………104, 440, 476
審査庁 ……………………………458	精神的表示行為 …………………106
審査登録機関 ……………………354	税制の中立性維持の原則 …………176
真摯かつ明確な不服従の意思表明……74	生息地等保護区 …………………403
紳士協定説 …………………………71	生態系維持回復事業 ………………402
新住宅市街地開発事業 ……………473	正統性 ……………………………17
申請型義務付け訴訟 ………………101	制度論的体系論 …………………235
申請権 ……………………127, 334	性能規定 …………………………426
申請に対する処分 …………………60	整備, 開発及び保全の方針 ………419
申請免除 …………………………284	政府契約　→　公共契約 …………70
迅速処理原則 ………………………38	生物多様性国家戦略 ………………397
診断群分類包括評価方式 …………309	生物多様性条約 ……………403, 406
審判官 ……………………………89	成文法源 …………………………15
新保護規範説 ……………………109	税務署 ……………………………169

税務代理人	202	即時確定の利益	132
税務調査	201	即時執行	78, 495
税率	168, 172, 188	即時発効原則	113
政令	16	組織規則	51
政令指定都市	35	組織規範	13, 74
責任集中	377	組織共用文書	41
責務規範	49	組織的の過失	149, 157
是正命令	458	ソーシャルワーク	248
世代間扶養	250, 281	訴訟告知	121, 128
世帯単位	240	訴訟参加	121, 128
積極目的規制	154	行政庁の――	122
設計・施工分離	460	第三者の――	122
絶対高さ制限	425, 426	租税	164
絶対的差押禁止財産	218	租税回避行為	180
設置管理者	153	租税公平主義	172
接道義務	427, 446, 448	租税債務関係説	165
セットバック義務	447	租税政策論	175
説明責任	40	租税滞納処分	213
前期高齢者医療	302	租税特別措置	176
専決	31	租税重課措置	176
先行行為の違法性	138	租税優遇措置	176
先行買収	429	租税法律主義	173
全国健康保険協会	297	措置制度	248, 331
選定療養	315	措置命令	385
選任監督者	153	即決裁判手続	80
線引き	422, 438	ゾーニング	424
全部留保説	13	損益通算	187
戦略的環境アセスメント	398	損害	143
日本版 SEA	398	損害賠償措置	378
		損失補償	64, 154, 157, 402, 405, 428
そ		――の要否	470
総額主義	210		
相関関係説	146	**た**	
操業記録閲覧請求	385	第1種市街地再開発事業	479
総合所得税	188	第1種社会福祉事業	325
総合設計制度	461, 498	第1種低層住居専用地域	438
総合判断説	381	第2種市街地再開発事業	479
相互独立主義	91, 208	第2種社会福祉事業	325
争訟取消	63	代位行使	138
相対的行政処分論	440	代位責任	149
争点主義	210	第一次判定	338
争点整理	116	第1種指定化学物質	358
争点訴訟	62, 125, 478	第1種使用規程	406
相当補償説	156	対価性	234
総量規制基準	354, 364, 366	大規模小売店舗法	499
遡及の消滅	63	代決	31
遡及の無効	292	代行部分	281

事項索引●523

第三者効	123
第三者再審の訴え	122
代執行	458
——令書	77
代執行権	32
対象選択の適否	131
対象判定	400
退職者医療制度	302
退職所得金額	187
大臣委員会	371
対世効 → 第三者効	
代替執行	76
代替的作為義務	77, 385
台帳課税主義	192
第二次納税義務	216
第二次判定	338
第2種指定化学物質	358
滞納処分	215–217, 283
ダイバージョン → 犯罪の非刑罰的処理	
代理	31
狭義の法定——	31
指定——	31
授権——	31
任意——	31
法定——	31
代理受領	261, 314, 315, 339
対流原則	435, 488
ダウンゾーニング	439
多極分散型	496
宅地開発指導要綱	452
多元の規制システム	84
多層的役割分担原則	361
立入制限地区	404
タックス・ヘイブン	180
ダブル・チェック体制	371
他有公物	149
短期給付	295
短期保険	238
単純無申告犯	219
単純累進税率	172
担税力	171, 175
団体委任事務	36
単体規定	426, 464
団体事務	36
担保法	16

ち

地域型国民年金基金	280
地域自治	35
地域指定制公園	402, 487
地域制緑地制度	485
地域地区	424
地域密着型サービス	330
地球環境問題	344, 361
地区計画	424, 442
地区計画区域	443
地区計画条例	444
地区施設	442
地区整備計画	443
秩序罰	
条例違反に対する——	82
法律違反に対する——	81
地方支分部局	33
地方税	169
地方税条例主義	182
地方税滞納処分	82, 259
地方税法	182
地方団体	169
——の課税権	182
注意義務違反	147
仲介的行政作用 → 媒介行政	
中核市	35
中間検査	462
中間検査合格証	462
中間処理施設	384
中期計画	29
中期目標	29
注視区域	450
中止命令・原状回復命令	403
駐車施設の付置義務	442
駐車場整備地区	442
中心市街地活性化協議会	500
庁	34
超過課税	182
超過累進税率	172
調査査察部	169
徴収手続	205
徴収納付	214
鳥獣保護区	403
調整金	304
調整交付金	304
調整的行政指導	72

調整保険料……………………302
調達契約　→　公共契約
聴聞主宰者……………………61
聴聞手続………………………61
直接規制………………………352
直接強制…………………76, 78
直接税…………………………170
直罰制……………………48, 364
直近上級行政庁………………90

つ

追納……………………………284
通告児童………………………331
通告処分………………81, 168, 220
通常共同訴訟…………………121
通達（通知）…………51, 106, 177, 184, 368
　　基本──………………184
　　個別──………………184
償うことのできない損害……136, 137
積立方式………………………237

て

定額刑…………………………219
定期検査………………………373
定時決定………………………283
訂正請求権……………………45
適格消費者団体………………27
適合義務………………………430
適正処分………………………392
出来高払制……………………309
撤回……………………………179
撤回権制限の法理……………63
撤回権留保……………………68
手続の司法審査………………67
手続的手法……………………354
手続的法治国説………………38
天空率…………………………426
伝統的建造物群保存地区……441, 487
転落事故………………………151

と

同意……………………………452
同意を要する事前協議制……183
統合的環境保護………………346
当事者争訟……………………131
当事者訴訟…………99-101, 128
当事者適格……………………107

透明性…………………………17
登録免許税……………………196
道路斜線制限…………………426
道路に関する規制………426, 446
特殊建築物……………………460
特殊法人………………29, 259, 297
独自ルート……………………395
独占禁止法……………………82
督促……………………………216
督促状…………………………259
特定街区…………………441, 462
特定行政庁………………427, 458
特定財源………………………170
特定施設………………………366
特定疾病………………………319
特定独立行政法人……………29
特定粉じん……………………365
特定防災街区整備地区………441
特定包装………………………393
特定保険料率…………………300
特定有害物質…………………367
特定容器………………………393
特定療養費……………………312
特定歴史公文書等……………46
特別会計………………………237
特別管理廃棄物………………382
特別犠牲………………………154
特別行政法……………………164
特別区…………………………35
特別権力関係………………8, 105
特別工業地区…………………441
特別地域………………………404
特別地方公共団体……………35
特別徴収……………214, 244, 258
特別の機関……………………371
特別の更正の請求……………200
特別排出基準…………………364
特別保護地区……………403, 404
特別緑地保全地区………442, 486
独立行政法人…………………28
独立当事者参加………………121
特例市…………………………35
特例容積率適用地区………441, 497
都市計画……………54, 398, 415, 419
都市計画基礎調査……………468
都市計画区域……………419, 422, 437
都市計画区域マスタープラン　→　整備,

事項索引●525

　　　開発及び保全の方針
都市計画決定 …………………………422
都市計画策定手続 ……………………420
都市計画事業制限 ……………………471
都市計画事業認可　→　事業認可
都市計画審議会 ………………………422
都市計画税 …………………… 193, 418
都市計画制限 …………………………470
　　　長期の── ……………………157
都市計画提案制度 ……………………421
都市計画道路 …………………………428
都市景観 ……………………… 350, 485
都市再開発方針 ………………………479
都市再生 ………………………………496
都市再生機構 …………………………482
都市再生特別地区 …………… 441, 497
都市施設 ……………… 418, 423, 428
　　　──に関する都市計画決定 …468
都市地域 ………………………………437
土地改良事業 …………………………473
土地区画整理組合 ……………… 30, 429
土地区画整理事業 …………… 418, 473
土地収用 ………………………………428
土地利用規制 …………………………417
土地利用基本計画 ……………………437
特許 ………………………………………57
特許使用 ………………………………487
都道府県 …………………………………35
　　　──医療計画 ………………307
　　　──障害福祉計画 …………328
　　　──分別収集促進計画 ……394
　　　──保育計画 ………………328
　　　──立自然公園 ……………404
　　　──老人福祉計画 …………328
届出 ………………… 60, 306, 327, 363
豊島産業廃棄物不法投棄問題 ………381
取消 ……………………………………122
取消権 ……………………………… 32, 91
取消訴訟 ………… 57, 101, 127, 198, 243
　　　──の訴訟物 …………………210
　　　──の排他的管轄 ……… 57, 100
取締法規 ………………………… 26, 57
取引規制 …………………………………26
取引費用 ………………………………349

な

内閣 ………………………………………32

内閣総理大臣 ……………………………32
　　　──の異議 ……………………134
内国税 …………………………………170
内部効計画 ………………………………54
内払調整 ………………………………293
内部部局 …………………………………33
ナショナルパーク ……………………402

に

二階建て構造 …………………………278
二元的費用調達システム ……………324
二項道路 ……………………… 447, 458
2号被保険者 ………………… 280, 319
二国間原子力協定 ……………………377
二次法 …………………………………362
二重指定制 ……………………………307
二重処罰禁止原則 ………………………83
日本年金機構 ………………… 259, 283
入札参加資格否認 ………………………84
認可 ………………… 57, 297, 326, 327, 476
認証 ……………………………………354
認証機関 ………………………………354
認証保育所 ……………………………329
認定 ……………………………………395
認定特定非営利活動法人 ……………191
認容 ………………………………………97

ね

根切り工事 ……………………………466
熱回収 …………………………………392
年金 ……………………………………277

の

納期限 …………………………………195
納税義務者 ……………………………168
納税の告知 ……………………………216
納税猶予 ………………………………194
濃度規制 ……………… 354, 364, 366
納入告知 ………………………………258
納付金 …………………………………321
納付告知 ………………………………217
納付の請求 …………………… 215, 216
納付命令 …………………………………83
農用地土壌汚染対策計画 ……………367
ノーマライゼーション ………………249

は

ばい煙 …………………………………364
バイオセーフティ ……………………406
媒介行政 ………………………………325
廃棄物 …………………………………381
排出基準 ………………………………354
配当 ……………………………………217
配慮義務 ………………………………392
白紙委任の禁止 ………………………52
8条機関 ………………………………34
発生型所得概念 ………………………171
発生抑制 ………………………………392
罰則 ……………………………………72
パブリック・インボルブメント ……55
パブリック・コメント …………51, 55
判決 ……………………………………122
判決時 ……………………………127, 128
犯罪の非刑罰的処理 …………………81
反射的利益論 …………………………143
反則金 …………………………………81
犯則調査 …………………………48, 202
犯則調査手続 …………………168, 219
判断過程の過誤欠落審査 ……………68
反復禁止効 ……………………………125
反面調査 ………………………………202
判例法 …………………………………18
反論書 …………………………………96

ひ

PRTR → 化学物質安全性データシート
PRTR法 ………………………………357
PFI契約 ………………………………70
日影規制 ………………………………426
非完結型計画 …………………………478
美観地区 ………………………………487
非金銭債権 …………………………77, 79
ピグー税 ………………………………348
非刑罰的処理 …………………168, 220
非訟事件 ……………………………9, 81
被侵害法益 ……………………………143
被侵害利益の性質 ……………………111
非線引き都市計画区域 ………………438
必須計画施設 …………………………468
必置規制 ………………………………237
必要即応原則 …………………………247
必要的共同訴訟 ………………………121

非犯罪化 ………………………………81
非法定行政指導 ………………………72
被保険者 ………………………………233
日雇特例被保険者 ……………………302
病院 ……………………………………306
評価書 …………………………………401
評価調書 ………………………………192
評価療養 ………………………………315
標準処理期間 ………………60, 127, 460
標準税率 ………………………………182
標準報酬月額・標準賞与額 …………283
平等原則 ……………20, 66, 71, 175, 185
費用負担者 ……………………………153
比例原則 …18, 71, 83, 165, 270, 275, 355, 357, 464
比例税率 ………………………………172

ふ

VOC ……………………………………365
風景地保護協定 ………………………402
風致地区 …………………………441, 485
賦課課税方式 …………………………177
賦課金 ……………………………353, 429
不確実性 ………………………………357
不確定法概念 …………………………174
賦課決定 …………………………198, 201
　──通知 ……………………………216
不可争力 ………………………58, 61, 95
賦課徴収手続 …………………………173
賦課納付方式 …………………………258
不可変更力 ……………………58, 97, 113
賦課方式 ………………………………237
附款 ……………………………………389
不許可補償 ……………………………405
福祉国家 ………………………………231
福祉事務所 ……………………………237
福島第一原発事故 ……………………371
複数請求訴訟 …………………………120
袋路状道路 ……………………………447
不作為の違法確認訴訟 ……101, 127, 243
不作為の違法確認訴訟（地方自治法）………36
不受理 …………………………………61
付随的効果論 …………………………476
不整合処分の取消義務 ………………124
不遡及取消 ……………………………63
附属機関 ………………………………34
附帯税 …………………………………221
負担 ……………………………………68

事項索引●527

普通税 170
普通地域 404
普通地方公共団体 35
普通徴収 197, 258
物理的事実行為 106
不適合通知 458
不当利得返還請求 293
不納付加算税 214, 221
不服申立資格 94
不服申立前置 88, 208, 243, 458
不服申立適格 95
不服申立の利益 95
部分開示 42
部分社会の法理 9
部分的法秩序 → 特別権力関係
不文法源 15, 17
不要物 381
プライバシー型 42
プライバシーの権利 45
プランナー 416
不利益処分 47, 61, 203, 363
フリーライダー 395
府令 16
プログラム規定説 154
文教地区 441
文書閲覧原則 38, 40
文書作成義務 46
文書提出命令 117
文書等閲覧請求権 61
粉じん 365
分析的アプローチ 103
紛争の一回的解決 39, 119
分別収集義務 393, 394
紛争の成熟性 → 即時確定の利益
文理解釈 180
分離課税 188

へ

併給調整 247, 292
併合提起 101, 127
併存説 204
壁面線の指定 448
返送命令 406
弁明書の要求権 96
弁明の機会の付与 61, 274
返戻 61
弁論主義 116

ほ

保安規程認可 373
保育所方式 331
防火地域 441
包括承継 194
包括的委任条項 51
包括的所得概念 171, 190
法規命令 50
法源 15
防災街区整備地区計画 442
法人情報 42
法人税 164
法人認可 326
法人文書 46
放置違反金 82
法治主義 → 法律による行政の原理
法定外抗告訴訟 101, 128, 130
法定外普通税 183
法定外目的税 183
法定行政指導 72
法定主義の原則 36
法定受託事務 36, 92
法定申告期限 197
法定調査 369
法定免除 284
法的効果 56, 106
法の支配 12
方法書 400
方法選択の適否 132
法律行為認可 449
法律実施条例 362
法律上保護された利益説 108
法律先占論 21, 71
法律による行政の原理 9, 11, 71, 147
法律の法規創造力 12
法律の優位 12, 71
法律の留保 12, 71
　——の二段階構造 57
法律要件分類説 209
法令違反行為効力論 25
補完性 361, 433, 435, 488
保険医・保険薬剤師 307
保険医療機関 307
保険医療機関及び保険医療養担当規則 309
保険給付 233
保険者 233

保険者自治 …………………………249
保険薬局 ……………………………307
保険料 …………………………233, 234
保険料水準固定方式 ………………282
保護請求権 …………………………263
補充性 …………………………130, 134
補充性要件（差止訴訟）…………129
補充性要件（直接型義務付け訴訟）…129
補充訴訟 ……………………………125
保証金 …………………………………70
補償法 ………………………………156
補助機関 ………………………………30
補助金 ………………………………353
補助参加 ……………………………121
補正 …………………………………401
保税地域 ……………………………172
補足性 ……………247, 264, 275, 277
逋脱犯 ………………………………219
ポツダム命令 …………………………17
ホテルコスト ………………………323
保有個人情報 …………………………45
ポリシー・ミックス ………352, 365
保留地 …………………………429, 479
保留地減歩 …………………………429
保留床 ………………………………479
本質性理論 ……………………… 14, 71
本人調査 ……………………………202
本来の用法 …………………………151

ま

マクロ行政計画 ………………………54
マクロ経済スライド ………………251
マーケット・バスケット方式 ……265
マスタープラン ………………………54
まちづくり交付金 …………………500
マニフェスト → 産業廃棄物管理票
マニュアル情報 ………………………45
マンション建替え組合 ……………483

み

ミクロ行政計画 ………………………54
水際作戦 ……………………………269
ミティゲーション …………………397
ミニ・アセスメント → 生活環境影響調査
身分証明書 …………………………202
民間主導開発原則 …………………432
民事執行 ………………………………83

民事訴訟 ……………………………140
民事特別法 ……………………………25
民事保全 ……………………………134
民衆訴訟 ………………………… 99, 137
民主主義的租税観 …………………174
ミーンズテスト → 資産調査
民生委員 ……………………………268

む

無過失責任 …………………………150
無限責任 ……………………………378
無効確認訴訟 → 無効等確認訴訟
無効等確認訴訟 ………62, 101, 125, 136, 478
無差別平等原則 ……………………263
無申告加算税 …………………198, 221
無名抗告訴訟 → 法定外抗告訴訟

め

名称独占 ……………………………324
明白性補充要件説 ……………… 62, 207
明白性要件 …………………………207
命令 ……………………………… 16, 72
命令・監督手法 → 直接規制
命令等 …………………………………51
免許 …………………………………305

も

申出 …………………………………443
目的違反・動機違反 …………………66
目的の基準 ……………………………21
目的拘束原則 → 権限濫用禁止原則
目的税 …………………………170, 252
目的論的解釈 ………………………180
黙秘権保障 ……………………… 49, 219
目標プログラム ………………………54
目標容積率 …………………………445
モザイクアプローチ …………………42
勿論解釈 ……………………………157
モデル租税条約 ……………………181

ゆ

有害大気汚染物質 …………………365
有効性 …………………………………18
誘導 ……………………………433, 443, 445
誘導課徴金 …………………………353
誘導的手法 …………………………353
誘導容積型地区計画 ………………445

踰越・濫用……………………………64
輸入承認……………………………406

よ

要介護認定…………………………338
要件裁量……………………42, 64, 174
　　──の否定………………166, 185
要綱行政………………………73, 416, 434
容積率………………425, 426, 433, 438
要措置区域…………………………369
用途規制……………………………438
用途地域……………423, 424, 438, 492
要保護児童対策地域協議会………332
要保障事故別の体系論……………235
要保障事由…………………………230
予見可能性…………………………143
予算抗弁の排斥……………………150
予定納税制度………………………178
予防原則………………………357, 365
予防接種事故………………………156
予防訴訟……………………………125
予防的アプローチ…………………357
四大公害事件………………………344

り

利益説………………………………174
利子税………………………………222
リスク…………………………345, 357
立憲主義………………………………8
リーニエンシープログラム…………82
リベラルな租税回避観……………181
略式手続………………………………80
流通業務地区………………………442
理由提示………………………38, 60, 203
理由提示義務………………61, 67, 118
理由の差替え…………………63, 118
理由附記……………………………179
療担規則　→　保険医療機関及び保険医療
　　養担当規則

利用調整地区………………………404
利用停止請求権………………………46
療養の給付…………………………311
緑化地域……………………………442
緑化率………………………………444
緑地協定……………………………434
緑地保全地域…………………442, 486
稟議制…………………………………32
臨港地区……………………………442
隣地斜線制限………………………426

る・れ

累進税率……………………………172

例外許可……………………………458
令状主義…………………………49, 219
歴史公文書等…………………………46
歴史的風土特別保存地区……441, 487
レコード・スケジュール……………46
レセプト……………………………310
レファレンダム型……………………55
レンジャー　→　自然保護取締官
連担建築物設計制度………………462

ろ

労役所留置……………………………81
労災保険……………………………295
労使折半……………………………252
老人医療無料化……………………296
老人保健法…………………………296
労働者共済…………………………230
労働者年金法………………………278
老齢年金………………………279, 287

わ

和解契約………………………………69
枠組条約……………………………362
ワークショップ型……………………55
ワシントン条約……………………405

法令索引

■ 憲法

憲法 ……………15, 20, 21, 40, 44, 51, 99, 173
　13条 ……………………………………245
　14条 ……………………………………175
　25条 ……………………………………245
　29条 ……………………………154, 175, 470
　35条 ……………………………………219
　38条 ……………………………………219
　44条 ……………………………………245
　84条 ………………………………181, 322
　89条 ……………………………………326
　94条 ……………………………………181

■ 法令

あ 行

医師法 ……………………………………305
一般社団法人及び財団法人に関する法律…7
遺伝子組換え生物等の使用等の規制による生物の多様性の確保に関する法律
　［カルタヘナ法］ ……………………406
医療法 ……………………………………106
　7条 ………………………………306, 307, 323
　21条 ……………………………………306
　23条 ……………………………………306
　30条 ……………………………………307
　39条 ……………………………………323
　54条 ……………………………………323
印紙税法
　3条 ……………………………………195
　7条 ……………………………………195
　8条 ……………………………………195
　20条 …………………………………222

か 行

会計法 ……………………………………23
外国為替及び外国貿易法 ………………405
介護保険法 ………………………………92
　3条 ……………………………………236
　7条 ……………………………………319
　8条 ……………………………………339
　19条 …………………………………338
　24条 …………………………………338
　27条 ………………………………338, 339, 341
　32条 …………………………………339
　35条 …………………………………339
　41条 ………………………………261, 323, 339
　42条 …………………………………341
　46条 ………………………………249, 339
　48条 ………………………………323, 339
　50条 …………………………………323
　51条 …………………………………323
　66条 …………………………………261
　69条 …………………………………324
　70条 …………………………………330
　73条 …………………………………330
　74条 …………………………………330
　78条 …………………………………330
　79条 …………………………………325
　81条 …………………………………325
　94条 …………………………………330
　121条 ………………………………322
　122条 ………………………………323
　123条 ………………………………323
　124条 ………………………………323
　125条 ………………………………322
　129条 ……………………………321, 322
　131条 ………………………………244
　132条 ………………………………257
　147条 ………………………………323
　148条 ………………………………323
　150条 ………………………………322
　183条 ………………………………258
介護保険法施行令 ………………………322
化学物質の審査及び製造等の規制に関する法律［化審法］ …………………357
河川法 ……………………………………77
学校教育法 ………………………………18
学校施設の確保に関する政令 ………17, 78

環境影響評価法 ·················55
　2条 ························400
　3条 ························399
　5条 ························400
　7条 ························401
　9条 ························401
　10条 ·······················401
　11条 ·······················401
　14条 ·······················401
　22条 ·······················401
　23条 ·······················401
　24条 ·······················401
　25条 ·······················401
　33条 ····················356, 399
　40条 ·······················399
環境基本法
　3条 ························354
　4条 ···················351, 354, 356
　5条 ························354
　6条 ························351
　8条 ························354
　16条 ·······················354
　20条 ·······················397
　21条 ·······················352
　22条 ·······················353
関税定率法 ·····················170
関税法 ······················170, 405
教育基本法 ······················15
行政機関の保有する個人情報の保護に関
　する法律 ······················45
行政機関の保有する情報の公開に関する
　法律 [情報公開法] ·············17, 40
行政事件訴訟法 ··················168
　3条 ····················99, 101, 127
　4条 ·····················99, 131
　5条 ·························99
　6条 ·························99
　7条 ·························98
　9条 ···················108, 112, 114
　10条 ·················97, 117, 387
　11条 ·······················459
　13条 ····················120, 121
　16条 ·······················120
　19条 ·······················120
　21条 ··················121, 148, 459
　22条 ·······················122
　23条 ····················116, 122
　24条 ·······················116
　25条 ·······················135
　31条 ·······················122
　32条 ·······················124
　33条 ·······················124
　34条 ·······················122
　36条 ····················125, 134, 136
　37条 ··················127, 128, 129, 136
　42条 ·························99
　44条 ·······················134
　45条 ·······················127
行政代執行法 ···················5, 76
行政手続法 ············5, 13, 37, 39, 51, 59, 72, 94
　2条 ························266
　35条 ·······················203
　39条 ·······················266
行政不服審査法 ··················89
　1条 ······················94, 95
　2条 ·························94
　4条 ······················94, 95
　5条 ·························92
　6条 ······················91, 92
　7条 ·························91
　9条 ·························96
　14条 ·························95
　21条 ·························96
　25条 ·························96
　27条 ·························96
　28条 ·························96
　29条 ·························96
　30条 ·························96
　34条 ·······················135
　40条 ·························97
　43条 ·························97
　47条 ·························97
　57条 ·························95
競争の導入による公共サービスの改革に
　関する法律 ····················70
金融商品取引法 ·············48, 83, 89
国等における温室効果ガス等の排出の削
　減に配慮した契約の推進に関する法律
　······························356
国の債権の管理等に関する法律·········79
景観法 ························418
　7条 ························488
　8条 ························489
　9条 ························489

11条	489
16条	489
17条	489
61条	489, 490
63条	490
64条	490
72条	490
73条	490
74条	490
76条	491
81条	434
102条	489
警察官職務執行法	76
警察法	48
刑法	492
健康保険法	30
2条	309
4条	236, 297
5条	297
7条	297
11条	297
12条	297
17条	297
18条	297
21条	297
22条	297
53条	297
61条	244
62条	243
63条	307, 311
64条	307
65条	260, 307
74条	238, 261, 310, 312
76条	310
82条	310
84条	297
85条	314
86条	313, 314
87条	315
88条	314
97条	315
99条	315
100条	315
101条	315
102条	315
110条	240, 314
111条	314
112条	315
113条	315
114条	315
115条	260, 315
123条	302
151条	303
152条	303
153条	303
154条	303
156条	300
160条	297, 300
161条	257, 301
162条	297
164条	258
173条	302
189条	258
健康保険法施行令	315
原子力委員会設置法	370
原子力規制委員会設置法	370
原子力基本法	370
原子力損害の賠償に関する法律［原賠法］	370
原子力損害賠償支援機構法	378
原子炉等規制法	370
1条	374
43条	373, 375
建設工事に係る資材の再資源化等に関する法律［建設リサイクル法］	395
建築基準法	13, 25, 93, 105, 113, 144, 417
2条	458
3条	464, 465
4条	457
5条	460
6条	427, 456, 458, 460-463, 490
7条	462
9条	458, 463, 490
10条	464, 494
11条	464
18条	461
41条	427
42条	446, 447, 458
44条	448
45条	449
47条	448
48条	458, 461
49条	441
52条	425, 431, 448

53条	424, 448
54条	425
55条	426
56条	426
57条	497
58条	426
59条	461
60条	462, 497
68条	444
69条	434
73条	458
77条	457, 458
78条	458
86条	462
94条	458
96条	458
99条	462
建築基準法施行令	447, 456
建築士法	459
公営住宅法	25, 418, 482, 483
公益社団法人及び公益財団法人の認定等に関する法律［公益認定法］	7
7条	388
14条	388
19条	191
29条	388
公害健康被害の補償等に関する法律	353
公害防止事業費事業者負担法	367
工業標準化法	51
厚生年金保険法	280
2条	236
20条	283
21条	283
33条	242, 291
36条	291
38条	247, 292
39条	293
40条	293
41条	244
42条	288
43条	251, 288
45条	288
47条	288
50条	288
53条	289
55条	288
58条	290
59条	290
60条	241
63条	290
78条	241
80条	286
81条	241, 258, 283, 284
82条	257, 283
83条	258
89条	293
90条	258
92条	291
107条	280
厚生労働省設置法	13, 33
公認会計士法	83
公文書等の管理に関する法律	46
高齢者の医療の確保に関する法律［高齢者医療確保法］	251
32条	251, 302
36条	251
48条	236, 299
93条	304
96条	304
98条	304
99条	304
100条	303
102条	304
103条	304
104条	301
116条	304
120条	303
国税徴収法	24, 76, 167
8条	217
15条	217
32条	216, 217
47条	217
61条	217
75条	218
76条	218
77条	218
78条	218
94条	217
151条	218
153条	218
国税通則法	48, 93, 167
5条	194
6条	194
7条	194

15条	194, 257	14条	449
17条	198	23条	449
19条	199	24条	449
20条	199	26条	449
23条	200	27条	450
24条	179, 201	46条	449
25条	179, 201	国民健康保険法	258
26条	201	3条	236
29条	205, 206	5条	240, 298
31条	198	6条	240, 298
32条	198, 216	9条	260
35条	213	10条	298
36条	216	17条	298
37条	216	40条	307
38条	194	42条	310
40条	216	43条	261
46条	194	44条	261
48条	194, 195	45条	310
60条	213, 222	57条	240
64条	222	63条	259
65条	179, 199, 221	69条	303
66条	221	70条	304
67条	214, 221	72条	304
68条	221	76条	240, 254, 301
70条	198, 199	77条	239
72条	195, 213	80条	259
73条	216	81条	301
74条	179, 201-203, 220	91条	258
75条	208	国民健康保険法施行規則	299
78条	208	国民健康保険法施行令	301
80条	208	国民年金法	258
94条	209	3条	236
98条	209	16条	291
99条	209	18条	291
115条	206, 208	19条	244
126条	220	20条	292
127条	202	21条	293
国税犯則取締法	168	23条	293
1条	219	26条	239, 258, 288
2条	219	27条	239, 284, 288
12条	219	29条	288
13条	220	30条	288, 289
14条	220	33条	288
16条	220	35条	289
18条	220	37条	290
国土利用計画法		38条	290
12条	449	39条	290

法令索引 ●535

40 条 ……………………………………290
75 条 ……………………………………258
85 条 …………………………………238, 286
86 条 ……………………………………286
87 条 ……………………………………283
88 条 ……………………………………283
89 条 …………………………………239, 284
90 条 ……………………………………284
92 条 ……………………………………259
94 条 ………………………………240, 283-285
95 条 ……………………………………293
96 条 ……………………………………259
97 条 ……………………………………259
101 条 ……………………………………258
102 条 ……………………………………291
109 条 ……………………………………259
115 条 ……………………………………280
国立大学法人法 ………………………29, 91, 145
個人情報の保護に関する法律 ………………45
戸籍法 ……………………………………52
国家行政組織法 …………………5, 33, 41, 51, 265
国家公務員共済組合法 ……………………280
　3 条 ……………………………………236
　21 条 ……………………………………285
　102 条 ……………………………………285
国家公務員法 ………………………………220
国家賠償法 ………………………………58, 168
　1 条 …………………………………140, 141, 333
　2 条 …………………………………140, 149
　3 条 …………………………………140, 153, 459
子ども・子育て支援法 ………………………337
雇用保険法 ………………………………236

さ 行

災害対策基本法 ……………………………51
財政法
　11 条 ……………………………………237
　12 条 ……………………………………237
　13 条 ……………………………………237
　14 条 ……………………………………237
歯科医師法
　2 条 ……………………………………305
　7 条 ……………………………………306
　17 条 ……………………………………306
　18 条 ……………………………………306
　19 条 ……………………………………306
資源の有効な利用の促進に関する法律 ……392

自作農創設特別措置法 ……………………24
自然環境保全法 …………………………402
自然公園法 ……………………………155, 402, 404
自転車競技法 …………………………112, 492, 493
児童虐待の防止に関する法律［児童虐待防止法］ ……………………………48
　6 条 ……………………………………331
　8 条 ……………………………………332
　9 条 ……………………………………332
　12 条 ……………………………………332
自動車 NOx・PM 法 ………………………364
児童手当法 ………………………………287
　8 条 ……………………………………292
　18 条 ……………………………………287
　20 条 ……………………………………287
　21 条 ……………………………………287
児童福祉施設の設備及び運営に関する基準 ……………………………………325
児童福祉法 ……………………19, 69, 105, 241
　2 条 ……………………………………331
　18 条 ……………………………………325
　20 条 ……………………………………318
　21 条 ……………………………………319
　23 条 ……………………………………318
　24 条 ……………………………237, 241, 242, 318, 319
　25 条 ……………………………………331, 332
　26 条 ……………………………………332
　27 条 ……………………………………319, 333
　28 条 ……………………………………332
　35 条 ……………………………………327
　41 条 ……………………………………332
　46 条 ……………………………………330
　51 条 ……………………………………320
　53 条 ……………………………………320
　55 条 ……………………………………320
　56 条 ……………………………………238, 320, 328
　59 条 ……………………………………329
児童扶養手当法 …………………………52, 291
社会福祉士及び介護福祉士法 ……………324, 325
社会福祉法
　2 条 ……………………………………326
　14 条 ……………………………………237
　18 条 ……………………………………248
　25 条 ……………………………………326
　32 条 ……………………………………326
　36 条 ……………………………………326
　47 条 ……………………………………326

56条	326
58条	326
60条	326
61条	327
62条	327
65条	327
69条	326
83条	249
住生活基本法	418
住民基本台帳法	106
酒税法	172
循環型社会形成推進基本法	392
2条	392
7条	392
11条	392
障害者の日常生活及び社会生活を総合的に支援するための法律［障害者総合支援法］	
22条	319, 340
23条	341
29条	238
30条	341
36条	328
83条	327
88条	328
89条	328
障害者総合支援法施行規則	341, 342
使用済自動車の再資源化等に関する法律［自動車リサイクル法］	396
消費者契約法	27
食品衛生法	5, 26, 106
食品循環資源の再生利用等の促進に関する法律［食品リサイクル法］	395
9条	396
10条	396
11条	396
15条	396
19条	396
所得税法	24, 172
5条	257
22条	189
23条	188
24条	188
35条	244
69条	188
73条	184
78条	192
89条	190
92条	190
95条	190
104条	178
120条	195, 198
138条	195
143条	179
150条	179
155条	203
156条	209
181条	178
183条	214
222条	215
231条	204
238条	179, 219
241条	219
所得税法施行令	184
私立学校教職員共済組合法	280
身体障害者福祉法	327
森林法	110
水質汚濁防止法	354
2条	367
4条	355
5条	363
10条	368
水道法	5, 69, 242
生活保護法	23, 36
2条	266
4条	240, 247, 269, 270
7条	268
8条	247, 264
9条	247
10条	240
22条	268
24条	92, 242, 268, 269, 271
25条	268, 271, 274
26条	274
27条	248, 272
28条	247, 264, 269, 270, 274
29条	274
56条	274
57条	243
58条	244
59条	244
60条	272
61条	274
62条	248, 272, 274

66条	272
69条	272
75条	266
生活保護法施行規則	273
生産緑地法	486
精神保健及び精神障害者福祉に関する法律	319
生物多様性基本法	397
絶滅のおそれのある野生動植物の種の保存に関する法律［希少種保護法］	403-406
租税特別措置の適用状況の透明化等に関する法律	176
租税特別措置法	176, 179

た　行

大気汚染防止法	354, 364-366
大規模小売店舗立地法	499
建物の区分所有等に関する法律［区分所有法］	483
地方公務員等共済組合法	280, 285
地方自治法	20, 35, 53, 70, 93
96条	138
231条	259
242条	137
255条	92
地方自治法施行令	79
地方税法	76
2条	182
14条	217
17条	198
45条	198
349条	192
350条	193
404条	192
410条	192
411条	192
423条	192
432条	192, 193
433条	192, 193
434条	193
702条	193
703条	254, 301
741条	193
中心市街地の活性化に関する法律	418, 499
8条	499
9条	499
15条	500
鳥獣の保護及び狩猟の適正化に関する法律［鳥獣保護法］	388, 403
鉄道事業法	5, 399
電源開発促進税法	170, 372
登録免許税法	106, 184, 196
道路交通法	5, 81, 82, 115
道路法	77, 446, 447
独占禁止法	48, 60, 82, 89, 90, 97
特定家庭用機器再商品化法［家電リサイクル法］	395
特定障害者に対する特別障害給付金の支給に関する法律	289
特定商取引に関する法律	27
特別会計に関する法律	237, 287
独立行政法人住宅金融支援機構法	418
独立行政法人通則法	29
独立行政法人等の保有する個人情報の保護に関する法律	45
独立行政法人等の保有する情報の公開に関する法律	40
独立行政法人都市再生機構法	418
都市計画法	105, 112, 157, 417
4条	419, 450
5条	422
6条	420, 430, 468
7条	423
8条	424, 425, 441, 442, 485, 486, 489, 490, 497
9条	462, 485
10条	480
11条	422, 468, 487
12条	424, 442-445, 475
13条	468
15条	420, 421
16条	421, 443
17条	421, 422
18条	420, 422
19条	422
20条	422
21条	421, 430, 468, 469
29条	450, 456
32条	452
33条	444, 451, 453, 456
34条	451
36条	455
37条	455
39条	455

40条	452
41条	455, 456
42条	455
53条	428, 468, 470, 475
54条	428
55条	470
56条	470
57条	470
58条	445, 485
59条	428, 471, 472, 475
61条	472
65条	428, 472
68条	472
69条	428, 471
74条	428
77条	421
78条	421
81条	456

都市計画法施行令 ……………… 423, 451
都市公園法
    2条 ……………………………… 487
    6条 ……………………………… 487
    7条 ……………………………… 487
    12条 …………………………… 487
都市再開発法 ……………………… 418
    2条 ……………………………… 479
    3条 ……………………………… 480
    7条 ……………………………… 480
都市再生特別措置法 ……………… 418
    2条 ……………………………… 497
    36条 …………………………… 497
    47条 …………………………… 500
土壌汚染対策法 ………………… 367-369
都市緑地法 ………………………… 418
    5条 ……………………………… 486
    6条 ……………………………… 486
    12条 …………………………… 486
    14条 …………………………… 486
    16条 …………………………… 486
    17条 …………………………… 486
    45条 …………………………… 434
    55条 …………………………… 487
土地改良法 ………………………… 126
土地区画整理法 ……………… 30, 105, 418
    3条 ……………………………… 474
    6条 ……………………………… 475
    14条 …………………………… 429, 475

15条	475
19条	475
52条	476
53条	475
55条	476
76条	475
86条	479
87条	478
88条	479
89条	429, 478
98条	478
99条	478
100条	478
103条	429, 479
104条	429, 479
105条	479
110条	479

土地収用法 ……………… 100, 156, 418

な　行

内閣府設置法 ……………………… 33
内閣法 ………………………… 13, 32
成田国際空港の安全確保に関する緊急措
　置法［成田新法］……………… 78
日本年金機構法 ………………… 29
農地法 ………………………… 52
農用地の土壌の汚染防止等に関する法律
　……………………………… 367

は　行

廃棄物の処理及び清掃に関する法律［廃
　掃法］……………………… 379
    2条 …………………………… 381, 382
    7条 …………………………… 382, 388
    8条 …………………………… 355, 382
    9条 …………………………………… 382
    11条 …………………………………… 383
    12条 ………………………… 383-385
    13条 …………………………………… 386
    14条 ………………………… 385, 387, 388
    15条 …………………… 355, 384, 385, 388, 389
    19条 ………………………… 382, 385, 386
廃掃法施行令 …………………… 382, 384
PRTR法 ……………………………… 358
非訟事件手続法 …………………… 82
風俗営業等の規制及び業務の適正化等に
　関する法律［風営法］……… 19, 110

3条 …………………………………………492
　　4条 ……………………………………492, 493
　風営法施行令………………………………493
　物価統制令……………………………………17
　文化財保護法…………………………418, 487
　弁護士法………………………………136, 144
　法人税法………………………………176, 180
　　2条 …………………………………………190
　　4条 ……………………………………190, 191
　　21条 ………………………………………190
　　22条 ………………………………………190
　　37条 ………………………………………192
　　70条 ………………………………………191
　　121条 ………………………………………179
　　127条 ………………………………………179
　　130条 ………………………………………203
　　131条 ………………………………………209
　保険医療機関及び保険医療養担当規則
　　………………………………………309, 313
　母子及び寡婦福祉法………………………241
　補助金適正化法………………………………14

ま　行

　マンション建替え法……………………483, 484
　民事訴訟法
　　39条 ………………………………………121
　　40条 ………………………………………121
　　42条 ………………………………………121
　　46条 ………………………………………121
　　53条 ………………………………………121
　　114条 ………………………………………123
　　136条 ………………………………………120
　　143条 …………………………………120, 206
　　261条 ………………………………………121
　民法 ……………………………………………25

　　715条 ………………………………………140
　　717条 ………………………………………140
　　752条 ………………………………………270
　　877条 ………………………………………270
　モーターボート競走法………………………492

や　行

　薬事法…………………………………………53
　容器包装に係る分別収集及び再商品化の
　　促進等に関する法律［容器包装リサイ
　　クル法］…………………………359, 393-395
　予防接種法…………………………………156

ら　行

　老人福祉法
　　10条 ………………………………………319
　　11条 ………………………………………319
　　15条 …………………………………327, 328
　　20条 …………………………………328, 330
　　28条 ………………………………………238
　労働者災害補償保険法…………………93, 279
　　2条 …………………………………………236
　　12条 ………………………………………248
　労働保険の保険料の徴収等に関する法律
　　………………………………………………257

■ 条約

　気候変動枠組条約…………………………361
　国際人権規約（A規約）……………………267
　社会保障の最低基準に関する条約………267
　生物多様性条約……………………………403
　難民条約……………………………………267
　バーゼル条約………………………………361
　ワシントン条約……………………………362

著者略歴
1977年　福岡に生まれる
2000年　九州大学法学部卒業
2005年　九州大学大学院法学府公法・社会法学専攻博士後期課程修了（博士（法学））
　　　　同大学院法学研究院講師，同助教授（准教授）を経て
現　在　京都大学大学院法学研究科准教授

主要著書
『自主規制の公法学的研究』（有斐閣・2007年）

例解　行政法

2013年10月25日　初　版

[検印廃止]

著　者　原田大樹
　　　　はら　だ　ひろ　き

発行所　一般財団法人　東京大学出版会
　　　　代表者　渡辺　浩
　　　　153-0041　東京都目黒区駒場4-5-29
　　　　電話 03-6407-1069　Fax 03-6407-1991
　　　　振替 00160-6-59964

印刷所　大日本法令印刷株式会社
製本所　牧製本印刷株式会社

Ⓒ2013 Hiroki Harada
ISBN 978-4-13-032383-3　Printed in Japan

JCOPY〈(社)出版者著作権管理機構　委託出版物〉
本書の無断複写は著作権法上での例外を除き禁じられています．複写される場合は，そのつど事前に，(社)出版者著作権管理機構（電話 03-3513-6969，FAX 03-3513-6979, e-mail: info@jcopy.or.jp）の許諾を得てください．

行政法理論の基礎と課題　　A5　6200 円
　　E. シュミット-アスマン 著／太田＝大橋＝山本 訳

国際租税法　［第 2 版］　　A5　3000 円
　　増井良啓＝宮崎裕子 著

社会保障法総論　［第 2 版］　　A5　4600 円
　　堀 勝洋 著

年金制度と国家の役割　　A5　5700 円
　　嵩 さやか 著

融ける境　超える法［全 5 巻］
［編集代表］渡辺 浩／江頭憲治郎

1　個を支えるもの　　A5　4800 円
　　岩村正彦＝大村敦志 編

2　安全保障と国際犯罪　　A5　4800 円
　　山口 厚＝中谷和弘 編

3　市場と組織　　A5　4800 円
　　江頭憲治郎＝増井良啓 編

4　メディアと制度　　A5　4500 円
　　ダニエル・フット＝長谷部恭男 編

5　環境と生命　　A5　5200 円
　　城山英明＝山本隆司 編

ここに表示された価格は本体価格です．御購入の際には消費税が加算されますので御了承下さい．